카를 융(1875~1961)

프로이트(1856~1939) 정신분석
학회에서 함께했던 융, 페렌치,
프롬 등 그의 제자들이 프로이
트학설을 비판하고 저마다 자기
학설을 펴며 독립해 나갔지만,
프로이트는 여전히 정신분석의
독보적인 원류임엔 변함이 없다.

조지프 L. 핸더슨 《인간과 상징》 공저자. 제2장 '고대
신화와 현대인'을 썼다.

마리 루이제 폰 프란츠 《인간과 상징》 공저자. 제3장 '개
성화 과정'과 '결론'을 썼으며, 융이 죽은 뒤에도 책이 나오
기까지 총책임을 맡았다.

▲〈모르페우스와 아이리스〉 피에르 나르시스 게랭. 1811. 꿈의
신인 모르페우스와 무지개의 여신 아이리스를 묘사하고 있다.

▶〈아니마와 아니무스〉
아니마는 남성 마음속에 있는 모든 여성적 심리 경향이 인격화
된 것이다. 아니무스는 여성 마음속에 인격화한 남성상이다.

Man and his Symbols

conceived and edited by

Carl G. Jung

《인간과 상징》(1964) 표지   주 저자 융을 비롯 핸더슨, 폰 프란츠, 야페, 야코비 등 네 사람이 공저로 집필에 참여했다.

세계사상전집046
Carl Gustav Jung
MAN AND HIS SYMBOLS

인간과 상징

카를 융 외/김양순 옮김

동서문화사

인간과 상징
차례

머리글
존 프리먼

《인간과 상징》은 세상에 나오게 된 과정이 예사롭지만은 않아서 꽤 흥미롭다. 그것은 책 내용 및 의도와도 관련이 깊다. 그러므로 이 책이 어떻게 쓰이게 되었는지 여기서 가볍게 짚고 넘어가겠다.

1959년 어느 봄날, 영국 방송공사(BBC)의 'Face to Face'라는 TV 프로그램에서 카를 구스타프 융 박사를 인터뷰해 달라는 부탁을 받았다. 그것도 깊이 있는 인터뷰여야 한다는 조건을 달고. 그때 나는 융 박사나 그의 업적에 대해 아는 바가 거의 없었다. 바로 취리히 근교 아름다운 호숫가 저택으로 찾아가 그를 만났다. 나에게는 매우 뜻깊은 만남이 시작됐는데, 어쩌면 융 박사도 만년에 나와 사귀면서 조금은 즐거운 나날을 보내지 않았을까 생각한다. 방송 인터뷰는 대체로 성공을 거뒀고, 이런저런 우연이 겹친 덕분에 이 책이 그 성공의 마지막 산물로서 세상에 나오게 되었다.

그 방송에 출연한 융 박사를 본 사람들 가운데 알두스 출판사의 전무 볼프강 포게스가 있었다. 그는 어릴 때부터 빈에 있는 프로이트의 집 가까이에 살았으므로 현대 심리학 발달에 남다른 관심을 가지고 있었다. 그런데 융 박사가 자기 인생과 연구와 사상에 대해 이야기하는 모습을 보자, 그는 문득 안타까움을 느꼈다. 프로이트의 업적은 유럽의 교양 있는 독자들에게 웬만큼 알려져 있는데 비해 융은 일반 대중 속으로 전혀 침투하지 못하고 있었으며, 그의 저작도 대중이 읽기에는 지나치게 어렵게 여겨지는 현실이 못내 아쉬웠던 것이다.

사실 포게스야말로 《인간과 상징》을 탄생시킨 주인공이다. 그는 융 박사와 나 사이에 따뜻한 인간관계가 성립되어 있음을 브라운관 너머로 감지했던 것 같다. 포게스는 나에게 제안했다. 융 박사를 설득해서 그의 중요한 기본 사상

몇 가지를, 일반 독자도 흥미를 가질 만한 쉬운 언어로 바꾸어 보게 하면 어떻겠느냐고. 나도 그 생각에 기꺼이 동의했다. 내 이야기를 들으면 융 박사도 틀림없이 이 작업의 가치와 중요성을 이해해 주리라 믿으면서 나는 다시 한 번 취리히로 떠났다. 융 박사는 자택 정원에서 거의 두 시간 내내 조용히 내 이야기에 귀를 기울였다. 그러더니 안 되겠다고 대답했다. 말투는 비교적 온화했지만 아주 단호한 거절이었다. 그는 이제까지 결코 자기 연구를 대중화하려고 한 적이 없었으며 이제 와서 그게 가능하리라고 생각지도 않는다, 어쨌든 자기는 이제 늙고 지친 몸이니 스스로도 확신할 수 없는 그런 시간이 많이 걸리는 작업을 기약할 수 없다는 것이었다.

융 박사는 참으로 결단력 있는 사람이었다. 아마 나뿐만 아니라 그의 가까운 친구들이라면 모두 동의했을 것이다. 그는 문제를 신중하고도 차분히 생각해 보고, 한번 결론을 내리면 좀처럼 그 결정을 번복하지 않는다. 나는 크게 실망한 채 런던으로 돌아왔다. 융 박사가 거절했으니 이 일은 이미 백지화된 것이라고 생각했다. 그리고 실제로도 그렇게 될 뻔했는데, 여기서 예상치 못했던 두 가지 요인이 끼어들었다.

그 하나는 백기를 들기 전에 융 박사와 한 번 더 만나야 한다고 고집을 부린 포게스의 끈기였다. 그리고 다른 하나는 지금 돌이켜봐도 여전히 놀라운 어떤 사건이었다.

앞서 말한 TV 프로그램은 성공을 거뒀다. 덕분에 융 박사 앞으로 다양한 시청자들의 편지가 수없이 날아들었다. 그런데 놀랍게도 그들 대부분은 의학·심리학적 훈련을 받은 적이 전혀 없는 보통 사람들이었다. 그들은 이 위대한 인물의 당당한 태도와 풍부한 유머와 사려 깊은 인간적 매력에 푹 빠졌고, 그의 인생관과 인간미 넘치는 인격 속에서 자기들에게 도움이 되는 어떤 요소를 발견했던 것이다. 융 박사는 그들의 편지를 받고 무척 기뻐했다. 단순히 편지를 받아서가 아니라(평소에도 편지는 많이 받았으니까), 자기와는 영영 인연이 없는 줄 알았던 많은 사람들로부터 편지를 받았기 때문이었다.

융 박사가 매우 의미심장한 꿈을 꾼 것도 그즈음이었다(아마 여러분도 이 책을 읽으면 그 꿈이 얼마나 중요했는지 알게 될 것이다). 꿈속에서 그는 자기 서재에 앉아 세계 여러 나라에서 찾아온 훌륭한 의사들이나 심리학자들에게 이야기를 하는 대신에, 공공장소에서 대중을 상대로 연설을 하고 있었다. 그리고 대중들은 자신의 연설을 열심히 들으면서 그 의미를 이해하고 공감했다.

1~2주일 뒤, 포게스는 임상의나 철학자 말고 평범한 시민들을 위해서 새로운 책을 써 달라고 융 박사에게 다시 한 번 간청했다. 그러자 박사도 마침내 고개를 끄덕였다. 그 대신 그는 두 가지 조건을 내세웠다. 첫째로 그 책은 자기 혼자서 쓰는 것이 아니라 그가 가장 아끼는 제자들—박사는 그들과 힘을 합쳐 자신의 방법론과 가르침을 불후의 업적으로 만들었다—과 함께 공저로 할 것이며, 둘째로 작업 진행 및 저자와 출판사 사이에 일어날지도 모르는 분쟁의 제반 사항을 모두 나에게 맡기겠다는 것이었다.

물론 나는 그 두 번째 조건을 기꺼이 받아들였다. 하지만 여기서 분별없이 내 자랑을 한다는 오해를 막기 위해 한마디 덧붙이자면, 나도 덮어놓고 마냥 기뻐할 것만은 아니었다. 융 박사가 나를 책임자로 내세운 가장 큰 이유가 무엇인지 곧 깨달았기 때문이다. 박사는 내가 천재가 아니라 평범한 지능의 소유자이며 심리학에 대해 잘 모르는 보통사람이라고 생각했기 때문에 나를 선택한 것이다.

이리하여 나는 융 박사의 관점에서 이 책의 '평균적 독자'가 되었다. 내가 이해한 내용은 이에 흥미가 있는 다른 사람들도 쉽게 이해할 것이고, 내가 이해를 못하면 다른 사람들도 쩔쩔매며 이해를 못할 것이기 때문이다. 내 역할이 대충 이런 것임을 알아챘는데 내가 어떻게 뻐길 수 있었겠는가? 나는 다만 이 책의 모든 부분을 되도록 명료하고 이해하기 쉽게 만들려고 애를 썼다. 필요하다면 다시 써 달라고 거침없이 요구하기도 했다(이러다가 저자가 화를 내지나 않을까 걱정하면서). 그리하여 이 책은 오로지 일반 독자들을 위해 기획되고 저술됐으며, 복잡한 주제 하나하나가 놀랄 만큼 분명하고 간결하게 다루어졌다고 확신할 만한 작품으로 완성되었다.

논의를 거듭한 끝에 이 책의 포괄적인 주제는 '인간과 상징'으로 결정되었다. 이어서 융 박사가 직접 네 명의 공저자들을 골랐다. 그의 가장 가까운 학문적 동지인 취리히의 마리 루이제 폰 프란츠 박사, 미국 융 학파 학자들 가운데 가장 뛰어나고 신뢰할 만한 샌프란시스코의 조지프 L. 헨더슨 박사, 경험이 풍부한 분석가이며 융의 믿음직한 개인 비서이자 전기 작가인 취리히의 아닐라 야폐 여사, 취리히에 있는 사람들 중에서는 융 박사 다음으로 집필 경험이 많은 욜란데 야코비 박사. 이 네 사람이 공저자로 뽑힌 이유는 그들의 역량과 경험이 각 주제에 적합했을 뿐만 아니라 그들이 한 팀의 일원으로서 융 박사의 지시에 사심 없이 따를 것이라는 점에서 박사의 완전한 신뢰를 얻고 있었기 때문이다. 융 박사가 개인적으로 맡은 책임은 책 전체의 틀을 짜고 공저자들의 논문을 지도·수정하는 한편, 이 책의 노른자위인 '무의식에 대한 접근'을 스스로 집필하는 것이었다.

융 박사는 인생의 마지막 시간을 거의 다 이 책에 쏟아부었다. 1961년 6월 그가 세상을 떠날 때 그가 맡은 부분은 이미 완성돼 있었다(실은 병석에 눕기 열흘 전에 집필을 마쳤다). 그리고 공동 집필자들이 맡은 부분의 초고도 전부 그에게 승인받은 상태였다. 융 박사 사후에는 폰 프란츠 박사가 그의 상세한 지침에 따라 책을 완성하는 총책임을 맡았다. 따라서 《인간과 상징》의 주된 제재와 개요, 세세한 것까지 전부 융 박사가 직접 결정한 것이다. 그의 이름으로 쓰인 '무의식에 대한 접근'도 영어로 된 글이지만 그가 집필한 것이지 다른 사람이 쓴 게 아니다. 다른 부분은 융 박사의 지시와 지도를 바탕으로 여러 필자들이 썼다. 융 박사가 세상을 떠난 뒤에는 인내심과 이해력이 뛰어난 데다가 마음씨도 너그러운 폰 프란츠 박사가 이 복잡한 책의 편집을 도맡아 주었다. 이 점에서 출판사와 나는 프란츠 박사의 은혜에 깊이 감사하는 바이다.

마지막으로 책 내용을 간단히 살펴보자. 융 박사의 사상은 지식인들이 생각하는 것보다 훨씬 더 풍요롭게 현대 심리학 세계를 물들이고 있다. 이를테면 '내향(內向)' '외향(外向)' '원형(元型)'처럼 널리 알려진 용어들은 모두 융 학파의 개념이다. 이것을 다른 사람들이 빌려 쓰거나 때로는 오용하기도 한다. 그런데 심리학적 이해에 대한 융 박사의 압도적인 공헌은 다름 아닌 무의식의 개념에서 비롯된 것이다. 융의 무의식 개념은 (프로이트의 무의식같이) 억압된 욕구로 가득 찬 잡동사니 상자가 아니다. 그것은 자아가 의식적으로 숙고한 세계와 마찬가지로, 개인 생활의 중요한 현실에 속하는 한없이 넓고 풍부한 세계이다. 이 무의식 세계의 언어이자 '주민'은 바로 상징이며, 그 의사소통 수단이 곧 꿈이다.

따라서 '인간과 상징'에 관한 연구는 요컨대 인간이 자기 자신의 무의식과 어떤 관계를 맺고 있는가를 밝히는 작업이다. 그리고 융의 관점에서 본다면 무의식은 의식의 훌륭한 길잡이자 친구요, 조언자이므로 이 책은 인간 자체와 인간 영혼의 문제를 직접 다루고 있는 셈이다. 우리는 무의식을 인식하고 그 주인으로서 꿈을 통해 무의식과 교신한다(상호작용). 그리고 이 책 전체에 걸쳐 (융이 맡은 부분에서) 현저하게 강조되고 있는 것이 바로 '개인 생활에서 꿈꾸는 행위의 중요성'임을 독자 여러분도 곧 깨닫게 될 것이다.

융의 학문을 해설하는 것은 내 입장에서는 너무 주제넘은 짓이리라. 또 독자들 중에는 나보다 훨씬 더 깊이 그의 학문을 이해할 수 있는 사람들이 얼마든지 있을 것이다. 그저 내가 맡은 역할은 독자 여러분의 이해력을 시험하기 위한 거름종이일 뿐이지 결코 해설자 역할은 아니다. 다만 문외한인 내가 봐도 중요해 보이고 비전문가인 여러분에게도 유익하리라 여겨지는 두 가지 일반적인 사실만은 감히 여기서 제시하고자 한다.

첫째는 꿈에 관한 것이다.

융 학파 학자들에게 꿈이란, 상징적 의미에 관한 어휘 목록을 참조해서 해독할 수 있는 하나의 표준화된 암호문 같은 게 아니다. 꿈은 개인의 무의식의 핵심적이고도 매우 중요한 사적 표현이다. 그것은 개인에게 딸린 다른 현상들과 마찬가지로 '현실' 그 자체이다. 꿈꾸는 한 개인의 무의식은 어디까지나 그 사람하고만 소통하면서, 그 사람한테는 의미가 있지만 다른 사람한테는 아무 의미가 없는 꿈의 목적에 따라 상징을 선택한다. 그러므로 꿈의 해석은 분석가가 하든지 꿈꾼 당사자가 하든지 간에 융 학파 심리학자들이 보기에는 순전히 사적이고 독특한 작업일 뿐이며, 결코 주먹구구식 규칙에 의해서 할 만한 작업은 아니다.

거꾸로 말하면 무의식의 의사소통은 꿈을 꾸는 당사자에게 가장 중요하다(무의식이 인간 존재 전체의 절반이니 당연한 일이지만). 이 의사소통은 때때로 다른 어떤 것에서도 얻을 수 없는 귀한 충고나 지침을 개인에게 제공해 준다. 앞에서 내가 융 박사의 꿈—많은 대중 앞에서 연설하는 꿈—을 소개한 것은 무슨 마법에 대해 설명하고 싶어서도 아니고, 융 박사가 장난삼아 앞날을 점치기라도 했다는 이야기를 하고 싶어서도 아니었다. 나는 오로지 일상생활에 쓰이는 평범한 언어로, 융 박사가 그의 마음속에 있는 의식적인 부분으로 적절치 못한 판단을 내렸을 때, 그때 그의 무의식이 그 결정을 재고하라고 일종의 충고를 했다는 것을 이야기하고 싶었을 뿐이다.

이 점에서 원숙한 융 학파 학자들이 꿈꾸기를 우연으로 치부하지 않는다는 것은 명백한 사실이다. 이렇게 꿈꾸기를 통해 무의식과 의사소통을 하는 능력은 전인격의 한 부분이므로, 융 학파 학자들은 의미심장한 꿈을 받아들이도록 스스로를 '가르친다'(이보다 더 적당한 표현은 아마 없을 것이다). 바로 그렇기에 융 박사는 이 책의 집필 여부를 놓고 중대한 결정을 내려야 했을 때 그의 의식과 무의식 양자에게서 도움을 받아 결정할 수 있었던 것이다. 아마 독자 여러분은 이 책 곳곳에서, 꿈이 꿈꾸는 사람에게 직접적이고도 사적이며 의미심장한 의사소통으로 간주되고 있음을 발견할 것이다. 그러한 꿈은 온 인류에게 공통되는 상징을 사용하고 있지만, 여러 가지 상황에서 아주 사적인 방법으로 사용하고 있기에 순전히 사적인 '열쇠'로만 해석될 수 있다.

둘째는 이 책의 모든 저자들, 어쩌면 더 나아가서 모든 융 학파 학자들이 공통으로 쓰고 있는 독특한 논법에 대한 것이다.

어떤 사람들은 자기가 오로지 의식의 세계에서만 살아간다고 생각한다. 그들은 무의식과 접촉하기를 거부하고 의식적이고 형식적인 생활 법칙에 얽매여 살아간다. 그들은 대수식(代數式)처럼 확실한(그러나 보통은 의미 없는) 논리를 바탕으로 이론의 여지없이 완벽한 연역법을 씀으로써 전제에서 결론을 이끌어 낸다.

그런데 융 박사와 동료들은 내가 보기에는(그들 스스로도 알고 있는지 모르겠지만) 이런 방법으로 스스로를 제한하는 것을 거부하는 듯이 보인다. 그렇다고 그들이 논리를 무시한다는 뜻은 아니다. 다만 그들은 늘 의식뿐만 아니라 무의식에 관해서도 논하려고 한다. 그들의 변증법 자체가 상징적이고 대체로 우회적이다. 그들은 문제에 초점을 정확히 맞추는 삼단논법을 쓰지 않고, 주제 주위를 계속 맴돌면서 하나의 대상을 그때그때 조금씩 다른 각도에서 관찰한 순환적 견해를 내놓는다. 그리고 독자는 결코 그들의 논리가 결정적으로 증명되는 순간을 보지는 못하지만, 어느새 자신이 좀더 넓은 진실의 품속에 안겨 있음을 문득 깨닫게 된다.

융의 논법은(동료들의 논법도 마찬가지이다) 마치 새가 나무 위에서 맴돌듯이 대상 위에서 빙글빙글 선회하며 올라간다. 새가 처음 지면(地面) 근처를 날아다닐 때에는 어지럽게 얽힌 나뭇가지와 잎사귀만이 보일 뿐이다. 그러나 새가 점차 높이 올라갈수록 나무 주변에서 본 측면들이 점점 커다란 전체를 구성하면서 주위 환경과 어떤 관련을 맺게 된다. 어쩌면 독자 여러분은 처음에는 이 '나선형' 논법을 혼란스럽고 이해하기 어렵다고 여길는지도 모른다. 하지만 그런 느낌도 오래가지는 않으리라. 그것은 융의 방법론적 특징이며, 곧 독자들도 자연스레 그런 논의에 어울려서 그와 함께 흥미롭고 설득력 있는 여행을 하게 될 것이다.

《인간과 상징》의 각 장(章)에 대해서는 내가 따로 소개할 필요를 느끼지 않는다. 각 장마다 내용이 잘 설명돼 있기 때문이다. 먼저 융 박사가 담당한 장은 독자 여러분을 무의식으로, 무의식의 언어를 이루는 원형 및 상징으로, 그리고 무의식을 전달하는 꿈으로 안내한다.

다음 장을 쓴 헨더슨 박사는 고대 신화와 전설 및 원시적 의식(儀式) 속에 몇 가지 원형의 양식이 드러나 있음을 예시해 준다.

이어 폰 프란츠 박사는 '개성화(個性化) 과정'이란 장에서 의식과 무의식이 한 개인 안에서 서로를 인식하고 존중하고 서로 맞춰 나가는 과정을 설명한다. 어떤 의미에서 이 장은 이 책 전체의 요점일 뿐만 아니라 융의 인생관의 본질까지 보여 준다고 할 수 있다. 즉 인간은 개성화 과정이 다 끝나서 무의식과 의식이 평화롭게 공존하며 서로를 보충할 때 하나의 전체로 통합되어 비로소 안정과 풍요와 행복을 누릴 수 있다는 것이다.

야페 여사는 헨더슨 박사와 마찬가지로, 널리 알려진 의식의 창조물(여기서는 회화) 속에 나타나는 무의식의 상징에 대해 인간이 계속 되풀이해서 품는 ―거의 집착에 가까운― 흥미를 드러내 보이려고 한다. 여기서 상징은 인간에게 영양을 공급하고 생명을 유지시켜 주는 뜻깊은 내적 흡인력이다. 이것은 헨더슨 박사가 분석한 신화나 옛날이야기 속에 나타나든 아니면 야페 여사가 다룬 시각 예술 속에 나타나든 간에 결국은 무의식에 끊임없이 호소함으로써 우리에게 즐거움과 만족을 준다.

마지막으로 야코비 박사가 집필한 장을 가볍게 짚고 넘어가야겠다. 여기서는 다른 장들과는 달리 흥미롭고 성공적이었던 분석을 요약한 '사례사(事例史)'가 등장한다. 이런 책에 이러한 내용을 삽입하는 것은 분명히 가치 있는 일이지만 우리는 다음 두 가지 사항에 주의해야 한다.

첫째, 폰 프란츠 박사가 지적하듯이 '전형적인 융 학파의 분석' 같은 것은 애초에 존재하지 않는다. 모든 꿈은 사적이고 개인적인 의사소통이며, 두 가지 꿈이 무의식의 상징을 똑같은 방식으로 사용하는 일은 없으므로 전형적인 꿈은 있을 리 없다. 융 학파의 분석은 하나하나가 독특하고 유일하다. 그러므로 야코비 박사의 임상 기록에서 발견된 한 사례를(또 다른 사례들도) '대표적'이거나 '전형적'인 것으로 생각해서는 안 된다. 헨리의 사례와 그가 이따금 꾸었던 굉장한 꿈에 대해 우리가 할 수 있는 말은, 오직 융 학파의 방법이 이런 식으로 어떤 일에 적용된 하나의 실례가 존재한다는 것뿐이다.

둘째, 비교적 단순한 사례라도 모든 측면을 완전히 설명하려면 책 한 권은 써야 할 것이다. 그걸 억지로 축소하다 보니 헨리의 분석 사례에 다소 이해하기 어려운 부분이 생겨난 것도 사실이다. 예를 들어 《주역(周易)》에 대한 이야기는 전체 맥락과 연결되지 않아서 동떨어진 꼴이 되고 말았다. 그 대목에서는 마치 어떤 비술(祕術)이기라도 한 것 같은 부자연스러움(내 입장에서는 불만족스러움)이 느껴진다. 그러나 이런 문제점이 있음에도 우리는—독자 여러분도 동의하시리라 믿지만—당연한 충고는 충고로서 받아들인다는 전제하에, 헨리의 사례에 대한 인간적 흥미는 물론이고 그 사건의 명확함이 이 책의 내용을 더욱 풍부하게 해 준다고 결론을 내렸다.

나는 융 박사가 《인간과 상징》을 쓰게 된 과정을 설명하면서 글을 시작했다. 그리고 이제 이 책의 출판이 얼마나 독특하고도 주목할 만한 일인지를 독자 여러분이 생각해 주길 바란다. 카를 구스타프 융은 모든 시대를 통틀어 위대한 의사 중 하나이자 20세기 최대 사상가 가운데 한 사람이다. 그의 목적은 언제나 자기 자신을 알려고 노력하는 사람들을 도와주고, 그 결과 그들이 스스로 깨달아 사려 깊은 자기계발을 함으로써 충실하고 풍요롭고 행복한 삶을 살아갈 수 있게 해 주는 것이었다. 그리고 바로 그런 삶—내가 본 어떤 사람의 인생보다도 충실하고 풍요롭고 행복했던 삶—의 황혼녘에, 그는 생전 처음으로 수많은 대중에게 자신의 사상을 전하기 위해 남은 힘을 모두 쓰기로 결심했다. 그는 이 과업을 끝낸 달에 삶에 마침표를 찍었다. 그러므로 이 책은 융 박사가 수많은 일반 독자에게 물려주는 유익한 유산이라 할 수 있으리라.

존 프리먼

I. 무의식에 대한 접근
카를 G. 융

이집트 파라오 람세스 3세 무덤 입구

꿈의 중요성

    인간은 저마다 전달하려는 뜻을 표현하려고 말과 글을 사용한다. 이 언어는 상징으로 가득 차 있다. 그런데 인간은 엄밀히 말하자면 서술적이지 않은 기호나 형상을 쓰기도 한다. 그것은 단순한 약어나 UN, UNICEF, UNESCO 같은 머리글자일 수도 있고, 잘 알려진 상표나 약품 이름, 배지, 표지(標識)일 수도 있다. 이것들은 그 자체로는 무의미하지만 일반적으로 사용되고 고안된 의도에 따라 의미를 지닌다. 그러나 이런 것들은 상징이 아니라 오직 결부된 사물을 가리키는 기호에 지나지 않는다.

    일반적인 용어나 이름이나 평소에 접하기 쉬운 그림 따위에 통상적인 명백한 의미 말고도 특정한 함의가 덧붙여졌을 때 우리는 그것을 상징이라 부른다. 상징은 우리가 알 수 없는 비밀스럽고 모호한 무언가를 내포하고 있다. 예컨대 크레타 기념비에는 양날도끼가 등장하는데, 우리는 도끼라는 물건 자체는 무엇인지 알고 있지만 그 상징적인 의미는 모른다. 또 한 예로 어느 인도인이 영국 여행을 마치고 고향에 돌아가서 "영국인들은 동물을 숭배하더라"고 친구에게 말했다고 하자. 그는 영국 교회당에서 독수리, 사자, 황소 조각을 보았기 때문에 그렇게 말했다. 그리스도교도 중에도 그런 사람들이 많지만, 그 인도인은 그 동물들이 '에제키엘의 환상에서 유래한 사도의 상징'이며 동시에, '이집트 태양신 호루스 및 그의 네 아들'들과 대응된다는 사실을 몰랐던 것이다. 또한 수레바퀴나 십자가처럼 세계적으로 널리 알려져 있지만 조건에 따라서는 상징적인 의미를 지니는 사물도 존재한다. 그것들이 정확히 무엇을 상징하는가에 대해서는 아직 논란의 여지가 많다.

    이처럼 명백하고 직접적인 의미를 뛰어넘는 특별한 뭔가를 포함하고 있을 때, 언어나 형상은 상징적인 것이 된다. 이러한 상징은 정확하게 정의되거나 완벽하게 설명될 수 없는 '무의식'의 측면을 지닌다. 우리는 그 측면이 완전히 정의되고 설명되기를 바랄 수는 없다. 인간의 마음이 상징을 탐구하다 보면 이성으로는 파악할 수 없는 관념과 마주치게 된다.

우리가 수레바퀴를 연구하다 보면 우리 생각은 '신성한(divine)' 태양의 개념에 이르기도 한다. 이때 우리의 이성은 무력함을 인정할 수밖에 없다. 인간은 '신성한' 것이 무엇인지 제대로 정의할 수 없기 때문이다. 우리가 온갖 지적인 한계에 부딪쳐 뭔가를 '신성한' 존재라고 부를 때에는 사실 실제적인 근거도 없이 단순한 믿음을 바탕으로 그것에 이름을 붙인 데 지나지 않는다.

이와 같이 인간의 이해 범주에서 벗어난 것들이 이 세상에는 무수히 존재한다. 그래서 우리는 정의할 수도 없고 완전히 이해할 수도 없는 개념을 나타내기 위해 언제나 상징적인 용어를 사용한다. 이것은 모든 종교가 상징적인 언어나 형상을 사용하는 이유 가운데 하나이기도 하다. 그런데 우리가 이렇게 상징을 의식적으로 사용하는 것은 매우 중요한 심리적 사실의 한 측면에 지나지 않는다. 인간은 또 꿈의 형태를 빌려서 무의식적·자연발생적으로 상징을 산출하고 있는 것이다.

이 사실을 똑똑히 이해하기란 쉬운 일이 아니다. 그러나 우리가 인간 정신의 작용 방식을 좀더 잘 이해한다면 이 사실도 틀림없이 파악하게 될 것이다. 조

4대 복음사가 가운데 세 명이 동물로 표현된 샤르트르 대성당 부조. 사자는 마르코, 황소는 루가, 독수리는 요한.

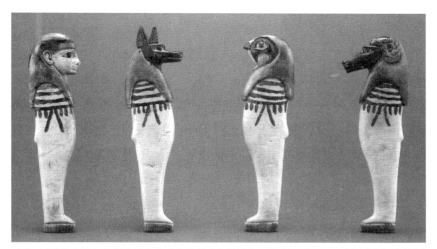

이집트 태양신 호루스의 아들 가운데 셋은 동물이다. 동물을 포함하는 넷으로 구성된 집단은 보편적인
종교적 상징이다.

금만 생각해 보면 알 수 있듯이, 인간이 무엇을 완전히 지각하거나 이해한다는
것은 불가능하다. 인간은 보고, 듣고, 만지고, 맛을 본다. 그러나 얼마나 멀리까
지 보고, 얼마나 정밀하게 듣고, 촉감으로 무엇을 알고 또 무엇을 맛볼지는 그
사람이 지닌 감각의 양과 질에 달려 있다. 그렇기에 감각은 주변 세계에 대한
인간의 지각을 제약한다. 물론 인간은 과학 기구를 이용해서 이런 감각적 결
함을 부분적으로나마 보충할 수 있다. 이를테면 쌍안경을 써서 보이는 범위를
넓힐 수도 있고, 전기 증폭기를 써서 들리는 범위를 넓힐 수도 있다. 그러나 아
무리 정교한 기구라도 멀리 있는 조그만 사물을 눈에 보이게 만들거나, 희미한
소리를 좀더 잘 들리게 해 주는 것이 고작이지 그 이상은 불가능하다. 어떤 기
구를 쓰더라도 인간은 어느 지점에서는 결국 정확성의 한계에 부딪친다. 의식적
인 지식은 그 선을 뛰어넘을 수 없다.

  더구나 우리의 현실 지각에는 무의식적인 측면이 존재한다. 먼저 우리가 알
아둬야 할 사실은 우리의 감각이 실제 현상, 즉 실제 광경이나 소리에 반응할
때 그것들이 현실 영역에서 마음의 영역으로 옮겨 간다는 점이다. 이처럼 우리
마음속에서 현실 사상(事象)은 심적 사상으로 변하는데, 그 궁극적인 정체를
우리는 알 수 없다(마음은 그 자신의 마음의 실체를 알 수 없으므로). 우리가 물질

자체의 궁극적 성질을 규명할 수 없는 까닭에 모든 구상적(具象的) 대상에는 미지(未知)의 부분이 반드시 있기 마련이며, 우리의 모든 경험 또한 무수한 불가지(不可知)의 요소를 품고 있다.

게다가 이 세상에는 우리가 의식하지 못하는 사상도 존재한다. 그런 사상은 의식의 문턱에 딱 멈춰 서 있는 셈이다. 그것은 과거에 발생하기는 했어도 우리에게 인지되지 않은 채 잠재의식에 흡수된 사상이다. 우리는 그런 사상을 오로지 직관적으로 알아채거나, 또는 깊은 사색을 통해 그것이 발생했음을 뒤늦게 깨닫는다. 우리가 처음에 그 사상의 감정적인 생생한 중요성을 무시하더라도, 그것이 나중에는 밀려오는 추억처럼 무의식 속에서 분출되기에 이른다.

어쩌면 그것은 꿈의 형태로 나타날 수도 있다. 일반적으로 어떤 사상의 무의

대부분의 사회에서 태양의 표상은 인간이 규정할 수 없는 종교적 체험을 표현한다. 위는 기원전 14세기 이집트 왕 투탕카멘의 황금옥좌 등받이에 그려진 그림으로, 태양의 수레바퀴가 강조되고 있다. 햇살 끝에 있는 손 모양은 생명을 부여하는 태양의 힘을 상징한다.

200만 배율 현미경으로 본 텅스텐 원자 　　흰 점들은 인간이 관찰할 수 있는 가장 멀리 떨어진 은하계
인간이 아무리 감각을 확장한다 하더라도 의식적 지각의 한계는 존재한다.

식적인 측면은 꿈에서 뚜렷한 모습을 드러낸다. 다만 그것은 합리적인 생각이
아닌 상징적인 이미지로 나타난다. 역사를 돌아봐도 심리학자가 의식적인 심적
현상의 무의식적 측면을 탐구하는 일이 비로소 가능해진 것도 바로 꿈의 연구
덕분이었다.

　이런 근거를 토대로 심리학자들은 무의식적인 마음의 존재를 추론한다. 비
록 많은 과학자들과 철학자들은 그 존재를 부정하고 있지만 말이다. 그들은
"그럼 한 개인 속에 두 개의 '주체', (좀더 일반적으로 말하자면) 두 개의 인격이 있
다는 말이냐"면서 우리 가설에 대해 고지식한 반론을 펼친다. 하지만 사실 그렇
다. 그것이야말로 정확히 우리 가설이 뜻하는 바이다. 많은 근대인들이 이러한
인격분리 현상 때문에 괴로워하고 있지 않은가! 이는 결코 병적인 징후가 아니
라 언제 어디서나 볼 수 있는 정상 현상이다. 이것은 왼손이 하는 일을 오른손
이 모른다는 식의 신경증에 관한 문제만은 아니다. 이 현상은 온 인류의 보편
적인 무의식의 징후이자 거부할 수 없는 공통된 유산이다.

　인간은 문명 상태(아마도 문자가 발명된 기원전 4천 년 무렵)에 이르기까지 이루
말할 수 없이 긴 세월 동안 더디고도 힘겹게 의식을 확립했다. 그리고 이 진화
과정은 아직 완전히 끝나지 않았다. 인간 정신의 대부분은 여전히 어둠에 잠겨

있기 때문이다. 우리가 '마음'이라 부르는 것은 우리 의식 및 의식의 내용물과 동일한 것이 아니다.

무의식의 존재를 부정하는 사람은 누구나 우리 마음에 관한 현재 지식이 지식의 전부일 것이라고 가정한다. 이러한 생각은 우리가 이 자연과 우주에 대해 알 만한 것은 다 알고 있다고 추론하는 것이나 마찬가지로 분명히 잘못된 추측이다. 우리 마음은 자연의 일부이며 한없는 수수께끼로 둘러싸여 있다. 그런데 이 자연을, 이 마음을 어떻게 제대로 정의할 수 있겠는가. 우리는 그저 자연과 마음이 어떠어떠한 존재일 거라고 믿으면서, 그것이 어떻게 기능하는지 되도록 상세하게 기술할 수 있을 따름이다. 그러므로 의학적 연구를 통해 축적된 증거와는 전혀 별개로, "무의식은 존재하지 않는다"는 말을 무시할 만한 강력한 논리적 기반이 존재하는 셈이다. 무의식이 존재하지 않는다고 주장하는 사람들은 단지 해묵은 '쇄신공포증(misoneism)'—새로운 미지의 것을 두려워하는 태도—를 드러내고 있는 것이다.

인간 마음속에 존재하는 미지의 영역이라는 개념에 많은 사람들이 저항감을 느끼는 데에는 역사적인 이유가 있다. 의식은 자연이 최근에 새로 손에 넣은 것이라서 아직 '실험적' 상태에 머물러 있다. 의식은 약한 데다 특수한 위험에 노출되어 있어 손상되기도 쉽다. 인류학자들이 증언하듯이 원시 사회에서 가장 흔히 일어나는 정신착란 가운데 하나는 곧 그들이 '영혼 상실'이라고 부르는 현상—말 그대로 뚜렷한 의식 붕괴 상태(보다 학술적으로 말하자면 의식 분열)—이다.

우리와는 의식 발달 단계가 다른 이 원시인들은 영혼(마음)을 하나의 통일체로 인식하지 않는다. 많은 원시인들은 인간이 자기 자신의 영혼뿐만 아니라 '초원의 영혼'도 갖고 있다고 생각한다. 야생동물이나 숲을 이루는 나무 따위로 구체화되는 이 초원의 영혼에 대해서 인간은 어떤 심리적 동일성을 느낀다. 유명한 프랑스 민속학자 뤼시앙 레비브륄은 이런 현상을 가리켜 '신비적 관여(mystical participation)'라고 했다. 레비브륄은 심한 반대론에 부딪치자 결국 이 말을 철회했지만, 나는 오히려 그 반대론이 잘못됐다고 생각한다. 개인이 무의식 중에 다른 인물이나 동물을 자기 자신과 동일시한다는 것은 이미 잘 알려진 심리적 사실이기 때문이다.

학생들 앞에서 진찰하고 있는 샤르코 박사   앙드레 브루이에 작. 프로이트는 스승 샤르코와 최면술의 한계를 토론하였다. 프로이트는 인간의 의식에 감추어져 있는 아직 알려지지 않은 지식을 최면상태로부터 끄집어 내어 무의식을 발견하고자 했다. 프로이트의 머릿속에서 맴돌던 무의식의 세계가 드디어 하나의 이론으로 정립되는 데는 의사이자 생리학자였던 브로이어가 결정적인 역할을 했다.

　이러한 동일시는 원시 사회에서 여러 가지 형태로 나타난다. 만약 초원의 영혼이 동물 형태를 띤다면 이때는 동물 자체가 인간의 형제라고 여기게 된다. 악어와 형제인 사람은 가령 악어가 득시글거리는 강에서 헤엄쳐도 안전할 거라고 생각한다. 또 초원의 영혼이 어떤 나무라고 간주될 때에는 이 영혼을 지닌 사람들에게는 그 나무가 부모처럼 권위 있는 존재로 여겨진다. 둘 중 어느 경우에나 초원의 영혼을 손상시키는 것은 그 영혼을 지닌 사람을 손상시키는 짓이나 마찬가지이다.

　어떤 원시 종족은 인간이 여러 개의 영혼을 지녔다고 믿는다. 이런 확신은 어떤 원시인이 스스로를 '연관돼 있으면서도 서로 다른 여러 가지 부분으로 성립된 존재'로 여긴다는 것을 보여 준다. 이것은 개인의 마음이 완전하게 결합돼 있는 상태와는 거리가 멀다. 오히려 그 마음은 억누를 수 없는 감정에 사로잡히면 쉽게 무너져 버릴 위험이 있다.

인류학자들의 연구를 통해 우리에게도 잘 알려져 있는 이러한 상태는 언뜻 우리의 진보된 문명과는 관계가 없어 보인다. 그러나 실제로는 그렇지도 않다. 우리 역시 정신이 분열되어 자기동일성을 잃어버리기도 한다. 우리는 분위기에 휩쓸려서 그때의 기분에 따라 변하기도 하고, 자기 자신이나 다른 사람에게 중요한 어떤 사실을 기억하지 못하고 이성을 잃기도 한다. 그럴 때 남들은 "뭐에 씌었나" 하고 의아해한다. 우리는 "자기 자신을 통제할 수 있다"고 말하지만, 사실 자기를 통제한다는 것은 보기 드문 놀라운 미덕에 속한다. 제 딴에는 스스로를 잘 통제하고 있다고 생각했어도 미처 몰랐던 허점을 친구에게 지적받을 수도 있다.

　　고도로 발달했다는 문명사회에서도 인간의 의식은 분명히 적절한 연속성을 보이지 못하고 있다. 의식은 여전히 망가지기 쉬운 연약한 존재일 뿐이다. 자기 마음의 일부분을 분리시키는 능력은 실은 꽤 유익한 특성이다. 이 능력 덕분

분열은 신경증을 일으키는 마음의 분할 현상을 의미한다. 이러한 현상에 관해 쓰여진 유명한 작품의 예로 《지킬 박사와 하이드 씨》가 있다. 지킬 박사의 분열은 임상에서 보는 바와 같은 내적인 심리 상태보다 육체적 변화 형태를 취한다.

◀이 소설의 삽화
▼영화에서 하이드 씨. 즉 지킬 박사의 다른 한쪽

▲코뿔새 가면을 쓰고 있는 콩고의 니앙가족. 그들은 이 새를 숲의 정령과 동일시한다.
▶한꺼번에 수많은 전화 신호를 처리하고 있는 전화교환수들. 이들은 집중하기 위해 자기 의식의 일부를 의도적으로 분리시킨다.

에 우리는 주의를 끌 만한 다른 요소들을 전부 무시하고 한 번에 한 가지 일에만 전념할 수 있는 것이다. 그런데 이런 분리 행위를 우리가 의식적으로 결정하여 일시적으로 자기 마음의 일부분을 제어하는 것과, 자각이 없는 상태에서 아무런 동의도 없이 심지어 자기 의도와 달리 저절로 그런 분리 현상이 일어나는 것은 엄연히 다른 상황이다. 전자는 문명의 소산이지만 후자는 원시 사회의 '영혼 상실'이며 심지어는 신경증의 원인이 되기도 한다.

그러므로 현대에도 인간 의식의 통합성은 공고한 개념이라고 보기 어렵다. 의식은 너무나 쉽사리 파괴될 수 있으니까. 그런데 자신의 감정을 다스리는 능력은 어찌 보면 매우 바람직하지만, 또 어찌 보면 상당히 문제점이 많기도 하다. 그런 능력이 지나치게 발휘되면 다양하고 멋지고 따뜻한 인간관계가 성립되지 못할 수도 있기 때문이다.

바로 이런 배경에서 우리는 연약하고, 파악하기 어렵고, 믿음직하지 못하고, 막연하고, 불확실한 '꿈'의 중요성을 재검토해 봐야 할 것이다. 내 견해를 피력하기에 앞서서 먼저 그 견해가 오랜 기간에 걸쳐 어떻게 발전했는지, 그리고 꿈

이야말로 인간의 상징화 기능을 검토하는 가장 일반적이고 접근하기 쉬운 자료라는 결론이 어쩌다가 나오게 되었는지, 그 과정부터 살펴보기로 하자.

지그문트 프로이트는 이 의식의 배경을 이루는 무의식을 제일 먼저 경험적으로 탐구한 선구자였다. 그는 꿈이 우연의 산물이 아니라 의식적인 생각이나 문제와 관련되어 생겨난다는 일반적인 가정 아래 연구를 진행했다. 이 가설은 결코 그가 임의로 대충 세운 것이 아니다. 그것은 신경증 증상이 어떤 의식적 체험과 관련되어 있다는 저명한 신경학자들(피에르 자네 등)의 결론에 바탕을 둔 가설이었다. 이 증상들은 의식의 분리된 부분으로서 나타날 수 있는데, 때와 조건에 따라서는 의식화되기도 한다.

20세기에 들어서기 전부터 프로이트와 요제프 브로이어는 신경증 증상—히스테리, 특정한 종류의 통증, 비정상적인 행동—이 실은 상징적인 의미를 지니고 있음을 깨달았다. 신경증 증상은 꿈과 마찬가지로 무의식이 스스로를 표명하는 한 가지 방법이다. 그것은 꿈처럼 상징적이다. 예컨대 견딜 수 없이 힘든 상황에 직면한 어떤 환자는 음식을 삼키려고 할 때마다 경련 발작을 일으킨다. 그는 '그것을 순순히 받아들일 수 없는 것'이다. 다른 환자는 똑같은 심리 상태에서 천식 발작을 일으킬지도 모른다. 그는 '현재의 답답한 분위기에 숨 막히는 기분을 느끼는 것'이다. 또 다른 사람은 특이한 하체 마비 증상을 보일 수도 있다. 그는 걸을 수 없으니, '더 이상 꼼짝도 할 수 없는 것'이다. 또 어떤 사람은 먹은 음식을 토해 낸다. 불쾌한 사실을 '소화할 수 없는 것'이다. 나는 이런 예를 얼마든지 인용할 수 있다. 하지만 이런 신체 반응은 우리를 무의식적으로 괴롭히는 문제가 겉으로 표출되는 한 가지 형태에 지나지 않는다. 이러한 문제는 자주 우리 꿈속에서 표현되곤 한다.

다양한 사람들에게서 꿈 이야기를 들어 본 심리학자라면 꿈의 상징은 신경증의 신체적 증상보다도 훨씬 변화무쌍하다는 사실을 저절로 눈치챌 것이다. 이 꿈들은 종종 정교한 그림 같은 공상으로 이루어진다. 그러나 이 꿈의 재료를 얻게 된 분석가가 프로이트의 '자유 연상' 기법을 이용한다면, 꿈은 결국 어떤 기본적인 형태로 환원되기에 이를 것이다. 이 기법은 정신분석학의 발전에서 중요한 역할을 맡아 왔다. 프로이트가 환자의 무의식적인 문제를 탐구하는 출발점으로 꿈을 이용할 수 있었던 것도 이 기법이 있었기 때문이다.

프로이트는 단순하지만 날카로운 관찰을 한 바 있다. 즉 꿈을 꾼 사람에게 그 꿈의 이미지나 그 이미지에 자극받아 마음속에 떠오른 생각에 대해 계속해서 이야기하게 하면, 그는 자기가 말한 내용이나 의도적으로 말하지 않았던 내용을 통해서 진정한 속내를 무의식중에 내비침으로써 그 병의 무의식적인 배경을 드러내게 된다는 것이다. 환자의 생각은 비합리적이고 핵심에서 벗어난 것처럼 보이지만, 시간이 지나면 그가 무엇을 일부러 피하면서 어떤 불쾌한 생각

현대 정신분석학의 위대한 개척자들
1911년 독일의 바이마르에서 열린 학회에서

① 프로이트(Sigmund Freud, 비엔나)
② 랑크(Otto Rank, 비엔나)
③ 빈스방거(Ludwig Binswanger, 크로이츨링겐)
④ 브릴(A.A. Brill)
⑤ 아이팅곤(Max Eitingon, 베를린)
⑥ 퍼트넘(James J. Putnam, 보스턴)
⑦ 존스(Ernest Jones, 토론토)
⑧ 슈테켈(Wilhelm Stekel, 비엔나)
⑨ 블로일러(Eugen Bleuler, 취리히)
⑩ 엠마 융(Emma Jung, 퀴스나흐트)
⑪ 페렌치(Sandor Ferenczi, 부다페스트)
⑫ C.G. 융(Carl Gustav Jung, 퀴스나흐트)

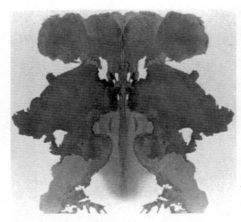

스위스 정신과 의사 로르샤흐가 고안해 낸 잉크 얼룩을 이용한 검사(로르샤흐 검사).
잉크 얼룩의 모양이 자유 연상을 자극하는데 도움을 준다. 실제로 거의 모든 불규칙한 모양이 연상 과정을 자극할 수 있다.
레오나르도 다빈치는 그의 노트에서 '종종 하던 일을 멈추고 벽의 얼룩이나 타고 남은 재, 구름이나 진흙 등을 바라보라. 그러면 그 속에서 참으로 멋진 생각이 떠오를 것이다'라고 썼다.

이나 경험을 억누르려 하고 있는지 비교적 쉽게 파악할 수 있게 된다. 설령 아무리 숨기려고 애를 써도 환자가 하는 말 하나하나가 전부 현재 상태의 핵심을 드러낸다. 의사는 삶의 이면에서 매우 많은 사실들을 발견하기 마련이라, 그 환자가 내심 꺼림칙하게 여기는 부분을 은근히 드러내며 암시할 때에 그것을 거의 정확하게 해석해 낸다. 결국 의사가 분석을 통해 알아낸 사실은 공교롭게도 그의 예상을 확실히 증명할 뿐이다. 이렇게 보면 "꿈 상징의 원인은 억압과 욕구 충족"이라는 프로이트 이론에는 아무도 반론을 제기할 수 없을 것이다.

프로이트는 '자유 연상' 과정의 출발점으로서 꿈에 특별한 중요성을 부여했다. 그러나 시간이 흐르면서 나는 회의를 느꼈다. 잠자는 동안에 무의식이 만들어 내는 풍부한 환상을 해석하는 과정에서 자유 연상 기법은 부적당하며 오류를 낳을 수도 있다는 생각이 들었다. 실은 동료 한 사람이 러시아에서 기나긴 기차여행을 하다가 겪은 일을 들려줬을 때부터 나는 그런 의혹을 품기 시작했다. 그는 러시아어를 몰랐고 키릴 문자를 해독할 줄도 몰랐지만, 철도 안내판에 쓰인 그 기묘한 문자가 왠지 흥미로워서 공상의 나래를 펼치면서 그 문자의 의미를 여러모로 생각해 봤다.

그러자 생각이 꼬리에 꼬리를 물었다. 나른한 기분에 젖은 채 그는 이 '자유 연상'이 낡은 기억을 무수히 상기시키고 있음을 느꼈다. 그중에는 오랫동안 잊고 있었던 불쾌한 기억—잊고 싶다는 생각에 의식적으로는 잊어버렸던 것—도 있어서 그는 문득 괴로워졌다. 그는 실로 심리학자가 '콤플렉스'라고 부르는,

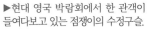
자유 연상을 할 수 있는 두 가지 다른
자극의 예
▲기도바퀴를 돌리는 티베트인.

▶현대 영국 박람회에서 한 관객이
들여다보고 있는 점쟁이의 수정구슬.

억압된 감정적 주제이자 심리적 장애의 원인이며 많은 경우에는 신경증 증상까
지 일으키는 그것과 맞닥뜨린 것이다.

이 이야기를 듣고 나는 깨달음을 얻었다. 환자의 콤플렉스를 알아내려고 할
때 반드시 '자유 연상' 과정의 출발점으로서 꿈을 이용해야 할 필요는 없는 것
이다. 이것은 곧 주위를 둘러싼 원의 어느 지점에서나 똑바로 중심점까지 다다
를 수 있다는 사실을 가르쳐 준다. 그러니까 키릴 문자뿐만 아니라 수정구슬
에 대한 명상, 기도바퀴(prayer wheel : 마니차. 기도할 때 돌리는 바퀴 모양의 경전), 근대
회화, 또는 아주 사소한 일에 관한 잡담에서도 우리는 얼마든지 출발할 수 있
다. 이 점에서 본다면 꿈은 다른 출발점들보다 더 낫지도 않고 못하지도 않은
보통 수단에 지나지 않지만 특별한 의미를 지닌다. 사실 꿈은 만성 콤플렉스와
관련돼 있는 정서적 충격에서 비롯되는 경우가 많기는 하다(만성 콤플렉스는 외
부 자극이나 장애에 가장 민감하게 반응하는 마음의 약점이다). 바로 그렇기에 자유
연상은 어떤 꿈으로부터도 그 사람의 중대한 비밀로 이어질 수 있다.

그런데 여기서(지금까지 내 생각이 옳았다면) 저절로 도출되는 결론이 있다. 꿈
에는 그 자체로 특별하고 좀더 의미 있는 기능이 있다는 것이다. 꿈은 저 밑바

닥에 있는 생각이나 의도를 드러내면서—비록 쉽게 이해할 수 없는 경우가 대부분이지만—명확하고 의미심장한 구조로 나타날 때가 많다. 따라서 나는 '자유 연상'을 통해 관념의 연쇄 작용을 일으키면서 콤플렉스에 도달하는 것보다는, 오히려 꿈의 실제 형태나 내용에 좀더 주목해야 하지 않겠느냐 하는 생각을 품게 되었다. 어쨌든 다른 방법으로도 콤플렉스에 쉽게 도달할 수 있으니 말이다.

이 새로운 견해는 내 심리학 발전의 전환점이 되었다. 말하자면 나는 꿈의 본래 내용에서 점점 멀어지는 연상 작용을 좇는 일을 그만두게 되었다. 나는 오히려 꿈 자체에서 연상되는 것들에 집중하는 방식을 택했다. 무의식이 말하고자 하는 어떤 특별한 내용이 꿈속에 표현되어 있을 거라는 확신이 그 바탕이 되었다.

이처럼 꿈에 대한 내 태도가 변하자 분석 방법도 변했다. 내가 쓰기 시작한 새로운 기법은 꿈이 지닌 다양하고 광범위한 측면을 모두 고려할 수 있는 것이었다. 의식적으로 이야기하는 내용에는 기승전결이 있지만 꿈은 꼭 그렇지는 않다. 시간과 공간의 차원이 전혀 다른 것이다. 꿈을 이해하려면 온갖 방면에서 살펴봐야 한다. 마치 처음 보는 물건을 손에 넣어서 그 형태를 속속들이 파악할 때까지 이리저리 뒤집어 가며 뜯어보는 것처럼.

프로이트가 처음으로 사용한 '자유 연상' 기법을 내가 어쩌다 멀리하게 되었는지는 이 정도면 충분히 설명한 듯싶다. 나는 꿈 자체에 가능한 한 밀착하면서, 꿈의 실체와는 상관없이 꿈에서 파생되는 관념이나 연상은 모조리 배제하려고 했다. 물론 이런 관념이나 연상을 통해 환자의 콤플렉스를 발견할 수 있는 것은 사실이다. 그러나 나는 신경증 장애를 일으키는 콤플렉스를 발견하는 것보다 더 큰 목표를 가지고 있었다. 콤플렉스를 밝혀내는 방법은 그 밖에도 많이 있다. 이를테면 단어 연상 검사(주어진 일련의 단어를 보고 환자가 무엇을 연상하는지 조사하고 그 반응을 연구하는 방법)를 통해서도 심리학자는 얻고자 하는 자료를 모두 얻을 수 있다. 다만 한 개인이 지닌 전인격의 심리적 생활 과정을 알아내고 이해하려는 작업에서는 그의 꿈과 상징적인 이미지가 좀더 중요한 역할을 한다는 사실을 염두에 두어야 한다.

많은 사람들이 알다시피 이 세상에는 성적 행위를 상징하는(또는 비유적인 형

16세기 독일 크라나흐 작 〈사슴사냥〉의 부분 수없이 많은 성행위의 상징적 또는 비유적 이미지들 중의 하나는 사슴 사냥이다. 사슴 사냥의 성적인 의미는 중세의 영국 민요 〈사냥터 파수꾼〉에 강조되어 있다. 민요의 가사는 다음과 같다.

'그가 겨냥한 첫 암사슴은 놓쳐 버렸네.
드디어 잡은 두 번째 암사슴에 그는 키스했네.
세 번째 암사슴은 젊은이의 마음속으로 도망쳐 버렸고
그녀는 초록잎의 바다 속에 숨어 있다네.'

태로 표현한다고 여겨지는) 이미지가 얼마든지 있다. 이런 이미지들은 연상 과정을 거쳐서 성교에 대한 생각이나, 누구나 성적 태도 속에 지니고 있는 특정한 콤플렉스로까지 이어질 수 있다. 하지만 이런 콤플렉스는 판독할 수 없는 러시아 문자들을 보고 떠올린 백일몽의 내용을 통해서도 충분히 밝혀낼 수 있다. 그래서 나는 꿈이 성적인 비유 말고도 더 많은 정보를 담아낼 수 있으며, 이런 현상에는 뚜렷한 이유가 있다고 가정하기에 이르렀다. 이에 관한 예를 살펴보자.

한 남자가 열쇠 구멍에 열쇠를 찔러 넣는 꿈, 묵직한 몽둥이를 휘두르는 꿈, 거대한 망치로 문을 때려 부수는 꿈을 꿨다고 하자. 이 꿈들은 모두 성적인 비유로 간주할 수 있다. 그런데 실은 그의 무의식이 스스로 어떤 목적에 따라 이런 특정한 이미지들 가운데 하나—열쇠, 몽둥이, 망치 중에 하나—를 골랐다는 사실이 중요한 의미를 지닌다. 그러므로 여기서는 몽둥이 대신 열쇠가, 망치 대신 몽둥이가 특별히 선택된 이유가 무엇인지 파악하는 중요한 작업을 통해서 어쩌면 꿈에 나타난 것이 성적인 행위가 아니라 전혀 다른 심리적 문제임을 알아낼 수도 있을 것이다.

나는 이러한 추론 끝에, 꿈에서 명백하게 나타난 소재(素材)만을 사용해서 꿈을 해석해야 한다는 결론을 내렸다. 꿈은 자체적으로 한계가 있다. 그 특정한 형태는 무엇이 꿈에 속해 있고 무엇이 거기서 벗어났는지를 우리에게 알려 준다. 그런데 '자유 연상' 기법을 쓰면 꿈의 소재에서 지그재그의 형태로 점점 멀어져 갈 뿐이다. 내가 쓰는 방법은 오히려 꿈의 이미지를 중심으로 그 주변을 빙글빙글 도는 방식이다. 나는 꿈의 이미지를 중앙에 두고 그 주위를 돌면서, 꿈꾼 당사자가 그로부터 벗어나려고 애쓰는 것을 전적으로 무시한다. 꿈을 분석할 때마다 나는 몇 번이나 같은 말을 되풀이한다. "자, 다시 꿈으로 돌아갑시다. 꿈은 무슨 얘기를 하고 있나요?"

◀15세기 캉팽이 그린 제단화 부분
자물쇠에 꽂혀 있는 열쇠는 성적인 상징일 수도 있지만 반드시 그런 것은 아니다. 성직자가 여는 문은 희망, 자물쇠는 자비, 열쇠는 하느님에 대한 희구를 상징한다.

▼영국의 주교가 교회 헌당식에서 교회의 문을 지팡이로 두드리는 전통적인 성별 의식을 행한다. 이때의 지팡이는 교회의 권위를 상징하는 것이지 남근의 상징일 수는 없다. 어떠한 상징적 이미지도 독단적 진리로 고정되거나 일반화된 의미를 지닐 수는 없다.

내가 만난 어떤 환자는 꿈에서 머리를 풀어 헤친 채 술에 취해 있는 천박한 여자를 봤다고 한다. 꿈속에서 그 여자는 그의 아내였는데, 실제 아내와는 영 딴판이었다. 그러니까 표면적으로는 이 꿈은 말도 안 되는 엉터리였다. 환자는 개꿈이라고 여기면서 그 꿈을 받아들이기를 거부했다. 이때 의사인 내가 자유 연상 기법으로 그에게 그 이미지를 상기시키려고 했더라면 그는 틀림없이 그 꿈의 불쾌한 암시에서 멀어지려고 애썼을 것이다. 그러다가 우리는 마침내 환자의 주된 콤플렉스—아마 그의 아내와는 아무 상관도 없는 콤플렉스—에 도달하는 데 그쳤을 것이며, 그 특정한 꿈의 특별한 의미는 전혀 깨닫지 못했을 것이다.

그러면 그의 무의식은 명백히 사실과는 다른 그 증언을 통해 무엇을 드러내려고 했던 것일까? 분명히 그것은 꿈을 꾼 당사자의 삶과 밀접하게 관련된, 타락한 여성의 관념을 나타내고 있었다. 그러나 정숙한 그의 아내에게 이런 이미지가 투영되는 것은 부당할뿐더러 사실도 아니

▲'아니마'는 남성의 무의식 속에 있는 여성적 요소다(아니마나 여성의 무의식 속에 있는 '아니무스'에 관해서는 뒤에 논하기로 한다). 이와 같은 내적 이중성은 흔히 그림에서 보는 바와 같이 17세기 연금술의 기록에 나타난 왕관을 쓴 양성 구유자와 같아 양성상으로 상징화된다.
▼인간 정신의 '양성적 성질'을 나타내는 신체적 이미지로, 인간의 세포와 그 염색체. 모든 유기물은 그들 부모에서 각각 하나씩 받은 두 개 조의 염색체를 갖는다.

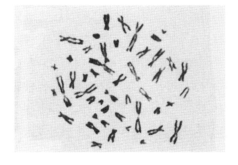

었으므로, 나는 이 불쾌한 꿈이 무엇을 표현하는지 알아내기 전에 다른 것부터 조사해야 했다.

생리학자가 내분비선의 구조를 바탕으로 모든 인간에게는 남성적 요소와 여성적 요소가 동시에 갖춰져 있다는 사실을 밝혀내기 훨씬 전인 중세 시대부터 이미 "모든 남성은 자기 안에 한 여성을 지니고 있다"는 말이 있었다. 모든 남성 안에 있는 이 여성적인 요소를 나는 '아니마(Anima)'라고 부른다. 이 '여성적' 측면은 본질적으로 주위 사람들, 특히 여성과의 관계에서 열등한 기능을 나타낸다. 그래서 이것은 자기 자신에 대해서는 물론이고 타인에 대해서도 주의 깊게 은폐되어 있다. 다시 말해 개개인의 눈에 보이는 인격은 매우 정상적일지라도, 실은 '내적인 여성'이라는 비참한 요소를 남에게—어쩌면 자기 자신에게도—들키지 않으려고 꼭꼭 감춰 두고 있을지도 모른다는 것이다.

그 환자가 바로 그랬다. 그의 여성적인 측면은 별로 바람직하지 않았던 것이다. 실제로 그 꿈은 "넌 어떤 점에서는 타락한 여자처럼 행동하고 있다"고 그에게 알려 준 셈이다. 이것이 그에게 적절한 충격을 줬다(그런데 이런 예를, 무의식이 '도덕적' 명령을 내린 증거라고 받아들여서는 안 된다. 꿈은 환자에게 "좀 더 똑바로 행동하라"고 훈계한 것이 아니라, 자기가 완벽한 신사라는 허구에 사로잡혀 있는 그의 의식적인 마음의 불균형을 바로잡아 주려고 했을 뿐이다).

꿈을 꾼 사람들이 꿈의 메시지를 무시하거나 거부하기까지 하는 것도 물론 이해는 간다. 의식은 으레 무의식적인 것 또는 미지의 것에 저항하게 마련이다. 인류학자들이 '쇄신공포증'이라고 일컫는 태도, 즉 원시인들이 새로운 것에 대해 느끼는 미신적인 공포는 이미 앞에서 설명했다. 원시인들은 받아들이기 어려운 사건을 만나면 야생동물 같은 반응을 보인다. 그런데 '문명인'도 새로운 관념과 마주치면 거의 같은 식으로 반응한다. 그들은 새로운 것에 직면하는 충격으로부터 자기를 보호하려고 심리적 방벽을 세운다. 이러한 현상은 꿈이 뭔가 놀라운 사실을 제시하려고 할 때 당사자가 보이는 반응에서 쉽게 관찰할 수 있다. 철학, 과학, 심지어는 문학 세계에서조차 선구자들은 동시대인들의 낡은 보수주의에 희생되어 왔다. 심리학은 과학 중에서도 가장 젊은 학문이다. 이는 무의식의 작용을 다루고 있기 때문에 특히 극단적인 쇄신공포증에 직면할 수밖에 없었다.

무의식의 과거와 미래

지금까지 꿈 문제에 접근하는 데 필요한 기초 원리 몇 가지를 간단히 소개해 봤다. 상징을 만들어 내는 인간의 기능을 연구할 때, 그 목적에 부합되는 가장 기본적이고 얻기 쉬운 소재가 바로 꿈이기 때문이다. 꿈을 다루는 데에는 두 가지 기본원리가 있다. 첫째로 꿈은 하나의 사실로 간주해야 하며, 꿈이 어떤 식으로든 의미를 지니고 있다는 것 말고는 어떠한 전제도 달아선 안 된다. 그리고 둘째로, 꿈은 무의식의 고유한 표현이다.

아마 이보다 더 소박한 원리를 제시할 수는 없으리라. 무의식을 낮잡아 보는 사람들도 무의식이 연구할 만한 가치가 있다는 사실에는 틀림없이 동의할 것이다. 무의식이 아무리 쓸모없다 한들, 크기가 그렇게 작아도 곤충학자들의 꾸준한 관심을 받는 이(蝨)보다 못한 존재는 아니니까 말이다. 꿈에 대해 경험도 지식도 거의 없는 사람이 꿈을 그저 무의미하고 혼란스런 현상으로 여긴다면 그건 그 사람 자유이다. 그러나 만약에 꿈을 정상적인 현상이라고 생각한다면 (실제로도 그렇지만) 꿈은 정당한 이유에서 생겨난 인과적 현상이거나, 아니면 어떤 의미에서 목적을 갖고 있거나, 또는 둘 다라고 봐야 할 것이다.

여기서 우리 마음속에 있는 의식과 무의식의 내용물이 어떻게 결합되어 있는지 좀더 자세히 살펴보자. 누구나 잘 알고 있는 예를 하나 들겠다. 조금 전까지만 해도 분명히 어떤 생각을 했는데 갑자기 무슨 말을 하려고 했는지 까먹는다든가, 친구를 소개하면서 이름을 말하려는데 갑자기 말이 안 나온다든가 할 때가 있다. 이럴 때 당신은 생각이 안 난다고 말한다. 그런데 실제로는 생각이 무의식 상태가 되었기에, 아니면 적어도 일시적으로 의식에서 분리됐기에 그러는 것이다. 우리는 감각 기능에서도 이와 같은 현상을 찾아볼 수 있다. 우리가 들릴락 말락 한 크기로 계속 이어지는 희미한 소리에 귀를 기울이면 그 소리는 규칙적인 간격을 두고 들렸다 안 들렸다 한다. 그 이유는 인간의 주의력이 주기적으로 감소하거나 증가하기 때문이지 소리 자체가 변하기 때문은 아니다.

뭔가가 우리 의식에서 벗어났다고 해서 그것이 아예 존재하지 않게 되는 것은 아니다. 마치 길모퉁이를 돌아 시야에서 사라져 버린 자동차처럼 단지 보이지 않게 되었을 뿐이다. 나중에 그 자동차가 다시 우리 눈앞에 나타날 수 있듯이, 잠깐 잊어버렸던 생각이 다시 머릿속에 떠오를 수도 있다.

이처럼 무의식의 부분은 일시적으로 불명확해져 버린 생각이나 인상이나 이미지가 겹쳐서 이루어진다. 이런 생각, 인상, 이미지는 분명히 잊어버렸는데도 우리의 의식적인 마음에 계속 영향을 미친다. 주의가 산만하거나 '얼빠진' 사람이 방을 가로질러 뭘 가지러 간다. 그는 문득 걸음을 멈춘다. 아주 난처한 얼굴이 된다. 뭘 찾으러 가는지 잊어버린 것이다. 몽유병자같이 두 손을 휘휘 내저어 탁자 위의 물건들을 더듬어 본다. 목적은 불분명해졌지만 무의식이 그의 손을 이끄는 것이다. 그러다가 그는 자기가 뭘 찾으러 왔는지 깨닫는다. 무의식이 그에게 귀띔해 준 덕분이다.

신경증 환자의 행동을 관찰해 보면 그가 뚜렷한 목적을 가지고 의식적으로 이런저런 행동을 하는 듯이 보일 것이다. 하지만 그 사람에게 물어보면 뜻밖의 사실이 밝혀진다. 그는 딴생각을 하거나 완전히 무의식적으로 그런 행동을 했던 것이다. 신경증 환자는 듣고 있지만 듣는 것이 아니고, 보고 있지만 보는 것이 아니며, 알고 있지만 사실은 무지하다. 이러한 예는 매우 흔하다. 마음속에 있는 무의식적인 내용이 환자로 하여금 의식적인 것처럼 행동하게 만들고, 또 그런 경우에는 그 생각이나 이야기나 행동이 의식적인 것인지 어떤지 명확히 구별하기는 어렵다는 사실을 전문가는 금세 파악하게 된다.

바로 그렇기에 많은 의사들은 히스테리 환자가 하는 말은 새빨간 거짓말이라고 쉽사리 단정을 짓는다. 물론 그 사람들은 일반인보다 더 많은 허구를 만들어 내기는 한다. 그러나 여기서 '거짓말쟁이'란 말을 쓰는 것은 적절치 못하다. 실제로는 무의식의 간섭에 의해 예측할 수 없는 의식 장애가 일어날 가능성이 크며, 이러한 환자들의 정신 상태가 행동을 불확실하게 만드는 것이다. 또한 그들의 피부 감각에서도 이와 비슷한 인지 능력의 변화가 나타난다. 히스테리 증세를 보이는 사람의 팔을 바늘로 찌르면, 그는 때로는 아픔을 느끼지만 때로는 아무것도 느끼지 못한다. 그 환자가 뭔가에 주의를 집중하면 몸 전체가 완전히 마비된다. 그리고 감각 상실을 일으키는 긴장이 풀릴 때까지 이 마비 상태는 지속된다. 긴장이 풀리면 감각 지각이 즉시 회복되는데, 그때까지 환자는 계속 무슨 일이 일어나고 있는지 무의식적으로 인지한다.

의사는 환자에게 최면을 걸어서 이런 과정을 구체적으로 확인할 수 있다. 환자가 그동안 온갖 세세한 일들을 인지하고 있었음을 확인하기란 어렵지 않다. 의사가 자기 팔을 바늘로 찔렀다는 사실이나 무의식중에 들은 말을 환자는 정확

▲재판에서 변호사 다로우가 스콥스를 변호하고 있는 장면

새로운 이념에 대한 근거 없는 공포와 증오를 불러일으키는 '쇄신공포증'은, 현대심리학을 일반 대중이 받아들이는 데 가장 큰 장벽이 되었다. 쇄신공포증은 다원의 진화론에 대해서도 역시 반대했다.
1925년, 진화론을 가르쳤다는 이유로 스콥스라는 미국의 교사는 재판을 받았다.

▶'쇄신공포증'의 재물이 되었던 스콥스

히 기억해 낸다. 마치 그동안 감각 마비나 '망각' 현상이 전혀 일어나지 않았던 것처럼 말이다. 한 번은 어떤 여자가 완전히 혼수상태에 빠져 병원에 입원했다. 다음 날 의식을 되찾았을 때 그녀는 자기가 누구인지는 알았지만 여기가 어디인지, 무슨 이유로 어떻게 병원까지 오게 됐는지 몰랐다. 심지어 날짜조차 기억을 못했다. 그러나 내가 최면을 걸자 그 여자는 어쩌다가 그런 상태에 빠졌고 어떻게 병원으로 옮겨졌으며 누가 입원 수속을 밟았는지까지 자세히 나에게 말했다. 그 이야기는 모두 사실로 밝혀졌다. 또 그녀는 병원 현관에 있는 시계를 봤으므로 입원한 시각까지 정확히 말할 수 있었다. 최면 상태에서 그 여자

는 마치 내내 의식이 또렷했던 것처럼 매우 명석한 모습을 보였다.

　이런 것을 논의할 때 우리는 보통 임상 관찰을 통해 얻은 사실을 증거로 내세운다. 그래서 무의식 또는 온갖 미묘한 무의식의 표현이 오직 정신 병리학 문제에만 속한다고 생각하는 사람들이 많다. 그들은 무의식의 표현을 신경증적이거나 정신병적인 것으로 치부하면서 그것이 정상적인 정신 상태와는 전혀 무관하다고 생각한다. 그러나 신경증적 현상이 꼭 병에서 유래하는 것은 아니다. 알고 보면 이런 현상은 정상적인 상태가 병적으로 확대된 것에 지나지 않는다. 다만 이렇게 과장된 탓에, 그에 대응하는 정상적인 상태보다 유난히 눈에 띌 뿐이다. 히스테리 증상은 모든 정상인들에게서도 찾아볼 수 있는데, 단지 그 증상이 경미해서 보통은 눈에 띄지 않을 따름이다.

　이를테면 망각(忘却)도 매우 정상적인 과정이다. 주의가 다른 곳에 쏠리는 바람에 어떤 의식적인 생각이 특정한 에너지를 잃어버리면서 망각 현상이 발생하는 것이다. 흥미가 다른 데로 옮겨 가면 그때까지의 관심사는 그림자 속에 숨어 버린다. 이것은 탐조등이 새로운 부분을 비출 때 다른 부분이 어두워지는 것과 마찬가지이다. 이는 불가피한 현상이다. 왜냐하면 의식은 한순간에 아주 적은 이미지만을 명료하게(이 명료함에도 기복이 있지만) 파악할 수 있기 때문이다.

◀1861년 영국의 잡지 〈펀치〉에 실린 만화　스콥스 재판의 경우처럼 반(反) 다윈주의적 경향을 보인다.
▶미국 만화가 더버가 풍자한 그의 친척 아주머니　그녀는 전기가 '사방으로 온통 새어 나간다'고 무서워했다고 한다.

발리인의 검무 광란 상태
는, 춤추는 사람들을 황홀경
에 빠뜨리고, 춤추는 사람은
그 과정에서 때로는 자기 몸
을 찌르기까지 한다.

극단적인 집단 히스테리(과
거에는 '신들림'이라 불렸다)
의 경우에 의식적인 마음과
일상적인 지각은 무의식에
부분적으로 가려져 버리는
듯하다.

하지만 망각됐다고 해서 그 생각이 존재하지 않는 것은 아니다. 그 기억은 의지의 힘으로 재생될 수는 없어도 잠재적인 상태―의지가 재생할 수 있는 영역에서 살짝 벗어난 상태―로 계속 존재하고 있다가, 언제든지 저절로 다시 머릿속에 떠오를 수 있다. 실제로 새까맣게 잊었다고 생각했던 일이 몇 년 만에 다시 떠오르는 경우도 종종 있다.

지금까지는 의식적으로 보고 들었다가 나중에 잊어버리는 현상에 대해 설명했다. 그런데 우리는 많은 것을 인지하지 못하는 상태에서 보거나 듣거나 냄새 맡거나 맛보기도 한다. 이 현상은 우리가 딴 데 정신이 팔려 있거나, 아니면 감각에 주어진 자극이 너무 약해서 의식적인 인상을 남기지 못했을 때 일어난다. 그러나 이때도 무의식은 여기에 주의를 기울인다. 그리고 우리가 의식하지 못하는 사이에 잠재적 지각은, 상황이나 인간에 반응하는 우리 태도에 영향을 미친다.

이런 사실을 분명하게 보여 주는 예를 하나 소개하겠다. 어느 교수가 학생과 열심히 대화를 나누면서 시골길을 걷고 있었다. 그런데 갑자기 생각지도 않았던 어린 시절의 기억이 떠올라서 교수의 생각을 방해하는 것이었다. 그는 이렇게 주의가 흐트러진 까닭을 설명할 수 없었다. 그때 학생과 나누던 대화는 그 기억과는 아무 상관이 없었다. 돌이켜보니 아무래도 농장을 지나쳤을 때부터 그의 마음속에 어린 시절 추억이 떠오르기 시작한 것 같았다. 그래서 교수는 그 공상이 시작된 지점으로 돌아가 보자고 학생에게 말했다. 거기까지 돌아가 보니 거위 냄새가 났다. 그제야 교수는 그 냄새가 오래된 추억을 끄집어 냈음을 깨달았다.

어릴 때 그는 거위 농장에서 살았다. 그 독특한 냄새는 기억에서 사라졌지만 냄새의 인상은 무의식 속에 여전히 남아 있었던 것이다. 길을 걷다가 농장을 지나쳤을 때 그는 저도 모르게 거위 냄새를 맡았다. 이 무의식적인 지각이 오랫동안 잊혔던 그의 어린 시절 경험을 되살려 낸 것이다. 그때 그의 주의는 딴 데 쏠려 있었고, 자극은 그의 주의를 끌거나 직접 의식에 도달할 만큼 강하지도 않았다. 그래서 잠재적인 지각만 이루어졌던 것이다. 그래도 그 지각이 '잊고 있었던' 기억을 되살려 놓았다.

이러한 '실마리' 또는 '방아쇠' 효과는 어떤 광경이나 냄새나 소리가 과거의 추억을 되살려 내는 일반적인 기억 현상을 설명할 수 있을 뿐만 아니라, 신경증 증상의 발단까지 설명할 수 있다. 예를 들어 한 처녀가 사무실에서 바쁘게 일을 한다. 그녀는 건강하고 쾌활해 보인다. 그런데 그 직후에 갑자기 눈앞이 핑핑 돌 정도로 두통이 나고 다른 고통도 받게 되었다. 그 처녀는 의식적으로는 눈치를 채지 못했지만 희미한 기적 소리를 듣는 순간, 애써 잊어버리려고 했던 연인과의 불행한 이별을 무의식적으로 떠올렸던 것이다.

원시인들 사이에서 '신들림'은 신이나 귀신에 사로잡히는 것을 뜻한다.

◀한 하이티 여자가 종교적인 무아경에 사로잡힌 모습.

▶게데 신에게 빙의된 하이티 사람. 그들은 예외 없이 다리를 꼬고 담배를 입에 문 모습을 보여 준다.

현대의 로큰롤(rock and roll)도 춤추는 사람들에게 황홀경에 비길 만한 흥분 상태를 일으키는 것처럼 보인다.

정상적인 망각 외에 프로이트는 불쾌한 기억—어떻게 해서든 잊어버리고 싶은 기억—의 망각에 관한 여러 가지 예를 기록해 놓았다. 니체가 말했듯이 자존심이 너무 강할 때에는 기억이 오히려 길을 양보한다. 이런 식으로 잃어버린 기억 속에서 우리는 그 불쾌하고 양립하기 어려운 성질 때문에 잠재적 상태(의식적으로는 재생할 수 없는 상태)에 머물러 있는 기억들을 적잖이 발견하게 된다. 심리학자들은 이것들을 '억압된 내용'이라고 부른다.

이와 관련된 사례로서 자기 고용주의 동료를 질투하는 어느 여비서의 예를 살펴보자. 이 여비서는 그 사람 이름을 목록에다가 분명히 적어 놓고서도 번번이 깜빡하고서 그 사람을 모임에 초대하지 않는다. 왜 그랬는지 해명해 보라고 해도 여비서는 그저 "잊어버렸다"거나 "정신이 없어서 깜빡했다"고 말할 뿐이다. 그녀는 그런 실수를 저지른 진짜 이유를—자기 양심 앞에서도—결코 인정하려 하지 않는 것이다.

많은 사람들은 의지력의 역할을 과대평가한 나머지 자기가 결정하거나 의도한 일 말고는 아무것도 일어나지 않는다고 생각한다. 그러나 우리는 우리 마음속에 있는 의도한 내용과 의도하지 않은 내용을 세심하게 구별하는 법을 배워야 한다. 전자는 자아 인격에서 비롯된 것이고, 후자는 자아와 동일한 것은 아니지만 자아의 '또 다른 측면'인 마음의 원천에서 비롯된 것이다. 방금 이야기

오늘날 미국 테네시주에서 볼 수 있는 종교 의식 이 의식에는 독사를 다루는 과정이 있는데, 음악과 노래와 손뼉을 침으로써 집단 히스테리를 유발한 상태에서 독사 돌림을 한다. 이따금 독사에 물려 치명상을 입기도 한다.

한 여비서도 실은 이 '또 다른 측면'의 영향 때문에 그 동료를 깜빡하고 초대하지 않았던 것이다.

우리가 인지하거나 체험한 것을 잊어버리는 데에는 많은 이유가 있다. 또 그 기억들이 우리 마음속에 되살아나는 방식도 다양하다. 이에 관한 흥미로운 예로서 잠복 기억(cryptomnesia) 또는 '숨겨진 기억'을 들 수 있다. 작가가 처음에 세운 계획대로 논의를 진행하고 이야기 줄거리를 발전시키면서 글을 써 나간다고 하자. 그런데 갑자기 이야기가 옆길로 새기 시작한다. 아마도 새로운 생각이 났든지, 다른 이미지가 떠올랐든지, 아예 새로운 줄거리가 생겨난 것이리라. 하지만 어쩌다가 그렇게 탈선하게 되었냐고 물어봐도 저자는 아마 대답하지 못할 것이다. 전에는 생각조차 해보지 않았던 새로운 내용을 만들어 내면서도 그는 그런 변화를 자각하지 못하는 것이다. 게다가 놀랍게도 그가 쓴 이야기가 다른 사람의 작품—그가 한 번도 읽은 적이 없다고 생각하는 작품—과 매우 비슷하다는 사실이 밝혀질 때도 있다.

나는 이처럼 흥미로운 사례를 니체의 《차라투스트라는 이렇게 말했다》에서 찾아냈다.[1] 이 작품에서 니체는 1686년 항해일지를 통해 보고된 어떤 사건을

---

1) 니체의 잠재된 기억은 《융 전집 *The Collected Works of C.G. Jung*》(이하 CW로 줄여서 표기), vol. I 〈이른바 신비 현상의 심리학에 대하여〉에서 논의된 바 있다. 문제의 항해일지와 니체의 글은

이 광고에서 나오는 폭스바겐 상표를 구성하고 있는 장난감 자동차는, 독자들 마음속에 어린 시절의 무의식적 기억을 자극하는 '방아쇠' 효과를 가지고 있다고 할 수 있다. 만일 이들 기억들이 좋은 것이라면 이 사진을 보는 사람이 (무의식적으로) 제품과 상표에 호감을 가질 것이다.

아래와 같다.

J. 케르너 《프레포르스트의 일지 *Blätter aus Prevorst*》 57쪽 〈장엄한 의미의 발췌〉(1831~37년)

"선원 네 명과 벨이라는 상인은 스트롬볼리 산이 있는 섬에 다다르자 토끼 사냥을 하려고 상륙했다. 3시가 되어 배에 오르려고 선원들이 한자리에 모였을 때 그들은 뜻밖의 광경을 보았다. 두 남자가 허공을 날아 그들에게 다가오고 있었던 것이다. 하나는 검은 옷을 입었고 다른 하나는 회색 옷을 입었는데, 둘 다 몹시 서두르면서 선원들을 바로 옆을 지나갔다. 그들이 무시무시한 스트롬볼리 화산 분화구로 내려가는 모습을 보자 선원들은 경악을 금치 못했다. 그들은 그 두 사람이 런던에 사는 지인(知人)임을 알았다."

니체 《차라투스트라는 이렇게 말했다》 11장 '엄청난 사건'(1883년)

"차라투스트라가 지복(至福)의 섬에 머무를 때였다. 어느 날 화산이 있는 그 섬에 배 한 척이 닻을 내렸다. 선원들은 토끼 사냥을 하려고 섬에 상륙했다. 그런데 정오쯤 되어 선장과 선원들이 다시 집합했을 때, 그들은 난데없이 한 남자가 허공을 날아 그들에게 다가오는 광경을 목격했다. 게다가 그 남자가 하는 말도 똑똑히 들었다. '때가 왔도다. 지금이 바로 그때이다.' 그런데 그 사람은 그들 코앞에 이르자 그림자처럼 쓱 지나쳐 화산 쪽으로 가버렸다. 그 사람이 차라투스트라임을 알고 선원들은 경악을 금치 못했다……. '보라!' 늙은 조타수가 말했다. '차라투스트라가 지옥을 건너간다.'"

거의 완벽하게 재현했다. 절묘한 우연의 일치로 나는 1835년(니체가 이 책을 쓰기 반세기 전)에 발행된 이 뱃사람 이야기를 읽은 적이 있었는데, 나중에 《차라투스트라는 이렇게 말했다》에서 그와 유사한 내용을 발견했을 때 니체의 평소와는 다른 이상한 문체에 깜짝 놀라고 말았다. 이에 관해 니체는 아무 말도 하지 않았지만 나는 아마 니체가 그 오래된 작품을 읽었을 거라고 확신했다. 그래서 당시 생존해 있던 니체의 누이에게 편지를 보냈더니, 그녀는 니체가 열한 살 때 둘이 함께 그 책을 읽었다고 알려 주었다. 전체적으로 볼 때 니체가 그 작품을 일부러 표절하려고 하지는 않은 듯싶다. 그러니까 무려 50년이나 지나서 그 오래된 기억이 불현듯 생생하게 그의 의식 속에 떠올랐던 것이 아닐까.

본인이 깨닫지도 못하는 사이에 무의식적으로 기억하는 '순수 기억'이 바로 그런 예이다. 비슷한 일이 음악가한테도 얼마든지 일어날 수 있다. 어릴 때 농부들이 흥얼거리는 노래나 유행가를 들으면서 자라난 음악가가 나중에 자신이 작곡하고 있는 교향곡 악장의 테마로 그런 곡들을 무의식중에 떠올리는 경우도 있다. 즉 생각이나 이미지가 무의식에서 의식적인 마음으로 이동한 것이다.

이제까지 내가 무의식에 대해 설명한 내용은 인간 마음의 이 복잡한 부분이 지닌 성질과 기능을 간단히 스케치한 것에 지나지 않는다. 그러나 꿈의 상징이 저절로 산출되는 잠재적 소재의 종류에 대해서는 충분히 소개한 것 같다. 이 잠재적 소재는 갖가지 동인(動因)·충동·경향성, 모든 지각과 직관·합리적 또는 비합리적인 생각·결론·귀납·연역·전제, 그리고 온갖 종류의 감정으로 이루어질 수 있다. 이것들은 모두 부분적으로, 일시적으로, 또는 항상 무의식의 형태를 취한다.

이러한 소재는 대개 무의식에 속하게 된다. 의식적인 마음에는 그것을 담아 둘 자리가 없기 때문이다. 우리가 하는 생각들 중에 어떤 것은 정서적 에너지를 잃고 잠재적인 상태로 바뀐다(다시 말해 더 이상 의식의 주의를 끌지 못하게 된다). 어쩌면 그 생각 자체가 이제는 흥미롭지 않거나 상관없어졌기 때문일 수도 있고, 또는 그 생각을 시야 밖으로 밀어내려는 어떤 이유가 존재하기 때문일 수도 있다.

이렇듯이 '망각'은 사실 우리에게는 정상적인 현상이며 꼭 필요한 일이기도 하다. 우리 의식에 새로운 인상과 관념이 들어설 여지를 남겨 주기 때문이다.

벤젠의 분자구조를 연구하던 19세기의 독일의 화학자 케쿨레가 뱀이 자기 꼬리를 입에 물고 있는 꿈(이 것은 매우 유서 깊은 상징이다)을 꾸었다.
◀그 꿈과 같은 그림을 표현한 기원전 3세기의 그리스 문헌. 그는 그 꿈의 이미지를 해석, 벤젠의 분자구 조가 탄소의 막힌 고리라는 사실을 알아냈다.
▶1861년 그의 저서 《유기화학》에 실린 내용

망각 현상이 일어나지 않는다면 우리가 경험한 모든 일이 의식에 그대로 남는 바람에 우리 마음은 엄청나게 혼란스러워질 것이다. 이 현상은 오늘날에는 상 당히 널리 알려져 있으므로 심리학을 조금이라도 아는 사람들은 대개 이것을 당연한 사실로 받아들이고 있다.

　의식적인 내용이 무의식 속으로 사라져 가는 것과 마찬가지로 지금까지 한 번도 의식되지 않았던 새로운 내용이 무의식에서 불쑥 생겨날 수도 있다. 우리 는 이따금 무엇인가가 의식 속으로 들어오려 하는 것을 어렴풋이 느끼곤 한다. '뭔가 있는 것 같다'든가 '왠지 수상쩍'고 느끼는 것이다. 무의식이 단순히 과 거의 기억만 저장하는 것이 아니라 미래의 심적 상황이나 생각의 가능성을 한 가득 품고 있다는 사실을 발견함으로써, 나는 심리학에 새로이 접근할 수 있게 되었다. 실은 이 점을 둘러싸고 수없이 많은 논쟁이 벌어졌다. 그러나 의식에서 멀어진 과거의 기억뿐만 아니라 전적으로 새로운 생각과 창조적 관념—이제껏 한 번도 의식되지 않았던 생각과 관념—도 무의식에서 모습을 드러낼 수 있다는 것은 엄연한 사실이다. 이러한 생각과 관념은 마음속 깊고 어두운 곳에서 연꽃처럼 자라나 잠재적인 마음의 가장 중요한 부분을 형성해 나간다.

이 사실은 일상생활에서 나타나는 딜레마가 종종 깜짝 놀랄 만한 새로운 아이디어로 해결될 때 뚜렷이 드러난다. 많은 예술가, 철학자, 심지어 과학자조차도 무의식에서 불쑥 솟아오른 영감 덕분에 가장 훌륭한 업적을 남기곤 한다. 이처럼 풍부한 소재가 묻힌 광맥에 도달하여 그 소재를 효과적으로 철학, 문학, 음악 또는 과학적 발견의 형태로 바꾸는 능력은 천재라 불리는 사람들의 대표적인 특질이기도 하다.

이와 같은 사실을 명백히 입증하는 증거를 우리는 과학사에서 찾을 수 있다. 예를 들어 프랑스 수학자 푸앵카레, 화학자 케쿨레는(그들 스스로도 인정했듯이) 무의식에서 불쑥 떠오른 회화적인 '계시' 덕분에 중요한 과학적 발견을 할 수 있었다. 또 프랑스 철학자 데카르트의 이른바 '신비' 체험도, 그가 한순간에 '모든 과학의 질서'를 보았다는 갑작스런 계시와 관련이 있다. 그리고 영국 작가 로버트 루이스 스티븐슨은 '인간의 이중성에 관한 강렬한 느낌'과 잘 맞아떨어지는 이야기를 찾아내려고 몇 년이나 애쓰다가 어느 날 꿈속에서 《지킬 박사와 하이드 씨》의 줄거리를 엉겁결에 손에 넣었다.[2]

이 같은 소재가 무의식에서 어떻게 생겨나는지는 뒤에 가서 자세히 설명하겠다. 또 그것이 표현되는 형태도 나중에 검토할 것이다. 여기서는 그런 새로운 소재를 산출하는 인간 마음의 능력이 꿈의 상징성 연구에서 특히 유의미하다는 점을 지적해 두고 싶다. 내 전문 분야인 이 연구에서 꿈의 이미지와 관념은 기억만 가지고는 도저히 설명될 수 없다는 사실을 나는 이미 여러 번 발견했던 것이다. 꿈의 이미지와 관념은 이제껏 의식의 영역에 한 번도 발 디딘 적이 없는 새로운 생각을 표현하고 있다.

---

2) 로버트 루이스 스티븐슨은 《평원을 건너 *Across the Plains*》의 〈꿈에 관한 장(章)〉에서 지킬과 하이드의 꿈을 언급했다.

꿈의 기능

꿈 세계의 기원에 대해서는 앞에서 이미 어느 정도 자세히 설명했는데, 그렇게 한 까닭은 수많은 상징이 싹트고 자라는 토양이 바로 꿈이기 때문이다. 안타깝게도 꿈을 이해하기란 쉽지 않다. 앞서 지적했듯이 꿈이 하는 이야기는 의식적인 마음이 하는 이야기와는 전혀 다르다. 일상생활에서 우리는 할 말이 있으면 미리 잘 생각하고 가장 유효한 방법으로 그 내용을 표현하면서 논리적으로 일관성 있는 이야기를 하려고 노력한다. 예를 들어 교양 있는 사람은 혹시라도 자신의 관점이 어지러운 인상을 줄까 봐 모순되는 비유는 되도록 섞어 쓰지 않으려고 한다. 그러나 꿈은 이와 다르게 구성돼 있다. 서로 모순되거나 터무니없는 이미지들이 꿈꾸는 사람의 마음속에 밀려들어온다. 정상적인 시간 감각이 사라지고, 평범한 일들이 매혹적이거나 무시무시한 형태로 나타나기도 한다.

이처럼 우리가 깨어 있을 때 하는 생각은 언뜻 보기에 잘 통제된 구조를 갖추고 있지만 무의식의 소재는 이와는 사뭇 다른 방식으로 구성된다는 사실이 어쩌면 이상해 보일지도 모른다. 그런데 이따금 시간을 내어 꿈을 돌이켜본 적이 있는 사람이라면 누구나 그 확연한 차이를 실감할 것이다. 바로 이러한 차이가 실제로 보통 사람들이 꿈을 쉽사리 이해하지 못하는 이유 가운데 하나이다. 꿈은 그 사람이 깨어 있을 때의 정상적인 체험에 견주어 보면 아무 의미가 없다. 그래서 사람들은 꿈을 그냥 무시하거나, 도대체 무슨 뜻인지 모르겠다면서 두 손 들고 만다.

그러나 우리가 깨어 있을 때 다루는 관념들이 언뜻 보기에는 잘 통제되어 있는 듯하지만, 실제로는 생각보다 엄밀하지 않다. 이 사실을 염두에 둔다면 내가 위에서 한 말을 쉽게 이해할 수 있을 것이다. 우리가 깨어 있을 때의 관념이 지니는 의미는(또한 그 정서적인 의미도) 자세히 살펴보면 살펴볼수록 점점 더 모호해진다. 왜냐하면 우리가 듣거나 경험한 것들은 뭐든지 잠재적인 상태로 바뀌기—즉 무의식 속에 흡수되기—때문이다. 우리가 의식 속에 간직하고 있으면서 우리 의지로 떠올릴 수 있는 것조차도 무의식의 바탕색을 띠고 있다. 우리가 관념을 회상할 때마다 이 바탕색이 관념을 채색해 버리는 것이다. 사실 우리의 의식적인 인상은 그 즉시 심리적으로 중요한 무의식의 의미 요소를 띠게 되는데, 우리는 이런 잠재적 의미가 존재하는 줄도 모르거니와 그것이 일반적인 의미를 확장하거나 혼란시킨다는 사실도 모르고 있다.

물론 심리적인 바탕색은 사람마다 다르다. 개개인은 어떤 추상적, 일반적 개념을 수용할 때에도 자기 마음속에 있는 특별한 맥락에서 받아들인다. 따라서 우리는 그 개념을 각자의 개인적인 방식으로 이해하고 응용한다. 내가 대화 도중에 '지위, 돈, 건강, 사회' 같은 용어를 사용할 때에는, 듣는 사람도 내가 이해하는 것과 '어느 정도' 비슷하게 이 말들을 이해하고 있을 거라고 가정한다. 그런데 이 '어느 정도'가 문제이다. 말이라는 것은 문화적인 배경이 같은 사람들 사이에서도 사람에 따라 조금씩은 다른 의미를 지닌다. 이런 차이가 생기는 이유는 일반적인 개념이 개인의 맥락 속에 도입되면서 다소 개인적인 방식으로

'동물 횡단 주의'를 뜻하는 흔한 표지판이 있는 유럽의 일반 고속도로. 그러나 차를 타고 가는 사람들이 차에서 내려(그들의 그림자가 그림의 앞부분에 보인다) 코끼리, 코뿔소, 심지어는 공룡까지 나타나는 것을 본다. 현대 스위스의 화가 야코비가 그린 어떤 꿈의 그림은 비논리적이고 모순된 꿈속 이미지의 특징을 정확하게 묘사하고 있다.

비합리적이고 환상적인 성질을 가진 꿈의 예

▲15세기 이탈리아 수도사 프란체스코 콜론나가 쓴 환상적인 작품 《폴리필로의 꿈》을 소재로 한 목판화로, 용이 꿈꾸는 사람을 뒤쫓고 있다.
▶18세기 에스파냐 화가 고야의 동판화. 올빼미와 박쥐들이 꿈꾸는 사람 위로 날아든다.

이해되고 적용되기 때문이다. 따라서 사람들이 서로 다른 사회적, 정치적, 종교적 또는 심리적 체험을 가지고 있으면 이러한 의미 차이는 더더욱 커진다.

개념이 단어와 일치할 때는 그 차이도 거의 눈에 띄지 않으므로 사실상 문제가 되지 않는다. 그러나 정확한 정의나 자세한 설명이 필요해지면, 용어를 순수하게 지적으로 이해하는 차원에서뿐만 아니라 특히 정서적인 색조나 실제 적용 방법에서도 종종 엄청난 차이가 나타난다. 대체로 이런 차이는 잠재적이므로 전혀 인지되지 않지만 말이다.

이와 같은 차이는 우리 일상에서의 필요와는 별 관계가 없으며, 그냥 버려도 되는 여분의 뉘앙스로서 무시되기 일쑤이다. 하지만 이런 차이가 존재한다는 사실은 의식의 가장 즉물적(卽物的)인 내용조차도 그 주위에 뭔가 불확실한 그림자를 드리우고 있음을 보여 준다. '어떤 용어가 내포하고 있는 의미 말고는 아무것도 포함하지 않는다'고 매우 엄밀하게 정의된 철학적·수학적 개념마저도 실은 우리 생각보다 훨씬 더 모호한 그림자를 거느리고 있다. 이것은 심리적인 현상이며, 그 자체에 우리가 알 수 없는 부분이 존재하기 때문이다. 심지어 계산에 쓰이는 숫자까지도 우리가 생각하는 것보다 더한 의미를 지니고 있다. 숫자는 숫자인 동시에 신화적인 요소이기도 하다(예컨대 피타고라스학파는 숫자를

▲현대 예술가 마르크 샤갈의 〈시간은 피안이 없는 강〉. 여기에 나타난 물고기·바이올린·시계·연인들 등 다양한 이미지의 예상치 못한 결합이 꿈의 기묘함을 연상케 한다.

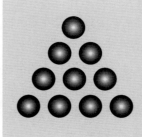

◀점으로 이은 피라미드는 그리스의 피타고라스 철학의 4주식(四柱式)을 표현한다(기원전 6세기). 이 숫자는 합해서 10이 되는 네 숫자(1, 2, 3, 4)를 내포하고 있다. 4와 10은 피타고라스 철학에서 신성한 숫자이다.

▶마야의 부조에서 숫자가 지닌 신화적 측면이 잘 나타나 있다(기원전 730년경). 이 부조는 시간의 수량적 구분을 여러 신으로 인격화하였다.

신성한 것으로 여겼다). 그러나 우리가 숫자를 실제적인 목적으로 사용할 때에는 이 점을 조금도 의식하지 않는다.

요컨대 우리 의식 속에 있는 모든 개념은 그 자체의 심리적 연상(聯想)을 지닌다. 그 연상들은(전인격에 대한 그 개념의 상대적 중요성이나, 또는 무의식에서 연상되는 다른 개념이라든가 콤플렉스 등에 따라서) 저마다 강도가 다르다. 이러한 연상은 그 개념의 '일반적' 성격을 바꿀 수 있다. 게다가 이 개념이 의식의 수준 밑으로 흘러들어가면서 전혀 다른 것으로 변할 수도 있다.

우리에게 일어나는 모든 일이 지닌 이러한 잠재적 측면은 일상생활에서는 별로 중요하지 않은 것처럼 보인다. 그러나 꿈 분석에서는 심리학자가 무의식의

▲숫자뿐만 아니라 돌이나 나무 같이 흔한 대상들도 많은 사람들에게 상징적 중요성을 갖게 한다. 인도의 여행자들이 길가에 놓아둔 거친 돌들은 창조성을 나타내는 힌두의 남근의 상징인 링감(lingam)을 표현한다.

▼서부 아프리카에 있는 나무로 주민들이 '주주(ju-ju)' 또는 '정령 나무'라고 부르며, 그들은 이 나무에 마술적 힘이 있다고 믿는다.

표현을 다루기 때문에 잠재적 측면이 매우 중요해진다. 잠재적 측면이란 우리의 의식적 사고의 보이지 않는 근원인 것이다. 바로 그렇기에 극히 평범한 사물이나 생각이 꿈속에서는 강렬한 심리적 의미를 가지게 된다. 그래서 꿈을 꾸다가 단지 문이 잠긴 방을 봤거나 기차를 놓쳤을 뿐인데도 우리는 심한 혼란에 빠져 잠에서 깨어나기도 하는 것이다.

우리의 꿈속에 나타나는 이미지는, 깨어 있는 상태에서 그 이미지에 대응되는 개념이나 체험보다 훨씬 회화적이고 생생하다. 그 이유 가운데 하나는 꿈속에서는 그런 개념이 스스로 내포하고 있는 무의식적인 의미를 표현할 수 있기 때문이다. 의식적인 사고를 할 때 우리는 스스로를 합리적 표현이라는 한계 안에 가둬 버린다. 그렇게 표현된 내용은 그에 수반되는 심리적 연상을 대부분 제거한 상태이므로 아무래도 퇴색되고 마는 것이다.

그런데 이쯤에서 하나 생각나는 것이 있다. 한 번은 내가 난해한 꿈을 꾸었는데, 꿈속에서 한 남자가 내 뒤로 다가와 내 등에 매달리려고 했다. 나는 그 남자가 내 말을 언급하면서 그 의미를 끔찍하게 왜곡해 버렸다는 사실 말고는

사자 가면을 쓰고 있는 카메룬 주술사 그는 사자로 가장하는 것이 아니다. 그는 자신을 사자로 동일시한다. 니앙가족의 코뿔새 가면처럼 그는 동물과 '정신적 동일성'을 공유한다.
현대의 '합리적'인 사람들은 이와 같은 심리적 연관 고리로부터 그 자신을 단절시키려고 해 왔다(그러나 그것은 무의식 속에는 여전히 심리적 연관 고리가 남아 있다). 현대인에게는 삽은 삽이고, 사자는 사전적 의미로 사자에 불과하다.

그 사람에 대해 아는 것이 하나도 없었다. 나는 이 사실과, 그가 꿈속에서 내 등에 매달리려고 했다는 사실이 대체 무슨 관계가 있는지 알 수 없었다. 다만 전문가의 관점에서 내가 한 말을 사람들이 오해하는 일은 실제로도 종종 있다. 아니, 종종이 아니라 너무 자주 있었다. 그래서 그런 오해 때문에 스스로 화가

났는지 어쨌는지 일일이 따져 볼 기운도 없었다. 하지만 나 자신의 정서적 반응을 의식적으로 조절하는 것은 분명히 가치 있는 일이다. 나는 내 꿈이 바로 그 점을 지적하려고 했음을 깨달았다. 알고 보니 그 꿈은 오스트리아 사람들이 쓰는 관용구를 회화적인 이미지로 번역한 것이었다. 그것은 일상 회화에 자주 등장하는 "Du kannst mir auf den Buckel steigen(영역하면 You can climb on my back. 내 등에 기어오를테면 기어올라봐)!"라는 말이다. 즉 네가 무슨 소릴 하건 나는 개의치 않겠다는 뜻이다. 미국식 표현으로는 "Go jump in the lake!"라고 할 수 있겠는데, 이것도 실제로 호수에 뛰어드는 꿈으로 표현될 수 있다.

이 꿈의 이미지는 상징적이라고도 할 수 있다. 상황을 직접적으로 표현하지 않고, 얼른 이해하기 힘든 은유법을 써서 간접적으로 표현했기 때문이다. 이런 일이 일어나는 까닭은(그것도 꽤 자주 일어나는데) 꿈이 그 의미를 의도적으로 위장했기 때문이 아니라, 단지 감정이 담겨 있는 회화적 언어를 우리가 제대로 이해하지 못하기 때문이다. 일상 경험에서 우리는 어떤 사실을 되도록 정확히 표현해야 하며, 언어에서나 사고에서나 공상적인 꾸밈을 버려야 한다고 배운다. 그 결과 우리는 어떤 소질을 잃어버렸다. 그런데 이 소질이 원시인의 마음속에는 지금도 특징적으로 남아 있다. 근대인들은 대개 온갖 사물과 관념이 지니고 있는 공상적·심리적 연상을 전부 다 무의식에 내맡겨 버린 채 살아간다. 그러나 원시인들은 아직도 이 같은 심리적 특성을 인지하고 있으므로, 우리로서는 이해할 수도 없고 받아들일 수도 없는 특별한 힘을 동물이나 식물이나 바위에 부여한다.

예를 들어 아프리카 밀림에 사는 원주민들은 대낮에 야행성 동물을 보면, 저건 마법사가 변신한 모습이라고 생각한다. 아니, 어쩌면 초원의 영혼이나 자기네 부족 선조의 영혼이라고 생각할지도 모른다. 또 나무 한 그루가 어느 원시인의 삶에서는 중요한 부분을 담당할 수도 있다. 이때 나무는 그를 위한 고유의 영혼과 목소리를 지니고 있으며 당사자는 그 나무와 운명을 함께한다고 느낀다. 남아메리카의 어느 원주민 부족은 자기들한테 깃털도 날개도 부리도 없다는 사실을 잘 알고 있으면서도 자기네 부족이 붉은 아라라 앵무새라고 자신 있게 말한다. 그렇게 주장할 수 있는 이유는 우리의 '합리적' 사회와는 달리 원시인 세계에서는 만사가 뚜렷이 나뉘어 있지 않기 때문이다.

우리 근대인의 세계에서는 심리학자들이 심적 동일성 또는 '신비적인 관여'라고 부르는 것이 이미 배제되어 있다. 그러나 무의식적 연상이라는 후광(後光)은 바로 이렇게 원시인 세계에 풍부한 색채와 공상적 속성을 부여하고 있다. 우리는 이런 것들을 먼 옛날에 완전히 잃어버렸기 때문에 다시 마주쳐도 제대로 알아보지 못한다. 그것들이 의식의 영역 밑에 잠복하고 있다가 이따금 우연히 의식의 표면에 나타나더라도 우리는 그저 뭔가 이상하다고만 여길 뿐이다.

교육을 잘 받은 똑똑한 사람들이 이상한 꿈이나 공상, 심지어 환상에 직면하고는 심한 충격을 받아 나에게 상담하러 온 적도 여러 번 있었다. 이 사람들은 마음이 건강한 이들에게는 이런 일이 일어날 리 없다고 확신하며 병적 장애가 있는 사람만이 환상을 본다고 굳게 믿는다. 언젠가 한 신학자가 내게 말하기를, 에제키엘의 환상은 병적 증상에 지나지 않으며 모세 같은 예언자들이 들었다는 '하느님의 음성'도 실은 환청일 뿐이라고 했다. 한데 그렇게 생각하는 사람한테 똑같은 일이 '저절로' 일어난다면 그가 얼마나 놀랄지 아마 상상이 갈 것이다. 우리는 언뜻 합리적으로 보이는 이 세상에 너무 익숙해져 있기 때문에 상식으로 설명할 수 없는 일이 일어난다는 것은 상상조차 못한다. 반면에 원시인은 이런 충격적인 일이 일어나면 자신의 정신 상태를 의심하는 대신 물신(物神)이나 정령이나 신을 생각한다.

그런데 사람에게 영향을 주는 정서는 어느 세계에서나 다 똑같다. 사실 우리가 정교하게 만들어 놓은 문명에서 발생하는 공포는 원시인이 악령 탓으로 돌리는 공포보다 훨씬 더 위협적이다. 근대 문명인의 태도를 보고 있으면 간혹 떠오르는 환자가 있다. 그는 의사 생활을 하다가 내 병원에 입원한 환자였다. 어느 날 아침 내가 기분이 어떠냐고 물으니 그는 이렇게 대답했다. "살균제로 천국을 구석구석 소독하는 꿈을 꾸면서 멋진 밤을 보냈습니다. 이렇게 철저히 소독하는 동안 하느님은 그림자조차 찾을 수 없었습니다." 이 환자에게서 우리는 신경증, 또는 신경증보다 더 위험한 병을 발견한다. 그의 마음속에는 하느님이나 '신에 대한 두려움' 대신에 이제는 불안 신경증 또는 일종의 공포증이 존재하는 것이다. 이 경우 대상에 대한 정서는 그대로 남아 있는데 그 대상은 이름도 성격도 전보다 더 나쁜 쪽으로 변질돼 버렸다.

또 한편 암 공포증에 관해 상담하러 온 철학 교수가 있었다. 그는 여러 번

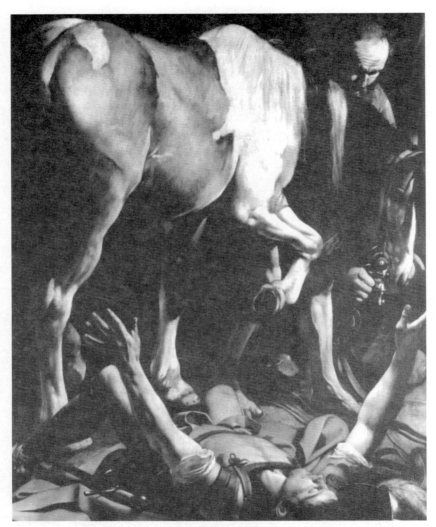

▲성 바울로가 그리스도의 환영(幻影)을 보고 놀라 넘어져 있다. 16세기 이탈리아 화가 카라바조 작.

◀자바섬의 농부들은 그들의 논밭을 정령으로부터 보호하기 위해 수탉을 제물로 바친다. 이와 같은 신앙과 행사는 원시인의 생활에서 기본적인 것이다.

혼령을 시각화한 두 가지 예

▲성 안토니우스에게 달려드는 지옥의 악마들. 16세기 독일 화가 그뤼네발트 작.

▶19세기 일본의 혼령에 관한 삼폭대(세 개가 한 조로 된 족자)의 일부 그림으로, 살해당한 사람의 혼령이 자신을 살해한 사람을 때려 눕힌다.

▲미국 만화가 윌슨은 전 소련 공산당 서기장 흐루시초프의 그림자를 괴물 같은 살인 기계로 묘사했다.
이념적인 갈등은 현대인을 괴롭히는 '악마'를 많이 만들어 냈다.
▼러시아의 잡지 〈크로코딜(Krokodil)〉에 실린 한 만화. 서양의 '제국주의'를, 아프리카 여러 신생 독립 국가들의 국기에 에워싸여 바다로 밀려나는 악마와 같은 늑대로 묘사했다.

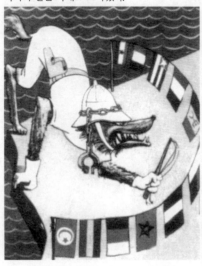

촬영한 엑스레이 사진에서 아무 이상이 발견되지 않았는데도 자기 몸속에 악성 종양이 있을 거라는 강박적 확신에 사로잡혀 있었다. "아무 탈 없다는 건 나도 압니다." 그러면서도 그는 한마디 덧붙인다. "하지만 무슨 문제가 있을지도 몰라요." 대체 무엇 때문에 이런 관념이 생긴 걸까? 이는 틀림없이 공포에서 비롯된 것이다. 그런데 그 공포는 의식적인 사고를 통해 서서히 성립된 것이 아니다. 이 병적인 생각은 불쑥 나타나 그를 사로잡더니, 그 자신도 통제할 수 없을 만큼 강력한 힘을 자체적으로 발휘하게 된 것이다.

원시인은 악령에게 당했다고 쉽게 인정하지만 근대적 교양인은 이런 현상을 좀처럼 인정하지 못한다. 악령이 이렇게 무시무시한 영향을 끼친다는 것은 원시인 문화에서는 적어도 허용될 만한 가설이다. 그러나 자신의 고뇌가 터무니없는 상상력의 장난에 지나지 않는다고 인정하는 것은 문명인에게는 참으로 쉽지 않은 일이다. 원시적인 '악령 들리는 현상'은 오늘날에도 사라지지 않았다. 그것은 예나 지금이나 변함없이 존재한다. 다만 예전과는 달리 좀더 불쾌하게 받아들여지고 있을 뿐이다.

지금까지 여러 가지 면에서 근대인과

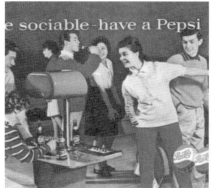

'사교성'을 강조하는 미국의 1960년대 광고물 사진(왼쪽)과 '찬성'을 촉구하면서 '반대'로 도배된 1962년 프랑스의 국민투표 포스터(오른쪽)
오늘날 개인의 의식에 영향을 주고 있는 두 가지 요인은 상업광고와 정치선전이다. 이런 요인들로 인해 현대인은 자기 본성대로 살 수 없게 되고, 그리하여 정신적인 평화를 누리지 못하게 된다.

원시인을 서로 비교해 봤다. 나중에 설명하겠지만 이 같은 비교는 인간의 상징 형성의 경향성, 상징의 표현에서 꿈이 맡는 역할을 이해하는 데 꼭 필요한 본질적인 것이다. 왜냐하면 대부분의 꿈은 원시인의 사고, 신화, 제의(祭儀)와 비슷한 이미지나 심리적 연상을 드러내고 있기 때문이다. 프로이트는 이 꿈의 이미지를 '고대의 잔재'라고 불렀다. 이 용어는 그런 내용들이 아주 먼 옛날부터 사람들 마음속에 잔존해 온 심리적 요소임을 시사한다. 그런데 이와 같은 관점은 무의식을 단순한 의식의 부속물(더 회화적으로 표현하자면 의식적인 마음이 거부한 것들을 죄다 쓸어 넣는 쓰레기통)처럼 여기는 사람들에게서 특징적으로 나타난다.

그 뒤 연구를 통해서 나는 이러한 관점은 수용할 수 없으며 당연히 버려야 한다는 생각을 하게 되었다. 나는 이런 연상과 심상이 무의식의 주요 부분에 해당하며 누구의 꿈에서나 ―꿈꾸는 사람이 교육을 받았든지 안 받았든지, 또 똑똑하든지 멍청하든지 간에― 나타난다는 사실을 발견했다. 아무리 생각해 봐도 그것은 생명 없는 무의미한 '잔재' 따위가 아니다. 그것은 지금도 여전히 살아 움직이고 있으며, 그 '역사적' 성질 덕분에 특별히 높은 가치를 지니고 있다(이 점은 헨더슨 박사가 다음 장에서 자세히 설명할 것이다). 이 연상이나 이미지는 우리가 의식적으로 생각을 표현하는 방법과, 보다 원시적이고 다채로운 회화적 표현 방법 사이에다가 다리를 놓아 준다. 바로 이 형태가 직접적으로 우리 감정과 정서에 호소하는 것이다. 이러한 '역사적' 연상은 합리적 의식의 세계와 본능의 세계를 서로 이어 준다.

이제까지 나는 깨어 있을 때의 '통제된' 생각과, 꿈속에서 산출되는 풍부한 상상 사이의 흥미로운 차이점을 살펴봤다. 그런데 여기서 우리는 그 차이를 낳는 또 다른 이유를 발견할 수 있다. 우리는 문명적인 생활을 하는 과정에서 관념의 정서적 에너지를 거의 다 제거해 버리고 말았으므로, 그런 것에 더 이상 진심으로 반응할 수 없게 되었다. 우리는 대화 도중에 그러한 관념을 사용하고, 또 다른 사람이 그것을 사용할 때 의례적으로 반응한다. 그러나 그것이 우리에게 깊은 인상을 주지는 못한다. 우리 태도나 행동이 바뀔 만큼 강한 느낌을 우리에게 주려면 그보다 더 강력한 뭔가가 필요하다. 바로 그것이 '꿈의 언어'이다. 꿈의 상징은 어마어마한 심리적 에너지를 가지고 있어서 누구나 이에 주의를 기울일 수밖에 없다.

예를 들면 어리석은 편견에 사로잡힌 한 부인이 있었다. 그 부인은 아무리 합리적인 의견이라도 억지를 부리며 깔아뭉개기로 유명했다. 그녀와 밤새도록 토론해 봐야 아무 소용도 없었다. 부인은 남의 말에 아예 신경도 안 썼기 때문이다. 그런데 그 부인이 꾼 꿈은 다른 노선으로 그녀에게 접근했다. 어느 날 밤 부인은 중요한 사교 모임에 참석하는 꿈을 꾸었다. 여주인이 부인에게 인사하면서 말했다. "와 주셔서 감사합니다. 다들 모여서 당신을 기다리고 있어요." 여주인이 부인을 위해 문을 열어 주자 부인은 안으로 들어갔다. 그곳은 바로 외양간이었다.

이 꿈의 언어는 웬만한 사람은 다 이해할 수 있을 만큼 단순하다. 처음에 이 부인은 자기의 자존심을 아주 노골적으로 무너뜨리려는 이 꿈의 요점을 인정하려 하지 않았다. 그러나 그 메시지는 그녀 마음에 강한 인상을 남겼다. 시간이 흐르자 부인은 자기 스스로를 비아냥거리는 그 꿈의 메시지를 인정하고 받아들일 수밖에 없었다.

이렇게 무의식에서 생겨나는 메시지는 많은 사람들이 생각하는 것보다 훨씬 더 중요하다. 우리의 의식적인 생활은 갖가지 영향력에 깡그리 노출되어 있다. 타인은 우리를 자극하기도 하고 우울하게 만들기도 한다. 직장이나 사교 생활에서 일어나는 일이 우리를 혼란에 빠뜨리기도 한다. 이런 것들이 우리를 유혹하여 우리 개성에 적합하지 않은 쪽으로 몰고 간다. 그것이 의식에 미치는 영향을 아는지 모르는지 여부와는 상관없이 의식은 거의 속수무책으로 그 영향에 노출되어 혼란을 겪는다. 이러한 경향은 외향적인 태도를 바탕으로 외적인 사물에 특히 집착하는 사람들, 또는 자기 내면의 가장 깊은 곳에 있는 인격에 대해 열등감이나 의혹을 품고 있는 사람들에게서 두드러지게 나타난다.

의식이 편견이나 오류나 공상, 그리고 유아적인 욕구에 의해 훼손되면 될수록 의식과 무의식 사이는 점

미국의 윌슨이 그린 만화에서 등대지기는 그의 고립된 생활 때문에 정신적으로 약간 혼란상태에 빠진다. 그러자 그것을 보상하는 기능을 가진 그의 무의식은 빌이라는 환각적인 말벗을 만들어 낸다. 그 등대지기는 이렇게 중얼거릴거다. "여보게 빌, 난 어제도 또 혼자 중얼거렸다네."

점 더 벌어져서 결국은 신경증적 분열 상태에 이른다. 그것은 어떤 의미에서건 부자연스러운 생활로 이어지며, 건강한 본능과 자연과 진실에서 자꾸만 멀어지고 만다.

꿈의 일반적인 기능은 미묘한 방법으로 마음 전체의 균형을 되찾아 줄 만한 꿈의 재료를 산출함으로써 심리적 평형 상태를 회복시키는 것이다. 나는 이것을 가리켜, 우리 심리 구조에서 꿈이 맡는 보충적(또는 보상적) 역할이라고 부른다. 바로 그렇기에 비현실적인 이상을 품고 스스로를 너무 높이 평가하는 사람들이나, 자기 능력에 맞지 않는 원대한 계획을 세우는 사람들이 종종 하늘을 날거나 추락하는 꿈을 꾸는 것이다. 꿈은 그들의 인격적 결함을 보상해 주는 동시에 그들이 현재 걷고 있는 길이 위험하다고 경고한다. 꿈의 경고를 무시하면 정말로 사고가 발생한다. 희생자는 계단에서 굴러떨어지거나 자동차 사고를 당할 수도 있다.

불미스러운 사건에 연루되어 꼼짝달싹할 수 없었던 한 남자의 이야기가 떠

오른다. 그는 일종의 보상 행위로서 위험한 등산에 거의 병적으로 집착했다. 말하자면 '나 자신을 뛰어넘는 그 무엇'을 찾아 헤맸던 것이다. 그러던 어느 날 밤 꿈속에서 그는 자기가 높은 산 정상에서 허공으로 걸어가는 모습을 보았다. 그 꿈 이야기를 듣자마자 나는 즉시 위험을 감지했다. 그 꿈은 일종의 경고였다. 나는 이 점을 강조하면서 그에게 좀더 몸조심을 하라고 타일렀다. 그것은 그가 산에서 사고로 죽을지도 모른다는 것을 암시하는 꿈이라고 말하기까지 했다. 그러나 다 소용없는 짓이었다. 6개월 뒤 그는 정말로 '허공으로 걸어갔다'. 등반 안내인은 그가 친구와 함께 험한 코스에서 로프를 타고 내려오는 것을 보았다. 친구는 암벽에서 발 디딜 곳을 찾으면서 조심조심 내려왔고, 그 역시 친구를 따라 내려왔다. 그런데 갑자기 그가 로프를 놓쳤다. 등반 안내인의 목격담에 따르면 '그는 그야말로 허공으로 뛰어들듯이' 추락했다. 그는 그대로 친구 위에 떨어져서 두 사람 다 추락사하고 말았다.

또 다른 전형적인 예를 살펴보자. 분수에 맞지 않는 생활을 하는 한 부인이 있었다. 부인은 평소에는 고상하고 훌륭하게 처신했지만 밤마다 꾸는 꿈은 상당히 충격적이었다. 그것은 온갖 역겨운 것을 연상시키는 꿈이었다. 내가 그 의미를 밝혀냈을 때 부인은 불같이 화를 내며 인정하기를 거부했다. 그러자 꿈은 점점 더 강박적으로 변했다. 부인이 언제나 정열적인 공상에 빠진 채 홀로 숲속을 산책하는 모습이 꿈에 자꾸만 등장하는 것이었다. 나는 위험하다고 생각해서 몇 번이나 경고했지만 부인은 내 말을 귀담아듣지 않았다. 그러던 어느 날 부인은 숲속에서 변태를 만나 끔찍한 꼴을 당했다. 비명 소리를 듣고 사람들이 달려오지 않았더라면 아마 부인은 그놈한테 살해되고 말았을 것이다.

이런 일들이 무슨 마술처럼 느껴질지도 모르지만 실은 그렇지 않다. 단지 그 부인의 꿈은 그녀가 그런 모험을 은근히 동경한다는 사실을 내게 알려 줬을 뿐이다. 앞서 말했던 등산가가 험한 코스를 헤쳐 나갈 확실한 길을 찾아냄으로써 만족을 얻기를 무의식적으로 바랐던 것과 마찬가지로 말이다. 분명히 그들은 거기에 혹독한 대가가 따르리라고는 생각조차 하지 않았다. 하지만 결과적으로 부인은 뼈가 몇 개나 부러졌고, 등산가는 자기 목숨을 대가로 지불해야 했다.

이렇게 꿈은 때때로 어떤 사태가 실제로 일어나기 훨씬 전부터 그 장면을 우리에게 보여 줄 수도 있다. 그렇다고 해서 이것이 꼭 기적이나 예언의 한 형태일 필요는 없다. 인생에 닥쳐오는 갖가지 위험은 오랜 무의식적 역사를 가지고 있다. 우리는 위험이 차곡차곡 쌓여 가는 줄도 모르고 그쪽으로 한 발 한 발 다가간다. 그러나 우리 의식이 모르고 지나치는 것을 무의식이 감지하는 경우가 종종 있다. 무의식은 꿈을 통해 그 정보를 전달할 수 있다.

아테네의 에게우스 왕이 자문을 구하고 있는 델포이 신탁 장면(화병의 그림 일부) 무의식으로부터의 메시지는 신탁의 말이 그런 것처럼 흔히 비밀스럽고, 불명확하다.

꿈은 이런 식으로 자주 경고를 한다. 하지만 또 언제나 그렇다고는 할 수 없다. 그러므로 무슨 일이 터지기 전에 자비로운 손길이 미리 우리를 붙잡아 준다고 함부로 맹신해서는 안 된다. 더 구체적으로 말하자면 그 자비로운 손길은 제대로 작용할 때도 있고 안 할 때도 있다. 심지어 신비로운 손은 우리를 파멸로 이끌지도 모른다. 꿈은 때로는 함정처럼 여겨지기도 하고 실제로 그렇게 판명되기도 한다. 꿈은 크로이소스 왕에게 내려진 델포이 신탁 같은 역할을 할 수도 있다. 그것은 크로이소스 왕이 할리스 강을 건너면 거대한 왕국을 파멸로 몰아넣게 되리라는 신탁이었다. 그래서 강을 건너 적국과 싸운 끝에 전쟁에 참패한 왕은, 그제야 신탁에서 말한 왕국이 자기네 왕국임을 비로소 깨달았다.

꿈을 다룰 때에는 단순하고 소박한 태도를 보여서는 안 된다. 꿈은 순전히 인간적인 것이 아니라, 오히려 자연의 숨결─아름답고 관대하지만 잔혹하기도 한 여신의 정신─에서 생겨난다고 봐야 한다. 이 정신의 특성이 궁금하다면 근대인의 의식보다는 고대 신화나 원시 시대 민담을 통해 접근하는 편이 좋을 것이다. 나는 문명사회가 발전하면서 생겨난 크나큰 이익을 부정할 마음은 없다. 그러나 이 이익은 이루 말할 수 없이 막대한 손실을 대가로 생겨난 것이다. 내가 원시인과 문명인의 상태를 비교하는 목적 가운데 하나는 바로 그런 손익의 균형을 뚜렷이 보여 주기 위함이다.

원시인들은 스스로를 '통제하는' 법을 배운 '합리적'이고 근대적인 그 자손들보다 훨씬 강하게 본능의 지배를 받고 있다. 문명화 과정에서 우리는 의식을 인간 마음속 깊은 곳에 있는 본능의 영역에서 점점 분리시켜 왔으며, 급기야는 심리 현상의 신체적 기초에서도 분리시키기에 이르렀다. 그러나 다행히 우리는 이기본적·본능적 기반을 완전히 잃어버리지는 않았다. 그것들은 무의식의 일부로 남아서 꿈의 형태로나마 우리 앞에 나타난다. 이 본능적인 현상은—성격자체가 상징적이므로 그게 대체 무엇인지 언제나 알 수 있는 것은 아니지만—내가 꿈의 보상적 기능이라고 말했던 측면에서 중요한 역할을 담당한다.

정신적 안정을 위해, 더 나아가 신체적 건강을 위해서도 무의식과 의식은 종합적으로 결합된 채 서로 평행을 이루며 움직여야 한다. 만약에 이 양자가 서로 멀어지거나 '분리되어' 버리면 심리적 장애가 발생하고 만다. 이 점에서 꿈 상징은 인간 마음의 본능적인 부분에서 합리적인 부분으로 중요한 메시지를 전하는 전달자인 셈이다. 그 상징을 해석함으로써 빈곤한 의식은 한층 풍요로워지고, 잊었던 본능의 언어를 다시금 이해하는 법도 배우게 된다.

물론 우리가 꿈 상징을 눈치채지 못하거나 이해하지 않고 그냥 넘어가는 경우가 자주 있으므로 대다수의 사람들은 이 기능에 불신감을 품게 마련이다. 일상에서도 꿈의 해석은 흔히 불필요한 일로 여겨진다. 한때 동아프리카 원시

1926년 케냐 엘곤산의 종족과 함께 있는 융(오른쪽에서 네 번째) 원시사회에 대해 융 자신이 직접 시행한 연구를 통해 그는 매우 가치 있는 많은 심리학적 통찰을 얻었다.

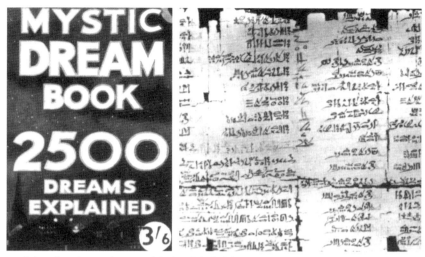

두 가지 꿈해몽 책으로, 왼쪽은 20세기 영국에서 발행된 것이고, 오른쪽은 고대 이집트의 것으로 기원 전 약 2천 년에 쓴 현존하는 가장 오래된 필사본 중의 하나이다. 그러나 꿈 해석에 관한 한 이처럼 사전에 준비된 해석은 아무 의미가 없다. 꿈은 고도로 개성화된 것이므로, 꿈의 상징성은 간단히 분류될 수 있는 것이 아니다.

인들과 함께 지내면서 겪었던 체험을 통해 나는 이 점을 증명할 수 있다. 놀랍게도 이 종족 사람들은 자기네가 꿈을 꾼다는 사실을 부정했다. 그러나 별 상관 없는 이야기를 참을성 있게 계속한 결과, 나는 그들도 역시 남들처럼 꿈을 꾼다는 사실을 알았다. 다만 그들은 그 꿈에 아무 의미도 없다고 확신하고 있었다. "보통 사람의 꿈은 아무 의미도 없다"고 그들은 말했다. 그들은 오직 추장이나 샤먼(영적인 힘을 지닌 무당 같은 존재)의 꿈만이 의미가 있다고 믿었다. 그런 꿈은 그들 종족의 이익에 직결되는 중요한 꿈이었다. 그런데 문제는 추장과 샤먼이 더 이상 유의미한 꿈을 꾸지 않게 되었다고 주장한다는 것이었다. 듣자하니 영국인이 자기네 나라에 들어오고 나서부터 그런 변화가 일어났다고 한다. 이제껏 그 종족의 행동을 이끌어 주었던 '위대한 꿈'의 기능을 이제는 지방장관—그들을 담당하는 영국인 관리—이 가져가 버린 것이다.

이 종족 사람들이 꿈을 꾼다는 것을 인식하면서도 그 꿈이 무의미하다고 생각하는 것은 마치 근대인이 자기의 꿈을 이해할 수 없다는 이유만으로 아무의미 없는 것으로 치부하는 것과 마찬가지이다. 그러나 꿈이(설령 기억은 안 날지라도) 당사자의 기분을 좋게도 나쁘게도 만드는 현상은 문명인에게서도 쉽게 발견할 수 있다. 그 꿈은 '이해된' 것이기는 해도 단지 잠재적으로만 이해된 것이다. 이는 흔히 일어나는 일이다. 대부분의 사람들은 드물게 특별한 현상이 나타날 때에만 꿈을 해석하고 싶어한다. 이를테면 꿈이 유난히 인상적이거나, 똑같은 꿈이 정기적으로 되풀이되거나 할 때 말이다.

그런데 여기서 경고를 하나 해야겠다. 지식도 없고 자격도 없는 사람이 꿈을 함부로 분석하면 안 된다. 어떤 사람들은 정신 상태의 균형이 심하게 깨져 있는데, 이럴 때 이들이 꿈을 해석하는 것 자체가 위험한 일이다. 이때 한쪽으로 치우친 의식은 그에 맞춰 비합리적으로 변한 '미쳐 버린' 무의식과 완전히 분리되어 있다. 이 양자를 세심한 고려 없이 무턱대고 합쳐서는 안 된다.

쉽게 말하자면, 그냥 참고서나 한 권 사서 여러 상징들의 의미를 조사하면 된다는 식으로 기성의 꿈 해설집을 믿는 것은 참으로 어리석은 짓이다. 꿈의 상징은 꿈꾼 당사자와 분리하여 생각할 수 없으며, 어떤 꿈에 대해서도 이미 정해진 단순한 해석 따위는 있을 수 없다. 의식을 무의식이 보상하는 방식은 사람마다 크게 차이가 나므로, 꿈이나 그 상징이 대체 어느 선까지 분류될 수 있을지 확정하기란 불가능하다.

물론 빈번하게 나타나는 전형적인 꿈과 단일한 상징('모티프'라고 부르면 좋을 듯하다)이 존재하는 것도 사실이다. 이를테면 높은 곳에서 떨어지거나 하늘을 날거나, 위험한 동물 또는 적대적인 인간에게 쫓기거나, 공공장소에서 옷을 제대로 입지 않고 이상한 꼴을 하고 있거나, 시간에 쫓기거나, 군중의 소용돌이에 휘말리거나, 싸울 때 무기가 말을 안 듣든지 아예 무방비한 상태이거나, 죽어라 달리는 데도 목적지에 도저히 다다를 수 없다거나 하는 다양한 모티프들이 있다. 전형적이고 유아적인 꿈의 모티프로는 한없이 작아지거나 커지는 꿈, 뭔가 다른 존재로 변신하는 꿈을 들 수 있다. 이런 예는 루이스 캐럴이 쓴 《이상한 나라의 앨리스》에서도 볼 수 있다. 그런데 여기서 다시 한번 강조하지만, 이런 모티프들을 어디까지나 꿈 자체 문맥에 따라 고찰해야지, 독립된 명백한 의미를 지닌 암호로 간주해서는 안 된다.

같은 꿈이 여러 번 되풀이되는 것은 주목할 만한 현상이다. 어떤 사람들은 같은 꿈을 어릴 때부터 늙어서까지 계속 반복해서 꾼다. 이런 꿈은 대체로 꿈꾼 당사자의 생활태도에 존재하는 특정한 결함을 보상하기 위한 것이다. 또는 마음속에 편견이 생길 만한 정신적 외상(外傷, trauma) 체험을 겪고 나서부터 그런 꿈을 꿀 수도 있고, 때로는 그 꿈이 미래에 일어날 중요한 사건을 예견할 수도 있다.

▲흔히 볼 수 있는 커지는 꿈의 유명한 예로, 《이상한 나라의 앨리스》(1877)에서 앨리스가 방을 가득 채울 만큼 커지는 그림.

▼흔히 보는 하늘을 나는 꿈이 표현된 것으로, 19세기 영국의 시인이자 화가 블레이크 작 〈아, 나는 불가능한 것들을 꿈꾸었노라〉.

나도 몇 년에 걸쳐 하나의 모티프로 계속해서 꿈을 꾼 적이 있다. 꿈 속에서 언제나 나는 내 집 안에서 그때까지 미처 몰랐던 어떤 장소를 새로이 '발견한다.' 경우에 따라서 그 장소는 오래전에 돌아가신 우리 부모님이 쓰던 방일 수도 있다. 놀랍게도 아버지는 그 방에다 물고기 비교해부학 연구 실험실을 차려 놓으셨고, 어머니는 유령 같은 손님들을 위해 호텔을 경영하고 계셨다. 또 손님용 별관은 유서 깊은 낡은 건물로, 한동안 그 존재를 잊고 있었지만 내가 물려받은 재산 가운데 하나였다. 그 건물에는 흥미로운 낡은 가구가 많이 있었다. 그리고 내가 이 일련의 꿈을

반복해서 꾸던 마지막 시기에는, 그곳에서 미지(未知)의 책들이 꽂혀 있는 오래된 도서실까지 하나 발견했다. 마지막 꿈에서 나는 마침내 책 한 권을 펼쳐 들고 거기서 너무나 훌륭한 상징적인 그림을 찾아냈다. 눈을 떴을 때 내 심장은 흥분으로 쿵쿵 뛰고 있었다.

이 일련의 꿈에서 마지막에 해당하는 꿈을 꾸기 전에 나는 어느 고서점에서 중세 연금술에 관한 고전적인 편집본을 하나 주문했었다. 그 전에 어떤 책

에 인용된 내용을 보고 그것이 초기 비잔틴 시대의 연금술과 관련돼 있을지도 모른다고 생각해서, 한번 조사해 보고 싶었던 것이다. 그 미지의 책이 등장하는 꿈을 꾼 지 며칠 되지 않아 고서점에서 보낸 소포가 왔다. 안에는 16세기 양피지 책이 들어 있었다. 그 책에는 매우 훌륭한 상징적인 그림이 실려 있었는데, 그것을 본 순간 내가 꿈에서 봤던 상징이 떠올랐다. 연금술 법칙을 재발견하는 것이 심리학의 개척자에 해당하는 내 작업의 중요한 부분이었으므로, 나는 반복해서 나타났던 내 꿈의 주제를 쉽게 이해할 수 있었다. 물론 꿈속에 등장한 집은 나 자신의 인격과 의식적인 관심 분야를 상징하는 것이었으며, 새로 발견된 별관은 내 의식이 아직 몰랐던 흥미로운 새 연구 분야를 예견하는 것이었다. 30년 전 그날 이후로 나는 다시는 그 꿈을 꾸지 않았다.

꿈의 분석

이 책의 첫 장에서 나는 기호와 상징의 차이를 지적했다. 기호는 그것이 대표하는 개념의 한계를 뛰어넘지 못하는 반면, 상징은 명백하고 직접적인 의미를 넘어서는 뭔가를 나타낸다. 게다가 상징은 자연스럽게 저절로 생겨나는 것이다. 제아무리 천재라도 펜이나 붓을 들고 "자, 지금부터 상징을 만들어 내겠다"고 할 수는 없다. 그 누구도 논리적 추론이나 의도적인 시도를 통해 도달한 다소 합리적인 생각에 '상징적' 형태를 부여할 수는 없다. 그것도 어차피 배후에 있는 의식적인 생각과 결합해 있는 기호일 뿐, 세상에 알려지지 않은 뭔가를 암시하는 상징은 아니다. 한편 꿈속에서는 상징이 저절로 생겨난다. 왜냐하면 꿈은 그냥 생겨나는 것이지 누가 만드는 것이 아니기 때문이다. 따라서 꿈은 우리에게 상징에 관한 지식을 제공하는 주요 원천이다.

그런데 여기서 지적해 둘 점은, 상징은 반드시 꿈에서만 나타나는 것이 아니라는 사실이다. 상징은 모든 종류의 심적 표현에서 생겨난다. 그래서 상징적인 생각과 감정, 상징적 행동과 상황이 존재하는 것이다. 상징적인 양식을 설정하는 과정에서는 심지어 무생물조차도 무의식에 협력하는 것처럼 보인다. 시계의 주인이 죽는 순간 그 시계도 멈춰 버리는 사례는 지금까지 수없이 확인되었다. 유명한 이야기지만 프리드리히 대왕의 상수시(Sans Souci) 궁전에 있던 추시계도 대왕이 숨을 거두자 갑자기 멈춰 버렸다고 한다. 또 다른 흔한 예를 살펴보자면, 사람이 죽는 순간 거울이 깨지거나 액자가 뚝 떨어지기도 한다. 또 누군가가 정서적인 위기를 맞이했을 때 집 안에 있는 사물이 설명할 수 없는 이유로 파손되는 경우도 있다. 회의적인 사람들은 이렇게 보고된 사례들을 믿을 수 없다고 말하지만, 이런 종류의 이야기가 흔히 거론된다는 사실 자체가 그것의 심리적 중요성을 충분히 증명해 준다.

상징들 중에는(그중에서 가장 중요한 것으로) 그 성질이나 기원이 개인적이지 않고 보편적인 것도 많이 있다. 이 상징들은 주로 종교적인 심상이다. 신자들은 그 상징이 신에게서 유래했다고—신이 인간에게 계시한 것이라고—믿는다. 회의적인 사람들은 그게 다 조작된 것이라고 가차 없이 말한다. 하지만 내가 보기에는 둘 다 틀렸다. 회의적인 사람들이 지적하듯이, 종교적 상징과 개념이 여러 세기에 걸친, 더없이 정교한 의식적 다듬질의 대상이었다는 것은 사실이다. 동시에 신자들이 믿는 바처럼, 그 상징의 기원은 과거의 신비 속에 깊숙이 파묻혀 있으므로 인간적인 원천이 아예 없는 듯이 보이는 것도 사실이다. 그런데 이 종교 상징들은 사실 태고의 꿈이나 창조적 공상에서 생겨난 '보편적 표상(表象)'이다. 고로 이러한 심상들은 무의식을 통해 자연히 나타난 것이지 결코 의도적으로 만들어진 것이 아니다.

뒤에 설명하겠지만 이 사실은 꿈의 해석에서 가장 직접적이고 중요한 방향을 제시한다. 어떤 사람들은 힘의 원천에 해당하는 본질적인 생각이나 감정이 이미 우리에게 잘 알려진 것인데도 단지 꿈을 통해 '위장'되어 있을 뿐이라고 믿는다. 그러나 꿈이 상징적이라고 가정하는 이상, 우리는 그 사람들과는 전혀 다른 방식으로 꿈을 해석할 수밖에 없다. 그 사람들에게 꿈의 해석이란 아무 의미 없는 작업이다. 왜냐하면 그것은 이미 잘 알고 있는 내용을 새삼스레 찾아내는 것에 지나지 않으니까.

그러므로 나는 언제나 제자들에게 이렇게 말한다. "상징성을 되도록 많이 공부해라. 그리고 꿈을 분석할 때에는 공부한 내용을 전부 잊어버려라." 이 충고는 실제로도 중요하다. 그렇기에 나 자신도 '누군가의 꿈을 충분히 이해하고 올바르게 해석한다는 것은 불가능하다'고 끊임없이 속으로 되된다. 그렇게 함으로써 나 자신의 연상과 반응의 흐름이, 확신이 서지 않아 망설이고 있는 내 환자의 마음을 압도하는 일이 없게끔 하는 것이다. 분석가가 꿈의 개별적인 메시지(의식적인 마음에 대한 무의식의 공헌)를 가능한 한 정확히 파악하는 것은 치료적인 의미에서 대단히 중요하다. 그러므로 분석가는 반드시 꿈의 내용을 철저히 탐구해야 한다.

나는 프로이트와 함께 일할 적에 이 점을 뚜렷이 보여 주는 꿈을 꿨다. 꿈속에서 나는 '내 집'에 있었다. 아마도 2층인 듯했는데, 산뜻하고 기분 좋은 거실에 18세기풍 가구가 놓여 있었다. 정말로 처음 보는 방이라서 나는 깜짝 놀랐

독일 프로이센 왕국의 프리드리히 대왕의 추시계 무생물도 때로는 상징적으로 '행동'하는 것처럼 보인다. 1786년 프리드리히 2세가 죽자, 그의 추시계도 주인을 따라서 멈춰 버렸다.

다. 그럼 1층은 어떻게 생겼을지 갑자기 궁금해졌다. 아래로 내려가 보니 판자벽으로 둘러싸인 우중충한 방이 나왔다. 그 방에는 16세기나 그보다 더 옛날에 만들어진 묵직한 가구들이 비치돼 있었다. 내 가슴속에서는 놀라움과 호기심이 점점 더 커져 갔다. 나는 이 집 전체의 구조를 알고 싶어졌다. 그래서 지하실로 내려갔다. 문은 열려 있고 그 너머에 돌계단이 있었다. 그 계단은 커다란 아치형 천장을 머리에 이고 있는 방으로 이어졌다. 방바닥은 거대한 석판으로 되어 있었고, 벽은 매우 낡은 것 같았다. 나는 벽의 회반죽을 살펴봤다. 그 반죽은 벽돌 가루를 섞어서 만든 것이었다. 그렇다면 이 벽은 틀림없이 로마 시대의 벽이리라. 나는 더욱더 흥분했다. 벽 한쪽 귀퉁이에는 쇠고리가 달린 석판이 붙어 있었다. 쇠고리를 잡고 석판을 당기자 좁은 계단이 나타났다. 동굴 같은 곳으로 통하는 계단이었다. 그 동굴은 선사 시대 무덤과도 비슷했다. 두개골 두 개와 약간의 뼈와 질그릇 파편이 널려 있었다. 이 대목에서 나는 문득 잠을 깼다.[1]

프로이트가 이 꿈을 분석할 때 개별적인 연상과 내용을 탐구하는 내 방법을 따랐더라면 나에게서 장대한 이야기를 끌어낼 수 있었을 것이다. 그러나 실제로 그런 이야기를 들었더라도 프로이트는 그것이 하나의 문제—따지고 보

---

1) 융의 꿈을 더 자세히 알고 싶다면 다음 책 참조. 《카를 융 : 기억 꿈 사상》(김영사, 2007)(원제 : *Erinnerungen, Träume, Gedanken*, 1962)

면 프로이트 자신의 문제—에서 벗어나기 위한 노력에 지나지 않는다면서 그 냥 무시해 버렸을 것이다. 그 꿈은 사실 내 인생을 요약한 것, 더 정확히 말하면 내 정신의 발달 과정을 요약한 것이었다. 나는 200년 전에 세워진 집에서 300살 먹은 가구들에 둘러싸여 자랐다. 그리고 정신적인 면에서 보자면 그 무렵 내가 경험했던 가장 정신적인 탐험은 칸트나 쇼펜하우어 철학을 연구하는 것이었다. 당시의 제일 큰 뉴스는 찰스 다윈의 업적이었는데, 그보다 조금 전에도 나는 여전히 중세적인 우리 부모님의 사고방식과 더불어 살아가고 있었다. 부모님에게 이 세계와 인간은 하느님의 전능하신 능력과 섭리에 따라 다스려지는 대상이었다. 하지만 그런 세계는 점점 고루해지면서 결국 시대착오적인 것이 되어 버렸다. 그리스도교에 대한 내 신앙은 동양 종교 및 그리스 철학과의 만남을 통해 상대적인 믿음으로 바뀌었다. 그렇기에 꿈속에 나왔던 1층은 그토록 조용하고 어둡고 인기척이 하나도 없었던 것이다.

그 당시 내가 역사에 보였던 관심은 전에 해부학 연구소에서 조수로 일할 때 비교해부학과 고생물학에서 느꼈던 근본적인 관심에 의해 자라난 것이었다. 나는 화석이 된 인간 해골에 흥미를 느꼈다. 특히 그즈음에 자주 논의되던 네안데르탈인이나, 그보다 더 많은 논란을 불러일으켰던 뒤부아의 피테칸트로푸스 해골에 푹 빠져 있었다. 실제로 그것들이 내 꿈에 관한 나 자신의 연상이었

상징은 무의식에서 저절로 생겨난다—물론 뒤에 의식에 의해 다듬어질 수는 있다.
◀고대 이집트의 생명과 우주와 인간의 상징인 앙크(ankh).
▶이와 대조적으로 항공사 표지들은 의식적으로 고안된 기호들이지 상징이 아니다.

◀융의 부모. 고대 종교와 신화에 대한 융의 관심은 그의 부모들의 종교적인 세계(그의 아버지는 목사였다)로부터 그를 멀어지게 했다. 이 글에서 언급했듯이 당시 융의 심리상태는 프로이트와 일할 당시의 꿈 이야기에서 잘 나타나 있다.
▶1900년에 정신과 의사로 일했던 취리히의 부르크횔츨리(Burghölzli) 정신병원 앞에서 찍은 융의 모습

다. 그러나 해골이니 뼈니 시체니 하는 화제를 프로이트가 썩 좋아하지 않는다는 사실을 알고 있었으므로 나는 일부러 침묵을 지켰다. 그랬더니 프로이트는, 프로이트가 빨리 죽기를 내가 바란다는 식으로 아주 이상한 해석을 내놓았다. 그는 우리가 1909년에 배를 타고 미국으로 건너가기 전에 브레멘을 방문했을 때, 내가 이른바 그곳의 블라이켈러(지하 묘지)에서 미라가 된 시체에 대해 묘하게 강한 관심을 보였다는 사실에서 그런 결론을 도출해 냈다.

　나는 내 생각을 말하기가 꺼려졌다. 그즈음의 경험을 통해, 나와 프로이트의 정신적 구조 및 배경이 너무나 달라서 도저히 그 사이를 메울 수 없다는 인상을 강하게 받았기 때문이다. 만약에 내가 나 자신의 내적 세계를 펼쳐 보였더라면, 프로이트의 눈에는 그 세계가 몹시 이상하게 비쳤을 것이다. 나는 괜히 그랬다가 그와의 우정을 잃게 될까 봐 두려웠다. 그때는 나 자신의 심리학을 완전히 확신하지도 못했었다. 그래서 나도 모르게 내 '자유 연상'에 대해 거짓말을 하고 말았다. 프로이트와는 전혀 다른 내 개인적인 기질을 그에게 이해시킨다는 것은 불가능해 보였고, 그런 골치 아픈 일은 피하고 싶었다.

프로이트에게 꿈 이야기를 하다가 내가 난처한 입장에 처하게 된 과정을 너무 장황하게 설명한 것 같은데, 이 점에서 독자 여러분의 양해를 구한다. 하지만 이것은 실제로 꿈을 분석할 때 발생하는 난처한 상황을 보여 주는 좋은 예이다. 분석가와 분석을 당하는 사람 사이의 개인차가 정말로 많은 것을 좌우하는 것이다.

프로이트가 뭔가 부적절한 소망을 나한테서 찾아내려 한다는 것은 금방 알 수 있었다. 그래서 나는 시험 삼아, 꿈에서 본 해골은 혹시 내가 어떤 이유에서 죽어 주기를 바라는 우리 가족 중 한 사람과 관련된 것이 아니겠느냐는 뜻을 넌지시 내비쳐 봤다. 그러자 프로이트는 얼른 내 의견에 동감했다. 나는 이런 '엉터리' 해결에 만족할 수 없었다.

프로이트의 질문에 적당한 대답을 찾아내려고 애쓰는 동안, 나는 불현듯 주관적 요인이 심리적 이해에 미치는 영향을 직관적으로 깨닫고는 그만 당황하고 말았다. 그 직관은 강하게 내 마음을 뒤흔들었다. 이렇게 대처하기 힘든 당혹스런 상황에서 빠져나가는 데에만 급급한 나머지, 나는 거짓말이라는 안이한 방법을 선택해 버렸다. 이것은 칭찬받을 만한 일도 아니고 도덕적으로 변명할 수 있는 일도 아니다. 하지만 내가 거짓말을 하지 않았더라면 프로이트와 결정적인 논쟁을 벌이게 됐을 텐데, 그때 나는 여러 가지 이유에서 그런 논쟁은 감당할 수가 없었다.

내 직관은 다음과 같은 사실에 대한 갑작스러운 뜻밖의 통찰로 이어졌다. 즉 내 꿈은 나 자신, 내 생활, 내 세계이고, 타인이 개인적인 이유나 목적으로 만들어 낸 이론적 구조와는 전혀 다른 나의 온전한 현실이다. 그것은 프로이트의 꿈이 아니라 내 꿈이었다. 그 순간 나는 그 꿈이 무엇을 뜻하는지 단번에 깨달았던 것이다.

방금 이야기한 갈등은 꿈의 분석에 관한 중요한 점을 보여 준다. 꿈의 분석이란 한 인간이 배워서 규칙에 따라 적용할 수 있는 일종의 기술이 아니라, 두 인격 사이에 이루어지는 변증법적 대화인 것이다. 그것이 기계적인 기술로 취급된다면 꿈꾸는 사람 개인의 정신적 인격은 시야 밖으로 사라지고 치료의 문제는 단순한 질문 차원으로 환원되고 만다. 말하자면 분석가와 꿈꾼 사람 가운데 어느 쪽이 상대를 지배하느냐는 질문으로 변질되는 것이다. 그래서 나는 최면 요법을 포기했다. 내 의지를 남에게 강제하고 싶지는 않았기 때문이다. 나는 치료 과정이 환자 본인의 인격에서 시작되기를 바랐지, 그저 일시적인 효과밖에 없는 내 암시에서 시작되기를 바라지는 않았다. 내 목적은 환자의 존엄과 자유를 지키고 보존하는 것이었다. 그로써 환자는 자기 자신의 바람대로 제 삶을 살아가게 된다. 프로이트와 갈등을 겪으면서 나는 비로소 깨달았다. 인간 및 인간 마음에 관한 일반적인 이론을 세우기 전에, 먼저 우리가 실제로 다루어야 하는 살아 있는 인간에 대해서 좀더 공부해야 한다는 것을 말이다.

개인이야말로 유일한 현실이다. 개인에서 벗어나 인류라는 추상적인 관념으로 나아갈수록 우리가 실패할 가능성은 높아진다. 요즘 같은 사회적 동란과 급격한 변화의 시대에는 개인에 대해 좀더 자세히 아는 것이 바람직하다. 이유인즉 너무나 많은 것들이 개인의 정신적 또는 도덕적 자질에 달려 있기 때문이다. 하지만 또 올바른 관점에서 모든 것을 바라보려면 우리는 인간의 현재뿐만 아니라 과거에 대해서도 알아야 한다. 그러므로 신화와 상징의 이해가 본질적으로 중요한 것이다.

유형 문제

　심리학을 제외한 모든 과학 분야에서는 어떤 가설을 개성 없는 주체에 적용하는 것이 정당한 방법으로 여겨지고 있다. 그러나 심리학에서는 필연적으로 두 개인 사이의 살아 있는 관계에 직면하게 된다. 여기서는 양쪽 다 주관적인 인격을 박탈당할 수 없으며, 다른 어떤 방법으로도 비인격화(非人格化)될 수 없다. 분석가와 환자는 개인의 감정을 배제하고 객관적인 방법으로 어떤 특정한 문제를 다루는 데 동의할 수도 있다. 그러나 그 문제에 달려들자마자 그들의 전인격은 논의 속에 휘말려 들어가고 만다. 이 상황에서는 서로 합의에 도달할 때에만 치료에도 진전이 있을 수 있다.

　최종 결과에 관하여 어떤 객관적인 판단이 가능할까? 우리가 내린 결론과 하나의 표준, 즉 그 개인이 속한 사회적 환경에서는 일반적으로 가치 있다고 여겨지는 표준을 서로 비교한다면 객관적인 판단도 가능할 것이다. 그러나 우리는 당사자의 정신적 균형(또는 '정신 건강')을 고려하지 않을 수 없다. 왜냐하면 최종 결과가 그 개인을 완전히 보편적인 수준으로 만들어서 그가 속한 사회의 '규범'에 일치시키는 것일 수는 없기 때문이다. 그랬다가는 몹시 부자연스러운 조건이 붙을 것이다. 건강하고 정상적인 사회란 사람들이 대체로 하나의 의견에 동의하지 않는 사회이다. 즉 만장일치는 인간의 본능적 성질의 범위 밖에서는 비교적 찾아보기 힘든 현상인 것이다.

　의견의 불일치라는 것은 사회적인 정신생활의 한 원동력으로 기능한다. 물론 그것은 목적이 될 수는 없다. 일치하는 것도 불일치만큼이나 중요하다. 심리학은 기본적으로 대극성(對極性)의 조화에 중점을 두고 있으므로, 어떤 판단이든지 반대되는 경우를 고려하지 않는 한 최종 판단이라고 할 수 없다. 이러한 특수성이 생겨나는 까닭은 '마음이란 과연 무엇인가' 하는 질문에 대해 최종적 판단을 내릴 만한 기준점이 심리학에도 그 바깥에도 존재하지 않기 때문이다.

꿈이 개별적인 취급을 요하는 데도 불구하고, 심리학자들이 많은 개인을 연구할 때 수집된 소재를 명확히 분류하기 위해서는 아무래도 일종의 일반화 작업이 필요하다. 개별적인 많은 사례들의 공통점과 차이점이 무엇인지 분명히 밝히려는 노력조차 하지 않고 단순히 사례들을 기술함으로써 어떤 심리학 이론을 만들거나 가르칠 수는 없는 노릇이다. 실은 그 어떤 일반적인 성격도 이론의 기초가 될 수 있다. 예를 들어 우리는 한 개인이 '외향적'이고 다른 개인이 '내향적'이라는 식으로 비교적 단순하게 성격을 구별할 수 있다. 이것은 여러 가지로 가능한 일반화 가운데 하나일 뿐이다. 하지만 이것만 봐도 우리는 분석가가 우연히 그중 한 유형에 속하고, 환자가 다른 유형에 속할 때 발생하는 문제점을 쉽게 짐작할 수 있다.

꿈의 심층 분석에서는 두 개인이 직면할 수밖에 없다. 그래서 그들의 성격 유형이 얼마나 같고 다르냐에 따라 큰 차이가 생긴다. 둘 다 같은 유형에 속한다면 오랫동안 둘이 합심하여 작업을 순조롭게 진행할 수 있을 것이다. 그러나 한 사람이 외향적이고 다른 사람이 내향적이라면 그들의 서로 다른―심지어 모순되는―기준점은 곧바로 충돌을 일으키게 된다. 특히 그들이 자신의 성격 유형을 잘 모르고 있을 때, 아니면 자신의 성격 유형이야말로 바람직하다고 확신하고 있을 때 충돌이 일어난다. 예컨대 외향적인 사람은 다수의 견해를 선택

미국 만화가 파이퍼(Jules Feiffer)의 그림에서, 당당한 외향적인 사람이 위축된 내향적인 사람을 압도하고 있다.

하겠지만, 내향적인 사람은 그것이 유행하고 있다는 이유만으로 다수의 견해를 거부할 것이다. 한쪽에게는 가치 있는 것이 다른 쪽에게는 가치가 없기 때문에 이러한 의견 차이가 쉽게 발생하는 것이다. 예를 들어 프로이트는 내향적인 유형을, 개인이 자기 자신에게 병적인 관심을 갖고 있는 경우라고 해석했다. 하지만 내성(內省)이나 자기에 관한 지식은 실제로는 매우 커다란 가치와 중요성을 지닐 수도 있다.

꿈의 해석에서는 이러한 인격 차이를 반드시 고려해야 한다. 분석가는 단지 심리학 이론과 그에 상응하는 기술을 지니고 있을 뿐, 그런 인격 차이를 뛰어넘은 초인(超人)이 될 수는 없다. 분석가는 자기 이론과 기술이 절대적 진실이며 인간의 마음 전체를 두루 파악할 수 있다고 가정할 때에만 자기가 남들보다 우위에 서 있다고 생각할 수 있다. 하지만 그런 가정은 더없이 미심쩍은 것이므로 실제로 분석가는 확신을 가질 수 없다. 따라서 그가 그 자신의 살아 있는 전체성을 동원하여 환자의 인간성 전체에 직면하지 않고, 자신의 이론 및 기술(그것도 한낱 가설이자 시도에 불과하지만)을 내세워서 환자를 대한다면 속으로는 엄청난 의혹에 시달릴 수밖에 없다.

분석 과정에서 환자의 인격에 충분히 대항할 수 있는 것은 오로지 분석가의 전인격뿐이다. 심리학적 경험이나 지식은 분석가가 지닌 단순한 이점에 지나지 않는다. 그런 체험이나 지식에 의존한들 분석가는 환자와 마찬가지로 자기 자신도 시험받게 되는 상황을 피할 길이 없다. 이리하여 분석가와 환자의 인격이 서로 조화를 이루는지 갈등을 빚는지, 아니면 서로 보완적으로 작용하는지가 매우 중요한 문제로 떠오른다.

외향성과 내향성은 인간 행동의 수많은 특성 가운데 겨우 두 가지 측면에 지나지 않는다. 다만 이 특성은 다른 특성들에 비해 뚜렷해서 쉽게 인지되는 편이다. 실제로 외향적인 사람들을 조사해 보면 그들이 많은 점에서 서로 다르다는 사실을 금방 알아차리게 되므로, 외향성이 참된 특성의 기준이라고 하기에는 지나치게 피상적이고 일반적임을 알 수 있다. 그런 까닭에 오래전부터 나는 언뜻 보기에 한없이 다양해 보이는 인간의 개성에 어떤 규칙성을 부여할 만한 또 다른 기본적인 특성을 찾아보려고 했다.

나는 많은 사람들이 되도록 머리를 쓰지 않으려고 하며, 또 그만큼 많은 사

인간 '유형'에 관한 융 학파의 용어는 교조적인 것이 아니다.
◀예를 들면 간디는 고행자(내향적)인 동시에 정치 지도자(외향적)였다.
▶한 개인─군중 속에 있는 어떤 얼굴─은 어느 정도만 분류될 수 있을 뿐이다.

람들이 머리를 쓰더라도 놀랍도록 미련하게 쓰고 있다는 사실에 강한 인상을 받았다. 또한 지적이고 빈틈없는 사람들이(큰 문제만 없다면) 마치 감각 기관을 쓸 줄 모르는 것처럼 살아가고 있다는 사실에 깜짝 놀랐다. 그들은 자기 눈앞에 있는 것을 보지 못하고, 자기 귀에 들리는 소리를 듣지 못하고, 자기가 만지거나 맛보는 대상을 인지하지 못한다. 또 어떤 사람들은 자기 몸 상태를 거의 모르는 채로 살아가기도 한다.

게다가 몹시 기묘한 의식 상태에서 살아가는 듯이 보이는 사람들도 있다. 그들은 오늘날 우리가 도달해 있는 시점이 최종적인 순간이므로 더 이상 변화가 일어날 가능성은 없다고 믿거나, 또는 세계와 마음은 정적이어서 언제나 그 상태에 머물러 있다고 믿으면서 살아간다. 그들은 모든 상상을 포기한 채 감각 기관에만 의존하고 있다. 우연이나 가능성 따위는 그들의 세계에는 존재하지 않는다. 그들의 '오늘'에는 실제적인 '내일'이 없다. 미래는 과거가 되풀이되는 것에 지나지 않는다.

여기서 나는 내가 만난 많은 사람들을 관찰하기 시작했을 때 느꼈던 첫인상을 간단히 독자 여러분께 소개하고 싶다. 우선 나는 자기 머리를 쓰는 사람들이 곧 사고하는 사람들이라는 사실을 깨달았다. 그들은 자기 자신을 타인이나 환경에 적응시키기 위해서 자신의 지적 기능을 발휘하는 사람들이다. 한편 지능은 있지만 사고하지 않는 사람들은 감정을 통해서 자기 나름의 적응 방식을 찾아내는 사람들이다.

그런데 '감정 또는 느낌(feeling)'이 무엇인지 잠깐 설명하고 넘어가야겠다. 이를테면 사람들은 뭔가가 '센티멘트(sentiment)'(프랑스어의 '상티망'에 대응하는 단어)와 관련되어 있을 때 '감정'이라고 말한다. 하지만 또 의견을 나타낼 때에도 '느낌'이란 말을 쓰곤 한다. 예를 들어 백악관에서 발표하는 성명에는 "대통령께서는 ……라고 느꼈습니다"라는 표현이 쓰인다. 게다가 이 단어는 "……한 것 같은 느낌이 든다"는 식으로 직관을 표현할 수도 있다.

내가 '사고(thinking)'에 대응하는 말로서 이 '감정'이란 단어를 쓸 때에는 호오(好惡)나 선악 같은 가치 판단을 염두에 두고서 쓰는 것이다. 이 정의에 따르면 감정은 정서(emotion)가 아니다(정서는 그야말로 자연발생적인 것이다). 내가 말하는 감정은 사고와 마찬가지로 합리적인(즉 규칙성을 부여하는) 기능인데, 이에 비해 직관은 비합리적인(뭔가를 감지하는) 기능이다. 직관은 일종의 '감'이므로 의도적 행위의 산물이라고 할 수 없다. 그것은 판단 행위라기보다는 오히려 자연발생적인 것으로서 서로 다른 외적·내적 환경에 의존하고 있다. 말하자면 직관은 감각 지각과도 같다. 감각 지각은 정신적 요인보다는 차라리 신체적 요인에 의한 외부 자극에 본질적으로 의존하고 있다는 의미에서 비합리적이다.

이러한 네 가지 기능 유형은 의식이 경험의 방향을 잡는 방법에 대응한다. 말하자면 감각(즉 감각 지각)은 우리에게 뭔가가 존재하고 있음을 알려 주고, 사고는 그것이 무엇인지 알려 주며, 감정은 그것이 좋은지 나쁜지 알려 주고, 직관은 그것이 어디에서 와서 어디로 가는지 알려 준다.

그런데 독자 여러분은 인간 행동 유형에 관한 이 네 가지 규준이 의지력, 기질, 상상력, 기억력 등등 수많은 개념 가운데 네 가지 관점에 지나지 않는다는 점에 유념해야 한다. 이 유형들은 결코 도그마적 진리가 아니다. 다만 그 기본적인 성질 때문에 적당한 분류 규준으로 채택될 수 있을 뿐이다. 내가 보기에 이 규준은 아이에게 부모님을 설명하거나 아내에게 남편을 설명할 때, 아니면

그 반대의 경우에 매우
유용하게 쓰일 수 있다.
또한 자기 자신의 편견을
이해하는 데에도 유용
하다.

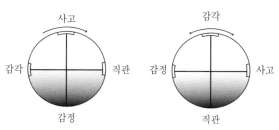

당신이 남의 꿈을 이해
하고자 한다면 먼저 자
신의 취향을 버리고 편견
을 억눌러야 한다. 물론
쉽지도 않고 즐겁지도 않
은 일이다. 왜냐하면 이

정신의 '나침반'은 바로 일반적인 사람을 보는 융 학파의 심리학 방
법 중 하나. 나침반의 각 점에는 각기 대극이 있다. '사고'형 인간에
게 이 대극은 비교적 발달이 더딘 '감정'일 것이다. 여기에서 '감정'
은, 행위의 까닭을 분석하거나 이론화하지 않고 단지 '그리하는 것
이 좋겠다'는 식으로 경험을 저울질하고 평가하는 능력을 말한다.
물론 어떤 개인의 경우든 이러한 특성들이 서로 겹치게 마련이다.
즉 '감각'형 인간의 경우, 사고와 감정이 같이 승(承)할 수도 있다는
것. 이 경우 감각의 대극인 '직관'은 가장 약한 면모를 보인다.

것은 윤리적인 노력을 기울여야 하는 일이므로 누구나 기꺼이 할 수 있는 일은
아니기 때문이다. 그러나 분석가가 자신의 입장을 비판하고 상대성을 인정하려
는 노력을 게을리한다면, 환자의 마음에 대해 올바른 정보를 얻을 수도 없고
상대를 충분히 통찰할 수도 없을 것이다. 분석가는 적어도 환자가 자발적으로
분석가의 의견을 귀담아듣고 진지하게 받아들이길 기대한다. 하지만 그렇다면
환자에게도 그와 똑같은 권리를 부여해야 한다. 이러한 관계가 이루어져야 비
로소 상호 이해가 가능해진다. 그러므로 이런 관계의 필요성은 명백한데, 치료
과정에서 분석가의 이론적 기대가 충족되는 일보다는 환자가 이해하는 일이
훨씬 더 중요하다는 점을 명심해야 한다. 분석가의 해석에 대한 환자의 저항이
꼭 나쁜 것만은 아니다. 환자의 저항은 '뭔가 석연치 않다'는 신호이다. 말하자
면 환자가 아직은 분석가와 같은 수준으로 자신을 이해하지 못했든지, 아니면
그 해석 자체가 적합하지 않다는 뜻이다.

타인의 꿈에 나타난 상징을 해석하려고 할 때 우리는 자주 장애에 부닥치게
된다. 그 과정에서 우리는 흔히 자신을 투영하여―즉 분석가가 감지하고 생각
하는 것은 꿈꾼 사람도 똑같이 감지하고 생각하리라고 쉽게 가정하여―불가
피한 이해력의 차이를 없애 보려고 하기 때문이다. 이런 경향은 오류를 낳는다.
이 오류의 근원을 극복하기 위해서, 꿈 전체에 관한 이론적인 모든 가정을―
꿈에는 반드시 무슨 의미가 있을 것이라는 가정만 제외하고―완전히 배제하

고서 단지 개별적인 꿈의 흐름에만 충실해야 한다고 나는 누누이 주장해 왔다.

이제까지 설명한 내용으로, 꿈 해석에 관해 일반적인 규칙을 정하기란 불가능하다는 사실이 명백히 밝혀졌다고 본다. 앞에서 나는 의식적인 마음의 결함이나 뒤틀림을 보상하는 것이 꿈의 일반적인 기능일 것이라고 말한 바 있다. 그런데 오해하지 않기를 바란다. 그것은 이 가정이 특정한 꿈의 성질에 접근하는 가장 효과적인 방법을 제시한다는 뜻이었다. 어떤 사례에서는 이 기능이 두드러지게 나타날 때도 있다.

내 환자 가운데는 스스로를 과대평가하는 사람이 하나 있었는데, 자신의 지인들 대부분이 자기의 고상한 체하는 태도를 역겨워하는 줄은 꿈에도 몰랐다. 그는 꿈속에서 술에 취한 부랑자가 하수구에 굴러떨어져 있는 모습을 봤다고 나에게 말했다. 그 광경을 그는 거만하게 묘사하면서 한마디 했다. "인간이 그렇게나 타락할 수 있다니, 참 무섭네요." 이 꿈이 불쾌한 성질을 띠고 나타난 것은, 스스로를 과대평가하는 그의 판단을 상쇄시키려는 하나의 시도였음에 틀림없다. 하지만 실은 그게 전부가 아니었다. 나는 곧 그에게 알코올 중독으로 폐인이 된 형제가 있다는 사실을 알아냈다. 그 꿈은 또 한 가지 사실을 시사하고 있었던 셈이다. 바로 그 환자가 자신의 외부 또는 내부에 존재하는 형제의 이미지를 보상하기 위해서 그렇게 우월함을 과시하는 듯한 태도를 취했다는 것을 말이다.

또 다른 사례도 있다. 한 부인은 자기가 심리학을 지적으로 잘 이해하고 있

뉴욕 빈민가의 알코올 중독자 영화 〈빈민가〉(1955)에서의 한 장면. 이와 같은 모습은 그 자신이 다른 사람들보다 우월하다고 느끼는 사람들의 꿈에 나타나기도 한다. 이런 방법으로 그의 무의식은 일방적으로 치우친 의식을 보상해 주게 된다.

스위스의 헨리 퓨젤리 작 〈악몽〉(1781) 거의 모든 사람이 자신의 꿈에 놀라 깨거나, 혼란에 빠지곤 한다. 우리가 잠을 잔다고 해서 무의식 내용으로부터 보호되는 것은 아니다. 이 그림은 악마가 어떻게 정신의 가장 깊은 곳에서 불려 나와 눈에 보이는 존재로 출현하는지를 보여 준다.

다면서 자랑스럽게 여기고 있었다. 그런데 그녀는 또 다른 부인에 대한 꿈을 여러 번 꿨다. 평소에 그녀는 꿈에 나오는 그 부인을 '허영이 심하고 부정직한 모사꾼' 같다면서 싫어했었다. 하지만 꿈속에서는 이 여자가 마치 자매처럼 친근하고 호감 가는 모습으로 등장하는 것이었다. 이 환자는 자기가 그렇게나 싫어하는 여자가 꿈에서는 왜 호감 가는 존재로 등장하는지 이해하지 못했다. 그런데 이 꿈은 환자 본인이 꿈속의 부인과 비슷한 무의식적인 성격의 '그림자를 거느리고' 있음을 알려 주는 것이었다. 이 환자는 자기 자신의 인격은 이러저러하다고 명확한 관념을 갖고 있었다. 그런 만큼 그 꿈이 자신의 권력 콤플렉스와 숨은 동기를 보여 주고 있다는 사실을 인지하기란 무척 어려웠다. 이런 무의식적인 경향 때문에 부인은 친구들과 몇 번이나 불쾌한 말다툼을 벌였는데, 그때마다 항상 자기는 잘못이 없다면서 다른 사람들을 비난했다.

우리는 단지 우리 인격의 '그늘진' 부분만을 간과하고 무시하고 억압하는 것이 아니다. 우리는 자신의 바람직한 측면도 똑같이 간과하고 무시하고 억압한다. 이와 관련된 예가 하나 있는데, 겉보기에는 매우 겸손하고 얌전하면서, 몸가짐이 나무랄 데 없는 한 남자의 이야기이다. 그는 언제나 조심스럽게 뒷자리에 앉았지만 그래도 빠짐없이 꼬박꼬박 출석했다. 기회가 오면 꽤 조리 있게 말을 잘했는데 결코 적극적으로 의견을 내세우지는 않았다. 다만 가끔은 주어진 문제를 좀더 잘 해결할 수 있는 고차원적인 방법이 있음을 은근히 시사하곤 했다(그렇다고 그 방법을 구체적으로 설명한 적은 없었지만).

그런데 꿈속에서 그는 항상 나폴레옹이나 알렉산더 대왕같이 위대한 역사적 인물과 만나고 있었다. 이는 분명히 열등감을 보상하는 꿈이었다. 하지만 또 다른 의미도 있었다. 그 꿈은 "이런 유명한 사람들을 만나는 '나'란 사람은 대체 어떤 인물이냐"는 질문을 던지고 있었다. 이 점에서 그 꿈은 그의 열등감을 상쇄하는 은근한 과대망상증 경향을 보여 주고 있었다. 이처럼 무의식적으로 자신을 위대하게 여기는 관념 때문에 그는 환경이라는 현실과 동떨어져 고립되고, 또 다른 사람들이 당연히 짊어지는 의무에도 홀로 초연할 수 있었던 것이다. 그는 자신의 뛰어난 판단이 뛰어난 자질에서 비롯되고 있음을 자신에게든 타인에게든 증명해 보일 필요가 없다고 생각하고 있었다.

실제로 그는 무의식적으로 엉뚱한 장난을 하고 있었다. 그래서 꿈은 기묘하고도 막연한 방법으로 그것을 의식의 수준까지 끌어올리려고 노력했던 것이다. 나폴레옹과 친하게 지내고 알렉산더 대왕과 대화를 나눈다는 것은 분명히 열등감이 빚어낸 일련의 공상이다. 그런데 여기서 의문이 생길 법도 하다. 어째서 꿈은 좀더 솔직히 직접적으로 시원하게 할 말을 하지 않는 걸까?

나는 종종 이런 질문을 받았고 나 자신에게도 질문을 던져 봤다. 꿈이 일부러 명확한 정보를 주지 않고 결정적인 점을 숨기면서 사람의 애간장을 태운다는 점에 대해서는 나도 자주 놀라곤 한다. 프로이트는 인간 심리의 어떤 특수한 기능이 존재한다고 가정하여 그것을 '검열 기관'이라고 불렀다. 그는 검열 기관이 꿈의 이미지를 왜곡하여 인지하기 어렵고 오해하기 쉬운 것으로 변질시켜 버려서, 꿈꾸는 사람의 의식을 속이고 꿈의 참된 주제를 은폐한다고 생각했다. 이렇게 꿈꾸는 사람에 대한 비판적인 내용을 숨김으로써 이 '검열 기관'은 불쾌한 생각이 주는 충격으로부터 잠을 보호한다는 것이다. 그러나 나는 꿈이 잠의 보호자라는 이 이론에 대해서는 회의적이다. 꿈은 종종 잠을 방해하기 때문이다.

내 생각은 이렇다. 의식에 접근하는 과정에서는 마음의 잠재적 내용이 '지워 버리는' 효과를 가지고 있는 듯이 보인다. 잠재의식 상태에서 관념이나 심상은 의식 상태에서보다 훨씬 낮은 긴장감을 지니고 있다. 그래서 잠재의식 상태에서는 관념이나 심상이 정의(定義)의 명확성을 상실한다. 그것들의 관계는 필연성이 약해지면서 모호한 유비(類比)의 성격을 띠게 된다. 그것은 합리성을 잃고 몹시 난해해진다. 이런 현상은 사람이 너무 피곤하거나 열병에 걸렸거나 중독되는 바람에 마치 꿈꾸는 듯한 상태에 빠졌을 때에도 관찰된다.[1] 그런데 이 느슨한 심상들 가운데 어떤 것에 좀더 강한 긴장감이 부여되면, 그 이미지는 잠재적인 상태에서 다소 벗어나 의식의 영역에 가까워지면서 훨씬 명확히 정의되기에 이른다.

이 사실을 통해서 우리는 꿈이 자주 유비적인 표현을 쓰는 이유, 하나의 꿈 이미지가 다른 꿈 이미지 속에 섞여 들어가는 이유, 그리고 우리가 깨어 있을 때의 논리적·시간적 척도를 꿈에 적용하기 어려운 이유를 이해할 수 있다. 이러한 꿈의 형태는 무의식의 본연에 충실한 것이다. 실제로 꿈이 산출해 내는 소재는 잠재의식 상태에서는 바로 그런 형태로 유지되고 있기 때문이다. 프로이트는 꿈이 '인정할 수 없는 소망'으로부터 잠을 보호한다고 말했지만 이는 사실이 아니다. 그가 꿈의 '변장(變裝)'이라고 일컬었던 꿈의 형태는 실은 모든 충

---

1) 잠재적인 관념이나 이미지 상태에 관한 예는 피에르 자네의 저서에 실려 있다.

동이 무의식 상태에서 자연히 취하고 있는 본연의 형태일 뿐이다. 이런 까닭에 꿈은 명확한 사고를 산출할 수 없다. 만일 꿈이 명확해진다면 그것은 경계를 넘어 의식의 영역에 들어온 것이므로 이미 꿈이라고 할 수 없다. 꿈이 의식적인 마음에서 가장 중요하다고 여겨지는 점을 빠뜨리고, 개기일식 때 나타나는 희미한 별빛처럼 오히려 '의식의 변두리'만 드러내는 듯이 보이는 것도 바로 이 때문이다.

우리는 꿈의 상징이 대체로 의식의 통제에서 벗어난 심리 세계를 그대로 표출한 것임을 이해해야 한다. 의미나 목적성은 의식만이 누리는 특권이 아니다. 그것은 생명체 전체에서 작용하고 있다. 유기체의 성장과 마음의 성장 사이에는 원칙적으로는 아무런 차이도 없다. 식물이 꽃을 피워 내듯이 마음은 상징을 창조한다. 우리가 꾸는 꿈은 모두 이 과정을 나타내는 것이다.

이리하여 본능적인 힘은 꿈을 통해(더 나아가 직관, 행동, 그 밖의 자연발생적인 것들도 더불어서) 의식의 활동에 영향을 미친다. 그것이 좋은 영향인지 나쁜 영향인지는 무의식의 실제 내용에 달려 있다. 보통 의식화되어 있어야 할 내용보다 너무나 많은 내용을 무의식이 포함하고 있을 때에는 무의식의 기능이 뒤틀리고 한쪽으로 치우치게 된다. 이 경우에는 참된 본능과 상관없는 동기가 나타난다. 즉 의식이 내용을 억압하거나 부정하여 무의식에 떠넘겨 버렸기 때문에 이 동기가 생겨났고, 또 심리적 중요성까지 띠게 되는 것이다. 이런 동기들은 무의식의 마음에 똬리를 틀고 있다가, 기본적인 상징과 주제를 표현하려는 무의식의 자연스러운 경향을 왜곡한다. 그래서 분석가는 정신장애의 원인에 관해 환자에게서 어느 정도 자발적인 고백을 끌어내고,

영웅이 되는 꿈 제임스 서버(James Thurber)의 동명의 단편소설을 영화화한 〈월터의 비밀 인생〉(1947)에서. 주인공 월터 미티는 그의 열등감을 보상하는 방법으로 늘 영웅이 되는 꿈을 꾼다.

환자가 싫어하거나 무서워하는 것을 파악한 다음에 치료를 시작해야 하는 것이다.

이것은 전통적인 교회의 고해성사와 같은 것이다. 고해성사는 많은 점에서 근대의 심리학적 기술을 앞질러 왔다. 적어도 이것이 일반적인 규칙이다. 하지만 실제 치료에서는 그 규칙이 반대로 작용할 수도 있다. 압도적인 열등감이나 심각한 약점은 환자 자신의 부족함을 나타내는 새로운 증거물에 환자가 직면하는 것을 방해하거나 아예 불가능하게 만들 수도 있다. 그런 까닭에 나는 처음부터 환자에 대해 긍정적인 전망을 내놓는 것이 유익하다는 사실을 자주 깨닫곤 한다. 이런 전망은 환자가 고통스러운 자기 통찰에 다가섰을 때 그에게 안정감을 준다.

영국 여왕과 함께 차를 마신다든가, 교황과 사이좋게 이야기를 나눈다든가 하는 '독단적인 과시(誇示)' 형태의 꿈을 예로 들어 보자. 만일 꿈꾼 사람이 분열증 환자가 아닌 경우에는, 실제로 이 상징은 그때 그 환자의 심리 상태—환자의 자아 상태—에 따라 다르게 해석된다. 꿈꾼 사람이 자신의 가치를 과대평가하는 사람이라면, (관념 연상에 의해 나타난 재료를 바탕으로) 우리는 그런 꿈을 꾼 의도가 엉뚱하고 유치하다는 점을 당장 지적할 수 있다. 그리고 부모님과 동등해지거나 그들을 뛰어넘고 싶다는 그의 유아적 소망에서 그 꿈이 생겨났다는 사실을 환자에게 쉽게 설명해 줄 수 있다. 하지만 열등감 때문에 그런 꿈을 꾸고 있다면 상황은 달라진다. 이때는 전체적으로 퍼져 있는 무력감이 이미 그 사람 인격의 긍정적인 측면을 압도하고 있다. 그러므로 그가 매우 유치하고 엉뚱하며 심지어 도착적이기까지 하다는 사실을 지적해서 환자를 괴롭히고 구박하는 것은 잘못된 행위이다. 이처럼 그의 열등감을 악화시키는 잔인한 짓은 환자로 하여금 치료를 기피하고 불필요한 저항을 하게 만들 뿐이다.

치료를 받는 환자는 저마다 특별한 상황에 처해 있는 개인이다. 그러므로 모든 사람에게 적용할 수 있는 일반적인 치료 기술이나 치료 이론은 존재하지 않는다. 9년 동안 나에게 치료를 받은 한 환자가 있었다. 그는 외국에 살고 있었으므로 우리는 1년에 2, 3주밖에 만날 수가 없었다. 나는 그의 진짜 문제가 무엇인지 처음부터 깨달았다. 그러나 그 진실에 접근하려는 아주 사소한 시도조차도 환자의 거친 방어 반응을 유발했으므로, 나는 자칫하면 우리 두 사람 사이가 완전히 틀어질지도 모르겠다고 생각했다. 그래서 좋든 싫든 간에 환자가 이끄는 대로 따라가면서 우리 관계를 유지하려고 최선을 다했다. 그가 지향하는 바는 바로 꿈을 통해 드러났는데, 우리 이야기는 그의 신경증 원인과는 동떨어진 방향으로 진행되었다. 그렇게 곁길로 샌 이야기가 광범위하게 퍼져 나가자 나는 환자를 오히려 혼란에 빠뜨리는 게 아닌가 하고 종종 자책하기도 했다. 하지만 그의 상태는 느리게나마 확실히 개선되고 있었다. 그래서 나는 그에게 잔혹한 진실을 폭로하지 않고 버틸 수 있었다.

그런데 치료를 시작한 지 10년째 되던 해에 그 환자가 나에게 선언했다. 이미 자기는 건강해져서 모든 증상으로부터 해방됐다고. 그 말에 나는 깜짝 놀랐다. 이론적으로 볼 때 그는 치료가 불가능한 상태였기 때문이다. 어안이 벙벙해진 나를 보고 그는 웃으면서 말했다.

"선생님, 정말 감사합니다. 제가 신경증의 원인을 깨닫고 고통스러워하는 일이 없도록, 선생님께서 저를 일부러 멀리 돌아가게 만들어 주셨지요. 그 정확한 처방과 끈기에 감사드립니다. 이제 저는 뭐든지 다 얘기할 수 있습니다. 그 문제에 관해서 제가 마음대로 이야기할 수 있었더라면 처음 선생님을 뵈었을 때 말씀드렸을 거예요. 하지만 그랬다가는 우리 관계는 그것으로 끝났을 테지요. 그러면 저는 어떻게 됐을까요. 아마 심리적으로 파멸해 버렸겠지요. 지난 10년 동안 저는 선생님을 믿는 법을 배웠습니다. 그리고 신뢰가 쌓이면서 제 상태도 점

이 박물관의 전시품이 보여 주듯이 인간의 태아는 다른 동물들의 태아와 비슷하다(이 점이 인간의 신체적 진화에 대한 암시이다). 인간의 정신 역시 '진화'해 왔다. 현대인의 무의식의 어떤 내용들은 고대인의 마음의 산물과 비슷하다. 융은 이러한 산물을 '원형적 이미지'라고 명명했다.

점 좋아졌어요. 이렇게 천천히 신뢰를 쌓아 가는 과정에서 나 자신에 대한 믿음을 되찾을 수 있었던 것 같습니다. 이제 저는 저를 파멸시킬 뻔했던 그 문제에 대해서 이야기할 수 있을 만큼 충분히 강해졌습니다."

그는 자신의 문제를 솔직히 고백했다. 그 고백을 듣고서 나는 우리의 치료 과정이 왜 그렇게 특이할 수밖에 없었는지 비로소 이해하였다. 그 문제가 주는 근본적인 충격이 너무 심해서 그는 혼자서는 그 문제와 대면할 수 없었다. 그에게는 타인의 도움이 필요했다. 그에게 알맞은 치료는 천천히 신뢰를 쌓아 가는 것이었지 임상적인 이론을 논증하는 것이 아니었다.

이런 사례에서 나는, 특정한 사례에는 적용할 수 없을지도 모르는 일반적인 이론 중심의 고찰에만 매달리기보다는 환자들 개개인의 요구에 맞춰 그 나름의 방법을 적용해야 한다는 것을 배웠다. 내가 60년 동안 실제적인 현장 경험을 통해 축적한 인간성에 관한 지식은, 모든 사례를 새로운 것으로 간주하고 무엇보다도 먼저 그에 맞는 개별적인 접근 방법을 찾아내야 한다는 것을 나에게 가르쳐 주었다. 나는 때로는 유아적인 사건이나 공상도 주의 깊게 조사하기를 주저하지 않았고, 때로는 전혀 엉뚱한 형이상학적인 사변으로 비약될 수도 있는 막연한 이야기부터 일부러 꺼내기도 했다. 중요한 것은 환자 개개인의 언어를 배우고, 환자의 무의식이 빛을 찾아 더듬어 나가는 방향으로 잘 따라가는 것이다. 말하자면 이 사례에는 이 방법이 필요하고, 저 사례에는 저 방법이 필요하다는 뜻이다.

상징을 해석하려는 사람에게 이 사실은 진리라고 할 수 있다. 서로 다른 두 사람이 거의 똑같은 꿈을 꾸는 경우도 있다(임상적으로는 쉽게 경험할 수 있으므로, 보통 사람들이 생각하는 것만큼 진기한 현상은 아니다). 그런데 만일 젊은이와 늙은이가 같은 꿈을 꿨다면, 그들의 심리적 장애를 일으키는 문제는 연령에 따라 다를 것이다. 따라서 이 두 가지 꿈을 같은 방법으로 해석하는 것은 어리석은 짓이다.

문득 떠오르는 예가 하나 있다. 꿈속에서 젊은이들이 말을 몰아 넓은 들판을 가로지르고 있었는데, 꿈꾼 사람은 맨 앞에 있었다. 그는 물이 콸콸 흐르는 도랑에 다다르자 이 장애물을 뛰어넘었다. 그러나 다른 사람들은 모두 도랑에 빠지고 말았다. 이런 꿈 이야기를 처음으로 나에게 들려준 젊은이는 매우 신중하고 내향적인 사람이었다. 그런데 이와 똑같은 꿈을 꿨다고 말하는 사람이 나타났다. 그는 하루하루 모험하듯이 활동적으로 살아가는 다소 무모한 노인이었다. 그 꿈을 꿨을 때 노인은 거동마저 어려운 환자였다. 그것도 의사와 간호사들 속을 썩이는 환자였다. 실제로 그는 의사의 지시에 따르지 않았다가 괜히 몸만 상했다고 한다.

나는 이 꿈이 젊은이에게 앞으로 이러저러하게 행동하라고 충고한다는 것을 확실히 알 수 있었다. 그런데 노인의 경우는 달랐다. 그 꿈은 왜 아직도 그런 위험한 짓을 하느냐고 노인에게 충고했던 것이다. 꿈은 소심한 젊은이를 격려했지만 노인에게는 그런 격려가 전혀 필요하지 않았다. 오히려 노인의 가슴속에 살아남아 꿈틀거리는 모험심은 실제로 그를 위협하는 커다란 파멸의 불씨였던 것이다. 이 사례는 꿈이나 꿈 상징의 해석이 꿈꾼 사람의 개인적 상황이나 마음 상태에 따라 크게 달라진다는 사실을 보여 준다.

꿈 상징에 나타나는 원형

꿈이 뭔가를 보상하려고 한다는 것은 이미 설명한 바 있다. 이러한 가정은 꿈이 정상적인 심리 현상이며, 무의식의 반응이나 자연발생적인 충동을 의식에 전달하는 것임을 뜻한다. 대부분의 꿈은 꿈꾼 사람의 도움을 받으면 해석할 수 있다. 꿈꾼 사람이 직접 꿈의 이미지에 대한 연상이나 그 이미지의 문맥을 진술하면, 그로써 꿈의 모든 측면을 볼 수 있다.

이 방법은 온갖 보편적인 사례에 적용될 수 있다. 예를 들어 친척이나 친구나 환자가 대화 도중에 꿈 이야기를 할 때도 그렇다. 그런데 그게 상당히 강박적인 꿈이거나 매우 정서적인 꿈이라면, 보통은 꿈꾼 사람이 하는 개인적인 연상만 가지고는 만족스럽게 꿈을 해석할 수가 없다. 이럴 때 우리는(프로이트가 처음으로 인지하고 언급한 것인데) 개인적이지 않은 요소, 또는 꿈꾼 사람의 개인적인 경험에서 끌어 낼 수 없는 요소가 꿈에 종종 나타나기도 한다는 사실을 고려해야 한다. 앞서 말했듯이 프로이트는 이 요소들을 '고대의 잔재'라고 불렀다. 그것은 꿈꾼 개인의 생활만으로는 그 존재를 설명할 수 없는 심리 형태로서, 원초적이며, 오랫동안 이어져 내려온 유전적인 인간 심리 형태로 보인다.

인간의 신체는 기나긴 진화의 역사를 지닌 여러 기관(器官)들이 모여 있는 박물관이다. 마음도 바로 같은 식으로 구성돼 있다고 볼 수 있다. 마음을 담은 신체가 그러하듯이 마음도 또한 역사 없이 생겨난 것은 아니다. 여기서 '역사'란, 마음이 만들어지는 과정에서 언어나 다른 문화적 전통을 통해 과거와 의식적인 교감이 이루어진 것을 의미하는 게 아니다. 나는 인간 마음이 아직 동물에 가까웠던 오랜 옛날에 사람들이 지니고 있던 마음의 생물학적·선사적(先史的)·무의식적 발달을 논하고 있다.

매우 오래된 이 마음이 오늘날 우리 마음의 바탕을 이루고 있다. 이는 우리 신체가 포유류의 일반적인 해부학적 유형에 바탕을 두고 있는 것과 같다. 숙련된 해부학자나 생물학자의 눈은 우리 신체에서 여러 가지 원초적 유형의 흔적을 찾아낸다. 마찬가지로 경험이 풍부한 심리 연구자는 근대인의 꿈 이미지와 원시인의 창조물, 꿈의 '보편적 이미지'와 신화적 주제 사이에서 유사성을 찾아낼 수 있다.

그런데 생물학자가 비교해부학 지식을 필요로 하듯이 심리학자도 '마음의 비교해부학' 지식이 있어야지만 마음을 연구할 수 있다. 다시 말해 실제로는 심리학자는 꿈을 비롯한 무의식적 활동의 산물에 관한 경험을 충분히 쌓아야 할 뿐만 아니라, 좀더 넓은 의미에서 신화에 대한 지식도 쌓아야 한다. 그 누구도 이런 준비 없이는 중요한 유사성을 알아차릴 수 없다. 예컨대 강박신경증 사례와 고전적인 빙의(憑依) 현상 사이의 유사성은 양자에 관한 실제적인 지식 없이는 파악할 수 없다는 이야기다.

나는 이 '고대의 잔재'를 '원형(原形)' 또는 '원시 심상(心像)'이라고 부른다. 그런데 이에 관한 내 견해는, 꿈이나 신화에 대해 충분한 심리학적 지식이 없는 사람들에게 끊임없이 비판받아 왔다. '원형'이라는 용어는 어떤 명확한 신화적 이미지나 모티프를 나타내는 것이라고 자주 오해를 받는다. 하지만 실제로는 그게 아니다. 그런 것들은 의식적인 표상에 지나지 않는다. 그렇게 변하기 쉬운 표상이 대대로 유전된다는 것은 어불성설이다.

원형이란 그런 모티프를 표상으로 형성시키는 경향을 말한다. 그 표상은 기본적인 유형을 그대로 유지하면서 세부적으로는 다양하게 변주된다. 예를 들어 '동족상잔'이라는 모티프를 나타내는 표상은 다양하지만 모티프 자체는 변함이 없다. 나를 비판하는 사람들은 내가 '유전된 표상'을 다룬다고 오해해서, 원형이라는 개념을 한낱 미신으로 치부해 버렸다. 하지만 그들은 중요한 사실을 간과했다. 만약에 원형이 우리 의식에서 유래한 표상이라면(또는 의식이 획득한 것이라면), 우리는 틀림없이 그 원형을 이해할 수 있을 테니까 그것이 우리 의식에 나타났을 때에도 당황하거나 놀랄 이유가 없다는 점이다. 그런데 원형은 사실 본능적인 경향성이다. 그것은 둥지를 짓는 새의 충동이나 조직적 군집을 형성하는 개미의 충동과 마찬가지로 뚜렷이 드러난다.

이쯤에서 본능과 원형의 관계를 분명히 밝혀야겠다. 우리가 정확히 본능이라고 부르는 것은 생리적인 충동으로서 감각을 통해 지각된다. 그런데 동시

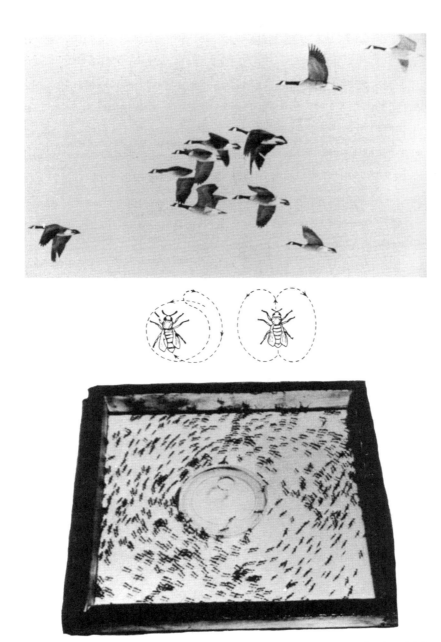

사람의 무의식이 지니고 있는 원형적 이미지는 본능적이다. 대열을 지어서 철 따라 이주하는 기러기들의 능력, 또 벌이 꿀의 소재를 정확히 알려주기 위해 꼬리를 흔들면서 추는 춤, 개미가 조직화된 사회를 구성하는 능력이 본능적인 것과 마찬가지이다.

에 이것이 또 공상 속에도 나타나서 상징적인 이미지로만 존재하기도 한다. 바로 이 '나타남'을 나는 '원형'이라고 부른다. 우리는 원형의 기원을 알지 못한다. 그러나 원형은 언제 어디에서나 나타나며, 심지어 직접 계승에 의한 유전이나 이주(移住)에 의한 '타가 수정(他家受精)'이 이루어졌을 리 없는 곳에서도 나타난다.

많은 사람들이 자기 자신이나 자녀의 꿈 때문에 당황해서 나한테 상담하러 온다. 그들은 꿈의 언어를 전혀 이해할 수 없어 곤혹스러워 한다. 까닭인즉 그 꿈은 그들이 기억해 낼 수 없는 이미지나, 아이들에게 전해 준 내용과 관련지을 수 없는 이미지를 포함하고 있기 때문이다. 그런 손님들 중에는 교육을 많이 받은 사람들도 있다. 심지어 정신과 의사들이 나를 찾아오기도 한다.

한 교수가 나를 만나러 왔던 일이 생생하게 떠오른다. 어느 날 갑자기 환상을 본 그는 정신이 이상해진 줄 알고 완전히 공황 상태에 빠져 나를 찾아왔다. 그때 나는 그저 책장에서 400년 된 책을 뽑아, 그가 환상 속에서 봤던 이미지와 똑같은 오래된 목판화를 그에게 보여 주면서 말했다. "정신이상이라니, 당치 않아요. 당신이 본 환상은 이미 400년 전에 세상 사람들한테 알려진 이미지입니다." 그러자 교수는 망연자실하여 멍하니 자리에 앉아 있다가 문득 정신을 차렸다.

한번은 정신과 의사가 매우 중대한 사례를 나한테 제공하기도 했다. 어느 날 그는 열 살 난 딸이 크리스마스 선물로 준 조그만 노트를 들고 왔다. 그 노트에는 소녀가 여덟 살 때 꾸었던 일련의 꿈이 모조리 기록되어 있었다. 그 꿈은 그때까지 내가 접했던 꿈들 중에서도 가장 기묘한 꿈이었다. 어째서 아버지가 딸의 노트를 보고 곤혹을 뛰어넘는 이상한 감정을 느꼈는지 나는 당장에 이해할 수 있었다. 그 꿈은 어린애 꿈답게 유치하기는 했지만, 아버지로서는 그 기원을 도무지 알 수 없는 몹시 기괴한 이미지들로 가득 차 있었다. 여기서 그 꿈의 모티프들을 소개해 보겠다.

1. '마물(魔物)', 즉 뿔이 여러 개 달린 뱀처럼 생긴 괴물이 다른 동물들을 죽여서 꿀꺽 삼켜 버린다. 그러나 하느님이―실제로는 네 종류의 각각 다른 하느님이―네 귀퉁이에서 달려와 죽은 동물들을 모두 되살려 준다.

2. 천국에 오르니 이교도들이 한창 춤판을 벌이고 있다. 지옥에 내려가니 천사들이 한창 선행을 베풀고 있다.

3. 작은 동물 무리가 꿈꾸는 아이를 위협한다. 그 동물들이 어마어마하게 커지더니 그중 한 놈이 이 소녀를 삼켜 버린다.

4. 조그만 쥐 한 마리 속으로 송충이, 뱀, 물고기, 그리고 마지막으로 사람이 들어간다. 그리하여 쥐는 사람이 된다. 이것은 인류 기원의 네 단계를 나타낸다.

5. 물 한 방울이 현미경에 비친 듯이 보인다. 소녀는 이 물 한 방울에 나뭇가지들이 빽빽이 들어차 있는 것을 본다. 이것은 세계의 기원을 나타낸다.

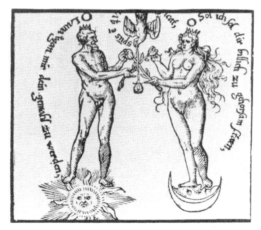

▲남성 원리와 여성 원리의 통합을 상징하는 목판화. 이와 같은 원형적 상징들은 정신의 태곳적부터 있었던 집단적 기반에서 유래한다.

▶현대의 한 교수가 꿈 속에서 봤다는 '환상'과 똑같은 목판화가 실린 고서(古書). 그런데 그 교수는 이 책을 본 적이 없다고 한다.

6. 나쁜 소년이 흙 한 덩어리를 들고 지나가는 사람들에게 다짜고짜 던진다. 그래서 지나가는 사람들이 전부 나쁜 사람이 된다.

7. 술에 취한 여자가 물에 풍덩 빠지더니 정신을 차리고 멀쩡해진 모습으로 물 밖으로 나온다.

8. 미국에서 있었던 일. 많은 사람들이 개미의 습격을 받아 개미들 위에 쓰러져 나뒹군다. 꿈꾸는 소녀는 공황 상태에서 강물에 빠지고 만다.

9. 달 표면에 사막이 있다. 그곳에서 소녀는 흙 속으로 깊이깊이 가라앉다가 마침내 지옥에 도달한다.

10. 꿈속에서 소녀는 빛나는 공의 환상을 본다. 소녀가 공에 손을 대자 거기서 증기가 뿜어져 나온다. 남자가 다가와서 소녀를 죽인다.

11. 소녀는 자기가 몹시 위험한 병에 걸린 꿈을 꾼다. 갑자기 새들이 소녀의 살갗에서 튀어나와 소녀의 온몸을 뒤덮는다.

12. 모기 떼가 해를 가리고 달을 가린다. 그리고 딱 하나만 남긴 채 모든 별을 가려 버린다. 하나 남은 별은 꿈꾸는 소녀 위로 떨어져 내려온다.

이 기록의 독일어 원문을 생략하지 않고 그대로 옮긴다면 모든 꿈은 옛날이야기처럼 '옛날 옛날에……'로 시작된다. 이 표현을 통해서 우리는 꿈꾼 소녀가 모든 꿈을 옛날이야기로 이해하고, 아빠한테 크리스마스 선물로 그 이야기를 해 줄 생각이었음을 알 수 있다.

아버지는 꿈의 문맥에 따라 이 꿈을 해석해 보려고 했다. 그러나 이 꿈에 관해 개인적인 연상을 떠올릴 수 없었으므로 결국 해석하지 못했다. 이 꿈들이 의식적으로 생성됐을 가능성을 완전히 배제할 수 있는 사람은 그 소녀를 잘 알고, 또 그 애가 절대로 거짓말을 하지 않았다고 확신하는 사람뿐이다(하지만 그 꿈들이 부질없는 공상이라 하더라도 여전히 우리가 그것을 어떻게 이해해야 하느냐는 문제가 남아 있었을 것이다). 아버지는 딸이 정말로 그런 꿈을 꾼 게 확실하다고 믿었다. 나로선 그것을 의심할 이유가 전혀 없었다. 나도 그 소녀를 알고 있었지만, 우리가 만난 것은 그 애가 아버지에게 꿈 일기를 건네주기 전의 일이었으므로 그 꿈에 관해서 소녀에게 직접 물어볼 기회는 없었다. 소녀는 그때 외국에 살고 있었다. 그리고 그해 크리스마스로부터 1년이 지난 뒤 전염병에 걸려 죽었다.

소녀의 꿈은 분명히 특이한 성격을 띠고 있다. 여기서 주도적으로 나타나는 사고의 개념은 대단히 철학적이다. 예컨대 첫 꿈은 마물처럼 보이는 괴수(怪獸)가 다른 동물들을 죽이지만, 하느님이 성스러운 '아포카타스타시스(Apocatastasis : 회복)', 즉 새롭게 만드는 힘으로써 죽은 동물들을 다시 살아나게 만드셨다는 내용이다. 서양에서는 이런 생각이 그리스도교 전통을 통해 널리 퍼져 있다. 예를 들어 〈사도행전〉 3장 21절에는 이런 말이 나온다. "만물을 회복하실 때까지는 하늘이 마땅히 그(예수)를 받아 두리라." 초기 교회의 그리스인 교부들(오리게네스 등)은 이 세상이 종말에 이르면 구세주의 힘으로 모든 것

▲소녀의 첫 번째 꿈에 나타난 원형적 모티프에 비길 수 있는 스트라스부르 대성당의 부조. 그리스도가 아담의 무덤 위에서 못 박힌다. 이것은 부활의 주제(제2의 아담으로서의 그리스도)를 상징한다.

▶영국 왕위 계승 의식(1953). 대관식에 앞서 엘리자베스 2세 여왕은 웨스트민스터 사원 네 개의 문 앞에 서 있는 사람들 앞에 나타난다.

▼나바호족의 모래 그림. 뿔 달린 머리들은 세계의 네 귀퉁이를 의미한다.

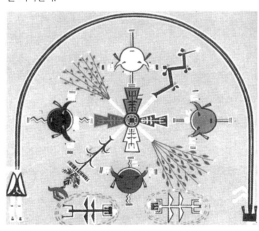

▲고래의 배 속에 들어있는 영웅 신 라벤(미국 태평양 연안의 아메리카 원주민 하이다족의 신 까마귀). 이것은 소녀의 첫 번째 꿈에 나타난 '삼키는 괴물'의 모티프에 견줄 수 있다.

▼소녀의 두 번째 꿈. 지옥에 있는 천사와 천국에 있는 악마는 도덕성에 관한 상대성의 개념을 내포하는 것처럼 보인다. '루시퍼'가 바로 이런 개념이다. 루시퍼는 악마인 동시에 빛을 가져오는 자이기도 하다.

이 완전한 상태로 복원될 것이라고 주장했다. 그런데 〈마태복음〉 17장 11절을 보면 "엘리야가 과연 먼저 와서 모든 일을 회복하리라"고 한다. 즉 유대교 전통에도 이런 관념이 있었던 것이다. 또 〈고린토인에게 보내는 첫째 편지〉 15장 22절에도 같은 생각이 표현되어 있다. "아담 안에서 모든 이가 죽듯이, 그와 마찬가지로 그리스도 안에서 모든 이가 살아나게 될 것입니다."

물론 그 소녀가 종교 교육을 통해서 이런 생각을 하게 됐다고 추정할 수도 있지만 소녀에게 종교적인 배경은 거의 없었다. 소녀의 부모님은 명목상 프로테스탄트이기는 했어도 성경에 대해서는 귀동냥한 정도로만 알고 있을 뿐이었다. 누군가가 이 소녀에게 심오한 복원의 이미지를 설명해 줬을 가능성은 거의 없었다. 소녀의 아버지도 이렇게 신비스러운 관념에 대한 이야기는 들은 적이 없었다.

열두 가지 꿈 가운데 아홉 개는 '파괴와 복원'이라는 테마의 영향을 받았다. 그런데 그중 어느 꿈에서도 그리스도교 교육이나 영향을 받은 흔적은 거의 보이지 않는다. 오히려 그 꿈들은 원시적인 신화와 밀접하게 관련되어 있다. 이 관계는 다른 모티프—'창세 신화(세계 및 인간 창조)', 네 번째와 다섯 번째 꿈에

앞서 나온 루시퍼의 양면성과 같은 것이 하느님의 형상에 나타나는 경우도 있다. 욥의 꿈에 하느님이 나타났는데, 그의 발은 악마와 똑같은 갈라진 발굽(쪽발)을 하고 있었다.

나타난 모티프—를 통해 확인할 수 있다. 그리고 이와 비슷한 관계를 앞서 인용한 〈고린토인에게 보내는 첫째 편지〉 15장 22절에서 찾아볼 수 있다. 이 구절에서도 아담과 그리스도(죽음과 부활)는 서로 밀접하게 관련되어 있다.

'구세주 그리스도'라는 일반적인 관념은 전세계에 널리 퍼져 있는 그리스도교 이전의 '구세주 영웅' 주제에 속한다. 이 신화에서 영웅은 괴물에게 삼켜진다. 하지만 그게 어떤 괴물이든지 간에 영웅은 그 괴물을 쓰러뜨리고 기적적인 방법으로 부활한다. 이 같은 모티프가 언제 어디서 생겨났는지는 아무도 모른다. 이 문제를 우리가 어떻게 연구해야 할지도 알 수 없다. 다만 한 가지 확실한 것은 모든 세대가 그 주제를 선대로부터 물려받아서 알고 있다는 점이다. 따라서 우리는 인간이 스스로 영웅 신화를 가지고 있다는 것을 몰랐던 시대에 영웅 신화가 '생겨났다'고 추정할 수밖에 없다. 즉 인간이 자기가 하는 말을 의식적으로 반성할 줄 몰랐던 시대에 말이다. 영웅상(英雄像)은 유사 이전부터 하나의 원형으로서 존재했던 것이다.

어린아이들이 이런 원형을 산출한다는 것은 특별히 의미가 깊은 일이다. 왜냐하면 아이들이 전통을 직접 접할 기회가 없었다는 사실이 확실히 밝혀질 때도 종종 있기 때문이다. 방금 소개한 예에서 그 소녀의 가족은 그리스도교 전통에 관해 아주 얕은 지식밖에 가지고 있지 않았다. 물론 하느님, 천사, 천국, 지옥, 악마 같은 관념은 그리스도교적인 테마라고 볼 수도 있다. 그러나 이 소녀가 다루고 있는 방식을 보면 그것들이 그리스도교와는 전혀 상관없는 데서 기원했음을 알 수 있다.

첫 번째 꿈에 나오는 하느님을 살펴보자. 실제로는 '네 귀퉁이'에서 나타난 네 하느님이라고 되어 있다. 그런데 귀퉁이라니, 대체 무엇의 귀퉁이라는 것일까? 꿈에서는 방에 관한 언급은 없었다. 애초에 보편적인 존재 그 자체가 언급될 만한 우주적인 사건의 이미지에 '방'이라는 개념은 어울리지 않는다. 4의 관념('4'라고 하는 요소) 자체도 기묘한 관념이다. 그런데 이 관념은 수많은 종교 및 철학에서 중요한 역할을 맡고 있다. 그리스도교에서는 그것이 삼위일체(三位一體)로 치환되어 있다. 이 삼위일체란 개념은 어린 소녀가 알고 있었다고 봐야 할 것이다. 그러나 오늘날의 평범한 중산층 가정에서 신성한 4의 관념을 알고 있는 사람이 과연 있기나 할까? 이 관념은 중세 연금술 철학자들 사이에서 상당히 유행했는데, 18세기 초반부터 점점 시들해지더니 적어도 지난 200년 동안은 완전히 자취를 감춰 버렸다. 그렇다면 그 소녀는 대체 어디서 그런 관념을 손에 넣었을까? 에제키엘의 환상에서? 하지만 치품천사(熾品天使)들을 하느님과 동일시하는 가르침은 그리스도교에는 없다.

'뿔 달린 뱀'에 대해서도 비슷한 의문이 생긴다. 성서에도, 이를테면 〈요한 묵시록〉에도 뿔 달린 동물이 나오기는 한다. 그러나 그 동물들은 모두 네발짐승이다. 물론 그 동물들 위에 군림하는 존재는 용이며, 용에 해당하는 그리스어(drakon)가 뱀을 뜻하기는 하지만 말이다. 16세기 라틴어 연금술 문헌을 보면 '뿔이 네 개 달린 뱀(quadricornutus serpens)'이라는 말이 나오는데, 이는 메르쿠리우스의 상징으로서 그리스도교의 삼위일체와 대립되는 개념이다. 그런데 이 관계는 확실한 것도 아니다. 내가 알기로는 딱 한 사람이 이 말을 인용했을 뿐인데, 소녀가 그것을 읽었을 리도 없다.

두 번째 꿈에서는 확실히 그리스도교에 반하여 기성 가치 체계를 뒤엎는 듯한 모티프가 나타난다. 인간 이교도들의 춤판이 천국에서 벌어지고, 천사들의 선행이 지옥에서 이루어지고 있는 것이다. 이 상징은 도덕적 가치의 상대성을 암시한다. 니체의 천재에 견줄 만한 이런 혁명적인 생각을 이 소녀는 대체 어디에서 얻었을까?

　이러한 의문은 또 다른 의문을 제기한다. 소녀는 틀림없이 이 꿈들을 꽤 중요하게 여겨서 크리스마스 날 아버지에게 선물했을 것이다. 그렇다면 이 꿈들은 어떤 보상적 의미를 갖고 있는 걸까?

　만약에 이 꿈을 꾼 사람이 소녀가 아니라 원시인 샤먼이라면, 이 꿈들이 죽음, 부활 및 만물의 개신(改新), 세계의 기원, 인간 창조, 가치의 상대성 등에 관한 철학적 주제의 다양한 모습을 나타낸다고 추측할 수도 있을 것이다. 이 꿈들을 개인적인 수준에서 해석하려고 했다가는 결국 두 손 두 발 다 들게 될 것이다. 이 꿈들은 틀림없이 '보편적인 이미지'를 포함하고 있다. 어떤 의미에서 그

어린 소녀의 꿈은 창조와 죽음 그리고 부활의 상징을 내포한다. 그 상징은 원시인의 성인식에서 청소년에게 실시하는 교육과 비슷하다. 나바호족의 경우, 입문 의례가 끝나면 입문 의례를 통해 소녀에서 여자로 변모한 입문 당사자는 명상을 하기 위해 사막으로 들어간다.

것은 원시 사회 젊은이들이 성년식에서 배우게 되는 교리와 흡사하다. 성년식에서 젊은이들은 신이나 신들, 또는 이 세계를 '창조한' 동물들이 어떤 일을 했는지, 세계와 인간이 어떻게 만들어졌는지, 이 세계의 종말이 어떻게 찾아오는지, 그리고 죽음의 의미가 무엇인지 배우게 된다. 그렇다면 그리스도교 문명에서 이러한 가르침이 우리에게 주어지는 것은 언제일까? 바로 사춘기 때이다. 그러나 많은 사람들은 늙어서 죽을 날이 얼마 남지 않았을 때에야 비로소 그 문제를 본격적으로 다시 생각하게 된다.

이 소녀는 공교롭게도 두 가지 상황에 동시에 처해 있었다. 소녀는 사춘기였던 동시에 삶의 마지막에 다다라 있었다. 소녀가 꾼 꿈에는 평범한 성인의 삶이 시작되고 있음을 나타내는 상징이 거의, 아니 전혀 없다. 꿈에는 단지 파괴와 복원의 암시가 자주 나타나고 있을 뿐이다. 소녀의 꿈 이야기를 처음 읽었을 때 나는 그 상징들이 아주 절박한 재난을 암시하는 것 같아서 오싹한 느낌을 받았다. 그 상징에서 내가 추론해 낸 보상의 특이성 때문이었다. 그것은 보통 그 나이 또래 소녀의 의식에서 발견될 법한 것과는 정반대 성질을 띠고 있었다.

소녀의 꿈은 삶과 죽음에 대한 새롭고도 무시무시한 면을 드러내고 있다. 이러한 이미지는 보통 미래를 꿈꾸는 아이들보다는 오히려 자기 삶을 돌아보는 노인의 꿈에서나 나타날 만하다. 그 꿈의 분위기는 생명의 봄을 맞이한 기쁨이나 싹트는 활기와는 거리가 멀었다. 그보다는 차라리 '인생은 일장춘몽'이라는 고대 로마인의 표현이 떠오를 정도였다. 실제로 이 소녀의 삶은 로마 시인이 말한 '성스러운 봄의 맹세'[1]와도 같았다. 경험을 통해 우리는 예상치 못한 죽음의 접근이 그 희생자의 생활과 꿈에 '예견의 그림자(ad umbratio)'를 드리운다는 사실을 알고 있다. 그리스도교 교회의 제단도 무덤이자 부활 장소—죽음을 영원한 생명으로 바꾸는 장소—를 동시에 의미하지 않는가.

이 꿈이 소녀에게 제시한 관념은 바로 그런 것이었다. 즉 죽음에 대한 준비를 마치 원시인 성년식의 가르침처럼, 또는 선종(禪宗)의 부처님 말씀처럼 짧은 말

---

1) 고대 이탈리아의 부족, 특히 사벨리안과 그 후손들이 행하던 종교 의식으로, 공동체가 특별한 위기에 처한다든가 전쟁에 패했을 때 그 다음 해 봄에 태어나는 모든 동물이나 인간의 자손을 각각 신(주로 전쟁의 신인 마르스)에게 희생물로 바치거나 추방할 것을 맹세한 전통을 말함.

로 표현한 것이었다. 이 메시지는 정통 그리스도교 교의가 아니라 고대 원시인들의 관념과 비슷하다. 이것은 역사적 전통에서 벗어나 유사 이전부터 삶과 죽음에 대해 철학적·종교적으로 풍부한 고찰을 해 왔던, 오래전에 잊혀 버린 마음의 원천에서 유래한 것으로 보인다.

이 메시지는 평소에는 소녀의 마음속에 조용히 잠들어 있던 어떤 표상을 일깨워, 운명적인 사건(죽음)이 다가오고 있음을 기술함으로써 미래에 일어날 사건의 그림자를 소녀에게 드리운 것처럼 보인다. 그런데 이것들이 표현되는 개개의 형태는 다소 개인적이지만, 그 일반적인 형태는 분명 보편적이다. 이러한 상징들은 언제 어디서나 발견된다. 이것은 마치 동물의 본능이 종류에 따라 매우 다르

고야 작 〈개〉(1819~1823) 죽음과 부활의 상징은, 죽음의 그림자가 서서히 다가오는 임종시에 꾸는 꿈에도 나타난다. 고야가 만년에 그린 〈검은 그림〉 연작 중의 하나로서, 어둠 속에서 나타나는, 개와 비슷한 동물은 화가가 그의 죽음을 예시하는 이미지로 해석될 수 있다. 많은 신화에서 개는 죽은 자를 저승으로 안내하는 동물로 등장한다.

게 표출되더라도 실제로는 똑같은 일반적인 목적을 지니고 있는 것과 같다. 우리는 갓 태어난 동물이 저마다 개별적인 자질로 본능을 창조해 나간다고 생각하지는 않는다. 마찬가지로 인간도 한 사람 한 사람 새로 태어날 때마다 인간적인 방법을 발명해 나간다고 볼 수는 없다. 본능과 같이 인간 마음의 보편적인 사고 형태는 타고난 것이며, 오랜 옛날부터 이어져 내려온 것이다. 이러한 사고 형태는 개별적인 상황에 맞춰 우리 모두에게서 대개 비슷한 방식으로 기능한다.

이 같은 사고 형태가 속해 있는 정서적인 표현은 지구촌 어디에서나 분명히 똑같이 나타난다. 우리는 그것을 동물에서도 찾아볼 수 있다. 동물들은 서로 다른 종에 속해 있어도 이 점에서 서로를 이해한다. 그럼 곤충의 복잡한 상징

적 기능은 어떨까. 곤충들은 대개 자기 부모도 모르고 교육도 받지 못한다. 그런데 어떻게 인류만이 그 특정한 본능을 박탈당한 생물이라고 주장할 수 있으며, 인간 마음에는 온갖 진화의 흔적이 남아 있지 않다고 추론할 수 있겠는가.

만일 마음을 의식과 동일시한다면 우리는 심각한 오해를 할 수도 있다. 즉 인간은 애초에 텅 빈 마음으로 이 세상에 태어났고 그 마음은 나중에 개인적인 경험을 통해 배운 내용들로만 채워져 나간다는 식으로 생각하게 될지도 모른다. 그러나 마음은 의식을 뛰어넘는 것이다. 동물은 의식이 거의 없지만, 많은 충동과 반응으로 보아 마음은 있는 듯하다. 그리고 원시인들은 스스로도 의미를 알 수 없는 행동을 많이 한다.

대부분의 문명인들에게 크리스마스트리나 부활절 달걀의 진정한 의미를 물어봤자 헛수고일 것이다. 사실 그들은 특별한 이유도 모르는 채 그저 트리와

어떤 꿈은 미래를 예견하는 것처럼 보인다. 그래서 꿈은 오랫동안 점 치는 데 이용되기도 했다. 그리스에서는 환자가 의신 아스쿨레오피오스에게 치유를 의미하는 꿈을 꾸게 해 줄 것을 빌기도 했다. 이 그리스의 부조에는 환자의 어깨를 무는 뱀과 그 어깨를 치료하는 아스클레피오스가 등장한다. 여기서 뱀은 의신을 상징한다.

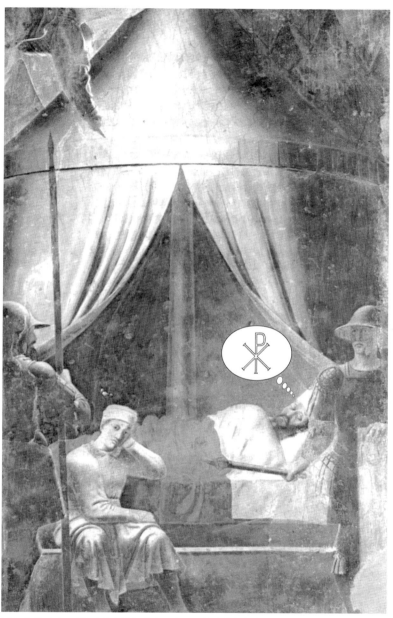

콘스탄티누스는 전쟁 직전에 꿈속에서 그리스도의 상징인 카이로(Chi-Rho)의 꿈과 함께 "이 기호 안에서 너는 정복하리니"라는 음성을 들었다. 그는 그 기호를 문장으로 삼아 전쟁에서 승리를 거두고 황제가 되었다. 그런 뒤에 그리스도교로 개종했다. 이탈리아, 1460년경.

달걀을 장식하고 있을 뿐이다. 생각건대 모든 일은 대체로 그냥 먼저 실행되는 것이며, 한참 뒤에야 왜 그런 짓을 하느냐고 누군가가 의문을 품는 게 아닐까. 의료 심리학자들은 다른 면에서는 지적이지만 이따금 특이한 돌발 행동을 하는 환자, 그러면서도 자기가 지금 무슨 말이나 행동을 하는지 모르는 환자를 자주 접한다. 그 환자들은 스스로도 설명할 수 없는 부조리한 기분에 사로잡히곤 한다.

겉으로 보기에 그런 반응이나 충동은 순전히 개인적인 것처럼 보인다. 그래서 우리는 그냥 특이한 행동으로 치부하고 넘어가 버린다. 그러나 알고 보면 그것은 인류의 특성이며, 일찍부터 형성되어 이미 완성돼 있는 본능적 구조에 뿌리를 둔 것이다. 갖가지 사고 형태와 보편적으로 이해할 수 있는 몸짓, 수많은 태도는 인류가 반성적인 의식을 발전시키기 훨씬 전부터 확립돼 있었던 형태에 따르고 있다.

인류의 반성 능력은 강한 정서적 폭발이 낳은 고통스런 결과에서 기원했을 가능성도 있다. 단순한 예를 한번 들어 보겠다. 어느 부시맨이 물고기를 잡으려다가 놓쳐서 너무 화가 나고 실망한 나머지 옆에 있던 사랑하는 외아들을 목 졸라 죽인다. 그러다 잠시 뒤에는 죽은 아들을 끌어안고 미칠 듯이 후회한다. 이 사람은 그 고통스러운 순간을 영영 잊지 못할 것이다.

실제로 이런 종류의 경험 때문에 인간 의식이 최초로 발전하게 됐는지는 확인할 길이 없다. 그러나 이런 종류의 정서적 체험이 주는 충격이 때때로 사람들의 의식을 일깨우고 자신의 행동에 주의를 기울이게 만드는 데 필요한 것은 틀림없다. 13세기 에스파냐 귀족 라몬 룰의 유명한 예를 한번 살펴보자. 그는 어떤 부인을 짝사랑하여 오랫동안 쫓아다닌 끝에 마침내 밀회에 성공한다. 그 자리에서 부인은 말없이 앞섶을 풀어 헤쳐서 암에 걸린 가슴을 그에게 보여 주었다. 이 충격이 룰의 인생을 바꿔 놓았다. 그 뒤 그는 유명한 신학자가 되었으며 교회의 위대한 전도사로 활동했다. 이렇게 갑작스런 변화가 일어난 경우에는, 원형이 무의식적으로 오랫동안 작용하여 그런 위기가 일어날 만한 상황을 미리 교묘하게 설정해 놓았음을 우리는 종종 증명할 수도 있다.

이 같은 경험은 원형의 형태가 꼭 정적인 것만은 아니라는 사실을 보여 준다. 원형의 형태는 본능처럼 자연발생적으로 충동 속에 나타나는 동적 요소인 것이다. 어떤 종류의 꿈이나 환상이나 생각은 불쑥 생겨나서 아무리 눈 씻고 찾아봐도 그 원인을 찾을 수 없는 경우가 있다. 하지만 찾을 수 없다고 해서 원인이 아예 없는 것은 아니다. 거기에는 분명히 원인이 있다. 다만 너무 동떨어져 있거나 불분명해서 우리가 제대로 알아볼 수 없을 뿐이다. 이 경우 우리는 그런 꿈이나 환상이나 생각의 의미가 충분히 이해될 때까지, 아니면 그것을 설명해 줄 만한 외부적 사건이 터질 때까지 기다려야 한다.

▲본문의 아르테미도로스로부터 인용한 꿈에서, 불타는 집은 신열을 상징한다. 인체는 흔히 집으로 표현된다. 18세기 헤브라이의 백과사전을 보면 인체와 집이 자세히 비교되고 있다. 즉 작은 옥탑은 귀, 창문은 눈, 난로는 위장으로 비교되고 있다.

꿈을 꿨을 때 나타나는 사건은 아직 일어나지 않은 미래의 사건일 수도 있다. 그런데 우리 의식이 종종 미래나 그 가능성에 사로잡히듯이 무의식과 거기서 생겨난 꿈도 미래에 사로잡히곤 한다. 미래 예측이야말로 꿈의 중요한 기능이라는 믿음은 아주 오래전부터 널리 퍼

▼서버(James Thurber)의 만화에서, 공처가 남편이 그의 집과 부인을 동일시한다.

져 있었다. 고대는 물론 중세에도 꿈은 병을 예견하는 역할을 맡았었다. 2세기에 달디스(Daldis)의 아르테미도로스가 인용했던 오래된 꿈의 예견(또는 예지) 요소를 나는 최근의 꿈을 통해 확인할 수 있었다. 아르테미도로스가 인용한 꿈은, 한 사내가 불난 집에서 죽어 가는 자기 아버지의 모습을 목격하는 꿈이었다. 그로부터 얼마 뒤 그 사내는 플레그몬(phlegmon : 불 또는 고열을 뜻한다)에 시

꿈 상징에 나타나는 원형 113

달리다가 죽었다. 내 생각에 그는 폐렴에 걸렸던 것 같다.

그런데 어느 날 내 동료 의사가 지독한 괴저성(壞疽性) 열병을 앓았다. 그야말로 플레그몬 상태였다. 예전에 그의 환자였던 한 사람이 자기 의사가 어떤 병에 걸렸는지 전혀 모르고 있었는데, 놀랍게도 그 의사가 큰 불길에 휩싸여 죽어 가는 꿈을 꿨다. 그때 의사는 막 입원한 상태였고 병은 아직 초기 단계였다. 꿈을 꾼 사람은 의사가 병에 걸려 입원했다는 사실만 어렴풋이 알고 있을 뿐이었다. 그로부터 3주 뒤 의사는 죽었다.

이 사례에서 볼 수 있듯이 꿈은 뭔가를 예상하거나 예측하는 성질을 띠기도 한다. 따라서 꿈을 해석하려면 이 점도 반드시 고려해야 한다. 분명히 의미심장한 꿈인데 이를 설명할 문맥이 제대로 드러나 있지 않을 때에는 특히 그렇다. 이런 꿈은 갑자기 꾸게 되는 경우가 많다. 우리는 대체 무엇에 촉발되어 그런 꿈을 꾸게 됐는지 의아하게 여긴다. 물론 우리가 그 비밀스런 메시지를 알아낸다면 원인도 명확해질 것이다. 왜냐하면 우리 의식이 모르고 있을 뿐이지, 무의식은 이미 다 알고 있어서 꿈속에 나타난 결론에 다다른 상태일 것이기 때문이다. 실제로 무의식은 의식과 마찬가지로 여러 가지 사실들을 검사하고 거기서 결론을 도출할 수 있는 것처럼 보인다. 무의식은 어떤 종류의 사실을 응용할 수도 있고 그 결과를 예지하기도 한다. 이것은 바로 우리가 그런 기능을 의식하지 못하기 때문에 가능한 일이다. 그러나 우리가 꿈에서 관찰하는 바에 따르면 무의식의 사고는 본능적으로 이루어지고 있다. 이 차이는 중요하다. 논리적인 분석은 의식의 특권이다. 우리는 이성이나 지식을 이용해 뭔가를 선택한다. 반면에 무의식은 주로 본능적인 경향, 그에 상응하는 사고 형태—즉 원형—로 표상되는 경향에 따라 작동하는 듯하다. 어떤 병의 경과를 설명할 때 의사는 '감염'이나 '열' 같은 합리적 개념을 사용한다. 그러나 꿈은 그보다 훨씬 시적(詩的)이다. 꿈에서 병든 인간의 몸은 현재 그가 사는 집으로 묘사되고, 열은 그 집을 파괴하려는 불꽃으로 나타난다.

방금 소개한 꿈에서 보았듯이 원형적인 마음은 아르테미도로스 시대와 똑같은 방법으로 상황을 처리했다. 미지의 성질을 지닌 어떤 것은 무의식을 통해 직관적으로 파악되어 원형적으로 처리된다. 이 사실은 의식적인 사고의 추론 과정을 대신해 원형적인 마음이 예측 기능을 수행하고 있음을 시사한다. 이처

▲고대 이교도 축제의 재생이라고 할 수 있는
히틀러 유겐트(청년대) 하지 축제 장면

원형의 에너지는(집단 감정에 호소하는 의식(儀
式)이나 다른 방법을 통해서) 사람들이 집단적
행동을 취하게 할 수도 있다. 나치스는 이 점을
이용하여 게르만 신화를 각색하여 그들의 목적
에 맞게 국민들을 규합하는 데 이용했다.

▶히틀러를 성전(聖戰)에 참전하는 영웅적 전
사의 모습으로 그린 선전 포스터

럼 원형은 그 자체의 주도권과 특정한 에너지를 가지고 있다. 바로 이 힘을 이
용해서 원형은(고유의 상징적 양식으로) 의미심장한 해석을 산출하거나, 자체적
충동과 사고 형태로 어떤 상황에 개입할 수 있는 것이다. 이 점에서 원형은 콤
플렉스와 같은 기능을 발휘한다. 즉 멋대로 나타났다 사라지면서 종종 우리의
의식적인 의도를 아주 당혹스러운 방법으로 방해하거나 수정하려 든다.

원형이 지닌 이 특이한 매력을 경험하면 원형의 특수한 에너지도 인식할 수
있게 된다. 원형의 에너지는 특별한 마력을 지니고 있는 듯싶다. 이 특수한 성

질은 또한 개인적인 콤플렉스의 특성이기도 하다. 개인의 콤플렉스에 개별적인 역사가 있듯이, 원형의 성질을 띤 사회적 콤플렉스에도 고유의 역사가 있다. 그런데 개인적 콤플렉스는 고작해야 개인적인 편견밖에 낳지 못하지만, 원형은 나라 전체나 역사의 한 시대에 영향을 미치는 특징적인 신화나 종교나 철학 등등을 낳는다. 우리는 개인적인 콤플렉스가 편견이나 오류에 빠진 의식의 태도를 보상한다고 생각한다. 이와 마찬가지로 종교성을 띤 신화는 인류 전체의 고뇌와 불안—기아·전쟁·질병·노화·죽음—에 대한 일종의 정신적 치료라고 해석할 수 있다.

예를 들어 전세계에 퍼져 있는 영웅 신화는 언제나 용··뱀·괴물·악마 같은 형태로 나타난 악(惡)을 물리치고 사람들을 파괴와 죽음으로부터 해방시켜 주는 강한 인간 또는 신인(神人)에 대해 이야기하고 있다. 성전(聖典)을 외고, 제의(祭儀)를 되풀이하고, 춤을 추고, 음악을 연주하고, 찬미가를 부르고, 기도하고, 제물을 바침으로써 그런 인물들을 숭배하는 것은 청중을—무슨 주문이라도 건 것처럼—누미노스(Numinous : 성스러운 힘)의 감동의 도가니에 빠뜨린다. 이 감동은 그들 개개인을 고양시켜 마침내 영웅과 동화하게 만든다.

이러한 장면을 믿는 사람 입장에서 본다면, 우리는 보통 사람이 어떻게 개인적인 무력함과 불행에서 해방되어 초인적 성질을(적어도 일시적으로나마) 얻게 되는지 이해할 수 있을 것이다. 이렇게 초인적인 성질을 얻었다는 확신은 상당히 오랫동안 그 사람을 지탱해 주면서 그의 삶에 특별한 양식을 부여하곤 한다. 그리고 더 나아가 사회 전체에 일종의 색채를 더하기도 한다. 유명한 예로는 엘레우시스의 비의(秘儀)를 들 수 있다. 이 의식은 7세기 초 그리스도교 시대에 억압을 받게 되었지만 델포이 신탁과 더불어 고대 그리스의 본질과 정신을 보여 주었다. 사실 좀더 거시적으로 보자면 그리스도교 시대 자체의 이름과 의미도, 고대 이집트의 오시리스—호루스의 원형적 신화에 바탕을 둔 신인의 오래된 신비에 빚을 지고 있는 셈이다.

기본적인 신화의 관념은 유사 이전의 어느 시대에 현명한 늙은 철학자나 예언자가 '만들어 냈고', 그 뒤에 뭐든지 비판할 줄 모르고 잘 믿는 사람들이 그것을 그대로 '믿었다'는 것이 일반적인 견해이다. 권력을 추구하는 성직자가 만들어 낸 이야기는 '진실'이 아니라 한낱 '소망 충족을 위한 사고'로 흔히 간주된다. 그런데 이 '만들어 낸다(invent)'는 말은 라틴어 'invenire'에서 유래했고, 이것은 '발견한다'는 뜻이므로 뭔가를 '찾음'으로써 그것을 발견한다는 얘기이다. 여기서 '찾는다'는 말은, 찾아내려는 대상에 대해서 이미 어떤 잠재적인 지식을 가지고 있음을 암시한다.

이쯤에서 앞서 말한 소녀가 꾼 꿈에 나타난 기묘한 관념을 다시 한번 살펴보자. 소녀가 그런 꿈을 꾸고서 깜짝 놀란 것으로 보아 본인이 직접 그것을 찾아 나서지는 않았던 듯하다. 오히려 소녀는 그 꿈을 뜬금없고 기묘한 이야기라고 생각했기 때문에 일부러 기록해서 아버지에게 크리스마스 선물로 주려고 했을 것이다. 그런데 바로 그 행위를 통해서 소녀는 그 꿈 이야기를, 이 시대에도 여전히 살아 있는 그리스도교 비의(祕儀)—새로 태어난 빛에 감싸인 상록수의 비밀과 혼재된 우리 구세주의 탄생—의 경지에까지 드높이게 된 것이다 (이는 다섯 번째 꿈과 관련되어 있다).

그리스도와 나무의 상징적 관계는 많은 역사적인 자료들로 증명할 수 있다. 그러나 이 소녀의 부모님은 그리스도 탄생을 축하하기 위해서 불붙은 초로 나무를 장식하는 행위가 대체 무엇을 의미하느냐는 질문을 받으면 크게 당황했을 것이다. 아마 그들은 이렇게 대답하리라. "아니, 이건 그냥 크리스마스 풍속일 뿐인데." 그 질문에 제대로 대답하려면 죽어 가는 신에 관한 먼 옛날의 상징주의와, 태모(太母) 및 태모의 상징인 나무를 숭배하는 사상이 그것과 어떤 관계를 맺고 있는지에 대해서—이 복잡한 문제의 한 측면만 다루려고 해도—방대한 논문을 써야 할 것이다.

'보편적 이미지'(교회 용어를 빌리자면 '교리')의 기원을 찾아서 깊이 파고들면 파고들수록 우리는 끝이 안 보이는 원형적인 패턴의 촘촘한 그물을 만나게 된다. 이 패턴은 근대에 이르기까지 결코 의식적인 반성의 대상이 되지 못했다. 그리하여 참으로 역설적이게도 우리는 과거의 어느 시대보다도 신화적 상징에 대해 잘 알게 되었다. 사실 우리 선조들은 상징에 대해 별 생각을 하지 않았다. 말하자면 그들은 상징으로써 살아가고, 상징이 의미하는 바를 통해 무의식적으로 살아 있는 활력을 얻었던 것이다.

이 사실을 내 경험으로 설명해 보겠다. 예전에 나는 아프리카 엘곤산 원시인들과 함께 지냈었다. 그들은 새벽이면 언제나 집을 나서서 자기 손에다 입김을

어린이가 그린 크리스마스 그림 흔히 볼 수 있는 촛불로 장식된 나무가 보인다. 상록수는 동지와 '신년' (그리스도교의 새로운 영원성)의 상징성을 통해 그리스도와 연결된다. 그리스도와 나무의 상징 사이에는 밀접한 연관성이 있다.

◀십자가는 중세 이탈리아의 프레스코화에서처럼 나무로 그려진 경우가 많았다. 이 그림에서 그리스도는 선악과 나무에 못 박혀 있다.

▼그리스도교 의식에서 촛불은 신성한 하느님의 빛을 상징한다. 스웨덴의 성 루치아 축제에서 촛불관을 쓴 소녀들.

불거나 침을 뱉은 다음, 태양의 첫 햇살을 향해 손바닥을 펼쳐 보였다. 마치 자기들의 숨결이나 침을 떠오르는 신—뭉구(mungu)—에게 바치는 것처럼 했다. 여기서 스와힐리어의 '뭉구'는 의식(儀式)과도 같은 이 행위를 설명하는 데 쓰이는 말로, 이와 비슷한 뜻인 폴리네시아어의 '마나(mana)' 또는 '물룽구(mulungu)'에서 파생된 말이다. 이런 단어들은 엄청난 효과를 지니면서 사방에 침투해 있는 '힘'을 가리킨다. 이 힘은 가히 신성(神性)이라 부를 만하다. 따라서 그 원시인들이 말하는 '뭉구'는 우리의 '알라'나 '하느님'과 비슷한 것이다. 나는 이 같은 행위가 무엇을 의미하는지, 그들이 왜 그렇게 행동하는지 물어봤다. 그러자 그들은 크게 당황하여 다음과 같이 말할 뿐이었다. "우리는 옛날부터 늘 이렇게 했었다. 해가 뜰 때에는 항상 이러는 거다." 그럼 태양이 곧 뭉구일까? 명료해 보이는 이 결론을 그들은 비웃었다. 태양이 수평선 위로 떠오르고 난 다음에는 더 이상 뭉구가 아니라는 것이다. 뭉구는 태양이 떠오르는 바로 그 순간이었다.

　나는 그들이 무엇을 하고 있는지 분명히 알 수 있었다. 하지만 그들 스스로는 잘 몰랐다. 그들은 그저 그렇게 행동할 뿐, 자기네 행위에 대해서 생각해 본 적이 없었다. 그래서 자기네 행동을 설명할 수 없었던 것이다. 나는 그들이 자기네 영혼을 뭉구에게 바치고 있다는 결론을 내렸다. (생명의) 숨결이나 침은 '영혼의 실체'를 의미하기 때문이다. 예로부터 어떤 대상에 숨결을 불어넣거나 침을 뱉는 것은 '마법 같은' 효과를 전하는 행위로 간주되었다. 이를테면 그리스도는 장님을 치료하는 데 침을 이용했고, 어떤 사내는 아버지의 영혼을 이어받기 위해서 죽어 가는 아버지의 마지막 숨결을 들이마셨다. 그 아프리카인들이 지금은 물론이고 먼 옛날에도 자기네 의식의 의미를 알고 있었을 것 같지는 않다. 실제로 그들의 선조는 그들보다 더 무지했을 것이다. 선조들은 동기에 대한 의식이 훨씬 부족했을 테고, 그 행위를 돌이켜보는 일도 드물었을 테니까 말이다.

　괴테는 《파우스트》에서 적절하게도 '태초에 행위가 있었다'고 말했다. 이 '행위'는 결코 발명된 것이 아니라 행해진 것이다. 그런데 생각이라는 것은 인류가 비교적 뒤늦게 발견한 것이다. 먼저 인간은 무의식적인 원인 때문에 행위를 하게 되었다. 그리고 많은 세월이 흐르고 나서야 그때 자신을 움직이게 만든 원

숨결의 '마술적' 성질에 대한 신앙을 보여 주는 두 가지 예
▲줄루족 주술사가 악령을 쫓아버림으로써 환자를 낮게 하기 위해 쇠뿔을 통해 환자의 귀에 숨을 불어넣고 있다.
▼창세기를 그린 중세의 그림. 하느님이 아담에게 생명을 불어넣는 장면을 묘사했다.

인이 무엇이었는지 돌이켜 반성하기 시작했다. 그리하여 자신을 움직이게 만드는 것은 틀림없이 자기 자신뿐이라는 부자연스러운 관념—자기에게 동기를 부여하는 힘을 자기 자신이 아닌 다른 곳에서는 찾아낼 수 없다는 심리 상태—에 다다르기까지는 참으로 많은 세월이 필요했던 것이다.

식물이나 동물이 스스로를 만들었다고 누가 주장한다면 우리는 그를 비웃을 것이다. 그런데 마음이나 정신은 스스로를 만들었으며 그 자체가 자기 존재의 창조자라고 믿고 있는 사람들이 많다. 실제로는 도토리가 떡갈나무로 자라나고 파충류가 포유류로 진화했듯이, 우리 마음도 서서히 성장하여 현재의 의식 상태에 이른 것이다. 마음은 지금까지 오랫동안 발전해 온 것처럼 앞으로도 계속 발전할 것이다. 그래서 우리는 외부 자극은 물론이고 내적인 힘에 의해서도 움직이고 있는 것이다.

이러한 내적 동기는 마음속의 깊디깊은 원천에서 비롯된다. 의식은 이것을 만들어 내지도 않고 통제하지도 못한다. 고대 신화에서는 이 힘을 가리켜 마나·정령·악마, 또는 신이라고 불렀다. 이러한 힘은 과거와 마찬가지로 지금도 활동하고 있다. 이 힘이 우리 소망과 일치할 때 우리는 그것을 좋은 발상이나 동기라고 부르면서, 용케 그런 걸 포착한 스스로에게 자부심을 느낀다. 반면에 그 힘이 우리 의도와 반대로 작용할 때에는, 참으로 불운하다느니 누가 나를 적대시하고 있다느니, 뭔가 병적인 원인이 자기를 불행에 빠뜨리고 있다느니 하고 생각한다. 어쨌든 우리가 자신의 통제에서 벗어난 이 '힘'에 의존하고 있다는 사실만은 아무도 인정하지 않을 것이다.

그래도 근대 문명인이 어느 정도 의지력을 획득한 것은 사실이다. 우리는 이 의지력을 마음대로 이용할 수 있다. 근대인은 더 이상 어떤 행동을 하기 위해 일부러 노래를 부르거나 북을 쳐서 자기 최면을 걸 필요 없이, 스스로 효과적으로 행동하는 방법을 익혔다. 날마다 신의 도움을 바라면서 기도하는 일도 그만둘 수 있게 되었다. 원시인은 행동의 모든 단계에서 두려움이나 미신이나 그 밖의 보이지 않는 장애로 인해 이런저런 제약을 받지만, 근대인은 하고픈 일을 할 수 있으며 자기 생각을 행동으로 옮길 수 있다. "뜻이 있는 곳에 길이 있

그리스도가 침(타액)으로 맹인을 치료하고 있다. 숨과 마찬가지로 침도 생명을 부여할 수 있는 권능을 지닌 것으로 믿어져 왔다. 이탈리아, 13세기.

다"는 격언은 근대인의 미신이다.

그러나 이 신조를 지키느라고 근대인은 내성(內省)을 소홀히 한다는 엄청난 대가를 지불하고 있다. 근대인은 합리적·능률적으로 살아가면서도 스스로가 제어할 수 없는 '힘'에 얽매여 있다는 사실을 미처 모르고 있다. 신이나 악마는 사라져 버린 것이 아니다. 단지 새로운 이름을 얻었을 뿐이다. 그 존재들은 막연한 불안, 심리적 갈등, 약물·알코올·담배·음식에 대한 끝없는 욕망—그리고 특히 온갖 신경증—을 근대인에게 끊임없이 제공하고 있다.

인간 영혼

이른바 문명화된 의식은 기본적인 본능으로부터 점점 분리돼 버렸다. 그러나 본능이 아예 사라진 것은 아니다. 단지 우리 의식과 접촉하지 못하게 되었기 때문에 이제는 간접적인 방법으로 자신의 존재를 증명할 수밖에 없게 되었다. 따라서 본능은 신경증에 수반되는 생리적 증상이라거나, 설명하기 어려운 기분, 갑작스러운 망각 현상, 뜻밖의 말실수 등등 여러 모습의 돌발 사태로 나타난다.

인간은 누구나 자기 영혼의 주인이기를 바란다. 그러나 자기 기분이나 정서를 제어할 수 없는 한, 또는 무의식적인 요인이 갖가지 은밀한 방법을 동원하여 자신의 계획이나 결정에 몰래 개입한다는 사실을 의식하지 못하는 한, 인간은 결코 자기 자신의 주인일 수 없다. 이런 무의식적인 요인은 원형의 자율성에 의해 생겨난다. 근대인은 자기의 분열 상태를 의식하지 않으려고 마음속에 칸막이를 세워 자신을 보호한다. 말하자면 외부 생활의 어떤 부분과 자기 행동의 어떤 부분을 각각 다른 서랍에 넣어서 서로 대면하지 못하게 만드는 것이다.

이러한 구획 심리의 예를 살펴보자. 한 알코올 중독자가 있었다. 그는 어떤 종교 운동에 강한 영향을 받아 열광한 나머지 술에 대한 갈증조차 잊어버렸다. 그는 기적적으로 예수의 도움을 받아 알코올 중독에서 벗어났던 것이다. 그는 하느님의 은총 또는 그 종교 단체의 위력을 증명하는 증인으로서 일반 사람들에게 소개되었다. 그런데 이렇게 공개 고백을 하고 나서 2, 3주가 지나자 신선한 기분은 점점 사라지고 다시 술 생각이 나기 시작했다. 그래서 그는 또다시 술을 입에 댔다. 이렇게 되자 그 종교 단체는 "이 상황은 '병적'이므로 예수가 개입하기에는 적절치 않다"는 결론을 내렸다. 그는 병원에 보내졌으며, 신성한 치료자보다 더 나은 의사의 치료를 받게 되었다.

이는 근대의 '문명화된' 사고방식의 일면을 드러내는 것으로서 주목할 만한 가치가 있다. 이 사례는 극심한 정신 분열과 심리적 혼란을 보여 준다.

여기서 잠시 우리가 인류를 한 개인으로 본다면, 인류 전체도 무의식의 힘에 의해 움직이는 한 인간임을 알 수 있다. 개인과 마찬가지로 인류 역시 어떤 문제를 분리된 서랍 속에 넣고 싶어하는 경향을 보인다. 하지만 바로 그렇기에 우리는 우리가 하고 있는 짓을 더욱 주의 깊게 생각해 볼 필요가 있다. 왜냐하면 인류는 지금 스스로 만들어 냈지만 이제는 감당할 도리가 없을 만큼 커져 버린 무시무시한 위험에 처해 있기 때문이다. 우리 세계는 신경증 환자의 정신처럼 분열되어 있다. 철의 장막은 이 분열을 상징하는 선이라고 할 수 있다. 서구권 사람들은 동구권의 군사력에서 공격적인 의지를 발견하고는 그에 맞서 지나칠 정도로 방어 태세를 취하고 있으면서, 또 한편으로는 자기네 덕(德)과 선의에 굉장한 자부심을 느끼고 있다.

그런데 그 사람들은 불행히도 자기네 악덕은 간과하고 있다. 그들은 바람직한 국제적 풍습이라는 허울을 내세워 지금까지 그 악덕을 숨겨 왔는데, 그것이 이제는 공산주의 세계에 의해 조직적으로 도로 전면에 내던져지고 있다. 서구권 사람들이 은밀하게, 그러나 조금은 부끄러워하면서도 애써 묵인해 왔던 것(외교적인 거짓말, 조직적인 기만, 은근한 협박 등)이 이제는 훤히 공개되어 동구권에서 몰려오고 있다. 그리하여 우리 서방 진영 사람들은 신경증적인 올가미에 걸리고 말았다. 지금 철의 장막 건너편에서 서방 사람들을 향해 웃고 있는 것은 바로 그들 자신의 사악한 그림자에 물든 얼굴인 것이다.

서구권 사회에서 많은 사람들이 특유의 무력감을 느끼는 이유는 이러한 정황으로 설명할 수 있다. 서쪽 사람들은 자기네 코앞에 닥친 문제가 바로 윤리적인 문제임을 깨닫기 시작했다. 핵무기를 비축하는 정책이나 경제적인 '경쟁'으로 문제를 해결하려고 해 봤자 소용없다는 사실을 깨달은 것이다. 그런 해결 방식은 양날의 검이다. 우리 대부분은 윤리적·정신적 방법이 그보다 훨씬 효과가 좋다는 사실을 이해하게 되었다. 윤리적·정신적 방법은 나날이 심화되고 있는 감염 현상에 대한 심리적인 면역성을 키워 줄 수 있기 때문이다.

그러나 이 모든 시도도 그 자체만으로는 이제껏 효과를 나타내지 못했고 앞으로도 그럴 것이다. 우리 자신이나 세계에 대해서 언제나 오직 그들(우리의 적대자)만이 잘못을 저지르고 있다고 우리가 확신하는 한, 어떠한 시도를 해 봐도 소용이 없다. 우리에게 중요한 것은 자신의 그림자와 사악한 행위를 인식하려

냉전 당시의 베를린 장벽 '우리 세계는 신경증 환자의 정신처럼 분열되어 있다.'

고 성실하게 노력하는 것이다. 자신의 그림자(우리 본성의 어두운 측면)를 인식하게 된다면 우리는 윤리적·정신적 감염이나 영합에 면역이 될 것이다. 그러나 현재 상황으로 보아 우리는 온갖 감염에 무방비하게 노출되어 있다. 실제로 우리는 그들과 똑같은 짓을 하고 있기 때문이다. 다만 우리에게는 약점이 하나 더 있을 뿐이다. 우리는 스스로 하는 짓을 예의범절이라는 허울로 포장한 채, 사태를 똑바로 보려고도 하지 않고 이해하려고도 하지 않고 있는 것이다.

알다시피 공산 사회도 하나의 위대한 신화를 가지고 있다(그보다 훌륭한 우리의 판단이 그 신화를 없애 버릴 수 있으리라는 헛된 희망에서 우리는 그것을 환상이라고 부른다). 이는 아득한 고대부터 존재했던 황금시대(낙원)에 대한 원형적인 꿈이다. 황금시대가 오면 모든 사람에게 모든 것이 넉넉히 제공될 것이며, 위대하고 올바르고 현명한 우두머리가 나타나서 유치원 같은 인간 세상을 다스릴 것이다. 이 강력한 원형이 유치한 형태로 그들을 사로잡아 버렸다. 그러나 더욱 훌륭한 우리의 판단을 가지고도 세상에서 이 신화를 완전히 뿌리뽑을 수는 없다. 오히려 우리는 그런 신화를 우리의 유치함으로 지지하고 있다. 알고 보면 우리 서유럽 세계의 문명도 비슷한 신화에 사로잡혀 있기 때문이다. 무의식적으로 우리는 똑같은 편견과 희망과 기대를 키워 나가고 있다. 우리도 복지국가를 믿고 세계 평화, 인간 평등, 영원한 인간의 권리, 정의, 진리, 그리고(대놓고 말할 수는 없어도) 하느님의 지상 왕국을 믿고 있다.

인간의 현실 생활이 냉혹한 대극성(對極性) 관계, 즉 밤과 낮, 탄생과 죽음, 행복과 불행, 선과 악에 의해 이루어져 있다는 것은 슬픈 진실이다. 우리는 대체 어느 쪽이 어느 쪽보다 우세한지, 선이 악을 이기는지, 쾌락이 고통을 물리치는지, 그런 것조차 확신하지 못하고 있다. 인생은 전쟁터다. 옛날부터 그랬고 앞으로도 계속 그럴 것이다. 그렇지 않다면 존재라는 것이 종말을 고하고 말 것이다.

이 같은 인간의 내적 갈등 때문에 초기 그리스도교 신자들은 이 세상의 종말이 빨리 오기를 기대하고 바라게 되었으며, 불교도들은 지상의 모든 욕망이나 야망을 거부하게 되었다. 만일 이 두 종교의 대부분을 구성하는 특이한 정신적·윤리적 관념 및 행위와 관련되어 있지 않았더라면, 그리하여 세계를 근원적으로 거부하는 이 두 종교의 태도가 어느 정도 수정되지 않았더라면, 그 종교들이 내놓는 기본적인 해답은 분명히 자살 행위나 다름없었을 것이다.

내가 이 점을 강조하는 까닭은 우리 시대에는 특히 종교에 대한 믿음을 잃어버린 사람들이 많기 때문이다. 그들은 자기 종교를 더 이상 이해하지 못한다. 종교 없이도 잘 지낼 수 있다면 이 상실을 잊다시피 한 채로 살아간다. 그러나 고뇌가 생기면 사정이 달라진다. 고뇌에 빠진 사람들은 그제야 해결의 실마리를 찾아 헤맨다. 그리고 인생의 의미와, 그 혼란스런 고통으로 가득 찬 체험을 스스로 돌아보기 시작한다.

(내가 경험한 바로는) 가톨릭 신자보다는 유대교도나 프로테스탄트가 더 많이 심리상담사를 찾아온다는 사실은 상당히 의미심장하다. 이는 가톨릭교회가 영혼의 행복(cura animarum)을 여전히 책임지고 있다는 점에 기인한 것인지도 모른다. 그런데 요즘 같은 과학 시대에 정신과 의사들은 과거에 신학자들이 받았음직한 질문을 자주 받게 되었다. 사람들은 의미 있는 삶의 방식에 대해서, 또는 신이나 불사(不死)에 대해서 절대적인 신앙만 가지고 있으면 모든 것이 달라질 수도 있다고 생각한다. 죽음이 점점 다가온다는 두려움이 강한 자극이 되어 종종 이런 생각을 불러일으킨다. 선사 시대부터 인류는 초월적인 존재(하나든 여럿이든)와 내세에 대한 관념을 가지고 있었다. 현재에 이르러서야 인간은 이러한 관념 없이도 살아갈 수 있다고 생각하게 되었다.

우리는 전파 망원경으로 하늘에서 신의 왕좌를 찾아낼 수도 없고, 사랑하는 부모님이 세상을 떠난 뒤에도 여전히 물질적인 형태로 우리 주위에 머물고 계시다는 것을 확인할 수도 없다. 따라서 이 같은 관념들을 '진실이 아닌 것'으로 가정한다. 그러나 나는 그것들이 충분하지 못한 '진실'이라고 말하고 싶다. 그런 관념은 먼 옛날부터 우리 삶에 존재했고, 지금도 어떤 자극을 받으면 언제든지 우리 의식 속에 떠오르는 개념이기 때문이다.

근대인은 그런 관념이 없어도 잘 살아갈 수 있다고 주장할지도 모른다. 또 그 관념의 진실을 증명하는 과학적 증거가 없다는 점을 강조하여 자기 의견을 강화할지도 모른다. 아니면 오히려 그런 확신의 상실 때문에 괴로워할지도 모른다. 그러나 지금 우리는 눈에 보이지도 않고 알 수도 없는 대상을 다루고 있다(신은 인간의 이해 범위를 초월한 존재이며, 그 영원 불멸성을 증명할 방법은 없기 때문에). 그렇다면 우리가 그 증거 문제를 가지고 고민할 필요가 어디 있겠는가? 비록 우리가 음식물에 소금기가 필요하다는 사실을 이성적으로는 몰랐어도 우리는 소금의 사용을 통해 얼마든지 득을 볼 수 있다. 이때 우리는 소금의 사용에 대해서 맛의 환각이니 미신이니 하고 이러쿵저러쿵 말할 수도 있다. 그러나 어찌 됐든 소금은 우리 건강에 이바지하고 있다. 그런데 위기에서 우리를 구해주고 우리 존재에 의미를 부여하는 고마운 견해를 왜 굳이 거부해야 한단 말인가?

게다가 이런 관념이 진실인지 아닌지 우리가 어떻게 알 수 있겠는가? 이러한 관념은 환각에 지나지 않는다고 내가 딱 잘라 말한다면 아마 많은 사람들이 동의할 것이다. 그런데 그들은 중요한 사실을 모르고 있다. 종교적인 신앙과 마찬가지로 그런 부정적인 견해도 어차피 '증명'할 수 없다는 사실을 말이다. 어느 견해를 선택하든지 그것은 우리 자유이다. 어느 쪽을 선택해도 결국은 우리 마음대로 결정하는 것일 뿐이니까.

그런데 증명이 불가능하다는 이 관념을 좀더 심화해 나가야 할 강력한 경험적인 이유가 있다. 즉 우리는 그 관념들이 유용하다는 사실을 알고 있다. 인생에 의미를 부여하고 이 세상에서 내가 차지하는 위치를 가르쳐 주는 보편적 관념이나 확신이 인간에게는 필요하다. 인생에 의미가 있다고 확신하면 인간은 놀랄 만큼 견고한 힘을 얻는다. 반면에 온갖 불행을 겪는 것만으로도 모자라서, '어리석은 자의 이야기'에 등장하고 있을 뿐이라는 사실까지 인정해야 하는 순간이 온다면 인간은 그만 절망하고 말 것이다.

인생에 의미를 부여하는 것이 바로 종교적 상징의 역할이다. 아메리카 원주민 푸에블로 부족은 자기들이 '아버지 태양(Father Sun)'의 자손이라고 믿는다. 이 신앙은 그들의 한정된 존재를 뛰어넘는 커다란 시야(와 목표)를 그들의 삶에 제공한다. 이 믿음은 그들의 인격 발전을 위한 넓은 공간을 마련하여 그들이 완전한 인간으로서 평생을 살아가게 해 준다. 그런데 우리 문명인은 어떤가? 문명인은 자기가 아무런 내적 의미도 없는 삶을 살아가는 열등한 패배자일 뿐이

어느 사회나 한때 존재했고, 미래에 다시 올 것이라 믿어지는 원형적 낙원이나 황금시대에 관한 자기 나름대로의 이념을 갖는다. 과거의 유토피아를 표현한 이 그림은, 온 세상이 조화를 이루고 평화로운 이상적인 상태에서 1682년 윌리엄 펜이 아메리카 원주민들과 조약을 맺는 모습을 담았다. 미국, 19세기.

장차 도래할 유토피아가 반영된 그림 모스크바 공원의 이 벽보는 미래를 향해서 러시아 인민을 인도하는 레닌을 보여 준다.

라고(또 앞으로도 변함없이 그럴 거라고) 인정한다. 그에 비해 아메리카 원주민 푸에블로 부족은 훨씬 만족스러운 삶을 살아가고 있다.

자기 존재에 좀더 넓은 의미가 있다는 느낌은, 한 인간을 단순히 소유하고 소비하는 존재보다 더 나은 존재로 드높여 준다. 이런 느낌이 없는 인간은 똑바로 살아가지 못하고 불행해진다. 만일 성 바울로가 스스로를 한낱 떠돌이 천막 제작자에 불과하다고 믿었더라면, 그는 실제로 우리가 알고 있는 인물이 될 수 없었을 것이다. 그의 의미심장한 진실의 삶은 '내가 바로 주(主)의 사자(使者)'라는 내적인 확신 속에 존재하고 있었다. 그를 과대망상증 환자라고 비난하는 사람도 있을 것이다. 하지만 그런 의견은 역사의 증언이나 후세의 판단 앞에서 퇴색해 버린다. 성 바울로를 강하게 사로잡은 신화는 그를 단순한 직인(職人) 이상의 위대한 존재로 만들어 주었던 것이다.

그런데 이 같은 신화는 의식적으로 만들어지지 않은 상징들로 구성되어 있다. 이 상징들은 저절로 생겨난 것이다. '신이자 인간'이라는 신화를 창조한 것은 인간 예수가 아니었다. 그런 관념은 예수가 태어나기 수세기 전부터 존재했다. 그리고 이 상징적인 생각이 예수를 사로잡아, 성 마르코의 말처럼 예수를 나사렛의 목수라는 보잘것없는 삶에서 높은 경지로 인도한 것이다.

신화는 원시인 이야기꾼과 그의 꿈, 더 나아가 그 감동적인 공상에 영향을 받은 사람들에게까지 거슬러 올라간다. 이들은 후세에 시인이나 철학자라고 불리게 된 사람들과 크게 다를 바 없다. 원시인 이야기꾼은 공상의 기원에는 별 관심이 없었다. 이야기가 어디서 생겨났는지 인간이 생각하기 시작한 것은 후세에 이르러서였다. 그런데 여러 세기 전, 우리가 고대 그리스라고 부르는 시절에 사람들의 마음은 상당히 진보하여 새로운 추측을 하게 된다. 즉 신들의 이야기는 먼 옛날에 죽은 왕이나 족장들에 관한 과장된 고대 전설

《베리공의 매우 호화로운 기도서》 일부 프랑스, 15세기. 마치 자궁 모양으로 담이 둘러싼 정원으로 된 에덴 동산에서 아담과 이브가 추방되는 모습을 묘사한다.

▲독일의 크라나흐 작 〈지상 낙원
Earthly Paradise〉(16세기)
원시적 자연주의의 '황금시대'가 묘
사되어 있다.

▶플랑드르 지방의 브뤼헐 작 〈코카
인의 나라 *Land of Cokaygne*〉(일명
〈게으름뱅이 천국〉)(16세기)
감각적인 즐거움과 안락한 생활이
있는 신비스런 나라(중세 유럽에서,
특히 중노동하는 농부들과 농노들
사이에서 널리 인기가 있었던 이야
기다).

일 뿐이라는 것이다. 사람들은 이미 신화가 너무나 황당무계해서 곧이곧대로
믿을 수는 없다는 견해를 보이기 시작했다. 그래서 사람들은 일반인이 이해할
수 있는 형태로 신화를 고쳐 보려고 했다.

그런데 최근 들어 꿈 상징에 대해서도 비슷한 일이 일어났다. 심리학이 아직
요람기에 있을 때부터 우리는 꿈의 중요성을 인정하기 시작했다. 그런데 신화
란 합리적인 '보통' 역사를 정교하게 다듬은 결과물일 뿐이라고 그리스인들이

확신했던 것과 마찬가지로, 심리학 분야의 선구자들은 꿈의 진짜 의미와 표면적으로 드러나는 내용이 서로 다르다는 결론에 이르렀다. 꿈이 보여 주는 이미지나 상징은 억압된 마음의 내용이 의식 세계에 기묘한 형태로 나타난 것일 뿐이니 무시해도 된다는 것이었다. 그리하여 꿈은 표면적으로 드러나는 내용이 아닌 다른 의미를 지닌다는 견해가 대두되었다.

앞서 말했듯이 나는 이러한 생각에 찬성하지 않는다. 그렇기에 나는 꿈의 내용뿐만 아니라 형태까지 연구하게 되었다. 어째서 꿈이 내용과는 다른 의미를 지녀야 한단 말인가? 있는 그대로의 모습이 아닌 뭔가 다른 것이 정말로 존재한단 말인가? 꿈은 자연스럽고 정상적인 현상이다. 그것이 그 자체 이외의 뭔가를 의미할 수는 없다. 《탈무드》에서는 '꿈은 꿈 자체의 해석'이라는 말도 나온다. 다만 꿈의 내용이 상징적이라서 하나 이상의 의미를 지니기 때문에 혼란이 발생하는 것이다. 상징은 우리가 의식적으로 파악하는 것과는 전혀 다른 방향을 제시한다. 따라서 상징은 무의식적인 것이나, 아니면 적어도 순전히 의식적이지는 않은 것과 관련되어 있다.

과학적 정신의 소유자가 보기에 '상징적 관념'이라는 이 현상은 그야말로 골칫거리이다. 이것은 지적·논리적으로 만족할 만큼 공식화할 수가 없기 때문이다. 그런데 심리학 분야에서 오직 상징적인 관념만이 이런 종류의 현상인 것은 아니다. 비슷한 문제가 '감정'이나 정서 현상에서도 나타난다. 심리학자들은 이 현상들을 결정적인 정의로 확실히 파악하려고 애쓰지만 번번이 실패하고 만다. 어느 경우에나 문제를 일으키는 원인은 똑같다. 무의식이 개입하고 있는 것이다.

나는 과학적인 관점을 잘 알고 있다. 그러므로 완전히, 또는 적확하게 파악할 수 없는 사실을 다루는 것이 얼마나 어려울지 충분히 이해할 수 있다. 이러한 현상에는 학자들의 고충이

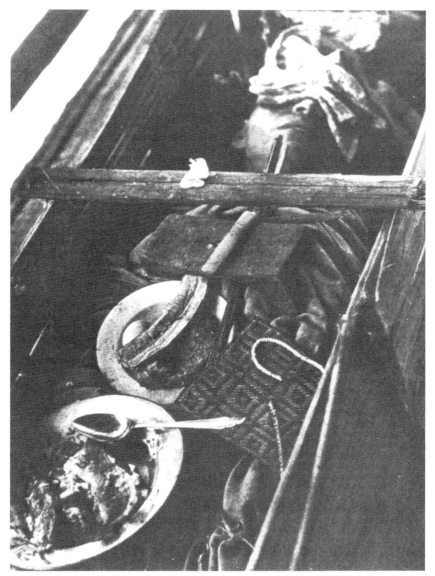

▲남아메리카의 원주민 카야파(Cayapa) 부족의 선장(船葬) 의식 카누에 안치된 사자에게는, 그의 사후 여행에 필요한 음식과 의복이 제공된다.

어떤 종류이거나 종교적인 상징이나 신앙은 인간의 생명에 의미를 준다. 고대인들에게 죽음은 견딜 수 없는 슬픈 통과의례였다.

◀이집트 무덤에서 발견된, 죽음을 슬퍼하는 사람의 소상 죽음은 분명 슬픈 것이지만, 고대인들은 신앙을 통해 죽음을 긍정적 변모의 과정으로 받아들일 수도 있었다.

뒤따른다. 그 사실을 딱히 부정할 수는 없지만 지적인 용어로 공식화할 수가 없는 것이다. 그게 가능하려면 먼저 생명 자체를 파악할 수 있어야 한다. 왜냐하면 정서나 상징적 관념을 만들어 내는 것은 생명 그 자체이기 때문이다.

학구적인 심리학자가 정서 현상이나 무의식 개념(또는 둘 다)을 고려하느냐 마느냐는 어디까지나 그 사람 마음에 달려 있다. 그러나 의료 심리학자가 적어도 그런 문제에 적절한 주의를 기울여야 한다는 것은 틀림없는 사실이다. 정서적인 갈등이나 무의식의 개입은 의료 심리학의 고전적 특성이라고 할 수 있다. 의료 심리학자는 환자를 다루고 있는 한, 지적인 용어로 공식화하는 일이 가능한지 여부와는 상관없이 이런 불편한 사실—불합리성—과 마주칠 수밖에 없다. 그러므로 실험실 과학자들의 조용한 탐구 분야였던 심리학이 이제 인생의 활동적인 현장으로 뛰어든다면 대체 무슨 일이 일어날지, 의료 심리학 경험이 없는 사람들로서는 도저히 이해할 수 없는 것도 당연한 노릇이다. 사격장에서 과녁을 쏘는 연습은 전쟁터와는 거리가 멀다. 의사는 진짜 전쟁터에서 생기는 뜻밖의 재난을 다뤄야 한다. 설령 그 재난을 과학적으로 정의할 수 없더라도 마음의 현실에 관여해야만 한다. 바로 그렇기에 어떤 교과서도 현장의 심리학을 가르칠 수는 없다. 그것은 실제 경험을 통해서만 배울 수 있다.

다음과 같이 유명한 몇몇 상징들을 살펴보면 이 점이 명확히 밝혀질 것이다.

이를테면 그리스도교에서 십자가는 다양한 측면과 사상과 정서를 표현하는 의미심장한 상징이다. 그러나

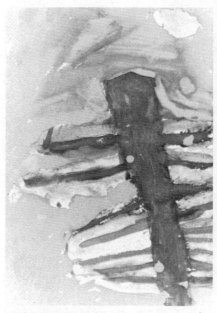

나무(그 위에 해가 있는)를 그린 어린이의 그림 나무는 꿈(혹은 다른 곳)에 흔히 나타나며, 또 믿을 수 없을 만큼 다양한 의미를 가질 수 있는 모티프의 가장 좋은 예 중의 하나다. 그것은 진화나, 신체적 성장 또는 심리학적 성숙을 상징할 수도 있고, 희생이나 죽음(그리스도가 나무에 못박힌 사실)을 상징할 수도 있고, 남근 상징일 수도 있고, 그외 무수히 많은 것을 상징하는 것으로 해석될 수 있다.

▲십자가와 같이, 꿈의 다른 보편적인 모티프들 역시 굉장히 많은 상징적 의미로 해석될 수 있다.

▶링가(linga) 속에 든 시바　시바는 남근 링가의 창조적 힘으로 상징된다.

명부(名簿)의 이름 뒤에 그려진 십자가는 단지 그 사람이 죽었다는 표시에 지나지 않는다. 힌두교에서 남근은 만물을 아우르는 상징이지만, 동네 장난꾸러기가 벽에 그려 놓은 남근은 단순히 성기에 대한 개인적인 흥미가 반영된 것에 지나지 않는다. 유아기와 사춘기의 공상은 종종 성인이 되고 나서도 지속되기 때문에 뚜렷한 성적 의미를 지닌 꿈도 많이 꾸게 된다. 그런 꿈을 다른 의미로 해석하는 것은 어리석은 짓이다. 그러나 와장(瓦匠)이 암키와와 수키와를 맞대어 이어야 한다는 이야기를 할 때라든가 전기 기술자가 수컷 플러그와 암컷 소켓에 대해 이야기할 때, 그들이 강렬한 사춘기 공상에 사로잡혀 있다고 생각하는 것은 어리석은 일이다. 그들은 단지 작업 재료에 관해 재미있는 표현으로 이야기하고 있을 뿐이다. 학식 있는 힌두교도가 링가(힌두 신화에서 시바 신을 나타내는 남근)에 관해 이야기하는 것을 들어 보면, 우리 같은 서양인들은 아마 남근에서 연상할 수 있으리라고는 상상도 못했던 내용들을 듣게 될 것이다. 링가는 전혀 외설스러운 것이 아니다. 마치 십자가가 한낱 죽음을 나타내는 기호가 아닌 것처럼 말이다. 그런 이미지를 산출하는 꿈을 꾼 사람의 성숙도에 따라서 해석은 얼마든지 달라질 수 있다.

꿈이나 상징의 해석은 지성을 필요로 한다. 그런 해석을 기계적인 체계로 바꿔 놓거나, 상상력 없는 사람의 머릿속에 억지로 집어넣을 수는 없는 노릇이다. 꿈이나 상징 해석에는 꿈꾼 사람의 개성에 관한 많은 지식과, 해석하는 사람의 자기 인식이 꼭 필요하다. 이 분야에서 경험이 있는 사람은 이미 유용성이 증명된 규칙이 어느 정도 존재한다는 사실을 부정하지 않을 것이다. 하지만 이 규칙은 지성적으로 신중하게 적용되어야 한다. 아무리 올바른 규칙에 철저히 따르더라도, 지성인이라면 놓칠 리 없는 세세한 사항을 겉만 보고 시시하다고 무시해 버렸다가 엄청난 실수를 저질러서 꼼짝 못하게 될 수도 있다. 또 뛰어난 지성을 갖춘 사람도 직관과 감정 기능이 부족하면 길을 잃고 헤맬 수도 있다.

상징을 이해하려고 할 때 우리는 상징 그 자체뿐만 아니라 그 상징을 산출한 개인의 전체성과 대결해야 한다. 이 대결에는 꿈꾼 당사자의 문화적 배경에 대한 연구가 포함되는데, 바로 이 연구를 통해서 분석가는 교육 과정에서 미처 채우지 못한 여러 가지 빈틈을 채우게 된다. 나는 어떤 사례를 대할 때마다 내가 전혀 모르는 새로운 문제를 대하듯이 한다. 틀에 박힌 반응은 표면적인 것을 다룰 때에는 실제로 유용할지도 모른다. 그러나 우리가 살아 있는 문제의 핵심을 건드리는 순간, 인생 그 자체가 문제에 개입하여 아무리 훌륭한 이론적 전제라도 무의미하게 만들어 버린다.

상상력과 직관은 상징을 이해하는 작업에서 몹시 중요하다. 일반적으로 상상력과 직관은 주로 시인이나 예술가에게 필요한 것('실제적' 문제에 관해서는 별로 믿을 수 없는 것)으로 여겨지는데, 실제로는 고도로 발달한 과학에서도 큰 비중을 차지한다. 이 분야에서 상상력과 직관은 '합리적' 지성의 역할 및 특정 문제에 대한 지성의 적용을 보조하는 수단으로서 매우 중요한 몫을 한다. 응용 과학 중에서 가장 엄밀한 분야인 물리학조차도 무의식의 작용에 의한 직관에 놀라울 정도로 의지하고 있다(직관과 똑같은 결론에 이르는 논리적인 방법을 나중에 찾아내서 증명할 수는 있겠지만).

직관은 상징 해석에서 거의 빼놓을 수 없는 요소이다. 종종 꿈을 꾼 사람이 상징을 곧바로 이해하는 것도 직관 덕분이다. 그러나 이렇게 운 좋게 반짝이는 직관은 주관적으로는 확신할 만하겠지만 실은 대단히 위험한 것이기도 하다. 이런 직관만 믿다가 자칫하면 안이하게 엉터리 결과를 얻고 안심할 수도 있기 때문이다. 직관에만 의존할 경우, 분석가와 꿈꾼 사람은 편하고 비교적 쉬운 관계를 계속 유지하면서 일종의 공통된 몽상에 빠져 버릴지도 모른다. 만일 우리가 상징을 직관적으로 이해했다는 막연한 만족감에 젖어 안심한다면, 진정한 지적 지식이나 정신적인 이해의 확실한 기초는 무너지고 말 것이다. 결국 우리는 사실에 대한 정확한 지식과 그 사실들의 논리적 관계 파악으로까지 직관을 환원했을 때 비로소 상징을 설명하고 이해할 수 있다.

정직한 연구자라면 언제나 그렇게 할 수는 없다고 인정할 것이다. 하지만 이 점을 늘 명심하지 않는다면 태도가 불성실하다고 할 수밖에 없다. 과학자도 물론 인간이다. 그가 다른 사람들처럼 스스로 설명할 수 없는 문제를 기피하는 것은 당연하다. 현재 우리가 알 만한 것을 다 알고 있다고 여기는 것은 인류의 공통된 환상이다. 그러나 과학적 이론만큼 취약한 것도 없다. 과학적 이론은 어떤 사실을 설명하려는 하나의 시도일 뿐이지, 영원불멸한 진리는 아니다.

상징의 역할

　의료 심리학자가 상징에 흥미를 느낄 때 그것은 대부분 '자연적' 상징이며, 이는 '문화적' 상징과 구별된다. 자연적 상징은 마음의 무의식적인 내용물에서 파생된 것이다. 따라서 근원적인 원형(原型) 심상(心像)의 다양한 모습으로 나타난다. 우리는 대개 이 상징의 고대 기원인, 오래된 기록이나 원시인 사회에서 발견되는 관념이나 이미지를 추적할 수 있다. 반면에 문화적 상징은 '영원한 진실'을 표현하기 위해 사용된 것이며, 지금도 여전히 여러 종교에서 쓰이고 있다. 이런 문화적 상징은 오랫동안 수많은 변모 과정과 다소 의식적인 발전 과정을 거쳐서 문명사회에 수용될 만한 보편적 이미지가 된 것이다.

　그런데 이 문화적 상징은 근원적인 누미노스(신성한 힘)나 '마력'을 여전히 간직하고 있다. 이 상징은 어떤 사람들에게는 강한 정서적 반응을 불러일으킬 수 있으며, 그런 심적인 반응은 사람들에게 편견과 비슷한 방식으로 작용한다. 따라서 심리학자들은 이런 문화적 상징을 고려해야 한다. 단순히 합리적인 관점에서 황당무계하다느니 상관없다느니 하는 이유로 문화적 상징을 무시하는 것은 어리석은 짓이다. 이 상징은 우리 정신 구조의 중요한 구성 요소이고, 인간 사회를 건설하는 중대한 힘이다. 이를 무시할 때에는 심각한 손실을 감수해야 한다. 문화적 상징이 억압되거나 무시된다면 그 특유의 에너지가 무의식 속으로 사라져 버리면서 예측할 수 없는 결과를 낳을 것이다. 그렇게 사라져 버린 것처럼 보이던 심적 에너지는 실제로는 무의식의 최상층에 위치한 것—이제껏 표현될 기회가 없었든지, 아니면 적어도 아무런 제약 없이 의식 속에 존재할 수는 없었던 경향을 띤 것—을 되살려 내거나 강화하는 역할을 하기 때문이다.

　이러한 경향은 우리의 의식적인 마음속에 결코 떨쳐 버릴 수 없는 잠재적이고 파괴적인 '그림자'를 만들어 낸다. 상황에 따라서는 유익할 수 있는 경향도 일단 억압을 받으면 무서운 괴물로 탈바꿈한다. 그래서 많은 선량한 사람들이

고대의 신화적 동물이 현재는 박물관의 신기한 전시품이 되어 있다.

신화적 동물로 상징되는 원형은 여전히 인간의 마음에 큰 영향을 미치고 있다. 현대 '공포' 영화의 괴물들은 어쩌면 더 이상 억압할 수 없는 원형의 왜곡된 모습일 것이다.

무의식을 두려워하고 또 심리학을 두려워하는 것이다.

지금 우리가 사는 시대는 지하 세계의 문을 여는 것이 대체 무엇을 의미하는지 예증해 주었다. 20세기 초의 목가적이고 평화로운 시절에는 상상할 수도 없었던 끔찍한 사건이 발생해서 우리 세계를 뒤엎어 버렸다. 그때부터 이 세계는 분열증을 앓게 되었다. 문명국 독일이 무시무시한 야만성을 드러냈을 뿐만 아니라 러시아도 야만성에 지배되었으며, 아프리카는 불길에 휩싸였다. 이러니 서방 세계가 불안을 느끼는 것도 당연하다.

근대인은 자기네 '합리주의'(신성한 힘을 지닌 상징이나 관념에 반응하는 인간 능력을 파괴해 버린 원흉)가 인류를 심적인 '지하 세계'의 처분에 맡겨 버렸다는 사실을 이해하지 못한다. 인류는 이제 '미신'에서 해방되었다(고 믿는다). 그러나 그 과정에서 인류는 위험할 정도로 정신적 가치를 잃고 말았다. 도덕적 또는 정신적 전통은 무너졌으며, 인류는 이 세계적인 규모의 분열과 분리를 통해 비싼 대가를 치르고 있다.

인류학자들은 원시인 사회의 정신적 가치가 근대 문명의 충격을 받을 때 과연 어떤 일이 일어나는지 종종 이야기한다. 이때 원시인들은 자기네 생활의 의미를 잃어버리고 그 사회 조직은 붕괴되며, 그들 자신도 도덕적으로 쇠퇴한다. 우리는 지금 그와 똑같은 상황에 처해 있다. 그러나 우리는 우리가 무엇을 잃어버렸는지 실제로는 전혀 이해하지 못하고 있다. 불행하게도 우리의 정신적 지도자들은 상징이 나타내는 신비성을 이해하기보다는 자기네 조직을 보호하는 데에만 관심을 기울여 왔기 때문이다. 내 생각에 신앙은 절대로 사고(인간의 가장 강력한 무기)를 배제하지 않는다. 그런데 안타깝게도 많은 신앙인들은 과학(더 나아가 심리학)을 두려워한 나머지, 언제나 인간의 운명을 지배해 왔던 신성

▲1943년 폭동 후의 바르샤바의 유대인 죄수들

억압된 무의식의 내용들은 부정적인 감정이라는 모습으로, 가령 제2차 세계대전처럼 파괴적인 모습으로 출현할 수가 있다.

▶아우슈비츠 수용소에 쌓여 있는 처형당한 사람들의 구두

한 정신력을 외면하고 말았다. 우리는 모든 것에서 신비성과 누미노스를 제거해 버렸다. 이제 성스러운 것은 하나도 남아 있지 않다.

먼 옛날에는 인간 마음속에 본능적인 생각이 넘쳐났고, 의식적인 마음은 아무런 의심 없이 그 생각들을 일관성 있는 마음의 패턴으로 통합할 수 있었다. 그러나 '문명인'은 이미 그럴 수 없게 되어 버렸다. 이른바 '진보된' 의식은 본능과 무의식의 보조적인 기능을 저 자신과 동화시킬 방법을 스스로 내팽개치고 말았다. 이 동화와 통합을 담당하는 기관은 바로 인류의 전체적인 동의 아래

신성시되었던 누미노스의 상징이었다.

이를테면 오늘날 우리는 '물질'에 대해 이야기하면서 그 물리적 성질을 기술하고, 겉모습의 일부를 보여 주기 위해 실험실에서 실험을 한다. 그러나 이 '물질'이라는 말은 이미 심리적인 의미가 전혀 없는 무미건조하고 비인간적인 관념이 되어 버렸다. 이것은 순전히 지적인 관념일 뿐이다. 먼 옛날 물질은 '어머니 같은 대지'라는 깊은 정서적 의미를 내포하여 이를 나타낼 수 있었는데, 그 물질의 이미지―태모(太母 : Great Mother)―가 이제는 완전히 달라지고 말았다. 또 마찬가지로 전에는 '정신'이었던 것이 지금은 지능과 동일시되는 바람에 '만물의 아버지'라는 지위를 잃어버렸다. 정신은 인간의 제한된 자아 사고(自我思考)로 전락해 버렸다. '위대한 아버지'의 이미지로 표현되던 막대한 정서적 에너지는 지능이라는 사막의 모래 속으로 사라지고 말았다.

이러한 두 가지 원형적 원리는 동양과 서양의 대조적인 체계를 이루는 바탕이 되었다. 그런데 이 세계의 원리를 서양 사람들처럼 남성, 아버지(정신)라고 부르든지, 아니면 공산주의자들처럼 여성, 어머니(물질)라고 부르든지 간에 실질적으로는 아무런 차이가 없다는 사실을 대중과 대중의 지도자들은 미처 깨닫지 못하고 있다. 본질적으로 우리는 한쪽에 대해서도 다른 한쪽에 대해서도 거의 아무것도 모른다. 옛날에는 이 두 가지 원리는 모든 종류의 제의에서 숭배 대상이 되었다. 제의는 적어도 이 원리가 인간에 대해서 가지는 심리적 의미를 나타냈다. 그러나 이제 그것들은 한낱 추상적인 개념이 되고 말았다.

과학적 이해가 발달함에 따라 우리 세계는 점점 비인간적인 방향으로 바뀌었다. 인간은 더 이상 자연 속에 포함되어 있지 않으며, 인간과 자연 현상 사이의 정서적인 '무의식적 동일성'이 상실되었으므로 이제 자신은 우주에서 고립되어 있다고 느낀다. 자연 현상은 서서히 상징으로서의 은밀한 의미를 잃어버렸다. 천둥은 더 이상 진노한 신의 목소리가 아니고, 번개는 응징의 화살이 아니다. 강에는 강의 정령이 없고, 나무는 인간 생명의 원리가 아니고, 뱀은 지혜의 화신이 아니며, 산속 동굴은 괴물이 사는 집이 아니다. 이제는 돌도 식물도 동물도 인간에게 말을 걸지 않는다. 인간 역시 그들의 이야기를 들을 수 있다고 믿으며 말을 거는 일을 그만두었다. 인간과 자연의 교류는 사라져 버렸다. 그와 동시에 그 상징적인 결합에서 생겨나던 심오한 정서적 에너지도 사라지고 말았다.

이 어마어마한 손실을 보상하는 것이 꿈의 상징이다. 꿈의 상징은 우리가 지닌 근원적 성질, 곧 인간의 본능과 특이한 생각들을 불러일으킨다. 그러나 안타깝게도 꿈은 그 내용을 자연의 언어로 표현한다. 그래서 우리 눈에는 꿈이 기묘하고도 이해하기 어려운 것으로 보인다. 우리는 꿈을 현대어의 합리적인 용어와 개념으로 번역해야 한다는 숙제를 떠안게 되었다. 그런데 현대어는 원시적인 굴레, 특히 그것이 표현하는 대상과의 신비적인 관계에서

문명과 접촉함으로써 그들의 종교적인 신앙을 상실한 후 해체되어 버린 오스트레일리아 원주민. 이 종족은 현재 수백 명에 불과하다.

해방되어 버렸다. 오늘날 유령이나 다른 신성한 존재에 대해 이야기할 때 우리는 주문을 외워서 그런 존재를 불러내려고 하지는 않는다. 과거의 위력적이었던 언어에서 이젠 힘도 영광도 모두 사라지고 말았다. 우리는 더 이상 마술 같은 공식(公式)의 힘을 믿지 않는다. 금기나 금제(禁制)도 이제는 별로 남아 있지 않다. 우리가 사는 이 세계는 그런 '미신적인' 누미노스를 깨끗이 몰아내 버린 것처럼 보인다. '마녀, 마법사, 도깨비', 또 늑대인간이나 흡혈귀나 초원의 영혼 같은 것은 물론이고, 원시 시대 숲속에 우글거리던 다른 온갖 요괴들도 모조리 소탕되어 버린 듯하다.

더 정확히 말하자면 우리가 사는 이 세계의 표면에서 모든 미신적 요소, 비합리적 요소가 깨끗이 제거돼 버린 것 같다. 그런데 과연 인간의 참된 내적 세계(우리의 소망을 충족시키기 위한 허구의 세계가 아니라)도 그렇게 원시성(原始性)에서 완전히 해방되어 있을까? 13이라는 숫자는 여전히 많은 사람들에게 금기시되고 있지 않은가? 지금도 많은 사람들이 비합리적인 편견이나 자기 투영이나 유치한 환상에 사로잡혀 있지 않은가? 인간 마음의 현실적인 모습에는 그

런 여러 가지 원시적인 경향이나 잔재가 여전히 나타난다. 이 경향과 잔재는 마치 지난 500년 동안 아무 일도 없었던 것처럼 변함없이 기능하고 있다.

이 점을 인식하는 것이 중요하다. 사실 현대인은 기나긴 인류의 정신 발달 과정에서 획득된 온갖 특성이 결합되어 만들어진 신비한 혼합물이다. 이 혼합물이 바로 우리가 다루려고 하는 인간과 그 상징이다. 우리는 그 정신적인 산물을 매우 주의 깊게 검토해야 한다. 인간 내부에는 회의적 성격과 과학적 확신이 낡은 편견, 시대착오적인 사고나 감정의 버릇, 완고한 오해, 무식함 등과 공존하고 있기 때문이다.

우리 심리학자들이 연구하는 상징을 산출해 내는 현대인은 바로 이런 존재이다. 이러한 상징 및 상징의 의미를 설명하려면 먼저 상징의 표상이 순전히 개인적 체험과 관련된 것인지, 아니면 일반적이고 의식적인 지식의 저장고에서 특별한 목적으로 꿈에 의해 선택된 것인지 알아내는 것이 중요하다.

예를 들어 13이라는 숫자가 꿈에 나타났다고 하자. 우리는 먼저 꿈꾼 당사자가 13의 불행한 성질을 습관적으로 믿고 있는 사람인지, 아니면 그 꿈이 그런 미신에서 아직까지 벗어나지 못한 사람을 비웃는 것인지 알아내야 한다. 어느쪽이냐에 따라 해석은 크게 달라진다. 전자의 경우 그 사람은 아직도 불행한 13의 저주에 걸려 있는 셈이다. 따라서 호텔 13호실에 머물거나 열세 명이 같이 식사하는 일을 그가 몹시 싫어한다는 사실을 우리는 고려해야 한다. 한편 후자의 경우에는 13은 단지 무례한 욕설 비슷한 것일 뿐이다. 그러니까 '미신적인' 사람은 지금도 13의 '저주'를 실감하지만, 그보다 '합리적인' 사람은 본래 13이 지녔던 정서적인 색채를 13에서 제거해 버린 것이다.

이러한 논의는 원형이 실제 체험에서 어떤 방식으로 나타나는지를 보여 준다. 원형은 이미지인 동시에 정서이다. 이 양자가 한꺼번에 존재할 때에만 원형이라고 할 수 있다. 단순히 이미지로만 되어 있다면 그것은 한낱 그림 문자이므로 별다른 결과도 낳지 않는다. 그러나 여기에 정서가 더해지면 이미지는 누미노스(또는 심적 에너지)를 획득한다. 따라서 그것은 역동성을 띠면서 반드시 어떤 결과를 낳게 된다.

원형의 개념을 파악하기가 어렵다는 것은 나도 알고 있다. 그 본성상 정확하게 정의할 수 없는 대상을 지금 이렇게 말로 설명하고 있으니, 이해하기 어려울

▲고대 중국인들은 달을 관음보살과 연관지었다.

▼달을 신으로 인격화하는 것은 여러 사회에서 나타났다. 비록 현대 과학이 우리에게 달이 실제로는 분화구가 있는 흙덩어리에 지나지 않는다는 것을 확인시켜 주었다 해도 달을 사랑과 낭만으로 연관짓는 우리의 습관적인 연상에서 우리는 어느 정도의 원형적인 태도를 간직하고 있다.

수밖에 없을 것이다. 그런데 너무나 많은 사람들이 원형을 기계적인 체계의 일부분으로 여기면서 그것을 기계적인 방법으로 파악할 수 있을 거라고 믿고 있다. 그러므로 여기서는 원형이 단순한 명칭이나 철학적 개념이 아니라는 점을 꼭 강조해야겠다. 원형은 생명 그 자체의 일부분으로, 정서라는 가교를 통해 살아 있는 개인과 통일적으로 결합돼 있는 이미지이다. 그렇기에 어떤 원형에도 임의의(또는 일반적인) 해석을 적용할 수는 없다. 원형은 그와 관련된 특정 개인의 전체적인 생활에 나타나는 양식(樣式)을 바탕으로 설명되어야 한다.

그러므로 독실한 그리스도교 신자의 경우에는 십자가 상징이 반드시 그리스도교 문맥에 따라 해석돼야 한다. 물론 꿈이 그런 한계를 뛰어넘을 만큼 강력한 이유를 제시한다면 사정이 달라지겠지만, 그래도 특정한 그리스도교의 의미는 언제나 염두에 두고 해석해야 한다. 그런데 언제 어떤 상황에서나 십자가 상징이 똑같은 의미를 지닐 수는 없다. 만약 그렇다면 십자가는 누미노스를 상실하고 생명력을 잃어버린 채 단순한 낱말이 되어 버릴 것이다.

원형이 지닌 특수한 감정의 색조를 모르는 사람은 원형을 한낱 신화적 개념의 집합체라고만 생각한다. 이 세상 모든 것에는 어떤 의미가 있다—거꾸로 말하면 아무 의미도 없다—는 사실을 나타내기 위해서 그것들을 합쳐 놓을 수는 있으리라. 이 세상 모든 인간의 시체는 화학적으로는 다 똑같다. 그러나 살아 있는 개개인은 똑같지 않다. 그러므로 대체 어떤 이유로, 또 어떤 방식으로 원형이 살아 있는 개인에게 특별한 의미로 다가오는지를 우리가 끈기 있게

일곱 살 된 어린이의 그림 밤의 악령인 검은 새들을 내쫓는 거대한 태양의 그림은, 그야말로 신화의 냄새를 풍긴다.
어린이의 무의식에서 우리는 원형적인 상징의 힘(그리고 보편성)을 느낄 수 있다.

알아내려고 노력할 때에만 원형은 비로소 생명력을 지닐 수 있다.

의미도 모르는 채 단어를 사용하기만 하는 것은 부질없는 짓이다. 특히 심리학에서는 더욱 그렇다. 심리학에서 우리는 아니마, 아니무스, 현자, 태모(太母) 같은 원형에 대해 이야기한다. 성자, 현자, 예언자나 그 밖의 성스러운 사람들, 더 나아가 전세계의 태모에 대해서 우리는 속속들이 알아낼 수도 있다. 그러나 그 누미노스를 체험하지 못하고 그런 원형을 단순한 이미지로만 알고 있다면, 원형을 논할 때에도 마치 꿈결 속에 주절거리는 것처럼 자기가 정확히 무엇에 대해 이야기하는지 알 수 없을 것이다. 그것의 누미노스—살아 있는 개인과의 관계—가 고려될 때에만 원형은 생명력과 의미를 얻는다. 이때 비로소 우리는 명칭의 의미 따위는 중요치 않으며, 원형이 개인과 어떤 관계를 맺는지가 중요하다는 사실을 깨닫게 된다.

놀고 있는 어린이들을 보노라면, 원시인의 축제에서 벌어지는 춤처럼 자기표현의 형태로 자연스럽게 춤추는 모습을 볼 수 있다.

꿈 상징을 만들어 내는 기능이란 말하자면 인간의 근원적인 마음을 '좀더 진보된', 또는 좀더 분화된 의식으로 인도해 주려는 시도이다. 그 근원적인 마음은 의식에 깃들어 본 적이 없으며, 따라서 비판적인 자기반성의 대상이 된 적도 없다. 왜냐하면 이 근원적인 마음이 먼 옛날에는 인간의 인격 전체를 이루었기 때문이다. 그런데 인류의 의식이 점점 발전하면서 의식적인 마음은 이 원시적 마음의 에너지와의 접촉을 잃어버렸다. 그리고 의식은 근원적인 마음을 알지 못한다. 근원적인 마음을 알 수 있는 것은 오직 분화된 의식뿐인데, 바로 이 의식이 발전하는 과정에서 근원적인 마음이 상실되었기 때문이다.

그러나 우리가 무의식이라고 부르는 것은 근원적인 마음의 일부를 형성하는 원시적 특성을 보존하고 있는 듯이 보인다. 꿈 상징은 언제나 이런 특성과 관련되어 있다. 무의식은 마음이 점점 발전하면서 멀리하게 된 환각, 공상, 고전적인 사고 형태, 기본적 본능 등의 온갖 옛것들을 되찾으려고 애쓰고 있는 듯하다.

이 사실은 무의식적인 것이 다가올 때 사람들이 저항감을 느끼거나 심지어 공포까지 느끼는 이유를 설명해 준다. 무의식이 지닌 이러한 잔재의 내용물은 단순히 중성적인 것이나 하찮은 것이 아니다. 오히려 이 내용물은 상당한 에너지를 가지고 있으므로 종종 단순한 불쾌감을 넘어 진정한 공포를 불러일으킬 수도 있다. 억압되면 억압될수록 그런 잔재는 신경증이라는 형태로 개인의 전 인격 속으로 퍼져 나간다.

이처럼 무의식의 잔재가 중요해지는 까닭은 바로 이 심적인 에너지 때문이다. 이것은 마치 무의식 상태를 경험한 사람이 자기 기억 속에 빈틈이 존재한다는 사실—기억은 안 나지만 중요한 일이 일어난 듯하다는 사실—을 갑자기 인식하게 되는 경우와도 같다. 마음이 순전히 개인적인 것이라고 생각하는 한(이것이 보편적인 가정이기는 하다), 그 사람은 분명히 잃어버린 유아기 기억을 되살리려고 노력할 것이다. 그런데 이 유아기 기억의 빈틈이란, 더 큰 손실—원시적 마음의 상실—의 징후에 지나지 않는다.

태아가 유사 이전의 진화 과정을 되풀이하면서 발달하듯이 마음도 유사 이전의 단계를 밟으면서 발전한다. 꿈의 주요 임무는 유아기 세계뿐만 아니라 더 원시적인 본능의 수준까지 내려가서 유사 이전의 '회상'을 불러일으키는 것이다. 이러한 회상은 일찍이 프로이트가 지적했다시피 어떤 사례에서는 뚜렷한 치유 효과를 보이기도 한다. 이 사실은 유아기 기억의 빈틈(이른바 건망증)이 중대한 손실의 징후이며, 이 기억이 회복되면 인간의 생명과 행복도 한층 확대될 것이라는 가설을 확증해 준다.

어린아이는 몸도 작고, 의식적인 사고도 빈곤하고 단순하다. 그렇다 보니 어린아이의 마음이 유사 이전의 마음과 근원적으로 동일한 기초를 지니고 있으며 상당히 복잡하다는 사실을 우리는 미처 깨닫지 못한다. 이 '근원적인 마음'은 인간의 진화 단계가 태아의 몸속에 존재하는 것처럼 어린아이의 마음속에 얼마쯤 존재하면서 여전히 기능한다. 자기가 꾼 꿈을 기록해서 아버지에게 선물했던 그 소녀의 놀라운 꿈을 떠올려 보면, 독자 여러분도 내 말뜻을 충분히 이해할 수 있을 것이다.

망각 속으로 사라져 버린 유아기 기억에서 때로는 기묘한 신화적 단편이 발견되기도 하는데, 이것이 나중에 당사자가 정신병을 앓을 때에도 발견되는 경우가 많다. 이런 종류의 이미지는 강한 누미노스 성향을 띠고 있으므로 매우 중요하다. 어른이 되고 나서 그런 회상이 되살아난다면 심각한 심리적 장애가 일어날 수도 있고, 또는 기적적인 치료나 종교적 회개가 이루어질 수도 있다. 대체로 이러한 회상은 오랫동안 잃어버렸던 생명력을 다시 당사자에게 돌려주고, 그의 삶에 목적과 풍요로움을 가져다준다.

유아기 기억이 되살아나고 마음의 원형적인 작용 방식이 재현되면—잃어버렸다가 되찾은 내용을 의식에 동화시키고 통합시키는 데 성공한 경우—의식의

고대의 민속은 아직도 어린이들의 '의례'에 관한 믿음의 체계 안에 그대로 존재한다. 예를 들어 영국(그리고 다른 곳에서도) 어린이들은 백마―생명의 상징으로 잘 알려진―를 보는 것이 행운이라 믿는다. 말을 타고 있는 것으로 묘사되는 켈트인의 창조 여신 에포나(Epona)는 흔히 암컷의 백마로 그려진다.

지평은 더욱 넓어지고 그 경계도 확장될 수 있으리라. 이러한 기억은 중성적이지 않기 때문에 그 자체가 변화할 수밖에 없으며, 그 동화 작용도 인격을 변화시킨다. '개성화 과정'이라 불리는 이 영역(이에 관해서는 폰 프란츠 박사가 나중에 설명할 것이다)에서 상징 해석은 실제로 중요한 역할을 담당한다. 왜냐하면 상징이란 우리 마음속에 존재하는 대립을 조화시켜 다시 통합하려는 자연스러운 시도이기 때문이다.

물론 상징을 그냥 보기만 한다면 이런 효과는 얻을 수 없다. 그러면 오히려 해묵은 신경증 발병 조건을 되살려 놓음으로써 통합을 방해하는 꼴이 될 것이다. 그런데 안타깝게도 원형의 존재 자체를 부정하지는 않는 소수의 사람들조차도 거의 똑같이 원형을 단순한 언어로만 다룰 뿐, 살아 있는 현실성을 망각하고 있다. 그리하여 원형의 누미노스가 (부적절하게) 제거되어 버리면 이제는 끝도 없는 치환 과정이 시작된다. 다시 말해 한 원형에서 다른 원형으로 계속 옮겨 가기만 하므로 결국은 귀에 걸면 귀걸이, 코에 걸면 코걸이 식이 되어 버린다. 물론 원형의 형태는 어느 정도 서로 교환될 수 있기는 하다. 그러나 원형의 누미노스는 엄연한 하나의 사실이며, 계속 사실로 남은 채 원형적 사상(事象)의 가치를 나타낸다.

꿈 해석의 지적인 과정 전체에 걸쳐서 우리는 이 원형의 정서적 가치를 항상 염두에 두고 고려해야 한다. 사고와 감정은 대립 관계에 있으므로 사고는 저절로 감정의 가치를 무시하고, 감정은 또 저절로 사고를 무시하는 법이다. 따라서 정서적인 가치는 흔히 상실되게 마련이다. 심리학은 가치(즉 감정)의 요소를 반드시 고려해야 하는 유일한 과학이다. 감정은 심리적 현상과 생명을 이어 주는 요소이기 때문이다. 이 점에서 어떤 사람들은 심리학이 과학적이지 않다고 비판한다. 그러나 그들은 감정도 적절히 고려해야 한다는 과학적·실제적 필요성을 이해하지 못하고 있을 뿐이다.

단절의 치유

우리의 지능은 자연을 지배하는 새로운 세계를 만들어 내고, 그 신세계에 엄청난 기계를 대량으로 도입했다. 기계는 의심의 여지없이 유익한 도구이므로 우리는 기계를 제거해 버릴 가능성이나, 인간이 기계에 예속될 가능성은 생각조차 하지 않는다. 인류는 과학적인 발견자 정신의 위험한 선동에 따르면서 자기네 훌륭한 업적을 자화자찬한다. 마찬가지로 인류의 천재성은 전보다 더 위험한 것들을 발명하려는 불안한 경향을 보이고 있다. 말하자면 인류는 점점 더 훌륭한 대규모 자살 수단을 발명하고 있는 셈이다.

세계 인구가 급격히 증가하고 있는 현실을 고려하여 인류는 이미 그것을 억제할 방법 및 수단을 연구하기 시작했다. 그런데 자연은 일찍부터 인류의 창조력을 인류 자신에게 적용되게 하려고 마음먹고 있었는지도 모른다. 예를 들어 수소폭탄이 인구 증가를 효과적으로 저지할 수도 있다. 인류가 자연을 지배한다고 큰소리치고 있지만 우리는 여전히 자연의 희생자일 뿐이다. 실제로 우리는 자기 자신의 본성(nature)을 제어할 방법조차 모르고 있지 않은가. 인류가 천천히, 그러나 확실하게 재앙을 초래하고 있다는 것은 피할 수 없는 현실이다.

옛날에 우리가 기도하며 매달리던 신들은 더 이상 존재하지 않는다. 이 세상의 위대한 종교들은 악성 빈혈에 시달리고 있다. 구원의 힘은 숲이나 강이나 산이나 동물 속에서 사라져 버렸고, 신이자 인간인 존재들은 무의식의 지하 세계로 깊숙이 가라앉아 버렸기 때문이다. 이제 우리는 종교를 무시하고 있다. 종교는 낡은 유물들에 파묻힌 부끄러운 생활 속에 존재한다는 것이다. 우리의 현재 생활은 이성(理性)의 여신에게 지배되고 있다. 그러나 알고 보면 그것은 우리의 가장 크고 비극적인 환상이다. 이성의 도움을 받아 우리는 '자연을 정복'했다고 철석같이 믿고 있다.

하지만 그것은 단순한 슬로건에 지나지 않는다. 인류가 자연을 정복했다지만 실제로는 인구 과잉이라는 자연 현상이 우리를 압도하고, 이 문제 해결에 필요한 정치적 협조를 해내지 못하는 우리의 심리적 무능력이 인류의 어려움을 악화시키고 있지 않은가. 인간이 다른 사람보다 우위에 서려고 끊임없이 투쟁하는 것도 당연한 노릇이다. 그런데 대체 우리가 어떻게 '자연을 정복'했다는 것인가?

어디에서 무슨 변화가 일어나야 한다면, 그 변화를 경험하고 이어 나가는 것은 결국 개개인이다. 실제로 변화는 개인에게서 시작되어야 한다. 우리 가운데 누구에게서 시작돼도 상관없다. 그 누구도 자기가 싫어하는 일을 남이 해 주기를 기대하면서 주위만 두리번거리고 있을 수는 없다. 하지만 그 누구도 뭘 어떻게 해야 할지 모르고 있는 형편이다. 그렇다면 각자의 무의식이 뭔가 유용한 정보를 알고 있는지 조사해 보는 것도 가치 있는 일이 아닐까? 분명히 의식적인 마음은 이 점에서는 별 쓸모가 없는 것처럼 보인다. 오늘날 인류는 안타까운 사실을 깨닫고 있다. 현재의 세계 상황을 직시하려면 먼저 우리 마음을 격려하고 안정시킬 강력한 관념이 필요한데, 위대한 종교나 각종 철학은 이 관념을 우리에게 제공할 수 없다는 사실을.

불교도들이 뭐라고 말할지 알 만하다. 그들은 사람들이 불법의 '팔정도(八正道)'에 따르면서 참된 자아에 대한 통찰을 얻는다면 만사가 순조로워질 거라고 말한다. 또 그리스도교도들은 사람들이 모두 하느님을 믿기만 하면 더 나은 세계가 펼쳐지리라고 말한다. 합리주의자들은 사람들이 더 지적이고 합리적인 존재가 된다면 모든 문제가 해결될 것이라고 주장한다. 그러나 문제는 그들 중 누구도 사태를 스스로 해결하려 들지 않는다는 것이다.

그리스도교도들은 예전에는 하느님께서 사람들에게 말을 거셨다고 믿기 때문에 지금은 어째서 그러시지 않는 걸까 하고 의문을 품는다. 이런 말을 들을 때마다 나는 어느 랍비 이야기를 떠올린다. 먼 옛날에 하느님은 사람들 앞에 종종 모습을 드러내셨는데 왜 지금은 아무도 하느님을 볼 수 없느냐는 질문을 받자, 그 랍비는 이렇게 대답했다. "오늘날에는 그만큼 충분히 고개 숙여 하느님을 숭배하는 사람이 어디에도 없기 때문이오."

그야말로 정곡을 찌르는 해답이다. 우리는 너무나 주관적인 의식 세계에 사로잡힌 나머지 오래된 진리를 잊어버리고 말았다. 즉 신은 어디까지나 꿈이나

▲20세기 최대의 도시 '뉴욕'

▼**다른 한 도시의 최후**　즉 1945년 '히로시마'. 비록 인간이 자연을 지배한 것처럼 보일지라도 인간은 아직 자기 자신의 자연, 즉 본성을 지배하진 못했다는 것을 융은 항상 지적해 왔다.

환상을 통해 우리에게 말을 걸어 온다. 그런데 불교도는 무의식적인 공상을 부질없는 환상으로 여기면서 무시해 버렸고, 그리스도교도는 교회와 성서를 그 자신과 자기의 무의식 사이에다 던져 넣어 버렸다. 또 합리적이고 지적인 사람은 자기의 의식이 정신의 전부가 아니라는 사실을 아직도 모르고 있다. 70여 년의 세월에 걸쳐 무의식은 기본적인 과학 개념이며 중요한 심리학적 연구에 꼭 필요한 요소라는 사실이 밝혀졌건만, 그러한 무지(無知)는 지금까지도 이어지고 있다.

우리는 이제 더 이상 전능한 신처럼 자연 현상의 유익함과 해로움을 판단하는 심판자 행세를 할 수 없다. 우리는 유익한 식물과 무익한 식물이라는 고전적인 분류 방식을 바탕으로 식물학을 발전시키지도 않고, 무해한 동물과 위험한 동물이라는 소박한 구별을 동물학의 바탕으로 삼지도 않는다. 그러나 우리는 여전히 의식은 의미가 있으며 무의식은 의미가 없다고 추론하는 데 만족하고 있다. 과학에서 이러한 가정은 웃음거리일 수밖에 없다. 이를테면 이런 것이다. '미생물은 의미가 있는가, 없는가?'

무의식이 무엇이든지 간에 상징을 산출하는 하나의 자연 현상이며, 상징이 의미를 지닌다는 것은 엄연한 사실이다. 현미경을 통해 사물을 본 적이 없는 사람이 미생물의 권위자일 것이라고 기대할 수는 없다. 마찬가지로 자연의 상징을 성실하게 연구한 적이 없는 사람을 이 분야에서 유능한 심판자일 것이라고 생각할 수는 없다. 그런데 인간 영혼에 대한 일반적인 평가는 너무나 낮기 때문에 위대한 종교나 철학이나 과학적 합리주의는 거기에 눈길도 주려고 하지 않는다.

가톨릭교회는 하느님께서 보내신 꿈(somnia a Deo missa)의 존재를 인정한다. 그런데도 가톨릭 사상가들 대부분은 꿈을 이해하려고 제대로 노력하지도 않는다. 프로테스탄트 논의나 교의를 보면, 하느님의 목소리(vox Dei)가 꿈속에서 들려올 가능성을 인정할 만큼 그들이 겸허한 자세를 취하고 있는지 의문스럽다. 그러나 신학자가 신의 존재를 진심으로 믿는다면, 대체 무슨 권위로 신이 꿈을 통해 인간에게 말을 걸 수 있다는 가정을 부정할 수 있겠는가?

나는 반세기가 넘는 세월을 자연 상징 연구에 바쳤다. 그리하여 꿈과 꿈 상징은 터무니없는 것도 아니고 무의미한 것도 아니라는 결론을 얻었다. 아니, 오

▲렘브란트의 〈명상 중인 철학자 *Philosopher in Meditation*〉(1633). 내면을 탐구하고 있는 노인의 모습은, 인간은 누구나 자신의 무의식을 탐구해야 한다는 융의 확신에 대한 이미지를 보여 준다.

▶무의식을 무시해서는 안 된다. 하늘의 무수한 별처럼 무의식도 자연스럽고 무한하고 강력하다.

히려 꿈은 꿈 상징을 이해하려고 노력하는 사람에게는 몹시 흥미로운 자료를 제공해 주기까지 한다. 물론 그 결과는 이 세상 사람들의 주요 관심사인 비즈니스와는 별로 관계가 없다. 그러나 인생의 의미는 꼭 비즈니스 라이프로만 설명되는 것은 아니고, 인간 마음의 깊은 욕망도 은행 계좌로 해결되는 것은 아니다.

인류가 에너지란 에너지를 모조리 자연 탐구에 쏟아붓고 있는 이 시대에 인간의 본질은 별다른 주목을 받지 못하고 있다. 물론 의식의 작용에 관한 연구는 이루어지고 있지만, 인간의 본질은 그 마음에 있는 것이다. 그런데 인간 마음속의 참으로 복잡하고 생소한 부분은 상징을 산출하고 있건만 아직까지 거의 연구된 바가 없다. 놀랍게도 소수의 이들을 제외한 대부분의 사람들은 밤마다 마음의 그 부분이 보내는 신호를 받으면서도, 이 의사소통의 의미를 해독하는 일이 너무 지루하고 어렵다 보니 거기에는 신경도 쓰지 않는다. 인간이 지닌 가장 중요한 장치인 마음을 우리는 지나칠 정도로 고려하지 않고 있다. 우리는 마음을 믿지 못하고 심지어 경멸하기까지 한다. "그건 그냥 심리적인 거잖아." 이 말은 "그건 아무것도 아니다"라는 뜻이다.

이 편견은 어디에서 유래했을까? 우리는 우리가 생각하고 있는 문제에 몰두하느라 바쁜 나머지, 무의식이 우리에 대해 어떻게 생각하고 있는지 알아보는 것조차 잊어버리고 있었다. 지그문트 프로이트의 이론은 오히려 마음을 멸시하는 많은 사람들의 생각을 더 확고하게 굳혀 주었다. 프로이트 이전에는 그저 무시되고 간과되던 마음이 이제는 도덕적 어둠의 쓰레기장이 되어 버렸다.

이러한 근대의 관점은 지극히 일방적이고 부당하다. 이 관점은 이미 알려진 사실과도 일치하지 않는다. 무의식에 관해 우리가 실제로 알게 된 지식에 따르면 그것은 엄연한 자연 현상이고, 자연 그 자체와 마찬가지로 적어도 중성적인 성질을 띤다. 무의식은 인간 성질의 모든 측면—빛과 어둠, 아름다움과 추함, 선과 악, 심원함과 어리석음—을 포함하고 있다. 집단적인 면뿐만 아니라 개인적인 면에서도 상징에 대한 연구는 규모가 큰 작업이라서 그런지 아직은 성과가 별로 없다. 그러나 주사위는 던져졌고, 초기 결과는 충분히 희망적이다. 이 연구는 지금까지 풀리지 않은 수많은 의문에 대한 해답을 현대 인류에게 제시하게 될 것이다.

II. 고대 신화와 현대인

조지프 L. 핸더슨

뉴기니의 의례용 가면

영원한 상징

고대인들로부터 이어받은 상징적 이미지와 신화 속에서 오늘날 인류의 고대사가 재발견되고 있는 것은 참으로 의미심장한 일이다. 고고학자들이 과거로 깊이 파고들면서 우리의 관심을 끌게 된 것은 이미 역사가 되어 버린 시대의 사건이 아니라, 오래된 신앙을 보여 주는 조각, 문양, 신전, 옛이야기 등이었다. 그리고 이러한 신앙을 현대인도 쉽게 이해할 수 있는 개념으로 번역해 주는 언어학자나 역사가를 통해서 그 밖의 상징들도 뚜렷이 밝혀졌다. 다음으로 문화 인류학자가 여기에 생명을 불어넣었다. 문화 인류학자는 문명사회 변두리에서 수 세기에 걸쳐 변함없이 살아가고 있는 조그만 부족 사회에, 이와 비슷한 상징체계가 제의나 신화로서 여전히 살아남아 있다는 사실을 밝혀냈다.

이 모든 탐구가 현대인의 독선적인 태도를 고치는 데 큰 공헌을 하고 있다. 현대인은 이러한 상징이 고대인이나 시대에 뒤처진 미개인에게나 의미가 있는 것이지 복잡한 현대 생활과는 어울리지 않는다고 믿고 있다. 고대 미신인 신석기 시대의 풍요제(豊饒祭)가 런던이나 뉴욕 같은 도시에서 열릴 리는 없을 것이다. '환상'을 봤다든지 '목소리'를 들었다는 사람이 있으면 그는 거룩한 성인이나 신의 예언자 대접을 받기는커녕 정신병자 취급을 받을 것이다. 우리는 고대 그리스 신화나 아메리카 원주민 민담을 읽지만, 오늘날의 극적인 사건이나 '영웅'에 대한 우리의 태도와 그 옛날이야기들 사이에서 무슨 연관성을 찾아내지는 못한다. 그러나 거기에는 분명 연관성이 있다. 그 연관성을 나타내는 상징은 아직 인류에게서 타당성을 완전히 잃어버리지는 않았다.

오늘날 그런 영원한 상징을 이해하고 재평가하기 위한 작업이 주로 융 박사의 분석 심리학파에 의해 이루어지고 있다. 분석 심리학파는 상징을 일상생활의 자연스러운 일부로 여기는 원시인과, 이것을 아무 의미 없는 시시한 것으로 여기는 현대인 사이를 갈라놓는 두꺼운 벽을 무너뜨리는 데 공헌하고 있다.

융 박사가 이 책 첫머리에서 지적했듯이 인간의 마음은 그 자체의 역사를 가지고 있으며, 발달의 첫 단계부터 존재했던 수많은 영향력을 여전히 내부에 간직하고 있다. 더 나아가 무의식의 내용물은 마음의 형성에 영향을 미친다. 우리는 의식적으로는 그런 영향력을 무시하더라도 무의식적으로는 반응한다. 즉 무의식이 자기 자신을 표현하려고 하는 상징적 형식—꿈도 포함하여—에 대해 반응하는 것이다.

개개인은 자기가 꾸는 꿈들이 자연발생적이고 연결이 안 된다고 생각할 테지만, 분석가는 오랜 기간에 걸쳐 수많은 꿈 이미지를 관찰하면서 그것이 의미심장한 형식을 갖추고 있음을 깨닫는다. 만일 환자가 이 형태를 이해한다면 삶에 대한 태도가 달라질 것이다. 이러한 꿈 상징 가운데 일부는 융 박사가 '집단 무의식'이라고 부른 것에서 파생된 상징이다. 이것은 인류 공통의 심리적인 유산으로서 이어져 내려온 '마음'의 일부이다. 이러한 상징은 현대인에게는 너무나 오래되고 낯선 존재라서 직관적으로 이해되지도, 수용되지도 못한다.

이 점에서 분석가가 현대인을 도와 줄 수 있다. 분석가는 이미 진부하고 부적절한 것이 되어 버린 쓸데없는 상징에서 환자를 해방시켜 주어야 한다. 또는

20세기적 형태의 고대의 상징적 의식 미국인 우주 비행사 존 글렌(John Glenn)이 1962년 지구 궤도 비행에 성공한 뒤, 전쟁에서 승리를 거둔 고대의 영웅이 고향을 향해 개선 행진을 하듯이 워싱턴 시가지를 행진하고 있다.

왼쪽 : 기원전 2500년경의 조각품으로 십자가처럼 생긴 그리스의 풍요의 여신상이다.
가운데 : 이교적인 여성풍이 남아 있는 12세기경의 스코틀랜드 십자석의 정면과 측면. 가름대가 유방 모양이다.
오른쪽 : 고대 원형이 새로운 모습으로 재생되는 또 하나의 예로, 그리스도교 부활절에 등장한 '무신론적인' 축제를 위한 러시아의 포스터. 그리스도교의 부활절이 초기 이교도의 동지제의 의식과 중복된 사례를 상기시킨다.

먼 옛날에 사멸해 버렸다가 지금 현대적인 형태로 부활하려 하고 있는 오래된 상징의 숨은 의미를 발견할 수 있도록 환자를 도와 줘야 한다.

분석가는 환자와 함께 상징의 의미를 실제로 탐구하기 전에 먼저 상징의 기원이나 의미에 대해 폭넓은 지식을 갖춰야 한다. 현대의 환자가 꾸는 온갖 꿈에 나타나는 이야기와 고대 신화는 대단히 유사한 측면을 지니는데, 이 유사성은 결코 하찮은 것도 아니고 우연의 일치도 아니다. 그렇다면 왜 이런 유사성이 나타날까? 바로 현대인의 무의식적인 마음속에는 원시인들의 신앙이나 제의에 나타나던 상징 형성 능력이 아직도 남아 있기 때문이다. 이 능력은 여전히 심적으로 중요한 역할을 담당하고 있다. 우리는 스스로 인식하는 것보다도 훨씬 더 상징이 전달하는 메시지에 의존하고 있고, 우리의 태도와 행동도 그 영향을 강하게 받고 있다.

예를 들어 전쟁이 일어나면 사람들은 호메로스나 셰익스피어나 톨스토이의 작품을 많이 읽는다. 왜냐하면 전쟁에 영속적인(즉 '원형적인') 의미를 부여하는 이 작품을 새로이 이해할 수 있게 되었기 때문이다. 이런 작품은 강한 감정적 전쟁 체험을 해 보지 못한 사람들보다는 우리 마음속에 좀더 강하고 심오한 반응을 불러일으킨다. 트로이 평원에서 일어난 전투는 아쟁쿠르 전투나 보로디노 전투와는 전혀 달랐을 테지만, 그래도 위대한 작가들은 시대와 장소의 차이를 뛰어넘어 이 보편적인 테마를 작품 속에 표현하는 데 성공했다. 그것들이 근본적으로 상징적이기 때문에 우리는 거기에 반응하는 것이다.

더 알기 쉬운 예를 살펴보자. 그리스도교 세계에서 성장한 사람이라면 누구나 알 만한 예이다. 그리스도의 처녀 강탄(降誕) 교리를 믿지 않거나 좀더 이성적인 신앙을 가지고 있는 사람이라도 크리스마스에는 이 성스러운 반신반인(半神半人)의 신화적 탄생에 대해 깊은 감동을 나타낼 것이다. 이때 우리는 알지 못하고 깨닫지 못하는 사이에 재생의 상징체계에 말려든 셈이다. 크리스마스는 아득한 옛날에 있었던 동지제(冬至祭)의 흔적을 보여 준다. 동지제는 북반구의 쓸쓸한 겨울 풍경이 다시 생기를 되찾을 것이라는 희망을 담고 있었다. 아무리 냉정한 사람이라도 이 상징적인 축제에는 저절로 기쁨을 느끼게 된다. 마치 우리가 아이들과 함께 부활절 달걀과 토끼 풍습을 즐기는 것처럼 말이다.

그런데 우리는 우리가 하는 행동을 이해하고 있을까? 부활절의 민속적 상징성과 그리스도의 탄생, 죽음, 부활 이야기 사이의 연관성을 과연 의식하고 있을까? 일반적으로 우리는 이런 문제를 지적으로 검토해 볼 생각도 하지 않는다. 하지만 여기에는 분명히 밀접한 관련이 있다. 성금요일(聖金曜日)에 있었던 그리스도의 십자가 수난은 오시리스, 탐무즈, 오르페우스, 발드르 등등 다른 '구세주' 제의에서 엿보이는 풍요의 상징성을 연상시킨다. 이 구세주들도 그리스도와 마찬가지로 더없이 거룩하게, 또는 상당히 거룩하게 탄생하고, 영광을 누리다가 죽음을 당하고, 재생한다. 말하자면 이들은 순환적인 종교에 속한다. 이는 신왕(神王)의 죽음과 재생이 영원히 반복되는 신화이다.

그러나 부활절 일요일에 있었던 그리스도의 부활은 제의의 관점에서 본다면 순환적 종교의 상징성에 미치지 못한다. 그리스도는 승천하여 하느님의 오른쪽 자리를 차지하기 때문이다. 그러니까 그의 부활은 딱 한 번 일어났을 뿐이다.

그리스도교가 다른 '신왕' 신화와 다른 점은 이 부활이라는 그리스도교 개념의 종국적(終局的) 성격[1]에서 뚜렷이 나타난다(최후의 심판에 대한 그리스도교

---

1) 그리스도 부활의 종국적 성격에 관해 말하자면, 그리스도교는 최후의 심판과 같은 최종 목적을 가지고 있는 종말론적인 종교이다. 여성 중심의 부족 문화 요소를 간직하고 있는 다른 종교

사상도 그렇게 '완결된' 테마를 가지고 있다). 그리스도 부활은 한 번만 일어났으며, 부활절 축제는 단지 이 일회성 사건을 기념하는 의식일 뿐이다. 그런데 아마도 이 종국적인 성격에 대한 관념 때문에, 그리스도교 이전의 전통에서 아직 벗어나지 못했던 초기 그리스도교도들이 자기네 종교를 더 오래된 풍요제의 요소로 보충할 필요가 있다고 느끼게 된 것은 아닐까? 그들에게는 재생이 되풀이되리라는 희망이 필요했다. 부활절 달걀과 토끼는 그 희망을 상징하는 것이다.

▲도시가 파괴되는 모습을 그린 13세기의 일본 족자.
▼마찬가지로 제2차 세계대전 공습 중 런던에 있는 세인트 폴 대성당이 화염과 연기에 휩싸여 있다. 시대에 따라 전쟁하는 방법은 달라졌지만 전쟁이 주는 감성적인 충격은 시간의 관계없이 원형적인 것이다.

나는 서로 다른 두 가지 예를 들어서 현대인이 이런 심오한 심리적 영향에 어떤 반응을 보이는지 설명해 보려고 했다. 현대인은 의식적으로는 이러한 이야기를 무식한 사람들이나 좋아하는 미신 같은 민담쯤으로 치부하고 넘어간다. 그러나 이 이야기를 좀더 해 볼 필요가 있다. 상징의 역사를 자세히 관찰하면서 이 상징이 다양한 문화권에서 어떤 역할을 해 왔는지 조사해 보면 볼수록, 이러한 상징에는 분명히 재창조의 의미가 있다는 사실을 우리는 이해하게 된다.

(이를테면 오르페우스교)는 미르체아 엘리아데가 《영원회귀의 신화》(원제 : *Le Mythe de l'éternel retour*, 1949)에서 밝혔다시피 순환적인 종교이다.

〈그리스도의 강탄〉 목제 군상, 네덜란드 위트레흐트 카타리네콘벤트 박물관. 15세기.

〈십자가에 못박히신 그리스도〉 파리 루브르박물
관, 안드레아 만테냐 작. 1457~59.

〈그리스도의 승천〉 상아부조, 쾰른 출토.

그리스도의 탄생·죽음·부활과 승천은 고대 영웅 신화의 양상과 비슷하다. 이러한 고대 신화는 3천 년 전 영국의 스톤헨지에서 거행되었을 풍요제에 그 기원을 두고 있다. 하짓날 동틀녘의 스톤헨지 역광 사진.

어떤 상징은 유아기와 관련되어 있고, 청년기 직전의 과도기와 관련된 것도 있다. 또 성숙기와 관련된 것도 있고, 피할 수 없는 죽음을 준비하는 노년기의 체험과 관련된 것도 있다. 앞서 융 박사는 노년기에나 어울릴 법한 상징이 어떻게 여덟 살 난 소녀의 꿈속에 나타나게 되었는지 설명했다. 이 소녀의 꿈은 죽음에 다다르는 경우와 똑같이 원형적인 형태로 삶에 다다르는 모습을 보여 준다. 말하자면 이러한 상징 개념의 진화는 고대 사회의 제의에서 나타났듯이 현대인의 무의식적인 마음속에서도 일어나고 있는 것이다.

고대인이나 원시인의 신화와 무의식이 산출하는 상징은 이처럼 밀접하게 관련되어 있다. 이 연관성을 인식하는 것은 분석가에게 대단히 중요하다. 분석가는 바로 이것을 인식하고 있어야 심리적인 의미뿐만 아니라 역사적인 관점에 이르기까지 넓은 맥락에서 이러한 상징을 식별하고 해석할 수 있기 때문이다. 그럼 지금부터 몇 가지 중요한 고대 신화를 예로 들어 이러한 신화가 우리 꿈속에 나타나는 상징적 재료와 어떻게 비슷한지, 또 무슨 목적에서 그런 유사성이 생겨나는지 설명해 보겠다.

영웅과 영웅 창조자

영웅 신화는 세계 도처에서 가장 흔하게 볼 수 있는 유명한 신화이다. 영웅 신화는 그리스나 로마의 고전적인 신화에서는 물론이고 중세 신화, 동양 신화, 심지어는 현대 원시 사회 부족의 신화에서도 볼 수 있다. 영웅 신화는 또 우리 꿈속에도 나타난다. 명료하고 극적이며 매력적인 모습으로 나타날 때도 있고, 다소 명료하지 않게 나타날 때도 있다. 하지만 어떤 경우에나 틀림없이 깊은 심리학적 의미를 지닌다.

수많은 영웅 신화는 세부적으로는 상당히 차이가 나지만, 자세히 검토해 보면 구조적으로 매우 흡사하다는 사실을 알 수 있다. 영웅 신화는 설령 문화적 접촉이 전혀 없는 집단—아프리카 부족이나 북아메리카 원주민, 그리스인, 페루의 잉카 문명 등등—이나 개인에 의해 만들어졌다 해도 대개 만국 공통의 형식을 따른다. 영웅 신화는 모두 대체로 다음과 같은 내용을 되풀이해서 이야기한다. 즉 영웅은 언제나 음지에서 기적적으로 태어나 인생 초기에 초인적인 힘이 있음을 증명하고서 빠르게 두각을 나타내거나 놀라운 위력을 보이고, 악한 무리와 싸워서 이들을 무찌르고, 오만(hybris)이라는 죄의 씨앗을 마음속에 키우다가 이윽고 누군가의 배신이나 '영웅적인' 희생으로 인해 몰락하여 결국 죽음을 맞는다는 것이다.

이런 유형의 영웅 신화는 자신의 개성을 발견해서 키우려고 노력하는 개인에 대해서나, 아니면 집단적 동일성을 확립하려고 노력하는 사회 전체에 대해서나 똑같이 심리학적인 의미를 지닌다. 그 까닭은 나중에 자세히 설명하겠다. 그런데 영웅 신화의 한 가지 중요한 특징이 우리에게 어떤 실마리를 제공한다. 많은 영웅 신화에서 영웅이 처음에 지니고 있던 약점은 강력한 '후견인'이나 '수호자'가 출현함으로써 보완된다. 그리하여 영웅은 혼자 힘으로는 감당할 수 없는 초인적인 사명을 다하게 된다. 예컨대 그리스 영웅 가운데 테세우스는 바다의 신 포세이돈을, 페르세우스는 아테나 여신을, 아킬레우스는 그의 스승이었던 현자 케이론을 수호신으로 삼았다.

이 신과도 같은 수호자는 사실상 그 영웅의 마음 전체를 상징적으로 표현한다. 그것은 좀더 넓고 포용력 있는 동일성을 나타내면서 영웅 개인의 자아에 결여되어 있는 힘을 보충하는 존재이다. 이 수호자의 특별한 역할을 자세히 살펴보면, 영웅 신화의 본질적인 기능이 바로 영웅 개인의 자아의식 발달에 있음을 알 수 있다. 그러니까 이런 수호자의 도움으로 영웅은 앞길을 가로막는 온갖 삶의 문제에 정면으로 부딪쳐 나가면서 자신의 역량과 약점을 스스로 깨닫게 되는 것이다. 한 개인이 이런 입문 의식을 무사히 치르고 인생의 성숙기에 접어들면 영웅 신화는 이제 의미를 잃어버린다. 영웅의 상징적 죽음은 개인의 성숙이 성취되었음을 뜻한다.

지금까지 영웅의 탄생에서 죽음에 이르기까지 온전한 삶이 상세히 묘사되어

영웅 신화에서 영웅은 어린 시절부터 힘이 장사였음을 보여주는 예

▶헤라클레스는 어린 시절 뱀 두 마리를 죽였다. 그러나 쌍둥이 형제 이피클레스는 어머니에게 도움을 청하고 있다.

▼아서왕도 어린 시절에 바위에서 마검을 뽑아냈다.

◢미국의 영웅 데이비 크로켓도 세 살 때 곰을 잡았다.

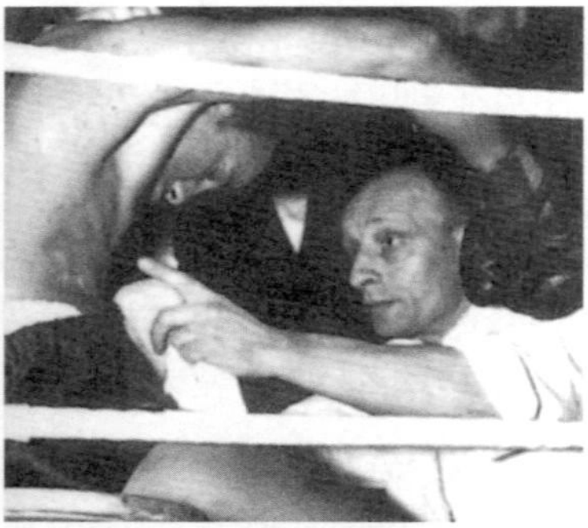

원형적인 영웅을 보살펴 주는 후견인의 예

◤그리스 신화 속 아킬레우스는 젊은 시절에 켄타우로스인 케이론의 제자가 된다.

▲현대 사회에서, 권투 선수는 트레이너의 지식과 경험의 도움을 받는다.

◀아서왕의 후견인 마법사 멀린이 손에 두루마리를 들고 있다.

영웅들이 괴물이나 악과 싸우는 예

◤스칸디나비아 영웅 시구르드가 파프니르라는 뱀을 죽이는 장면.

▲현대 미국의 연재만화 속 영웅 슈퍼맨. 그는 홀로 악과 싸우면서 종종 곤경에 처한 아름다운 처녀들을 구출한다.

◀고대 바빌로니아의 서사시에 나오는 영웅 길가메시가 사자와 싸우고 있다.

영웅이 배반당하는 두 가지 예

▲성경에 등장하는 영웅 삼손이 델릴라에게 배반당하는 장면이다.

◥페르시아의 영웅 루스탐은 자신이 믿었던 사람에게 체포된다.

오만의 현대적인 예

▶오만해진 히틀러가 겨울에 소련(지금의 러시아)을 침공했다. 1941년 스탈린그라드에 수용되어 있는 나치 포로들 사진.

있는 완전한 형태의 영웅 신화를 참고해 봤다. 그런데 이 탄생에서 죽음에 이르기까지 모든 단계에는 영웅 신화의 특수한 형식이 존재하며, 이 형식이 자아 의식의 발달 과정에서 개인이 도달해 있는 특정한 단계에 상응하는 모습을 갖춘다는 점을 우리는 반드시 인식해야 한다. 그 형식은 어느 특별한 순간에 그가 조우하는 특정한 문제에 딱 들어맞는다. 즉 영웅상이 발달해 가는 과정은 인간의 인격 발달 단계를 반영한다.

이러한 개념을 도식적으로 설명하면 여러분도 쉽게 이해할 수 있을 것이다. 북아메리카 원주민 위네바고 부족의 예를 살펴보자. 이들의 영웅담에는 영웅의 네 가지 발전 단계가 뚜렷이 나타나 있다. 이 이야기(1948년 폴 래딘 박사가 펴낸 《위네바고족 영웅의 주기》[1])에서는 영웅이라는 개념이 가장 단순한 것에서 가

---

1) Paul Radin, *Winnebago Hero Cycles : A Study in Aboriginal Literature*, Indiana University Publications, 1948.

장 복잡한 것으로 발전해 가는 과정이 명확히 드러난다. 이러한 발전은 다른 영웅 주기(週期)에서도 찾아볼 수 있는 특징이다. 영웅담에 나오는 상징적인 인물의 이름은 모두 다르지만 역할은 유사한데, 이번 사례를 통해서 이 점을 파악하고 나면 영웅 신화를 이해하기가 한결 쉬워질 것이다.

래딘 박사는 영웅 신화의 전개를 특징에 따라 네 주기로 분류하고 각각 '장난꾸러기 주기'(Trickster Cycle), '토끼 주기'(Hare Cycle), '붉은 뿔 주기'(Red Horn Cycle), '쌍둥이 주기'(Twin Cycle)라고 이름 붙였다. 이 대목에서 래딘 박사는 이렇게 말했다. "이러한 영웅 신화는 영원한 이야기라는 환상의 도움을 빌려 성장 문제에 대처하는 우리의 노력을 표현하고 있다." 그는 영웅 신화 발전의 심리학을 정확히 인식하고 있었던 것이다.

'장난꾸러기' 주기의 여러 가지 예.
영웅 신화 발전 단계에서 중 초기 단계라고 할 수 있는 이 '장난꾸러기' 주기에서 영웅은 본능적이고 무절제하며 유치한 양상을 띤다.
▲16세기 중국고전소설 《서유기》를 극화한 현대의 경극에서 원숭이 영웅 손오공은 강의 신을 속여 마술지팡이를 빼앗는다.
▼기원전 6세기의 항아리. 아기 헤르메스가 아폴론의 소를 훔쳐다 놓고는 다시 요람에 들어가 시치미를 뚝 떼고 있다.

'장난꾸러기' 주기는 가장 미숙한 인생의 초기 단계에 해당한다. 장난꾸러기의 행동을 지배하는 것은 육체적 장치이다. 그의 지능은 유아적이다. 그래서 자기의 기본적인 욕구를 만족시키는 것 말고는 어떤 목적도 없다. 그는 도덕심이 없고 광포하고 잔인하다('토끼 우화'나 중세의 '여우 이야기'에는 장난꾸러기 신화의 본질이 고스란히 보존되어 있다). 이 주기의 주인공은 처음에는 어떤 동물의 모습을 하고서 남을 괴롭히기만 한

◀말썽을 일으키고 다니는 노르웨이의 신 로키의 조각상. 19세 기경.

▶20세기의 '장난꾸러기'라 할 수 있는 찰리 채플린이 1936년 제작된 영화 〈모던 타임즈〉에서 소란을 피우고 있는 장면.

다. 그러던 어느 날 그에게 변화가 온다. 이 장난꾸러기 동물이 진화하여 성숙한 인간과 비슷한 모습으로 바뀌어 가기 시작하는 것이다.

그 다음으로 나타나는 것이 '토끼'[2]이다. 장난꾸러기(아메리카 원주민 신화에서 이 장난꾸러기는 종종 코요테로 표현된다)와 마찬가지로 이 주기의 주인공도 처음에는 동물 모습으로 나타난다. 그는 인간 형태를 취할 정도로 성숙한 것은 아니면서도 인류 문화의 창시자와 비슷한 존재─변화시키는 자─로서 그 모습을 드러낸다. 위네바고 부족은 '토끼'가 그들에게 유명한 의료 의례(醫療儀禮)를 전수했다고 믿기에 '토끼'를 문화 영웅인 동시에 구세주라고 생각한다. 래딘 박사의 말에 따르면 이 신화가 워낙 강력하기 때문에, 그리스도교가 이 종족에 침투한 뒤에도 페요테 의식(Peyote Rite)을 따르던 이들은 '토끼'를 좀처럼 포기하지 않으려 했다고 한다. 결국 '토끼'는 그리스도상(像)과 혼합됐는데, 어떤 이들은 자기에게는 이미 '토끼'가 있으니까 그리스도는 필요하지 않다고 주장하기도 했다고 한다. 이 원형적인 '토끼'는 분명히 장난꾸러기보다 한층 발전한 모습을 보인다. 그러니까 '토끼'는 장난꾸러기의 본능적·유아적 욕구를 극복하여 하나의 사회적 존재가 되어 가고 있는 셈이다.

이런 종류의 영웅 주기 가운데 세 번째에 해당하는 '붉은 뿔'은 상당히 모호한 인물이다. '붉은 뿔'은 10형제 중 막내이다. 그는 경주에서 승리하고 전쟁에서 능력을 과시함으로써 인생의 시련을 이겨 내고 원형적인 영웅 자격을 획득한

---

2) 래딘 박사는 '토끼'에 관해 이렇게 말했다. "'토끼'는 문명 사회나 원시 사회를 막론하고 아주 먼 옛날부터 전세계에 알려져 있었던 전형적인 영웅이다."

다. 그가 (주사위 노름에서는) 술책으로, (씨름 경기에서는) 힘으로 거인을 쓰러뜨리는 장면은 그의 초인적인 능력을 보여 준다. 그에게는 강한 친구가 하나 있다. 이름이 '폭풍의 질주'인 이 친구는 천둥새(thunderbird : 아메리카 원주민 신화에 나오는 거대한 새)의 모습을 하고 있다. 엄청난 힘을 가진 이 친구는 '붉은 뿔'이 궁지에 몰릴 때마다 언제나 달려와서 도와준다. 이 '붉은 뿔'과 더불어 우리는 비

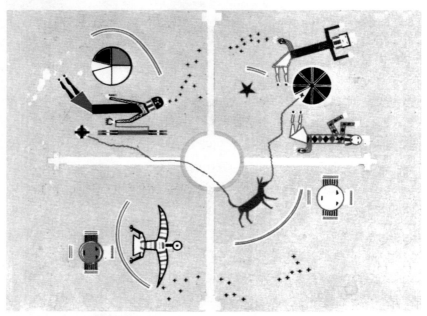

영웅 신화 두 번째 단계는 인류 문화의 창시자가 된다.

▲코요테의 신화를 그린 아메리카 원주민 나바호족의 모래 그림으로, 코요테는 불을 신으로부터 훔쳐 인간에게 전해 준 영웅이다.

◀그리스 신화에서도 역시 프로메테우스가 신으로부터 불을 훔쳐 인간에게 전해 주는 내용이 나오고, 프로메테우스는 그 벌로 절벽에 묶여 독수리에게 파 먹히는 벌을 받는다. 기원전 6세기의 술잔.

영웅 신화 발전의 세 번째 단계는 부처와 같은 강한 인신(man-god)이다. 싯다르타가 여행을 시작하여 깨달음을 얻어 부처가 되는 장면을 형상화한 부조. 1세기경.

록 고대 세계이기는 하나 비로소 인간 세계에 도달한다. 이 인간 세계에서는 인간을 파멸시키는 악의 세력을 물리치고 인간의 승리를 확실히 굳히기 위해서는 초인적인 힘이나 수호신의 도움이 필요하다. 이 이야기가 끝날 무렵 영웅의 수호신은 '붉은 뿔'과 그 자식들을 지상에 남겨 놓고 떠나간다. 인간의 행복과 평화를 위협하는 요소는 이제 인간 자신에게서 나오게 된다.

이 기본적인 주제는(마지막 주기인 '쌍둥이'에서 되풀이되는데) 실제로 중요한 의문을 제기한다. 인간은 과연 얼마나 오랫동안 자기 오만에 희생되지 않고, 또는 신화적으로 말하면 신에게 질투를 받지 않고 평화와 행복을 누릴 수 있을까?

'쌍둥이'는 태양의 아들로 불리기는 하지만 본질적으로는 인간이며, 둘이 합쳐져서 하나의 인격을 이룬다. 이 쌍둥이는 원래 어머니의 자궁 속에서는 하나였으나 태어나면서 분리된 것이다. 그러나 그들은 서로가 서로에게 속해 있으므로, 매우 어렵기는 하겠지만 다시 하나가 될 필요가 있다. 우리는 이 쌍둥이를 통해 인간성의 양면을 본다. 쌍둥이 중 하나인 살(Flesh)은 순순하고 온건하며 좀처럼 행동에 나서지 않지만, 다른 하나인 다리(Stump)는 도전적이고 반항적이다. 몇몇 쌍둥이 영웅 신화에서는 이들의 이런 특성이 각각 내향형과 외향형을 나타낼 정도로 세련되게 묘사되기도 한다. 즉 내향형을 대표하는 한쪽은 반성 능력이 있어 여기에서 큰 힘이 나오고, 외향형을 대표하는 다른 한쪽은 위업을 달성할 만큼 놀라운 행동력을 지니고 있다.

오랫동안 이 쌍둥이는 무적의 영웅으로 살아간다. 이들 두 사람은 따로따로 또는 하나가 된 형태로 존재하면서 앞길을 막는 모든 것을 거침없이 해치운다. 그러나 아메리카 원주민 나바호족 신화에 나오는 전사신(戰士神)들처럼[3] 이들 역시 오만해진 나머지 그 힘을 남용하다가 파멸을 자초하게 된다. 하늘에도 땅에도 그들이 퇴치해야 할 괴수는 한 마리도 남아 있지 않게 된다. 그들은 만행을 저지르다가 마침내 천벌을 받기에 이른다. 위네바고족의 말에 따르면, 결국 이들 손에 걸리면 남아나는 것은 아무것도 없다. 이들 앞에서는 세계를 지탱하는 기둥까지도 위태로워진다. 결국 쌍둥이는 땅을 떠받치고 있는 네 마리 동물 가운데 한 마리를 죽임으로써 넘어서는 안 될 선을 넘고는 이승에서의 삶에 종지부를 찍는다. 이 쌍둥이가 받은 벌은 죽음이었다.

'붉은 뿔' 주기에서나 '쌍둥이' 주기에서나 우리는 도에 넘치는 자부심, 즉 '오만(hybris)'의 죄를 영웅의 희생이나 죽음으로써 갚는다는 주제를 발견하게 된다. '붉은 뿔' 주기에 대응하는 문화 수준을 가진 원시 사회는 화해의 인신공희(人身供犧) 의식을 통해서 이 운명적인 위험을 피했던 것으로 보인다. 이 주제는 매우 상징적인 중요성을 지니면서 인류의 역사에서 몇 번이고 되풀이되어 왔다. 이로쿼이족이나 몇몇 알곤킨족처럼 위네바고족도 이 개인적이고 파괴적인 충동을 완화시키는 토템 숭배 의식으로서 사람 고기를 먹었을 것으로 보인다.

유럽 신화에 나오는 영웅의 배신이나 패배 이야기를 보면, '오만'에 대한 벌로써 이러한 제의 같은 희생이 이루어진다는 주제가 좀더 뚜렷이 나타난다. 그러나 나바호족과 마찬가지로 위네바고족은 극단으로까지 치닫지는 않는다. '쌍둥이'는 죽음으로 갚아야 할 만큼 큰 죄를 지었지만, 그들 스스로가 자신들의 무책임한 힘에 겁을 먹은 나머지 영원한 휴식을 취하기로 합의를 보는 것으로 이 이야기는 끝이 난다. 그로써 서로 모순되는 인간의 양면은 다시 평형을 되찾는다.

---

3) 쌍둥이 나바호족 전사신들은 다음의 책에 소개되어 있다. Maud Oakes, *Where the Two Came to their Father : A Navaho War Ceremonial*, New York : Bollingen, 1943.

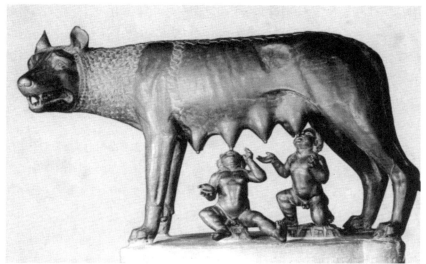

▲**로물루스와 레무스를 묘사한 중세 이탈리아 조각** 로마를 세운 쌍둥이로 이 쌍둥이는 이리에 의해서 키워진다. 이 쌍둥이는 영웅 신화의 네 번째 단계로서 가장 유명한 예이다.

▶**루벤스 작 〈레우키포스의 딸들의 납치〉**(1618년경) 신화 발전의 네 번째 단계에서 쌍둥이는 흔히 그들의 힘을 오용한다. 즉, 로마의 영웅 카스토르와 폴리데우케스가 레우키포스의 딸들을 유괴하는 사례가 그 예이다.

지금까지 영웅의 네 가지 유형을 상당히 자세하게 설명해 봤다. 그럼으로써 고대 신화나 현대인의 꿈속에 나타나는 영웅 신화의 패턴을 명확하게 제시하고자 했던 것이다. 그러면 이 점을 염두에 두고 어느 중년 남성 환자가 꾼 꿈을 검토해 보자. 이 꿈의 해석은, 다른 방법으로는 도저히 풀릴 것 같지 않은 수수께끼 같은 꿈을 분석 심리학자가 어떻게 신화학(神話學) 지식으로 해석하여 환자에게 도움을 줄 수 있는지를 보여 준다. 꿈속에서 이 남자는 극장에 있다. '상당한 발언권을 가진 중요한 관객' 역할이다. 무대에는 하얀 원숭이 한 마리가 인간에게 둘러싸인 채 단상에 서 있었다. 이 꿈을 자세히 설명하면서 그는 다음과 같이 말했다.

'안내인이 나에게 주제를 설명해 줬습니다. 폭풍에 시달리고 구타까지 당하는 어느 젊은 선원의 시련이라는 주제였지요. 나는 그 하얀 원숭이는 선원이 아니라고 주장했습니다. 그때 검은 옷을 입은 젊은이 하나가 일어섰습니다. 나는 그가 진짜 영웅일 거라고 생각했어요. 그런데 잘생긴 다른 젊은이 하나가 대담하게도 단(壇) 쪽으로 성큼성큼 걸어가더니 그 위에 드러누웠습니다. 사람들은 인신공희를 할 목적으로 벌거벗은 그 젊은이의 가슴에 표시를 해 놓았습니다.

그 다음에 나는 두세 사람과 함께 무대에 서 있었습니다. 작은 사다리가 설치돼 있어서 내려갈 수야 있었겠지만, 그 근처에 서 있는 건장한 두 건달들에게 제지를 받을 것 같아서 그냥 내려가지 않고 가만히 있었습니다. 그러다가 우리들 중에 어느 부인이 아무 방해도 받지 않고 사다리를 내려가는 걸 보았고, 우리 모두 안심하고 부인을 따라 내려갔습니다.'

이런 종류의 꿈을 단순히 마구잡이로 해석할 수는 없다. 꿈 자체와 꿈꾼 당사자의 생활과의 관계, 그리고 꿈속에 숨어 있는 좀더 넓은 상징적인 의미를 동시에 고려하자면 신중한 해석이 필요하다. 이 꿈을 꾼 환자는 신체적으로는 성숙한 남성이었다. 그의 인생은 대체로 성공한 편이었고, 그는 표면적으로는 훌륭한 남편이자 아버지였다. 그러나 심리적으로는 아직 미숙해서 청년기 발달 과정을 제대로 끝낸 것 같지 않았다. 바로 이 심리적 미숙함 때문에 영웅 신화가 여러 가지 양상으로 꿈속에 나타난 것이다. 그런 영웅의 이미지는 물론 그의 일상생활에서는 의미를 잃은 지 오래였지만, 그의 상상력은 무의식 중에 그 이미지에 끌리고 있었던 것이다.

이 꿈에서는 일련의 인물들이 극적인 모습으로 다양하게 나타나고 있는데,

꿈을 꾼 환자는 그들 하나하나를 보면서 저 인물이야말로 진정한 영웅일 것이라고 예상했다. 처음에는 하얀 원숭이, 다음에는 선원, 세 번째로는 검은 옷을 입은 젊은이, 그리고 마지막에는 '잘생긴 젊은이'가 등장한다. 꿈의 첫 부분을 보면, 선원의 시련이 연출될 연극인데도 꿈꾼 당사자의 눈에는 하얀 원숭이밖에 보이지 않는다. 그때 검은 옷을 입은 사나이가 불쑥 나타났다가 홀연히 사라져 버린다. 그는 하얀 원숭이와는 대조적인 새로운 인물이고, 꿈꾼 사람은 잠시나마 이 인물을 진정한 영웅과 혼동한다(이 같은 혼동이나 혼란은 꿈속에서는 별로 신기한 현상이 아니다. 꿈을 꾸는 사람은 무의식으로부터 명료한 메시지를 받는 것이 아니다. 그러므로 우리는 일련의 대조적이고 모순된 이미지들을 해독해서 의미를 찾아내야 한다).

의미심장하게도 이 인물들은 현재 상연되고 있는 연극의 줄거리에 따라 등장하고 있다. 이 줄거리의 전후 관계는 꿈을 꾼 사람이 받고 있던 분석 치료에 대한 직접적인 비유인 듯하다. 그가 말하는 '안내인'은 아마 분석가일 것이다. 그러나 그는 자신을 의사에게 치료받는 환자로 보지 않고 '상당한 발언권을 가진 중요한 관객'으로 보고 있다. 말하자면 그는 자기의 성장 경험과 관련된 인물들을 유리한 입장에서 바라보고 있는 것이다. 하얀 원숭이는 7~12세쯤 된 놀기 좋아하는 장난꾸러기 소년을 연상시킨다. 선원은 모험을 좋아하는 청년기 초기 단계를 암시하며, 선원이 구타를 당하게 된 것은 그가 무책임한 모험에 대한 벌을 받고 있음을 암시한다. 꿈을 꾼 사람은 검은 옷을 입은 젊은이에 대해서 짚이는 바가 전혀 없었는지도 모르지만, 인신공희의 제물이 되는 잘생긴 젊은이로부터는 청년기 말기에 드러나는 자기희생적 이상주의의 흔적을 보았던 것 같다.

이 단계에서 우리는 역사적인 자료(또는 원형적인 영웅상)와 꿈꾼 당사자의 개인적 경험에서 나온 자료를 합쳐서 이들이 어떤 식으로 서로 부합되고, 모순되고, 관련되는가를 알아낼 수 있을 것이다.

첫 번째 결론은 이렇다. 하얀 원숭이는 장난꾸러기를 나타내는 것으로 보인다―아니면 적어도 위네바고족이 장난꾸러기로 표현하는 인격의 성향과 관계가 있다. 그러나 원숭이는 또 꿈꾼 사람이 아직 개인적으로 충분히 경험하지 못한 것을 의미하는 듯싶기도 하다. 실제로 그는 꿈속에서 관객이었다고 했다.

나는 상담을 통해서 그가 소년 시절에는 부모에게 지나치게 의존했으며 원래 성격도 내성적이었다는 것을 알았다. 그래서 그는 소년기 후기에 자연스럽게 나타나는 거친 성질을 충분히 발달시키지 못했고, 학교 친구들과 어울려 놀지도 않았다. 그는 나에게 '짓궂은 장난(monkey tricks)'이나 '못된 짓(monkey shines)'은 해 본 적이 없다고 말했다. 바로 이 말이 해석의 실마리를 제공했다. 꿈에 나온 원숭이(monkey)는 사실 장난꾸러기의 상징적인 모습이었던 것이다.

그런데 장난꾸러기는 왜 하필이면 원숭이로 나타났을까? 왜 하필이면 흰색이었을까? 이미 지적했듯이 위네바고족 신화를 보면 장난꾸러기는 이 영웅 신화 주기의 마지막 부분에서 인간 모습을 닮아 가는 것으로 되어 있다. 그런데 이 남자의 꿈속에는 원숭이가 등장하고 있다. 원숭이는 희한할 정도로 인간과 닮았지만 또 인간을 극단적으로 희화화하지는 않는 존재이다. 한편 꿈을 꾼 당사자는 원숭이가 왜 하필 흰색이었느냐 하는 의문을 해결할 만한 개인적인 연상은 제출하지 못했다. 그러나 원시적인 상징체계에 관한 지식을 통해서 우리는 평범한 존재에 흰색을 입힘으로써 여기에 '신성한' 특질을 부여한다는 것을

영웅 신화와 마찬가지로 개인의 마음도 초기 단계의 유치한 상태에서 다음 단계로 발전한다. 초기 단계의 이러한 원시적 이미지는 심리적으로 미숙한 성인의 꿈에 나타나기도 한다. 초기 단계는 어린이들의 악의 없는 장난으로 표현되기도 한다. 사진은 프랑스 영화 〈품행 제로〉에서 베개싸움을 벌이는 아이들의 예.

추측할 수 있다(백변종(白變種)은 많은 원시 사회에서 신성한 존재로 여겨진다). 이 경우 하얀 원숭이는 장난꾸러기가 지니는 신과 비슷한 힘, 또는 마술에 가까운 힘과 잘 부합된다.[4]

하얀 원숭이는 꿈꾼 사람의 소년기에 충분히 발휘되지 못했던, 놀기 좋아하는 긍정적 성질을 상징한다. 이제 그는 뒤늦게 그 유희적인 성질을 강화할 필요성을 느끼고 있는 셈이다. 꿈의 내용에 따르면 그는 원숭이를 '단상에' 올려놨다. 그럼으로써 그 원숭이를 잃어버린 소년 시절의 경험 이상의 존재로 격상시킨 것이다. 그 원숭이는 성인에게는 창조적 경험의 상징이라고 할 수 있다.

이어서 원숭이란 상징이 혼란을 가져온다. 구타를 견뎌

▲두 번째 단계는 청년기 초기의 무모한 자극을 좇는 경향으로 나타나기도 한다. 자동차 질주로 담력을 겨루는 미국 청년들의 예.

▼마지막 단계는 청년기 후기의 자기희생을 통해 이상주의를 추구하는 경향으로 나타나기도 한다. 1956년 헝가리 혁명 때 이러한 경향이 두드러지게 나타났다. 돌멩이로 탱크와 맞서는 젊은이들의 예.

내야 할 인물은 원숭이인가, 아니면 선원인가? 원숭이가 선원으로 변하는 것인가? 이 점에서는 꿈을 꾼 당사자의 연상이 이 변화의 의미를 가르쳐 주었다. 어쨌든 인간의 성장 단계를 보자면, 무책임해도 되는 소년기가 끝나면 사회화 과정이 시작된다. 이 단계에서는 누구나 훈련을 받으면서 힘든 시련을 겪어야 한

---

4) 융 박사는 "On the Psychology of the Trickster Figure", CW, vol. IX에서 장난꾸러기에 대해 이야기했다.

다. 따라서 이 선원은 장난꾸러기가 진화한 모습으로, 성년식의 시련을 통해 사회적으로 책임 있는 인간으로 변모하는 중이라고 볼 수 있다. 상징의 역사에 따르면 폭풍은 이 과정에 수반되는 자연적인 요소를 대표하고, 구타 행위는 인간적인 요소를 대표한다.

여기서 우리는 위네바고족이 '토끼' 주기로 나타내고 있는 과정이 이와 관련되어 있음을 알 수 있다. '토끼' 주기의 문화 영웅(culture-hero)은 나약한 존재로서 괴로움에 몸부림치면서, 유아적인 모습을 버리고 더 나은 존재로 발돋움하려고 한다. 꿈을 꾼 환자는 바로 이 국면에서 다시 한번, 중요한 시기인 소년기와 청년기 전기를 충분히 경험하지 못하고 넘어갔던 자신의 실수를 애석해하고 있다. 그는 마음껏 뛰어놀아야 하는 어린 시절과 십대 초반의 장난꾸러기 시절을 다 놓쳐 버렸던 것이다. 이제 그는 그 잃어버린 경험과 개인적 자질을 회복할 방도를 찾고 있다.

이 무렵 꿈에 기묘한 변화가 온다. 검은 옷을 입은 젊은이가 나타나자 환자는 그가 '진짜 영웅'이라고 생각하게 된다. 검은 옷을 입은 젊은이에 대해 우리가 알 수 있는 것은 이게 전부이다. 그러나 이렇게 단편적인 요소 덕분에 우리는 종종 꿈속에 드러나는 깊고 중대한 주제를 접하게 된다.

이것은 분석심리학에서 결정적인 역할을 맡는 '그림자' 개념이다. 융 박사의 지적에 따르면 개인의 의식적인 마음이 던지는 이 어두운 그림자는 개인이 자신의 인격 속에 은닉하고 억압했던 불쾌한(또는 불리한) 내용으로 이루어져 있다. 그러나 이 그림자는 의식적 자아의 단순한 반대 개념은 결코 아니다. 자아에 불쾌하고 파괴적인 면이 있는 것과 마찬가지로, 그림자에도 좋은 면―평범한 본능이나 창조적 충동 같은 요소―이 있다. 자아와 그림자는 떨어져 있기는 하나, 사고와 감정이 서로 밀접하게 관련되어 있는 것과 마찬가지로 서로 복잡하게 얽혀 불가분의 관계를 맺고 있다.

그런데도 자아는 그림자와 갈등을 빚는다. 융 박사는 이 갈등을 '해방을 위한 투쟁'이라고 불렀다.[5] 원시인들이 의식을 획득하려고 힘겨운 투쟁을 벌이는 가운데 이 갈등은 원형적인 영웅이―용 같은 괴물로 구체화된―사악한 우주

---

5) 자아와 그림자의 갈등에 관해서는 융 박사의 "The Battle for Deliverance from the Mother", CW, vol. V 참조.

적 세력과 벌이는 싸움으로 표현된다. 개인의 의식 발전 과정에서 영웅의 이미지는 상징적 수단이다. 이제 막 생겨난 자아는 이 수단으로 무의식의 무기력을 극복하고, 어머니가 다스리는 세계에서 젖먹이로서 살아간다는 지극히 행복한 상태로 돌아가려고 하는 이른바 '퇴행 현상'으로부터 성숙한 인간을 해방시킨다.

신화에서 대개 영웅은 괴물과 벌이는 싸움에서 승리한다(이 점은 뒤에서 자세히 설명할 것이다). 그러나 영웅이 괴물에 굴복하는 다른 형태의 영웅 신화도 있다. 그 유명한 예가 성경의 '요나와 고래' 이야기이다. 이 이야기에서 바다 괴물은 영웅을 삼키고는 서쪽에서 동쪽으로 밤바다를 여행한다. 이것은 일몰에서 일출에 이르기까지의 태양의 은밀한 움직임을 상징한다. 이때 영웅은 죽음을 상징하는 암흑 속에 잠겨 있다. 나는 임상 경험을 통해 꿈속에 나타난 이 주제를 접한 적이 있다.

영웅과 용의 싸움은 매우 활동적인 형태의 영웅 신화라 할 수 있다. 이 형태는 억압된 성향에 대한 자아의 승리라는 원형적인 주제를 선명하게 부각시킨다. 대부분의 사람들에게 인격의 어둡고 부정적인 면은 의식되지 않은 채로 남는다. 그러나 영웅은 오히려 그림자의 존재를 인정하고 거기에서 힘을 끌어낼 수 있음을 자각해야 한다. 영웅이 용을 때려눕힐 정도로 강한 인물이 되려면, 그 파괴적인 힘과 새로운 관계를 맺어야 한다. 말하자면 먼저 그림자를 극복하고 자신과 동화시키는 데 성공해야만 자아는 승리를 거둘 수 있다.

이 주제는 유명한 문학 작품의 주인공—이를테면 괴테가 창조한 파우스트라는 인물—에게서도 발견할 수 있다. 괴테는 파우스트의 '그림자'를 가리켜 "악을 바라면서도 선을 찾는 힘의 일부"라고 했다. 파우스트는 메피스토펠레스의 꾐에 넘어가서 자신을 이 '그림자'의 힘에 맡겨 버린다. 우리가 조금 전에 분석한 꿈을 꾼 환자도 그랬듯이 파우스트도 어린 시절의 중요한 시기를 제대로 보내지 못한 인물이다. 그래서 그는 비현실적이고 불완전한 사람이 되어, 뚜렷한 결실도 보지 못할 형이상학적인 목표만을 좇다가 길을 잃어버린다. 그는 선과 악을 동시에 경험하며 살아가는 인생의 도전을 받아들이려 하지 않았다.

앞에서 말한 환자의 꿈에 나온 '검은 옷을 입은 젊은이'는 이런 무의식적인 측면과 관련되어 있다. 인격의 그림자 부분과 그 그림자의 강한 잠재력, 그리고 인생의 싸움에 대비하여 영웅을 준비시키는 그림자의 역할을 환기시키는 것은 이 꿈의 첫 부분에서 희생적인 영웅—스스로 제단에 드러누운 잘생긴 젊은이—이라는 다음 주제로 넘어가는 본질적인 전환 과정인 셈이다. 이 '잘생긴 젊은이'는 청년기 후기의 자아 형성 과정과 관련된 일종의 영웅 숭배 형식을 나타낸다. 이 시점에서 인간은 자신을 바꾸는 동시에 타인과의 관계를 바꾸는 데 필요한 힘을 자각하면서, 자기 삶의 이상적인 원칙을 표명하기에 이른다. 이때 그는 젊음의 절정에 다다라 있다. 매력적이고 에너지도 충만하며 이상주의에 젖어 있다. 그런데 왜 자신을 기꺼이 인신공희의 제물로 바치는 것일까?

아마도 위네바고족 신화의 '쌍둥이'에서 그 이유를 찾을 수 있을 듯하다. 그것은 쌍둥이가 자신들의 힘을 파괴충동에 내맡긴 것과 마찬가지이다. 폭풍처럼 강렬한 청년기 이상주의는 젊은이를 심하게 충동질하여 자기과신에 빠지게

◀이탈리아의 피에로 델라 프란체스카 작 〈자비의 어머니〉(15세기경) 자아 인격이 분화되지 못한 청년은 어머니에게 보호받으며, 이러한 어머니상은 흔히 피난처가 되는 성모마리아로 형상화된다.

▼몸을 구부려 지구를 둘러싸고 있는 이집트 하늘의 여신 누트를 형상한 부조(5세기경)

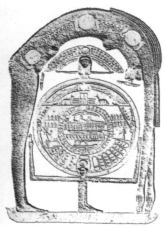

▲**구렁이와 싸우는 일본의 신 스사노오** 그러나 자아는 결국 무의식과 미성숙한 상태에서 벗어나야 하며 '해방을 위한 투쟁'은 흔히 영웅이 괴물과 싸우는 형태로 상징화된다.

▼**고래에게 삼켜진 요나를 묘사한 필사본**(14세기경) 영웅이 항상 즉각적으로 이기는 것은 아니다.

만든다. 자기과신에 빠지면 그 사람의 자아는 신이라도 된 듯한 놀라운 경험을 하게 되지만, 도가 지나치면 파멸해 버리고 만다(이카로스 신화가 바로 그런 이야기이다. 이 젊은이는 인간이 만들어 낸 연약한 날개를 달고 하늘로 날아오르지만, 너무 교만해진 나머지 태양에 가까이 다가갔다가 날개가 녹아서 떨어져 죽고 만다). 젊은이의 자아는 언제나 이런 위험을 각오하지 않으면 안 된다. 젊은이는 자기가 안전하게 도달할 수 있는 것보다 더 높은 목표를 설정하여 꾸준히 노력하지 않으면, 청년기와 성인기 사이에 가로놓여 있는 장애를 뛰어넘을 수 없다.

지금까지는 개인적인 연상 차원에서 내 환자가 자기의 꿈에서 이끌어 낸 결론을 검토해 봤다. 그런데 이것 말고도 이 꿈속에는 인신공희라고 하는 신비스러운 원형적인 차원이 존재한다. 이것은 신비로운 성격을 띠며 종교 의식으로 표현되는데, 이러한 의식은 인신공희의 상징성을 통해서 우리를 인류 역사의 아득히 먼 옛날로 거슬러 올라갈 수 있게 한다. 제단에 드러누운 젊은이에게서 우리는 저 스톤헨지 사원의 돌 제단에서 지내는 제사보다 더 오래된 원시적 행위를 발견한다. 수많은 원시인의 제단이 그렇듯이 이 제단 역시 신화적인 영웅의 죽음과 재생이 어우러져 있는 동지제와 하지제를 연상시킨다.

이것은 슬픈 의식이지만 그 슬픔은 동시에 기쁨을 은근히 승인하는 것이기도 하다. 인신공희는 곧 새로운 생명의 탄생으로 이어지기 때문이다. 위네바고족의 영웅 서사시도, 북유럽 전설에 나오는 발드르의 죽음에 대한 애가도, 에이브러햄 링컨을 추도하는 월트 휘트먼의 시도, 그리고 한 인간에게 젊은 날의 희망과 공포를 되새기게 하는 꿈속의 제의도 결국은 하나의 주제를 표현하고 있다. 그것은 바로 죽음을 통한 새로운 탄생의 연출이다.

이 꿈은 마지막에 이상한 국면으로 접어든다. 이 끝부분에서 환자는 꿈속의 행위로 휘말려 들어간다. 그는 다른 사람들과 함께 무대에 서 있다. 거기서 내려가야 하는데, 사다리로 내려갈 수는 없었다. 건달들에게 제지를 받을 것 같았기 때문이다. 그때 어떤 부인이 나타나서, 사다리로 안전하게 내려갈 수 있다는 확신을 그에게 심어 준다. 덕분에 그는 무사히 내려갈 수 있게 된다. 그의 연상을 통해서 나는 그가 봤다는 연극 전체가 실은 이 분석 작업과 연관돼 있음을—그 자신이 경험한 내적 변화의 과정임을—눈치챌 수 있었다. 그렇다면 이 꿈의 마지막은 상담을 마치고서 다시 현실로 돌아가야 하는 어려움에 대한 그의 걱정이 반영된 결과가 아닐까. 그가 '건달들'이라고 표현한 존재에 대한 두려움은 장난꾸러기의 원형이 집단적인 형태로 나타날지도 모른다는 두려움을 암시한다.

그런데 이 꿈속에 구세주 같은 요소가 등장한다. 인간이 만든 사다리—여기서는 합리적인 마음의 상징인 듯하다—와, 사다리를 이용하도록 환자를 격려하는 부인의 존재이다. 꿈의 마지막 부분에 부인이 출연하는 것은 지나친 남성적 활동을 보충하기 위해서는 여성적 원리를 도입해야 한다는 환자의 심적 요구를 반영하고 있다.

나는 지금까지 특정한 꿈을 설명하기 위해 위네바고족의 신화를 이용했는데, 이것을 보고 신화의 역사에서 찾을 수 있는 자료와 꿈의 자료가 완전한 기계적 평형 관계를 이룬다고 추론하면 안 된다. 하나하나의 꿈은 꿈꾸는 사람의 개인적인 것이고, 그 꿈이 취하는 엄밀한 형식은 꿈꾸는 사람이 처한 상황에 따라서 규정된다. 나는 단지 무의식이 어떻게 그 원형적인 재료를 써서 꿈꾸는 사람의 요구에 맞춰 패턴을 수정하는가를 보여 주고 싶었을 뿐이다. 그러므로 위네바고족이 '붉은 뿔' 주기, '쌍둥이' 주기로 묘사하고 있는 것과 직접 관련된 요소를 이 특정한 꿈에서 찾아내려고 해서는 안 된다. 그보다는 오히려 두 주제가 가진 본질, 즉 그 주제들이 지닌 희생적인 요소의 관련성을 주목해야 한다.

일반적으로 영웅 상징의 필요성은 자아가 강화될 필요가 있을 때 생겨난다고 할 수 있다. 즉 무의식이 지닌 잠재력의 도움 없이 의식의 힘만으로는 어떤 과제를 해결할 수 없을 때 그런 필요성이 생겨나는 것이다. 이를테면 방금 살펴본 꿈에서는 전형적인 영웅 신화의 중요한 측면—위험에 처한 아름다운 여자를 구하거나 보호하는 영웅의 능력—에 대응하는 요소는 찾을 수 없다(곤경에 처한 처녀는 중세 유럽에서 널리 사랑받은 신화 소재였다). 이것은 신화나 꿈이 '아니마'—괴테가 '영원한 여성'이라고 부른, 남성 마음속의 여성적 요소—에 작용하는 방식 중 하나이다.

이 여성적 요소의 성질이나 기능은 다음 장에서 폰 프란츠 박사가 다루겠지만, 그것과 이 영웅상과의 관계는 또 다른 중년 환자가 꾼 꿈을 통해 여기에서 설명할 수 있을 것 같다. 그 환자는 이렇게 말했다.

'저는 인도를 횡단하는 기나긴 도보 여행을 마치고 돌아왔습니다. 한 부인이 나와 친구를 위해서 여장을 준비해 주었지요. 그런데 나는 돌아와서 부인을 나무랐습니다. 왜 우리한테 검은 비 모자를 안 주었느냐고, 당신이 비 모자를 준비해 주지 않아서 우리가 비를 잔뜩 맞았다고 말이죠.'

◀영국의 시인 바이런은 그리스 독립전쟁(1824) 때 참전했다가 희생되었다.

자아를 위한 투쟁은 '싸움'이 아닌 희생이 전제되는 죽음으로 상징될 수 있다.

▶성 루치아는 두 눈과 생명을 바쳤다.

혁명도 희생의 의미가 있다.

▼들라크루아 작 〈미솔롱기의 폐허 위에 선 그리스〉(1826) 해방되고 재생되기 위해 내전으로 붕괴된 한 나라의 모습을 암시한다.

▲제1차 세계대전 당시 군 입대를 독려하는 포스터와 보병과 국군묘지의 모습을 담은 합성 사진 조국을 위해 목숨을 바친 병사들을 위한 기념비나 종교 의식에는 종종 원형적인 영웅적 희생의 '삶과 죽음'의 순환이라는 주제가 반영되기도 한다. 당시 전사한 어느 영국군의 묘비명에는 다음과 같이 쓰여 있었다. '해가 질지라도 아침이면 우리는 이들을 기억하게 되리라.'

▶1943년에 제작된 영화 '타이타닉'의 몇몇 침몰 장면을 합성한 사진 신화에서 영웅은 '오만' 때문에 목숨을 잃기도 한다. 신들이 영웅에게 겸손을 요구하는 것은 바로 이러한 '오만' 때문이다. 1912년에 타이타닉호가 빙산과 부딪혀 침몰한 사건은 영웅의 오만을 상기시키는 사례로 볼 수 있다. 미국 작가 월터 로드는 타이타닉호를 '침몰하지 않는 배'라 하였으며, 어떤 선원은 '하느님도 이 배만은 침몰시키지 못할 것'이라고 장담했다.

　　나중에 밝혀진 바에 따르면 이 꿈의 도입부는 이 사람의 젊은 시절과 관계가 있었다. 젊은 시절에 그는 학교 친구와 함께 위험한 산악 지방을 도보로 여행한다는 '영웅적인' 계획을 실행에 옮겼다(그는 인도에 가 본 적이 없었다. 이 꿈에 대해 그가 연상한 내용을 듣고 나서 나는 이 꿈속 여행이 새로운 영역—현실 공간이 아닌 무의식의 영역―으로 떠나는 모험을 의미한다고 추측했다).

　그는 꿈속에서 어떤 부인―그의 아니마가 인격화한 존재인 듯하다―이 원정 준비를 완벽하게 해 주지 않았다고 느낀 모양이다. 적당한 비 모자가 없었다는 것은, 자기 마음이 무방비 상태에 있다고 그가 느끼고 있음을 암시한다. 이런 상태에서 새롭고도 별로 유쾌하지 않은 경험에 노출되었기 때문에 그는 불편을 느낀다. 그는 소년 시절에 어머니가 자기 옷을 준비해 주었던 것처럼 그 부인도 자기에게 비 모자를 준비해 주어야 한다고 믿는다. 이 꿈은 그가 무턱대고 방랑했던 젊은 시절을 상기시킨다. 그때 그는 자기 어머니(원초적인 여성상)가 모든 위험에서 자기를 보호해 주리라 믿었고 그 믿음이 그를 지탱했다. 그런데 점점 나이가 들면서 그는 그것이 유치한 환상임을 깨닫고, 어머니가 아닌 자기 자신의 아니마에게 불만을 토로하고 있는 것이다.

　이 꿈의 다음 단계에서 이 환자는 여러 사람들과 함께 하이킹했던 이야기를 한다. 도중에 피곤함을 느낀 그는 어느 야외 레스토랑에 들어가는데, 그곳에서 잊고 온 줄 알았던 비 모자와 비옷을 발견한다. 그는 쉬려고 자리에 앉는다. 앉으면서 그는 그 동네 고등학교 학생이 연극에서 페르세우스 역을 맡게 됐다는 포스터를 본다. 이때 그 고교생이 눈앞에 나타난다. 그는 소년이 아니라 건장한 젊은이였다. 회색 옷을 입고 검은 모자를 쓴 그 젊은이는 자리에 앉더니, 검은 옷을 입은 다른 젊은이와 이야기를 나눈다. 꿈을 꾼 환자는 그 모습을 보고 생기를 되찾았다. 하이킹 대원들과 다시 합류할 수 있겠다는 생각이 들었다. 이윽고 대원들과 합류한 그는 다음 언덕에 오른다. 언덕 저 아래쪽에 그들의 목적지인 아름다운 항구 도시가 보인다. 이 항구를 발견한 순간 그는 다시 힘을 얻는다.

　꿈 이야기 첫 부분에서 그는 불안하고 불쾌하고 외로운 여행을 한다. 그러나 이와는 반대로 두 번째 부분에서는 대원들과 함께 다니고 있다. 이 대조적인 모습은, 타인과 부대껴야 하는 사회적인 상황에 저항하는 젊은이다운 반발심과 고독감이라는 초기 패턴에 변화가 일어났음을 보여 준다. 이것은 이 환자가 관계를 맺는 능력을 새로이 얻었음을 뜻하므로, 그의 아니마 역시 이전에 비해 제대로 작용하고 있음을 암시한다. 꿈의 첫 부분에 나오는 아니마는 비 모자를 준비해 주지 않았지만, 두 번째 부분에서 그는 잃어버린 비 모자를 다

▲성 게오르기우스가 처녀를 구하기 위해 용을 죽이는 장면을 묘사한 이탈리아 그림(15세기경) 영웅은 흔히 '곤경에 처한 처녀'를 구하기 위해서 괴물과 싸운다. 이때 처녀는 영웅 자신의 아니마를 상징하는 존재이다.

▶영화 〈위대한 비밀 *The Great Secret*〉(1916) 이 장면에서는 용이 기관차로 바뀌었을 뿐 영웅이 양민을 구출하는 모티프는 동일하다.

시 발견한다. 이 사실은 그의 아니마가 제대로 작용하게 되었음을 상징한다.

그런데 꿈을 꾼 환자는 지쳐 있다. 그가 레스토랑에서 본 장면은, 물러섬으로써 새로운 힘이 샘솟기를 기다리면서 과거의 자기 태도를 새롭게 조명해 봐야 할 필요성을 반영한 것이다. 그 결과는 바로 꿈에 나타난다. 그가 레스토랑

그리스 신화에 나오는 영웅들의 싸움과 처녀 구출

▲페르세우스가 메두사를 죽이고 있다. 시칠리아, 셀리눈테 신전 부조(기원전 6세기경).

▼과물 케투스로부터 안드로메다를 구하는 페르세우스. 폼페이에서 출토된 프레스코화(기원전 1세기).

에서 처음으로 본 것은 젊은 영웅의 이야기가 연극으로 상연된다는 포스터였다. 고교생이 페르세우스 역을 맡게 됐다는 것이다. 이어서 그는 그 고교생을 만나게 되는데, 그는 소년이 아니라 다 큰 젊은이였다. 이 젊은이는 자신과 대조적으로 차려입은 친구와 이야기를 나눈다. 밝은 회색 옷을 입은 젊은이와 검은 옷을 입은 친구는 앞에서 말한 '쌍둥이'의 변형으로 생각할 수 있다. 이 둘은 자아와, 제2의 자아라고 할 수 있는 대립적 존재를 나타내는 영웅상이다. 그런데 이 자아와 대립적 존재가 여기에서는 잘 조화되고 통일된 모습으로 나타나고 있다.

환자가 연상한 내용은 내 추론을 확증해 주고 회색과 검은색에 대한 생각을 나에게 일러 주었다. 즉 회색은 사회에 적응한 삶의 세속적 태도를 표현하는 색깔이고, 검은색은 목사의 옷이 검다는 의미에서 정신적인 삶을 표현하는 색깔이라는 것이었다. 또한 그들이 모자를 쓰고 있다는 사실(그리고 그 자신도 비 모자를 발견했다는 사실)은, 청춘기 전기에는 몹시 불안정했지만 이제는 비교적 든든하게 성립된 자기 정체성을 나타낸다. 청춘기 전기에 그는 지혜의 탐구자를 이상적인 자기상(自己像)으로 삼았지만 실제로는 장난꾸러기 성향에서 벗어나지 못하고 있었던 것이다.

그리스 영웅 페르세우스에 대한 환자의 기묘한 연상도 흥미롭다. 특히 그가 커다란 오해를 하고 있었기에 더욱 그렇다. 이야기를 들어 보니 그는 페르세우스가 미노타우로스를 죽이고 크레타의 미궁(迷宮)에서 아리아드네를 구한 영웅인 줄 알고 있었던 것이다. 그러나 나에게 영웅의 이름을 적어 주는 순간 그는 자신이 착각하고 있었음을 깨달았다. 미노타우로스를 죽인 영웅은 페르세우스가 아니라 테세우스였다. 이러한 오해는 흔히 그렇듯이 그 자체로 유의미해졌다. 그 실수 덕분에 그는 페르세우스와 테세우스의 공통점에 대해 생각하기에 이른 것이다. 이 두 영웅은 둘 다 무의식 속에 자리한 악마적이고 모성적인 힘에 대한 공포를 극복하고, 그 힘에서 하나의 젊은 여성상을 해방시켰다.[6]

페르세우스는 괴물 메두사의 머리를 잘라야 했다. 머리카락이 뱀으로 되어 있는 메두사는 그 무시무시한 얼굴을 보는 사람을 모조리 돌로 만들어 버리는 괴물이었다. 이 메두사의 머리를 자르고 나서 페르세우스는 또 안드로메다를 해코지하려는 용을 물리쳐야 했다. 한편 테세우스는 무서운 크레타의 미궁으로 들어가서 괴물 미노타우로스—크레타의 모성적이고 불건전한 퇴폐 상태를 상징하는 듯한 존재—를 죽였다. 그러니까 테세우스는 그 미궁으로 용감하게 뛰어들어야 했던 아테네의 젊은 가부장적 정신을 표현하는 셈이다(모든 문화권에서 미궁은 모성적 의식 세계의 뒤엉키고 혼돈됨을 상징한다.[7] 신비로운 집단 무의식의 세계로 들어가기 위해서 특별한 통과의례의 준비를 마친 자만이 이 미궁을 통과할 수 있다). 바로 이 위험을 극복함으로써 테세우스는 곤경에 처한 처녀 아리아드네를 구출할 수 있었다.

이처럼 여성을 구출하는 이야기는 탐욕스러운 어머니의 이미지로부터 자기

---

6) 미노타우로스 신화에 관한 해석은 Mary Renault, *The King Must Die*, Pantheon, 1958 참조.

7) 미궁의 상징성은 에리히 노이만, 《의식의 기원사》(분석심리학연구소, 2010)(원제 : *Ursprungsgeschichte des bewusstseins*, 1949)에 설명되어 있다.

아니마상(像)을 해방시키는 것을 상징한다. 이러한 해방이 달성되기 전까지는 남성은 여성과의 관계에서 진정한 능력을 발휘할 수 없다. 꿈꾼 사람이 어머니로부터 자기 아니마를 충분히 해방시킬 수 없었다는 사실은 또 다른 꿈에서도 강조되고 있다. 그 꿈에서 그는 용―그와 어머니 사이에 존재하는 '탐욕스러운' 관계를 나타내는 상징적 이미지―을 만난다. 이 용이 그를 쫓아온다. 그는 무기가 없어서 몹시 힘겨운 싸움을 하게 된다.

그런데 의미심장하게도 이 꿈속에 그의 아내가 출현한다. 아내가 등장하자 놀랍게도 그 용은 작고 초라한 존재로 변해 버린다. 꿈속에서 일어난 이 변화는, 꿈을 꾼 사람이 늦게나마 결혼 생활을 통해 어머니와의 관계를 극복하고 있음을 암시한다. 바꿔 말하면 그가 여성과―결국은 성인 사회 전체와―좀 더 성숙한 관계를 이루기 위해서는 모자(母子) 관계에 묶여 있는 심적 에너지를 해방시킬 수단을 찾아야 했던 것이다. 영웅과 용의 싸움은 이 '성장' 과정의 상징적 표현이다.

그러나 영웅이 해야 할 일은 생물학적 남녀의 조화를 훨씬 뛰어넘는 목적을 지닌다. 그것은 모든 진정한 창조 행위에 필요한 마음의 내적 구성 요소로서의 아니마를 자유롭게 해방시키는 일이다. 이 환자의 사례에서 아니마 해방은 인도를 여행하는 꿈에 직접적으로 나타나 있지 않기 때문에 우리는 그 결말의 가능성을 추측할 수밖에 없다. 그러나 감히 확신하건대, 언덕을 넘어가는 그의 여행과 목적지로 정해진 조용한 항구 도시의 모습은 그의 아니마가 제구실을

▲미노타우로스의 미궁이 그려진 크레타 은화(기원전 67년)
◀테세우스가 아리아드네와 함께 미궁을 탈출하기 전에 괴물 미노타우로스를 죽이고 있는 항아리 그림(기원전 1세기).

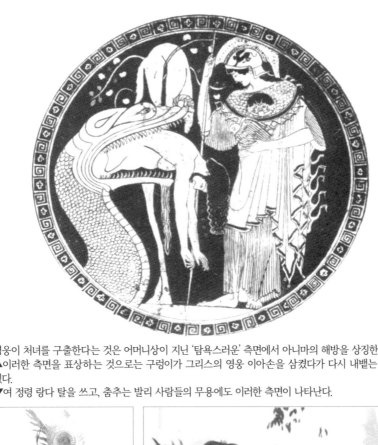

영웅이 처녀를 구출한다는 것은 어머니상이 지닌 '탐욕스러운' 측면에서 아니마의 해방을 상징한다.
▲이러한 측면을 표상하는 것으로는 구렁이가 그리스의 영웅 이아손을 삼켰다가 다시 내뱉는 신화도
있다.
▼여 정령 랑다 탈을 쓰고, 춤추는 발리 사람들의 무용에도 이러한 측면이 나타난다.

랑다 탈

해내게 될 것임을 암시하는 희망찬 약속이 아닐까. 환자는 나의 이러한 가설을 아마 직접 확인하게 될 것이다. 그가 인도를 여행할 때 부인에게 보호(비 모자)를 받지 못한 데 대한 불만은 곧 사라질 것으로 보인다(꿈속에 의미심장하게 배치된 도시의 모습은 종종 아니마의 상징으로 해석될 수 있다).

이 환자는 진정한 영웅 원형과 접촉함으로써 자기 자신의 안전성을 보증하는 약속을 얻어 내고, 집단에 대해서도 협조적이고 사교적인 새로운 태도를 갖게 되었다. 이렇게 되면 다시 기운이 나는 것도 당연하다. 그는 영웅 원형(原型)이 표현하고 있는 내적인 힘의 원천에 도움을 받은 셈이다. 그는 여성으로 상징되고 있는 자신의 한 부분을 명확하게 발전시키고, 자아의 영웅적인 행위를 통해 어머니로부터 자신을 해방시킨 것이다.

이 꿈이나 많은 현대인의 꿈에 나타나는 수많은 영웅 신화 요소에서 볼 수 있듯이, 영웅으로서의 자아는 순전히 자기중심적인 과시의 인물이 아니라 본질적으로는 문화 담당자이다. 때로는 잘못된 길로 빠지기도 하고 맹목적인 면도 없지 않지만, '장난꾸러기'조차 원시인들이 이해하기로는 우주에 나름대로 공헌하는 공로자인 것이다. 나바호족 신화에서 코요테로 등장하는 '장난꾸러기'는 창조 행위의 하나로 하늘에 별을 던져 올림으로써 죽음이라는 필연적인 우연성을 창조한다.[8] 그리고 재생 신화에서는 그가 홍수의 위험에서 사람들을 구원하기 위해 갈대숲 속으로 인도한다. 사람들은 이 갈대숲을 통해 그 세계 위에 있는 다른 세계로 도망친다.

여기서 우리는 처음에는 유치하고 전의식적(前意識的)이며 동물적인 수준에서 시작되는 창조적 진화 형태를 주목하게 된다. 이 상태에서 의식적 행위를 효과적으로 수행하는 수준으로까지 자아가 발전하는 모습은 진정한 문화 영웅에게서 뚜렷이 나타난다. 이와 마찬가지로 소년기나 사춘기 자아는 부모의 기대라는 압박에서 벗어나 한 개인으로서 개성을 획득한다. 이러한 의식 향상 과정의 중요한 부분으로서 영웅과 용의 싸움이 벌어지는 것이다. 그리고 이 싸움을 되풀이하는 가운데 에너지가 해방되고, 그 에너지를 이용해서 인간은 혼돈 상태로부터 하나의 문화 유형을 형성한다는 커다란 과제를 해결해 나간다.

---

8) 나바호족의 코요테 신화에 관해서는 Margaret Schevill Link and J.L. Henderson, *The Pollen Path*, Stanford, 1954 참조.

이러한 과제가 무사히 완수되면 완전한 영웅상이 일종의 자아의 힘(집단적인 의미로 말하자면 종족적 정체성)으로서 나타난다. 이 자아의 힘은 더 이상 괴물이나 거인을 퇴치할 필요가 없다. 이 단계에 이르면 마음속 깊은 곳에 잠재된 힘이 인격화되기 때문이다. 개인의 마음속에 있는 '여성적 요소'는 이제 꿈속에서 용이 아니라 여인의 모습으로 등장하게 된다. 그리고 인격의 부정적 측면인 '그림자'는 더 이상 무시무시한 괴물 형태를 띠지 않게 된다.

이 중요한 사실이 쉰 살에 가까운 한 남자의 꿈에 분명하게 나타나고 있다. 이 사람은 한평생 실패하면 어쩌나 하고 전전

NICE soleil Fleurs Marc Chagall

꿈 이야기에서 살펴온 바와 같이 항구도시는 아니마를 상징한다. 아름다운 항구 도시 니스를 인어로 의인화한, 마르크 샤갈 작 포스터.

긍긍하면서 주기적인 발작에 시달렸다(이 두려움은 사실 의심 많은 어머니 때문에 생긴 것이었다). 그러나 실제로는 직업적인 면에서나 개인적인 관계에서나 그는 평균 수준을 넘는 업적을 이루어 냈다. 그의 꿈 이야기를 들어 보면, 아홉 살 난 아들이 중세 기사처럼 빛나는 갑옷을 입은 열여덟 살쯤 된 청년으로 변신해서 꿈속에 등장했다고 한다. 이 청년은 검은 옷을 입은 사내들과 싸우기 위해 소집된 것이다. 청년은 먼저 싸울 채비를 한다. 그러다가 별안간 갑옷을 벗고는 무시무시한 그 무리의 우두머리에게 미소짓는다. 틀림없이 그들은 서로 싸우지 않고 친구가 되었을 것이다.

꿈속에 등장한 아들은 바로 이 사람 자신의 젊은 자아이다. 그는 자기 회의(懷疑) 형태로 나타나는 자신의 그림자로부터 자주 위협을 받았다. 어른이 된

뒤로 그는 계속해서 이 원수와 대적해 왔던 것이다. 그런데 그는 자기 아들이 그런 회의에 빠지지 않고 자라나는 모습을 보았기 때문에, 또 무엇보다도 자기가 속한 환경의 모습에 가장 가까운 적절한 영웅상을 만들어 냈기 때문에 더 이상 그림자와 싸울 필요가 없음을 깨달았다. 그는 그림자를 포용할 수 있게 된 것이다. 이러한 그의 내적 변화는 꿈속 청년과 사내들 사이의 관계 개선으로 상징되고 있다. 이때부터 그는 개인적 우월감을 만족시키기 위한 쓸데없는 경쟁에는 휘말리지 않고, 민주적인 공동체를 형성하는 데 필요한 문화적인 사업에 참여하게 된다. 이러한 결말은 삶의 완숙기에 도달했을 때 우리로 하여금 영웅적인 임무를 뛰어넘어 진정으로 성숙한 태도를 취하게 한다.

그런데 이런 변화가 자동적으로 일어나는 것은 아니다. 이 변화는 여러 가지 원형적인 통과의례 형태로 표현되는 과도기를 거쳤을 때 비로소 일어난다.

통과의례의 원형

　심리학적 의미에서 영웅상(英雄像)을 자아 자체와 동일시할 수는 없다. 영웅상은 유아기 초기에 부모의 이미지로 환기된 원형에서 자아가 자신을 분리시키는 데 사용되는 상징적인 방편이라고 설명하는 편이 나을 듯하다. 융 박사의 주장에 따르면 본래 인간은 전체성을 느끼는 감각, 즉 자기 자신에 대한 강력하고 완전한 감각을 가지고 있다. 그리고 개인이 성장함에 따라 이 자기—마음 전체—로부터 개성을 지닌 자아의식이 출현하는 것이다.[1]

　지난 몇 년 동안 융 박사의 후계자들은 영아기에서 유아기에 이르는 과도기에 나타나는 일련의 사건—이를 통해 개인의 자아가 출현하게 된다—을 기록하기 시작했다. 이러한 자아의 분리 현상은 근원적인 전체성에 대한 감각을 크게 해치지 않고서는 이루어질 수 없다. 그리고 그 뒤에도 자아는 정신 건강을 유지하기 위해 끊임없이 이전 상태로 돌아가 자기와의 관계를 다시 확립해 나아가야 한다.

　영웅 신화가 정신적 분화 과정에서 첫 번째 단계에 해당한다는 사실은 내 연구를 통해서도 분명하게 드러난다. 이미 나는 자아가 전체성을 지닌 처음 상태에서 상대적 자율성을 획득하기까지 네 개의 주기를 거친다고 설명한 바 있다. 이 과정을 통해 어느 정도 자율성을 획득하기 전까지는 개인은 성인에게 주어지는 환경을 자기 것으로 수용할 수 없다. 그런데 영웅 신화는 이 분리와 해방이 언젠가 반드시 일어날 것임을 보증하지는 않는다. 영웅 신화는 그런 분화가 일어나는 과정과, 그 결과로 자아가 의식을 획득하는 과정을 제시하는 데 지나지 않는다. 여기에는 아직 중요한 문제가 남아 있다. 즉 개인이 가치 있는 인생

---

[1] 자아 출현은 에리히 노이만(Erich Neumann)이 전게서에서 설명했다. 또 Michael Fordham, *New Developments in Analytical Psychology*, London : Routledge & Kegan Paul, 1957 및 Esther M. Harding, *The Restoration of the Injured Archetypal Image*(privately circulated), New York, 1960에도 설명되어 있다.

원시 부족의 토템(흔히 동물)은 각 부족마다 부족 단위와 동일성을 상징한다.
◀오스트레일리아 원주민의 의례적인 춤에서 그들 부족의 토템인 에뮤(emu, 타조 비슷한 새) 흉내를 내고 있다.
현대에도 많은 집단이 토템을 연상케 하는 동물을 그들의 문장으로 사용한다.
▶17세기에 만들어진 벨기에 땅 모양과 비슷한 벨기에의 사자 문장.

을 영위하면서 사회 내부에서 개성을 발휘하는 데 필요한 감각을 얻기 위해서는, 과연 어떻게 그 의식을 의미 있게 유지하고 발전시켜 나가느냐 하는 것이다.

고대 역사와 현대의 원시 사회 의식에는 성년식 신화나 의식에 관한 자료가 풍부하게 남아 있다. 이 의식을 통해 젊은 남녀는 부모로부터 떨어져 강제적으로 그 씨족이나 부족의 일원이 된다. 그런데 이렇게 어린아이의 세계와 결별함으로써 젊은이들이 갖고 있던 원초적인 부모 원형은 상처를 받게 된다. 이 상처는 집단생활에 동화되는 과정을 거쳐 치료해야만 한다(집단과 개인과의 동화는 종종 토템 신앙의 동물로 상징된다). 그리하여 집단은 손상된 원형의 요구를 충족시켜 주면서 제2의 부모가 된다. 바로 이 부모를 위해서 젊은이들은 처음에는 상징적인 희생 의식을 치르게 되지만, 그 결과 새로운 인생을 살게 된다.

융 박사가 "강대한 세력에게 젊은이를 제물로 바치는 듯한 격렬한 의식"이라고 평가한 이 의식에서,[2] 우리는 원초적인 원형의 힘이 영웅과 용의 싸움으

---

2) 통과의례에 대한 융 박사의 연구는 "Analytical Psychology and the Weltanschauung", CW, vol. VIII 및 Arnold van Gennep, *The Rites of Passage*, Chicago, 1961 참조.

◀매는 미국 공군사관학교 축구 팀의 마스코트.
▶동물이 아니면서 토템 역할을 하는 현대적인 기장들. 영국 옥스포드 대학 각 칼리지들의 배지.

로 상징되는 방식에 의해서는 왜 영구적으로 극복될 수 없는지 알아낼 수 있다. 즉 그런 방식으로 자아가 분화되면 누구나 무의식의 풍부한 힘으로부터 소외된 듯한 상실감을 느끼게 마련이다. '쌍둥이' 신화에서 자기와 자아가 과도하게 분리되면서 나타난 오만(hybris)이 자기네 행동에 대한 쌍둥이들의 두려움으로 인해 수정되고, 그 결과 그들이 어쩔 수 없이 다시 자기와 자아의 조화로운 관계로 돌아가는 것을 우리는 보았다.

부족 사회에서 이 문제를 가장 효과적으로 해결하는 방법이 바로 성년식이다. 이 의식에서 신참은 마음속 깊은 곳에 있는 모자(母子) 동일성 또는 자기 및 자아와의 동일성 상태까지 퇴행함으로써 상징적인 죽음을 체험한다. 이 과정에서 그의 정체성은 일시적으로 집단 무의식 속에서 분해되고 해소된다. 이 상태에서 그는 새로운 탄생의 제의를 통해 의례적(儀禮的)으로 구원을 받는다. 이것은 토템, 씨족, 부족 또는 이 세 가지가 결합된 커다란 집단과 자아를 진정으로 통합시키는 첫 번째 행위이다.

부족 사회에서나 그보다 더 복잡한 사회에서나 이 의례는 항상 죽음과 재생을 강조한다. 그러면서 이 의례는 유아기 초기에서 후기로 이행하는 단계이든, 청춘기 전기에서 후기로 이행하는 단계이든, 아니면 청춘기에서 성인기로 이행하는 단계이든, 어떤 단계에서든 인생의 한 단계에서 다음 단계로 옮겨 가는

'통과의례'를 신참에게 제공한다.

　물론 이러한 입문 의례는 청년의 심리학에만 한정된 것은 아니다. 개인이 삶의 새로운 발전 단계에 다다를 때마다 자기의 요청과 자아의 요청 사이의 원초적 갈등이 반복해서 일어난다. 사실 이 갈등은 성인기 초기에서 중년으로 넘어가는 과도기(서유럽 사회에서는 35~40세)에 가장 두드러지게 나타난다. 그리고 중년기에서 노년기로 넘어갈 때도 개인은 자아와 마음 전체 사이에 차이가 있음을 인정해야 할 필요성을 다시금 느끼게 된다. 말하자면 다가오는 죽음 앞에서 자신의 삶이 무너져 가는 것에 대항하여 영웅은 자아의식을 방어하라는 마지막 임무를 받는 것이다.

　이런 결정적인 시기에 통과의례의 원형은, 세속적 성격이 강한 사춘기 의례보다 정신적으로 훨씬 만족스럽고 의미심장한 전환을 가능케 하기 위해서 맹렬히 기능한다. 이러한 종교적 의미에서의 통과의례의 원형적 패턴—옛날부터

비의(秘儀)라는 이름으로 알려졌던 것—은 개인이 태어날 때, 결혼할 때 또는 죽을 때 특별한 예배 형식을 요구하는 모든 교회 의식의 밑바닥에서 찾아볼 수 있다.

　영웅 신화를 연구할 때와 마찬가지로 통과의례를 연구할 때에도 분석가는 현대인, 특히 피분석자의 주관적인 경험에서 실례(實例)를 찾아야 한다. 정신과 전문의를 찾아오는 사람의 무의식 속에서, 우리가 역사 시간에 배운 통과의례의 주요 패턴과 똑같은 이

미지가 발견되는 것도 그리 놀라운 일은 아니다.

젊은이들에게 가장 보편적인 주제는 고난, 즉 시련을 통한 힘의 증명일 것이다. 이는 영웅 신화를 암시하는 현대인의 꿈 내용에서 볼 수 있는 것과 동일한 것처럼 보일지도 모르겠다. 가령 폭풍과 구타에 시달려야 했던 선원이라든가, 비 모자 없이 인도를 도보로 여행했던 사람의 적응력 시험이 그러한 예이다. 또 잘생긴 젊은이가 제단에서 인신공희의 제물이 되었을 때에도, 육체적 고난이라는 이 주제가 앞서 이야기했던 첫 번째 꿈의 논리적 귀결에 이르는 것을 볼 수 있다. 이 희생은 통과의례의 도입부와 비슷하지만 목적은 확실치 않다. 마치 새로운 주제로 이어지는 길을 트기 위해 영웅 주기를 마무리해 버린 느낌을 준다.

원시적인 통과의례를 통해 젊은이들을 성인으로 편입시켜 종족의 집단적 동일성을 갖게 해 준다. 대부분의 원시 사회에서 통과의례는 할례식으로 거행된다(상징적인 희생).
오스트레일리아 원주민의 할례식에는 네 단계가 있다.
첫째, 소년들을 담요 밑에 눕힌다. 이것은 재생이 전제된, 상징적인 죽음을 의미한다(왼쪽 페이지 위).
둘째, 할례 수술 거행에 앞서 성인 남자들이 소년들을 붙들고 눕는다(왼쪽 페이지 아래).
셋째, 할례가 끝난 소년들에게는 새로운 자격을 얻었다는 표시로 원뿔 모양의 모자를 씌워 준다(위).
넷째, 통과의례를 치른 소년들을 정화하고 교화시키기 위해서 부족으로부터 격리한다(아래).

영웅 신화와 통과의례 사이에는 한 가지 놀라운 차이가 있다. 전형적인 영웅상은 자신의 야망을 이루려고 온갖 노력을 기울인다. 설령 그 직후에 오만함 때문에 벌을 받거나 죽음당하더라도 일단 목적을 이루기는 한다. 그런데 이와는 반대로 통과의례를 거치는 신참은 개인적인 야심이나 모든 욕망을 포기하고 집단이 부여하는 고난에 빠질 것을 강요당한다. 그는 성공할 것이라는 희망도 없이 이 시련을 기꺼이 받아들여야 하며, 심지어 죽을 각오도 해야 한다. 이 시련이 가벼운 것(일정 기간 단식을 하거나 이빨을 뽑거나 문신을 하는 것 등)이든 고통스러운 것(예를 들면 고통스러운 할례, 신체 일부를 절개하거나 절단하는 육체적 고통)이든 그 목적은 언제나 똑같다. 요컨대 죽음의 상징적인 분위기를 조성함으로써 재생의 상징적인 느낌을 경험하게 하려는 것이다.

스물다섯 살 난 남자가 꾼 꿈을 살펴보자. 그는 꼭대기에 제단 비슷한 것이 있는 산에 올라간다. 그 제단 근처에서 자신의 모습이 새겨진 대리석 석관을 본다. 이때 베일을 쓴 사제가 지팡이를 들고 다가온다. 지팡이 끝에서는 태양이 새빨갛게 불타고 있다(나중에 꿈을 분석할 때 그는 고백했다. 이렇게 산에 오르는 꿈이 분석 과정에서 자제력을 얻으려는 자신의 노력을 상기시켜 주었다고). 여기서 그는 시체가 된 자기 모습을 발견하고 깜짝 놀란다. 그는 뭔가를 해냈다는 느낌보다는 두려움과 상실감을 경험한다. 그런데 지팡이 끝에 달린 태양의 따뜻한 빛을 받자 그는 힘과 젊음을 되찾는다.

이 꿈은 통과의례와 영웅 신화 사이의 뚜렷한 차이를 극히 간결하게 보여 준다. 산을 오르는 행위는 힘의 시련을 암시하는 듯하다. 말하자면 청춘기 발달 과정의 영웅적인 단계에서 자아의식을 획득하려고 하는 의지의 표현인 셈이다. 이 환자는 분명히 정신 요법에 접근하는 방식이 성인으로서의 능력을 검사하는 여타 시험에 접근하는 방식과 같을 것이라고 생각한 듯싶다. 그는 이 사회의 여느 젊은이들처럼 경쟁이라는 방법으로 이 시험에 접근했던 것이다. 그러나 제단 앞에 펼쳐진 광경은 그의 잘못된 생각을 바로잡아 주었다. 그 꿈은 자신의 힘보다 훨씬 더 큰 힘 앞에서는 경쟁하기보다 복종하는 편이 더 낫다는 사실을 그에게 가르쳐 준 것이다. 이제 그는 자기가 죽어서, 뭇 생명의 원초적 그릇인 원형적 모성을 연상케 하는 상징적인 대리석 관에 매장되어 있음을 인식할 수밖에 없다. 이러한 복종 행위를 통해서만 그는 재생을 경험할 수 있다. 활력을 주는 의례가 아버지 태양의 상징적 아들인 그에게 새 생명을 주는 것이다.

우리는 이 상징을 영웅 주기에 나오는 '쌍둥이', 즉 '태양의 아들'과 혼동할 수

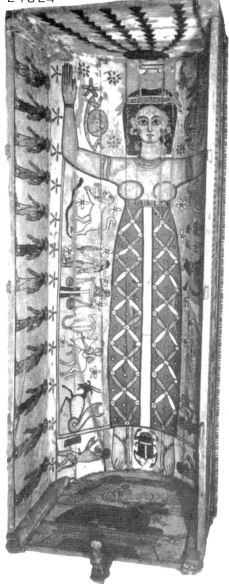

관 뚜껑 안쪽

관 바닥쪽

원형적인 태모신(모든 생명의 원천)과 상징적 관계를 나타내는 2세기경 고대 이집트 수도인 테베의 장식 석관. 관 뚜껑 안쪽에는 사자(死者)를 끌어안는 형국으로 이집트 여신 누트의 초상이 그려져 있다. 사자의 초상은 관 바닥에 그려져 있다.

도 있다. 그러나 이 사례에서는 신참이 자기 분수를 모르고 교만해질 것 같은 징후는 보이지 않는다. 오히려 이 꿈을 꾼 남자는 청년기를 지나 성인기에 들어서는 것을 암시하는 이 죽음과 재생의 통과의례를 치름으로써 겸허의 미덕을 배웠다.

물론 나이로 보자면 그는 이러한 이행(移行)을 이미 끝마쳤어야 한다. 그러나 자아 발달이 저지된 상태에서 그는 이 단계에 발목이 잡히고 말았다. 이렇게 이행이 지연되는 바람에 그는 신경증을 앓다가 치료를 받으러 왔던 것이다. 그런데 꿈은 그에게 원시인 부족의 주술사가 할 만한 현명한 충고를 해 준다. 즉 자기 힘을 증명하려고 산에 올라가는 일은 그만두고, 성인의 새로운 도덕적 책

네 종류의 통과의례

① 수녀원에 처음 들어가는 수녀들이 마루를 청소하는 등 거친 일부터 시작함으로써 겸허를 배운다. 영화 〈파계 *The Nun's Story*〉(1958)의 한 장면(왼쪽 위). 수녀원에 들어가는 수녀들이 머리를 깎이는 중세의 그림(위).

② 적도를 지나는 배의 승객들은 '통과의례'를 치러야 한다(왼쪽).

임을 준비시키는 의미심장한 의례에 동참하여 일종의 입문과 같은 변신을 해야 한다는 사실을 가르쳐 주는 것이다.

이 '복종'이라는 주제는 통과의례를 성공으로 이끄는 기본적인 태도이다. 그런데 이 주제는 소녀나 부인들의 사례에서도 명료하게 볼 수 있다. 여성의 통과의례에서 첫 번째로 강조되는 것은 근본적인 수동성이다. 이것은 월경 주기 때문에 여성의 자율성이 생리적 제약을 받게 된다는 사실에 의해서도 거듭 강조된다. 여성의 관점에서 월경 주기는 통과의례의 중요한 부분을 이루고 있는 것으로 보인다. 왜냐하면 월경 주기는 마음속 깊은 곳에 있는 복종 정신을 일깨우는 힘이 있기 때문이다. 그리하여 여성은 여성을 지배하는 생명의 창조력에

③ 미국 대학의 신입생과 상급생은 한바탕 싸움을 벌이는 전통이 있다(오른쪽).

④ 결혼은 남녀가 서로에게 복종을 맹세하는 통과의례라 할 수 있다. 그러나 말레이 제도와 보르네오의 다야크족처럼 신랑은 신부를 의례적으로 유괴함으로써 복종을 상쇄할 수도 있다. 이탈리아 다큐멘터리 영화 〈잃어버린 대륙 *The Lost Continent*〉(1955)의 한 장면(아래 왼쪽). 이러한 습속은 오늘날에도 신랑이 신부를 안고 문턱을 넘는 관습으로 남아 있다(아래 오른쪽).

복종하는 법을 배운다. 남성이 집단의 공동생활 속에서 자기에게 주어진 역할에 몰입하는 것과 마찬가지로 여성도 여성으로서의 기능에 자신을 투입하게 되는 것이다.

한편으로 여성은 남성과 다를 바 없이, 새로운 탄생을 경험하기 위한 궁극적인 희생으로 이어지는 첫 번째 힘의 시련을 겪게 된다.[3] 이 희생을 통해 여성은 인간관계의 분규에서 해방되어 자신의 권리를 가진 개인으로서 좀더 의식적인 역할을 맡을 수 있게 된다. 그런데 반대로 남성의 희생은 곧 자신의 거룩한 독립성을 포기하는 것을 의미한다. 그렇게 해서 남성은 여성과 더욱 의식적으로 밀접해진다.

여기서 우리는 남성이 여성의 존재를, 여성이 남성의 존재를 제대로 인식하게 되는 통과의례의 한 측면에 이르게 된다. 남성 대 여성의 원초적 대립관계는 이러한 의례를 통해 해소된다. 남성의 이성(logos)과 여성의 관계성(eros)은 이제 하나로 결합되는데, 이 결합은 고대 밀교(密敎)에서 발생한 이래 통과의례의 핵심을 이루어 온 성스러운 결혼이라고 하는 상징적 의식으로 나타난다. 그러나 현대인이 이 상징의 의미를 파악하기는 쉽지 않은 노릇이다. 현대인은 인생의 특별한 우여곡절을 겪고 나서야 겨우 그 의미를 이해할 수 있다.

몇몇 환자들은 이 희생의 주제가 성스러운 결혼의 주제와 결합된 꿈 이야기를 나에게 들려주었다. 그중에서도 어느 청년의 꿈은 상당히 인상적이었다. 이 청년은 연애는 하면서도 결혼은 꺼렸다. 결혼 생활이란 것이 강력한 어머니상에 지배되는 감옥이 되지 않을까 두려웠기 때문이다. 어린 시절 그는 어머니 등쌀에 시달리면서 자랐다. 그가 보기에는 미래의 장모도 자기 어머니와 마찬가지로 위협적이었다. 이 청년은 어머니가 자식을 지배했던 것처럼 아내도 자기를 지배하게 될까 봐 두려워서 결혼을 기피하고 있었다.

꿈속에서 이 청년은 한 남자 및 두 여자와 함께 의례적인 춤을 춘다. 두 여자 중 한 여자는 그의 약혼녀이다. 나머지 두 사람은 한 쌍의 노부부이다. 청년은 꿈속에서 이 노부부에게 강한 인상을 받는다. 노부부는 춤을 추느라고 몸을 붙이고 있는데도 개인적인 거리감을 유지하고 있어서, 어쩐지 서로 상대에

---

3) 여성이 겪는 힘의 시련은 에리히 노이만, 《아모르와 프시케》(영남대학교출판부, 2012)(원제 *Amor und Psyche*, 1952)에 설명되어 있다.

인도의 신 시바(사진 왼쪽)와 파르바티 조각상(19세기)　이 두 신의 원형적인 신성혼(神聖婚)은 대극의 합, 즉 남성적 원리와 여성적 원리의 합일을 상징한다.

게 완전히 소속되어 있다는 느낌을 주지 않았기 때문이다. 이 노부부는 서로 상대의 개성적 활동을 억압하지 않는 결혼 생활을 하고 있음을 청년에게 보여 준 셈이다. 그렇게 생활하는 것이 가능하다면 청년도 결혼을 받아들일 수 있을 터였다.

이 의례적인 춤에서 두 남자는 저마다 여성 파트너와 마주보고 있다. 네 사람이 사각형 네 귀퉁이에 위치해 있는 형국이다. 그들은 드디어 춤추기 시작한다. 검무(劍舞)와 비슷한 춤이다. 춤추는 사람들은 단검을 들고 복잡한 아라베스크 무늬를 그린다. 손과 발을 놀리는 동작은 엇갈리는 공격과 항복의 충동을 암시하는 것 같다. 이 춤 마지막 부분에서 네 사람은 모두 칼로 자기 가슴을 찌르고 죽어야 했다. 세 사람은 그렇게 죽지만 이 꿈을 꾼 청년만은 마지막 자살을 거부한다. 그는 다른 사람들이 쓰러진 다음에도 혼자 서서, 다른 사람들과 함께 희생되지 못한 비겁한 자신을 진심으로 부끄러워한다.

이 꿈은 인생에 대한 태도를 바꿀 준비가 충분히 되어 있음을 환자에게 가르쳐 준다. 그는 자기중심적으로 살면서 안정적인 독립을 꿈꿨지만, 내적으로는 어머니에 대한 공포에 시달려 왔다. 그가 계속 어린아이처럼 어머니 말에 고분고분 따랐기 때문에 그런 공포가 생겨났던 것이다. 그는 성인 생활에 도전할 필요가 있었다. 그래야만 자신의 어린아이 같은 마음을 희생시키지 않으면 고독하고 수치스러운 꼴을 당할 것임을 인식할 수 있을 테니까. 그런데 이 꿈의 의미를 깨닫는 순간 그는 의혹에서 해방될 수 있었다. 이 상징적 의례 체험을 통해서 그는 배타적인 자율성을 버리고, 단순히 영웅으로 사는 것이 아니라 다른 사람과 어울리면서 살아가는 삶을 받아들였다.

결국 그 청년은 결혼했고 부인과 만족스러운 관계를 맺게 되었다. 결혼은 그의 사회생활을 방해하기는커녕 오히려 더 나은 방향으로 강화시켜 주었다.

그런데 결혼의 면사포 뒤에 보이지 않는 아버지나 어머니의 존재가 어른거리고 있을지도 모른다는 신경증적 두려움은 제쳐두더라도, 정상적인 젊은이들이 결혼 의식을 두려워할 만한 이유는 있다. 본질적으로 결혼은 여성을 위한 통과 의례이다. 이때 남성은 무엇인가를 정복한 영웅이 된 기분을 느낄 리 만무하다. 그러므로 부족 사회에서 신부의 유괴나 겁탈이라는 이른바 공포에 대항하는 의식이 치러지는 것도 놀라운 일은 아니다. 결혼을 하면 남성은 결혼의 책임을 떠맡는 동시에 배우자에게 순종해야 한다. 그래서 바야흐로 결혼하는 순간에 유괴나 겁탈 행위를 함으로써 남성은 영웅적인 역할의 스러져 가는 불꽃을 한 번 일궈 보는 것이다.

그러나 결혼이라는 주제는 그 자체가 훨씬 더 깊은 의미를 지니는 우주적 이미지이기도 하다. 결혼은 남성이 실제로 아내를 얻는 동시에 자기 마음속에 있는 여성적 요소를 상징적으로 발견하게 되는 의식이다. 이것은 바람직한 일이며 꼭 필요한 일이기도 하다. 그래서 남성들은 적당한 자극에 대한 반응으로서 나이를 불문하고 이 원형과 만나는 것이다.

물론 모든 여성이 결혼에 호의적으로 반응한다고는 할 수 없다. 내가 만난 어느 여성 환자는 자기 직업에 불타는 열정을 기울이고 있었지만 결혼 때문에 직업을 포기해야 했다. 그 결혼생활은 몹시 힘들었으며 결국 오래가지 못했다. 이 여성은 무릎을 꿇은 채 어떤 남성과 마주 앉아 있는 꿈을 꾸었다. 남성은 손에 반지를 들고 이 여성의 손가락에 끼워 주려고 한다. 여성은 긴장한 채 오른손 약지를 내민다. 이것은 확실히 결혼이라는 의례에 저항하는 태도이다.

이 여성의 의미심장한 실수를 지적하기는 어렵지 않다. 실은 왼손 약지를 내밀어야 하는데(그래야 남성 원리와의 자연스럽고 균형잡힌 관계를 받아들일 수 있는데), 이 여성은 자신의 의식적인 인격(오른쪽)을 내세워서 남성에게 봉사해야 한다고 오해한 것이다. 사실 결혼은 여성의 무의식적인 자연스러운 부분(왼쪽)을 남성과 함께 나눌 것을 요구한다. 이 결합의 원칙은 문자 그대로의 절대적 의미를 지니는 것이 아니라 어떤 상징적 의미를 지닌다. 이 여성이 느끼는 공포는, 강력한 가부장적인 결혼이 자신의 고유성을 해칠까 봐 두려워하는 여성 일반의 공포라고 할 수 있다. 이 여성은 그럴 만한 이유가 있어서 결혼을 거부하는 것이다.

그러나 어쨌든 원형적인 형식에 해당하는 성스러운 결혼은 여성의 심리학에서 특별히 중요한 의미를 지닌다. 여성은 청춘기에 통과의례와도 같은 수많은 예비 사건들을 겪으면서 결혼을 준비하게 된다.

미녀와 야수

오늘날 우리 사회에서는 소녀들도 남성의 영웅 신화에 참가하고 있다. 왜냐하면 소년들과 마찬가지로 소녀들도 교육을 받고 확고한 개성을 발전시켜 나가야 하기 때문이다. 그러나 마음속 깊은 곳에는 오래된 층이 존재하는데, 이것이 표면으로 올라와서 소녀들을 유사 남성이 아닌 진정한 여성으로 만드는 듯하다. 그런데 이 오래된 마음의 내용물이 표면으로 떠오르기 시작하면 요즘 여성들은 얼른 이것을 억압해 버린다. 이 내용물은 평등하고 자유로운 남녀의 친분 관계, 그리고 현대 여성의 특권이라 할 수 있는 남성과의 경쟁 기회를 여성에게서 빼앗으려고 하기 때문이다.

이 내용물에 대한 억압이 상당한 효과를 발휘하는 덕분에 여성은 학교나 대학에서 배운 남성적인 지적 목표에 스스로 동화되는 데 일시적으로 성공할 수도 있다. 그리고 결혼하고 나서도 여성은 어머니가 되어야 한다는 암묵적인 명령이 담겨 있는 결혼의 원형에 겉으로는 순순히 복종하는 척하면서도, 속으로는 여전히 자유라고 하는 일종의 환상을 간직할 것이다. 바로 그렇기에 오늘날 많은 여성들이 자기 내부에 묻혀 있는 여성상을 다시 발견해야 하느냐 마느냐 하는 갈림길에서 고통스런(그러나 궁극적으로는 보상을 받는) 갈등을 겪는 것이다.

나는 이런 예를 어느 젊은 부인에게서 볼 수 있었다. 이 부인에게는 아직 아이가 없었다. 그러나 부인은 남들처럼 자기도 아이를 한둘쯤 낳을 것이라고 생각하고 있었다. 그런데 이 부인의 성적 반응은 별로 만족스럽지 않았다. 부인도 남편도 이 문제로 고민을 많이 했지만 그 까닭을 알아낼 수 없었다. 명문 여자대학을 우수한 성적으로 졸업한 부인은 남편이나 남자 친구들과 유쾌하고 지적인 관계를 맺고 있었다. 부인의 생활 가운데 이러한 측면은 꽤 오랫동안 별문제 없이 잘 유지되었다. 하지만 부인은 이따금 감정이 폭발하기도 하고 남에게 공격적인 태도를 취하기도 했다. 이 때문에 부인은 남성들과 서먹서먹해졌고 자기 자신한테도 심한 불만을 느끼게 되었다.

바로 그즈음에 부인은 묘한 꿈을 꿨다. 그 꿈은 어쩐지 몹시 중요한 것 같았다. 그래서 부인은 그 뜻을 알아보려고 나에게 전문적인 충고를 받으러 왔다. 꿈속에서 부인은 자기 또래의 젊은 여성들과 함께 줄을 서 있었다. 그 행렬이 나아가는 방향을 바라보니, 앞에서부터 한 명씩 차례차례 단두대에서 목이 잘리고 있었다. 그런데도 이 꿈을 꾼 부인은 아무 두려움 없이 태연하게 자기 차례를 기다리면서 그대로 대열에 머물러 있었다.

꿈 이야기를 듣고 나서 나는 부인에게 설명했다. 이제는 부인께서 '머리로 사는' 습관을 포기할 용의가 있으신 것 같다고. 그녀는 육체의 자연스러운 성적 반응을 인정하고 모성이라는 생물학적 책임을 완수하기 위해서라도 이제 육체를 해방시킬 방법을 강구해야 하는 것이다. 꿈은 이 결정적인 전환의 필요성을 상징으로 나타내고 있었다. 그에 따르자면 부인은 '남성적' 영웅의 역할을 희생할 수밖에 없었다.

예상했던 대로 이 교양 있는 부인은 내 해석을 지적인 수준에서 쉽게 받아들였다. 그러고는 좀더 유순한 여성이 되려고 노력하기 시작했다. 얼마 지나지 않아 부인은 애정 생활을 개선하여 아주 훌륭한 두 아이의 어머니가 되었다. 자기 자신에 대해 전보다 잘 알게 되면서 이 부인은 새로운 사실을 깨달았다. 즉 남성(또는 남성적으로 훈련된 여성)의 인생은 영웅적인 의지로 달려들어 쟁취해야 하는 것이지만, 참된 자기 자신을 인지하는 여성의 인생은 자각의 과정을 통해서 가장 훌륭하게 실현되는 것이다.

이러한 자각을 표현한 세계 공통의 신화가 바로 〈미녀와 야수〉[1] 이야기이다. 가장 널리 알려진 이야기 줄거리는 다음과 같다. 어느 집에 네 자매가 있는데 그중 막내딸이 가장 아름답고 헌신적이고 착해서 아버지의 사랑을 독차지한다. 어느 날 아버지는 딸들에게 무슨 선물을 받고 싶은지 물어본다. 다른 딸들은 모두 값비싼 선물을 바라지만, 막내딸은 흰 장미 한 송이만 갖고 싶다고 말한다. 그녀는 그저 진심으로 바라는 바를 솔직히 말했을 뿐이다. 자기가 아

---

1) 〈미녀와 야수〉 이야기는 *The Fairy Tale Book*, New York : Simon & Schuster, 1958에 실린 잔 마리 르프랭스 드 보몽이 쓴 이야기를 참조.

프랑스 장 콕토(Jean Cocteau) 감독의 영화 〈미녀와 야수〉(1946)에서, 미녀의 아버지가 야수의 집 정원에서 흰 장미를 꺾다가 야수에게 잡힌다.

버지의 생명을 위협하고 아버지와의 이상적인 관계를 단절시킬 만큼 위험한 일을 저지르고 있는 줄은 꿈에도 몰랐던 것이다. 아버지는 딸의 부탁을 들어주려고 야수의 마법 정원에서 흰 장미 한 송이를 훔치려다가 그만 야수에게 들키고 만다. 화가 난 야수는 아버지에게 흰 장미를 주되, 3개월 뒤에 정원으로 돌아와서 벌—아마도 죽음—을 받으라고 말한다(이때 야수는 아버지에게 흰 장미를 가지고 돌아갈 시간을 주면서 원래의 성격에 어긋나는 행동을 한다. 심지어 가방 하나에 가득 찬 황금까지 아버지에게 준 것이다. 미녀의 아버지가 설명하는 바에 따르면 야수는 잔혹하기도 하고 친절하기도 한 존재이다).

미녀는 아버지 대신 벌을 받기로 하고 3개월 뒤에 마법의 성으로 간다. 야수는 미녀에게 아름다운 방을 준다. 이따금 야수가 찾아오는 게 조금 두렵기는 하지만 미녀는 이곳에서 별 어려움 없이 잘 지낸다. 야수는 여러 번 찾아와서 미녀에게 자기와 결혼해 달라고 조른다. 그러나 미녀는 그때마다 거절한다. 그러던 어느 날 미녀는 마법 거울을 통해서 아버지가 몸져누운 광경을 본다. 미녀는 일주일 안에 꼭 돌아올 테니까 아버지를 문안하러 가게 해 달라고 야수에게 간청한다. 야수는 미녀에게 일주일의 말미를 주면서, 만일 미녀가 자기를 버리고 돌아오지 않으면 자기는 죽을 것이라고 말한다.

막내딸이 건강한 모습으로 집에 돌아오자 아버지는 기뻐한다. 그러나 언니들은 막내를 질투한다. 그래서 야수와 약속한 날짜가 지날 때까지 어떻게든 그녀를 붙잡아 두려고 한다. 그러던 어느 날 미녀는 꿈을 꾼다. 꿈속에서 야수는 절망한 나머지 죽어 가고 있었다. 꿈에서 깨어난 미녀는 집에 너무 오래 머물러 있었음을 깨닫고는 야수를 살리기 위해 성으로 돌아간다.

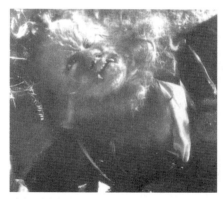

영화 〈미녀와 야수〉(1946)의 죽어 가는 야수

빈사 상태에 빠진 야수의 모습은 몹시 추악했지만 미녀는 야수를 정성껏 간호한다. 야수는 미녀 없이는 살아갈 수 없게 되었다면서, 이제 당신이 돌아와 주었으니 행복하게 죽을 수 있다고 고백한다. 그러자 미녀는 그제야 자기도 야수 없이는 살아갈 수 없을 만큼 야수를 사랑하게 되었음을 깨닫는다. 그래서 미녀는 야수에게 사랑을 고백하면서, 당신이 죽지 않는다면 아내가 되겠다고 약속한다.

그 순간 성 전체가 눈부신 빛과 아름다운 음악에 휩싸인다. 야수는 사라지고 그 자리에 잘생긴 왕자가 나타난다. 왕자는 마녀의 마법에 걸려 야수가 되고 말았던 사연을 미녀에게 이야기한다. 그 마법은 아름다운 처녀가 온 마음을 다하여 야수를 사랑해 주어야 풀리게 되어 있었다.

이 옛날이야기에 등장하는 상징의 의미를 해석해 보자. 먼저 미녀는 아버지와 감정적으로 연결된 채 그 정신적인 성격 때문에 강하게 구속되어 있는 보통의 어린 소녀나 젊은 여성이라고 할 수 있다. 미녀가 흰 장미 한 송이만을 원한 것은 그녀의 선량한 마음씨를 상징한다. 그러나 이 행동에는 또 다른 숨은 의미가 있다. 이때 미녀의 무의식적인 의도는 잔혹함과 친절함이 뒤섞여 있는 어떤 강력한 원리에 처음에는 아버지를, 그 다음에는 자기 자신을 바치는 것이다. 미녀는 마치 지나치게 정숙하고 비현실적인 태도를 요구하는 사랑에서 구조되기를 바라고 있는 듯하다.

그런데 야수를 사랑하게 되면서 미녀는 동물적인(그래서 불완전한), 그러나 순수하게 에로스적인 모습 속에 은폐되어 있는 인간적인 사랑의 힘에 눈뜬다. 이것은 바로 관계성의 참된 기능에 대한 자각을 나타낸다. 이 자각을 통해 미녀는 이제껏 근친상간의 두려움 때문에 억압될 수밖에 없었던 근원적인 욕망의 에로스적 요소를 받아들일 수 있게 된다. 미녀가 아버지에게서 떨어지려면 먼저 근친상간의 공포를 받아들이고, 공상 속에서 그 공포와 더불어 살아가는 과정을 겪어야 한다. 그렇게 하면서 미녀는 동물적인 인간을 알게 되고, 한 여성으로서 이에 대한 자신의 진실한 반응을 발견하게 된다.

이런 식으로 미녀는 자기 자신과 자신의 남성성에 대한 이미지를 억압의 힘으로부터 해방시키고, 또 가장 좋은 의미에서 정신과 자연스런 본성을 결합시키는 놀라운 사랑의 힘을 깨닫는다.

내 환자들 가운데 자유분방한 여성이 있었다. 이 여성이 꾼 꿈에서 나는 근친상간의 공포를 없애고자 하는 욕구를 발견했다. 근친상간의 공포는 이 환자에게는 매우 현실적인 두려움이었다. 그녀의 아버지는 아내와 사별하자 딸에게 과도한 애착을 보였기 때문이다. 꿈속에서 이 여성은 성난 황소에게 쫓긴다. 처음에는 열심히 도망치다가 이윽고 소용없다는 걸 깨닫는다. 그녀가 쓰러지자 황소가 덮쳐 온다. 문득 이 여성은 위기에서 벗어나려면 황소를 위해 노래를 불러 줄 수밖에 없다는 생각을 하고는 떨리는 목소리로 노래를 부른다. 그러자 황소는 얌전해지더니 그녀의 손을 핥기 시작한다. 이 꿈을 해석하자면 이 여성은 이제 좀더 자연스럽고 여성적인 방법으로 남성과 관계를 맺을 준비가 되어 있다고 할 수 있다. 이것은 꼭 성적인 관계를 뜻하는 것이 아니라, 에로스적으로 그녀의 의식적인 인격 차원에서 이루어지는 좀더 넓은 관계성을 의미한다.

그러나 비교적 나이가 많은 여성이라면 꿈속에 '야수' 테마가 등장한다고 해서 반드시 아버지에 대한 개인적인 집착을 나타낸다고 할 수는 없다. 또한 그 테마는 성적인 금기에서 해방될 필요성을 의미하는 것도 아니며, 정신 분석을 좋아하는 합리주의자가 흔히 신화에서 찾아내려고 하는 내용을 암시하는 것도 아니다. 사실 이 테마는 의미심장한 여성의 통과의례를 암시할 수도 있다. 말하자면 그것은 청춘기의 절정이나, 폐경 현상이 일어나는 갱년기를 표현하기도 한다. 정신과 본성의 결합에 이상이 생기면 어떤 연령층에서나 이 테마가 꿈에 나타날 수 있는 것이다.

갱년기에 접어든 어느 부인은 이런 꿈 이야기를 들려주었다.

'저는 잘 모르는 부인들과 함께 있었습니다. 우리는 이상한 집의 계단을 내려갔어요. 그러다가 갑자기 몰골이 흉악한 '원인(猿人)'들과 딱 마주쳐 버렸지요. 그들은 회색 고리와 검은 고리가 달린 털옷을 입고 있었는데 꼬리가 아주 길었어요. 무시무시하고 기괴하고 고약해 보였죠. 우리는 완전히 그 원인들의 수중에 있었습니다. 그런데 나는 문득 어떤 생각이 들었어요. 우리가 살아날 유일한 방법은 벌벌 떨거나 도망치거나 맞

야수가 왕자로 변하여 미녀와 함께 걸어나오는 장면
이 이야기는 소녀의 통과의례를 상징하는 것이라고 할 수 있다. 즉 그녀가 자기 본성의 성적이며 동물적인 면과 화해를 하기 위해서는 아버지와의 유대로부터 해방되어야 한다는 의미를 갖는다. 이러한 해방이 이루어져야 비로소 그녀는 남성과 진정한 관계가 가능하다.

서 싸우는 것이 아니라, 그들의 좋은 면을 찾아내어 인간적으로 그 원인들을 다루는 것이라는 생각이 든 거죠. 그때 한 원인이 나에게 다가왔습니다. 그래서 나는 마치 댄스 파트너를 대하듯이 인사를 하고 그 원인과 함께 춤을 추기 시작했어요.

그 뒤에 나는 초자연적인 치유 능력을 얻었습니다. 그리고 내 눈앞에 죽어가는 한 사내가 나타났어요. 나는 마침 새 깃털인지 새 부리인지를 가지고 있었죠. 내가 그것으로 사내의 콧구멍에 공기를 불어넣자 사내는 다시 숨을 쉬기 시작했습니다.'

이 부인은 창조적인 재능이 있었지만 결혼한 뒤 아이를 기르느라 바빠서 이 재능을 잊은 채 살아가야 했다. 실제로 부인은 한때 작가로 활동하면서 작지만 알찬 명성을 얻기도 했다. 이 꿈을 꿀 무렵에 부인은 옛날 일을 다시 시작하려고 노력하고 있었다. 또 한편으로는 자신이 좋은 아내 노릇도, 좋은 어머니 노릇도, 좋은 친구 노릇도 못했다고 스스로를 가차 없이 비판하고 있었다. 이 꿈은 부인과 비슷한 다른 여성들의 변화 과정을 통해 부인의 문제를 제시한

다. 그들은 이상한 집의 계단을 내려온다. 이것은 극도로 높은 의식 수준에서 낮은 수준으로 내려왔음을 암시한다. 이 꿈은 동물적 인간(원인)으로 나타나고 있는 남성 원리를 받아들이라고 요구하고 있으며, 이로써 상황이 집단 무의식의 어떤 의미심장한 국면에 접어들고 있음을 상상케 한다. 이 동물적 인간은 앞서 우리가 원시 영웅주기(hero-cycle)에서 살펴봤던 영웅적이면서도 장난기 있는 '장난꾸러기'와도 같다.

부인이 이 '원인'과 관계를 맺고 그의 좋은 점을 찾아내어 그를 인간답게 만든다는 것은, 타고난 자신의 창조적 정신 속에 존재하는 예기치 못한 요소를 그녀가 받아들여야 함을 의미한다. 이 요소를 받아들여야 부인은 비로소 평범한 일상생활의 사슬을 끊고 자기 인생의 후반부에 적합한 새로운 방법으로 글을 쓸 수 있는 것이다.

이 충동이 창조적인 남성 원리와 관계가 있다는 사실은 꿈의 뒷부분에서 명백해진다. 이 대목에서 부인은 새의 부리를 써서 어느 사내의 코에 공기를 불어넣어 그를 되살린다. 이 공기를 불어넣는 행위는 에로스적인 따뜻한 사랑의 원리라기보다는 정신을 되살려야겠다는 욕구를 암시한다. 이것은 전세계에 널리 퍼져 있는 상징적 행위로서, 새로이 획득한 것에 창조적인 생명을 불어넣는 일종의 의례이다.

〈미녀와 야수〉의 '자연적' 측면이 강조된 또 다른 여성의 꿈도 살펴보자.

'무엇인가 창문으로 날아 들어왔습니다. 어쩌면 누가 던져 넣은 건지도 몰라요. 하여튼 그건 커다란 곤충 같았습니다. 소용돌이 모양의 노란색과 검정색이 뒤섞인 다리가 달려 있었죠. 그런데 그것이 기묘한 동물로 변했습니다. 몸통은 호랑이처럼 노란색과 검정색 줄무늬로 뒤덮여 있었고, 발은 곰 같기도 하고 사람 손 같기도 하고, 날카로운 얼굴은 또 늑대 같기도 했어요. 이 짐승은 근처를 어슬렁거리면서 아이들을 해치려고 하는 것 같았습니다. 그날은 일요일 오후였어요. 하얀 옷을 차려입고 교회 학교에 가는 한 소녀가 보였습니다. 나는 당장 경찰의 도움을 구해야 했습니다.

그런데 그때 그 짐승이 절반은 여자이고 나머지 절반은 동물인 모습으로 변한 것이 눈에 들어왔어요. 이 짐승은 나를 보고 꼬리를 흔들면서 아양을 떨었습니다. 나한테는 그 상황이 무슨 동화나 꿈속의 한 장면처럼 느껴졌어요. 그리고 친절만이 그 짐승을 변화시킬 수 있다는 생각이 들었습니다. 나는 그 녀석을 다정하게 안아 주려고 했지만 왠지 그럴 수가 없었습니다. 그래서 결국 떠밀어 버렸지요. 하지만 그래도 계속 그 짐승을 곁에 두고서 점점 익숙해져야겠다고 생각했어요. 그러면 언젠가는 그 짐승에게 입을 맞출 수도 있을 것 같았습니다.'

앞서 소개한 사례와는 상황이 다르다. 이 부인은 자기 내부에 있는 남성적 창조 기능을 지나치게 발휘했다. 그 결과 부인에게는 강박적이면서 정신적인(공중에 붕 뜬 듯한) 선입관이 생기고 말았다. 그래서 부인은 아내다운 여성적 기능을 자연스러운 방식으로 발휘할 수가 없었다(실제로 이 꿈에 대해 연상하는 과정에서 부인은 "남편이 집에 돌아오면 내 창조적인 측면은 깊이 숨어 버리고, 나는 더없이 반듯한 주부가 되었다"고 나에게 고백했다). 그런데 이 꿈은 뜻밖의 전환기를 맞이하면서 나쁜 방향으로 나아가던 정신을 여성적인 원리 쪽으로 돌려놓는다. 부인은 이 여성적 원리를 자기 내부에 수용하고 키워 나가야 한다. 그래야 비로소 자신의 창조적이고 지적인 관심을, 다른 사람과 원만한 관계를 맺게 하는 본능과 조화시킬 수 있다.

이는 곧 잔인하면서도 친절한 자연적 삶의 이원성(二元性)을 새로이 받아들이는 것을 의미한다. 이 부인의 사례를 살펴보면 그 삶은 무모하고 모험적이지만, 동시에 겸허하고 창조적인 가정적 성격도 지니고 있다. 이렇게 상반되는 성향을 조화시키는 작업은 고도의 지성화(知性化)가 이루어진 자각의 심리적 단계에서만 가능하다. 이를테면 잘 차려입고 교회 학교에 가는 순진한 소녀에게는 이러한 이원성이 위험할 수밖에 없다.

이 꿈은 부인이 자기에 대해서 갖고 있는 지나치게 단순한 이미지를 극복해야 할 필요성을 암시한다고 해석될 수 있다. 말하자면 부인은 자기 감정의 두 극단적인 면을 완전히 수용해야 하는 것이다. 마치 '미녀'가 아버지에 대한 순수한 믿음을 버려야 했던 것처럼 말이다. 알다시피 미녀의 아버지는 '야수'의 애정어린 분노를 일깨우지 않고서는 자신의 감정이 담긴 순백의 장미꽃을 딸에게 줄 수 없었다.

오르페우스와 사람의 아들

　〈미녀와 야수〉는 한 떨기 야생화 같은 동화이다. 야생화는 느닷없이 우리 눈앞에 나타나 저절로 경탄을 자아내므로 우리는 그것이 특정 강(綱), 속(屬), 종(種)에 속한 식물이라는 사실마저 잠시 잊어버리곤 한다. 이러한 옛날이야기가 애초부터 지니고 있는 신비로움은 규모가 큰 역사적인 신화는 물론이고, 그 신화를 표현하는 의례 또는 신화의 기원에 해당하는 의례에서도 보편적으로 나타난다.

　이런 종류의 심리학적 경험이 적절히 표현되어 있는 의례나 신화의 대표적인 예로는 그리스·로마의 디오니소스교와 그 뒤를 이은 오르페우스교를 들 수 있다. 이 두 종교는 이른바 '비의(秘儀)'로 알려져 있는 의미심장한 통과의례를 만들어 냈다. 게다가 이 두 종교는 양성적(兩性的) 성격을 지닌 신인(神人)과 관련된 상징체계도 만들었다. 이 신인은 동물과 식물의 세계를 속속들이 알고 있으면서 그 세계의 비밀로 사람들을 끌어들인다.

그리스의 신 디오니소스가 무아경에 빠져 류트를 연주하고 있는 화병 그림

　디오니소스교는 매우 소란스러운 제의를 앞세운다. 이 제의는 자신의 동물적인 성질에 몸을 맡겨 '어머니 대지'의 풍요로운 힘을 경험하고자 하는 욕구를 보여 준다. 디오니소스제(祭)에 포함된 통과의례의 첫째가는 동인(動因)은 바로 술이다. 엄중하게 보호되어 있는 자연의 신비 속으로 입문자(入門者)를 끌어들이기 위해서는 술을 이용해서 그의 의식 수준을 상징적으로 낮출 필요가 있었기

디오니소스를 열광적으로 예배하는 무녀들　　　**동일하게 열광적인 예배를 하는 사티로스들**
디오니소스를 숭배하는 열광적인 주신제(酒神祭)의 의식은 자연의 신비 속으로 들어가는 통과의례를 상징한다.

때문이리라. 자연의 신비스런 본질이 에로스적 충족의 상징으로 표현된 것을 봐도 그렇다. 이 제의에서 디오니소스 신과 배우자 아리아드네는 성스러운 결혼식을 통해 하나가 된다.

그런데 세월이 흐르면서 디오니소스교 제의는 종교적 감동을 상실했다. 그러면서 생명과 사랑에 대한 순전히 자연적인 상징에만 몰두하는 디오니소스교의 배타적 편견으로부터 벗어나고자 하는 상당히 동양적인 욕구가 출현했다. 디오니소스교는 정신에서 육체로, 또 육체에서 정신으로 끊임없이 변전하기 때문에 금욕적인 사람에게 이런 의례는 너무 야만적이고 난폭해 보였을 것이다. 그래서 이 사람들은 오르페우스 신앙을 통해 내적으로 종교적 황홀경을 체험하는 길을 택했다.

오르페우스는 아마도 실존 인물이었을 것이다.[1] 가수, 예언자, 교사였던 그는 결국 순교했으며 그의 무덤은 성지가 되었다. 초대 그리스도교 교회는 오르페우스에게서 그리스도의 원형을 발견했음에 틀림없다. 이 두 종교는 후기 헬레니즘 시대에 성스러운 내세의 삶을 약속했다. 신의 중재자이자 인간이었던 오르페우스와 그리스도는, 로마 제국 치하에서 사라져 가는 그리스 문화를 지키려던 대중에게는 그야말로 미래의 삶에 대한 간절한 희망의 상징이었다.

---

1) 오르페우스 신화는 Jane E. Harrison, *Prolegomena to the Study of Greek Religion*, Cambridge University Press, 1922 또는 W.K.C. Guthrie, *Orpheus and Greek Religion*, London : Methuen, 1935 참조.

폼페이 신비의 저택 프레스코화 디오니소스의 죽음과 신비의 세계로 통하는 남성 통과의례를 수행하는 여사제. 과자 쟁반을 나르는 여인이 보이고, 여사제가 바구니를 덮은 천을 들어올리고 있다. 여사제는 죽음과 부활에 참여하면서 성직자의 임무를 수행하고 있다.

그런데 오르페우스교와 그리스도교 사이에는 중요한 차이점이 있다. 신비로운 형식으로 승화되어 있기는 해도 오르페우스교의 비의에는 디오니소스교의 전통이 그대로 살아 있다. 오르페우스교의 정신적 기동력은 반신반인(半神半人)에게서 비롯되는데, 여기에는 농업에 뿌리를 둔 종교의 가장 의미심장한 내용이 보존되어 있다. 그 내용이란 바로 사계절과 밀접하게 관련되어 있는 풍요의 신들이 상징하는 오래된 형식, 다시 말해 영원히 되풀이되는 탄생과 성장과 성숙과 소멸의 순환이다.

그러나 그리스도교는 이런 비의를 버렸다. 그리스도는 가부장적인 유목 민족의 목가적 종교의 산물이자 이 종교의 개혁자이다. 이 종교의 예언자들은 메시아가 절대적인 신성한 존재라고 주장한다. 그 주장에 따르면 '사람의 아들'은 인간 처녀의 몸에서 태어났지만 그 기원은 어디까지나 하늘에 있다. 말하자면 하늘에 계시는 신이 인간의 육신을 얻어 지상에 출현한 것이다. 그는 사후에 하늘나라로 돌아간다. 이 사건은 단 한 번만 일어난다. 그렇게 돌아간 다음에는 "죽은 자들이 부활하는 날", 다시 말해 '재림의 날'까지 하느님의 오른쪽 자

▲남성 통과의례에서 남성 입문자가 술잔을 받고 있는데, 그 술잔 속에서 뒤편에 걸려 있는 무시무시한 탈이 비치는 것을 들여다보고 있다. 여기서 술을 마신다는 것은 상징적으로 신의 영혼을 마신다는 의미가 있다.

▶디오니소스제에서 술을 마신다는 것은 마치 로마 가톨릭 교회 미사에서 사제가 미사 중에 성배를 높이 쳐드는 것과 같은 의미를 갖는다.

리를 차지하는 것이다.

　물론 초대 그리스도교의 이러한 승천 교리는 오래 지속되지 않았다. 순환적인 비의에 대한 기억이 후세 교인들에게도 여전히 어느 정도 남아 있었기 때문에 교회는 결국 이교도적인 과거로부터 물려받은 여러 행사를 그리스도교 제의에 수용할 수밖에 없었다. 그중에서도 가장 의미가 깊은 것은 성토요일과 부활절 일요일에 그리스도의 부활을 경축하면서 치러졌던 행사에 대한 오래된 기록에서 발견된다. 그것은 바로 세례식인데, 중세 교회는 이 세례식을 적절하고도 의미심장한 통과의례로 만들었다. 그러나 이 의례는 지금은 거의 사라져 버렸으며 특히 프로테스탄트(신교)에서는 완전히 자취를 감추고 말았다.

이보다 생생하게 남아 있으면서 현재 그리스도교에서 중심적인 신비한 통과 의례의 의미를 여전히 간직하고 있는 것이 바로 성찬식에서 성배를 받드는 가톨릭교회의 의식이다. 융 박사는 《미사에서의 변용 상징》에서 이 의식을 다음과 같이 설명했다.[2]

"성배를 높이 드는 것은 포도주를…… 성화(聖化)하기 위함이다. 이 성화는 곧바로 이어지는 성령에 대한 기도로 확인된다. ……이 기도가 포도주에 성령을 불어넣는 것을 돕는다. 성령은 아이를 낳고, 가득 채우고, 변화시키는 것이기 때문이다. ……옛날에는 성배를 높이 들고 나서 빵의 오른쪽에 내려놓았는데, 이는 성배가 그리스도의 오른쪽 옆구리에서 흘러나온 피를 상징하기 때문이었다."

디오니소스의 술잔을 드는 것으로 표현되든, 그리스도의 성배를 마시는 것으로 표현되든 이 성찬식 의식은 어디에서나 동일하다. 그러나 의식 참가자들이 이 의식을 통해 갖게 되는 자각의 수준은 서로 다르다. 디오니소스적인 참가자는 이 의식을 통해 사물의 근원, 즉 어머니 대지의 자궁에서 억지로 뜯겨 나오는 신의 '폭풍 같은 탄생' 순간까지 거슬러 올라간다. 폼페이에 있는 '신비의 저택(The Villa de Misteri)'에는 공포의 가면을 쓴 신을 불러내는 의식이 묘사된 프레스코 벽화가 있다. 이 그림에서 사제는 입문자에게 디오니소스의 술잔을 내미는데, 그 술잔에 그 무시무시한 가면이 반사되고 있다. 이어서 지상의 귀중한 과일이 가득 담긴 바구니도 나오고, 생식과 성장의 원리를 나타내는 신의 창조적 상징인 남근도 등장한다.

디오니소스교는 탄생과 죽음이라는 자연의 영원한 순환에 초점을 맞춘 과거지향형 종교인 데 반해, 그리스도교는 전지전능한 하느님과 입문자가 궁극적으로 결합하리라는 희망을 강조하는 미래지향형 종교이다. 어머니인 자연은 아름다운 사계절의 변화와 더불어 흘러가 버리지만, 그리스도교의 핵심적인

---

2) 성배를 받드는 가톨릭교회 의식에 관한 융 박사의 설명은 "Transformation Symbolism in the Mass", CW, vol. XI에 나온다. 그 밖에도 Alan Watts, *Myth and Ritual in Christianity*, Vanguard Press, 1953 참조.

상(像)은 영적 확신을 제공한다. 사람의 아들 그리스도는 바로 하나님의 아들이기 때문이다.

그런데 이 디오니소스와 그리스도의 상(像)은 오르페우스 상 안에서 서로 융합되어 있다. 즉 오르페우스는 디오니소스를 기억하면서 그리스도를 지향한다. 스위스 작가 린다 피르츠 다비드는 '신비의 저택'에 그려진 오르페우스 의식을 해석하면서, 이 중간적인 상의 심리학적 의미를 다음과 같이 설명했다.[3]

"오르페우스는 칠현금(七絃琴) 반주에 맞추어 노래를 부르면서 사람들을 가르쳤다. 그의 노래는 모든 자연을 지배할 만큼 강한 힘을 가지고 있었다. 그가 칠현금 반주에 맞춰서 노래하면 새가 그 주위를 날아다녔고, 물고기가 물을 박차고 그를 향해 뛰어올랐다. 바람과 바다는 잔잔해졌고, 강물은 역류하여 그에게 다가갔다. 그동안에는 눈도 우박도 내리지 않았다. 초목과 돌멩이까지 오르페우스를 따라왔다. 호랑이도 사자도 양과 더불어 그의 발치에 나란히 드러누웠고, 늑대는 크고 작은 사슴과 가까이 붙어 있었다. 그렇다면 여기에 대체 무슨 의미가 있는 걸까? 이것은 자연 현상의 의미를 꿰뚫어 보는 신적인 통찰력 덕분에…… 자연에서 일어나는 사건이 내부로부터 스스로 질서 있게 조화를 이루게 됨을 의미하는 것이리라. 예배하는 중에 중재자가 자연의 빛을 대표하게 되면, 온 자연이 빛으로 변하면서 모든 피조물은 평안해진다. 오르페우스는 헌신과 경건의 화신이며 모든 다툼을 해결하는 종교적 태도의 상징이다. 까닭인즉 오르페우스에 의해서 모든 영혼은 다툼을 등지고 반대 방향을 지향하기 때문이다. ……이렇게 할 때에만 그는 진정한 오르페우스이다. 이때 오르페우스는 비로소 원시적 화신인 선한 목자가 되는 것이다."

선한 목자와 중재자를 겸함으로써 오르페우스는 디오니소스교와 그리스도교 사이에서 균형을 유지한다. 앞에서 설명했듯이 디오니소스와 그리스도는 시간적으로나 공간적으로나 서로 다른 방향을 지향하고 있지만—디오니소스교는 순환적인 지하 세계의 종교이고, 그리스도교는 종말론이나 목적론을 지향하는 천상 세계의 종교이지만—이 양자의 역할은 같다고 할 수 있다. 종교

---

3) 린다 피르츠 다비드가 오르페우스교 의식을 해석한 내용은 Linda Fierz-David, *Psychologische Betrachtungen zu der Freskenfolge der Villa dei Misteri in Pompeji ein Versuch*(privately printed), Zurich, 1957에 나온다.

사의 흐름에 나타나는 이 일련의 통과의례 같은 사건은 사람에 따라서 상상할
수 있는 모든 방식으로 그 의미가 변화되면서, 현대인의 꿈이나 환상 속에 끊임
없이 되풀이해 등장하고 있다.

나에게 분석을 받던 한 부인은 극심한 피로와 우울증에 시달리다가 다음과
같은 환상을 봤다고 한다.

'천장이 높고 둥근 방이 있었습니다. 창문 하나 없는 그 방에서 저는 길고
좁은 탁자 옆에 앉아 있었어요. 내 몸은 잔뜩 구부러지고 오그라들어 있습니
다. 어깨에서 발치까지 길게 늘어진 흰색 아마포를 걸치고 있을 뿐, 아무것도
입고 있지 않습니다. 무엇인가 결정적인 일이 나에게 일어난 것이 분명합니다.
내 인생은 이제 얼마 남지 않았습니다. 눈앞에 금색 고리가 달린 빨간 십자가
가 아른거립니다. 그런데 문득 옛날에 내가 무슨 약속을 했던 것이 생각났습
니다. 지금 내가 어디 있는지는 모르겠지만 그 약속은 반드시 지켜야 했습니

▲귀스타브 모로 작 〈오르페우스〉(1865)
오르페우스의 머리를 들고 있는 트라키
아 여인. 오르세미술관 소장.

◀오르페우스가 음악으로 켄타우로스·
사티로스, 동물들을 매혹시키고 있는
장면이 묘사된 모자이크(5세기경).

▲〈선한 목자 그리스도〉(6세기경) 이탈리아 라벤나의 갈라 플리키디아 영묘의 모자이크 작품.

▶크라나흐 작 〈청춘의 샘〉(1546) 오르페우스나 그리스도가 모두 다 인간 본성의 원형을 나타내는 존재라는 것이 반영되어 있는 그림.

다. 나는 오랫동안 거기에 앉아 있었습니다.

내가 천천히 눈을 뜨자, 나를 치료하러 온 남자가 옆에 있는 게 보입니다. 그는 친절하고 꾸밈없어 보입니다. 그가 내게 말을 걸지만 나는 그 말을 알아듣지 못합니다. 그는 내가 지금까지 어디에 있었는지 다 아는 것 같습니다. 나는 나 자신이 몹시 추악하다는 것, 나에게서 죽음의 냄새가 난다는 것을 알고 있습니다. 그가 혐오감을 느끼지나 않을까 걱정이 됩니다. 나는 오랫동안 그를 바라봅니다. 그는 외면하지 않습니다. 왠지 숨쉬기가 편해집니다.

어디에선가 시원한 바람이 불어오는 것 같습니다. 아니, 차가운 물이 내 몸

18세기의 프랑스 철학자 루소(Rousseau)는 '고귀한 야만인(noble savage)'이라는 인물을 제시했다. 고상한 야만인이란 죄악을 모르는 단순한 어린이의 본성을 특징으로 한 인물이다.

에 닿은 것 같기도 해요. 나는 아마포로 내 몸을 감싸고 자연스럽게 잠들 준비를 합니다. 나를 치료하는 그의 양손이 내 어깨 위에 놓입니다. 나는 예전에는 거기에 상처가 있었다는 사실을 막연히 떠올립니다. 하지만 이제 그의 손 무게가 나에게 활력을 주며 나를 치유하는 것 같습니다.'

이 부인은 자신의 종교에 강한 회의를 품은 적이 있었다. 한때 그녀는 독실한 가톨릭 신자로서 전통적이고 보수적인 교육을 받았다. 그러나 젊은 시절부터 이 부인은 자기 가족들이 믿고 있는 엄격한 종교적 인습에서 벗어나 자유로워지기를 간절히 바랐다. 그런데 이런 종류의 심리적인 변화를 통해서 부인은 교회력(教會曆)에 존재하는 상징적 행사 및 그 행사의 의미에 대해 깊고도 풍부한 통찰을 얻게 되었다. 부인을 분석하면서 나는 이 종교적 상징에 대한 그녀의 산지식이 분석 작업에 대단히 유용하다는 사실을 깨달았다.

자기가 본 환상 속에서 이 부인이 가장 중요한 요소로 지목한 것은 하얀 아마포였다. 부인은 이 천을 하느님께 바치는 공물로 간주했다. 그리고 천장이 높고 둥근 방은 무덤으로 여겼으며, 약속은 복종의 경험과 관련지어 생각했다. 그런데 이 '약속'—부인 자신이 이렇게 말했다—은 죽음의 지하 납골당으로 내려가는 위험한 하강의 통과의례를 암시한다. 이것은 교회와 가정에서 벗어나 자기 나름대로 하느님을 체험하려 했던 부인의 삶을 상징한다. 이 부인은 진정한 상징적 의미에서 '그리스도를 모방하는 삶'을 실천했으며, 그래서 그렇게 그리스도처럼 죽음에 앞서 고통을 체험했던 것이다.

하느님께 바치는 공물인 아마포는 수의(壽衣)를 연상시킨다. 십자가형을 받

은 그리스도는 이 천에 싸여 무덤으로 운반
됐기 때문이다. 이 환상의 끝부분에서는 치
료하는 남성상이 나타난다. 이 남성은 분석
가인 나를 암시할 수도 있겠지만, 부인의 상
황을 잘 아는 친구로서 자연스러운 역할을
담당하고 있는 것 같기도 하다. 이 남성은
부인에게 들리지 않는 소리로 말을 건다. 그
러더니 양손으로 부인을 만져서 그녀가 힘
을 되찾도록 도와준다. 부인은 그에게 치료
를 받았다고 느낀다. 바로 이 상에서 우리는
오르페우스 또는 그리스도에 해당하는 선
한 목자의 손과 가르침을 느낄 수 있다. 이
때 그는 중재자일 뿐만 아니라 치료자이기
도 하다. 이 남성은 삶의 편에 서서 바야흐
로 이 부인이 죽음의 무덤에서 다시 돌아오
고 있음을 확신시킨다.

19세기 미국 작가 헨리 D. 소로 작 《월든
Walden》(부제 '숲속의 생활') 속표지 소로
는 문명의 영향으로부터 등을 돌리고 인
생을 자연스럽게 사는 방법을 터득한 사
람이다.

　이것을 재생 또는 부활의 상징이라고 해
야 할까? 그럴 수도 있고 아닐 수도 있다. 마지막 대목에서는 이 의례의 근본적
인 모습이 확연히 드러난다. 시원한 바람이나 차가운 물이 몸에 닿는 느낌, 그
것은 죽음의 죄를 씻어 내는 원시적인 정화 행위이며 진정한 세례의 본질적인
모습이다.

　이 부인은 또 다른 몽상 속에서 자기 생일이 그리스도가 부활한 날과 똑같
다고 여긴다(부인에게 이 경험은 어머니에 대한 기억보다 훨씬 의미심장했다. 어린 시
절 부인은 생일날마다 격려를 받고 다시 새롭게 시작하는 느낌을 경험하고 싶어했다.
하지만 어머니는 그녀에게 한 번도 그런 느낌을 주지 않았다). 그러나 부인이 이런 느
낌을 받았다고 해서 자신을 그리스도와 동일시했다는 뜻은 아니다. 그리스도
의 위대한 힘과 영광에도 불구하고 여전히 뭔가가 부족한 듯했다. 부인이 기도
를 통해 다가가려고 하자 그리스도와 십자가는 인간의 손이 닿지 않는 하늘로
높이 올라가 버렸다.

이 두 번째 몽상에서 부인은 재생의 상징인 솟아오르는 태양에 의지하게 된다. 이어서 새로운 여성적 상징이 등장한다. 처음에 이 여성적 상징은 '물이 든 포대 속에 떠 있는 태아' 형태로 그녀 앞에 나타난다. 이어서 부인은 여덟 살 난 사내아이를 데리고 바다를 건너 '위험한 곳을 지나간다'. 그러자 새로운 변화가 일어나면서 이때부터는 어떤 공포도, 심지어 죽음의 손길도 느끼지 않게 된다. 부인은 이렇게 이야기를 계속했다.

'나는 숲속 샘터에 있습니다. 샘물은 조그만 폭포가 되어 흘러가고…… 주위는 푸른 포도 덩굴로 뒤덮여 있습니다. 나는 안에서 샘물이 솟아나는 돌그릇과 푸른 이끼와 제비꽃을 손에 들고 있습니다. 이제 폭포 아래에서 몸을 씻습니다. 폭포수는 마치 금빛 비단 같습니다. 꼭 어린아이가 된 것 같은 기분입니다.'

환자가 이렇게 신기하고 변화무쌍한 이미지를 묘사할 때에는 분석가가 그 내적인 의미를 읽어 내기는 쉽지 않다. 그러나 전체 문맥의 의미는 분명하다. 이

동물적 본성을 상징하는 동물로 자주 등장하는 황소
◀황소를 제물로 희생시키고 있는 페르시아의 태양신 미트라. 디오니소스 의식에서도 나타나는 이 공희는, 동물적 본능에 대한 영혼의 승리를 상징한다고 볼 수 있다.
▶황소가 동물적 본성을 상징한다는 점이 일부 국가에서 투우의 인기를 설명해 준다.

피카소 작 〈미노타우로 마키〉(1935) 미노타 우로스에게 위협을 받 고 있는 소녀를 묘사 한 판화 작품. 테세우 스의 신화와 마찬가지 로 여기서도 미노타우 로스는 남성의 절제심 없는 본능적인 힘을 상징한다.

몽상에서 우리는 좀더 나은 정신적 자기가 다시 태어나서 어린아이처럼 자연 속에서 세례를 받는 '재생 과정'을 발견할 수 있다. 그런데 여기서 부인은 여덟 살 난 아이를 데리고 간다. 이 아이는 가장 상처받기 쉬운 그녀

의 유아기 자아라고 할 수 있다. 부인이 이 아이를 데리고 위험한 곳을 지나 물을 건너는 것은, 가족들이 믿는 인습적 종교에서 그녀가 너무 멀리 떨어져 있기 때문에 느끼는 무서운 죄의식을 나타낸다. 그런데 종교적 상징은 상징이 없는 경우에도 의미를 지닌다. 모든 것은 자연의 수중에 있다. 우리는 부활하 여 승천하는 그리스도보다는 목자 오르페우스의 울타리 안에 있다.

그 다음에 꾼 꿈에서 부인은 어느 교회로 가고 있다. 그 교회는 지오토 (Giotto)가 그린 성 프란체스코의 프레스코화가 있는 아시시 교회와 비슷하다. 부인은 다른 교회보다도 이곳에서 편안함을 느낀다. 성 프란체스코는 오르페 우스와 마찬가지로 종교적인 자연인이기 때문이다. 이러한 이미지는 부인이 종 교를 바꾸면서 느꼈던 괴로움을 상기시킨다. 그러나 이제 부인은 자연의 빛에 고무되어 그런 경험도 기꺼이 받아들일 수 있다는 자신감을 갖게 된다.

이 일련의 꿈은 디오니소스 종교를 은밀히 반영하면서 끝난다(이것은 오르페 우스조차 인간 내부에 존재하는 동물신(動物神)의 풍부한 창조력과 깊은 관계를 맺지 못할 때가 있음을 암시한다고 할 수 있다). 부인은 금발 머리 아이랑 손잡 고 가는 꿈을 꾼다.

'우리는 태양과 숲과 꽃들과, 주변의 모든 것과 더불어 즐거운 마음으로 축제에 참가했습니다. 아이는 손에 들고 있던 조그만 하얀 꽃을 검은 황소 머리에 꽂았어요. 축제에 참가한 그 황소는 온통 장식으로 뒤덮여 있었습니다.'

이 장면은 황소 분장을 통해서 디오니소스를 기리는 고대 의식을 연상시킨다.

그러나 꿈은 여기에서 끝나지 않는다. 부인은 이 말 끝에 한마디 덧붙인다. '얼마 뒤에 그 황소는 황금 화살에 꿰뚫리고 말았어요.' 그런데 황소는 디오니소스교 의식뿐만 아니라 그리스도교 이전의 다른 종교 의식에서도 상징적인 역할을 맡았다. 페르시아의 태양신 미트라는 황소를 희생 제물로 바친다. 미트라는 오르페우스처럼 영적 생명을 동경하고, 바로 이 영적 생명을 통해서 인간의 원시적인 동물적 감정을 다스리고 통과의례를 치른 다음 평화를 누리고자 한다.

이 일련의 이미지는 같은 유형의 수많은 환상이나 꿈에서 볼 수 있듯이, 궁극의 평화나 영원한 안식 따위는 존재하지 않는다는 사실을 암시한다. 남성이건 여성이건—특히 현대 서유럽 사회에서 살고 있는 사람들은—종교적인 모색에 열중할 때에는 여전히 그리스도교 이전의 초기 전통들의 영향을 받는다. 이 전통들은 지금도 서로 우위를 차지하려고 다투고 있다. 이것은 곧 이교와 그리스도교 신앙의 싸움이며, 재생과 부활에 대한 투쟁이라고 할 수 있다.

이 딜레마를 좀더 직접적으로 해결해 줄 열쇠는 부인이 꾼 첫 번째 꿈에 등장한다. 이것은 자칫하면 간과하기 쉬운 기묘한 상징이다. 이 부인은 자신의 죽음을 상징하는 무덤에서 금색 고리가 달린 빨간 십자가를 봤다고 한다. 나중에 분석을 통해 밝혀졌지만 그때 부인은 심각한 심리적 변화를 경험하고 있었다. 말하자면 '죽음'을 극복하고 새로운 삶을 살아가려고 하는 중이었다. 그러므로 부인의 절망적인 인생의 심연에서 튀어나온 이 이미지는 앞으로 부인이 취하게 될 종교적 태도를 예고한다고 할 수 있다. 이어서 부인은 금색 고리가 그리스도교 이전의 신비 종교에 대한 부인의 믿음을 나타내며, 빨간 십자가가 그리스도교에 대한 부인의 믿음을 표현하는 것이라고 추측해도 될 만한 증거를 제시해 주었다. 그러니까 부인이 본 환상은, 이제부터 시작될 새로운 삶에서는 그리스도교와 이교도 요소를 조화시켜야 한다는 사실을 그녀에게 가르쳐 준 셈이다.

마지막으로 중요한 것은 고대 통과의례와 그리스도교와의 관계를 고찰하는 일이다. 고대 엘레우시스 비의(풍요의 여신 데메테르와 페르세포네를 섬기는 의식)는 단지 인생을 풍요롭게 살고자 하는 사람들만을 위한 것이 아니라, 죽음을 준비하는 과정으로도 이용되었다. 마치 죽음이 그와 같은 통과의례를 요하기라도 하는 듯이.

에스퀼리노 언덕의 지하 유골안치소 근처에 있는 로마 시대 묘지에서 출토된 어느 뼈 단지에는, 통과의례의 마지막 단계가 선명하게 부조되어 있다.[4] 여기서 통과의례를 치르는 사람은 여신과 이야기를 나눈다. 이 부조의 나머지 부분에는 '성화(聖化)'를 위한 두 가지 기본적인 의식이 표현되어 있다. 그중 하나는 '신성한 돼지'를 제물로 바치는 행위이고, 나머지 하나는 신비화된 성스러운 결혼식이다. 이 장면들은 모두 죽음에 이르는 통과의례를 암시하는데, 어디에서도 죽음을 애도하는 종국적 장면은 찾아볼 수 없다. 이것은 죽음에 불사(不死)의 약속을 덧붙이는—오르페우스교의 성격이 강한—후기 밀교적 요소를 암시한다. 그런데 그리스도교는 더 나아가서 그 이상의 것을 약속한다. 고대 순환적 밀교에서 불사는 단순한 재생을 의미하겠지만, 그리스도교는 신자들에게 천국에서의 영원한 삶을 약속하는 것이다.

그리하여 우리는 현대 생활에서도 이 낡은 유형이 되풀이해서 나타나는 것을 목격한다. 죽음을 맞이해야 하는 사람들은 이 오래된 이미지를 다시 한번 배워야 한다. 이 이미지는 죽음이란 하나의 신비이며, 우리가 삶을 준비하는 법을 배웠던 것처럼 복종과 겸손을 통해 죽음을 준비하는 법도 배워야 한다는 사실을 우리에게 가르쳐 준다.

---

4) 에스퀼리노 언덕에서 출토된 로마 시대 뼈 단지는 제인 해리슨(Jane E. Harrison)의 전게서에 언급된 바 있다.

초월의 상징

인간에게 영향을 미치는 상징은 그 목적이 무엇이냐에 따라 달라진다. 이를 테면 정신이 번쩍 들 만한 자극이 필요한 사람은 디오니소스교의 '천둥 의식' 같은 격렬한 통과의례를 경험하고, 억제가 필요한 사람은 후기 그리스의 아폴론 신앙을 암시하는 신전이나 신성한 동굴의 규제에 몸을 맡긴다. 고대 문헌 자료나 현대의 의례 대상자들을 보면 알 수 있듯이 완전한 통과의례는 두 주제를 모두 포괄하고 있다. 그러나 통과의례의 근본적인 목적은 젊은이의 성격에 내재해 있는 '장난꾸러기' 같은 거친 측면을 길들이는 것이다. 그러므로 이 과정에 필요한 의식이 아무리 과격하더라도 그것은 어디까지나 대상자를 정신적인 문명인으로 만들기 위한 것이다.

그런데 또 다른 종류의 상징체계도 있다. 아주 먼 옛날에 생겨난 성스러운 전통에 속하는 이 상징체계는 개인 인생의 과도기와 밀접한 관계가 있다. 그렇다고 해서 이러한 상징들이 반드시 신참을 어떤 종교 교리로 끌어들이거나, 세속적인 집단의식에 동화시키려고 드는 것은 아니다. 오히려 반대로 이 상징체계는 너무나 미숙하고 고정적인, 또는 지나치게 경직된 상태에서 인간

새나 샤먼(원시적인 주술사)은 모두 다 초월의 흔한 상징들이며 이 둘은 자주 하나로 결합되어 나타난다. 라스코 (Lascaux)에 있는 선사시대의 동굴 벽화는 새의 탈을 쓴 샤먼이 그려져 있다.

▲새의 의상을 차려 입은 시베리아의
샤먼.
▶역시 시베리아 지방에서 볼 수 있는,
죽은 샤먼의 관에 새 모형을 얹은 솟
대.

을 해방시킬 필요성을 암시하고 있다. 다시 말해 인간이 좀더 뛰어나거나 성숙
한 성장 단계로 나아가는 과정에서 이러한 상징은 인간 존재를 한정짓는 온갖
양식을 인간이 벗어던지게끔—또는 초월하게끔—도와준다고 할 수 있다.

앞에서 언급했듯이 어린아이는 완전성에 대한 감각을 지니고 있다. 그러나
자아의식이 출현하면 어린아이는 이 감각을 잃어버린다. 성인이 되어 이 완전함
의 감각을 되찾으려면 마음속 무의식의 내용과 의식을 결합시켜야 한다. 이러
한 결합이 이루어지면 융 박사가 말한 '정신의 초월 기능'[1]이 생겨난다. 이 기능
을 갖춰야 인간은 비로소 자기의 가장 높은 목표에 도달할 수 있다. 즉 개성적
인 '자기'가 지닌 가능성을 완전히 실현할 수 있는 것이다.

이렇듯이 '초월의 상징'은 이 목표에 도달하려는 인간의 노력을 나타낸다. 이
상징을 통해서 무의식의 내용은 의식의 영역으로 들어갈 수 있다. 이 상징 자
체는 말하자면 무의식의 내용의 생생한 표현이다.

이러한 상징들의 형태는 다양하다. 이 상징은 역사 속에 나타나든, 인생의 결
정적인 단계를 맞이한 현대 남녀의 꿈속에 나타나든 항상 중요한 의미를 지닌
다. 이 상징체계의 가장 오래된 단계에서 우리는 다시 한번 '장난꾸러기' 주제
와 마주친다. 그러나 이 단계에서 장난꾸러기는 무법자 같은 영웅이 아니라 어

---

1) 융 박사의 "The Transcendent Function", edited by Student's Association, C.G. Jung Institute : Zurich,
   1958 참조.

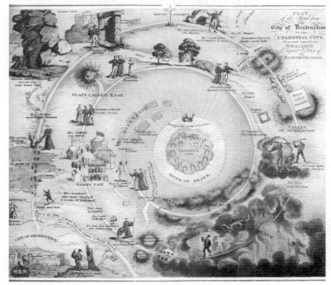

신화나 꿈속에서 보이는 고독한 여행은 흔히 초월을 겨냥한 자기해방을 상징한다.

▲《신곡》은 단테 자신이 지옥(그림의 왼쪽 아랫부분)과 연옥과 천국을 여행하는 꿈을 그리고 있다.

◀영국 작가 존 버니언의 《천로역정 Pilgrim's Progress》(1678)에 묘사된 순례 의 과정(그 여정이 중앙을 향하여 나선형으로 움직이고 있음을 주목할 것). 이 책 역시 꿈을 그린 것이다.

엿한 샤먼이다. 놀라운 마력과 직관을 갖춘 그는 원시적인 통과의례의 대가(大家)이다. 그의 힘은 육체를 떠나 새처럼 이 세상을 날아다닐 수 있는 가상의 능력에서 나온다.

이때 새는 초월에 가장 어울리는 상징이다. 새는 '영매(靈媒)'를 통해 작용하는 직관의 특이한 성질을 표현한다. 여기서 영매란 접신(接神)하여 황홀경에 빠진 상태에서, 먼 곳에서 일어난 일이나 의식적으로는 모르는 사실을 알아내는 사람을 말한다.

이 같은 힘이 선사 구석기 시대부터 존재했다는 증거가 있다. 미국 학자 조

《천로역정》에서 이 책의 주인공인 순례자가 꿈을 꾸고 있는 그림.

지프 캠벨은 최근 프랑스에서 발견된 유명한 라스코 동굴 벽화를 설명하면서 이렇게 썼다.[2] "접신의 황홀경에 빠진 샤먼이 누워 있다. 그는 옆 장대에 앉은 새의 모습과 똑같은 가면을 쓰고 있다. 시베리아 샤먼들은 지금도 새와 비슷한 의상을 입는다. 그들 대부분은 자기가 새와 인간 여자 사이에서 태어났다고 믿는다. ……그러므로 샤먼은 다른 나라에서 온 친근한 손님일 뿐만 아니라, 멀쩡한 의식으로는 감지할 수 없는 미지의 힘의 영역에 속해 있는 선택받은 자손이기도 하다. 누구나 순간적으로는 환상 속에서 그런 힘을 감지할 수 있다. 그러나 샤먼은 지배자로서 그 힘의 세계를 자유롭게 활보한다."

이런 종류의 통과의례를 가장 높은 수준으로 성취시키는 사람이 힌두교의 요가행자(yogi)이다. 그들은 마술을 써서 정말로 심령을 통찰하는 척하는 가짜 도사와는 전혀 다르다. 요가행자들은 황홀경에 도취된 채 통상적인 사고 범위보다 훨씬 깊은 곳까지 빠져 들어간다.

초월을 통해 해방에 이르는 이런 종류의 통과의례를 나타내는 가장 일반적

---

2) 조지프 캠벨은 *The Symbol without Meaning* : Zurich, Rhein-Verlag, 1958에서 새로 상징되는 샤먼에 대해 이야기했다.

많은 사람들은 일상생활의 제한적인 생활 형태에서 벗어나 변화를 갈망한다. 그러나 포스터에서 보는 바와 같이 '바다로 도망'칠 것을 권하는 것은 인상적이기는 하나 진정한 의미에서의 내적 자기해방의 수단이 될 수는 없다.

인 꿈 상징은 바로 고독한 여행이나 순례라는 주제이다. 어떤 의미에서는 정신적인 순례라고 할 수 있는 이러한 여행을 하면서 입문자는 죽음의 본질과 가까워진다. 그런데 여기서 죽음은 최후의 심판에 따른 죽음, 또는 힘의 시련에서 패배하여 맞이한 죽음은 아니다. 그것은 해방의 여행, 해탈과 속죄의 순례길이다. 이 순례길을 총괄하고 보호하는 것은 연민의 정신이다. 이 정신은 통과의례의 '스승(master)'보다는 오히려 '연인(mistress)'의 모습으로 표현될 때가 더 많다. 이 모습이 바로 중국 불교의 관세음보살, 그리스도교 그노시스 교리의 소피아, 그리고 고대 그리스 신화에 나오는 지혜의 여신 팔라스 아테나 같은 최고의 여신상(즉 아니마)인 것이다.

그런데 새의 비행이나 황야로 떠나는 여행만이 이 상징성을 나타내는 것은 아니다. 해방을 예시하는 격렬한 움직임도 이 상징성을 나타낸다고 할 수 있다. 사람들은 인생 초기에 아직 가족이나 사회 집단에 소속돼 있을 때 이러한 움직임을 경험한다. 이 상징을 통해서 사람들은 홀로 삶 속으로 결연히 첫발을 내디뎌야 함을 배운다. T. S. 엘리엇이 〈황무지〉[3]에서 다음과 같이 묘사한 순간이 이윽고 찾아오는 것이다.

천 년의 신중함으로도 끝내 돌이킬 수 없는,
찰나에 몸을 던지는 무서운 대담함.

3) T.S. 엘리엇이 쓴 〈황무지 The Waste Land〉에 관해서는 그의 시집 *Collected Poems*, London : Faber and Faber, 1963 참조.

영국의 탐험가 스콧(R.F. Scott)과 동료들이 1911년 남극에서 찍은 사진. 미지의 세계를 찾는 탐험가는 일정한 생활양식에서 벗어나고자 하는 자기해방과 억압 타파를 상징하는 데 잘 어울리는 이미지이다. 자기해방과 억압 타파는 초월 의지의 특징이기도 하다.

인생 후반부로 접어들고 나면 의미 있는 제약을 상징하는 모든 것과 연을 끊을 필요까지는 없을지도 모른다. 하지만 그래도 여전히 모든 자유인들은 숭고한 갈망의 정신으로 불만족을 해소할 수 있을 것이다. 즉 그러한 정신 덕분에 인간은 새로운 것을 발견하고, 새로운 삶의 방식을 찾게 되는 것이다. 이런 변화는 중년에서 노년에 이르는 시기에 특히 중요하다. 인생의 이 시기에 사람들은 대개 퇴직하고 나면 무엇을 해야 할지—일을 할지 마음껏 놀지, 집에 머무를지 여행을 떠날지—를 생각하기 때문이다.

모험으로 가득 찬 변화무쌍하고 불안정한 삶을 살아온 사람이라면 이제는 안정된 삶과 종교적인 확신에서 오는 평화를 바라게 될 것이다. 또 반대로 자기가 태어난 사회의 틀 안에 지금까지 안주하고 있었던 사람이라면 이제는 자유를 추구하는 변화무쌍한 삶을 간절히 바라게 될 터이다. 이러한 욕구는 이를테면 세계 일주를 하거나 좀더 작은 집으로 이사함으로써 일시적으로 충족될 수도 있다. 그러나 단순히 새로운 생활 패턴을 발견하기만 해서는 소용이 없다. 그런 외적 변화에서 한 발짝 더 나아가, 새로운 생활 패턴을 창조하여 어떤 의미에서 기존 가치들을 내적으로 초월해야지만 진정한 욕구 충족이 이루어진다.

내적인 초월을 통해 자유를 얻으려고 했던 어느 부인의 사례를 살펴보자. 이 부인은 아주 튼튼하고 문화적인 특정한 생활양식의 틀 안에서 살아왔다. 일시적인 유행에 휩쓸리지 않는 이 분위기 속에서 부인은 가족들 및 친구들과 함께 오랫동안 편안하게 지냈다. 그런데 어느 날 이런 꿈을 꾸었다.

'저는 이상한 나무토막 몇 개를 발견했습니다. 조각이 되어 있는 것은 아니고, 그냥 아름다운 자연적인 모습을 지니고 있었어요. 누군가 "네안데르탈인이 그것을 가져왔다"고 말했습니다. 그러자 멀리서 검은 덩어리처럼 보이는 네안데르탈인들이 나타났습니다. 하지만 저는 그들 하나하나의 모습을 확실히 볼 수가 없었어요. 어쨌든 그들의 나무토막을 하나 챙겨 그곳을 떠나야겠다고 생각했습니다.

나는 혼자서 여행 온 기분으로 계속 걸었습니다. 그러다가 사화산(死火山) 같은 거대한 심연을 내려다보게 되었지요. 거기에는 물이 조금 있었습니다. 왠지 거기에 네안데르탈인이 있을 것 같았어요. 그러나 실제로는 네안데르탈인 대신 검은색 물돼지가 물 속에서 나와 검은 화산암 사이를 들락거리며 바쁘게 돌아다니는 것이 보였습니다.'

뱀의 상징은 흔히 초월 의지와 밀접한 관계를 가지게 되는데 그 이유는 뱀은 전통적으로 지하 세계의 피조물이기 때문이다. 이런 이유에서 뱀은 서로 다른 두 가지 생활 양식 사이에서 중재자 역할을 한다.
의술의 신 아스클레피오스의 상징인 뱀과 지팡이 그림의 스티커가 자동차 앞유리에 붙어 있는 경우, '의사'임을 나타낸다.

이 부인은 가족들과 서로 사랑하면서 지극히 문화적인 생활을 하고 있다. 그런데 이 꿈은 우리가 상상하는 것 이상으로 원시적인 선사 시대로 그녀를

니콜라스 푸생 작 〈오르페우스와 에우리디케가 있는 풍경〉(17세기) 이 그림은 이승과 저승 사이의 중재자로서의 뱀의 역할을 보여 주고 있다. 오르페우스는 하프를 타고 있고, 그와 그의 청중들은 에우리디케(그림의 가운데 부분에 위치해 있다)가 뱀에게 물린 것을 모르고 있다. 이 결과 치명적인 상처를 입게 되는데 이것은 에우리디케가 저승으로 내려왔음을 상징한다.

데려간다. 부인은 이 고대인들 속에서 어떤 사회적 집단도 발견하지 못한다. 왜냐하면 그 고대인들을 저 멀리 있는 무의식적이고 집합적인 '검은 덩어리'로만 보기 때문이다. 그러나 그들은 살아 있다. 부인은 그들의 나무토막을 가져올 수 있었다. 꿈은 그 나무토막이 조각되지 않은 자연 상태의 나무토막임을 강조하고 있다. 따라서 이 나무토막은 무의식 가운데서도 문화적으로 한정된 수준이 아니라 원시적인 수준에서 유래한 것이다. 특별히 오래된 이 나무토막은 부인의 현재 경험을 아득한 인간 생활의 기원과 연결해 주고 있다.

　고대의 나무나 식물이 상징적으로 심적 생명(흔히 동물로 상징되는 본능적 생명과 구별되는 생명)의 진화 및 성장을 표현하는 예는 우리 주위에 얼마든지 있다. 그러므로 이 나무토막에서 부인은 집단 무의식의 가장 낮은 층과 자신과의 연결 고리를 나타내는 상징을 발견한다.

이어서 부인은 홀로 여행을 한다. 이 주제는 이미 지적했다시피 해방의 필요성을 상징하는 통과의례 체험을 뜻한다. 여기서 우리는 초월의 또 다른 상징을 찾아볼 수 있다.

이윽고 부인은 꿈에서 사화산의 거대한 분화구를 본다. 분화구는 지구 심층부에서 강하게 분출되는 불덩어리의 통로이다. 이것은 최초의 정신적 외상 경험까지 거슬러 올라가는 그녀의 의미심장한 기억의 흔적과 관계가 있다고 추측할 수 있다. 그런데 부인은 여기에서 젊은 시절의 개인적 경험을 연상한다. 그때 그녀는 심장이 터지지나 않을까 걱정될 정도로 파괴적이면서도 동시에 창조적인 뜨거운 열정을 느꼈다고 한다. 청춘기 후기에 접어들어서는 자기 가정의 지극히 인습적인 사회 패턴에서 벗어나고 싶다는 욕구를 느닷없이 느낀 적도 있다. 부인은 별로 심각하게 고민할 것도 없이 그런 욕구에 따라 가정과 결별했다가도, 또다시 가정으로 돌아와 가족과의 관계를 회복할 수 있었다. 그러나 가족이라는 굴레에서 벗어나고 자신의 존재 양식에서 해방되어 자유로워지고 싶다는 소망은 여전히 부인의 마음속에 남아 있었다.

이 꿈은 어느 젊은이의 꿈을 연상시킨다. 그 젊은이는 부인과는 전혀 다른 문제로 고민하고 있었지만, 같은 종류의 통찰을 필요로 하는 듯했다. 꿈 이야기를 들어 보니 그 젊은이도 자신이 속한 환경으로부터 분리되고자 하는 욕구를 느끼고 있었다. 그도 화산에 대한 꿈을 꾸었다. 그는 분화구에서 두 마리 새가 황급히 날아오르는 것을 본다. 마치 화산이 당장 폭발하기라도 할 것처럼. 그곳은 영 낯설기만 한 쓸쓸한 곳이었다. 그와 화산 사이에는 물웅덩이가 가로놓여 있었다. 이 꿈은 개인의 통과의례 여행을 표현한다.

가족 의식이 거의 없다고 알려진 채집 경제 수준의 종족 가운데서도 이와 비슷한 사례가 보고된 바 있다. 그 사회에서 성년식을 치르는 젊은이는 성스러운 장소(북태평양 연안의 아메리카 원주민 문화에서는 실제로 화구호(火口湖)가 이 장소에 해당한다)까지 혼자 다녀와야 한다. 그는 그곳에서 환각 또는 황홀경 상태에 빠져서 짐승이나 새나 자연물 형상을 한 '수호신'을 만나게 되는 것이다. 그는 이 '초원의 영혼'과 긴밀하게 동화되어야 비로소 제 몫을 하는 어른이 된다. 그런 체험을 하지 못하면 그는 아쿠마우이족 주술사가 말하는 것처럼 "아무것도 아닌 평범한 아메리카 원주민"에 지나지 않는다.

방금 소개한 젊은이는 본격적인 인생을 시작할 때 분화구 꿈을 꾸었다. 이 꿈은 장래에 그가 어엿한 성인 남자로서 손에 넣을 독립성과 개성을 나타낸다. 그런데 앞서 말한 부인은 이미 삶의 막바지에 이르러 있었다. 그 나이에 부인도 젊은이와 비슷한 여행을 경험하고, 비슷한 독립성을 손에 넣기를 바랐던 모양이다. 덕분에 부인은 매우 오래됐다는 점에서 기존의 온갖 문화적 상징을 초월하는 영원한 인간의 법칙과 조화를 이루면서, 여생을 평화롭게 보낼 수 있게 되었다.

그런데 이 같은 독립은 세상의 모든 불순한 요소로부터 등을 돌리는, 요가에서 경험할 만한 이탈 상태로 끝나는 것은 아니다. 어떤 의미에서는 이미 생명을 잃었다고 할 수 있는 꿈속 풍경에서 이 부인은 동물 생활의 징후를 발견한다. 그것이 바로 '물돼지'인데, 실은 부인이 알지도 못하는 동물이다. 이 상징적 이미지는 물속에서나 육지에서나 두루 살 수 있는 특수한 종류의 동물을 의미하는지도 모른다.

두 세계에서 두루 산다는 것은, 초월을 상징하는 동물이 지니는 보편적 성질이다. 말하자면 이 동물은 태고의 '어머니 대지'에서 온 것으로, 우리 집단 무의식 속에 살고 있는 상징적인 존재이다. 이 동물들은 특수한 지하 왕국의 메시지를 의식의 영역으로 전달한다. 이것은 젊은이의 꿈에서 날아오르는 새로 상징된 정신적 희망과는 조금 성질이 다르다.

이 밖에 설치류, 도마뱀, 뱀, 때로는 물고기도 이러한 심층의 초월적 상징이 될 수 있다. 이 동물들은 중간에 위치한 지상 생활을 통해서 수중 활동과 새의 비행을 연결시켜 주는 중간적 동물이다. 오리나 백조도 이 부류에 속한다. 아마도 초월을 나타내는 가장 보편적인 꿈 상징은 뱀일 것이다. 뱀은 현재 의사라는 직업을 나타내는 기호로 쓰이는 로마 의술의 신 아스클레피오스의 상징이다. 이 뱀은 본래 나무에서 사는 독 없는 뱀으로, 흔히 치료의 신의 지팡이를 감고 올라가는 형태로써 하늘과 땅 사이의 연결을 체현하고 있다.

뒤엉킨 두 마리 뱀은 지하 세계의 초월을 나타내는 중요하고도 유명한 상징이다. 고대 인도의 '나가'는 그 대표적인 예이다. 그리스에서도 헤르메스의 지팡이 끝에는 뱀이 뒤얽혀 있다. 초기 그리스의 헤르메스 상은 윗부분이 신의 흉상으로 되어 있는 돌기둥이다. 이 돌기둥 한쪽 측면에는 뒤엉킨 뱀이 있고, 반

▲새(따오기)의 머리를 가진 이집트의 신 토트를 형상화한 부조(기원전 350년경). 사자를 재판하는 토트는 초월과 관련된 '저승'의 상징이다.

◀이탈리아의 메르쿠리우스 청동 조각(16세기경). 그리스 시대의 헤르메스 지팡이는 로마시대에 와서는 메르쿠리우스에게로 이어졌는데 그도 역시 날개를 가지고 있어 새가 정신적인 초월성을 상징함을 알게 한다.

▼'영혼의 안내자'라고 불리던 그리스의 신 헤르메스는 사자를 저승으로 인도하는 역할을 한다. 이 그림은 교차로에 서 있는 돌로 된 헤르메스의 주상(柱像)으로 두 개의 세계 사이에서 중재자 역할을 상징한다.

대쪽에는 발기한 남근이 있다. 뒤엉킨 뱀은 성적인 교접 행위를 표현하고 있으며 또 발기한 남근도 틀림없이 성적인 요소이다. 그러므로 우리는 풍요를 상징하는 헤르메스 상의 기능에 대해서 어떤 결론에 다다르게 된다.

그러나 우리가 여기서 생물학적인 풍요만을 고려한다면 그것은 큰 실수이다. 헤르메스는 신의 사자(使者)일 뿐만 아니라 '장난꾸러기' 신이다. 그는 십자로(十字路)의 신

필사본 《브리타니아 열왕사》(15세기경) 익룡(날개 달린 용)은 뱀과 새의 결합으로 초월적인 상징성을 보여 준다.

이며, 궁극적으로는 영혼을 지하 세계에 데려다 주거나 지하 세계에서 데리고 나오는 영혼의 안내자이다. 따라서 그의 남근은, 익숙한 우리 세계에서 미지의 세계로 들어가 해방과 치료에 필요한 영적 메시지를 찾는 상징적인 남근이다.

원래 이집트에서는 헤르메스가 토트 신으로 알려져 있었다. 토트는 머리가 따오기 머리로 되어 있다. 즉 이집트의 헤르메스는 초월의 원리인 새의 모습으로 형상화되어 있었다. 그런데 그리스 신화의 올림피아 시대로 접어들면서 헤르메스는 뱀으로 상징되는 지하 세계의 성질에 더하여 이 새의 속성을 회복한다. 헤르메스의 지팡이는 이제 뱀 상징에 날개까지 더해져 카두케우스(caduceus), 즉 메르쿠리우스의 날개 달린 지팡이가 되고, 헤르메스 자신은 날개 달린 모자와 신발을 갖춘 '날아다니는 신'이 된다. 이제 그는 초월의 힘을 완전히 갖추게 된다. 지하 세계의 뱀의 의식에서 출발한 하급 초월성은 지상 현실이라는 매개물을 통해, 마침내 날개를 달고 비행하는 초인이나 초인간적 현실에 이르는 초월성을 획득하는 것이다.

이러한 복합적 상징은 날개 달린 말이나 날개 달린 용 같은 표상에서도 볼 수 있다. 그리고 융 박사가 이 문제에 관한 고전적 저서에서 충분히 설명했듯

이, 예술적인 연금술 표현에서 등장하는 수많은 동물들 가운데서도 이런 상징은 얼마든지 찾아볼 수 있다. 환자들과 어울리는 과정에서 우리는 모습이 바뀐 상징적인 동물을 무수히 접하게 된다. 이러한 상징은 우리가 쓰는 심리 요법이 환자의 심층 심리 내용물을 해방시켰을 때 어떤 효과가 나타날지 보여 준다. 그렇기에 이 상징은 더욱 효과적으로 인생을 이해하기 위한 의식적 장치의 일부라고 할 수 있다.

아득한 옛날부터 우리에게 전해 내려왔거나 꿈속에 나타나곤 하는 상징의 의미를 이해하기란 현대인에게는 쉬운 일이 아니다. 억압의 상징과 해방의 상징 사이에 존재하는 해묵은 갈등이 우리의 현재 상황과 어떤 관계가 있는지 이해

영적인 초월 이미지. 무함마드가 날개 달린 암말 부라크(Buraq)를 타고 하늘을 날고 있다.

현대인의 꿈이나 환상 속에서 초월이라고
불리는 자유와 해방에 대한 욕구는, 20세
기의 상징이라 할 수 있는 거대한 우주선
을 이용한 우주여행으로 나타나기도 한다.

▲1969년, 최초로 인류를 달표면에 착륙시
킨 아폴로 11호 발사 장면.

▶1981년, 최초의 재이용 가능 우주왕복선
(Space Shuttle) 발사 장면.

하는 것도 쉬운 일이 아니다. 그러나 변화무쌍한 것은 이러한 상징의 심리적 의미가 아니라 단지 오래된 패턴의 특수한 형식뿐이다. 이 점을 인식하면 그것을 이해하는 작업도 한결 쉬워질 것이다.

지금까지 우리는 해방 및 자유의 상징인 들새에 관해서 이야기했다. 그런데 알고 보면 오늘날의 제트기나 우주 로켓도 들새와 비슷하다. 제트기나 우주 로켓 역시 중력에서 일시적으로 탈출한다는 초월의 원리를 물리적으로 구현하고 있기 때문이다. 마찬가지로 고대인들에게 안정과 평화를 가져다주었던 억제의 상징이 현대인에게는 경제적 안정이나 사회 보장을 추구하는 모습으로 나타나기도 한다.

알다시피 우리는 살아가면서 모험과 훈련, 악덕과 미덕, 자유와 안정의 갈등을 겪는다. 그런데 이 대립되는 개념은 우리를 괴롭히는 것들의 이중성을 표현하기 위해 사용된 말일 뿐, 이러한 갈등을 해소시킬 해답은 도무지 발견될 것 같지 않다.

그러나 해답은 있다. 억압과 자유가 서로 만나는 지점이 있는데, 우리는 지금까지 살펴본 통과의례에서 그 합류점을 발견할 수 있다. 이 의례는 개인에게도 집단에게도, 내부의 상반되는 힘을 결합시켜서 삶의 균형을 잡는 일을 가능하게 한다.

그러나 이러한 의례가 반드시 자동적으로 그런 기회를 제공하는 것은 아니다. 통과의례는 개인 또는 집단이 삶의 특정한 국면에서 경험하는 것이다. 기회가 왔을 때 그것을 올바르게 이해하고 새로운 삶의 양태로 해석하지 않으면, 그 순간은 그냥 지나가고 만다. 통과의례는 본질적으로 복종의 의례에서 출발하여 억압의 시기를 거쳐 이윽고 해방의 의례로 나아가는 과정이다. 이 과정을 겪어야 개인은 자신의 인격에 깃든 모순된 요소를 화해시킬 수 있게 된다. 그리하여 개인은 참된 의미에서 인간이 되고, 참된 의미에서 자기 자신의 주인다운 균형과 조화의 상태에 이른다.

III. 개성화 과정

마리 루이제 폰 프란츠

파리 노트르담 대성당 장미 스테인드글라스

마음의 성장 패턴

첫머리에서 융 박사는 무의식의 개념을 밝히고는 그 개인적·보편적 구조 및 상징적인 표현 양식을 보여 주었다. 그런데 우리가 무의식에서 산출되는 상징의 근본적 중요성(대상을 치료하거나 파괴하는 영향력)을 인식하기 시작하면 이번에는 또 다른 난제가 등장한다. 즉 해석 자체가 문제가 된다. 꿈 해석의 성패는 특정한 해석이 꿈을 꾼 당사자에게 얼마나 '딱' 들어맞는지, 얼마나 깊은 의미를 지니는지에 달려 있다고 융 박사는 말한다. 이런 식으로 그는 꿈의 상징성이 지닐 수 있는 의미와 기능을 제시한 셈이다.

그러나 융 이론이 발전하는 과정에서 이러한 관념은 또 다른 의문을 불러일으켰다. 개인의 일생에 걸쳐 나타나는 꿈 전체의 목적은 무엇일까? 인간의 일시적인 심리 작용에서, 더 나아가 개인의 삶 전체에서 과연 꿈은 어떤 역할을 맡고 있을까?

융 박사는 수없이 많은 사람들을 관찰하고 그들의 꿈을 연구함으로써(그 스스로는 8만 개도 넘는 꿈을 해석했다고 추산하였다) 한 가지 사실을 밝혀냈다. 즉 꿈이란 정도의 차이는 있어도 꿈꾼 당사자의 삶과 관련되어 있을 뿐만 아니라, 심리적 요소로 이루어진 거대한 조직의 한 부분인 것이다. 융 박사는 또 전체적으로 볼 때 꿈은 하나의 배열이나 패턴을 따르는 것으로 보인다는 사실도 밝혀냈다.[1] 이 패턴을 융 박사는 '개성화 과정'이라고 부른다. 꿈이라는 것은 매일 밤 다른 광경이나 이미지를 산출하므로, 주의 깊게 관찰하지 않으면 여기에서 어떤 패턴도 찾아낼 수 없다. 그러나 자신의 꿈을 몇 년 동안 꾸준히 연구한다면 어떤 일정한 내용이 나타났다 사라졌다 또다시 나타난다는 사실을 알아낼

---

[1] 꿈의 전체적인 모양은 Jung, CW, vol. VIII, p. 23ff. 및 pp. 237~300(특히 p. 290)에 자세히 설명되어 있다. 구체적인 예는 Jung, CW, vol. XII, part 1 및 Gerhard Adler, *Studies in Analytical Psychology*, London, 1948 참조.

수 있다. 똑같은 이미지나 풍경이나 상황을 되풀이해서 꿈꾸는 사람도 많다. 그리고 이러한 꿈을 계열 전체에 걸쳐 관찰해 나가는 사람은 꿈이 천천히 변화한다는 사실도 알게 된다. 만일 꿈꾸는 사람의 의식적인 태도가 꿈이나 그 상징적 내용의 적절한 해석에 영향을 받는다면, 그 변화 속도는 더욱 빨라질 것이다.

우리가 꾸는 꿈은 복잡하게 뒤얽힌 패턴을 이룬다. 그 속에서 우리의 소질이나 성향은 나타났다가 사라지기를 반복한다. 이 복잡한 문양을 오랫동안 관찰하다 보면, 비밀스런 규칙성 또는 방향성이 여기에 작용하고 있으며 이것이 눈에 안 보이는 느릿느릿한 마음의 성장 과정—개성화 과정—을 진행시키고 있음을 우리는 깨닫게 된다.

그리하여 더욱 넓고 성숙한 인격이 서서히 출현하면서 점점 제 기능을 발휘하게 되면 이윽고 남들 눈에도 띄게 된다. 우리는 '발육부전'이라는 말을 자주쓴다. 말하자면 우리는 이런 완전한 성장과 성숙을 이룰 가능성이 우리 모두에게 주어져 있다고 생각하는 셈이다. 이 마음의 성장은 의지력이라고 하는 의식

◀필사본 장식의 '만자(卍字)' 무늬(7세기)
▲그 세부적인 부분

개개인의 꿈은 위 그림처럼 기묘하고 단편적일 수 있다. 그러나 한 사람이 평생을 꾸는 꿈을 통틀어 본다면 왼쪽 그림처럼 일정한 패턴—정신의 성장 과정을 드러내는—을 이루는 것을 알 수 있다.

적 노력으로 되는 것이 아니라, 우리 의지와는 상관없이 저절로 되는 것이다. 그래서 이 마음의 성장 과정은 꿈속에서 종종 나무로 상징된다. 느리지만 힘차게 자라나는 나무의 자연스런 발육 과정은 명확한 하나의 패턴을 이루기 때문이다.

우리 정신세계에서 이 성장에 규칙성을 부여하는 마음의 중심은 '핵 원자(核原子)'와 같다. 또는 꿈 이미지의 발명자, 조직자

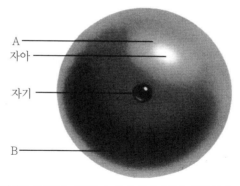

정신은 구(球)에 비교할 수 있다. 표면의 밝은 부분(A)은 의식을 나타낸다. 자아는 의식 영역의 중심에 있다('내'가 어떤 것을 알게 되면 그 앎은 의식이 된다). '자기'는 핵인 동시에 구 전체(B)이기도 하다. 그 내적 조절 과정에서 꿈이 만들어진다.

이자 원천이라고도 할 수 있으리라. 융 박사는 이 중심을 '자기(self)'라고 부르면서 마음의 전체성으로 취급한다. 이로써 마음의 일부에 지나지 않는 '자아(ego)'와 자기를 구별하는 것이다.[2]

인간은 인간에게 이러한 내적 중심이 있다는 사실을 먼 옛날부터 직관적으로 알고 있었다. 그리스인은 이것을 인간 내부의 '다이몬(daimon)'이라고 불렀고, 이집트인은 '바의 영혼(Ba-soul)'이라는 개념으로 나타냈으며, 로마인은 개개인의 타고난 '특질(genius)'로 여기면서 신성시했다. 또 원시 사회 사람들은 이것이 동물이나 주물(呪物)로 구현된 수호신이라고 믿었다.

이 내적 중심이라는 개념은 아메리카 원주민 나스카피(Naskapi) 부족사회에 유난히 오염되지 않은 순수한 형태로 남아 있다.[3] 나스카피족은 지금도 래브라도 반도의 숲속에 살고 있는 소박한 수렵 민족이다. 그들은 고립된 가족 단위로 생활한다. 각 가족이 상당히 멀리 떨어져 살고 있으므로 그들은 부족적인 관습이나 집단적인 종교 및 제의를 가질 수가 없다. 따라서 나스카피 부족의

---

2) 자기에 관한 융의 이론은 Jung, CW, vol. IX, part 2, pp. 5ff., 23ff. 및 vol. XII, pp. 18~19, 41~42, 174, 193 참조.

3) 나스카피족에 관해서는 Frank G. Speck, *Naskapi : The Savage Hunter of the Labrador Peninsula*, University of Oklahoma Press, 1935를 참조.

사냥꾼들은 평생 동안 고립된 채로 자기 내부의 목소리와 무의식의 계시에 의존할 수밖에 없다. 그들에게는 무엇을 믿어야 할지 가르쳐 주는 종교 지도자도 없고, 그들을 도와주는 의례도 제전도 관습도 없다. 그들의 기본적인 인생관에 따르면 인간 영혼은 '내적인 동반자'에 지나지 않는다. 그들은 영혼을 '내 친구'라고 부르거나, '위대한 자'를 뜻하는 '미스타페오(Mistapeo)'라고 부른다. 미스타페오는 심장 속에 사는 불사신이다. 즉 미스타페오는 심장의 임자가 죽는 순간이나 죽기 직전에 그 사람을 떠나 다른 존재 속에서 재생한다.

꿈에 주의를 기울이면서 의미를 찾고, 그 의미의 진실성을 검증하는 나스카피족은 이 '위대한 자'와 좀더 깊은 관계를 맺을 수 있다. '위대한 자'는 이런 사람을 좋아하기 때문에 그에게 더 좋은 꿈을 더 많이 선물한다. 나스카피족 개인의 의무는 그 꿈의 계시에 따르는 일, 그리고 예술품을 만들어서 그 내용에 영구적인 형태를 부여하는 일이다. 거짓말을 하거나 불성실하게 행동하면 '위대한 자'는 그 사람의 내적 세계에서 떠나 버린다. 그러나 이웃이나 동물한테 관용과 사랑을 베풀면 '위대한 자'는 그 사람 내부에 들어와서 그에게 생명을 부여한다. 나스카피족에게 꿈이란, 내적 세계뿐만 아니라 외적 자연계에서도 올바르게 살아갈 길을 찾을 수 있도록 해 주는 존재이다. 꿈은 날씨를 예언하기도 하고, 또 중요한 생계 수단인 사냥에 관해서 값진 조언을 해 주기도 한다. 내가 여기서 이 원시인 이야기를 이렇게 자세히 하는 데는 이유가 있다. 그들은 우리 문명에 오염되지 않은 채, 융 박사가 '자기'라고 부른 존재의 성질에 대해 자연적인 통찰력을 지니고 있기 때문이다.

'자기'는 마음속에 존재하는 지도자적인 요소라고 정의할 수 있다. 이 자기는 의식적 인격과 구별된다. 우리는 꿈 연구를 통해서만 이것을 파악할 수 있다. 꿈이 제시하는 자기란, 인격의 끊임없는 발달 및 성숙을 도와주는 조정 기능의 중심이다. 그러나 이 마음의 좀더 넓고 전체적인 양상은 처음에는 선천적 가능성으로만 나타날 뿐이다. 이 가능성은 평생 동안 아주 약간만 실현될 수도 있고, 거의 완전하게 발전할 수도 있다. 이 가능성이 발달하는 정도는 자기가 보내는 메시지에 자아가 기꺼이 귀를 기울이느냐 마느냐에 달려 있다. 나스카피족은 '위대한 자'가 보내는 메시지에 순종하는 사람일수록 유익한 꿈을 더 많이 꾼다고 생각한다. 결국 이 선천적인 '위대한 자'는 자기를 무시하는 사람보다

▲순록 뿔과 뼈로 만든 사냥 도구들

'내적 중심' 개념은 아메리카 원주민 나스카피족 사회에서
오염되지 않은 순수 형태로 남아 있다.

▶나스카피족의 전통 복장

는 자기를 수용하는 사람의 내부에서 더 확실하게 현실화한다고 말할 수 있다.
그리고 이런 사람이 더욱 완전한 인간이 되는 것이다.

　자아는 본래 그 자체의 임의적 욕구에 무한정 따르게 되어 있는 존재가 아
니라, 마음 전체[4]—전체성—가 현실화하는 것을 돕게끔 되어 있는 존재인 듯
하다. 즉 마음 전체의 조직 체계를 밝힘으로써 의식화하고 현실화하는 역할을
맡는 것이 바로 자아이다. 예를 들어 내가 예술에 소질이 있다 하더라도 내 자
아가 그것을 의식하지 못한다면 아무 일도 일어날 수가 없다. 그런 재능은 없
는 것이나 마찬가지이다. 그 재능은 내 자아가 인식할 수 있을 때 비로소 현실
화가 가능하다. 타고나긴 했지만 잠재적 상태에 머물러 있는 마음의 전체성은
충분히 자각되고 실천된 전체성과는 엄연히 다르다.

　이 점을 다음과 같이 표현할 수도 있다. 산에 있는 소나무 씨앗은 나무의 잠
재적인 형태이다. 이 씨앗은 소나무의 미래를 온전히 간직하고 있다. 그런데 개
개의 씨앗은 어느 날 어느 곳에 떨어진다. 여기에는 토양, 토질, 지면 경사도, 햇
빛이나 바람을 받는 정도 등등, 온갖 특수한 요인이 존재한다. 씨앗 속에 잠재
해 있는 소나무의 전체성은 이러한 상황에 반응한다. 이를테면 뿌리가 바위를
피해서 뻗는다든지, 줄기가 태양 쪽으로 기운다든지 하는 식으로 상황에 맞춰

---

4) 마음의 전체성 개념은 Jung, CW, vol. XIV, p. 117 및 vol. IX, part 2, pp. 6, 190에 나온다. 또한
　CW, vol. IX, part 1, pp. 275ff., 290ff.도 참조.

서 나무의 성장 형태가 결정되는 것이다. 그리하여 개개의 소나무는 천천히 현실화되는 과정을 통해 자기의 전체성을 충족시키면서 현실 세계에 그 모습을 드러낸다. 이 실재하는 소나무가 없다면, 소나무의 이미지는 단순한 가능성이며 추상적 개념에 지나지 않는다. 거듭 말하지만 개인의 내부에 있는 이러한 개성의 실현이 바로 개성화 과정의 목표인 것이다.

어떤 관점에서 보자면 인간(그리고 다른 모든 생물)에게 일어나는 이 과정은 무의식 중에 저절로 이루어진다고 할 수 있다. 말하자면 이것은 인간이 자기의 내적 인간성을 중심으로 살아가는 하나의 과정이다. 그런데 엄밀히 말해서 개성화 과정은 개인이 그것을 인지하고 의식적으로 살아 있는 관계를 맺고 있을 때만 의미가 있다. 소나무가 자신의 성장을 인지하고, 자신의 형상을 결정짓는 여러 가지 변화를 즐기는지 싫어하는지는 우리로선 알 수 없다. 그러나 인간은 분명히 자기의 발전 과정에 의식적으로 참가할 수 있다. 인간은 자유롭게 결정을 내림으로써 그 발전에 적극적으로 협조하고 있음을 자각할 때도 있다. 좁은 의미의 개성화 과정에는 이러한 협조도 존재하는 것이다.

그런데 인간은 앞서 이야기한 소나무의 비유에 포함되어 있지 않은 무엇인가를 경험한다. 소나무가 성장할 때에는 생래적인 전체성의 배종(胚種)이 운명에 의한 외적인 작용과 타협한다. 하지만 인간의 개성화 과정은 그런 타협 이상의 의미를 갖는다. 우리는 주관적인 체험을 통해 어떤 초인적인 힘이 창조적 방법으로 우리 삶에 적극적으로 개입하고 있다는 느낌을 받는다. 또 비밀스런 계획에 따라 무의식이 자신을 이끌고 있다는 느낌도 받는다. 마치 무엇인가가 나 자신을 지켜보고 있는 것 같다. 나는 그것을 본 적이 없는데 그것은 나를 보고 있다. 그것이 바로 꿈을 통해 나에 대한 의견을 제시하는 마음속의 '위대한 자'이다.

그러나 마음의 핵심이 지닌 이 창조적이고 적극적인 측면은, 자아가 의도적인 임의의 목표를 죄다 던져 버리고서 더욱 깊고 근본적인 존재에 이르려고 할 때만 작용한다. 따라서 자아는 어떤 계획이나 목표를 버리고, 성장에 대한 내적인 요청에 주의 깊게 귀를 기울이면서 스스로를 내맡기지 않으면 안 된다. 많은 실존주의 철학자들이 이러한 상태를 기술하려고 노력하고 있지만 그들은 그저 의식의 환상을 물리치는 데 그치고 있다. 그러니까 무의식의 입구에 도달하고도 문을 못 열고 있는 것이다.

우리보다 더 안정되고 뿌리 깊은 문화권에 살고 있는 사람들은, 인격의 내적 성장을 위해서는 의식의 공리주의적 태도를 버려야 한다는 사실을 비교적 쉽게 이해한다. 전에 나는 나이가 지긋한 어떤 부인을 만났다. 이 부인은 평생 외적으로는 별로 이루어 놓은 것이 없었지만, 내적으로는 까다로운 남편과 원만한 부부 관계를 유지하면서 스스로 성숙한 인격을 완성해 낸 사람이었다. 그런데 부인은 평생 "아무것도 한 게 없다"고 나에게 불만을 토로했다. 나는 부인에게 중국 현자인 장자(莊子) 이야기를 들려주었다. 부인

중국 명대 문징명 작 〈송석고사도(松石高士圖)〉(16세기)
개개의 소나무는 주변에 존재하는 특수한 상황에 맞춰서 현실 세계에 그 실재하는 모습을 드러낸다.

은 곧 내 말을 이해하고 마음의 평화를 얻었다. 그 이야기는 다음과 같다.

'장석(匠石)이라는 목수가 여행을 하다가 사당 옆에 서 있는 거대한 상수리나무를 보았다. 장석은 그 상수리나무에 감탄하고 있는 제자에게 말했다. "이것은 쓸모없는 나무이다. 배를 만들면 금세 썩어 버릴 것이요, 도구를 만들면 부서져 버릴 것이다. 이 나무로 유용한 것은 무엇 하나 만들 수 없다. 그래서 이렇게 고목(古木)이 된 것이니라."

그런데 그날 밤 여관에서 잠이 든 장석의 꿈에 상수리나무 고목이 나타나서 말했다. "그대는 어찌하여 나를 산사나무, 배나무, 귤나무, 사과나무 같은 열매 맺는 나무에 견주었는가. 이 나무들은 열매가 채 익기도 전에 사람들의 거친 손길에 해를 입는다. 큰 가지는 휘어지고 잔가지는 부러진다. 자신의 장

점이 자신에게 해를 입히므로 이 나무는 천수를 누릴 수 없다. 이런 일은 어디에서나 일어난다. 이 사실을 잘 알기에 나는 스스로 쓸모없는 나무가 되려고 오랫동안 노력했던 것이다. 어리석은 자여, 내가 만일 어떤 점에서 쓸모가 있었다면 이만큼 자랄 수 있었겠는가? 그대도 나도 자연의 피조물에 지나지 않는다. 한낱 피조물이 어찌 다른 피조물 위에 서서 그 가치를 판단한단 말인가? 그대 무용(無用)한 인간이여, 그대가 무용의 나무에 대해 대체 무엇을 알고 있다는 것인가."

잠에서 깨어난 목수는 그 꿈을 곰곰이 되새겨 보았다. 그의 제자가 어째서 이 나무가 사당을 보호하고 있는지 궁금하게 여겼을 때 그는 이렇게 말했다. "말하지 마라. 아무 말도 하지 마라. 이 나무는 생각이 있어서 여기에 자라고 있는 것이다. 만일 다른 곳에 있었으면 인간이 가만 놔두었겠느냐. 이 나무가 사당의 나무가 아니었더라면 벌써 베였을지도 모른다.'"

《장자》, 제4편 〈인간세(人間世)〉

이 목수는 확실히 꿈을 이해했다. 이제 그는 중요한 사실을 깨달았다. 즉 자신의 운명을 소박하게 받아들이고 사는 것이 인간의 가장 큰 과업이며, 우리의 공리주의적 사고는 무의식의 요구 앞에서 길을 비켜 주어야 하는 것이다. 이러한 은유를 심리학 용어로 바꿔 본다면 나무는 '개성화 과정'을 상징하는 것으로서, 우리의 근시안적 자아에 가르침을 베풀고 있는 셈이다.[5]

장자에 따르면, 운명에 완전히 순응한 이 나무 밑에는 사당이 하나 있다. 사당은 가공되지 않은 자연석(自然石)이다. 사람들은 그 자연석 위에서 그 땅의 '소유자'인 지신(地神)에게 제물을 바친다.[6] 이 사당의 상징은 개성화 과정을 실현하기 위해서는 우리가 무엇을 해야 하는가 무엇이 올바르다고 여겨지는가, 보통 무슨 일이 일어나는가, 등등의 의문은 전부 버린 채 의식적으로 무의식

---

5) 융은 이처럼 개성화 과정을 상징하는 나무 이야기를 "Der philosophische Baum" *Von den Wurzeln des Bewusstseins*, Zurich, 1954에서 다루었다.

6) 사람들이 돌로 만든 제단 위에 제물을 바쳐서 숭배하는 '지신'은 여러 가지 면에서 고대 수호신 (genius loci)과 대응된다. Henri Maspéro, *La Chine antique*, Paris, 1955, pp. 140~41 참조. 이 점에 관해서는 아리안 럼프 양의 친절한 도움을 받았다.

에 몸을 맡겨야 한다는 사실을 우리에게 가르쳐 준다. 내적 전체성—자기—이 지금 이 특정한 상황에서 우리에게 무슨 지시를 내리는지 알아들으려면 오로지 열심히 귀를 기울여야 하는 것이다.

우리는 앞서 말한 상수리나무와 같은 태도를 취해야 한다. 상수리나무는 성장하는 과정에서 바위의 방해를 받아도 화를 내지 않으며, 그것을 극복할 계획을 세우지도 않는다. 상수리나무는 그저

나무 아래 있는 지신의 제단을 그린 중국 그림(19세기) 이러한 원형이나 사각형 구조는 일반적으로 '자기'를 상징한다. '자기'의 개성화 과정을 완성시키기 위해서라도 자아는 '자기'에게 복종해야 한다.

왼쪽으로 굽을지 오른쪽으로 굽을지, 비탈길을 따라가야 할지 말지 감지하려고 할 뿐이다. 우리도 바로 이 상수리나무처럼, 눈에 보이지는 않지만 실은 우리를 강하게 지배하고 있는 이 힘—각자의 창조적 자기실현을 추구하는 충동에서 생기는 힘—에 몸을 맡겨야 한다. 이것은 개인이 되풀이하여 탐색을 하면서, 아무도 모르는 자기만의 고유한 무엇인가를 발견해 나가는 과정이다. 삶의 지침이 될 만한 암시나 충동은 자아에서 생겨나는 것이 아니라 마음의 전체성, 즉 자기에게서 생겨나는 것이다.

다른 사람들이 발전시키고 있는 길을 모방하는 것은 쓸데없는 짓이다. 자기실현이라는 과업은 사람에 따라서 전혀 다른 독자적인 것이기 때문이다. 인간의 문제는 대부분 서로 비슷해 보이지만 절대 똑같지는 않다. 모든 상수리나무가 다 비슷하지만(그래서 우리는 그것이 상수리나무인 줄 안다) 자세히 보면 똑같은 상수리나무는 하나도 없는 것과 마찬가지다. 이처럼 다 비슷해 보이면서도 실은 차이가 나기 때문에 자기실현의 한없이 다양한 양상을 요약하기가 어려운 것이다. 실제로 개인은 뭔가 남들과는 다른 것, 즉 자기 자신에게만 고유한 것을 성취하지 않으면 안 된다.

많은 사람들은 융 학파의 연구가 마음의 소재(素材)를 체계적으로 제시하지 못한다고 비판한다. 그러나 그 사람들은 소재 자체가 지극히 감정적인 살아 있는 경험이고, 본래 비합리적인 데다 끊임없이 변화하고 있어서 매우 피상적인 방법으로밖에는 체계화할 수 없다는 사실을 간과하고 있다. 근대 심층 심리학은 이 점에서 미시(微視) 물리학과 똑같은 한계에 도달해 있는 셈이다. 우리가 통계적인 평균치를 다루고 있다면 합리적·체계적으로 사실을 기술할 수 있을 것이다. 하지만 하나의 심리적 사실을 기술할 때에는, 그것을 가능한 한 여러 각도에서 묘사하여 비교적 충실한 그림을 제공하는 것이 고작이다. 같은 맥락에서 과학자들은 빛의 정체가 무엇인지 모른다는 사실을 인정하지 않을 수 없다. 과학자들은 어떤 실험 조건에서는 빛이 입자로 보이다가도, 또 다른 실험 조건에서는 파장으로 보이더라고 말할 수 있을 뿐이다. 결국 빛 '자체'가 정확히 무엇인지는 여전히 수수께끼로 남아 있다. 무의식의 심리학이나 개성화 과정을 기술하는 것도 거의 그만큼이나 어려운 일이다.[7] 그러나 여기서는 가장 전형적인 양상 몇 가지만 개괄적으로 제시해 보겠다.

---

7) 융은 개성화 과정을 기술할 때 발생하는 어려움을 CW, vol. XVII, p. 179에서 설명한 바 있다.

무의식과의 첫 만남

대부분의 사람들에게서 찾아볼 수 있는 청소년기의 특징은, 개인의 점진적 자각이 시작된다는 것이다. 이 상태에서 개인은 자기 자신과 세계를 서서히 인지하게 된다. 한편 유아기는 정서적으로 매우 강렬한 충동을 느끼는 시기이다. 어린 시절에 꾸는 꿈에서는 종종 마음의 기본 구조가 상징적인 모습으로 나타난다. 이 모습은 그 아이가 장차 어떤 삶을 살아가게 될지 암시하기도 한다. 언젠가 융 박사는 극도의 불안에 시달리다가 스물여섯 살에 자살한 어느 처녀 이야기를 제자들에게 들려주었다. 이 처녀가 어릴 때 침대에 누워 자는데 '동장군(冬將軍)'이 자기 침실로 들어와 자기 배를 꼬집는 꿈을 꿨다.[1] 잠을 깬 처녀는 자기 손으로 배를 꼬집고 있었다는 사실을 깨달았다. 그녀는 그 꿈이 무섭다고 생각하지 않았다. 그냥 막연하게 그런 꿈을 꿨다고 기억할 뿐이었다. 그러나 이 처녀가 차가움의 화신—얼어붙은 생명—을 만나고도 이에 정서적으로 반응하지 않았다는 사실은 대단한 흉조에 속하며, 그 자체가 비정상적이다. 실제로 뒷날 이 처녀의 목숨을 끊어 놓은 것은 바로 차갑고 무정한 그녀의 손이었다. 이 꿈 하나만 가지고도 우리는 꿈꾼 사람의 비극적인 운명을 예감할 수 있다. 어린 시절 그녀의 마음이 그런 운명을 예언한 것이다.

때로는 꿈이 아닌, 매우 인상적이어서 좀처럼 잊을 수 없는 실제 사건이 하

---

1) 어린아이가 꾸는 꿈이 얼마나 중요한지 간단히 설명하는 이 내용은 주로 융의 *Psychological Interpretation of Children's Dreams*(notes and lectures), E.T.H. Zurich, 1938~39(private circulation only)에서 인용한 것이다. 여기서 예로 든 꿈은 아직 영역되지 않은 세미나 자료 *Psychologische Interpretation von Kinderträumen*, 1939~40, p. 76ff에 소개된 것이다. 그 밖에 융의 "The Development of Personality", CW, vol. XVII ; Michael Fordham, *The Life of Childhood*, London, 1944(특히 p. 104) ; Erich Neumann, *The Origins and History of Consciousness* ; Frances Wickes, *The Inner World of Consciousness*, New York-London, 1927 ; Eleanor Bertine, *Human Relationships*, London, 1958 참조.

어린이들은 외계에 적응해 가면서 많은 심리적 충격을 받는다.

◀입학 첫날의 두려움.
▶다른 아이의 공격으로 충격과 고통을 경험.

◀죽음에 대한 비애를 경험하고는 당혹해함.
▶이러한 충격에 대한 효과적인 방어 행위로 아이들은 원이나 사각형 모양의 중핵 모티프를 그리거나 꿈에서 보거나 한다. 이러한 모티프는 마음의 가장 중요한 중심을 상징한다.

나의 예언처럼 상징적인 형태로 미래를 예지하기도 한다. 어린이들은 흔히 어른들에게 아주 인상적이었던 일을 기억 못하면서도 하찮아 보이는 사건이나 이야기 따위를 생생하게 기억하는 경우가 종종 있다. 이러한 유아기 기억을 잘 검토해 보면(하나의 상징으로 해석하면) 그 기억이 어린아이의 정신 구조에 내재된 근본적인 문제를 나타낸다는 사실을 발견할 수 있다.

연금술 사본 속의 와병 중인 왕을 묘사한 목판화(17세기)
병으로 쓰러진 왕의 모습은 의식 내의 공허감과 권태감을 보여 주는 상징적인 이미지다. 이러한 공허감과 권태감은 개성화 과정 첫 단계의 특징적인 경험이다.

어린아이가 학교에 갈 나이가 되면 자아가 형성되면서 외계에 적응하기 시작한다. 대체로 이 시기에 아이들은 고통스런 충격을 많이 받는다. 이때 어떤 아이들은 자기와 다른 애들이 전혀 다르다고 느끼기 시작한다. 나 혼자 남들과 다르다는 감각은 일종의 슬픔을 자아내고, 이것은 많은 청소년들이 느끼는 고독감의 일부를 형성한다. 그리고 이 세계가 불완전하다는 인식, 외부 세계와 마찬가지로 자기 내부에도 악의 요소가 존재한다는 인식이 생긴다. 이렇게 되면 아이는 외계의 요구는 물론이고 절박한(그러나 아이가 아직 이해하지 못하는) 내적 충동에도 대처해야 한다.

의식의 정상적인 발달 과정이 방해를 받게 되면 아이들은 종종 외적 또는 내적 곤란을 피하여 자기 내부의 '요새' 안에 숨어 버린다. 이때 그들의 꿈과 무의식을 소재로 한 상징적인 그림에는 흔히 수많은 동그라미나 네모나 '중핵(中核)'의 주제들이 등장한다(이에 관해서는 나중에 다시 논의하겠다). 이러한 주제들은 앞서 이야기한 마음의 중핵, 즉 의식의 구조적인 발달 과정 전체가 뿌리를 내리고 있는 인격의 가장 중요한 중심을 나타낸다. 개인의 정신생활이 위험에 직면했을 때 이러한 중심의 이미지가 두드러지게 나타나는 것은 당연한 현상이다. (현재 우리가 아는 한은) 바로 이 중핵에서 자아의식 확립 과정의 방향이

이탈리아 영화 〈달콤한 인생 *La Dolce Vita*〉(1960) 방문자들이 몰락한 귀족의 성 안을 탐색하고 있다. 앞에 소개한 것과 같은 공허감과 권태감의 심리 상태를 보여 주는 또 하나의 이미지.

결정된다. 자아는 이 근본적인 중심을 복사한 것으로서, 구조상으로는 중핵의 반대편에 위치한다.

이 초기 단계에서 자기의 내적·외적 혼란에 대처하려고 삶의 의미를 열심히 탐색하는 청소년들이 있는가 하면, 타고난 본능적이고 원형적인 패턴의 리듬에 맞춰 무의식 그대로 움직이는 청소년들도 있다. 후자에 속하는 청소년들은 그들이 경험한 사랑, 자연, 운동, 일에 만족하고 거기서 충분한 의미를 찾았기에 삶의 깊은 의미에는 별로 관심을 기울이지 않는다. 그렇다고 해서 그들이 인생을 유난히 피상적으로 살아간다는 뜻은 아니다. 그들은 대개 내성적인 청소년들보다 갈등이나 장애를 적게 느끼면서 삶의 흐름에 실려 간다. 예컨대 기차를 타고 갈 때 바깥 풍경을 보지 않는다면, 기차가 정지하거나 출발하거나 급커브를 돌 때 말고는 자신이 움직이고 있다는 사실을 실감하지 못하는 것과 마찬가지이다.

실제 개성화 과정—자신의 내적 중심(마음의 중핵),[2] 즉 자기와의 의식적인 대화—은 대체로 인격이 상처를 입고 고통스러워하는 데서 시작된다. 이 최초의 충격은 일종의 '계시'라고 할 수 있다. 그러나 자아는 이것을 계시로 인식

---

[2] 융은 마음의 중핵에 대하여 "The Development of Personality", CW, vol. XVII, p. 175 및 vol. XIV, p. 9ff에서 논했다.

스위스 현대 화가 파울 클레 작 〈동화〉(1929)
이 그림은 '행복의 파랑새'를 찾아냄으로써 공주와 결혼하게 된 어느 젊은이 이야기를 묘사한 것이다. 많은 동화나 옛이야기에서 불가사의한 힘을 지닌 행복의 파랑새는, 우리의 공허감이나 허무감을 상징하는 질병이나 불행을 쫓는 데 필요한 존재이다.

하기보다는 자신의 의지나 욕망이 방해를 받았다고 간주하여, 흔히 그 방해를 외적인 대상에게 투사한다. 즉 자아는 신(神), 경제 상태, 윗사람, 배우자 등을 그 장애의 책임자로 간주하고 원망하게 되는 것이다.

또 겉으로는 문제없어 보이는데도 실제로는 그 뒤에 숨어 있는 치명적인 권태 때문에 괴로워하면서 세상만사를 무의미하고 공허한 것으로 느끼는 사람도 있다. 많은 신화나 옛날이야기에서 이런 개성화 과정의 초기 단계는 왕이 병에 걸렸다든지, 나이를 먹었다든지 하는 식으로 상징적으로 기술된다.[3] 그 밖에도 왕가에 후계자가 없다든지, 괴물이 나타나서 여자나 어린아이나 말이나 왕국의 재산을 빼앗는다든지, 악마가 왕의 군대나 함선의 앞길을 가로막는다든지, 나라 전체가 어둠에 잠긴다든지, 우물이 마른다든지, 홍수나 가뭄이나 서리가 온 나라 백성들을 괴롭힌다든지 하는 식으로 이야기가 진행되는 경우도 많다. 이렇듯 자기와의 첫 만남은 어두운 그림자를 드리우는 것 같기도 하

---

3) '병든 왕'이라는 모티프와 대응하는 옛날이야기 유형에 관해서는 Joh. Bolte and G. Polivka, *Anmerkungen zu den Kinder-und Hausmärchen der Brüder Grimm*, vol. Ⅰ, 1913~32, p. 503ff.—그림 동화 〈황금새〉이야기의 온갖 변형—을 참조하라.

고, 또 '내적인 친구'는 처음에는 덫에 걸려 헛되이 몸부림치는 자아를 잡으러 오는 사냥꾼처럼 인식되곤 한다.

신화 속에서 왕이나 나라의 불행을 해결할 수 있는 마법이나 부적은 언제나 매우 특별한 것으로 묘사된다. 어떤 이야기에서는 왕의 병을 치료하려면 '하얀 굴뚝새'나 '아가미 속에 금반지가 들어 있는 물고기'가 있어야 한다. 또 다른 이야기에서는 왕이 '생명수'나 '악마의 머리에 난 황금색 털 세 가닥'이나 '어느 여성의 금발'(결국은 그 머리카락의 소유자)을 필요로 한다. 악을 물리칠 수단은 언제나 이렇게 구하기 힘든 특별한 것이다.

개인이 첫 번째 삶의 위기에 부딪쳤을 때도 마찬가지이다. 위기에 직면한 사람은 찾아낼 수 없는 것, 또는 자기도 잘 모르는 것을 손에 넣으려고 애쓴다. 이 경우에는 분별 있는 선의의 충고—이를테면 책임감을 가지라든지, 좀 쉬라든지, 너무 열심히 일하지 말라든지, 더 열심히 일하라든지, 사람들과의 교제를 늘리라든지, 줄이라든지, 취미를 가지라든지 등등—는 전혀 소용이 없거나, 어쩌다가 아주 조금만 도움이 될 뿐이다. 그런데 여기에 도움 될 만한 방법이 하나 있다. 그 방법이란 다가오는 어둠을 편견 없이 순수하게 대면하고 거기에 숨어 있는 목적이 무엇인지, 그것이 자신에게 무엇을 요구하는지 알아내려고 노력하는 것이다.

다가오는 어둠의 은밀한 목적은 매우 특수하고 독자적이며 예측이 불가능하다. 우리는 오로지 꿈이나 무의식에서 솟아오르는 공상을 통해서만 그 정체를 파악할 수 있다. 지레짐작하거나 감정적으로 반응하지 말고 무의식을 찬찬히 주목하면 그것은 종종 대단히 유용한 상징적 이미지의 흐름으로 나타난다. 그러나 항상 이렇게 나타난다고 할 수는 없다. 이따금 그것은 자기 자신과 자기의 의식적 태도의 결점에 대해 일련의 고통스러운 지적을 하기도 한다. 우리는 이러한 괴로운 진실을 받아들임으로써 이 개성화 과정을 맞지 않으면 안 된다.

그림자의 자각

처음에 무의식이 유용한 형태로건 부정적인 형태로건 나타나면 의식은 이 무의식의 요소에 다시 적응할—그리하여 무의식의 '비판'을 수용할—필요성이 생긴다. 우리는 여러 가지 이유 때문에 자세히 들여다보려고 하지 않았던 자기 인격의 한 측면을 꿈속에서 만나게 된다. 이것이 바로 융 박사가 말하는 '그림자의 자각'이다(그가 인격의 이 무의식적인 측면을 '그림자'라는 용어로 표현한 까닭은, 이러한 측면이 종종 꿈속에서 인격화한 모습으로 나타나기 때문이다).[1]

그림자가 무의식적 인격의 전부인 것은 아니다. 그림자는 자아의 전혀, 또는 거의 알려지지 않은 속성을 나타낸다. 이 속성은 대부분이 개인적인 층에 속하며, 경우에 따라 의식화되기도 한다. 어떤 점에서 그림자는 개인의 실생활 바깥에서 생겨난 보편적 요소로 이루어질 수도 있다.

한 개인이 자신의 그림자를 보려고 할 때, 그는 스스로는 미처 몰랐지만 남들은 다 알아차렸을 것 같은 성질이나 충동을 그 그림자를 통해 발견하고는 당황하거나 부끄러워하기도 한다. 그 그림자는 이기심이나 나태함이나 무신경일 수도 있고, 비현실적인 공상, 음모, 책략, 부주의, 비겁함, 또는 지나친 금전욕이나 소유욕일 수도 있다. 요컨대 전부 다 사소한 죄악이다. 어쩌면 그는 속으로 이렇게 변명하고 넘어갔을지도 모른다. "이 정도는 별것 아냐. 아무도 모를 거야. 게다가 어차피 남들도 다 마찬가지니까 괜찮아."

친구에게 결점을 지적당하고 엄청난 분노를 느낀 경우가 있다면, 바로 그 지적을 통해 당신은 전혀 의식하지 못했던 그림자의 일부를 만나게 될 가능성이

---

1) 그림자에 관한 자세한 이야기는 Jung, CW, vol. IX, part 2, chapter 2 및 vol. XII, pp. 29~30을 비롯한 여러 군데, 그리고 *The Undiscovered Self*, London, 1958, pp. 8~9에 나온다. 또 Frances Wickes, *The Inner World of Man*, New York-Toronto, 1938 참조. 그림자의 자각과 관련된 사례는 G. Schmalz, *Komplex Psychologie und Körperliches Symptom*, Stuttgart, 1955에서 찾아볼 수 있다.

크다. 물론 그런 그림자의 결점 때문에 '나보다 나을 것도 없는 타인'에게 비판을 받는다면 화가 나는 게 당연하다. 그러나 타인이 아닌 당신 자신의 꿈—자신의 존재 안에 있는 내적 판단—이 당신을 그렇게 비판한다면 과연 어떨까? 그 순간 당사자는 자기 자아를 인식하고는 당황하여 침묵에 빠질 것이다. 이러한 만남 뒤에는 길고도 고통스러운 자기 교육 과정이 시작된다. 말하자면 그는 헤라클레스의 열두 과업과 맞먹는 심리적 과업을 수행하기 시작하는 것이다. 잘 알려져 있다시피 이 불행한 영웅의 첫 번째 과업은, 수많은 가축들이 수십 년 동안 어질러 놓은 아우게이아스의 외양간을 하루 만에 청소하는 것이었다. 보통 사람이라면 상상만 해도 기겁하여 좌절할 만큼 엄청난 과업이다.

그림자는 결점으로만 구성되는 것도 아니고, 반드시 꿈을 통해 나타나는 것도 아니다. 그림자는 충동적인 행위나 부주의한 행동을 통해서도 나타난다. 때때로 우리는 무심코 험한 말을 뱉거나 속임수를 쓰거나 엉뚱한 결정을 내리는 바람에, 의식적으로는 전혀 바라거나 의도하지 않았던 결과에 직면하기도 한다. 그림자라는 것은 의식적 인격보다 훨씬 더 집단적인 감염에 약하다. 이를테

사람들을 불합리한 집단과 한 덩어리가 되게 하는 이른바 '집단 감염'의 세 가지 예 그림자(자아-인격의 어두운 면)는 이런 집단 감염에 특히 취약하다.
①폴란드 영화 〈천사 수녀 요안나〉(1961)의 한 장면. '악마에 홀린' 17세기 프랑스 수녀들을 묘사하고 있다.

▲②브뤼헐 풍으로 그린 〈몰렌베크의 춤 전염병〉(1564). 중세에 민간에 널리 퍼져 있던 '성 비투스의 춤(St. Vitus Dance)'이라는 병(다분히 심신증적인)에 걸린 사람들을 묘사한다.

▶③'KKK(Ku Klux Klan)단'의 불타는 십자가 표상. KKK단은 미국 남부의 백인 우월주의자들의 '비밀 결사'인데, 이들의 인종적 편협성은 집단 폭력 사태를 유발한다.

면 혼자서는 문제없이 잘 지내다가도, '다른 사람들'이 뭔가 좋지 못한 일이나 유치한 일을 하기 시작하면 공연히 거기에 합류하고 싶어질 때가 있다. 거기에 합류하지 못하면 괜히 바보 취급을 받을 것 같아서이다. 그래서 사람은 종종 자기 내부에서 생겨나지도 않은 충동에 몸을 맡겨 버린다. 이런 식으로 자기 자신의 그림자나 타인의 그림자에 발이 걸려 넘어지는 일은 특히 동성과의 접촉에서 두드러진다. 물론 이성의 그림자도 우리 눈에 띄기야 하지만 이것은 별로 신경에 거슬리지 않으므로 그냥 용인되기 쉽다.

꿈과 신화에서 그림자는 보통 꿈을 꾼 사람과 동성인 인물로 나타난다. 여기서 적절한 예를 하나 소개하겠다. 그 꿈을 꾼 사람은 마흔여덟 살의 남성이었다. 그는 자립하기 위해 열심히 일했으며, 자신에게 엄격해서 충동적인 쾌락이나 자발성을 극도로 억누르고 있었다.

'저는 시내에 있는 굉장히 커다란 집에 살고 있었습니다. 분명히 내 집인데도 전체 구조는 잘 모르겠더군요. 그래서 집 안을 돌아다녀 봤어요. 주로 지하에서 방 몇 개를 찾아냈습니다. 그 방들에 대해서 나는 전혀 아는 바가 없었습니다. 거기에 다른 지하실이나 지하 통로로 이어지는 입구가 있었어요. 어떤 입구는 잠겨 있지 않았고, 또 다른 입구에는 아예 자물쇠조차 없었습니다. 그걸 보고 나는 불안을 느꼈어요. 더욱이 몇몇 노동자들이 집 근처에서 일을 하고 있었죠. 그들은 마음만 먹으면 우리 집에 들어올 수도 있었을 겁니다.

이탈리아 현대 화가 조르조 데 키리코 작 〈불안한 여행 Anxious Journey〉(1913) 이 그림의 제목과 그림에 나오는 음산한 통로는 개성화 과정이 시작되면서 무의식과 처음 맞닥뜨렸을 때의 느낌을 나타내고 있다. 무의식은 복도나 미궁, 미로 등으로 상징화된다.

파피루스에 그려져 전해 오는 고대 이집트의 〈사자의 서〉 주문 144~146(기원전 1400년경) 지하 세계의 일곱 개의 문으로, 이것도 미로 구성으로 되어 있다.

세 가지의 미로 그림

①핀란드의 석조 미로
(청동기시대)

②영국의 잔디 미로
(19세기)

③샤르트르 대성당 바닥 타일 미로
(성지 순례 삼아 걸을 수 있다)

저는 1층으로 올라와 뒤뜰을 지나갔습니다. 거기에도 거리나 다른 집으로 통하는 입구가 있더군요. 자세히 조사해 보려는데 어떤 사내가 다가와 웃음을 터뜨리면서, 우리는 초등학교 때부터 같이 놀던 친구 사이라고 말했습니다. 저도 기억이 났고요. 그는 요즘 어떻게 지내는지 나에게 이야기했습니다. 그러면서 우리는 입구로 들어갔다 나와서 거리를 걸었습니다.

그 공간에서는 명암이 기묘하게 대비되고 있었습니다. 우리는 넓은 순환 도로를 걷다가 푸른 잔디밭에 다다랐습니다. 그때 갑자기 말 세 마리가 달려와 우리를 지나쳤습니다. 늠름하고 잘생긴 말이었죠. 야생적이면서도 손질이 잘되어 있는 그 말에는 아무도 타고 있지 않았습니다(군대에서 도망쳐 나온 건지도 몰라요)."

기묘한 통로, 방, 지하실의 잠기지 않은 입구 따위로 이루어진 미로는 지하 세계를 표현하는 고대 이집트의 표상을 연상시킨다.[2] 이것은 무의식과 그 미지의 가능성을 나타내는 상징으로 유명하기도 하다. 이 상징은 개인이 무의식의 그림자 영역에서 그 영향에 '노출'되어 있으며, 왠지 무섭고 이질적인 요소가 언제든지 그의 내부로 침입할 수 있음을 보여 준다. 그 지하실은 꿈을 꾼 사람의 마음속 지하실이라고 할 수 있다. 그런데 그 기묘한 건물(꿈을 꾼 사람이 인식하지 못하고 있는 자기 인격의 심리적 영역) 뒤뜰에서 갑자기 옛 친구가 출현한다. 이 인물은 꿈을 꾼 사람의 다른 측면—지금은 그의 기억에서 사라진, 잃어버린 어린 시절 삶의 일부—이 인격화한 것임에 틀림없다. 사람이 유아기 특성(이를테면 쾌활한 성격이나 조급함이나 듬직함 등)을 잃어버리는 것은 흔히 있는 일이다. 그런 요소가 어디로 사라졌는지는 아무도 모른다. 그런데 잃어버렸던 그 특성을 이제 그는 뒤뜰에서 다시 만나게 된 것이다. 인격화된 이 특성은 다시금 그와 어울린다. 이 인물상은 꿈을 꾼 사람이 지금까지 무시했던, 삶을 즐기는 능력과 외향적인 그림자의 측면을 나타내는 것으로 보인다.

그런데 별로 해로울 것 같지 않은 이 옛 친구를 만나기 직전에 꿈을 꾼 사람은 불안을 느낀다. 그 이유는 곧 밝혀진다. 그가 친구와 함께 거리를 걷고 있는데 세 마리 말이 달려온 것이다. 그는 그 말이 군대(그의 삶을 특징짓는 의식적인 규율)에서 도망쳐 나왔다고 생각한다. 그런데 그 말에 아무도 타고 있지 않다는 사실은 그의 본능적인 힘이 의식적 통제에서 벗어날 수 있음을 암시한다. 그러니까 여기서 옛 친구를 통해, 그리고 말을 통해 지금까지 꿈을 꾼 사람에게 대단히 부족했고 몹시 필요했던 긍정적인 힘이 재현되고 있는 것이다.

이 사람이 당면한 문제는 개인이 자신의 '다른 측면'과 만날 때 흔히 나타나는 문제이다. 그림자는 대체로 의식이 필요로 하는 가치를 지니고 있지만, 이 가치는 개인의 일상생활로 통합되기 어려운 형태로 존재하기 때문이다. 이 꿈 속에 등장하는 커다란 집과 통로는, 꿈을 꾼 사람이 아직 자기 마음의 범위를 모르는 채로 그 영역을 채우지 못하고 있음을 암시한다.

이 꿈에 드러난 그림자는 내향적인 사람(외계에서 지나치게 멀어지는 경향이 있

---

2) 이집트의 지하 세계 개념을 보여 주는 예는 *The Tomb of Rameses* VI, Bollingen series XI, part 1 and 2, Pantheon Books, 1954에 실려 있다.

는 사람)의 전형적인 그림자이다. 바깥 사물을 주목하고 외적인 삶을 지향하는 외향적인 사람은 이와는 전혀 다른 꿈을 꾸게 된다.

성격이 무척 활달한 젊은이가 있었다. 그는 여러 차례 사업에 손을 대어 연달아 성공을 거뒀다. 그런데 어느 날 그가 꿈을 꿨다. 그 꿈은 그가 벌여 놓은 사적이고 창조적인 작업 하나를 마무리지어야 한다고 주장하고 있었다. 꿈의 내용은 다음과 같다.

'한 사내가 소파에 드러누워 있다. 이불을 얼굴 위까지 덮고 있다. 그는 프랑스인인데, 어떤 범죄든 능히 저지를 만한 무법자이다. 관리 같은 사내가 나와 함께 계단을 내려오고 있다. 나는 아무래도 낌새가 이상하다는 생각을 한다. 그 프랑스인이 우연을 가장하여(남들 눈에는 우발적인 사고처럼 보이게끔) 나를 죽이려 하고 있음을 깨닫는다. 실제로 우리가 입구 근처에 왔을 때 그가 우리 뒤를 바싹 따라온다. 나는 경계한다. 그런데 키 크고 풍채 좋은 남자(부유하고 유력한 사람)가 발작을 일으켰는지 갑자기 내 뒤에서 벽에 기댄다. 나는 기회를 노려 재빨리 관리 같은 사내의 심장을 찔러 죽인다. "물기가 좀 배어 나왔을 뿐이군." 이런 말이 해설처럼 들려온다. 나는 이제 안전하다. 프랑스인에게 명령을 내리던 사내가 죽었으니 프랑스인은 더 이상 나를 공격하지 않을 것이다(관리 같은 사내와 풍채 좋은 사나이는 어쩌면 동일 인물이었는지도 모른다. 후자가 전자를 대신한 걸까).'

이 무법자는 꿈을 꾼 사람의 다른 측면—내향성—을 표현한다. 이 측면은 몹시 빈약한 상태이다. 그래서 그는 소파에 드러누워(수동적인 태도로) 얼굴을 이불로 가리고 있다. 그는 혼자 있고 싶은 것이다. 한편 관리 같은 사내와 부유하고 유력한 사내(둘은 동일 인물일 수도 있다)는 꿈꾼 사람이 성공리에 수행한 외향적인 임무와 활동을 인격화한 것이다. 이 풍채 좋은 남자는 돌연 발작을 일으킨다. 이것은 꿈꾼 사람이 자신의 강력한 에너지를 외적인 생활에 지나치게 쏟아붓다가 실제로 몇 번이나 병에 걸렸던 사실과 관계가 있다. 그런데 이 성공한 사내의 혈관에는 피가 흐르고 있지 않았다—단지 물기가 좀 배어났을 뿐이다. 이것은 꿈을 꾼 사람이 야심차게 벌이고 있는 외적인 활동이 사실은 순수한 생명이나 정열이 결여된, 피가 통하지 않는 기계적인 것임을 보여 준다. 그러므로 이 풍채 좋은 사내가 죽어도 꿈꾼 사람은 별로 치명적인 손실은 입지 않는다. 꿈의 마지막 부분에서는 프랑스인에 대한 걱정이 사라진다. 본래 프랑스인은 바람직한 그림자상인데, 꿈꾼 사람이 의식적으로 이에 동의하지 않기 때문에 부정적이고 위험한 인물로 표현됐던 것이다.

이 꿈은 그림자가 다양한 요소로 이루어질 수 있음을 보여 준다. 예를 들면 이 꿈에서 그림자는 무의식적인 야심(풍채 좋은 성공한 사내)과 내향성(프랑스인)으로 구성되어 있다. 또한 꿈을 꾼 당사자가 프랑스인에 관해서 연상한 내용은 프랑스 사람들이 연애를 참 잘한다는 것이었다. 그러므로 이 두 가지 그림자상은 흔히 볼 수 있는 두 가지 충동, 즉 권력과 성(性)을 상징한다. 권력에 대한 충동은 여기서 이중의 형태를 취한다. 즉 관리 같은 사내와 부유하고 유력한 사내이다. 여기서 관리 같은 사내는 사회적 적응성을, 부유하고 유력한 사내는 야심을 표현한다. 그러나 둘 다 똑같은 권력의 속성이다. 꿈을 꾼 사람이 이 위험한 내적인 힘을 억제하는 데 성공한 순간, 프랑스인은 더 이상 위험한 존재일 수 없게 된다. 다시 말해 위험한 측면인 성적 충동도 정복되어 버린 것이다.

이런 그림자 문제는 온갖 정치적 갈등에서도 중요한 역할을 한다. 꿈을 꾼 사람이 자기의 그림자 문제를 예민하게 인식하지 못했다면, 그는 이 불량한 프랑스인을 외적 생활에서 만나는 '위험한 공산당원'과 쉽게 동일시했을 것이다. 또 관리 같은 사내나 부유하고 유력한 사내를 '탐욕스러운 자본가'와 동일시했을 터이다. 그 결과 그는 자신의 내부에 이렇게 서로 모순되는 두 요소가 존재하고 있음을 깨닫지 못했으리라. 자기 자신의 무의식적인 경향을 다른 사람에게서 발견할 때, 우리는 그것을 '투사(投射)'라고 부른다. 모든 나라의 정치 운동은 작은 무리나 개인들 사이의 쑥덕공론과 마찬가지로 이런 투사 행위로 가득 차 있다. 이러한 투사는 타인에 대한 판단을 흐리게 하고 객관성을 무너뜨림으로써, 진정한 인간관계의 모든 가능성을 저해한다.[3]

자기 그림자를 남에게 투사할 때에는 또 다른 불이익도 생겨난다. 우리가 자신의 그림자를 공산당이나 자본가에게 투사할 경우, 우리 인격의 일부는 그와

---

3) 융은 투사의 성질을 CW, vol. VI, Definitions, p. 582 및 CW, vol. VIII, p. 272ff에서 설명하였다.

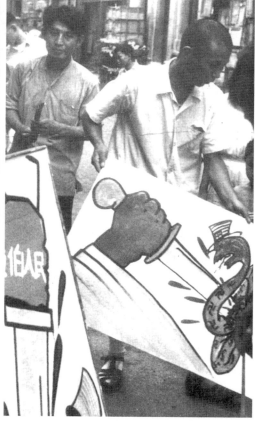

▲**연설하는 히틀러** 다음 인용문은 히틀러가 처칠에 대해 이야기한 내용. "5년이 넘도록 이 남자는 불을 지를 대상을 찾아 유럽을 온통 미친 듯이 돌아다녔다. 유감스럽게도 이 국제 방화범에게 자국의 문을 활짝 열어 주는 고용인을 그는 여기저기서 찾아낼 수 있었다."

▶**중국에서 시위용으로 만든 포스터** 이 포스터에는 미국이 중국인의 손으로 죽여야 하는 구렁이(몸에 나치의 갈고리 십자가가 그려져 있다)로 묘사되어 있다.

우리에게는 그림자에 의해 드러나는 우리의 결점과 대결하기보다는 이것을 다른 사람(예를 들면 정적)에게 투사(投射)하는 경향이 있다.

▶**영국의 텔레비전 연속극 〈코로네이션 스트리트**Coron-ation Street〉 '투사'는 악의적인 가십에서 무서운 힘을 발휘한다.

대치되는 쪽에 머물게 된다. 이렇게 되면 우리는 (자기도 모르는 사이에) 은근히 대립되는 쪽을 지지하게 된다. 말하자면 무의식 중에 자신의 적을 돕는 꼴이다. 그러나 반대로 우리가 투사 행위 자체를 인식하고, 겁을 먹거나 적의를 품지 않고 이에 관해 의논하면서 타인과 신중한 관계를 맺는다면, 서로 이해할 기회 ─적어도 휴전할 기회─를 붙잡을 수도 있다.

그림자와 친구가 되느냐 적이 되느냐는 전적으로 우리 자신에게 달려 있다. 꿈속에 등장한 낯선 집이나 프랑스인 무법자가 그랬듯이, 그림자가 반드시 꿈 꾼 사람과 적대 관계에 있는 것은 아니다. 실제로 우리는 일상생활에서 사람들과 어울려 살아가듯이 그림자를 대해야 한다. 상황에 따라 져 주기도 하고 대항하기도 하고, 또 친하게 지내면서 함께 살아가야 하는 것이다. 그림자는 무시되거나 오해받을 때에만 적대적인 힘이 된다.

흔한 일은 아니지만, 살다 보면 자기의 나쁜 면은 살리면서 좋은 면은 억압해야 하는 경우도 있다. 이때 그림자는 꿈에 긍정적인 모습으로 출현한다. 그러나 자신의 자연스러운 감정과 정서에 충실하게 살아가는 사람들한테는 그림자가 차갑고 부정적인 지적 존재로 나타난다. 이 지적인 존재는 억압되어 있는 불쾌한 판단이나 부정적 사고가 인격화한 것이다. 그림자가 어떤 형태를 취하건 간에, 그것은 자아와 대립되는 측면을 드러낸다. 말하자면 그 사람이 타인에게서 발견하는 가장 혐오스러운 특성을 나타내는 것이다.

단지 성실하게 살고자 노력하면서 열심히 자신을 통찰하기만 해도 이 그림자를 의식적인 인격 속으로 통합할 수 있다면, 개성화 과정도 비교적 수월할 것이다. 그러나 불행히도 이 방법이 늘 효과를 거두는 것은 아니다. 우리 그림자 속에는 이성으로는 제어할 수 없는 맹렬한 힘이 자리하고 있다. 이 그림자를 통합하는 데에는 이성보다도 오히려 외부적인 혹독한 체험이 도움이 될 수도 있다. 이를테면 머리를 한 대 얻어맞는 정도의 충격이 때로는 그림자의 욕망이나 충동을 제어하는 데 도움이 된다. 또 영웅적인 결단이 그림자를 억제할 수도 있다. 그러나 이러한 초인적인 노력은, 인간 내부에 존재하는 '위대한 자' (자기)의 도움을 받을 때에만 가능하다.

그러나 그림자가 저항하기 어려운 압도적인 충동의 힘을 지니고 있다고 해서 언제나 이것을 강하게 억압해야 하는 것은 아니다. 이따금 그림자의 힘은 '자기'

▲프랑스 영화 〈백마〉(1953)
에 나오는 야생 백마
야생마는 무의식에서 폭
발하는, 억제하기 어려운
본능적인 힘(많은 사람들
은 이 힘을 억압하려고 한
다)을 상징한다. 이 영화에
서 소년은, 길들여지지 않
았음에도 야생마와 대단
히 가깝게 지낸다. 그러나
그 지역 말잡이들이 이 주
인공 야생마를 잡으려고
하자 소년은 이 야생마를
타고 도망치지만 이윽고
해안까지 쫓긴다.
▶소년과 말은 붙잡히는
것보다 바다에 뛰어드는
길을 택한다. 이 결말은, 외
계의 현실 대면을 피하는
방법으로 무의식(바다)을
선택한 것을 상징적으로
보여 준다.

의 요청과 같은 방향을 지향하기 때문에 강력해지기도 한다. 그 내적인 압력의 배후에 있는 것이 자기인지 그림자인지 분간할 수 없을 때가 있다. 무의식의 세계에서는 불행히도 인간은 달빛 아래 있는 것과 같다. 달빛 아래에서는 모든 사물이 흐려져서 서로 구별하기 어려워진다. 저것이 대체 무엇인지, 그 시작과 끝이 어디인지 확실히 알 수가 없게 된다(이런 현상이 바로 무의식적 내용의 '오염(contamination)'이다).

융 박사가 무의식적인 인격의 일부를 '그림자'라고 이름 지었을 때에는, 비교적 정확히 정의된 요소를 두고 말한 것이었다. 그러나 그림자가 늘 그렇게 명확하지는 않다. 그림자에는 자아가 모르는 모든 것이 혼합될 수도 있고, 귀중하기 이를 데 없는 막강한 힘까지 포함될 수도 있다. 예를 들어 앞의 꿈에서 등장한 프랑스인이 아무짝에도 쓸모없는 불량배인지, 아니면 가치 있는 내향적인 인간인지 분명하게 말할 수 있는 사람은 아무도 없다. 그보다 앞서 언급했던, 도망쳐 나온 말 세 마리도 마찬가지이다. 과연 그 말을 자유롭게 달리게 놔둬야 할까, 말아야 할까? 이처럼 꿈만으로는 사태가 명확해지지 않을 경우, 의식적 인격이 결정을 내릴 수밖에 없다.

그림자상이 가치 있는 유용한 생명력을 지니고 있다면 그것은 억압되기보다 실제 체험에 동화되어야 한다. 자아는 자만심이나 우월감을 버리고, 부정적인 것처럼 보이지만 실은 그렇지 않은 그림자 요소를 삶 속으로 받아들여야 한다. 이 행위는 격정을 이겨 내는 행위와는 정반대되는 것이지만, 그와 똑같은 정도의 영웅적 결단을 필요로 한다.

개인이 자기 그림자를 만날 때 생기는 윤리적 어려움은 《코란》 제18장에 자세히 기록되어 있다.[4] 그 내용을 살펴보면, 모세는 사막 한가운데서 알 하디르('초록 사람' 또는 '신의 제1천사')를 만난다. 둘은 함께 걷는다. 걸으면서 하디르는 모세에게 말한다. 자신이 저지르는 행위를 보고 당신이 분을 참지 못할까 봐 두렵다고. 만일 모세가 하디르를 믿지 못하고 분통을 터뜨린다면, 하디르는 모세 곁을 떠날 수밖에 없으리라.

얼마 뒤 하디르는 가난한 어부의 배 바닥에 구멍을 뚫어 배를 가라앉혀 버

---

4) 《코란》의 영역본은 E. H. Palmer가 영역한 옥스퍼드 대학교 출판부에서 1949년에 출간한 것을 참조. 그리고 모세와 하디르 이야기에 대한 융의 해석은 CW, vol. IX, p. 135ff. 참조.

린다. 그 다음에는 모세의 눈앞에서 잘생긴 젊은이를 죽이고, 마지막으로 불신자들이 사는 도시의 무너진 성벽을 복원한다. 모세가 끝내 참지 못하고 화를 내자 하디르는 어쩔 수 없이 모세한테서 떠난다. 떠나기 직전에 하디르는 자기가 그런 행동을 했던 이유를 설명한다. 먼저 그는 배를 물속에 가라앉힘으로써 배의 소유자인 가난한 어부를 구했다. 해적들이 그 배를 훔치러 오고 있었으므로, 만일 하디르가 배를 가라앉히지 않았더라면 어부는 해적들 손에 목숨을 잃었으리라. 하디르는 다시 건져 올릴 수 있는 배를 가라앉히고, 다시 살려낼 수 없는 어부의 목숨을 구한 것이다. 또 잘생긴 젊은이는 그때 범죄를 저지르기 직전이었다. 하디르는 그 젊은이를 죽임으로써 그의 독실한 아버지를 불명예로부터 구했던 것이다. 마지막으로 하디르는 불신자들이 사는 도시의 성벽을 복원해서 신심 깊은 두 청년을 타락의 길에서 구해 냈다. 실은 그 성벽 밑에 많은 재물이 숨겨져 있었던 것이다. 도덕적으로 지극히 엄격했던 모세는 그제야 자신의 판단이 성급했음을 깨닫는다. 하디르의 행위는 아주 나쁜 짓처럼 보였지만 실제로는 그렇지 않았던 것이다.

이 이야기를 단순하게 해석하면 하디르라는 인물은, 신앙심 깊고 준법정신이 투철한 모세의 무법적이고 변덕스러운 나쁜 그림자로 비칠지도 모르겠다. 그러나 실은 그렇지 않다. 하디르는 단순히 그런 존재가 아니라, 신의 은밀한 창조적 행위가 인격화된 존재이다(하인리히 짐머가 번역한 인도의 유명한 이야기 〈왕과 시체〉에서도 비슷한 주제를 찾아볼 수 있다).[5] 이 미묘한 문제를 다루면서 내가 꿈을 인용하지 않은 것은 우연이 아니다. 꿈 대신 《코란》에 실린 유명한 이야기를 인용한 까닭은, 인생 경험이 집약된 이런 이야기가 개인의 꿈을 통해 명확히 표현되는 예는 매우 드물기 때문이다.

어두운 상(像)이 꿈속에 나타나 무엇인가를 요구할 때, 우리는 그 상이 인격화된 자신의 그림자 부분인지 아니면 인격화된 자기인지, 또는 둘 다에 해당하는지 판단하기 어렵다. 그 어두운 동반자는 우리가 극복해야 할 결점을 상징하는 것일까, 아니면 우리가 수용해야 할 유의미한 생활 방식을 상징하는 것

---

5) 인도 이야기 *Somadeva : Vetalapanchavimsati*는 C.H. Tawney를 통해 영어로 번역되었다(Jaico-book, 1956). 이에 관한 하인리히 짐머의 탁월한 심리학적 해석 *The King and the Corpse*, Bollingen series XI, New York : Pantheon, 1948 참조.

일까? 이를 구별하는 것도 개성화 과정에서 우리가 마주치는 가장 어려운 문제 중 하나이다. 게다가 꿈의 상징은 너무 미묘하고 복잡하기 때문에 그 누구도 확신을 가지고 해석할 수는 없다. 이 경우 우리가 할 수 있는 일은 하나밖에 없다. 그 윤리적 의혹의 불편함을 받아들이고—최종적인 결론이나 행동은 보류하고—꿈을 계속 관찰할 수밖에 없는 것이다. 이것은 신데렐라가 빠진 딜레마와 흡사하다. 계모는 산더미같이 쌓인 콩 속에서 좋은 콩과 나쁜 콩을 골라내라고 신데렐라에게 명령한다. 도무지 가망이 없어 보이지만 그래도 신데렐라는 좋은 콩과 나쁜 콩을 골라내기 시작한다. 그런데 돌연 비둘기(어떤 책에서는 개미) 무리가 찾아와 신데렐라를 도와준다. 이 비둘기나 개미는 꿈꾼 사람을 도와주는 심오한 무의식의 힘을 상징한다. 이 힘은 개인이 직접 몸으로 느끼는 수밖에 없으며, 그는 여기서 해결의 실마리를 발견한다.

'그림자'에는 두 가지 측면(위험한 측면과 가치 있는 측면)이 있을 수 있다.
◀힌두의 신 비슈누 그림에 이러한 양면성이 잘 나타나 있다. 자비로운 비슈누가 여기서는 사람을 찢는다.
▶일본의 나라에 위치한 불교 사찰 도쇼다이지의 천수관음입상(759년)도 이러한 양면성을 지닌다. 천수관음의 많은 손은 선악의 양면을 상징한다.

인간은 대체로 그 존재의 근본적인 부분에서는 자기가 어디로 가야 하며 무엇을 해야 하는가를 알고 있다. 그러나 우리가 '나'라고 부르는 얼간이가 너무나 과격한 행동을 하는 바람에, 내적인 소리가 그 존재를 알리지 못할 때도 있다.

무의식이 주는 암시를 이해하려는 모든 노력이 수포로 돌아가는 경우도 있다. 이런 곤경에 처하여 우리가 할 수 있는 일은, 무의식의 암시가 다른 방향을 가리키는 즉시 이쪽도 방향을 바꾸겠다는 각오를 다지고서 일단 옳다고 생각하는 일에 정진하는 것뿐이다. (드물기는 하지만) 때로는 인간의 길에서 너무 심하게 벗어나는 것보다는 차라리 불편한 압박을 느끼면서도 무의식의 힘

의혹으로 고통스러워하는 마르틴 루터 1961년에 상연된 영국 작가 존 오스본의 연극 〈루터〉에서 루터 역을 맡은 앨버트 피니(Albert Finney)의 모습. 루터는 교회로부터 파문당한 일이 하느님의 영감에 따른 것인지, 자기 자신의 자존심과 고집(상징적으로 그의 '그림자'가 지닌 악마적인 측면) 때문인지 알 수 없어 번민한다.

에 저항하는 편이 더 나을 때도 있다(완전한 자기 자신을 실현하기 위해서는 범죄적 소질마저 살려야 하는 사람이 바로 이런 예에 속한다).

이 같은 결단을 내리려면 자아에게는 강한 힘과 내적인 확신이 필요한데, 이 힘과 확신은 인간 내부에 있는 '위대한 자'에게서 비롯된다. 그러나 '위대한 자'는 좀처럼 자기 자신을 명확하게 보여 주려고 하지 않는다. 어쩌면 '자기'는 자아가 자유롭게 선택하기를 바라고 있는 것인지도 모르고, 또는 인간의 의식과 그 결정이 선행되어야 모습을 드러낼 수 있는 것인지도 모른다. 이처럼 까다로운 윤리적 문제에 관해서는 아무도 타인의 행동을 제대로 판단할 수 없다. 각 개인은 자기 자신의 문제를 똑바로 바라보고 자기 자신에게 올바른 것이 무엇인가를 결정하지 않으면 안 된다. 어느 노선사(老禪師)가 말했듯이,[6] 우리는 "막

---

6) 이 노선사에 관해서는 *Der Ochs und seine Hirte*, Pfullingen, 1958, p. 95 참조.

대기를 들고 지키면서 자기네 소들이 남의 목장을 침범하지 못하게 하는" 소몰이꾼을 본받아야 하는 것이다.

이러한 심층 심리학 분야의 새로운 발견은 우리의 보편적인 도덕 감각에 변화를 줄 수밖에 없다. 이 발견은 모든 인간의 행동을 좀더 개인적인 방법으로 섬세하게 판단할 것을 우리에게 요구하기 때문이다. 무의식의 발견은 근대 사회에서 가장 폭넓은 영향력을 지닌 위대한 발견 가운데 하나이다. 그러나 무의식의 실체를 인정한다는 것은 곧 자신의 삶에 대한 솔직한 자기반성 및 재편성의 필요성을 인정하는 것이다.

그래서 많은 사람들은 무의식을 외면한 채 아무 일도 없었던 것처럼 어제와 다름없이 오늘을 살아가고 있다. 무의식을 진지하게 다루고 무의식이 야기하는 문제와 맞서려면 대단한 용기가 필요하다. 그런데 많은 사람들은 너무나 게으른 나머지 스스로 의식하고 있는 행위의 도덕적 측면조차 깊이 생각해 보지 않는다. 요컨대 무의식이 미칠 영향을 고려하기에는 너무 게으른 것이다.

아니마—마음속 여성

　어렵고 미묘한 윤리적 문제가 반드시 그림자와 함께 나타나는 것은 아니다. 그 문제는 또 다른 '내적인 상(像)'과 함께 나타날 수도 있다. 꿈꾸는 사람이 남성이라면 무의식이 여성상으로 인격화하고, 꿈꾸는 사람이 여성이라면 무의식이 남성상으로 인격화하는 경우가 있다. 이러한 제2의 상징적인 상이 그림자 뒤에 나타나서 새로이 어려운 문제를 제기하는 것이다. 융 박사는 이 남성상을 '아니무스(animus)', 여성상을 '아니마(anima)'라고 부른다.[1]

　아니마는 남자 마음속에 있는 모든 여성적 심리 경향이 인격화된 것이다. 즉 막연한 느낌이나 기분, 뭔가를 예견하는 육감, 비합리적인 것에 대한 감수성, 개인을 사랑하는 능력, 자연에 대한 감정, 그리고—마지막이지만 중요한—무의식과의 관계 등이 그러한 심리 경향이다. 고대에 무녀(그리스 신화에 나오는 시빌레 같은 여성)가 신의 뜻을 알아차리거나 신과 대화하는 수단으로 이용되었던 것은 결코 우연이 아니다.

　아니마가 남성 심리의 내적인 상으로서 어떻게 체험되는가를 보여 주는 훌륭한 예는 에스키모를 비롯한 북극권 민족의 주술사나 예언자(샤먼)에게서 찾아볼 수 있다.[2] 이 주술사나 샤먼 가운데 어떤 이들은 여장하거나 옷에다 젖가슴을 그려 넣음으로써 마음속, 우리가 무의식이라고 부르는 '영계(靈界)'와의 교류를 가능하게 하는 마음속 여성적인 측면을 드러낸다.

　늙은 샤먼이 주재하는 의례에 따라 눈구덩이 속에 매장됐던 한 젊은이의 체

---

1) 아니마에 관한 자세한 설명은 융의 CW, vol. IX, part 2(pp. 11~12 및 Chapter 3) ; vol. XVIII(pp. 198~99) ; vol. VII(p. 345) ; vol. XI(pp. 29~31, 41~42, 476, etc) ; vol. XII, part 1 참조. 그 밖에 Emma Jung, *Animus and Anima : Two Essays*, The Analytical Club of New York, 1957 ; Eleanor Bertine, *Human Relationships*, part 2 ; Esther Harding, *Psychic Energy*, New York, 1948 등을 참조.
2) 에스키모 샤먼은 Mircea Eliade, *Der Shamanismus*, Zurich, 1947(특히 p. 49ff)에 잘 설명되어 있다. 또 Knud Rasmussen, *Thulefahrt*, Frankfurt, 1926에도 관련된 내용이 나온다.

험 사례를 살펴보자. 그는 피로하고 몽롱한 혼수상태에서 돌연 빛을 내는 한 여성을 본다. 이 여성은 젊은이에게 필요한 지식을 모두 가르친 뒤, 스스로 수호신으로서 젊은이를 초월적인 힘과 이어줌으로써 그가 샤먼의 임무를 수행할 수 있도록 도와준다. 이 체험은 남성의 무의식이 아니마로 인격화하는 것을 보여 준다.

남성이 지니는 아니마의 특성은 대개 어머니에게서 영향을 받아 형성된다. 어머니에게서 나쁜 영향을 받았다고 생각하는 사람들의 아니마는 흔히 조급하고, 우울하고, 불확실하고, 불안정하고, 신경질적이다(그러나 이 부정적인 아니마의 공격을 잘 극복한다면 그는 훨씬 더 남자다워질 수도 있다). 남성의 마음속에 있는 이 같은 부정적인 어머니상=아니마상은 다음과 같은 주제를 끊임없이 되풀이하여 제시한다. "나는 아무짝에도 쓸모없는 인간이다. 세상만사가 무의미하다. 다른 사람들은 몰라도…… 내게는 좋은 일이 하나도 없다." 이러한 '아니마 기분'은 권태감이나 무력감의 원인이 되며, 혹시 병에 걸리거나 사고를 당하지

동판화 〈꼬마도깨비 및 귀신과 어울리는 마법사〉(17세기) 아니마(남성의 마음속에 있는 여성적인 요소)는 종종 마녀나 무녀('어둠의 힘'과 '혼령의 세계'), 즉 무의식 세계와 관계맺고 있는 여성으로 인격화한다.

않을까 하고 쓸데없는 걱정을 하게 만든다. 이런 아니마 기분에 젖어 있는 사람에겐 삶이 슬프고 괴롭게만 느껴진다. 이 어두운 기분은 심지어 당사자를 자살로 몰고 가기도 하는데, 이때 아니마는 저승사자나 다름없다. 예를 들면 장 콕토의 영화 〈오르페〉에서 아니마는 바로 이런 역할을 한다.

프랑스인들은 이 같은 아니마상을 '요부(femme fatal)'라고 부른다(이 암울한 아니마가 한결 부드럽게 나타난 예로는 모차르트 오페라 〈마술 피리〉에 등장하는 '밤의 여왕'을 들 수 있다). 그리스의 세이렌이나 독일의 로렐라이는 아니마의 이 위험한 측면을

남성인데도 여장을 한 시베리아 어느 민족의 샤먼. 샤먼이 여장을 하는 것은 여성이 정령들과 더 쉽게 접촉한다고 여기기 때문.

인격화한, 대단히 파괴적인 환상을 상징한다. 다음과 같은 시베리아 민담은 이처럼 파괴적인 아니마의 습성을 보여 준다.[3]

'어느 날 사냥꾼 하나가 강 건너 울창한 숲에서 홀연히 나타난 미녀를 보았다. 미녀는 손짓하며 노래를 부른다.
"오라, 외로운 사냥꾼이여, 황혼의 적막 속에.
오라, 오라, 내가 그대를 그리니, 그대를 그리니.
이제 그대를 안으리, 그대를 안으리.
오라, 오라, 내 둥지가 가까이 있으니, 둥지가 가까이 있으니.
오라, 오라, 외로운 사냥꾼이여, 바야흐로 황혼의 적막 속에."
사냥꾼은 옷을 벗어 던지고 강을 헤엄쳐 건너가지만 미녀는 순식간에 올빼미로 변해 비웃음만 남기고 사라져 버린다. 사냥꾼은 옷을 찾으러 다시 강변으로 헤엄쳐 나오다가 그만 차가운 강물에 빠져 죽고 만다.'

---

3) 이 시베리아 사냥꾼 이야기는 Knud Rasmussen, *Die Gabe des Adlers*, Frankfurt am Main, 1926, p. 172.
에서 인용.

여자 강신술사, 영매
잔 카를로 메노티의
오페라 대본을 바탕
으로 제작된 영화 〈영
매〉(1951)의 한 장면.
현대의 영매 중 대부
분은 여성이다. 여성
이 남성보다 불합리
한 것에 쉽게 감응한
다는 믿음은 여전히
널리 퍼져있다.

이 민담에서 아니마는 이승의 것이 아닌 사랑이나 행복이나 어머니의 따사
로움(미녀의 둥지)에 대한 꿈—남성을 유혹하여 현실에서 멀어지게 만드는 꿈
—을 상징한다. 그리고 사냥꾼은 이루어질 수 없는 환상을 좇다가 결국 목숨
을 잃는다.

남성의 인격 속에 존재하는 부정적 아니마는 모든 것의 가치를 깎아내리려
는 신랄하고 표독스런 여성적 의견으로 표명될 때가 있다. 이런 종류의 의견에
는 늘 진실이 왜곡된 흔적과 기묘한 파괴력이 잠재해 있다. '독부(毒婦)'(동양에서
는 이렇게 불린다)는 세계 어느 나라 전설에나 등장하는 부정적 아니마이다. 독
부는 아름다운 여인이지만, 몸에 무기를 숨기고 있거나 몰래 독을 지니고 있다
가 첫날밤만 지나면 애인을 죽여 버린다. 이러한 아니마는 자연이 지니는 어떤
무서운 속성처럼 냉혹하고 무자비하다. 오늘날까지 유럽에 남아 있는 마녀 숭
배 사상은 이 독부 신앙의 잔재라고 할 수 있다.[4]

한편 어머니에 대한 아들의 경험이 긍정적이라면 그 경험은 그의 아니마에
전형적으로, 하지만 또 다른 방법으로 영향을 미친다. 이렇게 되면 아들은 여
성스럽게 변하거나 여성의 포로가 되어, 인생의 고난과 맞서 싸울 힘을 잃어버
린다. 이런 종류의 아니마는 남성을 감상주의자로 만들어 놓는다. 그는 노처녀

---

4) '독부'에 관한 설명은 W. Hertz, *Die Sage vom Giftmädchen*, Abh. der k. bayr. Akad. der Wiss., 1 Cl.
XX Bd. 1 Abt. München, 1893에 나온다.

아니마는 '그림자'와 마찬가지로 좋은 측면과 유해한(혹은 부정적인) 측면의 두 가지 측면을 지닌다.

▲장 콕토가 오르페우스 신화를 바탕으로 만든 영화 〈오르페〉의 한 장면. 오르페우스를 죽음에 이르게 했기 때문에 이 여성이 곧 치명적인 아니마라고 볼 수 있다. 여기에서 오르페우스를 끌고 가는 사람들이 곧 '지하세계'에서 온 사람들이다.

◀튜턴 신화의 로렐라이도 대표적인 유해한 아니마이다. 이들은 노래로 남성을 유혹하여 죽음에 이르게 하는 물의 요정이다.

▶슬라브 신화에 등장하는 요정으로 루살카가 있다. 물에 빠져 죽은 처녀의 정령인 이 루살카는 남성에게 마법을 걸어 물에 빠져 죽게 한다.

세례 요한의 머리를 든 살로메 살로메는 자기 어머니의 기쁨을 위해 헤롯왕에게 요한의 목을 요구한다. 오스카 와일드 작 비극 《살로메》 영문판(1894)의 삽화. 오브리 비어즐리 작.

처럼 성미가 까다로워지거나, 요 서른 장 밑에 깔린 콩 한 알까지 느낀다는 옛날이야기 속 공주님처럼 신경과민이 되고 만다. 더욱 미묘한 표상이 등장하는 부정적 아니마의 옛이야기가 있다. 이 이야기의 주인공인 공주는 청혼하러 온 남자들에게 일련의 수수께끼를 내어 풀어 보라고 하거나, 자기 앞에서 몸을 숨겨 보라고 한다.[5] 그리고 그 남자들이 수수께끼를 풀지 못하거나, 몸을 제대로 숨기지 못해 자기한테 들키는 날에는 그들의 목숨을 빼앗는다. 공주는 이 내기에서 계속 승리한다. 이 같은 형태의 아니마는 파괴적이면서도 지적인 유희로 남성을 끌어들인다. 우리는 신경증에 걸린 사이비 식자들의 대화에서 이러한 아니마의 책략의 효과를 볼 수 있다. 이 남자들은 겉으로만 그럴싸한 지적인 대화에 빠진 채로 인생의 참된 결단에 관한 문제는 회피하고 있다. 그들은 인생에 대해 지나치게 많이 생각한 나머지 인생을 제대로 살아가지 못하고, 온갖 자발성이나 솟구치는 감정을 잃어버린다.

매우 빈번하게 나타나는 아니마의 표상으로는 에로틱한 공상을 들 수 있다. 남성들은 영화 또는 스트립쇼를 보거나 선정적인 사진을 보면서 공상을 키워나간다. 이것은 미성숙한 아니마의 측면이다. 그가 대인 감정을 충분히 발전시

---

5) 다른 사람을 죽음으로 몰아넣는 공주 이야기는 Johann Georg von Hahn, *Griechische und Albanesische Märchen*, vol. 1, München-Berlin, 1918, p. 301, "Der Jäger und der Spiegel der alles sieht" 에 언급되어 있다.

▲독일 영화 〈푸른 천사〉(1930)의 세 장면. 어느 근엄한 교수가 부정적인 아니마임에 분명한 나이트클럽 가수에게 빠져 신세를 망치는 이야기. 이 여자는 자기의 매력을 이용하여 이 교수를 나이트클럽의 광대가 되기까지 타락시킨다.

▼15세기 이탈리아 화가 스테파노 디 조반니의 그림. 매력적인 젊은 여성을 만나는 성 안토니우스. 이 여성에게 달린 박쥐 날개 모양의 날개는 실제로 이 여성이 악마(또한 치명적인 아니마)임을 나타낸다. 결국 이 여성은 달콤한 말로 성 안토니우스를 유혹했다.

◣프랑스 영화 〈이브〉(1962)를 홍보하는 영국의 포스터. 이 영화는 요부(프랑스 배우 잔 모로가 바로 요부로 나온다) 이야기를 다루고 있다. 이 '요부'라는 말은 남성과의 관계에서 부정적임에 분명한 아니마 노릇을 하는 '위험한' 여성을 뜻한다. 이 말은 많은 문화권에 광범위하게 퍼져 있다. 다음은 홍보 포스터에 나오는 영화 주인공에 대한 묘사인데, 멜로드라마적인 글귀이기는 하나 부정적인 아니마의 특질을 잘 묘사하고 있다.
"신비스럽고 매혹적이고, 음탕하고…… 그러나 감질나게 하는 이 여자의 깊은 곳에서 타오르는 불꽃은 뭇 남성을 파멸케 한다!"

키지 못할 경우, 다시 말해 인생에 대한 그의 감정이 유치한 상태에 머무를 경우 이러한 아니마는 강박적인 경향을 띠게 된다.

아니마의 이러한 측면은 우리가 그림자에서 관찰한 것과 똑같은 경향을 지닌다. 즉 아니마 역시 투사될 수 있다. 그래서 아니마는 남성에게 어느 특정한 여성이 지닌 성질로 인식되기도 한다. 남자가 어떤 여자를 처음 만나자마자 "이 사람이다!" 하면서 순식간에 사랑에 빠져 버리는 것은 그 여자의 모습이 그 남자의 아니마와 일치하기 때문이다. 이때 남자는 그 여자를 오래전부터 가까이 지냈던 사람으로 여기게 된다. 남들 눈에는 미친 사람처럼 보일 정도로 그는 그 여자에게 푹 빠진다. 특히 '요정' 같은 여성에게는 이렇게 아니마가 투사되기 쉽다. 그런 여성은 매력적이면서도 뭐라 정의할 수 없는 존재이다. 그래서 남성은 뭐든지 그 여성에게 투사시키고, 이를 중심으로 공상을 펼쳐 나갈 수 있는 것이다.

이처럼 갑작스럽고 정열적인 연애 형태로 나타나는 아니마 투사는 결혼에 막대한 지장을 주기도 하고, 이른바 '삼각관계' 같은 난처한 문제까지 일으킬 수도 있다.[6] 이러한 극적인 사건은 아니마가 내적인 힘이라는 사실을 본인이 인식할 때에만 해결될 수 있다. 무의식이 이런 혼란을 일으키는 데에는 숨겨진 목적이 있다. 무의식은 그 사람을 발전시키고, 무의식적 인격을 제대로 통합하여 실생활 속에 끌어들임으로써 그 사람의 존재 자체를 성숙시키고자 하는 것이다.

지금까지 아니마의 부정적인 측면을 살펴봤는데, 사실 아니마에는 그만큼 중요한 긍정적인 측면도 있다. 남성이 올바른 결혼 상대를 찾으려면 아니마의 도움을 받아야 한다. 그리고 이에 맞먹을 만큼 중요한 아니마의 기능이 또 있다. 남성이 논리적인 정신만으로는 무의식 속에 숨겨진 요소를 식별하지 못할 경우 아니마가 그를 도와서 식별을 가능하게 해 준다. 그리고 이보다 더 중요한 아니마의 역할은, 남성의 마음을 진정한 내적 가치와 조화시키고 좀더 심원한 내면의 깊숙한 곳으로 인도해 주는 일이다. 이것은 마치 마음속에 있는 '라디오'

---

6) 아니마 투사로 인해 시작되는 '잘못된 사랑'은 Eleanor Bertine, *Human Relationships* Longmans, Green & Co., 1958, p. 113sq에서 고찰되었다. 그 밖에 Dr. H. Strauss가 쓴 뛰어난 논문 "Die Anima als Projections—erlebnis", Heidelberg, 1959 참조.

남성이 자기의 지성을 지나치게 강조하는 것은 부정적인 아니마에 의한 경우가 많다. 이런 부정적인 아니마는 부정적인 여성상으로 인격화한다. 이 여성상은 전설이나 신화에서 남성에게 어떤 수수께끼를 내되, 풀지 못하면 그 남성을 죽이는 여성상으로 표현된다.

▲프랑스의 장 오귀스트 도미니크 앵그르 작 〈오이디푸스와 스핑크스〉(1808)　스핑크스의 수수께끼에 답하는 오이디푸스를 그렸다.

◣독일의 목판화 〈마법에 걸린 마부〉(16세기)　부정적인 아니마를 추악한 마녀로 보는 전통적인 관점이 잘 나타나 있다.

▼아니마는 남성의 에로틱한 공상에서 원색적이고 유치한 형태로 나타나는데, 많은 남성은 포르노 같은 것을 통해 이런 아니마에 빠진다. 현대 영국의 한 나이트클럽에서 스트립쇼를 하는 장면.

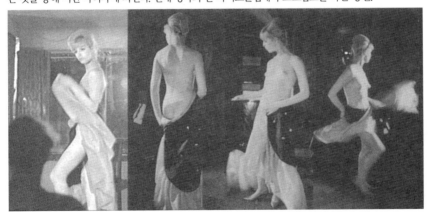

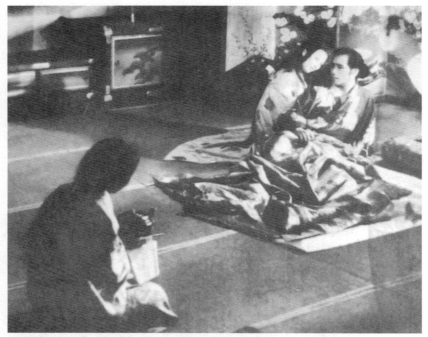

일본 영화 〈우게츠 이야기〉(1953)의 한 장면 공주의 유령에게 사로잡힌 한 남자의 이야기로, 이 공주 유령은 파괴적이고 공상적인 여성에게 투사된 아니마 이미지이다.

미국 영화 〈보바리 부인〉(1949)의 한 장면 사진은 남편(사진 왼쪽) 및 애인과 함께 있는 엠마 보바리 부인. 원작 소설인 〈보바리 부인〉에서 프랑스 작가 플로베르는 아니마 투사에 의한 '사랑의 광란'을 다음과 같이 그려낸다.

"기분에 따라 엠마는 신비한 표정을 짓는가 하면 잔뜩 들뜨기도 하고, 수다를 떨어 대는가 하면 시무룩해지기도 하고, 열정적으로 흥분하는가 하면 교만해지는 등…"

오래된 영국의 쾌속선 커티 삭호의 뱃머리에 세워져 있는 여성상　남성은 여성에게는 물론 물건에도 아니마를 투사한다. 배가 '그녀'라는 여성대명사로 불리는 것도 이 때문이다. 선장은 상징적으로 '그녀'의 남편이 된다. 이 때문에 선장은 '그녀'와 운명을 함께해야 한다. 그래서 배가 가라앉으면 선장 역시 배와 운명을 함께하는 것이다.

자동차가 마치 사랑스러운 애인인 양 다독거리고 있는 남성　자동차도 일방적으로 여성으로 취급되는 소유물의 일종이다. 즉 자동차 역시 많은 남성의 아니마 투사의 초점이 되고 있다. 배와 마찬가지로 자동차 역시 '그녀'라는 여성대명사로 불린다.

가 특정한 파장에만 동조하고 상관없는 파장은 배제함으로써 주인에게 '위대한 자'의 소리만을 들려주는 것과 같다. 바로 이 내적인 '라디오'의 수신 체계가 확립될 때 아니마는 주인을 내부 세계 및 자기에게 인도하는 안내자가 되고 중개자가 되는 것이다.[7] 앞서 소개한 샤먼의 통과 의례에 출현한 여성이 바로 이런 아니마이며, 단테의 《신곡》〈천국편〉에 나오는 베아트리체, 그 유명한 《황금나귀》의 저자 아풀레이우스의 꿈에 나타나서 그를 좀더 높고 정신적인 삶으로 이끌어 준 여신 이시스도 이런 아니마에 속한다.

　마흔다섯 살이 된 어느 심리 치료사가 꾼 꿈을 살펴보자. 그러면 아니마가

---

7) 융은 부정적 아니마를 통해 마음이 통합될 가능성을 CW, vol. XI, p. 164ff. ; vol. IX, p. 224sq. ; vol. XII, pp. 25sq., 110sq., 128에서 논했다.

어떻게 내적인 안내자가 되는지 쉽게 알 수 있을 것이다. 이 꿈을 꾼 날 밤, 잠자리에 들기 전에 그는 문득 교회에 의지하지 않고 혼자서 살아가기란 상당히 어렵다는 생각을 했다. 그리고 조직의 모성적인 보호를 받는 사람들을 부러워했다(그는 프로테스탄트 가정에서 태어났지만 철이 들고 나서는 어떤 종교에도 의지하지 않고 살아왔다). 그가 꾼 꿈은 다음과 같다.

'나는 사람들이 가득 찬 오래된 교회 복도에 있다. 어머니와 아내도 나처럼 복도에 앉아 있는데, 아무래도 특별석인 것 같다.

나는 신부 자격으로 미사를 집전하려고 한다. 커다란 미사 책을 손에 들고 있다. 하지만 미사 책이라기보다는 기도서나 시집같이 느껴진다. 잘 모르는 책이라서 읽어야 할 대목을 찾을 수가 없다. 미사를 얼른 시작해야 하는데. 나는 몹시 초조해진다. 게다가 어머니와 아내가 쓸데없이 수다를 떠는 바람에 더더욱 짜증나고 초조해진다. 오르간 연주가 끝나고 모두가 나를 기다린다. 나는 결연히 일어나서 뒤에 꿇어앉은 수녀에게 그녀의 미사 책을 빌려 달라고, 읽어야 할 곳을 가르쳐 달라고 한다. 수녀는 순순히 그렇게 해 준다. 수녀는 시종처럼 나를 제단으로 이끌어 준다. 제단은 내 왼쪽 뒤편에 있다. 측면 복도에서 제단으로 다가가는 듯한 모양새이다. 미사 책은 가로 3피트, 세로 1피트 되는 한 장의 화판 같다. 그 위에 문장과 오래된 그림이 번갈아 들어가 있다.

수녀는 내가 시작하기 전에 먼저 기도문을 읽어 주어야 했다. 아직도 나는 정확히 어디를 읽어야 할지 모르고 있다. 수녀가 15번이라고 일러 줬지만 번호가 분명치 않아서 찾을 수가 없다. 나는 마음을 굳게 먹고 신도들을 바라본다. 그때 갑자기 15번이 발견된다(뒤에서 두 번째였다). 판독할 수 있을지 없을지 모르겠지만 어쨌든 나는 다시 한번 읽어 보려고 한다. 그러다가 잠을 깬다.'

이 꿈은 꿈꾼 사람이 잠들기 전에 했던 생각에 대한 무의식의 해답을 상징적인 방법으로 제시한다. 실제로 꿈은 그에게 이렇게 말한다. "너는 너 자신의 내적 교회—영혼의 교회—를 책임지는 사제가 되어야 한다." 이 꿈은 그가 이미 어떤 조직의 긍정적인 지지를 받고 있음을 보여 준다. 요컨대 그는 교회―외부에 있는 교회가 아니라 그 자신의 영혼 속에 있는 교회―의 품속에 있다.

꿈속에서 사람들(그 자신의 온갖 자질)은 그가 사제가 되어 그 자신을 위한 미사를 집전하길 바라고 있다. 그런데 이 미사는 현실의 미사를 의미하는 것이 아니다. 꿈속에 나온 미사 책은 실제 미사 책과는 상당히 다르다. 여기에서 미사는 하나의 상징이다. 이것은 신성한 곳에서 이루어지는 희생적인 행위와, 이를 통해 신과 나누는 교감을 뜻한다. 물론 이 상징적인 해석이 누구에게나 적용되는 것은 아니지만, 적어도 이 꿈을 꾼 사람에게는 어울리는 해석으로 보인다. 이것은 전형적인 프로테스탄트식 해석이라고 할 수 있다. 까닭인즉 진정한 믿음에 따라 여전히 가톨릭교회에 속해 있는 남성은 일반적으로 교회 이미지를 통해 아니마를 경험하고, 그 성스러운 이미지가 그에게는 곧 무의식의 상징이 되기 때문이다.

이 꿈을 꾼 사람은 교회와 관련된 이런 경험을 한 적이 없었다. 바로 그렇기에 그는 꿈속에서 내적인 길을 좋아야 했던 것이다. 더구나 꿈은 그에게 어떻게 해야 할지 가르쳐 주고 있다. 꿈이 전하는 내용은 다음과 같다. "너와 어머니 사이의 긴밀한 관계와 네 외향성(외향적인 아내로 표현되고 있다)은 쓸데없는 수다로 네가 올리려는 내적인 미사를 방해한다. 그리하여 너는 혼란에 빠지고 초조해진다. 그러나 네가 수녀(내향적인 아니마)를 따른다면 수녀는 하인으로서, 또 사제로서 너를 이끌어 줄 것이다. 그 수녀는 열여섯 장(4의 네 배)의 오래된 그림으로 채워진 기묘한 미사 책을 가지고 있다. 네가 집전할 미사는 바로 너의 종교적 아니마가 나타내는 이러한 심적인 그림을 관조하는 것이다." 그러니까 이 사람이 어머니 콤플렉스에 의한 내적인 불안정성을 극복한다면 그의 생애는 종교 의례와 같은 성질을 지니게 될 것이다. 그리고 영혼의 내적 이미지가 지닌 상징적 의미에 대해 명상한다면 그 이미지가 그를 자각의 길로 인도하게 될 것임을 깨달으리라.

이 꿈에서 아니마는 본래 지니고 있는 긍정적인 모습―자아와 자기 사이의 중개자―으로 등장한다. 그림이 4×4로 배치되어 있는 것은 이 내적인 미사가 전체성을 지향하여 진행되고 있음을 암시한다. 융 박사는 마음의 중핵(자기)이 보통 그 자신을 4중 구조로 표현한다는 점을 예시한 바 있다. 또 4라는 숫자

아니마 발전 과정의 네 단계.

①첫 번째 단계에서 원시적인 여성으로 나타난다(왼쪽). 고갱 작 〈두 명의 타히티 여인〉(1899), 메트로폴리탄 미술관 소장.

②두 번째 단계에서는 이탈리아 처녀가 클레오파트라로 그려진 르네상스 시대 초상화처럼 낭만적인 미인의 모습으로 나타난다(왼쪽 아래). 피에로 디 코시모 작 〈시모네타 베스푸치의 초상〉(1480년경), 콩데 미술관 소장. 또한 그리스의 가장 아름다운 미녀 헬레네로 구현되기도 한다. 트로이의 왕자 파리스와 함께 트로이로 향하는 헬레네를 묘사한 그림(오른쪽 아래). 귀도 레니 작 〈헬레네의 납치〉(1626~29), 루브르박물관 소장.

③세 번째 단계는 성처녀 마리아로 인격화한다(오른쪽). 그림에서 보는 바와 같이 마리아가 입고 있는 옷의 붉은 색깔은 감정(혹은 에로스)을 상징한다. 그러나 이 단계에서 에로스는 신성화되어 있다. 얀 판 에이크 작 〈성모와 카논 판 데르 파엘레〉(1434~1436).

④네 번째 단계는 그리스 신화에 나오는 지혜의 여신 아테나(왼쪽 아래), 그리고 모나리자(오른쪽 아래)로 나타날 수도 있다.

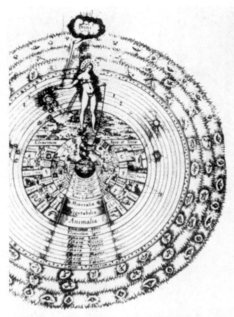

▲이승과 저승의 중개자로서 아니마를 상징적으로 표현한 그림 이 아니마상은, 머리에 열두 별의 관을 쓴 〈요한 묵시록〉의 여인.

▼페터 비르크호이저 작 〈무제〉 이 그림에는 네 개의 눈을 가진 아니마가 압도적이고 무시무시한 모습으로 그려져 있다. 네 개의 눈은 본문에 인용된 꿈에 나오는 16장의 그림과 같은 상징적 의미를 지닌다.

▲단테의 〈신곡〉 중 〈연옥〉편의 한 장면 베아트리체(아니마)가 시련을 상징하는 험준한 산길로 단테를 안내하고 있다.

▼라이더 해거드의 소설을 원작으로 한 영화 〈그녀〉(1965)의 한 장면 신비스러운 여성(아니마)이 탐험가를 산길로 안내하고 있다.

는 아니마와 관련이 있다. 융 박사가 지적했다시피 아니마는 네 단계를 거쳐 발전하기 때문이다.[8] 첫 번째 단계 아니마는 이브의 상(像)으로 가장 적절하게 상징된다. 이브의 상은 아니마 주체와의 본능적·생물학적 관계를 나타낸다. 두 번째 단계 아니마는 《파우스트》의 헬레나로 나타날 수 있다. 이때 헬레나는 로맨틱하고 미적(美的)이되, 여전히 성적인 수준에서 인격화한 아니마이다. 세 번째 단계 아니마는 이를테면 동정녀 마리아로 나타난다. 이 아니마는 사랑(에로스)을 성스러운 헌신 수준으로 끌어올린 아니마 상이다. 네 번째 단계 아니마는 사피엔티아(Sapientia)로 상징되는데, 이것은 가장 성스럽고 지순한 것까지 초월한 지혜를 의미한다. 이 단계의 아니마를 나타내는 또 다른 상징은 바로 성서 〈아가〉에 나오는 술람미 여인이다(근대인의 마음이 이 단계까

이 그림은 '영혼의 풍경'이라고 할 수 있다. 그림 왼쪽에는 흑인 나부, 즉 아니마가 앉아 있으며, 오른쪽에는 곰이 있다. 그리고 아니마 쪽에는 두 쪽으로 나뉜 나무가 있는데 이 나무는 내적인 대극이 합일되는 개성화 과정을 상징한다. 배경을 자세히 보면 빙하인 동시에 사람의 얼굴임을 알 수 있다. 이 얼굴이 바로 '자기'이다. 생명은 바로 '자기'에서 분출한다. 그런데 '자기'는 네 개의 눈을 가진 동물로 보이기도 한다. 까닭은 '자기'가 바로 본능적인 성질로부터 흘러나오는 것이기 때문이다.

지 발전하는 일은 극히 드물다. 모나리자가 이런 지혜의 아니마에 비교적 가깝다고 할 수 있다).

여기서는 어떤 종류의 상징적 요소에 자주 나타나는 4중 구조의 개념을 이렇게 지적하는 것으로 그치겠다. 그 본질적인 측면은 다음에 논할 것이다.

그런데 내적 세계의 안내자로서 아니마는 실제로 어떤 역할을 하는 것일까?

---

8) 아니마의 네 단계에 관해서는 Jung, CW, vol. XVI, p. 174 참조.

아니마의 이 긍정적인 기능은 아니마가 제공하는 감정, 기분, 기대, 공상을 남성이 진지하게 받아들여 어떤 형태—글, 그림, 조각, 악곡, 무용 등—로 정착시킬때 작용한다. 남성이 끈기 있게 꾸준히 이런 작업에 열중할 경우, 마음속 깊은곳에서 또 다른 무의식적인 소재가 솟아나와 기존 소재와 관계를 맺는다. 그런데 어떤 공상이 특정한 형태로 정착되면, 이번에는 감정 반응의 평가에 따라그것을 지적·윤리적 측면에서 검토해 봐야 한다. 이때 중요한 점은 그것을 절대적인 현실로 간주해야 한다는 것이다. 다시 말해 이렇게 정착된 이미지를 '단순한 공상'으로 치부하고 속으로 의심해서는 안 된다. 개인이 오랫동안 헌신적으로 이 작업을 실행에 옮길 때 개성화 과정은 점점 현실화되다가 마침내 본래형태를 갖추게 될 것이다.

◀중세 유럽의 '궁정풍 연애'는 성처녀 마리아 숭배에서 비롯된다. 마리아의 전형적인 중세 이미지가 바로 15세기의 마리아상과 비슷하다고 할 수 있다.
▶15세기의 방패. 기사가 귀부인 앞에 무릎을 꿇고 있고 기사 뒤에는 '죽음'이 서 있다. 기사는 자기가 사랑을 맹세하는 귀부인을 마리아처럼 순수하다고 믿었다. 이처럼 이상화한 여성관이 뒷날 이에 대립하는 마녀 신앙을 낳게 한다.

내적 세계의 안내자이자 중개자인 아니마를 묘사해 놓은 사례는 문학에서 쉽게 찾아볼 수 있다. 예를 들면 프란체스코 콜로나의 《히프네로토마키아》,[9] 라이더 해거드의 《그녀》, 괴테의 《파우스트》에 나오는 '영원한 여성' 등이 이런 아니마이다. 중세 시대 신비서(神秘書)에서 한 아니마상(像)은 자기 자신을 다음과 같이 설명한다.[10]

▲마녀의 안식일을 그린 19세기의 그림.

▼아니마가 '공인된' 인물상에 투사될 때 이 아니마는 마리아와 마녀라는 두 가지 속성을 지닌 이미지로 분리된다. 그리스도 교회(마리아로 동일시되는)와 유대 교회(여기서는 죄 많은 이브와 동일시되는)를 의인화한 이 그림은 그처럼 대립되는 양면성의 예를 잘 보여 준다.

'나는 들꽃이며 골짜기의 백합, 사랑과 공포와 지식과 거룩한 희망의 어머니입니다…… 나는 한 요소와 다른 요소를 화합케 하는 중개자. 따뜻한 것을 차갑게 하고 차가운 것을 따뜻하게 하며, 마른 것을 적시고 젖은 것을 말리고, 딱딱한 것을 부드럽게 합니다…… 나는 목사에게는 율법이요, 예언자에게는 언어요, 현자에게는 분별입니다. 나는 생명을 앗아가고 부여하는 존재이니, 내 손에서 벗어날 수 있는 것은 아무것도 없습니다.'

중세에는 종교, 시, 그 밖의 문화적

---

9) Francesco Colonna, *Hypnerotomachia Poliphili*는 Fierz-David, *Der Liebestraum des Poliphilo*, Zurich, 1947에 번역되어 실려 있다.
10) 아니마의 역할을 설명하는 이 글은 E. A. Glover가 영역한 *Aurora Consurgens* I에서 인용했다. 마리 루이제 폰 프란츠가 이를 독일어로 번역한 내용은 융의 *Mysterium Coniunctionis* vol. 3, 1958에 실려 있다.

분야에서 상당히 정신적인 분화가 이루어졌다. 그리고 무의식의 공상 세계도 전보다 훨씬 더 명확하게 알려졌다. 이 시대 남자들이 여자들에게 보였던 기사도는 곧 남자 안에 있는 여성성을 내적으로나 외적으로나 따로 분리해 내려는 시도를 의미한다.

기사는 한 여인에게 충성을 맹세하고, 이 맹세를 지키기 위해 영웅적인 행동도 불사한다. 그 여인은 그의 아니마가 인격화한 인물이다.[11] 볼프람 폰 에셴바흐의 성배(聖杯) 전설에서 성배 보유자의 이름이 '사랑의 안내자(Conduir-amour)'인 것은 대단히 의미심장하다. 여성인 이 사랑의 안내자는 여성에 대한 감정과 행위를 식별하는 방법을 주인공에게 가르친다. 그러나 세월이 흐르자 아니마와의 관계를 발전시키려는 개인적인 노력은 중단되고, 아니마의 숭고한 면이 동정녀 마리아상과 결합되면서 마리아는 무한한 헌신과 숭배의 대상이 된다. 이렇듯 아니마가 동정녀로서 순전히 긍정적인 존재로 인식되기 시작하자 아니마의 부정적인 측면은 마녀 신앙으로 표현되기에 이른다.

중국에서 마리아상에 필적하는 것이 바로 관음보살이다. 이보다 더 보편적인 아니마상으로는 '월궁항아(月宮姮娥)'가 있다. 달에 사는 이 선녀는 자기가 좋아하는 사람에게 시적·음악적 재능을 주거나 불사(不死)의 은혜까지 베풀수 있다. 인도에서 이 같은 원형은 샤크티, 파르바티, 라티 등으로 표현되며, 이슬람교에서 아니마는 주로 무함마드의 딸 파티마로 인격화한다.

아니마가 널리 인정된 종교적 이미지로서 숭배될 경우에는 심각한 손해가 생긴다. 아니마가 개인적인 특성을 상실하게 되는 것이다. 그러나 아니마가 순전히 개인적인 존재로 머물러도 위험하기는 마찬가지이다. 이때는 아니마가 외부로 투사되면서, 개인이 외부에서만 아니마를 찾으려 하는 경향이 생기기 때문이다. 그렇게 아니마를 외부에서만 찾으려고 하면 극심한 심리적 장애가 생길 수 있다. 그런 남성은 에로틱한 공상의 포로가 되거나, 현실의 한 여성에게만 강박적으로 의존하게 된다.

개성화 과정의 이 단계에서 나타나는 완전한 정체(停滯) 현상을 방지하기 위해서는, 먼저 자기의 공상이나 감정을 진지하게 받아들이려는 개인의 고통스러

---

11) 융은 기사가 귀부인을 숭배하는 이 행위를 CW, vol. Ⅵ, p. 274 및 290sq에서 고찰했다. 또한 엠마 융과 마리 루이제 폰 프란츠가 쓴 *Die Graaslegende in psycholosischer Sicht*, Zurich, 1960 참조.

운(그러나 본질적으로는 간단한) 결의가 반드시 있어야 한다. 개인이 자기의 공상이나 감정을 진지하게 받아들여야만 비로소 아니마상이 내적 현실로서 무엇을 의미하는가를 파악할 수 있기 때문이다. 이렇게 했을 때 아니마는 마침내 본모습—'자기'가 보내는 메시지를 전달하는 '내적인 여성'—을 되찾게 된다.

아니무스—마음속 남성

'아니무스'는 여성의 무의식이 인격화한 남성상이다. 아니무스는 남성의 '아니마'와 마찬가지로 긍정적인 면과 부정적인 면을 모두 지닌다. 그러나 아니무스가 에로틱한 공상이나 기분 같은 형태로 나타나는 경우는 그리 많지 않다. 그보다는 은밀하고 확고한 '성스러운 신념' 형태로 나타날 때가 많다.[1] 여성이 이러한 신념을 시끄럽고 완고한 남성적 목소리로 내세우거나, 난폭하리만치 격정적인 태도로 남에게 이 신념을 강요하려고 들 때 우리는 그 여성의 마음속 깊은 곳에 존재하는 남성성을 쉽게 발견할 수 있다. 그런데 겉으로는 매우 여성스러워 보이는 여자라도 그 마음속 아니무스는 완고하고 냉혹할 수 있다. 실제로 우리는 이따금 한 여성 속에 존재하는, 몹시 고집스럽고 차가우며 좀처럼 다가가기 힘든 어떤 속성과 돌연 마주치곤 한다.

이러한 여성의 사고 속에서 아니무스가 끊임없이 되풀이하여 제시하는 주제는 다음과 같다. "이 세상에서 내가 바라는 것은 오직 사랑뿐이다. 그런데 그는 나를 사랑해 주지 않는다." 또는 이런 주제도 있다. "이 경우에는 두 가지 가능성이 있을 뿐인데, 둘 다 나쁘기는 매한가지이다."(아니무스는 절대로 예외를 받아들이지 않는다) 아니무스가 표명하는 의견은 대개 보편적인 타당성을 지니고 있으므로 그에 반박할 수 있는 경우는 드물다. 그러나 그 의견이 개별적인 상황과 맞아떨어지는 경우도 드물다. 그 의견은 지당한 것 같은데도 알고 보면 핵심에서 벗어난 의견일 때가 많다.

---

1) 아니무스가 '성스러운 신념'으로 나타나는 현상에 관해서는 Jung, *Two Essays in Analytical Psychology*, London, 1928, p. 127ff., CW, vol. IX, chapter 3 참조. 그 밖에 Emma Jung, *Animus and Anima* ; Esther Harding, *Woman's Mysteries*, New York, 1955 ; Eleanor Bertine, *Human Relationships*, p. 128ff. ; Toni Wolff, *Studien zu C. G. Jung's Psychologie*, Zurich, 1959, p. 257ff. ; Erich Neumann, *Zur Psychologie des Weiblichen*, Zurich, 1953 참조.

부정적인 아니무스의 두 가지 이미지
◀귀부인과 죽음이 어울려 춤추는 장면을 그린 야콥 폰 빌 작 〈죽음의 무도〉(16세기).
▶저승의 왕 하데스가 자기가 유괴해 온 페르세포네와 함께 앉아 있는 그림(16세기).

남성의 아니마상이 자기 어머니에게서 영향을 받으며 형성되듯이, 여성의 아니무스는 기본적으로 자기 아버지에게서 영향을 받아 형성된다. 아버지는 자기 딸의 아니무스에 논쟁의 여지가 없는 '진정한' 신념이라는 색채를 부여한다. 그러나 그 확신에는 그 여성 자신의 참된 인격적 현실이 반영되어 있지 않다.

이 때문에 아니무스는 아니마가 그랬듯이 이따금 저승사자가 되기도 한다. 적절한 예로 다음과 같은 집시의 옛날이야기가 있다. 어느 날 외로운 여인이 꿈을 꾼다. 꿈은 장차 그녀 앞에 나타날 미남이 실은 사신(死神)이라고 경고한다. 그런데도 잠을 깬 여인은 실제로 눈앞에 나타난 잘생긴 나그네를 받아들인다. 여인은 그 남자와 며칠을 지낸 뒤 정체를 가르쳐 달라고 졸라 댄다. 그는 처음에는 자기 정체를 밝히면 여자가 죽게 될 것이라면서 거절하지만, 여인이 고집을 부리자 결국 정체를 밝힌다. 그는 바로 죽음 그 자체였다. 여인은 공포에 질려 죽고 만다.

신화학적 관점에서 본다면 이 잘생긴 나그네는 이교도적인 부친상 또는 신의 상이겠지만 여기에서는 사신(페르세포네를 유괴한 저승의 왕 하데스 같은 존재)으로 등장한다. 그러나 심리학적 관점에서 본다면 이 나그네는 특수한 형태로 등장한 아니무스이다. 이 아니무스는 현실의 인간관계로부터 등을 돌리고 남성들과의 접촉을 일체 피하라고 여성을 유혹한다. 평소에 여성이 몽상을 하면서 만들어 낸 일종의 누에고치가 인격화한 것이 바로 이 아니무스이다. 이 누에고치는 "사물은 이러저러해야 한다"는 기대와 판단으로 가득 차 있는데, 이러한 기대와 판단은 여성을 현실에서 멀어지게 만든다.

부정적인 아니무스가 꼭 사신으로만 나타나는 것은 아니다. 신화나 옛날 이

◀잔 다르크. 그녀의 아니무스(여성의 내부에 깃들어 있는 남성적인 측면)는 '거룩한 신념'으로 인격화한다. 사진은 미국 영화 〈잔 다르크〉(1948)에서 잔 다르크를 연기한 잉그리드 버그먼.

▼영국 작가 에밀리 브론테의 소설 《폭풍의 언덕》(1847)에서 주인공 히스클리프는 어떤 의미에서는 부정적이고 악마적인 아니무스상이라고 할 수 있다. 어쩌면 음침하기 짝이 없는 히스클리프는 에밀리 브론테 자신의 아니무스 이미지가 구현된 것일 것이다. 이 합성 사진에서는 미국 영화 〈폭풍의 언덕(1939)에서 히스클리프를 연기한 로렌스 올리비에가 당대의 폭풍의 언덕을 배경으로 에밀리 초상화와 마주 보고 있다.

위험한 아니무스상의 두 가지 예
◀민담 〈푸른 수염〉을 위한 프랑스의 귀스타브 도레 작 삽화(19세기). 여기에서 푸른 수염은 부인에게, 문을 열지 말라고 당부한다. 만일 이 문을 열면 푸른 수염이 죽인 전처들의 시체가 있기 때문이다. 그러나 부인은 문을 열고 전처들의 시체를 보게 되고, 결국 그들처럼 죽임을 당한다.
▶영국의 윌리엄 파웰 프리스 작 〈클로드 뒤발〉 삽화(19세기). 프랑스의 노상 강도 뒤발은 길 가는 부인을 붙잡아 강도짓을 하고는, 부인에게 춤 상대가 되어 주면 빼앗은 것을 되돌려 주겠노라고 제안한다.

야기에서 부정적인 아니무스는 도둑이나 살인자로 등장하기도 한다. 그 일례가 '푸른 수염'이다. 푸른 수염은 아내로 맞이한 여자들을 족족 죽여 비밀의 방에 숨겨 놓는다. 이런 모습을 한 아니무스는 반의식적(半意識的)이며 냉혹하고 파괴적인 모든 사고가 인격화한 것이다. 이러한 사고는 특히 그 여성이 마땅히 느껴야 할 감정을 스스로 깨닫지 못하고 있을 때에는 순식간에 그녀의 내면으로 침투한다. 이렇게 되면 여성은 자기 집안의 유산 같은 것을 생각하기 시작한다. 이러한 생각에 악의와 음모까지 곁들여지면 심지어 타산적으로 다른 사람의 죽음을 바라는 상태까지 갈 수도 있다(어느 부인은 아름다운 지중해를 바라보면서 남편에게 이렇게 말했다. "우리 둘 중에 누가 죽으면 말이죠, 나는 리비에라로 이사할 거예요." 그래도 이 생각은 부인이 직접 밝힌 것으로 보아 비교적 무해하다고 할 수 있다).

속으로 이런 은밀한 파괴적인 생각을 키워 나가다가 아내가 남편을, 어머니가 자식을 질병이나 사고나 죽음으로 몰아넣는 수도 있다. 또 이러한 생각 탓에 어머니가 자식의 결혼을 막기도 한다. 그러나 이 깊숙이 숨겨져 있는 악의가 의식의 표면으로 떠오르는 일은 극히 드물다(한 순진한 노부인이 스물일곱 살 때 익사한 아들의 사진을 나에게 보여 주면서 이렇게 말한 적이 있다. "차라리 잘됐지 뭐예요. 살아 있어 봐야 어차피 다른 여자한테 넘겨줘야 했을 테니까").

이상할 정도로 수동적인 태도, 감정 마비, 자기 존재를 거의 느끼지 못할 만큼 깊은 불안감. 이런 것들은 종종 무의식적 아니무스의 의견 표명에서 비롯된다. 여성의 존재 깊은 곳에서 아니무스는 속삭인다. "너에게는 아무 희망도 없어. 발버둥 쳐봐야 소용없어. 어차피 뭘 해도 아무 의미가 없다니까. 네 삶이 개선되는 일은 결코 없을 거야."

안타깝게도 이 인격화한 무의식 중 하나가 우리 마음을 사로잡으면, 우리 자신이 정말로 그런 생각과 감정을 갖고 있는 것처럼 느껴진다. 우리는 그런 생각과 감정이 무의식에서 비롯된 줄 모른다. 자아는 그 생각이나 감정과 동화되어 버리므로, 그로부터 분리되거나 그것의 정체를 알아볼 수도 없게 된다. 말하자면 그는 무의식에서 생겨난 이미지에 완전히 '사로잡혀' 있는 셈이다. 이 이미지에서 벗어났을 때 비로소 그는 자신의 진정한 생각이나 감정과 상반되는 엉뚱한 짓을 저질렀음을 깨닫고 두려움과 후회를 느끼게 된다. 그때까지 그는 자아

아니무스는 남성 무리로 인격화하기도 한다. 그래서 부정적인 아니무스 무리는 해적과 같은 위험한 범죄자 무리로 나타나기도 한다. 이 그림에서와 같이 해적은 불빛으로 배를 암초로 유인하여 파선하면 생존자들을 죽이고 물건을 약탈한다. 이탈리아, 18세기.

여성의 꿈에 종종 등
장하는 부정적인 아
니무스 무리는 낭만
적이면서도 위험한 범
죄자 무리의 형태로
나타나기도 한다.

▲브라질 영화 〈산적〉
(1953)의 한 장면
산적 두목을 사랑하
게 되는 여교사 이야
기를 다루고 있다.

▶헨리 푸젤리 작 〈티타
니아의 각성〉 셰익스
피어의 〈한여름 밤의
꿈〉을 형상화한 그림.
마법에 걸린 요정의
여왕이, 역시 마법에
걸려 나귀 머리를 갖
게 된 농부와 사랑에
빠진다. 이것은 여성
의 사랑만이 남성을
마법에서 구해낼 수
있다는 이야기를 희
극화한 것.

▲바그너의 오페라 〈방황하는 네덜란드인〉의 한 장면. 한 여인의 사랑을 받음으로써 저주가 풀릴 때까지 계속해서 유령선을 타고 바다를 떠돌아야 하는 선장의 이야기를 다룬 작품이다.

◀해당 오페라의 주역인 가수 프란츠 그라스.

많은 신화에서 여성의 애인은 신비에 싸여 있다. 그래서 여성은 그 애인의 모습을 보아서는 안 된다.

▼그리스 신화에서 에로스의 사랑을 받은 프시케(즉 마음)는 절대로 그의 모습을 보아서는 안 된다고 한 다짐을 어기고 결국 그의 모습을 보고 만다(왼쪽). 그래서 에로스는 프시케 곁을 떠나게 된다(오른쪽). 그 뒤 프시케는 갖은 고초를 겪은 다음에야 에로스의 사랑을 되찾게 된다.

아니무스 발전 과정의 네 단계
①첫 단계는 허구 속 영웅인 타잔처럼 육체적인 남성으로 나타난다. 조니 와이스뮬러가 주연한 영화 〈타잔〉(1932)의 한 장면(왼쪽 위).
②두 번째 단계는 어니스트 헤밍웨이 같은 전쟁 영웅(종군 기자)이나 사냥꾼 등의 '행동하는 남성' 등으로 나타난다(오른쪽 위).
③세 번째 단계는 '연설'의 명수인 로이드 조지 같은 위대한 정치가로 나타난다(왼쪽 아래).
④네 번째 단계에서는 간디와 같이 사람을 영적인 세계로 이끌어 가는 지혜로운 안내자의 모습으로 나타난다(오른쪽 아래).

와는 무관한 심리적 요인의 포로가 되어 있었던 것이다.

아니마가 그랬듯이 아니무스도 잔혹하고, 무모하고, 허황되고, 과묵하고, 완고하고, 악의적인 부정적 요소들로만 이루어진 것은 아니다. 아니무스는 아주 긍정적이고 가치 있는 측면도 지니고 있다. 이 긍정적인 측면은 창조적 행위를 통해 '자기'로 이어지는 다리를 놓아 준다. 마흔다섯 살 된 어느 여자의 꿈 이야기를 살펴보면 아마도 이 점이 뚜렷이 드러날 것이다.

'복면을 한 두 사나이가 발코니를 넘어 집으로 들어왔다. 그들은 검은 두건이 달린 옷으로 온몸을 감싸고 있었다. 그들이 여동생과 나를 괴롭히려고 했다. 동생은 침대 밑에 숨었지만 그들은 빗자루로 동생을 끌어내 괴롭혔다. 다음은 내 차례였다. 둘 중 두목처럼 보이는 사람이 나를 벽 쪽으로 떠밀더니 내 코앞에서 마술 같은 몸짓을 해 보였다. 그때 부하가 벽에다 그림을 그렸다. 나는 그 그림을 보고 (친한 척하느라) 한 마디 했다. "그림을 참 잘 그리시네요." 그러자 나를 괴롭히던 사람은 돌연 예술가 같은 표정을 지으면서 자랑스러운 듯이 "물론이지" 하고 말하더니 안경을 닦았다.'

꿈을 꾼 여성은 이 두 사나이가 지닌 가학적인 면을 잘 알고 있다. 실제로 이 여성은 종종 사랑하는 사람이 심각한 위기에 처하거나 죽을지도 모른다는 생각에 사로잡혀 심한 불안감을 느끼고 발작 증세에 시달리곤 했다. 그러나 이 꿈에서 아니무스 상이 둘로 갈라져 있다는 사실은, 두 도둑이 실은 이중적인 효과를 지닌 심리적 요인이 인격화된 존재임을 암시한다. 그러니까 그 도둑들은 꼭 자기를 해치는 존재만은 아닐 수도 있다는 뜻이다. 꿈속에서 두 사나이를 피해 도망치려던 여동생은 붙잡혀서 괴롭힘을 당한다. 실제로 이 여성의 여동생은 예술적 재능이 있었지만 그 재능을 펼쳐 보지도 못한 채 젊은 나이에 죽었다. 그런데 꿈은 이윽고 복면 쓴 도둑들이 실은 변장한 예술가들이라는 사실을 분명히 드러낸다. 꿈을 꾼 당사자가 그들의 재능(자신

인도 그림. 한 여성이 남성 초상화를 그윽한 눈길로 들여다보고 있다. 여성이 남성 초상(혹은 배우)을 좋아하는 것은 자기의 아니무스를 거기에 투사하고 있기 때문이다.

의 재능)을 인정하자 도둑들은 곧 못된 짓을 그만 둔다.

이 꿈의 깊은 의미는 무엇일까? 이 꿈은 불안감과 발작 증세 뒤편에 정말로 치명적인 위험이 도사리고 있다는 점을 암시하면서도, 또 한편으로는 꿈을 꾼 여성에게 창의성을 발휘할 가능성이 있음을 일러 주고 있다. 꿈을 꾼 여성은 여동생과 마찬가지로 화가의 재능이 있었지만, 그림을 그리는 일이 과연 자신에게 의미가 있는 일인지 의심하고 있었다. 그런데 이제는 그녀가 그 재능을 발휘할 때가 되었다는 사실을 꿈이 열심히 알려 주고 있다. 만약 이 여성이 꿈의 메시지를

▲이탈리아계 미국인 배우 루돌프 발렌티노는 생전에 수많은 여성들의 아니무스 투사의 대상이었다. 1922년의 영화.
▼1926년 그가 31세의 나이에 죽자, 장례식장은 세계 각국의 여성들로부터 날아온 조화로 뒤덮였다.

따른다면, 그 파괴적이고 고통스러운 아니무스는 창조적이고 의미 있는 행위로 바뀔 것이다.

이 꿈에서 보았듯이 아니무스는 종종 남성의 무리로 나타난다. 이로써 무의식은 아니무스가 개인적인 요소보다는 집단적인 요소를 암시하고 있음을 상징적으로 보여 준다. 아니무스가 이렇게 집단적인 사고방식을 지니고 있기 때문에 여성은 (아니무스가 그녀를 통해 소리내어 말할 때에는) 곧잘 '사람은', '그들은', 또는 '다들' 같은 표현을 쓰곤 한다. 이때 여성의 이야기는 '언제나', '반드시 ……

해야 한다'는 식의 단정적인 의미를 지니는 경우가 많다.

신화나 옛날이야기를 보면 주술에 걸려 야수나 괴물로 변한 왕자가 어느 소녀의 사랑으로 구제받는다는 이야기가 상당히 많이 나온다. 이것은 아니무스가 의식화하는 방식을 상징하는 하나의 과정이다(이 '미녀와 야수'라는 주제의 의의는 앞 장에서 헨더슨 박사가 이미 설명했다).

이런 이야기에서 흔히 여주인공은 정체를 알 수 없는 신비로운 애인이나 남편에 대해 질문을 해서는 안 된다는 제약을 받는다. 또 이야기에 따라서는 절대로 상대를 바라보면 안 된다든지, 어둠 속에서만 만나야 한다든지 하는 경우도 있다. 이것은 여주인공이 맹목적으로 상대를 믿고 사랑해야 그를 구원할 수 있다는 의미를 담고 있다. 그러나 이 시도는 결국 성공하지 못한다. 여주인공은 언제나 약속을 깨뜨려서 한 차례 실패를 경험한 다음, 길고 고통스러운 탐색과 수많은 고뇌 끝에 비로소 사랑하는 사람을 다시 만나게 된다.

실생활에서 여성이 자신의 아니무스를 접하는 과정도 마찬가지이다. 실제로 여성이 자신의 아니무스에 의식적인 주의를 기울이는 과정 또한 그렇게 길고 험난하다. 그러나 자신의 아니무스에 사로잡히는 대신 그 아니무스의 정체가 무엇인지, 아니무스가 자기에게 무슨 일을 하려고 하는지를 여성이 깨닫고서 그 현실을 직시한다면, 아니무스는 둘도 없는 내적 반려자로 변신하여 능동성, 용기, 객관성, 정신적 지혜 등등 남성적인 자질을 그녀에게 부여할 것이다.[2]

아니마가 그랬듯이 아니무스도 네 단계 발전 과정을 보인다. 맨 처음에 아니무스는 단순한 육체적 능력의 인격화로 나타난다. 이를테면 운동 경기 우승자나 근육질 남성으로 나타나는 것이다. 그리고 두 번째 단계에서는 아니무스가 주도적으로 계획하여 행동하는 능력을 드러내 보인다. 그러다가 세 번째 단계에서 아니무스는 '말씀'이 되어 교수나 목사 같은 사람으로 인격화된다. 마지막으로 네 번째 단계에 이르러 아니무스는 '의미'의 화신이 된다. 이 최종 단계에서 마침내 아니무스는 (아니마와 마찬가지로) 삶에 새로운 의미 부여를 가능케하는 종교적 체험의 중개자가 된다. 이제 아니무스는 여성의 정신적 기반을 튼튼히 다져 주고, 외적인 부드러움을 보상할 만한 보이지 않는 내적인 힘을 그녀

---

2) 여성에게 가치 있는 남성적인 자질을 공급하는 아니무스의 역할에 관해서는 융이 CW, vol. IX, p. 182sq. 및 *Two Essays*, Chapter 4에서 논한 바 있다.

에게 제공한다. 가장 발전된 형태의 아니무스는 때로는 여성의 마음과 그 시대에 필요한 정신적 개혁 사이에 다리를 놓기도 한다. 이로써 여성은 새로운 창조적 관념을 남성보다도 더 잘 수용할 수 있게 된다. 예로부터 신탁을 받는 점쟁이나 예언자 중에 여자가 많은 것도 이 때문이라고 할 수 있다. 때때로 여성의 바람직한 아니무스는 대담하게도 창의적인 생각과 관념을 드러냄으로써 남성을 자극하여 새로운 시도를 하게 만들기도 한다.

여성의 마음속에 존재하는 이 '내적인 남성'은 아니마와 마찬가지로 결혼 생활을 방해할 수도 있다. 부부 가운데 한 사람이 아니무스(아니마)에 사로잡혀 있을 때에는 특히 문제가 복잡해진다. 그 아니마 또는 아니무스가 저절로 상대를 불쾌하게 자극하는 바람에 상대도 똑같이 자신의 아니마 또는 아니무스에 사로잡혀 버리기 때문이다. 아니마와 아니무스는 언제나 대화의 질을 심하게 떨어뜨리고, 몹시 불쾌한 감정적 대립 분위기를 만들어 낸다.

앞에서 설명했듯이 아니무스의 긍정적인 측면은 진취적 정신, 용기, 진실성, 그리고 가장 높은 차원의 영성(靈性)으로 인격화할 수도 있다. 이 같은 아니무스를 통해 여성은 자신의 객관적인 문화적·개인적 상황의 저변에 깔린 경향을 체험할 수 있을뿐더러, 한층 강화된 정신적인 삶의 길을 찾을 수 있게 된다. 물론 이러한 결과가 나오려면 먼저 여성의 아니무스가 비판할 수 없는 단정적 의견을 표명하기를 그만둬야 한다. 여성은 자신의 성스러운 확신을 의심할 수 있는 용기와 내적인 마음의 넓이를 찾아내야 한다. 그래야만 자신의 무의식이 시사하는 내용 ─ 심지어 그것이 아니무스의 의견과 대립될 때에도 ─ 을 받아들일 수 있게 된다. 이때 비로소 여성은 자기(Self)의 표현을 받아들이고 그 의미를 확실히 의식적으로 이해할 수 있는 것이다.

자기—전체성의 상징

개인이 아니마나 아니무스 문제를 오랫동안 진지하게 다룬 끝에 아니마나 아니무스를 자신과 부분적으로 동일시하게 되는 폐해를 극복하면, 무의식은 다시 그 지배적인 성격을 바꾸어 새로운 상징적 형태로 나타난다. 그 형태는 바로 정신의 가장 심오한 내적 중핵인 '자기(自己)'를 드러낸다. 이 마음의 중심은 여성의 꿈에서는 일반적으로 초인적인 여성상(무녀나 마녀나 어머니 대지나 자연 또는 사랑의 여신 등)으로 인격화되고, 남성의 경우에는 스승이나 수호자(인도의 '구루(Guru)' 같은 존재), 나이 든 현자, 또는 자연의 정령 등으로 인격화된다. 다음에 소개하는 두 민담은 이러한 상(像)이 어떤 역할을 하는지 보여 준다. 먼저 오스트리아 민담을 살펴보자.[1]

'왕은 마법에 걸린 검은 공주의 시체 옆에서 하룻밤씩 파수를 보라고 병사들에게 명령한다. 그런데 매일 한밤중이 되면 죽은 공주가 벌떡 일어나 파수병을 죽여 버린다. 그래서 파수를 보라는 명을 받은 한 병사는 절망한 나머지 숲으로 도망치고 만다. 숲속에서 그는 '우리 주님이신 늙은 기타리스트'를 만난다. 이 늙은 기타리스트는 병사에게 교회 안 어디에 숨으면 되는지, 어떻게 하면 사악한 공주가 그를 해치지 못하는지 가르쳐 준다. 병사는 이렇게 신성한 도움을 받아서 공주를 나쁜 마법에서 구해 내고 마침내 공주와 결혼한다.'

여기서 '우리 주님이신 늙은 기타리스트'는 심리학 용어로 말하자면 '자기'의 상징적 화신임에 분명하다. 이 기타리스트의 도움을 받아 병사의 자아는 파멸

---

1) 오스트리아의 검은 공주 이야기는 "Die schwarze Königstochter", *Märchen aus dem Donaulande, Die Märchen der Weltliteratur*, Jena, 1926, p. 150sq. 참조.

▶'자기'—마음 전체의 내적 중심—는 꿈속에서 자기보다 나은 인물로 인격화하는 것이 보통이다. 여성의 '자기'는 고대 그리스의 어머니로 받들어지는 데메테르 같은 지혜롭고 강력한 여신으로 나타나기도 한다. 데메테르 앞에 아들 트리프톨레모스와 딸 코레가 서 있는 모습이 묘사된 대리석 부조(기원전 5세기경).

▼많은 옛이야기에 등장하는 '대모 요정'은 여성 자신이 상징적으로 투사된 이미지이다. 신데렐라의 대모 요정이 바로 이런 이미지라고 할 수 있다. 샤를 페로의《페로 동화집》속 귀스타브 도레 작 삽화.

▼역시 대모 요정이라고 할 수 있는 자비로운 노파가 소녀를 구하고 있다.《안데르센 동화》삽화.

위기에서 벗어날 뿐만 아니라, 자기 아니마의 매우 위험한 측면을 극복하고 그것을 구제하기에 이른다.

　이미 기술했듯이 여성의 마음속에서 자기는 여성상으로 인격화된다. 그 모습은 다음과 같은 에스키모 민담에 잘 나타나 있다.[2]

---

2) 에스키모 민담인 '달의 정령' 이야기는 "Von einer Frau die zur Spinne wurde"(K. Rasmussen, *Die Gabe des Adlers*, p. 121sq.를 번역한 내용)에서 따왔다.

'사랑을 잃고 슬픔에 빠져 있던 한 외로운 소녀가 어느 날 마법사를 만난다. 그는 구리로 만든 배를 타고 여행하고 있었다. 마법사는 인류에게 뭇 동물을 선물하고 사냥에서 행운을 베푸는 '달의 정령'이다. 그는 소녀를 하늘나라로 데려간다. 어느 날 달의 정령이 홀로 외출을 하자 소녀는 그의 집 가까이에 있는 조그만 집에 들어가 본다. 거기에서 소녀는 '수염이 긴 바다표범의 내장막(內臟膜)'으로 된 옷을 입은 조그만 부인을 만난다. 그 부인은 소녀에게 달의 정령을 조심하라고 말하면서 그가 소녀를 죽이려 한다고 귀띔한다(즉 달의 정령은 자꾸 여자를 죽이는 푸른 수염과 비슷하다). 이 작은 부인은 긴 밧줄을 늘어뜨려 초승달이 뜰 때 소녀가 지상으로 탈출할 수 있도록 도와준다. 초승달이 뜰 때에는 이 조그만 부인이 달의 정령의 기운을 꺾을 수 있기 때문이다. 소녀는 이제 밧줄을 타고 내려간다. 그런데 부인이 지면에 닿자마자 눈을 뜨라고 미리 충고했건만, 지면에 도착하고 나서도 소녀는 곧바로 눈을 뜨지 않았다. 그래서 소녀는 거미로 변해 버렸으며 두 번 다시 사람이 되지 못했다.'

첫 번째 이야기에 나오는 신성한 음악가는 늙은 현자, 즉 전형적인 자기의 화신이다. 이 자기의 화신은 전설에 나오는 마법사 멀린이나 그리스 신화의 헤르메스 신과 비슷하다. 또 기묘한 내장막으로 된 옷을 입은 조그만 부인도 역시 여성의 마음속에 나타나는 '자기'를 상징한다. 늙은 음악가는 주인공을 파괴적인 아니마에서 구해냈고, 조그만 부인은 에스키모의 푸른 수염(달의 정령이라는 모습을 취한 소녀 자신의 아니무스)으로부터 소녀를 지켜줬다. 하지만 소녀의 경우에는 만사가 잘 풀리지는 않았다. 이 점은 뒤에 가서 다시 살펴보겠다.

그런데 자기가 항상 늙은 남성 현자나 여성 현자의 모습으로 나타나는 것은 아니다. 이들의 역설적인 인격화는 시간의 척도로는 잴 수 없는 것, 즉 젊으면서도 늙은 어떤 존재를 표현하는 한 방법에 지나지 않는다. 다음에 소개하는 중년 남성의 꿈은 젊은이로 나타난 자기의 모습을 보여 준다.[3]

---

3) 젊으면서도 늙은 자기의 인격화에 관한 논의는 Jung, CW, vol. IX, p. 151sq에 나온다.

'한 소년이 말을 타고 도로에서 우리 집 정원으로 들어왔다(현실과는 달리 꿈속에서는 관목도 담장도 없이 정원이 도로 쪽으로 확 트여 있었다). 소년이 의도 적으로 들어왔는지 아니면 말이 그의 의지를 거스르고 멋대로 들어왔는지 나로선 알 수 없었다. 어쨌든 나는 화실로 이어지는 좁은 길에 서서 매우 반 가운 마음으로 소년을 바라보고 있었다. 잘생긴 말에 올라탄 소년의 모습은 참으로 인상적이었다.

말은 작지만 야성적인 데다 힘이 세어 보였다. 마치 에너지의 상징과 같았 다(멧돼지와 상당히 비슷했다). 거칠고 빽빽한 털은 은회색이었다. 소년은 말을 탄 채 화실과 집 사이로 나를 지나쳐 가더니 말에서 뛰어내렸다. 그러고는 아 름다운 붉은색과 주황색 튤립으로 가득 찬 화단을 밟지 않도록 주의하면서 조심스레 말을 끌고 저쪽으로 걸어갔다. 그 화단은 내 아내가 새로 만들어 놓은 것이었다(이것도 꿈속에서 일어난 일이다).'

여기에 등장하는 소년은 꿈꾼 사람 자신이다. 이 소년은 바로 생명의 재생, 창조적인 '생명의 약진(élan vital)', 모든 것이 생명과 의욕으로 충만한 새로운 정 신적 방향성을 의미한다.

사람이 자기 자신이 지닌 무의식의 가르침에 순순히 따른다면 무의식은 이 러한 선물을 꿈꾼 당사자에게 줄 수 있다. 이 선물을 받으면 단조롭고 침체돼 있던 삶은 순식간에 한없는 내적 탐색과 창조적 가능성이 충만한 삶으로 변한 다. 여성 심리에서 이러한 자기의 젊은 화신은 초능력을 지닌 소녀로 나타날 때 도 있다. 40대 후반의 어느 부인이 꾼 꿈을 한번 보자.

'나는 교회 앞에 서서 물로 길바닥을 닦고 있었다. 그러다가 고등학교에서 학생들이 나올 때쯤에 나는 그 길을 따라 달리기 시작했다. 이윽고 물이 괴 어 있는 개울에 다다랐다. 판자인지 통나무인지가 개울 위에 놓여 있었다. 그 런데 내가 그걸 밟고 건너가려는 순간, 개구쟁이 학생 하나가 펄쩍 뛰어올라 판자를 부러뜨렸다. 그 바람에 나는 물에 빠질 뻔했다. "이 멍청아!" 나는 소 리를 질렀다. 그때 개울 건너편에서는 세 소녀가 놀고 있었다. 그중 한 소녀가 나를 도와주려는 듯이 손을 내밀었다. 그 조그만 손은 나를 도와 줄 수 있을 만큼 강해 보이지는 않았지만, 그래도 나는 손을 내밀어 그 손을 잡았다. 그러자 소녀는 별로 힘도 들이지 않고 나를 잡아당겨 개울 건너편으로 끌어올려 주었다.'

이 꿈을 꾼 부인은 종교적인 사람이었다. 그러나 꿈에 따르면 부인은 더 이상 교회(프로테스탄트)에 남아 있을 수 없다. 실제로 부인은 교회에 출입할 가능성을 잃어버린 모양이다. 그래도 부인은 교회로 향하는 길을 보기 좋게 깨끗이 닦아두느라 애쓰고 있지만 말이다. 꿈속에서 부인은 물이 괴어 있는 개울을 건너야 한다. 이처럼 개울물이 흐르지 않고 괴어 있다는 사실은 미해결된 종교 문제 때문에 생명의 흐름이 침체되고 있음을 보여 준다(개울을 건넌다는 것은 어떤 태도의 근본적인 변화를 표현하는 데 흔히 쓰이는 상징적 이미지이다). 꿈에 나온 학생들은 오래전에 자기가 품고 있던 생각의 화신인 것 같다고 부인은 해석을 했다. 그녀는 고등학교에 들어가면 자신의 정신적 갈망을 충족시킬 수 있으리라고 믿었던 것이다. 하지만 꿈은 부인의 그런 생각에 그다지 동의하지 않는다.

남성의 꿈에서 '자기'는 흔히 '늙은 현자'의 모습으로 인격화한다.
왼쪽: 아서왕 전설에 나오는 마법사 멀린의 모습이 그려진 영국의 필사본(14세기).
가운데: 노(老)현자 구루의 모습이 그려진 인도 그림(18세기).
오른쪽: 융 박사 자신의 꿈속에서 날개 달린 노인이 열쇠를 들고 나타났다고 한다. 융 박사의 말에 따르면, 꿈속의 노인은 '놀라운 통찰'을 상징한다.

'자기'는 일반적으로 그 사람 생애에서 가장 중요한 일을 경험할 즈음에 꿈속에 나타난다. 한 사람에게 생기는 결정적인 변화는 종종 물을 건너는 행위로 상징되는 경우가 많다.

▲한 국가의 운명을 바꾸어 놓은 실제의 강 건너기로는 미국 독립전쟁 당시 델라웨어 강을 건넌 조지 워싱턴이 있다. 토머스 설리 작 〈델라웨어 도강〉(1819).

▶바다를 건너는 것으로 상징되는 또 하나 중요한 사건으로, 1944년 6월에 연합군이 감행한 노르망디 상륙 작전.

'자기'가 항상 고상한 '노인'으로만 인격화하는 것은 아니다.

▼'자기'가 당당한 젊은이로 나타난 꿈 그림. 페터 비르크호이저 작. 화가가 이 그림을 그리는 동안 다른 연상과 관념이 무의식에서 떠올랐다. 젊은이의 네 팔은 마음의 전체성의 특성을 나타내는 '4위(四位)'의 상징을 연상시킨다. 젊은이 앞에서는 꽃이 피고 있다. 젊은이는 밤의 세계(즉 무의식의 세계)에서 왔기 때문에 검다.

부인이 개울을 혼자 건너려고 할 때 그녀를 도운 것은 바로 자기의 화신, 즉 작지만 강한 초능력을 가진 소녀였다.

그런데 자기를 표현하는 인간의 모습이 젊거나 늙거나 하는 것은 결국 자기가 꿈이나 환상에 나타나는 수많은 방식 중 하나일 뿐이다. 그 연령이 천차만별이라는 사실은 자기가 한평생을 우리와 함께 보내고, 또 우리가 의식적으로 인지하고 있는 생명의 흐름을 초월하는—즉 우리가 시간을 경험하는 방식을 초월하는—존재가 곧 자기임을 보여 준다.

자기는 우리의 의식적인 시간 경험(우리 시공의 차원)에 포함되지 않을 뿐만 아니라 언제 어디에나 동시에 흩어져 존재한다. 더구나 자기는 종종 공간적으로 편재(遍在)하는 존재로서 출현한다. 말하자면 때로는 거대한 상징적 인간으로 온 우주를 껴안거나 감싸고 있는 존재로서 나타나기도 한다. 만일 개인의 꿈에 이 이미지가 등장한다면, 고난을 극복하기 위해 가장 중요한 마음의 중핵이 활동을 개시했으므로(다시 말해 모든 존재가 하나로 뭉쳤으므로) 그 갈등에 대한 창조적인 해결이 시작됐다고 볼 수 있다.

오늘날의 많은 사람들은 꿈속에서 '자기'를 출중한 역사적 인물로 인격화한다. 남성의 꿈에서는 알베르트 슈바이처(왼쪽 위)나 윈스턴 처칠(오른쪽 위)이 자주 인격화하고, 여성의 꿈에서는 엘리너 루스벨트(왼쪽 아래)나 영국 여왕 엘리자베스 2세(오른쪽 아래)로 자주 나타난다. 이것은 융학파의 분석가들이 알아낸 사실이다.

'우주적 인간'은 전 우주를 포괄하고 인격화하는 대단히 통이 큰 이미지이다. 이 '우주적 인간'은 신화나 꿈에 자주 나타나는 '자기'의 표상이다.

◀17세기 영국의 철학자 토머스 홉스의 저서 《리바이어던》의 표지. 거대한 리바이어던의 몸은 홉스가 그린 이상 사회 '공화국'의 구성원들로 이루어져 있다. 이 이상 사회의 구성원들은 스스로 자기네 사회의 중심이 되는 군주를 뽑는다. 그래서 리바이어던이 왕관을 쓰고, 손에는 칼과 왕권을 상징하는 봉을 들고 있다.

◥고대 중국의 '우주적 인간상'인 반고. 이 우주적 인간(최초의 인간)이 나뭇잎에 싸여 있는 것은 그가 자연 속에서 자재한 존재임을 나타낸다.

▶18세기 인도 채색 필사본에 나오는 그림. 우주적 사자 여신이 태양을 들고 있다. 이 사자 이미지에는 수많은 인간, 짐승들이 그려져 있다.

　이 같은 우주적 인간(cosmic man)의 상이 수많은 신화나 종교 교의에 나타나는 것도 놀라운 일은 아니다. 이 우주적 인간은 대개 유익하고 긍정적인 존재로 표현된다. 성서의 아담이나 페르시아의 가요마르트(Gayomart)나 힌두의 푸루샤(Purusha)가 바로 이런 존재이다. 이 상은 세상의 기본 원리로 간주될 때도 있다. 예를 들면 중국의 반고(盤古)가 그렇다.[4] 고대 중국인은 만물이 창조되기 전에 반고라는 거대한 신인이 있었는데, 이 반고가 하늘과 땅에 형태를 부여했다고 믿었다. 반고가 울자 눈물이 떨어져 황허강과 양쯔강이 되고, 숨을 쉬자 바람이 불고, 말을 하자 천둥이 치고, 주위를 둘러보자 번개가 번뜩인다. 반고가 기뻐하면 날씨가 맑고, 반고가 슬퍼하면 구름이 하늘을 덮는다. 이윽고 반고가 숨을 거두자 그 육체가 갈라져 중국의 성스러운 다섯 산, 즉 오악(五岳)이 된다. 머리는 동쪽의 타이산(泰山)이 되고, 몸은 가운데의 쑹산(嵩山)이 되고, 오른손은 북쪽의 헝산(恒山)이 되고, 왼손은 남쪽의 헝산(衡山)이 되며, 발은 서쪽의 후아산(華山)이 되는 것이다. 그리고 그의 두 눈은 해와 달이 된다.

지금까지 우리는 개성화 과정과 관련된 상징적인 구조가 숫자 4라는 주제에 근거하고 있음을 살펴봤다. 의식의 기능도 네 가지이고, 아니마나 아니무스도 네 단계를 거쳐 발전한다. 이 4라는 주제는 반고의 우주적인 형태로도 나타나고 있다. 4 말고 다른 수의 조합이 '자기'를 상징하는 심리적 소재로 등장하는 일은 오직 특수한 경우에 한해서만 발생한다. 손상되지 않은 자연 그대로의 마음의 중핵은 4중(重) 구조로 표현된다는 특징을 지닌다. 다시 말해 넷으로 구분되거나 4, 8, 16 같은 수열(數列) 구조로 되어 있다. 특히 16은 4의 4배이기 때문에 매우 의미심장하다.

서양 문명에서 이 같은 우주적 인간은 아담이라는 최초의 인간을 상징하는 개념으로 나타난다.[5] 유대교 전설에 따르면 하느님은 세상의 네 모퉁이에서 모은 붉은색, 검은색, 하얀색, 노란색 흙으로 아담을 만들었다고 한다. 그리하여 아담은 "세계의 한쪽 끝에서 다른 쪽 끝까지 이르게 된" 것이다. 아담이 몸을

---

4) 반고 신화는 Donald A. MacKenzie, *Myths of China and Japan*, London, p. 260 및 H. Maspero, *Le Taoisme*, Paris, 1950, p. 109에 나온다. 그 밖에 J.J.M. de Groot, *Universismus*, Berlin, 1918, pp. 130~31 ; H. Koestler, *Symbolik des Chinesischen Universismus*, Stuttgart, 1958, p. 40 ; Jung. *Mysterium Coniunctionis*, vol. 2, pp. 160~61 참조.

5) 우주적 인간 아담에 관한 이야기는 August Wünsche, *Schoöpfung und Sündenfall des ersten Menschen*, Leipzig, 1906, pp. 8~9 및 p. 13; Hans Leisegang, *Die Gnosis*, Leipzig : Krönersche Taschenausgabe 참조. 심리학적 해석에 관해서는 Jung, *Mysterium Coniunctionis*, vol. 2, Chapter 5, pp. 140~99; 및 CW, vol. XII, p. 346sq. 참조. 중국의 반고, 페르시아의 가요마르트, 성서의 아담 전설은 서로 역사적으로 관련되어 있을지도 모른다. Sven S. Hartmann, Gayomart, Uppsala, 1953, pp. 46, 115 참조.

구부리면 머리는 동쪽에 이르고 다리는 서쪽에 이른다. 또 다른 유대교 전설을 보면 온 인류는 태초부터 아담 속에 포함되어 있다고 한다. 그러니까 지금까지 태어났고 앞으로 태어나게 될 모든 인간의 영혼이 아담 속에 포함되어 있다는 뜻이다. 개개인의 영혼이 한 가닥 실이라면 아담의 영혼은 '무수한 실을 꼬아서 만든 심지'인 셈이다. 이 상징적인 표현에는, 개인의 단위를 초월하여 모든 인간 존재를 전체적인 하나로 보는 개념이 뚜렷이 나타나 있다.

고대 페르시아 사람들은 이러한 최초의 인간을 가요마르트라고 불렀다. 가요마르트는 빛을 내는 거대한 상으로 표현된다. 가요마르트가 죽자 그의 육체는 온갖 종류의 금속으로 바뀌었고, 그의 영혼은 금이 되었다. 흙 위로 떨어진 그의 정액에서는 두 그루 대황(大黃)처럼 생긴 최초의 인간 부부가 솟아난다. 중국의 반고도 식물처럼 잎에 싸인 모습으로 그려지는 것은 주목할 만하다. 이런 표현은 '최초의 인간'이 저절로 생겨난 생명 단위로, 동물적 충동이나 자기 의지 없이 존재하고 있었음을 나타내는 듯하다. 티그리스 유역에 살고 있는 사람들은 오늘날까지도 아담을 전 인류의 '초영혼(超靈魂)' 또는 신비로운 '수호신(守護神)'으로 섬기고 있다.[6] 이들은 아담이 대추야자나무에서 태어났다고 생각한다. 여기에서도 식물 주제가 되풀이해 나타나고 있다.

동양 사람들과 서양의 그노시스파 사람들은 이 우주적 인간이 구체적인 외적 실체가 아니라 내적인 마음의 이미지라는 점을 알고 있다. 예를 들어 힌두교 전통에 따르면 우주적 인간은 개인 안에 존재하는 것으로, 인간 내부에서 유일하게 영생불멸한 존재이다. 이 내적인 위대한 인간은, 태어나서 고통스러워하는 인간을 거기서 끌어내어 근원적인 영원의 세계로 되돌림으로써 인간을 구제한다. 그러나 이러한 구제는 인간이 마음의 잠에서 깨어나 그 위대한 인간(우주적 인간)을 인식하고 그 인도를 받을 때에만 가능하다. 고대 인도의 상징적인 신화에서는 이 이미지가 푸루샤라는 이름으로 알려져 있다. 푸루샤는 인간 또는 사람을 뜻한다. 푸루샤는 모든 개개인의 마음속에 살면서 동시에 온 우주를 채우는 존재이다.

많은 신화에 따르면 이 우주적 인간은 모든 생명의―모든 창조의―시작일

---

6) 대추야자나무에서 태어난 '초영혼'이 바로 아담이라는 개념은 E. S. Drower, *The Secret Adam : A Study of Nasoraean Gnosis*, Oxford : Clarendon Press, 1960, pp. 23, 26, 27, 37에 설명돼 있다.

◀창세 신화를 그린 짐바브웨의 암벽화. 최초의 인간(달)이 지상에 살 생물을 낳기 위해 새벽별 및 저녁별과 짝짓고 있다. '우주적 인간'은 아담과 같은 최초의 인간으로 자주 그려진다. 그리스도 역시 '자기'의 인격화인 이러한 이미지와 동일시되어 왔다.
▶독일 화가 그뤼네발트의 그림(15세기). 그리스도상을 '우주적 인간'에 걸맞은 장엄한 모습으로 묘사했다.

뿐만 아니라 최종 목표이기도 하다. 중세의 현자 마이스터 에크하르트는 이렇게 말했다. "밀은 모든 곡물의 성질을 의미하고 금은 모든 재보의 성질을 의미한다. 그리고 인간은 모든 생성을 의미한다."[7] 이 견해는 심리학적 관점에서 봐도 타당하다. 개인의 모든 내적 심리 현실은 궁극적으로 이 원형적 상징—자기—을 지향한다.

　이 사실을 실제적인 용어로 말하자면, 인간 존재는 개개의 개인적 본능—즉 배고픔, 권력, 성, 적자생존, 종의 보존 같은 일정한 목적에 부합하는 메커니즘만 가지고는 만족스럽게 설명될 수 없다. 왜냐하면 인간의 주된 목적은 먹는 것도 마시는 것도 아니라 인간이 되는 것이기 때문이다. 우리의 내적 심리 현실

---

7) 마이스터 에크하르트의 이 말은 F. Pfeiffer, *Meister Eckhardt*, trans. C. de B. Evans, London, 1924, vol. II, p. 80에서 인용했다.

'고귀한 남녀'(마음의 전체성과 '자기'의 상징적인 이미지)의 예.

▲숲속에서 어울린 힌두의 신 크리슈나와 라다.

◀양성적으로 합일한 시바와 파르바티를 표현한 인도 조각상(3세기).

▶이 그리스 두상(頭像)에 기묘한 양면성(양성구유성)이 있다고 융 박사가 지적한 바 있다. 그는 이 두상의 소유자에게 보낸 편지에 '이 두상은 아도니스와 탐무즈 그리고…… 발드르의 생김새가 그러하듯이, 양성의 우아함과 매력을 겸비하고 있습니다'라고 썼다.

은 단순한 본능적 욕망을 초월해 살아 있는 신비를 드러내고자 한다. 그것은 오직 상징을 통해서만 표명되는데, 이를 표현하려고 무의식은 종종 강력한 우주적 인간의 이미지를 선택한다.[8]

우리 서양 문명권에서는 이 우주적 인간이 상당 부분 그리스도와 동일시되고 있으며, 동양에서는 크리슈나(Krishna)나 부처와 동일시된다. 《구약성서》에서 이와 비슷한 상징적 이미지는 '사람의 아들'로 나타나는데, 후세 유대교 신비주

---

8) 우주적 인간에 관한 융의 견해는 CW, vol. IX의 part 2, p. 36sq ; CW, vol. XI의 "Answer to Job" ; CW, vol. XI ; *Mysterium Coniunctionis*, vol. 2, p. 215sq. 참조. 또한 Esther Harding, *Journey into Self*, London, 1956도 참조.

▲'신성한 돌'을 섬기는 오스트레일리아 원주민. 이들은 이 돌에 죽은 사람들의 혼이 들어 있다고 믿는다.

▼로마 시대 이전 켈트족의 곰 여신 아르티오 조각상. 스위스 베른에서 발굴. 다분히 모성의 여신인 이미지는, 본문에서 소개한 꿈 이미지 속 암곰과 닮았다. 즉 두 이미지는 상징적으로 대응한다.

◀암수 사자로 그려진 상징적인 왕족 부부. 연금술 필사본(17세기).

의에서는 이 인물이 아담 카드몬(Adam Kadmon)이라고 불린다.[9] 그리고 그보다 나중에 나타난 고대 종교 단체들은 그를 그저 '안트로포스(Anthropos, 그리스어로 '인간'이라는 뜻)'라고 불렀다. 모든 상징이 그렇듯이 이 이미지도 우리가 알 수 없는 비밀, 즉 인간 존재의 궁극적인 미지의 의미를 나타내고 있다.

지금까지 검토해 봤듯이, 어떤 문화 전통에 따르면 우주적 인간은 창조 행위의 목표가 되고 있다. 그러나 이 목표를 달성하는 것이 외적으로 가능한 일이라고 생각해서는 안 된다. 힌두교의 관점에서 보자면 외부 세계가 언젠가 근원적인 '위대한 자'에게 융합되어 버리는 것이 아니다. 그보다는 오히려 외부 세계

---

9) 아담 카드몬은 Gershom Sholem, *Major Trends in Jewish Mysticism*, 1941 및 Jung, *Mysterium Coniunctionis*, vol. 2, p. 182sq에 설명되어 있다.

를 향한 자아의 외향성이 우주적 인간에게 길을 열어 주기 위해 소멸하고 마는 것이다. 이 현상은 자아가 자기 속으로 통합될 때 일어난다. 자아 표현의 산만한 흐름(한 생각에서 다른 생각으로 옮겨 가는 것)이나 자아의 욕망(한 대상에서 다른 대상으로 옮겨 가는 것)은 우리 내면의 위대한 자를 만남으로써 진정된다. 외부 세계는 우리가 그것을 의식적으로 지각하는 범위 안에서만 존재한다는 사실을 우리는 잊어서는 안 된다. 아울러 외계의 현실이 '그 자체로, 그것만으로' 존재한다는 것을 우리가 증명할 수 없다는 사실도 잊어서는 안 된다.

방패에 비친 메두사
꿈 이미지에서 '거울'은 개인을 개관적으로 '비추는' 무의식을 상징한다. 거울은 이로써 꿈꾼 사람이 지금껏 접하지 못했던 자신의 모습과 만나게 한다. 사람은 무의식을 통해서만 이러한 관점에 이를 수 있다. 거울은 메두사의 모습이 비친 페르세우스의 방패와 같다. 메두사는 보는 사람을 돌로 만들어 버리기 때문에 페르세우스는 메두사를 직접 보지 못하고 아테나 여신에게 빌린 방패로 비추어 볼 수밖에 없었다. 이탈리아 화가 카라바조 작 〈메두사〉(1597).

다양한 문명권에서 여러 시대에 걸쳐 생겨난 수많은 사례들은 이 위대한 자의 상징이 얼마나 보편적인지를 보여 준다. 위대한 자의 이미지는 우리 삶이 지닌 근본적 신비의 목표나 표현으로서 사람들 마음속에 나타난다. 이 상징은 전체성과 완전성을 나타내기 때문에 자주 양성적(兩性的) 존재로 인식되기도 한다. 이렇게 양성적인 형태를 통해 상징은 심리적 대립물 중에서도 가장 중요한 짝 가운데 하나인 남성과 여성을 화해시킨다. 이러한 통합이 꿈속에서는 종종 신이나 왕처럼 비범한 남녀의 결합(부부)으로 나타난다.[10] 마흔일곱 살 된 어느 남성의 다음과 같은 꿈은 '자기'의 이러한 측면을 아주 극적인 방법으로 드러내 보인다.

---

10) 왕과 왕비의 상징은 Jung, CW, vol. XVI, p. 313 및 *Mysterium Coniunctionis*, vol. 1, pp. 143, 179와 vol. 2, pp. 86, 90, 140, 285에서 고찰되었다.

'나는 높은 곳에 있다. 아래쪽에 크고 잘생긴 까만 암곰이 보인다. 암곰의 털은 거칠지만 손질이 잘되어 있다. 곰은 뒷다리로 석판을 딛고 서서, 납작한 계란 모양의 검은 돌을 갈고 있다. 그 돌은 점점 반들반들해지고 빛이 난다. 그리 멀지 않은 곳에서 암사자도 새끼들과 함께 똑같은 행동을 하고 있다. 그러나 사자들이 갈고 있는 돌은 좀더 크고 둥글다. 잠시 후 곰은 검은 머리카락과 반짝이는 검은 눈을 가진 벌거벗은 뚱뚱한 부인으로 변한다. 나는 약간 에로틱한 몸짓을 해서 부인을 유혹한다. 그러자 부인이 갑자기 나를 잡으려고 달려온다. 나는 겁이 나서 내 앞에 있는 노대(露臺) 위로 도망친다. 그 뒤 나는 여러 부인들에게 둘러싸인다. 부인들 중 절반은 풍성한 흑발을 지닌 원시인이다(마치 동물이 이제 막 인간으로 변신한 것 같다). 나머지 절반은 우리와 비슷해서(말하자면 꿈꾼 사람과 국적이 같아서) 머리카락이 금색 또는 갈색이다. 원시인 여성들은 아주 감상적인 노래를 우울하게 높은 목소리로 부른다. 이때 매우 아름다운 마차를 탄 젊은 남자 하나가 다가온다. 그는 번쩍이는 루비가 달린 금관을 머리에 쓰고 있다. 참으로 아름다운 광경이다. 옆자리에는 아름다운 금발 여성이 앉아 있다. 그의 아내 같지만 왕관은 쓰지 않았다. 아까 본 암사자와 새끼들이 이 부부로 변신한 것 같다. 그러니까 이 젊은 남녀는 원시인 무리에 속한다. 이윽고 모든 여성들(원시인과 문명인 부인들)이 한데 어울려 장엄한 노래를 부른다. 왕의 마차는 천천히 지평선으로 나아간다.'

꿈을 꾼 사람이 지닌 마음속의 핵심이 여기서는 먼저 왕과 왕비 이미지로 등장한다. 이것은 꿈을 꾼 사람의 무의식 속에 있는 동물적인 미개한 층(層)에서 나온 이미지이다. 맨 처음에 나타난 암곰은 어머니와도 같은 여신이다(예를 들어 그리스 신화에 나오는 아르테미스 여신은 암곰 형태로 숭배되기도 한다). 암곰이 갈고 있던 검은 계란형 돌은 꿈꾼 사람의 가장 내적인 존재, 즉 그의 진정한 인격을 상징하는 듯하다. 돌을 문지르거나 갈거나 하는 행위는 아주 오랜 옛날부터 인간이 했던 행위로서 익히 알려져 있다. 실제로 나무껍질에 싸인 채 동굴 속에 감추어져 있던 성스러운 '돌'이 유럽 곳곳에서 발견되고 있다. 아마도 석기 시대 인류가 신성한 힘을 가진 사물로서 이런 돌들을 동굴에 감춰 둔 것으로 보인다. 지금도 오스트레일리아 원주민 중에는, 죽은 조상이 고귀하고 신성한 힘으로 돌 속에 존재하고 있다고 믿는 종족이 있다. 이들은 돌을 문지르면 조상의 힘이 강화되어(마치 전기를 충전하는 것처럼) 산 자에게도 죽은 자에게도 복을 가져다준다고 믿는다.

꿈을 꾼 남자는 결혼을 거부하고 있었다. 여성과 함께하는 삶을 받아들이지 못했던 것이다. 그런 삶에 구속될까 봐 두려웠기 때문에 꿈속에서 그는 암곰을 피해 노대 위로 도망친다. 그 위에서는 귀찮은 일에 휩쓸리지 않고 수동적으로 사태를 관망할 수 있기 때문이다. 그러나 곰이 돌을 갈고 있다는 주제를 통해 무의식은 삶의 이러한 측면과도 접촉해야 한다는 점을 그에게 상기시키고 있다. 즉 그의 내적인 존재는 결혼 생활에서 생겨나는 마찰을 통해 비로소 어떤 모습으로든 연마되리라는 것이다.

돌이 연마되면 거울처럼 빛난다. 곰은 그 돌에 자기 모습을 비추어 볼 수 있다. 그러니까 인간은 세상과 접촉하고 이에 따르는 고뇌를 수용해야지만 자기 영혼을 하나의 거울로 바꿀 수 있으며, 그 거울을 통해서 신성한 힘은 자기 모습을 볼 수 있다는 뜻이다. 그러나 꿈을 꾼 사람은 높은 장소로 도망치고 만다. 즉 자기 삶의 요구를 외면하게 해 주는 갖가지 생각 속으로 도피해 버리는 것이다. 하지만 꿈은 계속해서, 그가 삶의 요구에서 도망친다면 그의 영혼(아니마)의 일부가 분화되지 않은 채로 남게 될 것임을 보여 준다. 이 사실은 정체를 알 수 없는 부인들이 절반은 원시인, 절반은 문명인으로 나뉘어 있다는 점에서 상징적으로 드러난다.

이 장면에 등장하는 암사자와 새끼들은 그들이 둥근 돌을 갈고 있다는 점에서도 알 수 있듯이, 개성화를 지향하는 신비로운 힘을 인격화하고 있다(둥근 돌은 자기의 상징이다).[11] 사자는 동물의 왕이다. 그러므로 이 왕과 왕비는 그 자체가 전체성의 상징이다. 중세 시대 상징체계에서 '현자의 돌(인간의 전체성을 나타내는 최고의 상징)'은 암사자와 수사자, 또는 사자를 타고 있는 인간 부부로 표현된다. 상징적으로 말하자면 이것은 곧 개성화에 대한 요청이 종종 은밀한 형태로 나타난다는 것을 뜻한다. 그 요청은 한 사람이 다른 사람에게 느끼는 압

---

11) 자기를 상징하는 돌에 관해서는 Jung, *Von den Wurzeln des Bewusstseins*, Zurich, 1954, pp. 200sq., 415sq. 및 449sq. 참조.

도적인 정열 속에 은폐되어 있다(자연스러운 사랑의 기준에서 벗어난 크나큰 정열은 신비로운 전체성의 달성을 궁극적인 목표로 삼는다. 바로 그렇기에 열정적인 사랑에 빠진 사람은 상대와 하나가 되는 것만이 삶의 유일한 목표라고 느끼게 된다).

이 꿈에서 전체성의 이미지가 한 쌍의 사자 형태로 표현되고 있는 이상, 꿈을 꾼 당사자의 전체성은 여전히 그렇게 강한 열정에 사로잡혀 있는 셈이다. 그러나 사자 암수가 왕과 왕비로 바뀔 경우에는 개성화를 촉진하는 힘이 의식적으로 실현되는 수준에 이른다. 이때 비로소 자아는 그것을 삶의 진정한 목표로 이해할 수 있게 된다.[12]

사자가 인간으로 변하기 전에는 원시인 여성들만이 노래를 부르고 있었다. 그 여성들은 감상적으로 노래를 불렀다고 한다. 이는 꿈을 꾼 사람의 감정이 미숙하고 감상적인 수준에 머물러 있음을 의미한다. 그러나 잠시 후 사자가 인간으로 화한 것을 축하하면서 원시인과 문명인 여성들은 한목소리로 노래를 부른다. 이처럼 결합된 형태로 나타나는 감정 표현은 바야흐로 아니마의 내적 분열이 내적 조화로 변화하고 있음을 보여 준다.

한 여성의 이른바 적극적 상상에 대한 보고에서도 우리는 또 다른 자기의 화신을 찾아볼 수 있다. 참고로 적극적 상상이란 상상을 하면서 명상하는 한 방법인데, 이를 통해 개인은 의도적으로 무의식과 접촉하고 심리 현상과 의식적인 관련을 갖는다. 이러한 적극적 상상은 융 박사가 발견한 것들 중에서도 가장 중요한 축에 속한다. 이 명상법은 동양의 명상 방법인 선(禪)이나 탄트라 요가, 또는 서양 제수이트회의 영적 수련법인 '영신 수련(Exercitia)' 등과 비교되기도 하지만, 명상가가 어떤 의식적인 목표나 계획도 갖고 있지 않다는 점에서 다른 방법들과는 근본적으로 다르다. 적극적 상상에 의한 이 명상은 자유로운 개인의 고독한 실험이다. 따라서 남에게 지도를 받으면서 무의식에 정통해지려는 시도와는 전혀 다르다. 하지만 이 자리에서 적극적 상상을 세세히 분석할 수는 없는 노릇이니, 자세한 것은 융 박사가 쓴 논문 〈초월 기능 *The*

---

12) 개성화 충동이 의식적으로 자각될 때 생겨나는 문제점은 Jung, CW, vol. XII ; *Von den Wurzeln des Bewusstseins*, p. 200sq. ; CW, vol. IX, part 2, pp. 139sq., 236, 247sq., 268 ; CW, vol. XVI, p. 164sq에서 고찰되고 있다. 그 밖에 CW, vol. VIII, p. 253sq. 및 Toni Wolff, *Studien zu C. G. Jung's Psychologie*, p. 43, 특히 Jung, *Mysterium Coniunctionis*, vol. 2, p. 318sq.를 참조.

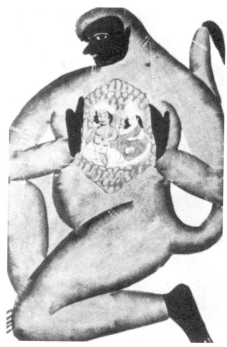

'자기'는 흔히 은혜로운 동물로 나타난다.
◀가슴속에 시바와 파르바티 신을 모신 힌두 원숭이 하누만.
◀그림 형제의 동화 〈황금새〉에 나오는 마법의 여우.
▶미국의 텔레비전 프로에서 인기를 모았던 영웅적인 개 '린틴틴'.

Transcendent Function〉[13]을 참조하기 바란다.

그 여성의 명상에서 '자기'는 한 마리 사슴으로 출현해 자아에게 이렇게 말한다.

"나는 그대의 아이이자 그대의 어머니입니다. 사람들은 나를 가리켜 '맺어주는 동물'이라고 합니다. 나는 어디든 들어가기만 하면, 사람이나 동물은 물론이고 돌멩이까지도 맺어 줄 수 있기 때문입니다. 나는 그대의 운명이며 '객관적인 나'입니다. 내가 모습을 드러내는 것은 무의미한 생명의 위험에서 그대를 구제하기 위해서입니다. 내 안에 타고 있는 불꽃은 자연 전체 안에서도 타고 있습

---

13) CW, vol. Ⅷ 참조.

니다. 그것을 잃어버린 사람은 자기중심적이고 초라하고 방향성도 없는 허약한 사람이 됩니다."

자기는 종종 동물로 상징되면서, 우리의 본능적인 성질 및 주변 환경과의 연관성을 보여 준다(그래서 신화나 옛날이야기에 인간을 돕는 동물이 자주 등장하는 것이다). 자기가 주변의 자연 환경은 물론이고 우주 전체에 대해서까지 연관을 맺는 것은, 우리 마음의 '중핵'이 어떤 의미에서는 외적으로나 내적으로나 세계 전체와 연결되어 있기 때문일 것이다. 좀더 높은 차원에서 이루어지는 생명의 현현(顯現)은, 그것을 둘러싸고 있는 시간 및 공간의 연속성과 조화를 이루고 있다. 예컨대 동물에게는 나름대로 특정한 영역이 있고, 특정한 먹이와 집을 짓는 특정한 재료가 있다. 이 모든 것에 그들의 본능적인 패턴은 정확히 조화를 이루며 적응하고 있다. 시간의 리듬 역시 중요한 역할을 한다. 초식동물 대부분은 풀이 가장 풍부할 때 새끼를 낳는다는 사실만 보아도 그렇다. 이 점을 주목한 어느 유명한 동물학자는 동물의 '내적 성질'이 그를 둘러싼 환경의 극한까지 확장되어 시간과 공간을 '정신화(psychify)'한다고 주장한다.[14]

우리의 무의식도 이와 마찬가지이다. 우리가 도저히 이해할 수 없는 방법으로, 무의식은 우리가 처한 환경—우리가 속한 집단이나 사회, 이를 뛰어넘는 시간과 공간의 연속성, 그리고 자연 전체—과 조화를 이루고 있다. 그래서 나스카피족의 위대한 자는 단순히 내적인 진실을 분명히 밝혀 줄 뿐만 아니라, 적당한 사냥 시기와 장소까지 가르쳐 준다. 나스카피족 사냥꾼은 그 꿈에서 배운 마법의 노랫말이나 가락으로 동물을 끌어들인다.

무의식이 제공하는 이런 특별한 도움은 원시인만 받을 수 있는 것이 아니다. 융 박사는 꿈이 문명인에게도 도움을 줄 수 있다는 사실을 알아냈다. 즉 꿈은 내적·외적 세계의 문제를 통해 자신의 길을 찾아내는 데 필요한 실마리를 개인에게 제공하는 것이다. 실제로 우리가 꾸는 꿈 가운데 상당수는 우리의 외적인 생활이나 환경에 관련되어 있다. 창가에 있는 나무, 내가 타고 다니는 자전거나 자동차, 또는 산보하다가 주운 돌 같은 것도 우리 꿈 세계를 통해 일종의 상징으로 드높여지면 의미심장한 열쇠가 될 수 있다. 우리는 차갑고 비개성적이고

---

14) 동물학자 아돌프 포르트만은 동물의 '내적 성질'에 대해 *Das Tier als soziales Wesen*, Zurich, 1953, p. 366에서 논했다.

돌은 불변함으로써 완전하고 영원하기 때문에 '자기'의 이미지로 자주 상징된다.

▲힌두교 신자 중에는 돌을 영험한 것이라고 믿고 대대로 물려준다.

▼영국 여왕 엘리자베스 1세가 지녔던 '귀한 돌'(보석)은 부와 지위를 나타내는 상징이 되기도 한다.

▶오늘날에도 많은 사람들은 해안 등지로 아름다운 돌을 찾으러 다닌다.

무의미한 우연의 세계에서 살아가는 것이 아니다. 우리가 저마다 자신의 꿈에 주의를 기울인다면, 중요한 숨은 법칙에 따라 일어나는 현상들로 가득 찬 우리 자신의 세계로 들어갈 수 있을 것이다.

그러나 우리 꿈이 기본적으로 외적 상황에 적응하는 일과 주로 관련돼 있는 것은 아니다. 우리 문명 세계에서 대부분의 꿈은 '자기'에 대한 '올바른' 내적 태도의 (자아에 의한) 발전과 관계가 있다. 원시인과는 달리 문명인이 자기와 맺고 있는 관계는 근대적 사고방식이나 행동 때문에 심하게 손상되어 있기 때문이다. 원시인은 대체로 내적인 중심과 직접적인 관계를 맺은 채 살아가지만 우리의 뿌리 뽑힌 의식은 자기와 전혀 상관없는 외적 사물이나 상황과 뒤얽혀 있다. 그래서 우리는 자기가 보내는 메시지를 감지하는 데 심한 어려움을 겪고 있다.

돌의 '영원성'에 대한 사람들의 믿음은 작은 돌이나 바위에 대한 태도에서도 확인할 수 있다.
▲캘리포니아주 윌리엄슨 산의 바위 모습.

돌은 옛적부터 기념비로 사용되었다.
◀미국 사우스다코타주의 러시모어산 벼랑에 새겨져 있는 미국 대통령들의 얼굴 조각.

우리 의식은 아무런 의심 없이 명확하게 구체화된 '진정한' 외적 세계의 환상을 만들어 내고, 이 환상이 우리의 지각을 방해한다. 그러나 우리는 분명히 무의식적 성질을 통해 자신의 심리적·육체적 환경과 불가사의한 관계를 맺고 있다.

'자기'가 흔히 돌—보석이든 평범한 돌이든—로 상징된다는 사실은 이미 언급한 바 있다. 암곰이나 사자가 갈고 있는 돌이 바로 그런 예이다. 많은 꿈에서

돌은 예배의 대상인 '성지'를 나타내는 데도 쓰인다.
◀이 그림에 나와 있는 중세 지도에 따르면 성도는 세계의 중심이었다.
▶예루살렘 성전에 있는 성스러운 돌이 그 좋은 예이다. 그 돌은 성도 예루살렘의 중심이었다.

마음의 중핵을 이루는 중심(자기)은 종종 수정(水晶)으로 나타난다. 수학적으로 정밀한 형태를 지닌 수정은, 생명이 없는 물질에까지 정신적 질서를 부여하는 원리가 작용하고 있다는 직관적인 감정을 불러일으킨다. 그래서 수정은 종종 극단적인 대립물의 합일, 즉 물질과 정신의 합일을 상징적으로 보여 준다.

수정이나 돌은 '있는 그대로의 순수한' 성질 때문에 자기를 상징하는 데 특히 적합한 것으로 여겨진다. 사람들은 색깔이나 모양이 조금 색다른 돌을 발견하면 왠지 모르게 가져가서 간직하고 싶어한다. 마치 그 돌이 사람을 매혹하는 살아 있는 신비를 간직한 돌처럼 보이는 것이다. 인류는 오랜 옛날부터 돌을 모았고, 어떤 종류의 돌에는 온갖 신비와 더불어 생명력이 깃들어 있으리라고 믿었다. 이를테면 고대 게르만인은 죽은 사람의 영혼이 묘석 속에서 계속 살아간다고 믿었다.[15] 무덤에 돌을 놔두는 풍습은 아마도 죽은 사람이 내부에 지녔던

---

15) 고대 게르만인의 묘석에 대한 신앙은 Paul Herrmann, *Das altgermanische Priesterwesen*, Jena, 1929, p. 52 및 *Jung, Von den Wurzeln des Bewusstseins*, p. 189sq에 설명되어 있다.

어떤 영원한 존재가 그곳에 머무는데, 이것을 영원불변한 돌로 표현하는 것이 가장 적합하다고 여긴 사람들의 상징적인 생각에서 유래한 듯싶다. 물론 인간과 돌은 여러모로 매우 다르다. 그러나 인간의 내적 중심은 어떤 특별한 의미에서는 돌과 신기하리만치 비슷하다(아마도 돌이 자아의식의 정서·감정·공상·두서 없는 생각 따위와는 가장 거리가 먼 존재를 상징하기 때문일 것이다). 이런 의미에서 돌은 가장 단순하면서도 가장 심오한 체험, 즉 인간이 스스로를 영원불멸하고 불변하다고 믿을 때 가질 수 있는 어떤 영원한 것에 대한 체험을 상징한다.

모든 문명권에서 사람들이 유명한 인물을 기념하거나 중대한 사건 발생 장소를 표시하려고 돌을 세우고자 했던 것은 돌의 이 같은 상징적 의미에서 비롯된 행동인 듯하다. 야곱이 그 유명한 꿈을 꾼 곳에 세웠다는 돌이라든지 어느 지방 사람들이 성자나 영웅의 무덤에 세운 돌 등은, 돌의 상징을 빌리지 않

▲무함마드로부터 이슬람교에 융화되리라고 축원받은 메카의 검은 돌을 네 명의 족장이 성지 카바로 운반한다. 필사본 삽화.

▼바로 이 돌 때문에 수많은 무슬림들이 1년에 한 번씩 카바를 순례한다.

으면 도저히 표현할 수 없는 경험을 나타내려는 인간 심리의 근원적 성질을 보여 준다. 그러므로 많은 종교가 신을 의미하거나, 신을 경배하는 장소의 표지로서 돌을 사용하고 있는 것은 당연한 현상인 셈이다. 이슬람 세계에서 가장 성스러운 장소는 '카바'라는 이름의 검은 돌이 있는 메카의 신전이다. 독실한 이슬람교도들은 모두 이 돌이 있는 곳을 순례하고 싶어한다.

그리스도교 교회 상징체계에 의하면 그리스도는 '건축가들이 버린 돌'이며 이것이 '모퉁이의 머릿돌'(《누가복음》 20장 17절)이 된다. 또한 그리스도는 생명수가 솟아나오는 '신령한 바위'(《고린

토인에게 보내는 첫째 편지〉 10
장 4절)로 불리기도 한다. 중
세 연금술사들은 전(前) 과학
적 방법으로 물질의 비밀을
탐구하면서 그로써 신을, 또
는 적어도 신의 기능을 알아
내고자 했다. 그들은 그 비밀
이 저 유명한 '현자의 돌'에 깃
들어 있다고 믿었다. 그러나
어떤 연금술사들은 자기네가
필사적으로 찾고 있는 그 돌
이 실은 인간의 마음속에서
만 발견될 수 있는 어떤 것의
상징이라는 사실을 어렴풋이
나마 깨닫고 있었다. 고대 아
라비아 연금술사 모리에누
스(Morienus)는 이렇게 말했
다. "이것(현자의 돌)은 그대 내
부에서 나오는 것이다. 그대
는 이것의 소재이니 그대 속
에서 이것을 찾아낼 수 있다.
더 분명하게 말한다면 그들
(연금술사)이 그대에게서 이것
을 꺼내는 것이다. 그대가 이
것을 깨닫는다면 이 돌의 사

상징적인 돌의 몇 가지 다른 예
◀스코틀랜드 스콘의 돌(혹은 운명의 돌). 옛날 스코틀랜드
왕은 바로 이 돌 위에서 대관식을 거행했다.
▶13세기에 웨스트민스터 사원으로 옮겨진 스콘의 돌. 그러나
스코틀랜드인들은 이 돌의 상징적 의미를 잊을 수 없어서, 급
기야 1950년에 국수주의자들이 이 돌을 훔쳐 스코틀랜드로
가져가는 사태가 발생했다. 결국 이 돌은 이듬해 4월 웨스트
민스터 사원으로 되돌아갔다.
▼여행자들은 아일랜드의 전설로 유명한 '블라니의 돌'에 입
맞춘다. 전설에 따르면 이 돌에 입 맞추는 사람은 달변가가 된
다고 한다.

랑과 가치가 그대 안에서 자랄 것이다. 이것은 의심할 나위 없는 진실임을 알아
야 한다."[16]

---

16) 이 '현자의 돌'에 관한 모리에누스의 견해는 Jung, CW, vol. XII, p. 300, note 45에서 인용했다.

이 연금술사의 돌(lapis)은 결코 없어지거나 분해될 수 없는 어떤 영원한 존재를 상징한다. 연금술사들은 이 돌을, 자기 영혼 속에 있는 신에 관한 신비로운 체험에다 견준다. 이 돌이 지닌 쓸데없는 심리적 요소를 완전히 태워 없애 버리려면 길고도 고통스러운 과정을 겪어야 한다.[17] 그러나 대부분의 사람들은 일생에 한 번쯤 '자기'와 관련된 심오한 내적 체험을 하게 된다. 심리학적인 관점에서 볼 때 순수한 종교적 태도는 이런 독자적 체험을 손에 넣어 그 체험과 천천히 조화되고자 하는 노력으로 이루어진다(이것은 돌 자체가 어떤 의미에서 영원한 존재라는 점과도 관계가 있다). 개인이 이렇게 할 때 비로소 자기는 그 사람의 내적 동반자가 되고, 우리의 주의는 끊임없이 그를 향하게 되는 것이다.

돌이라는 무기물이 자주 '자기'라는 더없이 존귀한 존재의 상징물로 나타난다는 사실은, 앞으로 우리가 탐구하고 고찰해야 할 또 다른 영역이 있음을 암시한다. 그 영역이란 바로 우리가 '무의식적인 정신'이라 부르는 것과 '물질'이라 부르는 것 사이에 존재하는 미지의 관계를 가리킨다.[18] 이것은 정신 신체 의학 연구자들이 파악하려고 애쓰고 있는 신비로운 현상이기도 하다. 아직까지는 정의되지도 해석되지도 못한 이 정신과 물질의 관계(어쩌면 정신과 물질은, 하나는 '안'에서 관찰된 것이고 다른 하나는 '밖'에서 관찰된 것일 뿐, 실제로는 동일한 현상일지도 모른다)에 관해서 융 박사는 동시성(同時性, synchronicity)이라는 새로운 개념을 내놓았다. 이 용어는 인과적으로는 상관이 없는 외적 사상(事象)과 내적 사상의 '의미 있는 우연의 일치'를 뜻한다. 여기서는 '의미 있는'이라는 말이 특히 강조된다.

예를 들어 내가 코를 푸는 순간에 하늘에서 비행기가 떨어진다면 이것은 의미 없는 우연의 일치이다. 말하자면 언제든지 일어날 수 있는 일종의 우발적인 현상일 뿐이다. 그러나 내가 푸른 윗옷을 주문했는데 점원이 실수로 검은 윗옷을 배달해 왔고, 그날 마침 내 친척이 죽었다면 어떨까. 이것은 충분히 의미 있는 우연의 일치이다. 두 사건 사이에 뚜렷한 인과 관계는 없지만, 우리 사회에

---

17) '현자의 돌'을 찾으려면 고통을 겪어야만 한다. 이것은 연금술의 격언이다. Jung, CW, vol. XII, p. 280sq와 비교해 보자.

18) 융은 정신과 물질 사이의 관계에 대하여 *Two Essays on Analytical Psychology*, pp. 142~46에서 논했다.

여느 돌과 마찬가지로 전체성을 상징하는 수정의 결정 패턴을 연상시키는, 독일의 현대 화가 한스 하펜
리히터 작 그림.

서 검은색이 지니는 상징적 의미가 두 사건을 하나로 이어 주기 때문이다.

융 박사는 개인의 삶에서 이렇게 의미 있는 우연의 일치를 발견할 때마다 어떤 사실을 확인할 수 있었다. 즉 이런 경우에 (당사자의 꿈에서 분명히 드러나듯이) 그와 관련된 개인의 무의식 속에 있는 어떤 원형이 활동하게 된다는 것이다. 방금 살펴본 검은 윗옷 이야기를 예로 들자면, 검은 윗옷을 배달받은 사람은 꿈속에서 죽음과 관련된 주제를 봤을지도 모른다. 이때는 그 밑바닥에 존재하는 원형이 내적·외적 현상을 통해 동시에 모습을 나타내는 것처럼 보인다. 이 두 사건의 공통분모는 상징적으로 제시된 하나의 메시지, 즉 죽음의 메시지이다.

만일 특정한 유형의 사건이 특정 시간에 한꺼번에 일어나는 경향이 있음을 인지한다면, 우리는 중국인의 태도를 쉽게 이해할 수 있을 것이다. 중국인의 의학과 철학은 물론이고 심지어 건축 이론까지도 실은 의미 있는 우연의 일치의 '과학'에 바탕을 두고 있다. 중국 고전 문헌은 무엇이 무엇의 원인이 되는가를 따지기보다는, 무엇과 무엇이 한꺼번에 일어나는 경향이 있는가를 따져본다. 점성술이나 다양한 문화권의 신탁 및 점술에서도 우리는 그 밑바탕에 흐르는 이 같은 주제를 발견할 수 있다. 이 모든 것들은 직접적인 인과 관계에 의존하지 않는 다른 방법으로 우연의 일치를 설명하고자 하는 시도이다.

동시성 개념을 확립함으로써 융 박사는 정신과 물질의 내적 관계에 더 깊이 파고들 방법을 제시했다. 돌이 상징하는 것도 바로 이런 관계라고 할 수 있다. 그러나 이것은 아직 미개척 분야이므로 후세 심리학자와 물리학자가 이를 연구해야 할 것이다.

동시성에 관한 논의는 주제에서 벗어난 것처럼 보일지도 모른다. 그런데도 내가 여기서 이 개념을 간단하게나마 소개한 까닭은 이것이 장래에 충분히 연구되고 응용될 가능성을 지닌 융 학파의 가설이기 때문이다.[19] 게다가 이 동시성 현상은 개성화 과정의 결정적인 단계에서 거의 예외없이 나타난다. 그러나 이것은 그다지 사람들의 주의를 끌지 못한다. 왜냐하면 사람들은, 그러한 우연의 일치를 주목하고자 신의 꿈 상징과 관련지음으로써 거기에 의미를 부여하는 방법을 아직 배우지 못했기 때문이다.

---

19) 동시성에 관한 자세한 설명은 Jung, "Synchronicity : an Acausal Connecting Principle", CW, vol. M, p. 419sq. 참조.

자기와 맺는 관계

　요즘 사람들, 특히 대도시 사람들은 무시무시한 공허와 권태에 시달리면서 덧없이 무엇인가를 계속 기다리고 있는 듯하다. 이들은 영화, 텔레비전, 운동 경기, 정치 사건으로 잠시 기분을 달래 보지만 결국은 또다시 지치고 흥미를 잃어 버린 채 다시금 일상의 불모지로 돌아갈 수밖에 없다.

　근대인에게 아직도 도전해 볼 가치가 있는 모험이 하나 남아 있다면 그것은 무의식적인 마음의 내부를 탐색하는 일일 것이다. 실제로 많은 사람들이 막연히 이런 생각을 품고서 요가 같은 동양적인 심신 수련 방법에 의지하고 있다. 그러나 이것은 정말로 의미 있는 새로운 모험이라고는 할 수 없다. 그래 봤자 인도인이나 중국인이 이미 알고 있는 내용을 섭렵하게 될 뿐, 자신의 내적 생명의 중심에 직접 다다를 수는 없기 때문이다. 물론 정신을 집중하여 내면으로 향하는 데에는 동양적인 방법이 도움이 되긴 하지만[1](그리고 이 방법은 분석적인 수법의 내향성과 어떤 면에서는 공통점이 있지만), 혼자서 자기의 내적 중심에 도달하는 것과 이런 방법에 의지해 도달하는 것 사이에는 중요한 차이가 있다. 융 박사는 아무런 도움 없이 혼자서 자기의 내적 중심에 도달하고, 무의식의 생생한 신비와 접촉하는 방법을 발전시켰다. 이것은 진부한 방식을 그대로 답습하는 것과는 전혀 다르다.

　'자기'의 생생한 현실에 날마다 변함없이 주의를 기울인다는 것은 두 차원에서, 또는 두 세계에서 동시에 살아가는 것과 같다. 이렇게 살아가는 사람은 전과 다름없이 외부적인 임무를 다하면서도, 동시에 꿈이나 외부적 사건을 통해서 '자기'가 상징적으로 표출하는 암시나 신호에도 주의를 기울여야 한다. 자기

---

1) 무의식과 접촉하려는 작업에서 동양 종교를 주목한 융의 견해는 "Concerning Mandala Symbolism" CW, vol. IX, part 1, p. 355sq. 및 vol. XII, p. 212sq.(전자에 관해서는 pp. 19, 42, 91sq., 101, 119sq., 159, 162도) 참조.

는 생명의 흐름이 나아가는 방향을 그런 식으로 보여 주기 때문이다.

중국 고전에서는 이 같은 경험이 주로 '쥐구멍을 노리는 고양이'로 비유되곤 한다. 어떤 고전은 자기의 내적인 중심에 이르려면 잡념이 끼어들지 못하게 해야겠지만, 그렇다고 해서 너무 날카롭게 신경을 곤두세우면 안 된다고—하지만 너무 무신경해서도 안 된다고—주장한다. 그러니까 딱 알맞은 지각(知覺) 수준이 존재한다는 뜻이다. 그 고전은 이렇게 이야기한다.

'이런 방법으로 수행(修行)하면…… 시간이 흐르면서 효과가 나타나게 마련이다. 바야흐로 목적이 달성될 때가 되면 익은 열매가 저절로 가지에서 떨어지는 형국이 되니, 이에 접하는 것은 무엇이든 수행자의 지고(至高)한 자각의 순간을 야기하는 촉매가 된다. 이것은 물을 마시고서 그 물이 얼마나 차갑거나 뜨거운지 자기 혼자서만 알게 되는 경지에 수행자가 도달하는 순간인 것이다. 이 순간 수행자는 자신에 대한 모든 의혹을 떨쳐 버리고 길모퉁이에서 자기 아버지를 만난 것 같은 위대한 행복감을 경험한다.'

오늘날 도시민들이 느끼는 권태와 무력감은, 모험 영화(왼쪽)나 시간 때우기용 오락(오른쪽) 같은 인위적인 자극을 통해 일시적으로 해소될 뿐이다. 융 박사는, 개인에게 유일하게 남아 있는 진정한 모험은 자기의 무의식을 탐구하는 일이라고 강조하고 이러한 탐구의 궁극적인 목표는 '자기'와의 균형과 조화를 회복하는 일이라고 했다.

이리하여 개인은 평범한 생활을 하다가 갑자기 흥미진진한 내적 모험 속으로 빠져들게 된다. 이 체험은 개개인에게 고유한 것이므로 다른 사람은 이것을 모방하거나 훔칠 수 없다.

완벽하게 균형을 이룬 상태를 나타내는 원형 만다라를 잘 구현해 놓은, 브라질에 있는 현대적인 교회당 건물의 구조

▶위에서 내려다본 모양

▼측면도

인간이 자기 영혼의 중심과 접촉할 수단을 잃어버리는 이유는 크게 두 가지이다. 첫째는 어떤 단일한 본능적 힘이나 정서적 이미지가 당사자를 한 방향으로 고정시켜서 균형을 깨뜨려 버리는 경우이다. 이것은 동물에게서도 흔히 볼 수 있다. 이를테면 성적 흥분에 사로잡힌 수사슴은 배고픔이나 자신의 안전 문제조차 깡그리 잊어버리곤 한다. 이러한 일면성과 그로 인해 균형이 파괴되는 현상을 원시인들은 '영혼 상실'이라고 부르면서 몹시 두려워한다. 내적인 균형은 또 과도한 공상 때문에 깨지기도 한다. 이런 공상은 보통 특정한 콤플렉스 주위를 은근히 맴돈다. 실제로 공상이라는 것은 당사자를 그 콤플렉스와 관련짓는 데서 비롯된다. 그런데 그와 동시에 이러한 공상은 당사자의 정신 집중과 의식의 연속성을 위협한다.

두 번째 장애는 첫 번째와는 정반대로 자아의식이 지나치게 강화될 때 생긴다. 물론 문명적인 행위에는 잘 단련된 의식이 꼭 필요하다(예컨대 건널목지기가 공상에 빠지면 무슨 일이 일어날지 다들 아실 것이다). 그러나 우리가 마음의 중심에서 비롯된 충동과 메시지를 받아들이는 데에는 이런 의식이 방해되기 마

련이다. 이것은 분명히 큰 손해이다. 바로 그렇기에 문명인들이 꾸는 많은 꿈이, 무의식의 중심에 해당하는 '자기'에 대한 의식적 태도를 수정해서 그 수용성을 회복시키려고 하는 것이다.

'자기'에 대한 신화적인 표현에서 세계의 네 귀퉁이가 강조된다거나, 수많은 회화에서 위대한 자가 넷으로 분할된 원의 중심에 나타난다는 것은 잘 알려진 사실이다. 융 박사는 이 규칙적인 구조를 힌두어인 만다라(마법의 원)라는 용어로 표현했다. 이 구조는 바로 인간의 마음—아직 우리는 그 본질을 모르고 있지만—에 있는 '핵 원자'의 상징적 표현이다. 이 점에서 아메리카 원주민 나스

◀ **모래 그림 평면도**
나바호족의 병 치료 의식에서, 모래 위에 그림(만다라)을 그리고 병자를 그림 한복판에 앉힌다. 병자는 그림 한복판으로 들어가기 전에 주위를 한 바퀴 돈다.

독일 화가 카스파 다비드 프리드리히 작 〈떡갈나무 숲 속의 수도원〉(1809~10) 이 그림은 흔히 설명하기 어려운 '분위기'를 표현하는데 이는 꿈속의 상징적 풍경도 마찬가지다.

카피족 사냥꾼이 자기 내부에 깃든 위대한 자를 인간이 아닌 만다라 형태로 그려 낸다는 사실은 대단히 흥미롭다.

나스카피족이 종교적인 의례나 교리 없이 자신의 내적 중심을 직접적으로 소박하게 경험하는 것과는 달리 다른 공동체 사람들은 만다라를 이용하여 잃어버린 내적 균형을 회복한다. 예컨대 나바호족은 만다라 구조의 모래 그림을 이용해서, 병자가 자신과 우주와의 조화를 되찾아 건강을 회복할 수 있게끔 한다.

동양 문화권에서도 내적 존재를 강화하거나 깊은 묵상에 잠기는 데 같은 종류의 그림이 사용된다. 만다라에 대한 명상은 생명이 그 의미와 질서를 되찾았다는 느낌, 이로써 내적 평화가 달성되었다는 느낌을 가져다준다. 만다라와 관련된 종교 전통의 영향을 전혀 받지 않은 근대인의 꿈속에 저절로 나타난 만다라는 바로 이런 느낌을 전달한다. 이렇게 나타난 만다라는 그만큼 효과가 크다. 지식이나 전통은 오히려 자연스러운 체험을 약화시키거나 심지어 방해할 수도 있기 때문이다.

예순두 살 된 어느 부인의 꿈속에서 우리는 저절로 생겨난 만다라를 확인할 수 있다. 이 만다라는 부인의 삶이 창조적으로 변해 가면서 맞이하는 새로운 단계의 전주곡이라고 할 수 있다.

'나는 희미한 빛 아래서 풍경을 바라보고 있다. 저 멀리 오르막길이 보이고, 그 위에는 평평한 봉우리가 이어진 언덕이 있다. 오르막을 따라서 금빛으로 빛나는 정사각형 판(板)이 움직이고 있다. 가까운 곳에는 갈아엎은 검은 흙이 보인다. 흙 속에서 이제 막 새싹이 나오고 있다. 갑자기 회색 석판으로 만들어진 둥근 탁자가 눈에 들어온다. 그와 동시에 정사각형 판이 탁자 위에 나타난다. 언덕을 오르던 판이 어떻게, 그리고 왜 거기로 오게 되었는지 나로선 알 수가 없다.'

꿈(그림도 마찬가지이다)에 나오는 풍경은 흔히 설명하기 어려운 분위기를 상징한다. 이 꿈에서 풍경을 비추고 있는 희미한 빛은 환한 대낮의 의식이 흐려져 있음을 나타낸다. 이제 '내적인 본성'이 스스로 빛을 내며 모습을 드러내게 된다. 그런데 우리는 이 대목에서 지평선 위에 정사각형 판이 보인다는 말을 듣는다. 이 상황에서 자기를 상징하는 이 판은 꿈꾼 당사자의 마음의 지평선 위

◀본문에 제시된 꿈 그림에서 만다라 모티프는 원형보다는 사각형으로 나타난다. 일반적으로 사각형은 내적 전체성에 대한 의식적 자각을 상징한다. 이 꿈에 나타난 둥근 탁자가 그런 것처럼 전체성 자체는 원형으로 표현되는 경우가 많다.
▶아서왕 전설에 나오는 원탁을 그린 필사본(15세기). 성배가 환상으로 나타나고 기사들은 성배찾기에 나선다. 여기에서 성배는 인간이 끊임없이 찾아다니는 내적 전체성을 상징한다.

▲헤라클레이토스 강의 급류가 그리스 신전을 휩쓸고 있는 장면을 그린 그림. 프랑스 화가 앙드레 마송 작. 강의 급류는 내적 불균형을 상징한다. 그리스인들은 논리나 이성을 지나치게 강조하는데, 이렇게 지나치게 논리나 이성을 강조하다 보면, 본능적인 힘이 파괴적으로 분출할 수 있다.

▶프랑스의 우화시 〈장미 설화 *Le Roman de la rose*〉에 나오는 삽화(15세기). 지나친 논리성에 대한 경고를 담고 있다. 이 그림에서 논리를 대표하는 오른쪽 인물이 '자연'을 상대하다가 그만 혼란에 빠진다.

에 있는 직관적 관념이다. 그러나 바야흐로 꿈속에서 이 판은 위치를 바꾸어 영적 풍경의 중심이 된다. 게다가 전에 뿌려 놓은 씨앗이 이제는 싹을 틔우고 있다. 실제로 이 부인은 오랫동안 자기의 꿈에 주의를 기울여 왔는데 마침내 그 노력이 열매를 맺고 있는 것이다(독자 여러분도 기억하겠지만, 위대한 자의 상징과 나무의 생명과의 관계는 앞에서 설명한 바와 같다). 그런데 황금 판이 갑자기 '오른쪽'으로 이동한다. 이 방향은 사물이 의식화되는 쪽이다. '오른쪽'은 여러 가지 의미가 있지만 심리적으로는 흔히 의식이나 적응이나 '올바른' 측면을 뜻하고, '왼쪽'은 부적응이나 무의식적 반응을 의미하며 때로는 '불길한' 측면까지 뜻한다. 그런데 여기서 황금 판은 드디어—의미심장하게도—돌로 된 둥근 탁자 위에 멈춘다. 황금 판은 영구적인 토대를 발견한 것이다.

아닐라 야페 박사가 뒤에서 설명하겠지만 둥근 원(만다라 모티프)은 일반적으로 자연의 전체성을 상징한다. 그에 반해 사각형은 전체성에 대한 의식의 자각을 나타낸다. 이 꿈에서 정사각형 판과 둥근 탁자는 하나가 된다. 그리하여 중심에 대한 의식적 자각이 바야흐로 이루어지는 것이다. 둥근 탁자는 잘 알려진 전체성의 상징으로 신화에서 중요한 역할을 담당한다. 이를테면 아서왕 이야기에 나오는 원탁이 그렇다. 이 원탁 이미지는 최후의 만찬에서 빌려 온 듯하다.

실제로 사람이 순수하게 내적인 세계를 향하면서 자기 자신을 알려고 노력한다면—주관적인 생각이나 감정을 반추하는 대신 꿈이나 진정한 공상 같은 객관적 성질의 표현에 관심을 기울인다면—자기는 언젠가 그 모습을 드러낼 것이다. 그러면 자아는 온갖 재생 가능성을 지닌 내적인 힘을 발견하게 된다.

그러나 이 과정에는 이제껏 간접적으로만 언급된 커다란 어려움이 따른다. 즉 무의식이 인격화한 존재—그림자, 아니마, 아니무스, 자기—는 모두 빛과 어둠의 양면을 지닌다는 것이 문제이다. 이미 살펴봤듯이 그림자는 열등하거나 나쁜 측면, 따라서 우리가 극복해야 할 본능적 욕망을 나타내기도 한다. 그러나 그것은 우리가 키워 나가고 순종해야 할 성장의 충동인지도 모른다. 마찬가지로 아니마와 아니무스도 양면성을 지닌다. 아니마와 아니무스는 생명을 가져다주는 발전성과 창조성을 인격에 부여할 수도 있지만, 인간을 무기력하게 만들거나 죽음에 이르게 할 수도 있다. 게다가 우리의 무의식 전체를 포괄하는 상징인 '자기'마저도 상반된 가치를 지닌다. 앞에서 소개한 에스키모 민담을 보면 '조그만 부인'은 달의 정령에게서 소녀를 구해 주지만, 결국은 이 소녀를 거미로 만들어 버린다.

자기는 마음속에서 가장 강력한 존재이다. 따라서 자기의 어두운 측면은 다른 무엇보다도 특히 위험하다. 자기의 어두운 측면 때문에 사람은 과대망상에 빠지기도 하고, 신들린 것처럼 환상에 사로잡히기도 한다. 이렇게 된 사람은 우주의 위대한 수수께끼를 풀었다고 생각하면서 강렬한 흥분에 휩싸인다. 이때부터 그 사람은 인간적인 현실과의 접촉을 잃어버린다. 이런 상태에 빠진 사람은 유머 감각이 사라지고 사람들과의 접촉을 기피하는 증세를 보인다.

이 경우 자기의 출현은 인간의 의식적 자아를 큰 위험에 빠뜨린다. 자기의 양

프랑스 화가 조르주 드 라투르 작 〈뉘우치는 성 막달라 마리아〉(17세기)
바쟈드 목욕탕 이야기에서 그렇듯이 여기에서도 거울은 진실하게 자기 내부를 들여다볼 수 있게 하는
'반성'의 능력을 상징한다.

면성은 이란의 옛날이야기 〈바쟈드 목욕탕의 비밀〉에 잘 표현되어 있다.[2]

　'위대하고 고귀한 왕자 하팀 타이는 왕으로부터 신비로운 바쟈드(존재하지
않는 성) 목욕탕을 탐험하라는 명을 받는다. 수많은 모험을 겪고 그 성 근처
까지 다다른 왕자는 거기에서 살아 돌아온 사람이 아무도 없다는 말을 듣는
다. 그러나 왕자는 발걸음을 멈추지 않는다. 이윽고 왕자는 거울을 가진 이발
사를 만난다. 이발사는 왕자를 원형 건물 안으로 데려가더니 목욕탕으로 안
내한다. 왕자가 물속에 들어간 순간 천둥 같은 소리가 울려 퍼지면서 주위가
온통 캄캄해진다. 이발사는 사라져 버리고 목욕탕 물은 점점 불어난다.
　왕자는 당황하여 이리저리 헤엄친다. 그러나 물은 점점 불어 마침내 목욕
탕 천장의 둥근 지붕까지 차오른다. 왕자는 기절할 것 같았지만 기도문을 외

---

2) 이 이야기는 *Märchen aus Iran, Die Märchen der Weltliteratur*, Jena, 1959, p. 150sq에 실려 있다.

면서, 둥근 지붕 한가운데 있는 돌을 꽉 붙잡는다. 그러자 또다시 천둥 소리가 울리면서 모든 상황이 변한다. 정신을 차려 보니 왕자는 사막 한가운데 홀로 서 있다.

길고 고통스러운 방황 끝에 왕자는 아름다운 뜰에 도착한다. 뜰 중앙에는 석상들이 둥글게 배치되어 있다. 그리고 석상들 한복판에는 새장에 갇힌 앵무새가 있다. 그때 하늘에서 소리가 들린다.

"영웅이여, 그대는 이 성에서 살아 돌아가지 못할 것이다. 먼 옛날 가요마르트(최초의 인간)는 해나 달보다 더 빛나는 거대한 금강석을 발견했다. 그는 아무도 찾을 수 없는 곳에 그 금강석을 감추기로 마음먹고, 그것을 지키기 위해 이 마법의 성을 세웠다. 지금 그대가 보고 있는 앵무새도 마법의 일부이다. 앵무새 발 밑에는 금활과 금화살이 금고리에 묶여 있다. 그것으로 앵무새를 세 번 쏴라. 만일 그대가 앵무새를 쏘아 맞힌다면 저주는 풀릴 것이다. 그러나 실패하면 그대 역시 다른 사람들처럼 석상이 되고 말 것이다."

왕자는 화살을 쏘았다. 첫 번째 화살이 빗나가자 그의 다리가 돌이 되었다. 두 번째 화살도 빗나갔다. 이번에는 가슴까지 돌이 되었다. 세 번째로 왕자는 눈을 감고 "신은 위대하시다"라고 외치며 화살을 쏘았다. 그 화살이 앵무새에 맞았다. 별안간 천둥이 치면서 먼지가 구름처럼 일었다. 이윽고 모든 것이 멎었을 때, 앵무새가 있던 자리에는 크고 아름다운 금강석이 있었다. 석상들은 다시 생명을 얻어 사람으로 되살아났다. 그들은 자기네를 살려 준 왕자에게 고마워했다.'

독자 여러분도 이 이야기에서 이미 자기의 상징—최초의 인간 가요마르트, 둥근 만다라 꼴 건물, 한가운데 있는 돌, 금강석—을 발견했을 것이다. 그런데 금강석은 위험에 둘러싸여 있다. 악마 같은 앵무새는 남을 모방하려는 나쁜 마음을 의미한다. 사람들은 남을 모방하다가 목표물을 맞히지 못하고 심리적으로 석화(石化)하고 만다. 앞에서 지적했다시피 개성화 과정은 앵무새 같은 모방을 결코 용납하지 않는다. 실제로 많은 나라 사람들이 위대한 종교 지도자—그리스도나 부처나 그 밖의 교조들—의 종교적 원체험(原體驗)의 '외적인' 또는 의례적인 행위를 흉내 내다가 정신적으로 '석화'해 버렸다. 위대한 정신적

지도자를 따른다는 것은 그 삶의 개성화 과정을 모방하거나 그대로 답습하는 것이 아니다. 진정으로 그 지도자를 따른다는 것은, 그와 똑같이 우리 자신의 삶을 성실하게 헌신적으로 살아가려고 노력하는 것을 의미한다.

거울을 가진 이발사는 사라져 버린다. 이 이발사는 성찰의 자질을 상징한다. 하팀 왕자는 자기 성찰이 가장 필요할 때 그것을 잃어버린다. 물이 불어나는 현상은 사람이 무의식 속에 푹 잠겨서 자기를 잃어버린 채 감정에 사로잡혀 버릴 위험을 나타낸다. 무의식의 상징적 의미를 이해하기 위해서는, '자기를 잃어버리지' 않도록 주의하면서 정서적으로 자기가 통제할 수 있는 범위 안에 머물려고 노력해야 한다. 다시 말해 자아가 정상적인 방법으로 계속 기능하는 것이 무엇보다 중요하다. 스스로 평범한 사람으로서 자신의 불완전함을 의식하고 있어야만 우리는 무의식의 의미심장한 내용 및 개성화 과정을 이해할 수 있다. 그러나 한 인간이 온 우주와의 일체감을 느끼는 동시에 이 세상의 보잘것없는 인간 존재에 지나지 않는다고 느끼게 되는 이 엄청난 긴장감을 과연 어떻게 견뎌 낼 수 있을까? 누군가가 자기는 한낱 통계 자료일 뿐이라면서 자신을 비하한다면, 그 사람의 삶은 무의미해지고 살아갈 가치가 없어질 것이다.[3] 그러나 다른 한편으로 자신이 한 개인을 넘어서는 위대한 진리의 일부라고 믿게 된다면, 그 사람은 땅에 발붙이고 살기가 힘들 것이다. 이러한 내적 대극(對極)을 어느 한쪽으로 치우치지 않게 자기 내부에서 잘 통합하여 유지해 나가기란 실로 어려운 일이다.

---

3) 융은 *The Undiscovered Self*, pp. 14, 109에서 자신을 한낱 '통계 자료'로 여기는 현대인의 감정에 대해 고찰했다.

자기의 사회적 측면

　오늘날 특히 대도시에서 두드러지게 나타나는 폭발적인 인구 증가 현상은 우리에게 피하기 어려운 실망을 안겨 준다. 우리 대부분은 이렇게 생각한다. '나는 그저 아무개란 이름으로 어느 주소지에 살고 있는 남들과 다름없는 인간이다. 그 많은 사람들 가운데 두세 명쯤 죽어 봤자 뭐 어떠랴. 어차피 그보다는 산 사람이 훨씬 더 많은데.' 그래서 개인적으로 아무 상관도 없는 사람들의 부고를 신문에서 읽을 때마다, 역시 인생은 참 허무하고 가치 없다는 생각을 거듭한다. 이럴 때 무의식을 주목하는 것이 우리에게 큰 도움이 된다. 왜냐하면 무의식이 산출하는 꿈은 그 사람 삶의 사소한 부분들 하나하나가 참으로 의미심장한 현실과 어떻게 관련되어 있는지 보여 주기 때문이다.

　모든 것이 결국 개인에게 달려 있다는 사실을 우리는 이론적으로는 알고 있

심리적 성숙을 성취하는 일은 개인이 해야 할 가장 중요한 숙제이다. 그러나 개인은 나날이 파급되고 있는 획일성으로부터 위협받는다.
◀집단 규격화의 이미지를 보여 주는 스위스의 체조 시범.
▶획일적인 영국의 주택.

다. 그런데 우리는 각자의 꿈을 통해서 이러한 사실을 구체적으로 뚜렷하게 체험할 수도 있다. 우리는 때때로 위대한 자가 우리에게 무언가를 바란다는 느낌, 어떤 특별한 일을 맡기려는 느낌을 강하게 받곤 한다. 이런 경험에 대한 반응은 우리에게 강력한 힘을 준다. 이 힘은 우리가 자기 영혼을 귀하게 여기면서 집단적 편견이라는 흐름을 거슬러 갈 수 있게 해 준다.

물론 무의식에 귀 기울이면서 그 명령을 따르는 일이 늘 유쾌한 작업일 수는 없다. 이를테면 당신이 일요일에 친구랑 소풍 갈 계획을 세웠는데, 꿈이 소풍 가지 말고 그 시간에 창조적인 일을

윌리엄 블레이크 작 삽화 시집 〈순수와 경험의 노래〉 이 시에는 '자기'를 상징하는 것으로 유명한 '거룩한 아이'에 대한 블레이크의 생각이 잘 나타나 있다.

하라고 당신에게 요구할지도 모른다. 만일 당신이 무의식의 계시를 받아들이고 따르기로 한다면, 의식이 세운 계획이 언제든지 방해받을 수도 있다는 점을 각오해야 한다. 당신의 의지는 다른 의도—당신이 순순히 따라야 하거나 적어도 신중하게 고려해 봐야 하는 의도—로 인해 방해를 받을 수도 있다. 개성화 과정에 수반되는 의무가 흔히 축복보다는 무거운 짐으로 느껴지는 이유 중 하나가 바로 이것이다.

모든 여행자를 수호하는 성 크리스토포루스는 이런 체험을 적절하게 보여 주는 상징적인 인물이다. 전설에 따르면 원래 크리스토포루스는 튼튼한 자기 육체를 뽐내는 오만한 사람이었다. 그는 가장 강한 인물만 섬기기로 결심한다. 그래서 처음에는 왕을 섬겼으나 왕이 악마를 두려워한다는 것을 안 순간부터는 악마를 섬긴다. 그러나 어느 날 악마가 십자가를 두려워한다는 것을 알고는,

그리스도를 찾아낼 수만 있으면 그를 섬기기로 마음먹는다. 그는 한 신부의 충고에 따라 어느 여울목에서 그리스도를 기다린다. 지나가는 사람들을 업어 여울목을 건네주면서 오랜 세월을 그곳에서 보냈다. 그러던 어느 날, 폭풍이 몰아치는 컴컴한 밤에 어린아이 하나가 강을 건너게 해 달라고 그에게 부탁했다. 크리스토포루스는 쾌히 아이를 등에 업었다. 그런데 아이의 몸은 점점 무거워졌고 크리스토포루스의 걸음은 차츰 느려졌다. 강물 한가운데 이르렀을 때 크리스토포루스는 '온 우주를 업고 있는 듯한' 느낌을 받는다. 그는 자신이 그리스도를 업고 있음을 깨닫는다. 그러자 그리스도는 그의 죄를 사하고 그에게 영원한 생명을 내리셨다.

이 신비로운 아이는 '자기'의 상징이며 글자 그대로 평범한 인간을 '내리누르는' 존재이다. 그러나 크리스토포루스를 구제할 수 있는 것은 오직 이 아이뿐이

▼자동차 키에 달려 있는 성 크리스토포루스의 초상

◀메스키르히의 거장(Master of Meßkirch)이라고 알려진 익명의 독일 화가 작 〈성 크리스토포루스〉(16세기)
성 크리스토포루스가 머리에 이고 강을 건너고 있는 그리스도의 배후에는, 만다라이며 '자기'의 상징인 지구가 그려져 있다. '거룩한 아이' 그리스도는 크리스토포루스가 감당해야 할 개성화 과정이라는 '무거운 짐'을 상징한다. 결국 이 짐은 수호성인인 성 크리스토포루스의 역할을 상징한다. 그의 역할은, 마음의 전체성에 이르고자 여정에 나서야 하는 인간의 필요와 깊은 관계를 맺고 있는 듯하다.

다. 많은 미술 작품에서 어린 그리스도는 세계를 상징하는 구체(球體)와 함께 그려지거나 구체 자체로 그려진다. 어린아이와 구체는 둘 다 전체성을 나타내는 보편적 상징이므로 이 모티프는 확실히 '자기'를 상징한다고 볼 수 있다.

▲'자기'를 의식적으로 인식할 수 있게 되면, 이 가족관계처럼 자연스러운 관계를 넘어선, 다른 사람들과의 인간으로서의 관계를 창조하는 것도 가능해진다. 의식적인 수준에서의 정신적 혈연관계는 문화 발전의 핵으로 작용한다.
▼프랑스의 백과전서파 학자들. 가운데 손을 들고 있는 사람이 볼테르.

지금까지 살펴봤듯이 무의식의 명령을 따르기로 결심한 사람은 자기가 좋아하는 일만 할 수는 없다. 마찬가지로 타인이 좋아하는 일만 할 수도 없다. 이를테면 사람은 자기 자신을 발견하기 위해 자신이 속한 무리—가족, 배우자, 또는 다른 인간관계—를 떠나야 할 때가 종종 있다.

그래서 무의식을 주목하게 되면 사람이 반사회적·자기중심적으로 변한다는 속설이 있는 것이다. 그러나 일반적으로 볼 때 그것은 사실이 아니다. 왜냐하면 인간의 이런 태도에는 아직 잘 알려지지 않은 어떤 요인, 즉 '자기'의 집단적(사회적이라고 할 수도 있다) 측면이 개입하기 때문이다.

실제적인 면에서 본다면 한동안 자기의 꿈을 꾸준히 주목한 사람은 그 꿈이 타인과의 인간관계에 관심을 자주 보인다는 사실을 알아챌 것이다. 이는 곧 자기의 사회적 측면을 나타낸다. 꿈은 꿈꾸는 당사자에게 어떤 사람을 너무 신용한다고 경고할 수도 있다. 꿈은 또 당사자가 평소에 별로 의식적으로 주목하지 않던 사람과 화기애애하게 잘 지내는 이미지를 제시하기도 한다. 꿈이 이런 식으로 타인의 이미지를 보여 줄 때에는 크게 두 가지 해석이 가능하다. 첫째, 그 이미지는 꿈꾼 사람의 투사일 가능성이 있다. 즉 꿈꾼 사람 본인의 내적인 측면을 상징하는 것이다. 예를 들어 꿈속에 불성실한 이웃이 등장한다면, 이 이웃의 이미지는 꿈꾼 사람 자신의 불성실함을 묘사하기 위해 꿈에서 사용된 것일 수도 있다. 이때 꿈을 해석하는 사람은 꿈꾼 당사자가 어떤 측면에서 불성실한지 알아내야 한다(이것이 주체 수준(subjective level)에서 이루어지는 꿈 해석이다).[1]

그러나 꿈이 순수하게 타인에 대한 정보를 전하는 경우도 있다. 이런 식으로 무의식은 이해하기 힘든 역할을 한다. 모든 고등 동물이 그렇듯이 인간은 주위에 있는 생물과 매우 잘 조화되어 있다. 그래서 인간은 자기 주위 사람들의 고통이나 문제, 긍정적·부정적 속성이나 가치를 무의식적으로—타인에 대한 의식적인 생각과는 별개로—감지한다.[2]

꿈은 우리가 이러한 잠재적 지각력을 깨닫게 하고, 그것이 우리에게 어떤 영향을 미치는지 보여 준다. 예를 들어 어떤 사람이 이웃에 대해 기분 좋은 꿈을 꾸었다면, 그 꿈을 해석하지 않아도 그 이웃에게 저절로 관심이 갈 것이다. 꿈 이미지는 때로는 투사를 통해 오해를 불러일으킬 수도 있고, 때로는 객관적인 정보를 제공해 줄 수도 있다. 둘 중 어느 쪽으로 꿈을 해석하는 것이 옳은지 알아내려면 우리는 성실하고 주의 깊은 태도를 취하면서 신중히 헤아려야 한다. 그러나 모든 내적 과정이 그러하듯이, 자아가 모호한 투사 대상을 간파하고서 자기 외부가 아닌 내부 차원에서 처리하고자 노력하는 한, 결국 당사자의 인간관계를 규제하는 것은 궁극적으로는 '자기'이다. 그리하여 서로 마음이 맞거나 지향하는 바가 같은 사람들은 보통의 사회적·조직적 인간관계를 뛰어넘어 자기들만의 집단을 만들어 낸다. 이렇게 형성된 집단은 다른 집단과 갈등하지 않는다. 다만 여타 집단들과 전혀 다른 독립적 집단일 뿐이다. 이처럼 의식

---

1) '주체 수준에서 이루어지는 꿈 해석'에 관한 이야기는 Jung, CW, vol. XVI, p. 243 및 vol. VIII, p. 266에 나온다.

2) 인간이 본능적으로 주변 환경과 "조화를 이룬다"는 점은 A. 포르트만이 *Das Tier als soziales Wesen*, p. 65sq에서 논하였다. 또한 N. Tinbergen, *A Study of Instinct*, Oxford, 1955, pp. 151sq. and 207sq. 참조.

적으로 실현된 개성화 과정은 개인의 인간관계까지 바꿔 놓는다. 혈연이나 비슷한 관심사로 맺어진 일반적인 인간관계는 이제 다른 유형의 결합—자기를 통한 관계—으로 대체된다.

전적으로 외부 세계에만 관련된 모든 행위와 의무는 무의식의 은밀한 작용을 방해한다. 그런데 무의식적인 연대감은 지향하는 바가 같은 사람들을 한데 모으는 기능을 한다. 그렇기 때문에 그 동기가 아무리 훌륭하더라도 광고나 정치적 선전을 통해 사람들에게 영향을 미치려는 시도는 파괴적인 결과를 낳기 쉽다.

▲영국의 윌스 물리학연구소의 이론물리학자들.

▼독일의 막스 에른스트 작 〈친구들의 회합 *A Friends' Reunion*〉(1922). 20세기 초의 다다이스트들을 한자리에 모아놓았다.

이러한 사실은 중대한 의문을 제기한다. 과연 인간 정신의 무의식적인 부분이 조금이라도 외부 세계의 영향을 받을 수 있을까? 실제 경험과 엄밀한 관찰을 통해 우리는 개인이 자기 꿈에 영향을 미칠 수 없다는 결론을 내렸다. 물론 자기 꿈에 영향을 미칠 수 있다고 주장하는 사람들도 있기는 하다. 그러나 그 꿈의 재료를 살펴보면, 꿈에 대해서 그들이 하는 짓은 내가 말을 안 듣는 개에게 하는 짓과 똑같다는 사실이 밝혀진다. 즉 말을 안 듣는 개한테 원하는 대로 행동하라고 명령함으로써 마치 자기가 무슨 권위를 지니고 있는 양 환상에 젖어 있는 것이다. 우리는 단지 오랫동안 꿈을 해석하고 꿈의 경고에 직면하는 과정을 거침으로써 무의식을 서서히 바꿔 나갈 수 있을 뿐이다. 그리고 이 과정에서 의식적인 태도도 바뀌게 된다.

여론을 움직이려는 사람들이 그 목적을 위해 상징을 악용할 경우, 그것이 진정한 상징인 한 대중에게 감동을 줄 수는 있을 것이다. 하지만 그로써 대중의 무의식까지 휘어잡을 수 있을지 여부는 미리 계산할 수 없다. 그것은 너무나 비합리적이기 때문이다. 이를테면 음반을 내는 사람이 대중적인 이미지나 멜로디와 잘 맞아떨어지는 노래를 만들었다 해도 그 노래의 인기를 예상할 수 없는 것이나 마찬가지이다. 무의식에 의도적으로 영향을 미치려는 시도는 좋은 성과를 거둔 적이 없다. 집단 무의식[3]은 개인의 무의식과 마찬가지로 자체적인 권위를 지니고 있는 것이다.

때로는 어떤 목적을 이루기 위해 무의식은 외계에서 빌려 온 모티프를 이용한다. 그래서 무의식이 외계로부터 영향을 받는 것처럼 보일 때도 있다. 실제로 나는 많은 현대인들이 베를린과 연관된 꿈을 꾼다는 사실을 알아냈다. 그들의 꿈속에 등장하는 베를린은 대개 마음의 약점—위험한 곳—을 상징한다. 바로 이 때문에 그곳은 '자기'가 모습을 드러내기 쉬운 장소가 되었다. 말하자면 베를린은 꿈을 꾼 사람들이 갈등으로 괴로워하는 곳이자, 내적인 대립물을 하나로 통합할 가능성이 있는 곳이기도 하다는 것이다. 나는 또 많은 사람들이 꿈을 통해 영화 〈히로시마 내 사랑 *Hiroshima Mon Amour*〉에 반응한다는 것도 알았다. 이러한 꿈에는 대체로 이 영화 속 두 연인이 꼭 맺어져야 한다는 생각(내적인 대립물의 통합을 상징)이나, 머지않아 원자 폭탄이 폭발할 것이라는 생각(광기와 같은 완전한 분열을 상징)이 표현되어 있었다.

여론 조종자가 자신의 활동에 상업적인 압력이나 파괴적인 수단을 더할 때 그 활동은 일시적으로 성공한 것처럼 보이기도 한다. 그러나 실제로는 성공한 것이 아니라, 대중의 순수한 무의식적 반응을 억압한 것일 뿐이다. 그렇게 집단을 억압하면 개인을 억압할 때와 똑같은 결과가 생긴다. 즉 신경증적인 분열이

---

3) 집단 무의식에 대한 고찰은 E. L. Hartley, *Fundamentals of Social Psychology*, New York, 1952 참조. 또한 M. Janowitz und R. Schulze, "Neue Richtungen in der Massenkommunikationforschung", Rundfunk und Fernsehen, 1960, pp. 1~20 및 "Unterschwellige Kommunikation", 전게서, 1960, Heft 3/4, pp. 283, 306 참조(이 점에 관해서는 르네 아람 씨의 친절한 도움을 받았음을 밝힌다).

▲영화 〈히로시마 내 사랑〉
남녀 주인공

▶핵폭발 장면

오늘날 심리적 평형과 통합에 대한 인간의 필요성은 많은 현대인의 꿈속에 나타난다. 이러한 필요의 상징적인 이미지가 바로 저 유명한 프랑스 영화 〈히로시마 내 사랑〉(1959)의 주인공인 프랑스 여성과 일본인 남성이 포옹하는 이미지이다. 그런가 하면 현대인의 꿈에서 전체성의 대극은 이 20세기적 이미지, 즉 핵폭발 사진으로 나타나기도 한다.

나 심리적인 병이 생기는 것이다. 무의식의 반응을 억압하려는 이 같은 시도는 기본적으로 우리 본능과 반대되는 것이므로 결국은 실패할 수밖에 없다.

고등 동물의 사회적 행동에 관한 연구에 따르면, 집단의 규모가 작을 때 (10~50쯤 되는 개체로 이루어졌을 때) 개체를 위해서나 집단을 위해서나 가장 좋은 생활 조건이 형성된다고 한다. 인간도 물론 예외는 아니다. 인간의 육체적·정신적·심리적 건강이나, 여느 동물을 능가하는 문화적 능력은 이러한 사회 형태에서 가장 훌륭하게 발휘되는 듯하다. 지금까지 우리가 개성화 과정에 대해 이해한 바로는, '자기'는 이처럼 규모가 작은 집단을 형성하는 경향이 있는 듯싶다. 자기는 개개인들 사이에 확실한 유대감을 만들어 내는 동시에 모든 인간들과 관련되어 있다는 느낌을 조성한다. 이러한 관계가 자기를 통해 창조될 때에만 시기, 질투, 싸움 같은 온갖 부정적인 투사 현상이 그 집단을 파괴하지 않을 수 있는 것이다. 결국 자기 자신의 개성화 과정에 무조건 헌신하는 태도가 최고의 사회적 적응까지 가능케 하는 셈이다.

물론 그렇다고 해서 '올바른' 길에 관한 의견 충돌이나 불일치, 또는 여러 의무의 갈등이 완전히 사라지는 것은 아니다. 이럴 때 우리는 한발 물러나 내적

인 소리에 귀를 기울이면서, '자기'가 품고 있는 개성적인 견해를 발견하려고 노력해야 한다.

광신적인 정치 활동(본질적 의무 수행이 아닌 활동)은 개성화와 어울리지 않는 듯하다. 다른 나라에 점령된 조국을 해방시키기 위해 애쓰던 한 남성은 어느 날 다음과 같은 꿈을 꿨다.

'나는 우리 동포 몇 사람과 함께 미술관 다락으로 이어진 계단을 올라간다. 거기에는 벽을 검게 칠한 큰 방이 있는데 내가 보기에는 꼭 선실 같다. 품위 있는 중년 부인이 문을 연다. 부인의 이름은 X였다. X 여사는 애국자 X의 딸이다(X는 꿈을 꾼 당사자와 같은 나라 사람으로, 수세

도박사들의 '행운의 여신'이 그려진 20세기 초 몬테카를로의 우편엽서 긍정적인 아니마는 남성을 도와주기도 한다. 이 '행운의 여신' 역시 남성을 도와주는 아니마 이미지이다.

기 전에 나라를 구하려고 애썼던 유명한 국민적 영웅이다. 그는 잔 다르크나 빌헬름 텔에 비견할 만하다. 그러나 실제로 X에게는 딸이 없었다). 큰 방에는 아름다운 비단옷을 입은 귀부인의 초상화 두 점이 걸려 있다. X 여사가 초상화에 관해 우리에게 설명해 주는데 초상화가 돌연 생명을 얻는다. 초상화 주인공의 눈에 생기가 감돌고 가슴도 호흡을 시작한다. 깜짝 놀란 사람들은 강의실 쪽으로 간다. 강의실에서 X 여사가 이 현상을 설명하겠다고 한 것이다. 여사는 자기의 직관과 감정이 초상화에 생명을 불어넣었다고 말한다. 그러나 어떤 사람들은 분개하여 X 여사를 보고 미친 여자라고 한다. 또 강의실을 뛰쳐나가는 사람도 있다.'

이 꿈의 중요한 특징은 아니마 상인 X 여사가 순전히 꿈에 의해 창조된 인물이라는 점이다. 그런데 이 여사는 유명한 국민적 영웅의 이름을 가지고 있다(말하자면 빌헬름 텔의 딸 빌헬미나 텔이라는 식이다). 그 이름이 암시하는 바에 따르면 무의식은 꿈을 꾼 당사자에게, X가 그러했듯이 나라의 자유를 되찾으려면 외적인 방법에만 의존해서는 안 된다는 점을 지적하고 있다. 조국의 해방은 아니마(꿈꾼 사람의 영혼)를 통해 이루어져야 한다고 꿈은 그에게 충고한다. 아니마는 무의식적인 상에 생명을 불어넣음으로써 그 일을 해내는 것이다.

▲시의 여신 멜로디아로부터 영감을 받고 있는 다윗왕을 묘사한 필사본 〈파리 시편〉(10세기).

▼여신이 난파선 표류자를 구하고 있는 그림(16세기).

미술관 다락방이 검게 칠한 선실처럼 보였다는 것은 의미심장하다. 검은색은 어둠, 밤, 내계(內界) 지향을 암시한다. 만일 미술관 다락방이 선실이라면 미술관은 배인 셈이다. 이것은 보편적 의식인 그 사람의 조국이 무의식이나 야만성이라는 홍수로 뒤덮인다면, 살아 있는 이미지로 가득

찬 이 미술관이라는 배는 구원의 방주(方舟)로 변하여 그 안에 탄 사람들을 다른 신성한 해안으로 데려가 주리라는 점을 시사한다. 일반적으로 미술관에 걸려 있는 초상화는 이미 죽어 버린 과거의 유물이다. 우리 무의식 내의 이미지도 생명과 가치를 지니기 전까지는 그러한 유물로 간주될 때가 많다. 그러나 아니마(여기에서는 영혼의 안내자라는 긍정적인 역할을 맡고 있다)가 직관과 감정으로 무의식 내의 이미지를 관조할 때 그것들은 숨을 쉬기 시작한다.

꿈속에서 분개한 사람들은 일반적인 의견—꿈꾼 사람의 마음속에 존재하면서, 심적 이미지에 생명을 부여하는 행위를 거부하고 믿지 않는 것—에 휘둘리는 그의 한 측면을 대표한다. 분개한 사람들은 무의식에 대한 저항을 인격화하고 있다. 그것은 어쩌면 이런 말로 표현될지도 모른다. "원자 폭탄이 우리 머리 위에 떨어지면? 그럴 때 심리적인 통찰이 다 무슨 소용이야?"

이 저항하는 측면은 통계적인 사고방식이나 외향적·합리적 편견에 사로잡혀 헤어나지를 못한다. 그러나 꿈은 오늘날 심리적 변용을 통해서만 진정한 해방

◀들라크루아 작 〈민중을 이끄는 자유의 여신〉(1830) 프랑스 혁명가들을 이끄는 이 여인상 역시 무의식 내용을 해방시키고 개성화를 돕는 아니마 기능을 상징한다.

▶공상 과학 영화 〈메트로폴리스〉(1927)의 한 장면 한 여성이 로봇 같은 노동자들에게 정신적인 '해방'의 길을 모색하라고 촉구한다.

이 시작될 수 있음을 지적한다. 만일 의미 있는 삶의 목표가 해방 너머에 존재하지 않는다면, 무엇 때문에 조국을 해방시켜야 한단 말인가. 목표도 없는 해방에 무슨 가치가 있단 말인가. 사람이 자기 삶에서 아무 의미도 발견하지 못한다면, 공산주의 국가에서 살든 자본주의 국가에서 살든 별반 다를 것도 없다. 자유를 의미 있는 창조 행위에 쓸 때만 비로소 해방도 적절한 의미를 지니게 되는 것이다.[4] 산다는 것의 내적 의미를 찾아내는 일이야말로 한 개인에게 다른 무엇보다도 중요한 일이다. 우리가 개성화 과정을 특별히 중시해야 하는 까닭이 여기에 있다.

　신문, 라디오, 텔레비전, 광고 등을 통해 여론에 영향을 미치려는 시도는 두 가지 요소에 바탕을 두고 있다. 첫째로 그 시도는 '의견'이나 '욕망' 같은 보편적 태도를 나타내는 표본조사 방법에 의존한다. 둘째로 이러한 시도는 여론을 조종하려는 사람들의 편견, 투사, 무의식 콤플렉스(주로 권력 콤플렉스)를 드러낸다. 그런데 통계는 개인을 올바르게 다루지 못한다. 어떤 산에 있는 돌의 평균 지름이 5센티미터라고 해도 그 산에서 지름이 정확히 5센티미터인 돌을 찾기란 쉽지 않은 것과 같은 이치이다.

　두 번째 요소가 바람직한 결과를 낳을 수 없으리라는 것은 애초부터 명백한 사실이다. 그런데 개인이 개성화 과정에 전념할 때에는 그 작업이 주위 사람

---

4) 자유(뭔가 유용한 것을 창조할 자유)의 가치는 융이 *The Undiscovered Self*, p. 9에서 강조한 바 있다.

들에게 전염성 있는 바람직한 영향을 미친다. 그것은 마치 불꽃이 이리저리 튀면서 번지는 것과 같다. 이런 일은 보통 타인에게 어떤 영향을 미치려는 의도가 전혀 없고 아무런 말도 하지 않는 상황에서 일어난다. X 여사는 꿈꾼 사람을 바로 이런 내적인 길로 유도하려 한 것이다.

세상에 존재하는 거의 모든 종교는 개성화 과정 전체를, 또는 적어도 그중에 몇 단계를 상징하는 이미지를 지니고 있다.[5] 그리스도교를 믿는 나라 사람들은 앞에서 살펴봤듯이 '자기'를 제2의 아담인 그리스도에게 투사한다. 동양에서 이에 상응하는 이미지는 크리슈나 또는 부처이다.

어떤 종교에 몸담은 사람들(그 종교의 내용과 교의를 진심으로 믿는 사람들)은 종교적 상징을 통해 자신의 삶을 심리적으로 조정해 나간다. 또한 그들이 꾸는 꿈도 그런 상징 주위를 맴돈다. 1905년 교황 비오 12세가 성모 마리아의 몽소승천(蒙召昇天)을 고시했을 때 한 가톨릭 여신도는 여사제가 되는 꿈을 꾸었다. 이 여신도의 무의식은 "마리아도 이제는 여신이나 마찬가지니까 마땅히 여사제를 거느려야 한다"는 식으로 교의를 확장하려고 했던 것 같다. 한편 또 다른 가톨릭 여신도는 가톨릭 신조의 몇 가지 외적인 부분에 저항감을 느끼고 있었다. 어느 날 그녀는 꿈을 꾼다. 꿈에서 마을 교회가 부서졌다가 재건되었는데, 성체를 안치한 성궤(聖櫃)와 마리아상은 옛 교회에서 새 교회로 고스란히 옮겨진다. 이 꿈은 그녀가 믿는 종교에서 인간이 만든 몇몇 부분은 고칠 필요가 있지만, 기본적인 상징—하느님이 인간이 된다는 것과 동정녀 마리아가 위대한 어머니라는 것—은 변화 대상이 아님을 보여 준다.

이런 꿈은 개인의 무의식이 의식적인 종교의 표상을 수용한다는 흥미로운 사실을 보여 준다.[6] 이것은 현대인의 종교적인 꿈에서 일반적인 경향을 찾는 일이 가능한가 하는 문제를 제기한다. 우리 현대 그리스도교 문화권에서 발견되는 무의식적 표현을 보면, 프로테스탄트이든 가톨릭이든 간에 신격(神格)에 관한 삼위일체 교리에 제4의 요소—여성적이고 어둡고, 심지어 악마적이기도 한

---

5) 개성화 과정을 상징하는 종교적 이미지에 관해서는 Jung, CW, vol. XI, p. 273 및 같은 책 part 2, p. 164sq. 참조.

6) 융은 현대인의 꿈에 나타나는 종교적 상징을 CW, vol. XII, p. 92에서 다루었다. 또한 전게서 pp. 28, 169sq., 207 등을 참조.

닫았을 때　　　　　　　　　　　　열었을 때

15세기의 마리아상. 마리아상 안에 하느님상과 그리스도상이 함께 들어 있다. 성처녀 마리아가 원형적인 '태모' 이미지임을 분명하게 보여 주는 예.

요소—를 추가하여 전체를 완성하고자 하는 어떤 무의식적인 경향이 작용하고 있음을 자주 목격하게 된다고 융 박사는 말했다.[7] 실제로 이 제4의 요소는 본래 종교적 표상의 영역 안에 존재하고 있었지만 이윽고 하느님의 이미지에서 분리되어 물질 자체(또는 물질의 왕, 즉 악마)의 모습을 지닌 대립적 존재가 된 것이다. 그러나 이제는 눈부신 빛과 캄캄한 어둠이라는 이 양극단을 무의식이 다시 통합시키려 하고 있다. 그리고 이렇듯 변용을 지향하는 무의식적 경향은 아무래도 종교의 중심 상징인 신의 이미지에 특히 집중되기 마련이다.

　한 티베트 수도승이 티베트에서 가장 인상적인 만다라에 관해 융 박사에게 말한 적이 있다. 그의 말에 따르면 그 만다라는 집단의 심리적 균형이 깨졌을 때, 또는 어떤 개념이 아직 종교적인 교리에는 포함돼 있지 않아서 그 개념을

---

7) 융은 이렇게 삼위일체에 네 번째 요소를 더하는 현상을 *Mysterium Coniunctionis*, vol. 2, pp. 112sq., 117sq., 123sq. 및 CW, vol. Ⅷ, p. 136sq., 160~62에서 논하였다.

표현할 길을 직접 찾아야만 했을 때, 개인의 상상이나 일정한 목적을 지닌 공상을 통해 생겨났다는 것이다. 이 이야기에서 만다라 상징의 두 가지 중요한 기본적 측면이 밝혀진다. 첫째로 만다라는 보수적인 목적—이전부터 존재하고 있는 규율 복원—에 사용된다. 둘째로 만다라는 지금까지 존재한 적이 없는 새롭고 고유한 어떤 것을 표현하고 형태화하려는 창조적인 목적에도 이바지한다. 특히 두 번째 측면은 첫 번째 측면보다 중요해 보인다. 그러나 이 양자는 서로 모순되지 않는다. 낡은 규율을 복원하는 일에는 대개 새로운 창조적 요소가 포함되기 때문이다. 이 새로운 규율 속에서 오래된 패턴은 좀더 높은 수준에서 되풀이된다. 이 과정은 상승하는 나선(螺旋)과 같아서, 상승하는 동시에 같은 지점으로 몇 번이나 반복하여 회귀한다.

프로테스탄트 환경에서 자란 어느 소박한 부인의 그림에서도 이 나선형 만다라가 등장한다. 꿈속에서 부인은 하느님을 그리라는 명령을 받는다. 그리고 얼마 후(역시 꿈속에서) 그 이미지를 어떤 책에서 발견한다. 그런데 부인이 본 하느님의 모습은 단지 하늘에 떠 있는, 빛과 그림자로 짜인 아름다운 겉옷일 뿐이다. 이 겉옷은 짙푸른 하늘에 보이는 안정감 있는 나선 형태와 인상적인 대조를 이루고 있다. 그런데 이 겉옷과 나선에 정신을 빼앗긴 나머지 부인은 바위 위에 있는 다른 이미지를 제대로 보지 못한다. 잠을 깬 부인은 이 신성한 이미지들이 대체 무엇이었는지 생각하다가 문득 그것이 바로 '하느님 자신'이었음을 깨닫는다. 이 일은 부인에게 커다란 충격을 주었고, 이 충격은 상당히 오래 갔다.

그리스도교 미술에서 성령은 주로 불타는 수레바퀴나 비둘기로 표현된다. 그런데 여기서는 나선으로 나타났다. 이것은 무의식에서 저절로 생겨난, '아직 교의에 포함되지 않은' 새로운 생각이다. 성령이 우리 종교적 이해의 발전에 이바지하는 힘이라는 것은 물론 새로운 관념이 아니다. 그러나 그것을 나선 형태로 본다는 것은 새로운 일이다.

이 부인은 또다시 꿈에서 영감을 얻어 두 번째 그림을 그렸다. 부인이 자기의 바람직한 아니무스와 함께 예루살렘에 서 있는데, 사탄의 날개가 예루살렘 하늘을 어둡게 가리면서 내려오는 그림이다. 이 부인의 마음속에서 사탄의 날개는 첫 번째 그림에 나타난 하늘에 떠 있는 겉옷, 즉 하느님의 모습을 상기시킨

본문에서 인용한 꿈 이미지
◀만다라의 한 형태인 나선형은 성령을 나타낸다.
▶두 번째 꿈에 나타난 사탄의 검은 날개.
이 두 가지 이미지 모두 사람들에게 낯익은 종교적 상징은 아니다. 물론 꿈을 꾼 사람에게도 그렇다. 그 것은 이러한 이미지들이 무의식에서 저절로 솟아난 것이기 때문이다.

다. 처음 꿈에서 부인은 저 높은 천국 어딘가에서 내려다보고 있다. 눈앞에 있는 바위 사이에는 무서운 균열이 있다. 하느님의 겉옷은 오른쪽에 있는 그리스도 상에 이르려 하지만 끝내 이르지 못한다. 그런데 두 번째 그림은 같은 광경을 아래쪽―인간의 시각―에서 올려다보는 그림이다. 높은 시점에서 볼 때 움직이면서 퍼져 나가고 있던 것은 하느님의 한 부분이다. 그 위에는 더 큰 발전 가능성을 상징하는 나선 형태가 존재한다. 그러나 인간의 현실을 바탕으로 바라볼 때에는, 공중에 떠 있는 동일한 것이 이번에는 어둡고 무시무시한 사탄의 날개로 보인다.

이 두 그림은 꿈꾼 사람의 삶에서 어느 정도 현실화되긴 했지만, 그것은 지금 여기서 다루는 문제와는 상관이 없다. 다만 이 두 그림이 개인적인 것을 초월해 어떤 집단적인 의미를 지닌다는 것은 분명하다. 어쩌면 그것은 그리스도교 세계에 드리울 신성한 어둠을 예언하는 것일지도 모른다. 그러나 이 어둠은 장래의 개혁 가능성을 상징할 수도 있다. 나선의 축은 위쪽이 아닌 그림의 배경 쪽을 향하고 있다. 그러므로 장래의 개혁은 좀더 높은 정신의 차원이나 낮은 물질의 차원에서 이루어지는 것이 아니라, 이 신성한 이미지들의 배후를 지향하는 새로운 차원에서 이루어질 것이다. 이는 곧 무의식으로 나아가는 방향을 의미한다.

우리가 익히 알고 있는 것과는 다른 종교적 상징이 개인의 무의식에서 생겨날 때마다 우리는 이 새로운 상징이 널리 인정받은 종교적 상징을 부당하게 변화시키거나 아예 없애 버리지 않을까 두려워한다. 이러한 두려움 때문에 많은 사람들이 분석 심리학과 무의식 세계로의 접근을 거부하게 되는 것이다.

이런 저항을 심리학적 관점에서 본다면, 종교에 관한 한 인간을 세 가지 유형으로 나눌 수 있을 것이다. 첫 번째 유형은 자기 종교의 교의가 어떤 것이든 그것을 아직까지 순수하게 믿고 있는 사람들이다. 이 사람들이 보기에 상징이나 교의는 그들이 내적으로 깊이 느끼는 바와 '잘 맞아떨어지기' 때문에 위험한 의문이 생길 여지가 없다. 이러한 상태는 의식적인 생각과 무의식적인 배경이 비교적 잘 조화되어 있을 때 생겨난다. 이런 유형의 사람들은 새로운 심리적 발견이나 사실을 편견 없이 볼 수 있다. 그들은 그런 것 때문에 자기 신앙이 사라질까 봐 두려워하지 않는다. 혹시나 꿈이 다소 정통적인 이미지에서 벗어난 지엽적 이미지를 내놓더라도 그들은 그것을 전체적인 자기 견해 속으로 통합할 수 있다.

두 번째 유형은 신앙을 완전히 잃은 대신에 의식적이고 합리적인 견해를 지니게 된 사람들이다. 이 사람들이 보기에 심층 심리학이란, 새로 발견된 마음의 영역으로 그들을 인도하는 안내인이다. 따라서 그들은 이 새로운 모험에 뛰어들어 그 진실성을 검증하려고 꿈을 연구할 때에도 별로 장애를 느끼지 않는다.

세 번째 유형은 어떤 부분(대개는 머리)으로는 종교 전통을 믿지 않지만 다른 부분으로는 여전히 믿고 있는 사람들이다. 프랑스 철학자 볼테르가 좋은 본보기라고 할 수 있다. 그는 합리적 논의(écrasez l'infâme)를 통해 가톨릭교회를 통렬하게 비판했지만, 어떤 보고에 따르면 죽음을 앞두고는 가톨릭교회의 병자성사(病者聖事)를 받기를 원했다고 한다. 이것이 사실이든 아니든, 그의 머리는 분명히 비종교적이었지만 그의 감정이나 정서는 정통적인 그리스도교에서 여전히 벗어나지 못했던 듯하다. 이런 유형은 마치 버스 자동문에 끼여서 오도 가도 못하게 된 사람을 상기시킨다. 물론 이들의 꿈은 이러한 딜레마에서 탈출하는 데 도움이 되겠지만, 이런 사람들은 흔히 무의식을 지향할 때마다 장애를 느낀다. 그 까닭은 자기가 무엇을 생각하고 무엇을 바라는지 스스로도 알지 못하기 때문이다. 무의식을 진지하게 다룬다는 것은 결국 그 개인이 지닌 용기와 통합력의 문제인 것이다.

이렇게 사람이 두 가지 정신 상태 사이의 무인 지대(無人地帶)에 갇히면서 복잡한 상태에 처하는 것은 대체 무슨 이유 때문일까. 그것은 모든 종교 교의가 실제로는 집단의식(프로이트가 말하는 초자아)에 속해 있지만, 따지고 보면 먼 옛날에 무의식에서 솟아나온 것이라는 사실에 기인한다. 많은 종교 사학자들과 신학자들은 이 점을 문제 삼는다. 그들은 아주 오래전에 어떤 '계시'가 있었다는 설을 지지한다. 나는 오랫동안 이 점에 관한 융 학파의 가설을 뒷받침할 구체적인 증거를 찾으려고 애썼다. 하지만 대부분의 종교 의식은 너무나 오래되어 그 흔적을 더듬을 수 없었기 때문에 확증을 얻기는 어려웠다. 그러나 다음 예는 우리에게 중요한 실마리를 제공하는 것으로 보인다.

얼마 전에 사망한 오글랄라수(Oglala Sioux) 부족의 주술사 블랙 엘크는 자서전 《블랙 엘크는 말한다》에서, 자신이 아홉 살 때 중병에 걸려 정신이 혼미해진 상태에서 놀라운 환상을 봤다고 고백했다.[8] 그는 세계의 네 귀퉁이에서 아름다운 말들이 달려 나오는 걸 본다. 그리고 구름 속에 앉아서, 오글랄라수족(族)의 선조이자 '전세계의 시조'인 여섯 노인을 만난다. 그들은 오글랄라수족을 위해 여섯 가지 치유의 상징을 베풀고 그에게 새로운 삶의 길을 가르쳐 준다. 그런데 블랙 엘크는 열여섯 살이 되자 갑자기 뇌우(雷雨) 공포증에 시달리게 된다. 뇌우가 쏟아질 때마다 '천둥'이 서두르라고 재촉하는 소리가 들리기 때문이다. 그 천둥소리는 그의 환상 속에서 말들이 요란하게 내달리던 소리를 연상시킨다. 블랙 엘크의 이야기를 들은 한 늙은 주술사는 그가 그 환상을 혼자서 소유하려 하기 때문에 공포가 생겨나는 것이니, 하루 빨리 부족 사람들에게 이야기하라고 권한다. 블랙 엘크는 그 충고에 따랐고, 그 뒤 부족 사람들과 더불어 실제 말을 천둥처럼 요란하게 내닫게 하는 의식을 치른다. 환상을 흉내 낸 이 의

---

8) 블랙 엘크가 본 환상 이야기는 *Black Elk Speaks*, ed. John G. Neihardt, New York, 1932의 독일어판 *Schwarzer Hirsch : Ich rufe mein Volk*, Olten, 1955에서 따왔다.

식이 끝나자 블랙 엘크는 물론, 부족 사람들도 기분이 한결 좋아졌고 병이 나은 사람들도 있었다. 블랙 엘크는 "춤이 끝난 뒤에는 말까지도 전보다 훨씬 행복하고 건강해 보였다"고 적었다.

그러나 머지않아 이 부족은 멸망했으므로 이 의식도 되풀이될 수 없었다. 하지만 그 밖에도 이러한 의식을 계속 보존하고 있는 예가 있다. 알래스카 콜빌 강 가까이에 사는 에스키모들은 그들 부족이 지내는 독수리제(祭)의 기원을 다음과 같이 설명한다.[9]

'젊은 사냥꾼이 진귀한 독수리 한 마리를 쏘아 죽였다. 그는 죽은 새의 아름다움에 감탄한 나머지 새를 박제하고 여기에 제물을 바쳤다. 어느 날 사냥꾼이 깊은 산골로 들어갔을 때 두 반인반수가 사자(使者)로 나타나 사냥꾼을 독수리의 나라로 데려간다. 거기에서 사냥꾼은 음산한 큰북 소리를 듣는다. 사자들은 그것이 죽은 독수리의 어미 새 심장 박동 소리라고 말한다. 이윽고 독수리의 정령이 검은 옷을 입은 부인이 되어 나타난다. 부인은 자기 자식의 죽음을 위로해야 한다면서 부족 사람들과 함께 독수리제를 시작하라고 사냥꾼에게 이른다. 이어서 독수리들은 시범 삼아 그 제사를 치른다. 그 뒤 사냥꾼은 퍼뜩 정신을 차린다. 그는 사자를 만났던 바로 그 자리에 지쳐 쓰러져 있었다. 마을로 돌아온 사냥꾼은 사람들에게 위대한 독수리제를 지내는 법식을 가르쳐 준다. 그때부터 사람들은 그 제사를 충실히 지내게 된다.'

이런 사례는 한 개인이 체험하는 무의식적인 계시에서 제례나 종교적 관습이 직접적으로 생겨날 수 있음을 보여 준다. 이렇게 시작된 종교 제의는 여러 문화 집단 사람들의 다양한 종교 행위를 발전시키고 그 사회 전체에 영향을 미친다. 오랜 세월에 걸쳐 발전하는 가운데 최초의 소재는 언어나 행위에 의해 구성되고, 재구성되고, 미화되면서 점차 일정한 형태를 얻게 된다.[10] 그러나 이 결정(結晶) 작용에는 커다란 단점이 있다. 그것은 최초의 체험에 관한 개인적인

---

9) 에스키모의 독수리제 이야기는 Knud Rasmussen, *Die Gabe des Adlers*, pp. 23sq., 29sq에 나온다.
10) 최초의 신화적 소재가 새로운 형태로 다시 만들어지는 과정을 융은 CW, vol. XI, p. 20sq. 및 vol. XII, Introduction에서 논하였다.

이 그림(에르하르트 야코비 작)은 사람이 세계를 지각하되 각기 개인의 마음을 통해 다른 사람과는 다른 방법으로 지각하고 있음을 보여 준다. 남자·여자·어린이는 같은 광경을 보고 있으나 이들에게는 각기 명료한 부분과 희미한 부분이 있다. 따라서 우리의 의식적인 지각을 통해서만 세계는 '외부'에 존재한다. 우리는 전혀 알지 못하는, 알 수 없는 것(그림의 흰색)으로 둘러싸여 있다.

지식이 점점 사라지면서 사람들이 장로나 지도자의 모호한 기억에만 의존하게 된다는 것이다. 그리하여 실제로 제사를 지내는 후세 사람들은 그것이 현실이었음을 알지 못하고, 그런 경험을 통해 사람이 어떤 감정을 체험하게 되는지도 알지 못한다.

　이렇게 몇 번이나 되풀이되면서 지금 같은 형태가 된 낡은 종교적 전통은 무의식에 의한 창조적 변화를 거부하게 마련이다. 때때로 신학자들은 이 '진정한' 종교 상징과 그 상징적 교의를 지키기 위해서, 무의식을 통해 종교적 기능을 발견한다는 생각에 대항하려고 한다. 그러나 그들은 자기네가 지키려고 하는 가치가 실은 무의식의 기능에서 비롯된다는 사실을 잊고 있다. 실제로 하늘의 계시를 받아 말로 표현하고 예술로 형태화하는 인간의 마음 없이는, 어떠한 종교 상징도 우리 인간 생활의 현실 속으로 들어올 수 없다(이 점은 예언자나 사도(使徒)들의 사례만 봐도 금방 알 수 있다).

　만일 인간의 마음과 관계없이 종교적 현실이라는 것이 그 자체로 존재한다고 주장하는 사람이 있다면 나는 그에게 묻고 싶다. "지금 그 말을 하는 것이 인간의 마음이 아니면 대체 무엇이란 말이오?" 우리가 무엇을 주장하건 우리는 마음이라는 존재에서 절대로 동떨어질 수 없다. 이유인즉 우리는 마음속에 있고, 오직 마음을 통해서만 현실을 파악할 수 있기 때문이다.

이리하여 근대에 이루어진 무의식의 발견은 하나의 문을 영원히 닫아 버린다. 그것은 어떤 사람들이 좋아하는 환상적인 생각, 즉 인간이 정신적 실체 자체를 파악할 수 있다는 생각을 단호하게 부정한다. 현대 물리학에서도 하이젠베르크(Heisenberg)의 '불확정성 원리'에 의해 하나의 문이 닫혔다.[11] 인간이 절대적인 물리적 현실을 파악할 수 있다는 환상이 깨진 것이다. 그러나 무의식의 발견은 이런 환상의 상실을 보충하고 우리 앞에 광대한 미개척지를 새로이 펼쳐 놓는다. 이제 우리는 이 낯선 분야를 현실로 만들어야 한다. 이 영역에서는 객관적·과학적 탐색이 불가사의한 새로운 방법으로 개인의 윤리적 모험과 이어져 있다.

그러나 앞서 말했듯이 이 새로운 분야에서의 경험을 현실 그대로 온전히 전달한다는 것은 거의 불가능하다. 마음과 관련된 사상(事象)은 대개 독자성이 너무나 강하기 때문에 말로는 일부분밖에 전달할 수가 없다. 여기서도 또 하나의 문이 닫혀 버린다. 말하자면 우리가 타인을 완전히 이해하고 그에게 올바른 것이 무엇인가를 말할 수 있다는 환상의 문이 닫히는 것이다. 그러나 이 상실에 대한 보상도 새로 발견된 무의식의 세계에서 찾을 수 있다. 그것은 바로 '자기'의 사회적 기능이다. 이 기능을 통해 서로 분리된 개개인은 은밀한 방법으로 비슷한 사람들과 연결되기에 이른다.

지적인 잡담은 이제 마음의 현실 속에서 발생하는 의미 있는 사상으로 대체된다. 그러므로 개인에게는, 지금까지 개략적으로 설명한 개성화 과정에 진지하게 임하는 것은 곧 삶이 지금과 전혀 다른 새로운 방향을 지향하게 된다는 것을 의미한다. 또 과학자에게 그것은 지금까지와는 전혀 다른 새로운 방식으로 외적 사실에 과학적으로 접근한다는 것을 의미한다. 이것이 인간의 지식이나

---

11) 하이젠베르크와 마찬가지로 물리학자인 볼프강 파울리는 현대 과학의 발견이 낳은 효과를 "Die Philosophische Bedeutung der Idee der Komplementarität", *Experientia* 6(2), p. 72sq. 및 "Wahrscheinlichkeit und Physik", *Dialectica* 8(2), 1954, p. 117에서 설명했다.

사회생활 영역에 어떻게 작용할지는 예견할 수 없다. 그러나 감히 확신하건대, 스스로 정체하거나 심지어 퇴행하는 것을 원치 않는다면 후세 사람들은 융 박사가 발견한 이 개성화 과정을 주목해야 할 것이다.

IV. 미술에 나타나는 상징성

아닐라 야페

리처드 리폴드 작 〈구체의 변주 No 10, 태양〉

신성한 상징—돌과 동물

　상징의 역사는 모든 사물에 상징적 의미가 부여될 수 있음을 가르쳐 준다. 자연물(돌·식물·동물·인간·산과 골짜기, 해와 달, 바람·물·불 등)과 인공물(집·배·자동차 등), 심지어는 추상적인 형태(숫자·삼각형·사각형·원 등)도 상징적인 의미를 지닐 수 있다. 실로 전 우주가 잠재적 상징인 셈이다.

　인간은 상징을 만드는 경향이 있어서 무의식적으로 물건이나 형태를 상징으로 변용한다(그로써 물건이나 형태에 심리적으로 중요한 의미를 부여한다). 그리고 이것을 종교나 미술로 표현한다. 종교와 예술이 서로 긴밀하게 얽힌 역사는 유사 이전부터 시작되었는데, 이것은 바로 우리 선조들이 남겨 놓은 의미심장하고 감동적인 상징의 기록이다. 현대 회화나 현대 조각에서 볼 수 있듯이 예술과 종교의 상호 관계는 지금도 여전히 유지되고 있다.

　미술에 나타나는 상징성을 논하기 전에 먼저 지금까지 인간이 꾸준히 다루어 온 신성하고 신비로운 특별한 모티프 몇 가지를 검토해 보자. 그런 다음에 예술이 다양한 상징을 어떻게 이용하고 있는지에 초점을 맞추기보다는 예술이 상징 그 자체로서 어떤 의미를 지니는지에 중점을 두고—즉 20세기 예술이 현대 사회의 심리 상태를 상징적으로 표현한다고 보는 관점에서—20세기 예술의 현실을 논해 보기로 한다.

　먼저 여러 시대의 예술이 지닌 상징성과 그 특징을 예시하기 위해서 반복적으로 나타나는 세 가지 모티프를 골라 보았다. 그것은 바로 돌, 동물, 원의 상징이다. 이 세 가지 모티프는 저마다 인간의 의식을 표현하기 시작한 초기 상태부터 20세기 예술이라는 매우 세련된 형태로 발전하기까지, 항상 심리적으로 중요한 의미를 지녀 왔다.

　다듬어지지 않은 자연석도 옛날 원시 사회에서는 커다란 상징적 의미를 지니고 있었다. 많은 원시인들은 거칠고 투박한 자연석을 정령이나 신의 거처로 믿었다. 원시 문명에서 자연석은 묘석이나 경계석, 또는 종교적인 숭배 대상이 되기도 했다. 이러한 돌 사용법을 원시적인 조각 양식으로 보아도 좋을 것이다. 다시 말해 이것은 단순한 우연성이나 자연성 이상의 어떤 표현력을 돌에 부여하려는 최초의 시도였다고 볼 수 있다.

《구약성서》에 나오는 야곱의 꿈 이야기는 그 전형적인 예이다. 이 이야기는 먼 옛날에 사람의 마음이 어떻게 살아 있는 신이나 성령을 돌 속에 구체화했으며, 그 돌이 어떻게 하나의 상징이 되었는지 보여 준다.

'야곱은 브엘세바를 떠나 하란으로 가다가 어느 곳에 이르렀다. 그때 해가 저물어 그곳에서 밤을 지내게 되었다. 그는 근처에서 돌을 하나 주워 베개로 삼고 자리에 누워 잠을 자다가 꿈을 꾸었다. 하늘까지 닿는 사다리 하나가 지면에 세워져 있는데, 하느님의 천사들이 그 사다리를 오르락내리락하고 있었다. 이윽고 야훼께서 그에게 다가오셔서 이렇게 말씀하셨다.

"나는 네 할아버지 아브라함의 하느님이요, 네 아버지 이삭의 하느님인 야훼이다. 네가 지금 누워 있는 이 땅을 너와 네 자손에게 주리라."

야곱은 잠에서 깨어나 외쳤다. "야훼께서 여기 계시는데 내가 미처 모르고 있었구나!" 그는 두려움에 떨며 말했다. "이 얼마나 두려운 곳인가. 여기가 바로 하느님의 집이요, 하늘 문이로구나."

야곱은 아침 일찍 일어나 베고 자던 돌을 세워 기둥으로 삼고, 그 꼭대기에 기름을 붓고는 그곳을 베델이라 불렀다(〈창세기〉 28장 10~19절).'

야곱에게 그 돌은 하느님의 계시와 떼려야 뗄 수 없는 부분이었다. 그것은 그 자신과 하느님 사이의 중개자였다. 수많은 원시적인 돌 성소(stone-sanctuaries)에서 신의 위치는 단 하나의 돌을 통해서가 아니라 뚜렷한 형태로 배치된 많은 자연석을 통해서 나타나 있다(브르타뉴에 있는 돌의 기하학적 배열이나 스톤헨지에 있는 거석주(巨石柱)의 이중 환형(環形) 배열은 유명한 예이다). 또 자연적인 형태를 그대로 살린 돌의 배열은 고도로 발달된 선종 불교의 석정(石庭)에서도 찾아볼 수 있다. 석정에 배치된 돌들은 기하학적으로 놓인 것이 아니라 우연히 그렇게 놓인 것처럼 보인다. 그러나 사실 그것은 매우 세련된 정신의 표현이다.

◀프랑스 서부 브르타뉴 지방의 카르나크에 있는 기원전 2천 년경의 열석(列石). 자연 그대로인 돌을 열지어 놓은 이 열석은 신성한 의식이나 종교적인 행사에 쓰인 것으로 보인다.
▶일본의 교토에 위치한 료안지(龍安寺)에 있는 선종의 석정(石庭). 아름답게 다듬은 뜰에 자연석이 배치되어 있다. 언뜻 보면 별 의미가 없어 보이나 돌의 배치는 정제된 정신세계를 표현한 것으로 보인다.

역사적으로 아주 먼 옛날부터 인간은 어떤 바위를 보고 그 바위의 영혼이나 정신이라고 느낀 것을 뚜렷한 형태로 표현하려고 했다. 대개 그 형태는 인간의 모습에 가까웠다. 이를테면 얼굴 윤곽을 닮은 태고의 거대한 선돌(menhir)이라든가, 경계석에서 다듬어져 나온 고대 그리스의 헤르메스 두상이라든가, 그 밖에 인간의 모습을 닮은 원시적인 석우(石偶)들 따위가 그런 예이다. 이렇게 돌에 생명을 불어넣는 행위는 다소나마 분명한 무의식의 내용을 그 돌에 투사하는 행위라고 설명할 수 있다.

원시인들은 돌에 인간의 모습을 어렴풋이 반영하면서 돌의 자연스런 본모습을 거의 그대로 보존했다. 이러한 경향은 현대 조각에서도 발견된다. 많은 작품들을 봐도 알 수 있듯이 예술가들은 돌의 '자기표현'에 관심을 가진다. 신화적 표현을 빌리자면 돌은 '스스로 말하는' 셈이다. 이러한 현상은 스위스 조각가 한스 에슈바허, 미국 조각가 제임스 로사티, 독일 출신 화가 막스 에른스트 등의 작품에서도 찾아볼 수 있다. 1935년 말로야에서 보낸 편지에서 에른스트는 이렇게 썼다.[1]

---

1) 막스 에른스트의 말은 C. Giedion-Welcker, *Contemporary Sculpture*, New York, 1955에 인용되어 있다.

'알베르토(스위스 예술가 자코메티)와 나는 조각 문제로 고민하고 있습니다. 지금 우리는 포르노 빙하에서 가져온 크고 작은 둥근 화강암을 쓰려고 하는데, 이 돌은 세월과 추위와 비바람에 의해 놀랄 만큼 멋지게 다듬어져서 이미 그 자체가 꿈같은 아름다움을 지니고 있기 때문입니다. 인간의 손으로는 그만한 아름다움을 빚을 수 없습니다. 그러니 기본적인 특징은 자연 상태 그대로 놔두고, 우리는 그 위에 자신의 신비로운 기호를 새기기만 해도 충분하지 않을까요?'

에른스트가 말하는 '신비'가 대체 무엇인지는 설명되어 있지 않다. 그러나 이장 끝부분에서 밝히겠지만, 현대 예술가의 '신비'란 결국은 '돌의 정신'을 알고 있던 옛 거장들의 '신비'와 크게 다르지 않을 것이다.

이처럼 많은 조각에서 '정신'이 강조된다. 이 경향은 종교와 예술의 경계가 불분명하고 가변적임을 말해 주는 한 예라고 할 수 있다. 때로는 종교와 예술이 아예 분리되지 않는 경우도 있다. 이러한 양가성(ambivalence)은 고대 예술 작품에 등장하는 또 하나의 상징적 주제, 즉 동물 상징에서도 발견된다.

동물 그림의 역사는 빙하기(기원전 6만 년에서 1만 년)까지 거슬러 올라간다. 19세기 말 프랑스와 에스파냐의 동굴 벽에서 빙하기 동물 그림이 발견되었다. 그러나 고고학자들은 20세기 들어서야 비로소 이 그림의 중요성을 깨닫고 그 의미를 문제 삼기 시작했다. 그리하여 이 동물 그림은, 그런 것이 존재했으리라고 생각조차 못할 만큼 먼 옛날 선사시대의 문화유산임이 밝혀졌다.

암벽 조각과 그림이 있는 동굴은 오늘날에도 기괴한 마력(魔力)이 깃들어 있는 것으로 여겨진다. 독일 예술사가 헤르베르트 퀸에 따르면,[2] 아프리카, 에스파냐, 프랑스, 스칸디나비아 등 그런 그림이 발견되는 지역 주민들은 그 동굴에 가까이 가기를 꺼렸다고 한다. 아마도 일종의 종교적인 경외감이나, 그 바위와 그림 주변에 영혼이 머물러 있을지도 모른다는 일종의 공포감이 그들을 망설이게 만들었을 것이다. 북아프리카 유목민들은 지금도 길을 가다가 오래된 암벽화와 마주치면 그 앞에 제물을 바친다. 15세기에 교황 갈리스토 3세는 '말 그

---

2) 선사시대 예술에 관해 헤르베르트 퀸이 조사한 내용은 그의 저작 *Die Felsbilder Europas*, Stuttgart, 1952에 실려 있다.

◀선사시대의 선돌. 돌에 태모신인 듯한 여성 이미지가 새겨져 있다.
▶막스 에른스트의 조각 〈무제〉(1935). 돌의 원형을 그대로 유지한 채 제작한 작품이다.

림이 그려져 있는 동굴'에서 거행되는 종교 의식을 금지하기도 했다. 교황이 의식을 금지한 동굴이 정확히 어느 동굴인지는 알 수 없지만, 동물 그림이 그려진 빙하기 동굴들 중의 하나임은 의심할 여지가 없다. 이런 사실로 미루어 볼 때, 이렇게 동물 그림이 그려진 동굴이나 암벽은 처음부터 지금까지 우리 인간에게 본능적으로 종교적 성소로 여겨져 왔음을 알 수 있다. 말하자면 이런 곳에서 신령(numen)은 수세기 동안이나 생명을 유지해 왔던 것이다.

이런 동굴에 현대인이 들어가 보면, 대개 좁고 어둡고 눅눅한 통로가 계속 이어지다가 마침내 벽화가 그려진 커다란 '방'이 불쑥 눈앞에 나타나는 것이 보통이다. 이렇듯 접근하기 어려운 통로에서는 원시인의 숨은 의도가 엿보인다. 그들은 동굴의 특징적인 모습이 흔한 풍경으로 전락하는 일을 막고, 그 신비성을 보존하고자 했던 것이다. 접근하기 어렵고 왠지 으스스한 통로 뒤에서 불쑥 나타나는 커다란 방과 벽화는 원시인들에게 분명히 압도적인 인상을 주었으리라.

구석기시대 동굴 벽화는 거의 다 동물 그림이다. 이 동물들의 움직임과 모양새는 자연에서 관찰된 모습 그대로, 놀라운 예술적 기교를 통해 표현되어 있다.

그런데 여러모로 볼 때 이 그림들은 단순히 동물을 사실적으로 재현한다는 의미뿐만 아니라 더 큰 의미를 지니고 있는 듯싶다. 헤르베르트 퀸은 다음과 같이 말했다. "기묘한 사실은 이 원시 회화 대부분이 과녁으로 사용되었다는 점이다. 몽테스팡에는 올가미에 걸린 말 한 마리를 새긴 동굴 벽화가 있는데, 이 말의 몸뚱이에는 움푹한 창 자국이 무수히 나 있다. 같은 동굴에 있는 점토로 된 곰 모형에는 자그마치 마흔두 개나 되는 구멍이 뚫려 있다."

▲라스코 동굴의 구석기 시대 암벽화. 단순한 장식적 이미지가 아니라 주술적 기능을 가진 이미지이다.
▼화살이나 창을 맞은 듯한 흔적이 남아 있는 들소 이미지. 이 동굴에 살던 사람들은, 들소 이미지를 상징적으로 '죽임'으로써 실제로 들소를 많이 잡을 수 있을 것으로 믿었다.

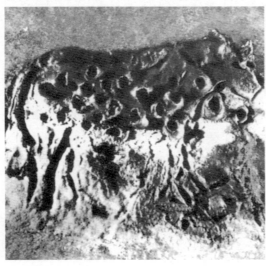

이 사실은 현재 아프리카 수렵민족이 행하고 있는 수렵 주술이 먼 옛날에도 있었음을 말해 준다. 그림 속 동물은 일종의 '대역(代役)'이다. 사냥꾼들은 그 대역을 상징적으로 죽임으로써 현실의 동물을 죽일 수 있다고 기대하고 확신한 것이다. 이는 그림에 표현된 대역의 '사실성'에 바탕을 둔 일종의 교감 주술(sympathetic magic)이다. 그림에서 일어난 일이 실제 동물에게도 일어난다는 믿음이 작용하는 것이다. 이렇게 살아 있는 실물과 그 이미지를 강하게 동일시하는 가운데, 이미지가 곧 실물

의 영혼이라는 생각이 심
리학적 사실로서 하나의
바탕을 이루게 된다(이것
은 오늘날에도 많은 원시 종
족이 사진 찍히기를 기피하는
이유이기도 하다).

이와는 달리 주술적인
풍요 의식에 사용된 동굴
벽화도 있다. 이런 예로는
교접하는 동물 그림이 있
다. 이를테면 프랑스의 튀
크 도두베르 동굴에서 발
견된 한 쌍의 들소 그림도
그렇다. 이처럼 사실성 있

오늘날에도 사람들은 초상과 조각상을 파괴함으로써 그 인물을
상징적으로 죽인다.
◀1956년 헝가리 혁명 때 파괴된 스탈린 흉상.
▶민중에 의해 효수된 스탈린주의자인 전 헝가리 수상 라코시 마
차시의 흉상.

는 동물 그림은 주술적 성격을 부여받아서 풍요로워지고 상징적 의미를 지니
게 된다. 이 그림은 동물이 지닌 생명의 본질을 나타내는 이미지가 되는 것이다.

동굴 벽화 가운데 가장 흥미로운 것은 동물로 가장한 반인반수 그림이다.
때로는 이런 인간이 동물과 나란히 그려진 경우도 있다. 프랑스의 트루아 프레
르 동굴에는 동물 가죽으로 몸을 감싼 한 인간이 마치 동물에게 주술을 걸려
는 듯 원시적 형태의 피리를 불고 있는 그림이 있다. 이 동굴에는 그 밖에도 사
슴뿔과 말 머리, 곰 앞발이 달린 인간이 춤을 추는 그림도 있다. 수백 마리 동
물을 지배하고 있는 이러한 이미지는 의심할 여지 없이 '동물의 왕'이다.

오늘날 아프리카에 살고 있는 원시 종족의 관습이나 풍속을 살피는 일은 이
러한 신비롭고 상징적인 그림의 의미를 이해하는 데 도움을 준다. 이 종족들의
통과 의례나 비밀 집회에서는, 또 심지어 왕의 즉위식에서도 동물이나 동물 분
장이 중요한 역할을 맡고 있다. 즉 왕이나 추장은 인간인 동시에 동물이기도
하다. 일반적으로 왕이나 추장은 사자나 표범과 동일시된다. 이러한 관습의 흔
적은 지금까지도 남아 있다. 예컨대 에티오피아 황제 하일레 셀라시에의 경칭은
'유다의 사자'이고, 헤이스팅스 반다 박사의 경칭은 '말라위의 사자'이다.

옛날로 거슬러 올라가면 올라갈수록, 또는 사회가 더욱 원시적이고 자연과 밀착해 있을수록 그런 경칭은 문자 그대로의 의미에 가깝게 이해된다. 원시 사회 추장이 취임식에서 동물로 분장하고 등장할 때에는 단순히 동물인 척하는 것이 아니고 정말로 동물 그 자체가 된다. 게다가 그는 동물의 영혼, 즉 할례를 시행하는 무시무시한 악마이기도 하다. 이렇게 행사를 치를 동안 추장은 그 종족 및 일족의 선조를 구현하고 대표하는 동시에 스스로 원초(原初)의 신과 동일한 존재가 된다. 추장은 '토템' 동물을 대표하는 동시에 '토템' 동물 그 자체가 되는 것이다. 따라서 트루아 프레르 동굴에 그려진 춤추는 반인반수는, 동물 변장을 통해서 동물의 영혼(악마)으로 둔갑한 추장이라고 봐도 좋을 것이다.

세월이 흐르자 인간은 예전처럼 온몸을 동물같이 꾸미는 대신에 동물이나 악마의 가면만을 쓰게 되었다. 원시인들은 모든 예술적 기교를 발휘하여 이 가면을 만들었으므로, 그 표현에서 드러나는 강렬함이나 격렬함은 오늘날의 예술품에 견주어도 손색이 없을 정도로 탁월하다. 이 가면은 신이나 악마 자체와 마찬가지로 숭배 대상이 되기도 한다. 이러한 동물 가면은 스위스 등 많은 현대 국가의 민속 예술에서도 나타나고, 또 현대 일본에서 상연되고 있는 전통

◀트루아 프레르의 동굴에서 발견된 선사시대 벽화. 그림 오른쪽의 뿔 달린 가면을 쓴 사람이 샤먼이다.
▶'동물 춤'의 한 예인 미얀마의 물소 춤. 가면을 쓴 무용수에게는 물소의 영혼에 깃들어 있다.

적인 노가쿠(能樂)³⁾의, 표
현력이 풍부한 가면에서
도 나타난다. 가면의 상징
적 기능은 원래 온몸을 송
두리째 동물같이 꾸미던
시절에 존재했던 상징적
기능과 똑같다. 가면을 쓰
면 인간다운 개개인의 표
정이 사라지면서 그 사람
은 동물 악마가 지니는 위
엄과 아름다움(더불어 소
름끼치는 표정)을 지니게 된
다. 심리학적으로 말하자
면 가면은 가면을 쓴 사람
을 원형적 이미지로 바꿔
버리는 것이다.

▲독일 남서부에 전해 오는 민속무용에서 무용수는 마녀 혹은
'야만인'으로 가장한다.
▼볼리비아의 악마 춤에서 무용수는 악마를 떠올리게 하는 동물
가면을 쓴다.

춤은 본래 적당한 몸놀
림을 곁들여서 동물로 변
장하는 작업을 완성시키
는 것이었는데, 통과의례
같은 의식을 보충하는 역
할도 한 듯하다. 이를테면
어떤 악마를 기리면서 여
러 악마로 분장하여 춤을
추는 식이다. 헤르베르트
퀸은 튀크 도두베르 동굴

---

3) 노가쿠에 관해서는 D. Seckel, *Einführung in die Kunst Ostasiens*, München, 1960 참조. 노가쿠에
사용되는 여우 가면에 관해서는 G. Buschan, "Tiere im Kult und im Heilaberglauben", *Ciba
Zeitschrift*, Basel, Nov. 1942, no. 86 참조.

의 부드러운 점토에서 동물상을 둘러싼 무수한 발자국을 발견했다. 이로써 우리는 빙하기에 치러진 의식에도 춤이 포함돼 있었음을 알 수 있다. 퀸은 이렇게 썼다. "발꿈치 흔적만이 눈에 띈다. 그들은 동물의 번성과 풍요를 위해, 그리고 그 동물을 잘 사냥하기 위해 들소 춤을 춘 것이다."

제1장에서 융 박사는, 종족 구성원들과 그 종족의 토템이 되는 동물(또는 '초원의 영혼') 사이에 긴밀한 관계가 있으며 심지어 동일시 현상까지 나타난다는 점을 지적했다. 이 관계를 굳게 다지기 위한 특별한 의식이 몇 가지 있는데, 이를테면 소년이 겪는 성년식이 그러하다. 성년식을 치르는 소년은 '동물의 영혼'에 사로잡힌 상태에서 할례를 통해 자신의 '동물성'을 제물로 바친다. 이러한 이

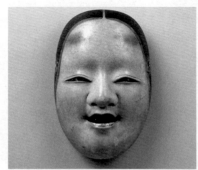

◀일본 고유의 노가쿠에 사용되는 가면의 하나. '노'에서 무용수는 가면을 씀으로써 신·귀신 또는 도깨비가 된다.

▲일본의 가부키에 출연한 남자 배우. 중세 무사 같은 차림을 하고 얼굴에는 가면처럼 분장을 했다.

▼가면을 쓴 일본 무용 극장의 무용수.

중 과정을 거쳐 소년은 그 토템을 숭배하는 일족의 구성원이 되고, 그 토템 동물과 자신과의 관계를 확립한다. 이때 무엇보다 중요한 사실은 그 소년이 어엿한 사내가 되고, 넓은 의미에서는 진정한 인간이 된다는 것이다.

아프리카 동해안에 사는 사람들은 할례를 받지 않은 사람들을 '동물'이라고 부른다. 할례를 받지 않은 사람들은 동물의 영혼을 받아들이지도 않았고, 자신의 '동물성'을 제물로 바치지도 않았기 때문이다. 할례를 받지 않은 소년의 영혼에 존재하는 동물적인 면과 인간적인 면은 둘 다 의식화되지 않은 상태인데, 이 경우에는 동물적인 면이 더 우세하다고 여겨지는 것이다.

동물이란 모티프는 대체로 인간의 원시적이고 본능적인 성질을 상징한다. 무의식에서 분출된 자율적 정서에 직면할 때에는 설령 문명인이라도 그 엄청난 본능적 충동에 두 손 들지 않을 수 없다. 그런데 원시인은 오죽하겠는가. 원시인은 의식이 그리 발달되어 있지 않고, 문명인에 비하면 정서의 폭풍을 제어할 방법도 잘 모르기 때문에 그 정도가 훨씬 더하다. 제1부에서 융 박사는 인간의 반성하는 능력을 발달시키는 방법을 논하면서, 분노에 사로잡힌 나머지 사랑하는 어린 아들을 죽여 버린 어느 아프리카인을 예로 들었다. 그 아프리카인은 제정신이 돌아오자 자기가 저지른 짓을 미칠 듯이 후회하고 슬퍼했다. 이 경우에는 갑자기 파괴적인 충동이 솟구쳐서 그의 의식된 의지와는 무관하게 치명적으로 작용해 버린 셈이다. '동물 악마'는 이런 충동을 매우 적절하게 나타내는 상징이다. 동물 악마의 이미지는 생생하고 구체적이므로, 사람은 그 이미지를 자기 속에 있는 압도적인 힘의 표현으로 삼아 그것과 관계를 맺는다. 즉 그 이미지를 두려워하면서 제물이나 의식을 통해 그것을 누그러뜨리려 하는 것이다.

태초의 동물이 등장하는 신화는 흔히 찾아볼 수 있다. 이러한 동물은 풍요와 창조를 위해 희생되어야 한다. 페르시아의 태양신 미트라는 황소를 제물로 받고 토지를 비옥하게 해 주었다. 성 게오르기우스가 용을 퇴치했다는 그리스도교 전설에는 원시 시대의 제물을 죽이는 의식이 재현되어 있다.

그 밖에도 거의 모든 민족의 종교나 종교 예술에서는 동물의 특성이 최고신에게 바쳐지거나 신이 동물로 표현되는 일이 일어난다.[4] 고대 바빌로니아인들

---

4) 다양한 신의 동물 속성에 관해서는 G. Buschan의 전게서 참조.

은 신들을 숫양·황소·게·사자·전갈·물고기 등—12궁(宮)—으로 묘사하여 하늘에다 그려 냈다. 이집트인들은 여신 하토르를 암소 머리로, 아몬을 숫양 머리로, 토트를 따오기 머리나 개코원숭이 모습으로 표현했다. 힌두교 행운의 신 가네샤는 몸은 인간인데 머리는 코끼리로 그려졌다. 비슈누는 멧돼지로, 하누만은 원숭이로 묘사된다(힌두교에서는 인간이 생물들 중에서 가장 높은 자리를 차지하지 않는다. 코끼리나 사자가 인간보다 더 높은 자리에 위치한다).

그리스 신화도 동물 상징으로 가득 차 있다. 신들의 아버지 제우스는 손에 넣고자 하는 여성에게 백조나 황소나 독수리 모습으로 접근한다. 또 게르만 신화에서 고양이는 여신 프레이야에게 바쳐지는가 하면, 멧돼지, 까마귀, 말은 최고신 오딘에게 바쳐진다.

그리스도교에서도 동물 상징은 큰 역할을 한다. 이를테면 사도 루가는 황소, 사도 마르코는 사자, 사도 요한은 독수리로 표현되는 등 세 복음사가(福音史家)는 각각 동물 문장(紋章)을 지닌다. 단 한 사람 마태오만 인간이나 천사로 그려지고 있다. 그리스도 자신은 하느님의 어린 양이나 물고기로 표현되는 한편, 십자가에 걸린 뱀이나 사자, 또는 드물게도 일각수(一角獸)로 상징되기도 한다.[5] 그리스도에게 부여된 이 동물적인 속성은, 하느님의 아들(인간이 최고로 인격화된 존재)까지도 그 높은 정신적 특질과 더불어 동물적 속성을 지니고 있음을 보여 준다. 결국 초인적인 면모와 마찬가지로 인간 이하의 면모도 신의 영역에 속하는 셈이다. 인간에게서 보이는 이러한 두 측면의 상호 관계는, 그리스도가 동물에 둘러싸인 채 마구간에서 탄생하는 장면을 묘사한 크리스마스 그림을 통해 아름답게 상징된다.

시대를 불문하고 종교나 예술에는 항상 동물 상징이 넘쳐흐르고 있다. 이 사실은 단지 이러한 동물 상징의 중요성만 강조하는 것이 아니라, 이 상징의 정신적 내용물—본능—을 인간의 삶에 통합시키는 일이 얼마나 중요한가를 보여 준다. 동물은 그 자체로는 선하지도 않고 악하지도 않다. 그것은 단지 자연의 일부에 지나지 않는다. 동물은 그 본성에 어울리는 뭔가를 원할 뿐이다. 바꾸어 말하면 동물은 단지 본능에 따를 뿐이다. 우리 인간은 이런 동물의 본능

---

5) 융은 CW, vol. XII, p. 415ff에서 일각수(그리스도를 상징)의 상징성을 논했다.

을 신비롭게 여기기도 한다. 그런데 실은 인간의 생명에도 이와 비슷한 신비로운 것이 존재한다. 인간성의 바탕을 이루는 본능이 그것이다.

그런데 인간 내부에 있는 '동물적 존재'(인간 내부에 있는 본능적 심성)는, 당사자가 이것을 인식하고 자기 삶 속으로 통합시키지 않으면 대단히 위험한 존재가 되어 버린다. 인간은 자기 의지로 본능을 억제하는 힘을 가진 유일한 생물이지만, 동시에 본능을 억제하고 왜곡하고 거기에 상처를 입히는 생물이기도 하다. 은유적으로 말하자면 상처 입은 동물은 평소와는 달리 난폭하고 위험한 존재로 변한다. 억압당한 본능은 외려 인간을 지배할 수도 있고 심지어 인간을 파멸시킬 수도 있다.

세 종교에서 볼 수 있는 신성이 깃든 동물 상징의 본보기
▶중세 동전의 앞뒷면. 각각 십자가에 못 박힌 그리스도 및 그리스도를 상징하는 뱀 모양이 새겨져 있다.
◀힌두교의 사리 분별 및 지혜의 신 가네샤를 형상화한 네팔 왕궁의 채색 조각상.
▼백조의 모습으로 레다를 취하는 그리스의 제우스 신.

우리는 종종 동물에 쫓기는 꿈을 꾼다. 이 꿈은 대체로 지금까지 의식과 단절되어 있던 본능이 이제는 삶 속으로 통합되어야 함을(또는 통합되려 하고 있음을) 보여 준다. 꿈에 나타난 동물의 행동이 위험하면 위험할수록 꿈을 꾼 사람의 본능적·원시적 영혼은 그만큼 무의식 상태에 머물러 있는 셈이다. 이런 사람들은 돌이킬 수 없는 사태가 일어나기 전에 서둘러 원시적 본능을 자신의 삶 속으로 통합시켜야 한다.

억눌리고 손상당한 본능이 문명인을 위협하는 존재라면, 억제되지 않은 충동은 원시인을 위협하는 존재이다. 어느 쪽이든 '동물'이 참된 존재 양식에서 소외되어 있다는 점은 똑같다. 문명인이든 원시인이든 간에 동물의 영혼을 자진해서 수용하는 일은, 자신의 전체성(全體性)을 실현하고 생명을 만끽하기 위한 필수 조건이다. 원시인은 자기 내부에 있는 '동물'을 길들여 유용한 동료로 삼아야 한다. 문명인은 자기 내부의 '동물'이 입은 상처를 치료하여 그를 친구로 삼아야 한다.

이 책의 다른 공동 집필자들은 주로 꿈과 신화 속에서 돌이나 동물 주제가 얼마나 중요한 의미를 지니는지 설명하고 있다. 그러나 여기서 나는 예술사(특히 종교 예술사)를 통해 상징이 생생하게 드러나는 일반적인 실례를 보여 주기 위해서 돌과 동물을 다루어 보았다. 그럼 이번에는 마찬가지로 가장 강력하고 보편적인 상징인 원(圓)의 상징을 다루어 보겠다.

원의 상징

폰 프란츠 박사는 원(또는 구체)을 '자기(Self)'의 상징이라고 설명한다. 원은 인간과 자연 전체와의 관계까지 포괄하면서 다각적이고 다면적인 마음의 전체성을 표현한다. 이러한 원의 상징은 원시적 태양 숭배나 근대 종교, 신화나 꿈, 티베트 승려가 그린 만다라나 심지어는 도시 계획도에서도 발견되고, 또 먼 옛날 천문학자가 생각했던 구체 개념에서도 발견된다. 이렇게 나타나는 원의 상징은 언제나 생명이 지닌 유일한 지상(至上) 측면, 즉 생명의 궁극적인 전체성을 표현한다.

인도의 천지창조 신화에 따르면 브라흐마 신은 수많은 꽃잎을 벌린 거대한 연꽃 위에 서서 주위의 네 점에 눈길을 주고 있다. 둥근 연꽃 위에서 이처럼 네 점에 눈길을 주는 것은 브라흐마가 천지창조를 시작하기 전에 꼭 필요한 예비적 방위 측정 작업을 하는 것으로 해석된다.[1]

부처와 관련된 이야기 중에도 비슷한 것이 있다. 바로 부처 탄생 설화이다. 부처가 탄생하는 순간 연꽃이 피어났으며, 부처는 그 꽃을 밟고서 허공의 열 방향을 바라봤다고 한다(연꽃은 여덟 방향을 나타내는데, 부처가 위와 아래를 보았으므로 모두 합쳐 열 방향이 되는 것이다). 주위 공간을 둘러보는 상징적인 모습은 부처가 이 세상에 태어난 순간부터 독특한 인격을 가진 자로서 계시를 받을 운명이었음을 단적으로 보여 준다. 즉 부처의 인격 및 살아가는 방식에 전체성의 상징이 부여된 것이다.[2]

브라흐마와 부처가 이처럼 공간의 방향을 정한 것은 마음의 방향성을 정하고 싶어하는 인간의 욕구를 상징적으로 표현한다고 볼 수 있다. 융 박사는 제1장에서 의식의 네 가지 기능[3]—사고, 감정, 직관, 감각—에 대해 설명했는데,

---

1) 브라흐마 신화에 관해서는 H. Zimmer, *Maya, der indische Mythos*, Stuttgart-Berlin, 1936 참조.
2) 부처 탄생 설화는 산스크리트 경전 *Lalitavistara Sutra*(600~1000년경)에 실려 있다.
3) 융은 CW, vol. VI에서 의식의 네 가지 기능을 설명했다.

이 기능은 인간에게 외적·내적으로 주어지는 세계에 관한 인상을 다양한 방식으로 처리하기 위해 구비되어 있는 것이다. 사람이 자기의 경험을 이해하거나 그에 동화되는 것은 바로 이 기능들을 갖추고 있기 때문이고, 경험에 다양하게 반응할 수 있는 것도 이 네 기능들을 갖추고 있기 때문이다. 브라흐마가 우주의 네 방향을 바라본 것은 인간이 이 네 가지 기능을 통합해야 한다는 것을 암시한다(예술에서 원은 종종 여덟 가지 방향성을 지닌다. 이것은 의식의 네 기능이 서로 중첩되어 새로운 네 가지 중간적 기능—이를테면 감정이나 직관의 영향을 받은 사고, 감각에 치우친 감정 등등—을 낳는다는 것을 보여 준다).

인도나 극동 미술에서 네 개 또는 여덟 개의 방향성을 지닌 원은 보통 종교적인 이미지로서 명상을 돕는 도구 역할을 한다. 특히 티베트의 라마교에서는 다양한 만다라[4]가 중요한 몫을 한다. 원칙적으로 이런 만다라는 신성한 힘과 관련된 우주를 나타낸다.

동양에서 볼 수 있는 명상도(瞑想圖)는 대부분 순수한 기하학적 도형으로 이루어져 있다. 이 도형은 얀트라(yantra)라고 불린다. 얀트라 주제의 공통된 특징은 원 이외에도, 삼각형과 역삼각형이 서로 뒤엉켜 있는 도형을 포함한다는 것이다. 전통적으로 보아 이 형태는 시바(Shiva)와 샤크티(Shakti), 즉 남신과 여신이 하나가 되어 있음을 상징한다. 이 모티프는 조각에서도 변화무쌍하게 이용된다. 심리학적 관점에서 보면 이 상징은 대립물의 통합, 즉 개인적이고 시간에 따라 변화하는 자아 세계와 비개인적이고 시간과는 무관한 비(非)자아 세계의 통합을 의미한다. 이러한 통합이야말로 모든 종교가 궁극적으로 달성하고자 하는 목표이다. 그것은 곧 신과 영혼의 합일이다. 서로 뒤엉킨 두 삼각형의 상징적 의미는, 그보다 보편적인 원형 만다라가 지니는 의미와 비슷하다. 이 도형들은 의식과 무의식을 두루 아우르는 마음의 전체성, 즉 '자기'를 나타낸다.

삼각형 얀트라와, 시바와 샤크티의 합일을 표현한

뒤엉킨 9개의 삼각형으로 이루어져 있는 얀트라. 전체성을 상징하는 만다라는 신화나 전설에서 예외적인 존재의 이미지가 되어 나타난다.

---

4) 티베트의 만다라는 융의 저작 CW, vol. IX에 해석되어 있다.

조각은 둘 다 대립물 사이의 긴장 관계를 강조한다. 따라서 그런 작품에서는 대개 에로틱하고 정서적인 분위기가 짙게 느껴진다. 작품에 담긴 이러한 역동성이 전체성의 창조 또는 전체성의 실현 과정을 뜻한다면, 넷이나 여덟 가지 방향성을 지닌 원은 존재하는 실체로서의 전체성을 표현한다.

추상적인 원은 선화(禪畵)에도 등장한다. 유명한 일본의 선승(禪僧) 센가이〔仙崖〕가 그린 〈원(圓)〉이라는 선화에 대해 어느 늙은 선승은 다음과 같이 말했다. "선종(禪宗)에서 원은 깨달음을 의미한다. 원은 인간이 이를 수 있는 최고 경지를 상징하는 것이다."

추상적인 만다라는 유럽 그리스도교 예술에서도 찾아볼 수 있다. 그중에서 특히 두드러지는 것은 교회의 둥근 장미창이다. 둥근 장미창은 인간의 '자기'를 우주 차원으로 드높인 것이다(빛나는 흰 장미 모양을 한 우주의 만다라가 단테의 눈앞에 환상으로 나타난 적도 있다). 종교화에 나오는 그리스도와 성자들의 후

◀석가모니의 탄생을 그린 티베트 그림. 석가모니는 둥근 꽃으로 이루어진 십자 위를 걷고 있다(그림 왼쪽 아랫부분).
▶혜성(원 또는 만다라 모양)이 알렉산드로스 대왕의 탄생을 고지하고 있는 필사본 삽화(16세기).

▲종교적인 건축물에서 볼 수 있는 만다라의 예로는 캄보디아에 있는 앙코르와트 사원이 있다. 앙코르와트는 네 모퉁이에 각각 입구가 배치된 사각형 모양으로 되어 있다.
▼덴마크의 요새 야영지는 원형으로 되어 있다.

광도 만다라라고 볼 수 있다. 그리스도의 후광은 보통 네 갈래로 나뉘어 있다. 이것은 그리스도가 사람의 아들로서 고뇌하다가 십자가 위에서 죽었음을 암시하는 동시에, 그리스도의 분화된 전체성을 상징하기도 한다. 초기 로마네스크 양식의 교회 벽에도 이따금 추상적인 원형이 나타나는데, 이것은 본래 이교도 문화에서 유래한 듯하다.

비(非)그리스도교 예술에서는 이런 원을 '태양륜(sun-wheels)'이라고 부른다. 이 태양 바퀴는 바퀴가 아직 발명되지 않았던 신석기 시대의 암벽 조각에서도 나타난다. 융 박사가 지적했다시피 '태양륜'이라는 것은 단지 그 외형을 일컫는 말일 뿐, 어느 시대에나 참으로 문제가 되는 것은 내적인 원형(原型) 이미지의 체험이다. 이를테면 먼 옛날 석기시대 사람들까지도 황소나 사슴이나 야생마를 묘사하면서 이런 내적 체험을 예술 속에 표현하려 했던 것이다.

그리스도교 예술에서도 만다라 그림을 쉽게 찾아볼 수 있다. 비교적 보기 드문 예로는, 둥그런 나무 중앙에 있는 성처녀 그림5)을 꼽을 수 있다. 이 둥그런 나무는 하느님의 상징인 '불타는 떨기나무(burning bush)'이다. 그리스도교 예술에서 가장 널리 알려진 만다라는 복음사가 네 사람에게 둘러싸인 그리스도 그림이다. 일종의 만다라인 이 그림은 고대 이집트의 호루스 신과 네 아들을 묘사한 그림에 그 기원을 두고 있다.

---

5) 이 그림은 엑상프로방스의 생 소뵈르 대성당에 있는 〈불타는 떨기나무〉(1476) 3부작 한가운데에 그려져 있다.

만다라는 건축에서도 중요한 역할을 한다. 다만 이 사실을 주목하는 사람이 별로 없을 뿐이다. 거의 모든 문화권에서 종교적인 건물이든 세속적인 건물이든 그 평면도에는 만다라가 응용되고 있다.[6] 만다라는 고대와 중세는 물론 현대 도시 계획에도 나타난다. 고전적인 예로 플루타르코스는 로마 건설 과정을 다음과 같이 설명한다. 즉 로마 건국자 로물루스는 에트루리아에서 건축가들을 불러들이는데, 이들은 먼저 종교적 관습과 필수적인 온갖 의례에 관한 규칙을 로물루스에게 알려 주고 이것을 따르게 했다. 다시 말해 '비의(秘儀)와 똑같은 방식'을 따르고자 한 것이다. 에트루리아 건축가들은 먼저 지금의 코미티움(Comitium, 의사당)이 있는 곳에 둥그런 구덩이를 팠다. 그리고 이 구덩이 속에다 대지의 풍요로운 작물을 상징적으로 바치고, 저마다 자기 고향의 흙을 조금씩 넣었다. 그들은 이 구

▲이탈리아 팔마노바에 있는 요새 도시는 별 모양으로 되어 있다.
▼파리의 중심은 열두 개의 도로가 에투알 광장에서 교차하면서 전체적으로 만다라 모양을 이룬다.

덩이를 문두스(mundus)―'우주'라는 뜻―라고 불렀다. 이 구덩이를 중심으로 로물루스는 황소와 암소에게 쟁기를 끌게 하여, 도시의 경계선을 원형으로 긋도록 했다. 문을 만들려는 장소에 도착하면 그때마다 쟁기를 벗겨 옮기는 방식을 취했다.

---

6) 만다라 평면도를 바탕으로 만들어진 종교적 건물로는 이를테면 자바의 보로부두르, 아그라의 타지마할, 예루살렘의 오마르 모스크 등이 있다. 세속적 건물로는 신성로마제국 황제 프리드리히 2세(1194~1250)가 풀리아에 세운 카스텔 델 몬테가 있다.

이같이 신성한 의식에 따라 조성된 도시[7] 모양은 원형이다. 그러나 로마가 예로부터 '사각형 도시(urbs quadrata)'[8]라고 불렸다는 것은 유명한 사실이다. 이 모순을 해소하기 위해 고안된 학설에 따르면, 사각형(quadrata)이라는 말은 사분(四分, quadripartite)으로 해석되어야 한다.[9] 즉 원형 도시가 동서와 남북으로 뻗은 두 간선 도로에 의해 네 부분으로 나뉜다는 것이다. 이때 두 간선 도로가 만나는 지점은 플루타르코스가 말한 문두스에 해당한다.

하지만 이 모순을 상징적으로 이해해야 한다고 주장하는 또 다른 학설도 있다. 그러니까 고대 그리스 지식인들을 괴롭히고 연금술에서도 중요한 몫을 한 수학적 난문제, 즉 원을 사각형으로 만드는 문제(원과 면적이 같은 정사각형 그리기)를 시각적으로 제시한 것이 이 사각형 도시라는 얘기이다. 그런데 매우 흥미롭게도 플루타르코스는 로마 건설 과정에서 치러진 원 그리기 의식을 언급하기 전부터 이미 로마를 'Roma quadrata', 즉 '사각형 로마'라고 부르고 있었다. 플루타르코스가 보기에 로마는 원인 동시에 사각이었던 것이다.

어떤 학설이든 만다라와 관련돼 있다는 점을 주목하자. 이것은 플루타르코스가 말한, 에트루리아 사람들이 알려 준 '비의와 똑같은 방식'인 도시 건설 의식과 관계가 있다. 그것도 외적인 형태에서만 그런 것이 아니다. 만다라 형태를 본뜬 평면도를 보면, 이 도시는 단순히 많은 거주자를 수용하기 위한 세속적 공간 이상의 어떤 것임을 알 수 있다. 로마에는 로마의 중심인 문두스가 있다. 문두스는 '피안', 즉 선조의 영혼이 사는 세계와 로마를 연결시키는 곳으로 여겨진다(문두스는 커다란 '영혼의 돌'로 덮여 있었다. 어느 날 이 돌이 치워지자, 죽은 자들의 영혼이 깊은 구덩이에서 날아오르더라는 소문이 돌았다).

중세에도 만다라 평면도를 바탕으로 여러 도시가 세워졌다. 그 도시는 원형에 가까운 벽으로 둘러싸여 있었다. 이런 도시는 로마처럼 두 개의 간선 도로

---

7) 원시인 부락이나 성지의 기초가 된 만다라에 대해서는 M. Eliade, *Das Heilige und das Profane*, Hamburg, 1957 참조.

8) 사각형(quadrata)이 네 부분(quadripartite)을 의미한다는 학설은 독일의 고전문헌학자 프란츠 알트하임이 제창했다. C.G. Jung & K. Kerenyi, *Einführung in das Wesen der Mythologie*, Zurich, p. 20 참조.

9) 원을 사각형으로 만드는 것에 관한 '사각형 도시(urbs quadrata)' 이론도 케레니(Kerenyi)의 전게서에 나온다.

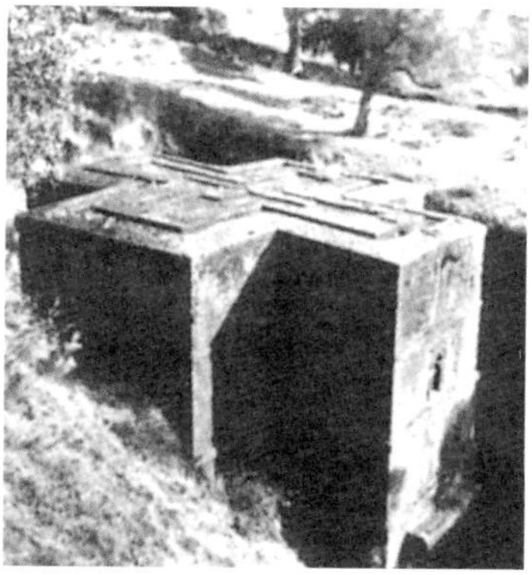

◀중세의 종교 건축물은 그 토대가 십자형인 경우가 많다. 바위를 깎아 만든 13세기 에티오피아 교회의 초석.

▶르네상스 시대의 종교 예술은 현세의 육체를 지향한다. 15세기 이탈리아 예술가·건축가인 프란체스코 디 조르조가 그린 인체의 비례에 바탕을 둔 원형의 교회 또는 바실리카의 설계도.

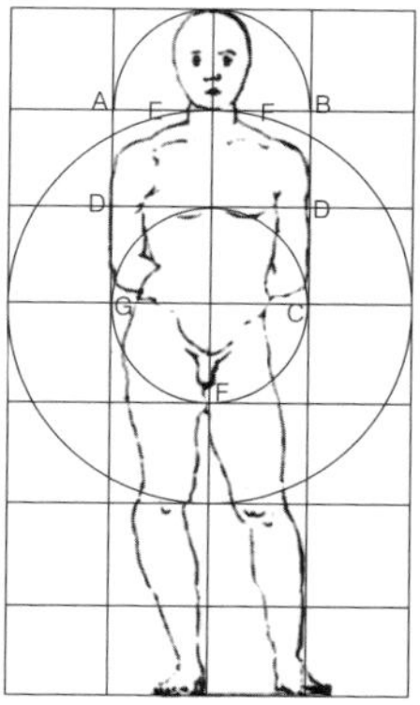

에 의해 넷으로 나뉘었고, 도로는 각각 사방의 문으로 이어졌다. 교회나 대사원은 이 간선 도로들의 교차점에 세워졌다. 중세 도시를 넷으로 등분한다는 발상은 (〈요한 묵시록〉에 나오는) 성도(聖都) 예루살렘의 모습에서 유래했다. 예루살렘은 사각 평면 위에 건설됐는데, 사방에 문이 세 개씩 달린 벽으로 둘러싸여 있다. 그러나 중세 도시와는 달리 예루살렘 중심부에는 교회가 없다. 그 중심부 자체가 바로 하느님이 계시는 곳이기 때문이다(만다라 평면도가 적용된 도시를 구식 도시라고 할 수는 없다. 근대 도시 워싱턴도 이런 도시이기 때문이다).

고전적인 건축에서나 원시적인 건축에서나 만다라 평면도가 미적·경제적 관심 때문에 사용된 것은 결코 아니다. 만다라 평면도는 도시를 하나의 질서 정연한 우주로 바꾸고, 중심부가 피안과 연결되는 신성한 장소로 바꾸기 위해 사용되었다. 이러한 변용은 종교인들의 마음속 깊은 곳에 있는 감정이나 요구와 일치한다.

그 건물이 성스럽든 세속적이든 간에 만다라식(式) 평면 위에 세워진 건축물은 모두 인간의 무의식 세계에서 나온 원형적(原型的) 이미지가 외계로 투사된 것이다. 도시, 성곽, 사원 등은 마음의 전체성을 상징한다. 그래서 이러한 건축물은 그곳을 방문하거나 그곳에서 사는 사람들에게 특별한 영향을 미친다(당연한 얘기지만 건축에서도 순수한 무의식적 과정을 통해 정신적 내용물이 반영되고 있는 것이다. 융 박사는 다음과 같이 썼다.[10] "이것은 머리로 생각해서 만들어 낼 수 없다.

10) 이 인용문은 융의 저작 *Commentary on the Secret of the Golden Flower*, London-New York, 1956, 10th edition에서 가져왔다.

그러나 의식의 가장 심오한 통찰이 이루어지고 정신의 가장 고매한 직관력이 발휘된 결과, 현대의 특수한 의식과 먼 옛날부터 전해 내려온 인간성이 서로 융합될 수 있게 된다면, 이제껏 망각되어 있던 마음속 깊은 곳에 있는 내용물이 다시금 모습을 드러낼 것이다.").

그리스도교 예술에서 중심 위치를 차지하는 상징은 만다라가 아니라 십자가, 또는 십자가의 예수 수난상이다. 카롤링거 왕조 시대까지는 십자가라면 등변형(等邊形) 십자가나 이른바 '그리스식 십자가'가 보통이었다.[11] 그래서 그때까지는 십자가에 만다라 의미가 간접적으로나마 표현돼 있었다. 하지만 세월이 흐르자 십자가 중심부가 점점 위로 이동하더니, 마침내 가로대와 기둥이 결합된 오늘날의 라틴 십자가 모양이 되었다.

이 같은 십자가의 변천은 그리스도교 정신이 중세 최성기에 이르기까지 내적 발달을 이루어 온 과정에 대응하므로 대단히 중요하다. 간단히 말해 십자가의 변화는 인간의 중심과 인간의 신앙이 대지에서 점점 멀어져 정신적 영역으로 '상승'한 과정을 상징한다. 이러한 경향은 "내 왕국은 이 세상에 없도다"라는 그리스도의 말을 구현하려는 소망에서 비롯됐다. 이에 따르면 지상의 삶과 이승과 육체는 저마다 극복되어야 하는 대상이다. 중세 사람들의 소망은 이렇게 피안을 지향하고 있었다. 까닭인즉 소망이 반드시 성취되리라는 약속은 이승이 아니라 천국에서만 주어지기 때문이었다.

중세, 특히 중세 신비주의에서는 이런 생각이 절정에 달했다. 피안에 대한 동경은 십자가의 중심이 위로 올라간 것뿐만 아니라 고딕 건축 교회당이 점점 높아진 데서도 확인할 수 있다. 고딕 대성당은 그야말로 중력의 법칙을 무시하는 것 같다. 고딕 사원의 십자가형 평면도는 라틴 십자가를 확대해 놓은 모양새이다(다만 중앙에 성수반(聖水盤)이 있는 세례당 평면도는 만다라 형태로 되어 있다).

르네상스 시대가 되자 인간이 외계를 파악하는 방법은 혁명적인 변화를 보이기 시작한다. 이 점은 그 시대 그림에서도 드러난다. '상향(上向)' 이동(중세가 끝날 무렵 정점에 달했던 경향)이 역전되어 인간은 다시 대지로 돌아와 자연이나

---

11) 등변형 십자가의 예는 다음과 같다. 바이센부르크의 수도사 오트프리트의 《복음조화》에 등장하는 수난상(9세기), 고스포스 십자가(10세기), 모나스터보이스 수도원 유적지의 미리다하의 십자가(10세기), 또는 루스웰 십자가(8세기).

육체의 아름다움을 재발견한 것이다. 더구나 역사상 처음으로 지구를 일주하는 항해가 이루어지면서 세계는 평면이 아니라 구체(球體)라는 사실도 밝혀졌다. 이 시기부터는 역학(力學) 법칙과 인과율(因果律)이 과학의 기초가 되었다. 중세에 그토록 권위 있었던 종교적 감정이나 비합리적인 신비주의는 이제 논리적인 사고에 밀려 점차 설 자리를 잃어버렸다.

이에 따라 예술도 점점 사실적이고 감각적인 색채를 띠기 시작한다. 예술의 주제는 중세의 종교적 주제를 떠나 눈에 보이는 세계 전체를 포용하기에 이르렀다. 지상 세계의 다양함과 위대함과 두려움이 예술을 압도하는 가운데 르네상스 예술은 이제껏 고딕 예술이 점유하던 자리를 대신 차지하게 되었다. 말하자면 대지(大地)가 시대정신을 대변하는 진정한 상징으로 자리 잡은 것이다. 따라서 당연히 그리스도교 교회 건축에도 변화가 생겼다. 하늘 높이 치솟던 고딕 교회당과는 대조적으로 이제는 원형(圓形) 평면도가 교회 건축에 채택되기 시작했다. 원이 라틴 십자가를 대신하게 된 것이다. 그러나 이런 형태상의 변화[12] ―상징의 역사에서는 이 점이 중요한데― 는 종교적인 문제에서 비롯됐다기보다는 미학적인 관점에서 비롯됐다고 하는 편이 옳다. 이 원형 교회 중심부(지극히 성스러운 장소)는 빈 공간이며 이 중심에서 떨어진 벽 속 후미진 곳에 제단이 설치되어 있는데, 이러한 구조는 미학적인 이유로밖에 설명할 수 없다. 결국 평면도는 순수한 만다라로 되어 있지 않은 셈이다. 그러나 귀중한 예외가 있기는 하다. 바로 브라만테와 미켈란젤로가 설계한 로마의 산 피에트로(San Pietro) 대성당이다. 이 성당에서는 제단이 중심부에 놓여 있다. 그러나 이런 예외는 설계자의 천재성에서 기인한 듯싶다. 위대한 천재란 항상 그 시대와 더불어 살면서도 시대를 뛰어넘는 인간이니까.

르네상스는 예술과 철학은 물론 과학의 영역에 이르기까지 광범위한 변화를 일으켰지만 그리스도교의 중심적 상징은 바꿔 놓지 못했다. 그리스도는 현재도 그렇듯이 여전히 라틴 십자가에 매달린 모습으로 묘사됐다. 이것은 종교인의 마음의 중심이, 자연으로 돌아가 버린 세속적인 일반인들의 마음의 중심에 비해서 더 높고 정신적인 차원에 머물고 있었음을 의미한다. 이리하여 인간

---

12) 그리스도교 교회 건축의 변천에 관해서는 Karl Litz, "Das Mandala, ein Beispiel der Architektursymbolik" *Das Werk : Architektur und Kunst*, Winterthur, Nov. 1960의 설명을 참조.

마음속에 있는 그리스도교 정신과 합리적·지적 정신 사이에 균열이 생기기 시작한다. 그때부터 지금까지 사람들 마음속에 이렇게 분리된 채 존재하는 두 측면은 한 번도 하나로 통합된 적이 없다. 오히려 세월이 흘러 자연과 자연 법칙에 대한 인간의 통찰력이 더더욱 증가함에 따라 이 균열은 점차 확대되었다.

르네상스 예술은 빛과 자연과 육체에 대한 감각적인 관심을 표현하는 예술이었다. 이 표현은 인상주의에 이르기까지 하나의 양식을 이루었다.

◀르누아르(1841~1919)
작 〈푸르네즈 레스토랑에서의 점심〉(1875)

▼틴토레토(16세기)
작 〈수산나와 장로들〉
(1555년경)

그리하여 20세기가 된 지금도 서유럽 그리스도교 신자들의 마음은 분열되어 있다.

물론 여기서 간단히 제시한 역사의 개요는 역사를 지나치게 단순화한 것이다. 게다가 그리스도교 내부에 은밀히 존재하던 종교 운동—대부분의 그리스도교 신자들이 그냥 무시해 버리는 악의 문제라든가 지하 신들(또는 지상의 신들)을 신앙의 차원에서 고려하려는 운동은 여기서 생략되어 있다. 이러한 운동을 일으키는 사람들은 언제나 소수였으므로 특별히 큰 영향력을 발휘한 적은 없지만, 그들도 나름대로 그리스도교의 정신성에 대한 대위법적(對位法的) 동반자 노릇을 한 것은 분명하다.

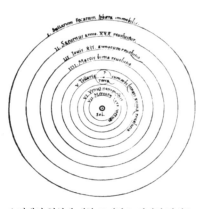

▲외계의 현실에 대한 르네상스 시대의 관심은, 태양이 중심에 위치한다는 새로운 우주관을 성립시켰다. 이에 따라 예술가는 '상상적' 예술에서 '자연'으로 귀환했다.

▼'인간의 심장'에 대한 레오나르도 다 빈치의 연구.

기원후 1000년 무렵에 생겨난 많은 종파와 종교 운동 가운데서 연금술사들은 중요한 몫을 했다. 연금술사들은 물질의 신비성을 중시하면서, 그것이 그리스도교의 '천국' 영혼과 같은 신비성에도 결코 뒤지지 않는다고 주장했다. 그들은 바로 정신과 육체 양면을 아울러 갖춘 인간의 전체성을 추구했다. 그들은 이 전체성과 관련된 수많은 이름과

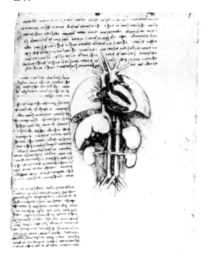

상징을 생각해 냈다. 그중에서도 중심적인 상징 가운데 하나가 원적법(圓積法, quadratura circuli)이다. 이것은 진정한 만다라와 다르지 않다.

연금술사들은 자기네 작업 결과를 글로 썼을 뿐만 아니라 자신들의 꿈이나 환상을 풍부한 그림으로 그려 남겼다. 이 그림들은 확실히 이해하기 힘들지만

그만큼 심원한 상징성을 지니고 있기도 하다. 그들은 자연의 어두운 면—악, 꿈, 대지의 신령 등—에서 커다란 자극과 영감을 받았다. 글이든 그림이든 간에 그들의 표현 양식은 늘 신화적이고 꿈처럼 비현실적이었다. 15세기의 위대한 플랑드르 화가 히에로니무스 보스는 이런 종류의 상상 예술을 대표하는 가장 중요한 인물이라고 할 수 있다.

그런데 한편으로 전형적인 르네상스 화가들(밝은 햇빛을 받으며 당당히 작업하던 화가들)은 더없이 훌륭한 감각 예술 작품을 빚어냈다. 자연과 현실에 깊이 사로잡힌 이들의 작업은 사실상 그 뒤 5세기 동안 미술이 발달할 방향을 거의 결정지어 버렸다. 변해 가는 순간의 예술, 빛과 공기의 예술인 감각 예술의 위대한 마지막 주자는 19세기 인상파 화가들이었다.

그러면 여기서 극단적으로 다른 예술의 두 가지 표현 양식을 구별해 보자. 지금까지 많은 사람들이 이 두 가지 양식의 특징을 분명히 밝히려고 노력했는데, 최근에는 특히 헤르베르트 퀸(이미 살펴봤듯이 그는 동굴 벽화도 연구했다)이 인상적인 정의를 내렸다. 그는 두 가지 표현 양식을 '상상적' 양식과 '감각적' 양식으로 구별한다. '감각적' 양식은 일반적으로 자연이나 그 밖에 화재(畵材)가 되는 대상을 직접 재현하고 묘사하는 양식인 반면, '상상적' 양식은 '비현실적'

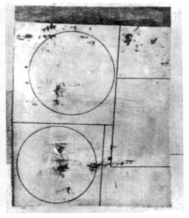

연금술의 상징적인 개념인 원적법
◀원적법은 전체성과 대극의 합일을 상징한다(남성과 여성상을 주의해서 볼 것).
▶영국의 화가 벤 니콜슨(1894~1982)이 제시한 현대적인 원적법. 미학적 조화는 이루고 있으나 상징적 의미는 결여된 기하학적 도형에 지나지 않는다.

이고 '몽상적'이고 '추상적'인 양식으로서 예술가의 공상이나 경험을 그려 낸다. 이 두 가지 양식에 대한 퀸의 개념은 매우 간단명료하므로 여기서도 적극적으로 활용해 보겠다.

상상 예술은 역사적으로 아득히 먼 옛날에 생겨났다. 그 예술은 기원전 3000년 무렵부터 지중해 내해에서 꽃피었다. 그 시대 예술가들이 무지하거나 무능해서 그런 작품을 만들어 낸 것이 아니라는 사실은 극히 최근에 밝혀졌다. 그들이 만든 작품은 정확한 종교적·정신적 마음의 작용을 표현하려고 한 결과물이었다. 이 예술 작품들은 오늘날 우리의 관심을 끌고 있다. 왜냐하면 예술이 지난 반세기 동안 '상상적'이라는 말로 표현되는 단계를 또다시 거쳐 왔기 때문이다.

기하학적이거나 '추상적'인 원의 상징은 오늘날 다시 그림 속에서 중요한 역할을 맡게 되었다. 그러나 전통적인 표현 양식은 그대로 적용되는 것이 아니라, 근대인의 실존적 딜레마에 따라 거의 예외 없이 성격이 바뀌어서 적용되고 있다. 원은 더 이상 전세계를 포괄하고 그림을 지배하는 유일한 핵심 요소는 아니다. 예술가들은 때때로 원을 지배적인 위치에

▲**파울 클레**(1879~1940) **작 〈이해의 한계〉** 원의 상징이 지배적인 위치를 차지하고 있는 20세기 회화 가운데 하나.
▼**일본의 현대 화가 테시가하라 소후**(1900~1979) **작 〈일륜〉** 원의 형태를 비대칭으로 그리는 많은 현대 화가들의 경향을 따르고 있다.

▲폴 내시(1889~1946) 작 〈꿈에서 본 풍경〉

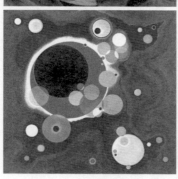

◀로베르 들로네(1885~1941) 작 〈해와 달〉

◀바실리 칸딘스키(1866~1944) 작 〈몇 개의 원〉
여기 제시된 세 개의 그림에서는 공통적으로 원이 부서진
형태, 흩어진 형태로 나타나 있다.

서 끌어내리고 그 대신 여러 원들을 적당히 배치하곤 한다. 또는 좌우 대칭이
아닌 일그러진 원을 그리기도 한다.

이렇게 일그러진 원은 프랑스 화가 로베르 들로네가 그린 유명한 태양 그림에서 볼 수 있다. 융 박사가 소장한 영국 현대화가 세리 리처즈의 그림도 마찬가지이다. 이 작품에는 완전히 비대칭적인 원이 묘사되어 있으며, 저 멀리 왼쪽 가장자리에도 매우 조그만 둥근 고리가 그려져 있다.

프랑스 화가 앙리 마티스가 그린 〈꽃과 도자기 접시〉(1911)[13]에서도 관심의 초점이 되는 것은 바로 기울어진 검은 들보 위에

피트 몬드리안(1872~1944) 작 〈구성〉
그림 전체가 사각형으로 이루어졌다.

놓인 초록색 구체(球體)이다. 마치 여러 겹으로 된 금련화 꽃잎을 그 구체 속에 말아 넣은 것처럼 보인다. 그 구체는 왼쪽 윗부분 모서리가 접힌 직사각형 물체와 겹쳐져 있다. 그림이 너무나 예술적으로 완벽하다 보니, 과거에는 이 두 가지 추상적 형태(원과 사각형)가 하나로 통합돼 있었을 것이며, 사고와 감정으로 이루어진 세계를 표현했으리라는 사실이 우리 머릿속에서 지워져 버릴 정도이다. 그러나 이 사실을 염두에 두고 그림을 감상한다면 여기서 여러 가지 흥미로운 내용들을 찾아낼 수 있을 것이다. 본래 하나의 전체를 이루었던 두 형태가 이 그림에서는 서로 떨어진 채 이질적인 존재로서 관계를 맺고 있다. 그러나 이 두 형태는 한 그림 속에 존재하면서 서로 맞닿아 있다.

러시아 출신 예술가 바실리 칸딘스키가 그린 그림[14]에서는, 색칠한 공이나 원이 비누 거품처럼 무리지어 둥둥 떠다니고 있다. 그 거품은 조그만 정사각형 두 개를 둘러싼 하나의 커다란 직사각형 배경과 희미하게 연결되어 있다. 또 〈몇 개의 원 *A Few Circles*〉이라는 그림도 있다. 사진에서 볼 수 있듯이 이 그림에서도 검은 구름(또는 먹잇감을 덮치려고 하늘에서 내려오는 새)이 보이고 그 위로는 밝은 구체나 원이 점점이 자유롭게 흩어진 채 둥둥 떠 있다.

영국 예술가 폴 내시의 신비스러운 구성에서도 원은 기발한 모습으로 자주

---

13) 이 정물화는 피츠버그의 G. 데이비드 톰슨의 소장품이다.
14) 색칠한 공이나 원이 둥둥 떠다니는 칸딘스키의 그림은 G. 데이비드 톰슨이 소장한 〈부연 흰색 *Blurred White*〉(1927)이란 작품이다.

등장한다. 그의 풍경화 〈초원에서 일어난 일 *Event on the Downs*〉[15]은 원초적인 고독한 분위기를 자아내는데, 그 화면 오른쪽 앞에 구체가 하나 있다. 이 구체는 테니스공처럼 생겼지만 자세히 보면 그 표면은 영원한 존재를 상징하는 중국의 태극도(太極圖) 형태로 되어 있다. 이 구체는 풍경의 고독함 속에서 하나의 새로운 국면을 제시하고 있는 것이다. 역시 폴 내시가 그린 〈꿈에서 본 풍경〉에서도 같은 것을 볼 수 있다. 이 그림의 거울에 비친 광막한 풍경 속에서는 실제로는 눈에 보이지 않는 구체들이 굴러가고 있고, 수평선에는 커다란 태양이 보인다. 게다가 정사각형에 가까운 거울 앞에는 구체가 하나 더 있다.

스위스 화가 파울 클레는 〈이해의 한계〉라는 그림에서, 사다리와 선으로 이루어진 복잡한 구성 위에 단순한 구체 또는 원형을 그려 놓았다. 융 박사의 지적에 따르면 진정한 상징은 사고가 미치지 않는 것, 단지 초자연적인 힘으로 예견되거나 느껴지는 것을 표현하려는 욕구가 있을 때에만 나타날 수 있다. 〈이해의 한계〉에 등장한 원이 노리는 효과가 바로 이것이다.

현대 예술에서는 정사각형, 직사각형과 정사각형, 직사각형과 마름모꼴 같은 조합이 원과 마찬가지로 자주 등장한다는 사실도 주목할 필요가 있다. 정사각형을 이용해 조화로운(더없이 '음악적'인) 구성을 만들어 낸 인물이 바로 네덜란드 화가 피트 몬드리안이다. 원칙적으로 그의 그림에는 이렇다 할 중심이 존재하지 않는다. 그러나 그의 그림은 금욕주의적이라고까지 할 수 있는 엄격하고 독특한 양식으로 질서 정연한 전체성을 빚어낸다. 네 가지 요소로 형성된 불규칙한 구성이나, 적당히 조합한 여러 직사각형들로 이루어진 그림은 다른 화가들도 자주 제작하고 있다.

원은 마음을 상징한다(플라톤도 마음을 구체에 빗대어 말했다). 정사각형은(때로는 직사각형도) 땅에 뿌리내린 물질, 즉 육체와 현실을 상징한다. 현대 예술에서 사각형과 원이라는 두 가지 근본적인 형태는 대개 서로 관련이 없거나 기껏해야 어설픈 관계를 맺는다. 원과 사각형의 분리는 20세기 사람들의 마음 상태를 상징적으로 보여 준다. 20세기 사람들의 마음은 뿌리를 잃고 분열의 위험에 직면했다. 이 분열은 오늘날 세계정세에서도 명백하게 드러난다(이 점은 융 박사

---

15) 폴 내시가 그린 〈초원에서 일어난 일〉은 C. 넬슨 부인이 소장하고 있다. George W. Digby, *Meaning and Symbol*, Faber & Faber, London 참조.

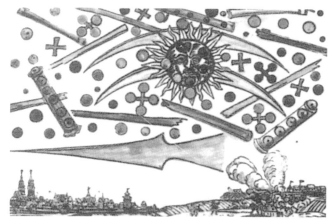

하늘에 나타난 기묘한 둥근 물체(최근 들어 사람들이 봤다는 '비행접시'와 비슷한 것)를 그린 독일의 삽화(16세기).
융 박사는 이러한 현상은 원형으로서의 전체성이 투사된 것이라고 하였다.

가 제1장에서 지적했다). 즉 세계가 철의 장막에 의해 동쪽과 서쪽으로 분단되고 만 것이다.

그러나 사각형과 원이 어쨌든 회화에 자주 등장한다는 점을 간과해서는 안 된다. 아마도 사각형과 원이 상징하는 생명의 기본적인 요소를 의식화하려는 인간 심리의 끊임없는 충동이 존재하기 때문에, 그렇게 사각형과 원이 자주 등장하는 것이리라. 오늘날 어떤 종류의 추상화(단순히 채색된 구성이나 일종의 '원초적 물질(primal matter)'을 표현하는 그림)에서는 원과 사각형이 흡사 새로운 성장의 근원인 것처럼 다시금 등장하고 있다.

우리 삶에 일어나는 온갖 현상 속에서 원의 상징은 이제까지 흥미로운 역할을 했으며 지금도 여전히 그런 경우가 적지 않다. 제2차 세계대전이 끝날 무렵, 몇 해 동안 '비행접시'나 UFO(미확인 비행 물체)로 알려진 둥근 물체에 관한 '공상적인 소문'이 전세계에 널리 퍼졌다. 융은 인류 역사상 내내 원이 상징해 왔던 마음의 내용물(즉 전체성)이 투사된 것이 바로 UFO라고 설명했다.[16] 다시 말해 이런 '공상적인 소문'은 현대인이 꾸는 수많은 꿈에서도 볼 수 있듯이, 무의식 상태의 보편적인 마음의 움직임을 나타낸다. 그것은 바로 이 계시의 시대에 존재하는 분열을 원의 상징으로써 어떻게든 치료하려고 시도하는 무의식적인 움직임이다.

16) 융은 *Flying Saucers : A Modern Myth of Things Seen in the Skies*, London-New York, 1959에서 UFO에 관해 이야기했다.

상징으로서의 현대 회화

여기서는 '현대 예술'이나 '현대 회화' 같은 용어를 극히 일반적인 용법 그대로 사용할 것이다. 내가 여기서 다루고자 하는 대상은 퀸(Kühn)이 말하는 이른바 상상적 현대 회화이다. 이런 종류의 그림은 '추상적'이어도(또는 형체가 없어도) 좋겠지만 반드시 그럴 필요는 없다. 나는 이 자리에서 야수파, 입체파, 표현주의, 미래주의, 절대주의, 구성주의, 오르피즘 등 다양한 유파를 세세하게 분류해서 언급할 생각은 없다. 단지 이런 유파 중에서 한두 가지를 예외적으로 언급하고자 할 뿐이다.

나는 현대 회화를 미학적 관점에서 분류하는 일에는 관심이 없다. 하물며 그것을 예술적으로 평가할 마음은 추호도 없다. 나는 상징적인 현대 회화를 현대에 나타나는 현상 중 하나로 다루고 싶을 뿐이다. 상징되고 있는 것의 내용을 정확하게 해명하는 유일한 길이 바로 그것이기 때문이다. 이 짧은 장에서 나는 몇몇 화가를 언급하고 그들의 작품 몇 개를 적당히 골라 소개할 것이다. 나로선 그렇게 현대 회화를 대표하는 아주 약간의 작품을 소개하는 것이 고작이다.

그럼 먼저 어느 시대에나 예술가는 그가 속한 시대정신의 표현 수단이며 대변자라고 하는 심리학적 사실을 출발점으로 삼아 보자. 예술가가 만든 작품이 개인의 심리 차원에서 이해되는 것은 극히 일부분에 지나지 않는다. 의식적으로든 무의식적으로든 예술가는 시대의 특성이나 가치를 유형화하는 존재이다. 또 반대로 시대의 특성이나 가치가 예술가를 만들기도 한다.

현대 예술가 자신도 예술 작품과 그 시대와의 상호 작용을 인정한다. 프랑스 화가이자 평론가인 장 바젠은 《현대 회화 노트》에서 다음과 같이 말했다.[1] "자

---

1) 바젠이 쓴 *Notes sur la peinture d'aujourd'hui*, Paris, 1953에서 인용한 내용은 다음 책에 실려 있다. Walter Hess, *Dokumente zum Verständnis der modernen Malerei*(이하 *Dokumente*로 줄여서 표기), Hamburg : Rowohlt, 1958, p. 122. 필자가 이 장에서 인용한 여러 내용들은 매우 유용한 이 편집

기가 좋아하는 대로 그림을 그릴 수 있는 사람은 없다. 화가가 할 수 있는 일은, 그 시대에 가능한 그림을 그리기 위해 최선을 다하는 일뿐이다." 제1차 세계대전 중에 죽은 독일 화가 프란츠 마르크도 이렇게 주장했다. "위대한 예술가는 어렴풋한 과거 속에서 표현 양식을 찾으려 하는 대신, 자신이 속해 있는 시대 자체의 가장 진실하고 심오한 중심에서 최대한 깊이 있는 것을 퍼올리려고 최선을 다한다."[2] 일찍이 1911년에 칸딘스키는 그의 유명한 에세이 《예술에서의 정신적인 것에 대하여》에서 이런 말을 했다. "어느 시대든 예술의 자유에는 자체적인 한계가 있는데, 아무리 창조적인 천재라도 이 자유의 한계를 뛰어넘을 수는 없다."[3]

지난 50년 동안 '현대 예술'은 일반적인 논쟁거리가 되어 왔으며, 그 논쟁의 열기는 아직도 식을 줄 모르고 있다. 현대 예술에 대한 찬반양론은 둘 다 뜨겁기만 하다. '현대' 예술은 이미 끝났다는 수많은 사람들의 예언은 실현되지 않고 있다. 현대 예술의 새로운 표현 양식은 예상 이상의 성공을 거두었다. 만일 이 표현 양식이 존재의 위협을 받는다면 그것은 그 자체가 매너리즘이나 유행에 물들어 타락해 버렸기 때문일 것이다[4](소련에서 비구상(非具象) 예술은 공식적으로 금지되어 사적으로만 작품이 제작되고 있는데, 한편으로는 구상 예술도 점점 타락하면서 흔들리는 경향을 보이고 있다).

어쨌든 유럽에서는 현대 예술을 둘러싼 여론의 논쟁이 아직도 뜨겁게 펼쳐지고 있다. 이렇게 논쟁이 뜨거운 이유는 어느 쪽이나 감정이 격해져 있기 때문일 것이다. 현대 예술에 반대하는 사람들도 분명히 자기네가 반대하는 작품에서 강한 인상을 받고 있다. 그들은 분노와 반감을 느끼지만 동시에 (그런 강렬한

본에서 따 온 것이다.

2) 프란츠 마르크의 주장은 다음 책에 나온다. *Briefe, Aufzeichnungen und Aphorismen*, Berlin, 1920.

3) 칸딘스키가 쓴 책에 관해서는 다음 제6판(Berne, 1959)을 참조. (초판은 München, 1912.) *Dokumente*, p. 80.

4) 현대 예술의 매너리즘과 유행에 관해서는 베르너 하프트만이 다음 책에서 논하였다. Werner Haftmann, *Glanz und Gefährdung der Abstrakten Malerei, in Skizzenbuch zur Kultur der Gegenwart*, München, 1960, p. 111. 그 밖에 Haftmann, *Die Malerei im. 20. Jahrhundert*, second ed., München, 1957 및 Herbert Read, *A Concise History of Modern Painting*, London, 1959를 비롯한 많은 개별적 연구를 참조.

감정적 반응이 반증하듯이) 마음이 동하고 있는 것이다. 원칙적으로 보아 부정적인 끌림은 긍정적인 끌림 못지않게 강한 법이다. 현대 예술 전람회장에 인파가 넘치는 것은, 현대 예술이 호기심 이상의 무엇인가를 낳기 때문에 사람들이 모여든다는 사실을 입증한다. 단순한 호기심이라면 벌써 옛날에 충족됐을 테니 말이다. 현대 예술 작품에 붙는 엄청난 가격은 바로 그 작품의 사회적 지위를 가늠하는 척도라고 할 수 있다.

사람이 사물에 매혹되는 것은 무의식이 움직일 때만 일어나는 현상이다. 현대 예술이 야기하는 효과는 눈에 보이는 형태만으로는 충분히 설명하기 어렵다. '고전적인' 또는 '감각적인' 예술에 길이 든 사람들에게 현대 예술은 새롭고 낯설게 보일 수밖에 없다. 비구상 예술 작품에는 그 세계를 바라보는 관람객의 시선이 전혀 고려되어 있지 않다. 또한 관람객의 일상생활을 둘러싸고 있는 온갖 사물이라든가 친숙한 언어로 이야기하는 사람과 동물은 작품 속 어디에서도 찾아볼 수 없다. 예술가가 창조한 우주는 사람들을 환영하지 않으며, 화합하려는 시도조차 보이지 않는다. 그러나 의심할 나위 없이 여기에는 인간을 하나로 이어 주는 굴레가 있다. 보는 사람의 감정과 정서에 대한 강렬한 호소력은 감각 예술 작품보다 오히려 이런 작품에 더 많이 존재하는 듯싶다.

현대 예술가의 목표는 인간의 내적 환상이나 생명의 바탕이 되고 있는 정신 또는 세계를 표현하는 것이다. 그리하여 현대 예술 작품은 단순히 구체적이고 '자연스러운' 감각 세계의 영역뿐만 아니라 개인의 영역까지도 버리기에 이르렀다. 말하자면 고도의 보편성을 얻게 되었는데, 바로 이 보편성이(상형문자처럼 축약된 형태로도) 몇몇 소수가 아니라 수많은 사람들을 감동시키는 것이다. 현대 예술에서 개인의 몫으로 남는 것은 표현 양식과 스타일과 품격이다. 예술가의 의도가 순수한지 순수하지 않은지, 작품이 어디까지나 자발적으로 표현된 것인지 아니면 뭔가를 모방하거나 순전히 남의 이목을 끌기 위해 만들어진 것인지, 문외한이 알기란 어려운 노릇이다. 문외한이 이런 것을 알아내려면 먼저 새로운 종류의 선이나 색채에 익숙해져야 한다. 외국어를 공부할 때처럼 기본적인 선이나 색채를 잘 공부해 두어야 비로소 작품에 표현된 내용의 의미와 가치를 알 수 있다.

현대 예술의 선구자들은 자기네가 대중에게 얼마나 많은 것을 요구하는지 잘 알고 있었다. 20세기 들어서 수많은 '선언'이나 설명을 통해 그들이 자기네 목표를 알리려고 한 것은 일찍이 전례가 없던 일이었다. 그러나 이렇게 자기네 작업을 열심히 설명하고 이유를 밝힌 것은 타인을 겨냥함과 동시에 자기 자신들을 겨냥한 것이었다. 이러한 '선언' 대부분은 예술적 신념의 고백이며, 현대 예술 활동의 기묘한 성과를 밝히려는 시적이면서도 혼란스러운 자기 모순적 시도이기도 하다.

감각적(혹은 구상적) 예술 대 상상적(혹은 추상적) 예술
▲19세기의 영국 화가 윌리엄 프리스의 그림. 도박사의 타락을 그린 연작의 일부.

▼카지미르 말레비치(1878~1935) 작 〈절대주의 구성 : 흰색 위의 흰색〉(1918). 극단적으로 상상적인(추상적이기도 한) 예술 작품.

물론 실제로 중요한 것은 (늘 그렇듯이) 예술 작품을 직접 대면하는 일이다. 그러나 현대 예술이 상징하는 내용에 관심이 있는 심리학자들에게는 이러한 예술가들의 저술을 연구하는 일도 대단히 중요하다. 또 이렇게 그들의 저술이 연구됨으로써 예술가들도 언젠가 스스로를 변명할 기회를 얻는 셈이다.

　현대 예술은 1900년대 초에 시작되었다고 할 수 있다. 현대 예술 초기에 가장 인상적인 개성을 지닌 사람 가운데 하나가 칸딘스키였다. 칸딘스키의 영향력은 20세기 후반인 지금까지도 여전히 살아 있다. 그가 내놓은 여러 가지 의견은 실제로 예술의 앞날을 예견하고 있었다. 《형식에 관해서》라는 에세이에서 그는 이렇게 말했다. "현대 예술은 거의 계시에 가까울 만큼 성숙한 정신을 구체적으로 표현하고 있다. 이 구상(具象)의 다양한 형식은 두 개의 극, 즉 (1)위대한 추상성과 (2)위대한 사실성 사이에 놓여 있다. 이 양극은 두 가지 길을 열어 주는데, 어느 길로 가도 도달하는 목표는 동일하다. 이 두 가지 요소는 예술 속에 항상 존재해 왔다. 그동안 추상성은 사실성 속에 표현되어 있었다. 그러나 오늘날에는 두 요소가 저마다 별개의 존재 방식을 고집하는 것처럼 보인다. 예술은 지금까지 구상을 통해 추상을 완성하고, 추상을 통해 구상을 완성하는 좋은 관계를 유지해 왔을 터인데 말이다."[5]

칸딘스키는 추상과 구상이라는 예술의 두 요소가 서로 다른 길을 걷고 있음을 지적했다. 그 구체적인 증거로 1913년 러시아 화가 카지미르 말레비치가 그린 그림을 들 수 있다. 말레비치는 흰 바탕에 검은 사각형만 그려 놓았다. 아마 이 그림은 사상 최초로 그려진 순수한 '추상화'일 것이다. 말레비치 본인은 이 그림에 관해 이렇게 말했다. "나는 구체적인 사물들로 가득 찬 견고한 세상에서 예술을 해방시키려고 필사적으로 몸부림치다가 마침내 사각형에서 도피처를 찾았다."

그로부터 1년 뒤 프랑스 화가 마르셀 뒤샹은 무작위로 고른 물체(병 걸이)를 받침대에 얹어서 전시했다. 장 바젠은 이에 대해 다음과 같이 썼다. "이 병 걸이는 실용성을 잃고 파도치는 바닷가에 버려진 물체처럼 유기물(遺棄物)의 고독한 위엄을 지니고 있다. 병 걸이는 실용성도 없고 어디에도 쓸모가 없지만 그래도 살아 있다. 실존의 가장자리에서 불안을 유발하면서 제 자신의 부조리한 삶을 살고 있다. 사람 마음을 불안하게 하는 것—이것이야말로 예술로 나아가는 첫걸음이다."[6]

버려진 채 외면당하면서도 불가사의한 위엄을 지닌 이 물체의 존재는 더없이 고양되어 그야말로 마술적인 의미를 획득하기에 이른다. 말하자면 "불안을 유발하는 부조리한 삶"을 획득한 것이다. 이 물체는 하나의 우상이 된 동시에 조

---

5) 칸딘스키가 쓴 에세이 "Über die Formfrage"는 *Der blaue Reiter*, München, 1912에 실려 있다. *Dokumente*, p. 87 참조.
6) 뒤샹의 병 걸이에 관한 바젠의 견해는 *Dokumente*, p. 122에서 인용했다.

소의 대상이 되었다. 병 걸이 고유의 현실적 존재 양식은 이미 사라져 버렸다.

엄밀히 말해 말레비치의 사각형과 뒤샹의 병 걸이는 둘 다 예술과는 상관없는 상징적인 표시에 지나지 않는다. 그러나 이 두 가지는 예술의 양극('위대한 추상성'과 '위대한 사실성')을 표현하고 있다. 이때부터 수십 년 동안 상상적 회화는 바로 이 양자 사이에 자리 잡고 이 선상에서 이해된 것이다.

심리학적 관점에서 보면, 벌거벗은 대상(물질)과 벌거벗은 비(非)대상(정신)에 대한 두 가지 표시는 보편적인 마음의 균열을 나타낸다. 실은 제1차 세계대전이 발발하기 몇 년 전부터도 이런 균열에 관한 상징적인 표현이 존재하고 있었다. 이 균열은 르네상스 시대에 지식과 신앙 사이의 갈등으로서 처음으로 모습을 드러냈다. 그리고 세월이 흘러 문명이 진보함에 따라 인간의 마음은 점점 본능적인 기반에서 멀어져 갔다. 그 결과 자연과 마음, 무의식과 의식 사이에는 깊은 균열이 생기고 말았다. 현대 예술이 표현하고자 하는 것은 바로 이 양자의 대립에 따른 인간의 마음 상태이다.

사물에 깃든 영혼

이미 보았듯이 '구상(具象)'의 출발점은 뒤샹의 유명한—또는 악명 높은—병 걸이였다. 이 병 걸이 자체는 사실 아무런 예술적 가치가 없다. 뒤샹도 스스로를 '반(反)예술가'라고 불렀다. 하지만 그는 그 뒤로 오랫동안 예술가들에게 중요한 의미를 지니게 되는 어떤 요소를 뚜렷이 밝혀냈다. 예술가들은 이 요소를 '오브제 트루베(object trouvé, 발견된 사물)' 또는 '기성품'이라고 부른다.

이를테면 에스파냐 화가 호안 미로는 해변에 버려진 것, "거기에 놓인 채 누가 그 개성을 발견해 주기를 기다리는 것들"을 주우러 새벽마다 해변으로 나간다. 그는 거기에서 주운 것들을 작업실로 가져온다. 그중 몇 가지를 적당히 조합해 보면 때로는 아주 독특한 작품이 나오기도 한다. "예술가는 종종 자기가 만들어 낸 작품에 스스로 놀라곤 한다."[1]

1912년으로 거슬러 올라가 보자. 에스파냐 출신 예술가 파블로 피카소와 프랑스 예술가 조르주 브라크는 잡동사니들을 모아 배치하는 '콜라주' 기법을 만들어 낸다. 또 막스 에른스트는 이른바 '대기업 시대'의 신문 삽화를 모아 마음 내키는 대로 짜 맞춰, 부르주아 시대의 숨 막히는 견고성을 악마적이면서도 몽환적인 비현실성으로 바꿔 놓았다. 독일 화가 쿠르트 슈비터스는 휴지통에 들어 있는 못, 누렇게 변한 종이, 신문지 조각, 기차표, 천 조각 같은 폐물들을 모아 매우 진지하고 신선하게 결합시킴으로써 놀랍도록 효과적으로 기묘한 아름다움을 창조하는 데 성공한다. 그런데 슈비터스는 이런 물건들에 집착한 나머지 엉뚱한 짓을 저지르기도 했다. 그는 폐품들을 짜 맞춰서 '온갖 사물을 위한 대성당'이라는 작품을 제작했다. 무려 10년에 걸친 작업이었다. 도중에 작품 제작에 필요한 공간이 모자라자 그는 자기가 살던 삼층집을 헐어 내기까지 했다.

---

1) 미로의 이 말은 *Joan Miró*, Horizon Collection, ARCHE Press에서 인용했다.

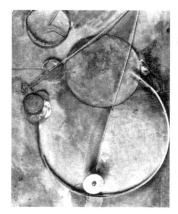

▲▶슈비터스(1887~1948)가 완성한 두 개의 구성. 그의 상상 예술에는 지극히 평범한 물건(기차표, 신문지, 쇳조각 등)이 사용된다.

◀나뭇조각을 슈비터스와 비슷한 방식으로 사용해서 제작한 한스 아르프(1887~1966)의 작품.
▶피카소(1881~1973)의 조각 작품 〈나뭇잎을 가진 여인〉. 평범한 물체(나뭇잎)가 소재라기보다는 주제의 일부로 사용되었다.

　슈비터스의 작품과 이에 사용된 물체의 '마술적' 고양은, 현대 예술이 인간 정신사에서 차지하는 위치와 그 상징적 의미에 대한 첫 단서를 우리에게 제공한다. 그것은 무의식적으로 면면히 이어져 내려온 정신사의 전통을 드러낸다.

그 전통이란 중세 그리스도교 신비주의 동아리의 전통이자 연금술사들의 전통이다. 그들은 이 세상의 하찮은 사물(물질)도 종교적 명상을 유발할 만한 위엄 있는 존재임을 인정했던 것이다.

지극히 조잡한 것을 예술의 지위로 끌어올리고 또 '대성당'(발 디딜 틈도 없을 정도로 잡동사니가 한가득 쌓여 있는 장소) 형태로 예찬한 슈비터스의 행동은, 자기가 찾고 있는 고귀한 것이 하찮은 것 속에서 발견될 수도 있다는 옛날 연금술사들의 이론을 연상시킨다.[2] 칸딘스키는 같은 생각을 다음과 같이 표현했다. "죽어 가는 모든 것이 몸을 떨고 있다. 시(詩)의 대상이 되는 별, 달, 나무, 꽃뿐만 아니라 길바닥 물웅덩이에서 빛나고 있는 하얀 바지 단추까지도······ 모든 사물에는 영혼이 깃들어 있다. 이 영혼은 말보다는 침묵을 사랑한다."[3]

그러나 자기네 마음의 일부가 사물이나 무생물에 투사되고 있다는 심리학적 사실을 예술가들은 연금술사들만큼 자각하고 있지는 않았다. 이처럼 의식이 부족했기 때문에 사물이 그토록 '신비로운 생명'을 지닌 것처럼 보이고, 잡동사니가 몹시 가치 있는 것처럼 보였던 것이다. 결국 그들은 자기 자신의 어두운 측면을, 현세적인 그림자를, 다시 말해 그들 자신과 그들이 살던 시대가 잃어버리고 외면해 버린 마음의 내용을 물건에 투사했던 것이다.

그런데 슈비터스 같은 예술가들은 연금술사들과 달리 그리스도교 교단에 속해 있지 않았으므로 그리스도교의 보호도 받을 수 없었다. 어떤 의미에서는 슈비터스의 작업은 그리스도교 교회에 대항하는 것이었다. 그리스도교는 사물을 정복하려 했지만 슈비터스는 사물에 편집광처럼 집착했다. 그런데 역설적이게도 바로 이런 슈비터스의 편집증 때문에, 창작 과정에서 그가 대상으로 삼은 소재가 구체적인 현실로서 지니고 있는 그 사물 고유의 의미가 박탈되기에 이르렀다. 그래서 그의 작품 속에서는 사물이 하나의 '추상적' 구성으로 바뀌어 버린다. 사물은 자신의 실질적 성격을 내버리고 해체되기 시작한다. 우리 시대에는 사물이 지닌 '절대적' 구체성이 현대 핵물리학에 의해 은연중에 침해당하고 있는데, 슈비터스의 작품은 이러한 우리 시대를 상징적으로 표현한다.

화가들은 '마술적인 사물'과 갖가지 사물에 깃들어 있는 '신비로운 혼'에 대

---

2) 슈비터스의 '집념'에 관한 이야기는 Werner Haftmann의 전게서 참조.

3) *Selbstbetrachtungen*, Berlin, 1913. *Dokumente*, p. 89.

해 사색하기 시작했다. 이탈리아 화가 카를로 카라는 이런 말을 했다. "예술의 아름다움이 깃든 존재를 실현하려면 고차원적이고 유의미한 조건을 만족시켜야 하는데, 이 조건을 나타내는 단순한 형태는 바로 우리 주위에 굴러다니는 흔한 물건을 통해서 표현되기 마련이다."[4] 파울 클레도 이렇게 말했다. "물체란 우리 눈에 비치는 외적인 모습 이상의 존재라는 점을 우리가 깨달았을 때, 물체는 외관의 한계를 넘어서는 존재로 승화된다."[5] 그리고 장 바젠도 한마디 했다. "어떤 대상은 바로 그 자체가 지닌 것 이상의 힘을 발휘하는 듯이 보임으로써, 우리 마음속에 사랑의 감정을 일깨운다."[6]

'초현실주의' 예술의 일례
프랑스 화가 르네 마그리트(1898~1967)의 〈붉은 신발〉(1934). 초현실주의 회화가 보는 사람을 심란하게 하는 것은 서로 무관한 대상을 관련지우거나 병치시킴으로써 터무니없이 불합리한 꿈과 유사한 분위기를 자아내기 때문이다.

이 같은 예술가들의 말은, 금속이나 돌 같은 무생물의 내부 또는 그 배후에 정신이 깃들어 있다고 믿던 옛 연금술사들의 '물질 속 정신'이라는 사고방식을 연상시킨다. 심리학적으로 해석하자면 이 '정신'이란 곧 무의식이다. 의식이나 합리적 지식이 한계에 부딪치고 거기에 신비가 개입할 때 무의식은 언제나 모습을 드러낸다. 인간은 설명할 수 없는 신비스러운 것을 자기 무의식의 내용으로 채워 버리는 경향이 있기 때문이다. 말하자면 인간은 텅 빈 어두운 그릇에다 무의식의 내용을 던져 넣고 있는 것이다.

대상이 '눈에 보이는 것 이상의 존재 의미'를 지니고 있다는 느낌은 많은 예

4) W. Haftmann, *Paul Klee, Wege bildnerischen Denkens*, München : Prestel, 1955, third edn., p. 71.

5) *Wege des Naturstudiums*, München : Weimar, 1923. *Dokumente*, p. 125.

6) *Notes sur la peinture d'aujourd'hui*, Paris : Éditions du Seuil, 1953. *Dokumente*, p. 125.

술가들이 공유한 바 있다. 특히 이탈리아 화가 조르조 데 키리코는 눈에 띄는 방식으로 이러한 생각을 표현했다. 그는 신비로운 기질을 타고난 사람이었고, 자기가 찾는 것을 끝내 발견하지 못한 비극적인 탐구자이기도 했다. 1908년에 그린 자화상에 그는 이렇게 적었다. "내가 불가사의한 것 말고 무엇을 사랑할 수 있단 말인가(Et quid amabo nisi quod aenigma est)."

키리코는 이른바 '형이상회화(形而上繪畫 : pittura metafisica)'의 창시자이다. 그는 이렇게 썼다.

"모든 사물은 두 가지 측면을 지니고 있다. 하나는 일반적인 측면인데, 이는 우리가 일반적으로 인식하는 것으로서 누구에게나 보이는 측면이다. 다른 하나는 영적이고 형이상학적인 측면인데, 이 측면은 극소수의 사람만이 통찰의 순간이나 형이상학적 명상의 순간에 볼 수 있다. 이처럼 가시적인 형태로는 드러나지 않는 것을 다루는 일이 예술의 임무 가운데 하나이다."[7]

키리코의 작품은 사물의 이러한 '영적(靈的) 측면'을 표현한다. 현실을 꿈으로 바꿔 놓은 키리코의 작품은 바로 그의 무의식에서 환상처럼 솟아오른 것이다. 그런데 그의 '형이상학적 추상화' 표현은 무슨 공포에 사로잡힌 것처럼 경직된 요소를 보이면서, 분위기 전체가 악몽 같은 극심한 우수에 젖어 있는 듯하다. 이탈리아 도시 광장이나 탑 같은 건물들은 흡사 진공 상태에 있는 것처럼 너무나 또렷하게 그려져 있다. 마치 보이지 않는 광원에서 나온 차갑고 무자비한 빛을 받고 있는 것 같다. 한편 고대 신들의 흉상이나 조각상은 마법으로 고전적인 과거를 불러내는 느낌을 준다.

키리코가 그린 가장 소름끼치는 작품은, 대리석으로 된 여신의 두상 옆에 빨간 고무장갑—현대적 의미에서 '마술적인 물건'—을 그려 넣은 그림이다. 바닥에 있는 녹색 공은 너무나도 상반된 이 두 가지 사물을 연결해 주는 상징의 역할을 맡는다. 만일 녹색 공이 없었다면 이 그림은 단순히 정신 붕괴를 암시하는 것보다 더한 그림이 되었을 것이다. 이 그림은 일부러 기교를 부려 만든 궤변적인 작품은 결코 아니다. 이것은 꿈을 그린 작품으로 이해되어야 한다.

키리코는 쇼펜하우어와 니체의 철학에 깊은 영향을 받았다. 그는 다음과 같

---

7) "Sull' Arte Metafisica," *Valori Plastici 1*, no.4–5, Rome, 1919. *Dokumente*, p. 112.

은 글을 남겼다. "쇼펜하우어와 니체는 나에게 인생의 무의미함이 얼마나 깊은 의미를 지녔는지 가르쳐 주고, 이 무의미함이 예술로 변용될 수 있음을 깨우쳐 준 사람들이다. 그들이 발견한 그 무서운 공허야말로 물질에 바쳐진 영혼 없는 아름다움, 마음을 혼란케 하지 않는 아름다움 그 자체인 것이다."[8] 키리코가 과연 '무서운 공허'를 '마음을 혼란케 하지 않는 아름다움'으로 바꾸는 데 성공했는지는 알 수 없는 노릇이다. 그의 그림 중에는 심한 불안감을 느끼게 하는 것도 있다. 또 상당수는 악몽 같은 공포를 느끼게 한다. 그러나 키리코가 공허 속에서 예술적 표현을 찾으려고 노력하면서, 현대인이 경험하는 실존적 딜레마의 핵심을 찌른 것은 틀림없다.

키리코가 존경을 표하며 인용한 니체는 이 '무서운 공허'를 "신은 죽었다"는 말로 표현했다. 칸딘스키는 니체와는 별개로 그의 저서 《예술에서의 정신적인 것에 대하여》에서 "천국은 비어 있고, 신은 죽었다"고 썼다.[9] 이 말은 듣기에 꺼림칙하겠지만 실은 아주 새로운 관념은 아니다. '신의 죽음'이라는 관념과 거기에 수반되는 '형이상학적 공허'는 19세기 시인들, 특히 프랑스와 독일 시인들의 영혼을 괴롭히던 관념이었다.[10] 20세기 되어서야 이 문제가 광범위하게 논의되고 예술에서도 표현되기 시작했는데, 여기까지 이르는 도정은 길고 험난했다. 그러나 결국 현대 예술과 그리스도교 사이에 분열이 생기고 말았다.

융 박사도 '신의 죽음'이라는 기묘하고 신비스러운 현상이 이 시대 사람들의 심리적 현실임을 알고 있었다. 그는 1937년에 그의 저서에서 이렇게 썼다. "수없이 많은 사람들이 알고 있듯이 나도 알고 있다. 지금이 신이 사라지고 죽은 시대라는 것."[11] 융 박사는 그리스도교의 하느님 이미지가 환자들의 꿈속에서, 즉 현대인의 무의식 속에서 퇴색되어 가고 있음을 몇 년에 걸쳐 확인했다. 신 이미지의 상실은, 인생에 의미를 부여하는 근본적인 지상(至上) 요소의 상실을 의미한다.

그런데 여기서 중요한 사실을 짚고 넘어가야겠다. 신이 죽었다는 니체의 주

---

8) 키리코의 *Memorie della mia Vita* 에서 인용한 이 글은 *Dokumente*, p. 112에 나온다.
9) 신의 죽음에 관한 칸딘스키의 발언은 그의 *Ueber das Geistige in der Kunst*에서 볼 수 있다.
10) 19세기 유럽 시인들 가운데 특히 하인리히 하이네, 랭보, 말라르메를 참조.
11) 융의 이 의견은 CW, vol. XI, p. 88에서 인용했다.

장이나, 무의식 이미지에서 융 박사가 연역해 낸 결론이나, 키리코의 이른바 '형이상학적 공허'는 신이나 초월적 존재 또는 비존재(not-being)의 현실 및 실재에 관한 최종적인 결론이 아니다. 그들은 어디까지나 인간의 입장에서 주장하고 있을 뿐이다. 일찍이 융 박사가 《심리학과 종교》에서 지적했듯이, 이러한 주장은 이미지, 꿈, 관념 또는 직관 같은 형태로 의식 속에 들어와 있는 무의식의 내용에 근거하고 있다. 이런 무의식 내용의 바탕을 이루는 것, 이런 변용(살아 있는 신으로부터 죽은 신으로의 변용)의 원인이 된 것은 지금까지 그랬듯이 앞으로도 여전히 미지의 신비스러운 미개척 영역에 존재할 것이다.

키리코는 무의식이 제시한 문제를 끝내 해결하지 못했다. 그의 이러한 실패는 그가 인물상을 표현한 방식에 잘 드러나 있다. 종교가 현재와 같은 상황에

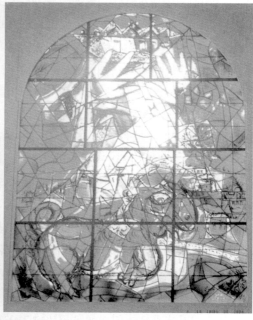

키리코와 샤갈은 사물의 외관과 배후를 보려고 노력해 온 예술가들이다. 이들의 작품은 무의식의 심층에서 솟아오른 듯하다. 그러나 키리코의 〈철학자와 시인〉(왼쪽 위)은 음침하고 우울하고 악몽과 같지만, 샤갈이 1962년에 제작한 스테인드글라스(위)는 풍부하고 따뜻하며 생기가 넘친다.
◀키리코의 〈사랑의 노래〉는 대리석 여신상과 고무장갑이라는 두 대립물이 터무니없이 병존한다.

처해 있는 이상, 이제는 인간에게 비개성적인 형태로나마 새로운 위엄과 책임을 부여해야 할 것이다 (융 박사는 이것을 의식에 대한 책임이라고 말한다). 그러나 키리코의 작품에서 인간은 영혼을 박탈당한 모습으로 묘사되어 있다. 인간은 얼굴 없는(따라서 의식도 없는) 꼭두각시 인형인 '마니키노(manichino)'로 전락해 버린 것이다.[12]

그가 제작한 〈위대한 형이상학자〉의 다양한 변형 작품 가운데 얼굴 없는 인물이 잡동사니로 만들어진 대좌 위에 올라가 있는 그림이 있다. 이 인물은 형이상학적인 '진리'를 찾으려고 필사적으로 노력

카를로 카라(1881~1966) **작 〈형이상학적 뮤즈〉**(1917)
얼굴 없는 마네킹은 키리코의 작품에도 등장하는 테마이다.

하는 인간을 의식적으로 또는 무의식적으로 비꼬고 있으면서도, 동시에 궁극적인 고독과 무의미함을 상징하고 있다. 어쩌면 그 마니키노(이즈음 다른 예술가들의 작품에도 종종 등장하는 존재)는, 얼굴 없는 무리로서의 인간이 등장할 것임을 예고하는지도 모른다.

마흔 살이 되자 키리코는 '형이상회화'를 포기하고 전통적인 양식으로 돌아오지만 그의 작품은 깊이를 잃는다. 무의식을 통해 현대인이 겪는 실존의 근본적인 딜레마를 다루어 온 창조적 정신의 소유자에게는 '출발점으로 돌아가는 일'이 불가능하다는 사실을 그가 증명해 준 셈이다.

키리코에 대응하는 면은 러시아 태생 화가 마르크 샤갈에게서 찾아볼 수 있다. 키리코와 마찬가지로 샤갈이 작품 속에서 추구한 것도 '신비스럽고 고독한 시'이며, '극소수의 사람만이 볼 수 있는 사물의 영적 측면'이다. 그러나 샤갈의

---

12) 작품에 '마니키노'를 등장시킨 화가로는 카를로 카라, 알렉산더 아르키펭코(1887~1964), 조르조 모란디(1890~1964) 등이 있다.

풍부한 상징성은 동방의 유대교적 하시디즘(Hasidism)이 지닌 삶에 대한 경건함과 따뜻한 감정에 바탕을 두고 있다. 샤갈은 공허함과도, 신의 죽음과도 대면하지 않았다. 그는 이렇게 썼다.

"이토록 혼란에 빠져 버린 변화무쌍한 세상에서도 마음, 인간의 사랑, 그리고 신성한 것을 이해하려는 인간의 노력은 변치 않을 것이다. 모든 시가 그러하듯이 그림 역시 신성함과 인연이 있으며, 인간은 예나 지금이나 변함없이 이 신성함을 절감한다."

영국 저술가 허버트 리드는 샤갈에 대해, 무의식으로 통하는 문턱을 완전히 넘는 일 없이 "언제나 자기를 키워 준 대지에 한 발을 딛고 있다"고 평가했다. 무의식과의 '올바른' 관계를 정확히 표현한 말이다. 또한 허버트 리드가 강조하듯이, "샤갈이 이 시대의 가장 영향력 있는 예술가 중 한 사람으로 남아 있다"는 사실은 매우 중요하다.[13]

샤갈과 키리코를 비교해 보면, 현대 예술의 상징성을 이해하는 데 중요한 의문이 하나 생겨난다. 현대 예술가의 작품에서 의식과 무의식의 관계는 어떤 형태로 나타나는가, 다시 말해 거기서 인간은 어디쯤에 서 있는가 하는 의문이다.

이 문제에 대한 해답은 프랑스 시인 앙드레 브르통이 창시했다는 '초현실주의' 운동에서 찾아볼 수 있다(키리코도 초현실주의자라고 할 수 있다). 브르통은 의학도 시절에 프로이트의 책을 읽었다. 이때부터 꿈은 브르통의 사상에서 중요한 위치를 차지하게 되었다. 그는 다음과 같이 말했다. "인생의 기본적인 문제를 해결하는 데 꿈이 도움이 되지 않을까? 꿈과 현실이 겉으로 보기에 서로 상반되거나 모순된다는 문제는 일종의 절대적 현실—초현실—속에서 해결될 것이라고 나는 믿는다."[14]

브르통은 제대로 핵심을 짚었다. 그가 추구한 것은 서로 대립하는 것들의 화해, 즉 의식과 무의식의 화해였다. 그러나 이 목표에 도달하기 위해 그가 선택한 방법은 오히려 그를 미궁에 빠뜨리고 말았다. 그는 자동기술법과 프로이트의 자유연상법을 이용해 실험을 했다. 이 실험에서는 무의식에서 떠오르는

---

13) 허버트 리드가 쓴 샤갈 평론은 그의 저작 *A Concise History of Modern Painting*, London : Thames & Hudson, 1959, pp. 124, 126, 128에서 인용했다.

14) *Manifestes du Surrealisme 1924-42*, Paris, 1946. *Dokumente*, pp. 117, 118.

말들이 의식적으로 제어되지 않고 그대로 기록되었다. 브르통은 이것을 '윤리적·미학적 선입견과는 무관한 독자적 사고의 기술'이라고 부른다.

그러나 이런 실험 과정은 무의식의 흐름에 대한 통로를 열기는 하지만, 의식이 담당해야 할 중요하고도 결정적인 역할을 무시해 버린다. 융 박사가 제1장에서 지적했다시피 무의식의 가치를 결정지을 열쇠를 쥐고 있는 것은 의식이고, 따라서 결정적인 역할을 맡는 것도 의식이다. 다양한 이미지의 의미를 규정하고, 구체적인 현실에서 그 이미지가 개인에게 지니는 중요성을 인식하는 것은 의식의 고유한 기능이다. 무의식은 의식과의 상호 작용을 통해서만 비로소 자신의 가치를 증명할 수 있으며, 더 나아가 공허가 낳는 우울함을 극복할 길을 제시할 수 있다. 만일 무의식이 독자적인 활동을 시작했는데 우리가 그 활동을 방치한다면, 무의식적 내용물이 지나치게 강력해진 나머지 파괴적인 측면만을 드러낼 수도 있다. 이는 상당히 위험한 일이다.

이 점을 염두에 두고 초현실주의자가 그린 그림(예컨대 살바도르 달리의 〈불타는 기린〉 같은 그림)을 보면, 풍부한 공상성과 무의식적인 심상이 지닌 압도적인 힘을 느낄 수 있을 것이다. 하지만 그 밖에도 우리는 이런 그림에서 대개 종말론적 공포와 그 상징성의 표현을 동시에 경험한다. 무의식은 바로 자연이기 때문에 자연과 마찬가지로 자신의 긍정적 자질을 마음껏 분출한다. 하지만 이렇게 활동하는 상태에서 무의식이 의식의 인간적 반응 없이 홀로 방치되어 버린다면, 무의식은 (역시나 자연과 마찬가지로) 자신의 긍정적 자질을 파괴함으로써 조만간 절멸의 위기에 몰리고 만다.

현대 회화에서 의식이 어떤 역할을 맡느냐는 문제는 회화 제작상의 한 수단인 우연적 그림 그리기와 관련된다. 《회화를 넘어서》에서 막스 에른스트는 다음과 같이 썼다. "수술대 위에 있는 재봉틀 한 대와 양산 하나의 조합(여기서 그는 시인 로트레아몽을 인용했다)은 초현실주의자들이 발견한 특이 현상 가운데 잘 알려진 예로서, 이미 하나의 고전이 되었다. 그 특이 현상이란 하나의 평면 위에 두 가지 이상의 위화감 있는 요소가 함께 배열될 때, 이것이 시적 감흥을 불러일으키는 강력한 촉매가 되는 현상을 말한다."[15]

---

15) 에른스트의 *Beyond Painting*, New York, 1948에서 인용한 내용은 *Dokumente*, p. 119에 실려 있다.

브르통도 "한 마리 말이 토마토 위를 달리는 모습을 생생하게 떠올릴 수 없는 사람은 백치나 마찬가지"라고 했는데 (여기서 우리는 키리코의 작품에 등장한 대리석 두상과 빨간 고무장갑의 '우연적' 조합을 떠올릴 수 있다), 이러한 시적 감흥을 불러일으키는 효과가 일반인에게는 영 난해하게 느껴질 것이다. 물론 이런 배열은 시시한 농담이나 난센스에 지나지 않을 때도 많다. 하지만 현대 예술가들은 분명히 농담과는 근본적으로 다른 문제에 관심을 기울이고 있다.

살바도르 달리(1904~1989) **작 〈불타는 기린〉**(1937)　가장 유명한 현대 초현실주의 화가라면 아마 에스파냐의 살바도르 달리를 꼽을 수 있을 것이다.

우연성은 프랑스 조각가 장 아르프(한스 아르프)의 작품에서도 중요한 몫을 한다.[16] 나뭇잎 같은 것들이 아무렇게나 배열된 목판화는 그의 말에 따르면, "겉으로 드러난 가시적인 세계 밑에 잠들어 있는 은밀한 원초적 의미"를 찾으려는 마음의 표현 양식 가운데 하나이다. 이 목판화를 가리켜 그는 "우연의 법칙에 따라 배열된 잎사귀와 우연의 법칙에 따라 배열된 사각형"이라고 부른다. 이렇게 구성된 예술 작품에 깊이를 부여하는 것은 바로 우연이다. 우연이란 사물에 '깃든 영혼'으로서 사물 속에서 나타나는 질서와 의미, 이 질서와 의미에 관한 미지의 효과적 법칙을 가리킨다.

초현실주의자들은 나뭇결이나 구름 모양 등을 환상적인 회화의 출발점으로 삼으려고 노력한다. 그 바탕에 깔린 것은 (파울 클레가 지적했듯이) '우연을 본질

---

16) 한스 아르프에 관한 설명은 Carola Giedion-Welcker, *Hans Arp*, 1957, p. xvi에 근거한 것이다.

에른스트가 〈박물지〉에서 보인 관심은 사람들이 과거에 자연의 '우발적' 패턴에 보였던 관심과 유사하다.
◀프로타주 기법을 활용한 막스 에른스트 작 〈박물지〉 작업 중 하나.
▶네덜란드 박물관에 있는 18세기의 판화. 산호와 조약돌과 두개골 등이 사용된 이 작품 역시 일종의 초현실주의적 〈박물지〉라고 할 수 있다.

적인 것으로 만들고자 하는' 소망이다. 이 점에서 막스 에른스트의 생각은 레오나르도 다빈치까지 거슬러 올라간다. 보티첼리는 물감을 먹인 스펀지를 벽에 던지면 물감 튄 자국에서 머리나 동물이나 풍경 같은 다양한 형태가 나타난다고 말했는데, 이 말에 대해 다빈치가 에세이를 쓴 적이 있다.

에른스트는 1925년 내내 어떤 환상에 사로잡혔던 경험을 이야기한 바 있다. 그 환상은 에른스트가 흠투성이인 타일 바닥을 바라보고 있을 때 갑자기 그를 덮쳤다. "내 환상과 명상의 힘을 북돋우기 위해서 나는 타일 위에 종이 몇 장을 깔고 흑연으로 문질러 일련의 타일 그림을 그렸다. 그렇게 완성된 그림을 바라보고 있자니, 놀랍게도 갑자기 날카로운 감각으로 몹시 대조적이면서도 서로 겹쳐 있는 일련의 그림 환각이 내 눈앞에 떠올랐다. 나는 이 '프로타주'에서 얻은 성과를 모아 〈박물지〉라고 명명했다."[17]

에른스트가 이렇게 만든 갖가지 프로타주 위쪽이나 배경에 고리나 원을 덧붙여서 그 그림에 독특한 분위기와 깊이를 부여한 것은 주목할 만한 일이다. 여기에서 심리학자는, 이미지가 지닌 자연 언어의 혼란스런 우연성에 대항하여

---

17) 에른스트의 〈박물지 *Histoire Naturelle*〉에 관한 이야기는 *Dokumente*, p. 121에 나온다.

자기 충족의 심리적 전체성 상징(원이나 고리)을 배치함으로써 균형을 잡으려고 하는 무의식적 충동을 발견할 수 있다. 원이나 고리는 그림을 총괄한다. 마음의 전체성은 그 자체로 의미를 지니는 한편 자연에 의미를 부여함으로써 자연을 통치하는 것이다.

온갖 사물에 깃든 은밀한 존재 양식을 추구하는 에른스트의 노력은 19세기 낭만파 화가들을 연상시킨다. 19세기 낭만파 화가들은 새 깃털, 알껍데기, 눈, 얼음, 수정 등 어디에서나 볼 수 있는 '자연의 그림'[18]과, 꿈이나 환상 속에서 일어나는 것과 같은 '이상한 우연의 일치'에 관심을 보였다. 그들은 이런 것들을 전부 합쳐서 '자연이 지닌 회화적인 언어' 표현이라고 여겼다. 막스 에른스트가 실험을 통해 얻은 그림을 〈박물지〉라고 부른 것은 그야말로 낭만파 화가들의 표현에 상응한다고 할 수 있다. 무의식(여러 사물의 우연한 배열을 통해 갖가지 그림을 뚜렷이 분출시키는 존재)이 바로 자연이라는 사실에 비추어 볼 때 에른스트의 견해는 옳았던 셈이다.

에른스트의 〈박물지〉나 장 아르프의 우연한 구성은 심리학자들에게 많은 것을 생각하게 했다. 심리학자들은 우연한 배치가—언제 어디에서 나타나든지—그것과 마주친 사람들에게 과연 어떤 의미를 지닐 수 있느냐는 문제에 직면했다. 이 문제를 다룬다는 것은 곧 인간 및 의식이 문제가 되고, 나아가 그 속에 어떤 의미가 존재할 수 있느냐는 의미 문제도 제기된다는 뜻이다.

우연히 이루어진 그림은 아름다울 수도 있고 추할 수도 있고, 조화로울 수도 있고 그렇지 않을 수도 있으며, 내용이 풍부할 수도 있고 빈곤할 수도 있고, 잘 그렸을 수도 있고 못 그렸을 수도 있다. 이러한 요소들은 분명히 그림의 예술적 가치를 결정짓겠지만 심리학자들을 만족시키지는 못한다(형태를 고안함으로써 가장 큰 만족을 얻는 예술가들은 이 현실을 한탄하겠지만 말이다). 심리학자들은 여기서 한 걸음 더 나아가 우연한 배열에 깃들어 있는 '암호'를 찾아—인간이 해독할 수 있는 한—해명하려고 한다. 아르프가 아무렇게나 긁어모은 여러 가지 물체의 숫자나 형태는 에른스트의 공상적인 '프로타주' 못지않게 많은 의

---

18) 19세기 낭만파 예술가들과 '자연의 그림'에 관해서는 다음 세 권을 참조. Novalis, *Die Lehrlinge zu Sais*; E. T. A. Hoffmann, *Das Märchen vom Goldnen Topf*; G. H. von Schubert, *Symbolik des Traumes*.

▲로마시대의 주화. 사용되던 곳이 수도 로마에서 차츰 먼 곳 순서로 배열했다. 수도에서 가장 멀리 떨어진 곳에서 쓰이던 맨 오른쪽 주화를 보면 얼굴이 심하게 와해된 것을 볼 수 있다. 이것은 아래의 그림과 같이 LSD-25 약물을 복용한 경우에 생기는 정신적 통합성 붕괴 과정과 닮아 보인다.

▼〈LSD-25〉. 1951년 독일의 한 실험에서 LSD를 복용한 화가가 그린 그림. 의식적인 통제가 무의식에 정복당하면서 그림은 점점 추상적으로 변한다.

문을 우리에게 던진다. 심리학들이 보기에는 이 작업에 쓰이는 온갖 물체는 모두 상징이다. 그렇기에 이 사물들을 느끼는 것이 가능함은 물론이고 (어느 정도까지는) 해석도 가능하다.

대부분의 현대 예술 작품은 퇴행적인 작품이라거나, 반성이 결여된 작품이라거나, 의식보다 무의식의 지배를 받은 작품이라는 식으로 비평가들의 공격을 받는다. 정신병적인 예술이라느니, 미친 사람이 그린 그림 같다느니 하고 혹평하는 사람들도 있다. 정신병자들에게는 흔히 무의식에서 흘러나온 내용물이 그 사람의 의식 및 자아 개성을 침해하거나 아예 삼켜 버리는 경향이 특징적으로 나타나기 때문이다.

한 세대 전까지만 해도 이런 비평은 화가들을 분노하게 만들었지만 지금은 그렇지도 않다. 융 박사는 피카소에 관한 논문(1932년)에서 이 점을 지적했다가 사람들의 분노를 샀다. 그러나 오늘날에는 취리히의 유명한 화랑 카탈로그에도 이름난 화가가 '정신 분열증 같은 강박 증세'를 보인다는 말이 당당하게 실려 있다. 또 독일 작가 루돌프 카스너는 게오르크 트라클을 이렇게 평했다. "그는 가장 위대한 독일 시인 가운데 한 사람이다. 그에게는 정신 분열적인 요소가 있다. 그의 작품에서도 그런 요소가 느껴진다. 작품도 분열증 기미를 보이는 것이다. 하지만 트라클은 분명 위대한 시인이다."[19]

분열증 상태와 예술가의 환상이 상호 배타적이지 않다는 사실이 이제는 널리 알려졌다. 내 생각에는 아마 메스칼린 같은 약품을 이용한 실험도 그런 태도 변화에 기여를 한 듯하다. 이런 약품은 색채와 형태의 강렬한 환상이 수반되는 상태—분열증과 흡사한 상태—를 만들어 낸다. 오늘날에는 이런 약품을 이용해서 영감을 얻으려 하는 예술가들도 있다.

---

19) G. 트라클에 대한 카스너의 평가는 *Almanach de la Librairie Flinker*, Paris, 1961에 실려 있다.

현실로부터의 후퇴

언젠가 프란츠 마르크가 말했다. "미래의 예술은 우리의 과학적 확신을 명백하게 표현할 것이다." 이 예언은 적중했다. 우리는 프로이트의 정신 분석과 무의식의 발견(또는 재발견)이 20세기 초 예술가들에게 미친 영향을 추적해 봤다. 이제 우리가 또 하나 살펴봐야 할 중요한 것은 바로 현대 예술과 핵물리학 연구 성과와의 관계이다.

비과학적인 단순한 말로 표현한다면, 핵물리학은 물질의 기본적인 단위에서 절대적 구체성을 빼앗았다고 할 수 있다. 핵물리학이 물질을 신비스럽게 만들어 버린 것이다. 역설적으로 말하자면 질량과 에너지, 파동과 입자가 서로 변환 가능하다는 사실이 증명되면서, 물질의 정체는 우리의 이해 가능한 범위를 훌쩍 뛰어넘어 버렸다. 이제 인과법칙은 일정한 범위 안에서만 유효할 뿐이다. 물리학이 밝힌 상대성, 불연속성, 역설은 우리 세계의 극단―더없이 미세한 분야(원자)와 더없이 큰 영역(우주)―에서만 통한다고 말해 봤자 별수 있겠는가. 이러한 물리학 개념의 혼란은 현실의 개념에 혁명적인 변화를 불러일으켰다. 전체적으로 크게 달라진 새롭고 비합리적인 현실이, 고전 물리학 법칙에 지배되던 우리의 '자연스러운' 세계 뒤에서 모습을 드러낸 것이다.

마음의 세계에서도 이에 상응하는 상대성과 역설이 발견되었다. 의식 세계의 가장자리에서도 지금 하나의 새로운 세계가 나타나고 있다. 이 세계는 핵물리학 법칙과 기묘하게 닮은 새로운 미지의 법칙에 지배되고 있다. 핵물리학과 집단 무의식과의 대응 관계를 두고서 융 박사와 노벨 물리학상 수상자 볼프강 파울리는 종종 토론을 벌였다. 물리학과 집단 무의식 사이의 시공간 연속체는 밖으로 드러난 현상의 배후에 존재하는 또 다른 현실의 외면과 내면 사이의 관계와 같다고 할 수 있다(물리학과 심리학의 관계에 대해서는 폰 프란츠 박사가 마지막 결론 부분에서 자세히 논할 것이다).

물리학과 마음이라는 두 세계의 배후에 존재하는 단일한 세계의 특징은 그 법칙이나 작용 과정이나 내용이 우리의 상상을 초월한다는 점이다. 이것은 현대 예술을 이해하기 위해서는 대단히 중요한 전제가 된다. 현대 예술의 주제도 어떤 의미에서는 우리가 상상할 수 없는 것이기 때문이다. 이 때문에 현대 예술은 주로 '추상적' 성격을 띤다. 오늘날 위대한 예술가들은 '사물의 배후에 있는 생명'에 가시적인 형상을 부여하려고 노력해 왔다. 그래서 그들의 작품은 의식 너머에 있는 세계(또는 꿈도 대체로 구상적이므로 결국은 꿈 너머에 있는 세계)를 상징적으로 표현해 온 것이다. 이런 작품을 통해 예술가들은 물리 현상과 심리 현상 양쪽의 공통된 배경 기반인 '하나의' 현실, '하나의' 생명을 표현한 것이다.

물리학과 심리학과 자기가 표현하고 있는 예술의 삼각관계를 이해하고 있는 예술가는 그리 많지 않다. 칸딘스키는 현대 물리학의 초기 발견에 대해 깊은 감명을 표현한 거장 가운데 한 사람이다. "나에게 원자의 붕괴는 세계의 붕괴와 마찬가지였다. 견고하기 그지없던 벽이 순식간에 무너져 내렸다. 모든 것이 불안해지고 불안정해지고 약해졌다. 돌멩이가 내 눈앞에서 증발하여 공기 속으로 녹아든다 하더라도 나는 별로 놀라지 않았을 것이다. 과학은 이미 멸망한 것처럼 보였다." 이렇게 환멸을 느낀 그는 '자연의 영역'에서, 즉 '여러 가지 물체가 밀집해 있는 외면 세계'에서 물러나 버린다. 그는 한마디 덧붙였다. "나는 예술이 자연으로부터 점차 물러나는 모습을 확실히 본 것 같았다."[1]

그즈음 다른 예술가들도 이처럼 물질세계로부터 멀어지는 현상을 경험했다. 프란츠 마르크는 이렇게 말했다. "우리는 무수한 경험을 통해 배워 오지 않았던가? 시각적인 영상으로 사물을 나타내면 나타낼수록 그만큼 사물이 스스로 말하기를 그만둔다는 점을 말이다. 결국 외관은 영원히 평면적인 것이다."[2] 마르크에게 예술의 목표란 "온갖 사물 뒤에 숨은 비현세적(非現世的) 생명을 드러내는 것, 그리고 우리가 외관 속에 숨은 존재와 대면할 수 있게끔, 현세적 생명을 그대로 비추기만 하는 거울을 부숴 버리는 것"이었다. 또한 파울 클레는 다

1) *Rückblicke*(Kandinsky의 *Ueber das Geistige in der Kunst*에 대한 맥스 빌(Max Bill)의 서문에서 재인용) ; *Selbstdarstellung*, Berlin, 1913, *Dokumente*, p. 86 ; Haftmann, *Malerei im. 20. Jahrhundert*, München.

2) *Briefe, Aufzeichnungen und Aphorismen, Dokumente*, pp. 79~80. 및 Haftmann, 전게서 p. 478.

음과 같이 썼다. "예술가는 자연의 외형에 대해서는, 예술을 비평하는 현실주의자만큼 정확한 의미를 부여하지 못한다. 예술가는 현실과 그다지 밀접하게 연관돼 있다고 느끼지 않는다. 왜냐하면 예술가는 자연이 낳은 산물의 외형에서는 창조 과정의 진수를 발견하지 못하기 때문이다. 그래서 예술가는 형태로 표현된 산물보다는 형태를 부여하는 힘에 더 많은 관심을 기울인다."[3] 피트 몬드리안은 논리적 궁극, 즉 '순수한 현실 표현' 수준까지 추상화(抽象化)를 밀고 나가지 않았다는 이유로 입체주의 예술가들을 비난했다. 몬드리안에 따르면 그런 추상화의 궁극은, 주관적 감정이나 관념에 좌우되지 않는 '순수 형태 창조'를 통해서만 달성된다. "끝없이 변화하는 자연 형태의 배후에는 변치 않는 순수한 현실이 있는 것이다."[4]

외적 사물에 대해 관심이 멀어지면서 그림이 '추상적'으로 변해 가는 과정을 보여주는 프란츠 마르크(1880~1916)의 작품들

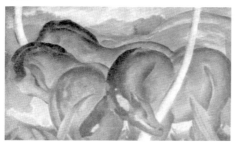

〈푸른 말〉(1911)

〈숲속의 사슴〉(1913~1914)

〈형태의 유희〉(1914)

3) *Ueber die moderne Kunst*, Lecture, 1942. *Dokumente*, p. 84.
4) *Neue Gestaltung*, München, 1925, *Dokumente*, p. 100.

많은 예술가들은 물체를 변질시킴으로써—즉 공상, 초현실주의, 꿈 그림, 그리고 우연성을 이용함으로써—끝없이 변화하는 외관을 그 배후 기반인 '현실' 또는 '물질 속 정신'으로 바꾸려고 부단히 노력했다. 그러나 '추상' 예술가들은 물체에 등을 돌렸다. 그들의 그림은 정체가 명확히 드러나는 구체적인 대상은 하나도 포함하지 않는다. 추상 예술가들이 대상으로 하는 것은 몬드리안의 이른바 '순수한 형태'이다.

그런데 '추상' 예술가들의 관심사는 형태 문제라든가 '구상'과 '추상'의 구별 문제, 즉 형태 있는 것과 없는 것의 구별 문제를 뛰어넘는 것이었음을 우리는 알아야 한다. 그들이 추구한 목표는 생물이나 물체의 중심, 그리고 그 배후에 있는 불변의 기반과 내적 확실성이었다.

예술은 신비한 정신에 사로잡혔다. 이 정신은 중세 연금술사들이 '메르쿠리우스'라고 부르던 세속적 정신이다. 메르쿠리우스란 신비주의 예술가들이 자연과 사물의 배후에서, '자연의 외관 뒤에서' 간파하거나 찾고자 한 정신을 상징한다. 이러한 신비주의는 그리스도교와는 이질적인 것이었다. 지상적인 '메르쿠리우스 신'의 정신은 '천상적인' 그리스도교 정신과는 다르다. 사실 예술가들이 예술 속에 확립해 온 것은 그리스도교 입장에서 본다면 바로 암흑의 적(敵)이었다. 그렇다면 '현대 예술'의 진정한 역사적·상징적 의미는 무엇일까. 중세 연금술 운동과 마찬가지로 현대 예술은 대지의 정신에 뿌리내린 신비주의이다. 따라서 현대 예술은 그리스도교를 보완하여 우리 시대 정신을 표현하는 것으로 이해되어야 한다.

예술이 지닌 이 신비로운 배경을 날카롭게 감지하고 열정적으로 다룬 예술가로는 칸딘스키를 따라잡을 사람이 없다. 칸딘스키의 눈에 비친 모든 시대의 위대한 예술 작품이 지니는 가치는 "표면이나 외적인 면에 있는 것이 아니라 모든 근원의 근원을 이루는 것—예술의 신비한 내용물—에" 있었다. 그래서 그는 다음과 같이 말했다. "예술가의 눈은 언제나 자기의 내적 생명을 주시해야 하고, 그 귀는 언제나 내적인 필연성의 소리에 민감하게 반응해야 한다. 이것은 신비로운 환영(vision)이 지시하는 바를 표현하는 유일한 방법이다."

자기 작품을 가리켜 칸딘스키는 우주를 정신적으로 표현한 것, 천구(天球)의 음악, 색채와 형태의 하모니라고 했다. "형태는 아무리 추상적이고 기하학적이어도 하나의 내적 울림을 지니는 바, 형태는 그 형태에 완전히 부합되는 의미를 지닌 정신적 실재이다." 그는 또 이렇게 말했다. "삼각형 예각이 원과 접할 때의 충격은, 하느님의 손가락과 아담의 손가락이 서로 맞닿은 미켈란젤로의 그림만큼이나 압도적인 힘을 지닌다."[5]

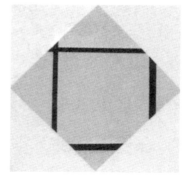

몬드리안 작 〈회화 No. 1〉(1926)
추상적이고 기하학적인 형태를 사용함으로써 '순수한 형태'에 접근하는 현대 예술의 예.

프란츠 마르크는 1914년 《잠언집》에 다음과 같은 말을 남겼다. "물질은 인간이 묵인하는 대상이 될 수 있을지언정, 인간은 물질을 인식하기를 거부한다. 세계에 대한 명상은 세계를 침해하는 것이다. 지금까지 그 어떤 신비주의자도 더없이 황홀한 망아(忘我) 상태에 빠졌을 때, 현대 사상의 완벽한 추상성에 다다르거나 더 깊은 곳까지 파고든 적은 없다."[6]

파울 클레는 시인의 혼을 지닌 현대 화가이다. 그는 다음과 같이 썼다. "예술가의 사명은 원초의 법칙이 조성하는 신비로운 지반에 최대한 침투하는 것이다. 모든 생명 기능의 원천이 되는, 시공간 속 모든 활동의 중추 기관(그것이 창조의 두뇌이건 심장이건 간에) 속에 살고 싶어하지 않는 예술가가 어디 있겠는가. 자연의 자궁 속? 창조의 원초적인 지반 속? 모든 사물의 비밀을 풀 열쇠는 대체 어디에 숨겨져 있는 걸까…… 고동치는 우리 심장은 우리를 아래로 더 아래로 침잠하게 함으로써 머나먼 원초의 지반으로 가라앉는다." 예술가가 이렇게 원초적 지반을 향해 나아가다가 뭔가를 만나면, "그것이 시각적인 형태 표현에 적당한 예술적 수단과 완전히 융합할 때에는 더없이 신중하게 다루어져야 한다." 왜냐하면 클레가 덧붙여 설명하듯이, 그것은 단순히 눈에 보이는 모습을 가시적으로 재현하는 것이 아니라 '은밀히 인지한 것을 시각화하는' 과정이기

---

5) 칸딘스키의 말은 다음 네 권에 실려 있다. *Ueber das Geistige..., op. cit.,* p. 83 ; *Ueber die Formfrage,* München, 1912. *Dokumente,* p. 88 ; *Ueber das Geistige. Dokumente,* p. 88 ; *Aufsätze,* 1923~43. *Dokumente,* p. 91.

6) Georg Schmidt, *Vom Sinn der Parallele in Kunst und Naturform,* Basle, 1960에서 인용했다.

때문이다. 클레의 작품은 바로 그 원초적 지반에 뿌리내리고 있다. "내 손은 그야말로 머나먼 천구에 속하는 연장이다. 내가 작품을 제작할 때 활동하는 것은 내 머리가 아니다. 그것은 전혀 다른 어떤 것이다……."[7] 클레의 작품에서 자연의 정신과 무의식의 정신을 분리시키기란 불가능하다. 이 두 가지 요소가 그곳에 생겨난 마법의 원 속으로 클레를, 그리고 우리를 끌어들인다.

클레의 작품은 지하에 사는 신들의 정신을 가장 복합적으로 표현한—때로는 시적이고 때로는 악마적인—것이다. 그의 유머와 기이한 관념은 어두운 지하 세계에서 인간 세계로 넘어오는 다리를 놓는다. 클레의 공상과 대지를 잇는 연결고리는, 자연의 모든 법칙을 주의 깊게 관찰하는 일과 살아 있는 모든 것을 사랑하는 일이다. 클레는 이렇게 말했다. "예술가에게 자연과의 대화란, 작품을 만들기 위한 필수 불가결한 조건이다."

은밀한 무의식의 정신을 또 다른 방식으로 표현한 인물이 있다. 바로 유명한 젊은 '추상' 화가 잭슨 폴록이다.[8] 이 미국 화가는 마흔네 살 때 자동차 사고로 죽었다. 그의 작품은 당대 젊은 예술가들에게 지대한 영향을 미쳤다. 〈나의 그림 *My Painting*〉에서 그는 자신이 일종의 몽환 상태에서 그림을 그렸다고 고백했다. "그림을 그릴 때 나는 자신이 무엇을 하고 있는지 자각하지 못한다. 내가 무엇을 하고 있었는지 비로소 깨달았을 때에는 나는 이미 그림과 상당히 '친숙해지고' 난 다음이다. 나는 이미지를 바꾸거나 파괴하는 데에 아무런 두려움도 없다. 그림에는 저만의 고유한 생명이 있기 때문이다. 나는 그 생명이 향하는 방향으로 나아가게 한다. 만일 그 결과가 엉망이라면, 그것은 순전히 내가 그림과의 관계를 잃어버렸기 때문이다. 이런 경우를 제외하고는 그림 속에 순수한 조화가 생겨난다. 내가 그림과 편안하게 교류하는 사이에 좋은 작품이 만들어지는 것이다."[9]

폴록의 그림은 무의식 중에 그려지는 것이나 다름없다. 거기서는 끝없는 격

---

7) *Ueber die Moderne Kunst, op. cit. Dokumente*, p. 84 ; *Tagebücher*, Berlin, 1953. *Dokumente*, p. 86 ; Haftmann, *Paul Klee*, 1. c., pp. 50, 89, 93.

8) 폴록의 그림에 대한 설명은 Haftmann, *Malerei in 20. Jahrhundert*, p. 464에 나온다.

9) 폴록의 이 이야기는 "My Painting", *Possibilities* no.1, New York, 1947에 나온다. 허버트 리드가 전게서 p. 267에서 인용한 바 있다.

파울 클레의 예술은 자연의 내부와 배후에 깃들어 있는 정신의 시각적인 탐구이며 표현이다. 그의 마음에 떠오르는 것은 사람을 심란하게 하거나 때로는 악마적이다.
◀사람을 심란하게 하는 악마적인 분위기가 엿보이는 〈죽음과 불〉(1940).
▶시적이고 환상적인 〈뱃사람 신드바드〉(1923).

정이 흘러넘친다. 그의 작품은 뚜렷한 구도가 없어 언뜻 보면 혼돈 상태 같다. 색채와 선과 평면과 점이 뜨거운 용암처럼 분출하고 있다. 이런 작품은 연금술사들의 이른바 혼합체(massa confusa), 원초의 물질(prima materia), 또는 혼돈(chaos)—즉 연금 과정에 작용하는 귀중한 제1물질에 대한 정의이자, 존재의 본질을 추구하는 출발점—에 부합한다고 볼 수 있다. 폴록의 그림은 이 세상 무엇이든지 될 수 있는 무(無)—무의식 그 자체—를 표현하고 있다. 그의 그림은 의식이나 존재가 대두되기 이전의 살아 있는 것, 또는 의식이나 존재가 사멸한 뒤의 시대에 나타나는 공상적 풍경을 그려 낸 듯이 보인다.

20세기 중반에 이르자 색채나 형태를 규칙적으로 배열하지 않는 순전히 추상적인 그림이 회화적 표현으로서 자주 등장하게 되었다. '현실'이 점점 심하게 분해되면 분해될수록 그림은 상징적인 내용을 상실해 간다. 이러한 변화는 상징의 본질 및 기능 때문에 일어난다. 상징이란 우리가 알고 있는 물체로 우리가 모르는 무엇인가를 암시하는 것이다. 즉 그것은 표현할 수 없는 대상의 생명과 의미를 표현하는, 우리가 이미 알고 있는 것이다. 그러나 순전히 추상적인 그림에서는 우리가 아는 세상이 완전히 소실되고 말았다. 미지의 세계로 이어지는 다리가 이 그림에는 존재하지 않는 것이다.

그러나 한편으로 이런 그림은 예상치 못했던 배후의 기반을 드러내면서 숨은 의미를 보여 준다. 이런 그림들은 어느 정도 정확한 자연 그 자체의 이미지

프랑스의 액션 페인팅 화가 조르주 마티외의 작품 제작 장면.

로, 자연의 유기적·무기적 요소의 분자 구조와 놀랄 만큼 흡사하기도 하다. 우리는 이 사실에 당혹감을 느낀다. 순수하게 추상화된 표현이 구체적인 자연을 나타내는 하나의 이미지가 된 것이다. 그러나 융 박사는 다음과 같은 말을 통해 우리에게 이해의 실마리를 제공한다.

"마음의 심층은 어두운 곳으로 깊이 내려갈수록 개인적인 독자성을 잃어버린다. 그것은 '더 깊은 아래쪽'으로 내려가면 내려갈수록, 즉 자율적인 기능 체계에 가까워지면 가까워질수록 점점 더 보편성을 띠다가 마침내는 육체의 물질성인 화학 물질로 보편화되어 특이성을 잃고 해소돼 버린다. 육체를 이루고 있는 탄소는 단지 탄소 그 자체이다. 고로 마음도 '최하층'에서는 곧 '세계' 자체이다."[10]

추상화와 현미경 사진을 비교해 보면, 상상적 예술에 나타나는 철저한 추상적 표현이 놀랍게도 어느 틈에 '자연주의적' 표현이 되었으며 그 그림 주제가 물질적인 요소로 변해 버렸음을 알게 된다. 20세기 초에 멀리 떨어졌던 '위대한 추상성'과 '위대한 사실성'이 여기서 다시 만나는 것이다. 이러한 현상은 "양극단은 두 가지 길을 열어 주지만 어느 길로 가도 결국 도달하는 목표는 동일하다"는 칸딘스키의 말을 연상케 한다. 현대 추상 회화는 그 '목적지', 즉 통합 지점에 도달한 것이다. 그러나 이것은 무의식중에 이루어진 일이지, 그 과정에서 작용하는 화가들의 의도와는 아무 상관도 없다.

여기서 우리는 현대 예술에 관한 중요한 사실을 깨우치게 된다. 결국 예술가에게는 자기가 생각하는 만큼 창작의 자유가 없는 것이다. 예술가가 다소나마 무의식적으로 작품을 만든다면 그 작업은 자연의 법칙에 따라 진행되며, 이 자

---

10) CW, vol. IX, p. 173.

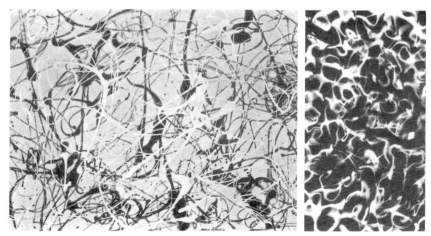

◀**잭슨 폴록 작 〈No. 23〉**(1948) 잭슨 폴록 역시 조르주 마티외 같은 현대 예술가들이 그랬듯이 무아지경에서 무의식적으로 작품을 제작한다. 이 작품에서 볼 수 있는 무질서하나 강력한 이미지는 연금술의 '혼합물'에 견주어진다.
▶글리세린 속에서 음파가 만든 진동 형태. 폴록의 이미지는 현미경 사진에 찍혀 나온, 지금까지는 베일에 싸여 있던 물질의 형태와 기묘하게 닮아 있다.

연의 법칙은 심층적으로는 마음의 법칙에 대응한다. 물론 이 관계는 반대로도 성립된다.

현대 예술의 위대한 선구자들은 예술의 진정한 목표와 그들에게 영향을 끼친 마음의 심층을 더없이 선명하게 표현했다. 이 점은 대단히 중요하다. 그 뒤에 등장한 화가들은 이 점을 확실히 이해하지 못했다. 그래서 깊이의 차이는 있을망정 칸딘스키나 클레 같은 현대 회화의 초기 거장들도, 지하의 정신과 자연의 원초적인 지반으로 신비스러운 침강을 계속하는 과정에서 자신들이 얼마나 심각한 심리학적 위험을 감수하고 있었는지 미처 자각하지 못했다. 이제 그 위험이 무엇인지 밝혀야겠다.

먼저 출발점으로서 추상 예술의 또 다른 측면을 살펴보자. 독일 저술가 빌헬름 보링거는 추상 예술을 일종의 형이상학적 근심이나 불안의 표현이라고 해석했다. 그는 이런 심리 현상이 남방계보다는 북방계 사람들에게 현저하게 나타난다고 생각했다. 보링거의 설명에 따르면 북방계 사람들은 현실에 고통을 느낀다. 그들은 남방계 사람들 같은 자연스러움을 지니지 못했다. 그래서 초자연적인 세계, 초관능적인 세계를 열망하면서 이런 세계를 상상적·추상적 예술로 표현하는 것이다.

그러나 허버트 리드가 《현대 예술사 *Concise History of Modern Art*》에서 지적했듯이, 형이상학적 불안은 더 이상 게르만인이나 북방계 사람들만의 전유물이 아니라 현대 세계의 보편적 특징이 되어 버렸다. 리드는 클레가 1915년 초에 쓴 《일기》의 한 구절을 인용한다. "세계가 (오늘날처럼) 뒤숭숭해질수록 예술은 추상적이 된다. 반면에 평화로운 세계는 사실적 예술을 창조한다." 프란츠 마르크에게 추상화는 그야말로 이 사악하고 추한 세계로부터 도망치기 위한 피난처였다. "나는 어릴 때 인간은 추한 동물이라고 생각했다. 인간보다는 동물이 훨씬 사랑스럽고 순수하게 느껴졌다. 그러나 동물한테서도 혐오스러운 끔찍한 요소들을 발견하게 되자, 내 그림은 점점 형식적이고 추상적인 방향으로 나아가게 되었다."[11]

1958년 이탈리아 조각가 마리노 마리니와 저술가 에두아르 로디티가 나눈 대화는 많은 것을 시사한다.[12] 마리니는 하나의 중요한 테마를 오랫동안 여러 가지 형태로 되풀이해서 다뤘다. 그것은 말을 탄 젊은이의 나체상이었다. 마리니가 이 대화에서 '희망과 감사의 상징'으로 언급하고 있는 초기 작품(제2차 세계대전이 끝난 뒤 제작된 작품)에서는, 말 등에 올라탄 기수가 팔을 벌린 채 몸을 뒤로 젖히고 있었다. 그런데 세월이 감에 따라 마리니는 이 주제를 점점 '추상적'으로 다루게 되었다. 기수의 다소 '고전적인' 자세가 차츰 무너지게 된 것이다.

이런 변화의 밑바닥에 깔린 감정에 대해 마리니는 다음과 같이 말했다. "과거 12년에 걸쳐 내가 만든 기마상을 시대에 따라서 본다면, 동물이 지닌 공포감이 점점 두드러지는 현상이 눈에 띌 것이다. 공포에 질린 동물은 뒷발로 서거나 도주하는 대신 질겁하여 그 자리에서 선 채 굳어 버린 모습을 하고 있다. 내 작품이 이렇게 된 까닭은 내가 세계 종말의 도래를 믿고 있기 때문이다. 나는 이런 작품들을 통해 나날이 심해지고 있는 공포와 절망을 표현하려 했다.

---

11) *Briefe, Aufzeichnungen und Aphorismen, Dokumente*, p. 79.
12) 이어지는 마리니의 견해는 Edouard Roditi, *Dialoge über Kunst*, Wiesbaden : Insel Verlag, 1960에 실려 있다. 참고로 여기서는 대화를 많이 생략해서 인용했다.

마리노 마리니의 작품으로 각각 〈기수〉(1945)(왼쪽)와 〈기적〉(1951). 말과 기수의 테마는 정적인 모습에서 고통과 공포와 절망에 빠진 듯한 모습으로 변하면서 작품 자체가 추상화해 가고 있음을 나타낸다. 마리니의 후기 작품은 폼페이에서 발견된, 공포로 일그러진 시신에서 영향을 받았다.

이로써 죽음을 앞둔 신화의 마지막 단계, 즉 개인으로서 승리하는 영웅 신화 또는 고매한 인도주의자 신화의 말기 상태를 상징적으로 표현하고자 한 것이다."

옛날이야기나 신화에서 '승리하는 영웅'은 우리 의식의 상징이다. 마리니가 말했듯이 이런 영웅의 패배는 개인의 죽음을 의미한다. 개인의 죽음은 사회에서는 개인이 집단 속으로 매몰되어 가는 현상으로 나타나며, 예술에서는 인간적 요소의 쇠퇴로 나타난다.

마리니의 표현 양식이 '추상화'를 추구하는 과정에서 고전적 규준을 버린 것이냐고 로디티가 질문하자, 마리니는 "예술이 공포를 표현해야 한다는 시점에서 이미 고전주의 이상으로부터 떨어져 나온 것이 아니냐"고 반문했다. 그 무렵 마리니는 폼페이 유적에서 발굴된 시체를 작품 주제로 삼았다. 로디티는 마리니의 예술을 '히로시마 양식'이라고 불렀다. 마리니의 예술이 세계 종말의 환상을 불러일으켰기 때문이다. 마리니 본인도 그 호칭이 타당함을 인정했다. 마리니는 지상 낙원에서 쫓겨난 것 같은 느낌을 받는다고 고백했다. "최근까지 조각가는 감각과 힘이 넘치는 형태를 만들어 내려고 노력했다. 그러나 최근 15년 동안은 해체의 테마를 즐겨 다루게 되었다."

'감각적' 예술이 추상적인 방향으로 변하고 있다는 사실은 현대 예술 전람회를 주의해서 본 사람이라면 다 알고 있을 터이다. 마리니와 로디티가 나눈 대화는 이 변화를 잘 설명해 준다. 관람객들이 아무리 작품의 형식적 특징을 높이 평가하고 상찬한다 하더라도, 많은 작품에서 비명처럼 들려오는 공포와 절망과 공격과 비난의 소리를 느끼지 않을 수는 없다. 그런 그림이나 조각의 고뇌가 보여 주는 '형이상학적인 불안'은 아마도 마리니의 경우처럼, 머지않아 멸망할 운명인 이 세계에 대한 절망에서 비롯된 것이리라. 또는 종교적인 요소, 즉 신은 죽었다는 느낌에서 비롯된 절망이 드러나는 작품도 있다. 이 형이상학적인 불안과 종교적 요소 사이에는 밀접한 관계가 있다.

이러한 내적 고뇌의 밑바탕에는 의식의 패배(또는 후퇴)가 깔려 있다. 신비스러운 경험이 성난 파도처럼 밀어닥치는 와중에, 한때 사람을 인간적인 세계와 대지, 시간과 공간, 물질과 자연스러운 삶 등에 묶어 두던 온갖 사슬이 끊어져 버린다. 그런데 이때 의식의 경험을 통해 무의식이 균형을 찾지 못한다면, 무의식은 의식과 상반되는 부정적 측면을 무자비하게 드러낼 것이다. 이렇게 되면 천구(天球)를 조화시키고 원초적 지반의 신비로움을 자아내던 풍부한 창조의 울림은 결국 파괴와 절망의 슬픈 날을 맞이하고 만다. 예술가가 무의식의 먹이가 되어 버린 사례는 그리 드물지도 않다.

물리학에서도 배후의 기반을 이루고 있는 세계는 역설적인 성질을 드러냈다. 결국 자연의 가장 깊은 곳에 깃들어 있는 모든 요소에 관한 법칙이나 그 기본 단위인 원자의 새로 발견된 구조나 상호 관계 따위가, 유례없이 엄청난 파괴 무기를 생산하는 과학적 기반이 되면서 인류 앞에 절멸의 길을 터준 것이다. 지식의 극치와 세계 파괴, 이 두 가지는 자연의 원초적 기반에 대한 발견이 드러내는 양면이다.

융 박사는 인간 의식의 중요성과 더불어 무의식의 위험한 이중성을 잘 알고 있었다. 그래서 그는 다행히 파국에 대항할 유일한 무기를 인류에게 제공할 수 있었다. 단순해 보이지만 실은 매우 복잡한 그 무기는 바로 개인의 의식을 환기하는 것이다. 의식은 그저 무의식을 보상한다는 점에서 우리에게 꼭 필요한 것만도 아니고, 삶에 의미를 부여할 가능성만 지닌 것도 아니다. 의식에는 탁월한

79년 8월 24일, 베수비오 화산폭발로 폼페이는 순식간에 화산재로 묻혀 버렸다. 그로부터 2천여 년이 지난 1961년 누케리아문 근처에서 살길을 찾아 헤매던 가족이 발굴되었다.

실용적 기능이 있다. 우리는 의식을 통해 외부 세계, 이를테면 우리 이웃에게서 발견되는 악(惡)이 우리 자신의 마음속에도 존재하는 사악한 내용물임을 확실히 알 수 있다. 이러한 통찰이야말로 이웃에 대한 우리 태도를 급격히 변화시키는 첫걸음이다.

질투, 번뇌, 육욕, 거짓말 같은 온갖 악덕은 무의식이 지니는 부정적이고 '어두운' 측면이다. 이것은 두 가지 모습으로 나타나는데, 먼저 긍정적 의미에서는 인간이나 물체나 세계에 창조적 생명을 불어넣는 '자연의 정신'으로 나타난다. 이는 곧 제4장에서 몇 차례나 언급한 '지하의 정신'이다. 한편 부정적 의미에서 무의식(이 역시 지하 정신이다)은 일종의 악의 정신, 파괴 충동으로 나타난다.

이미 살펴봤듯이 연금술사들은 이 정신을 '메르쿠리우스의 정신'이라고 표현하면서 의미심장하게도 '두 얼굴을 가진 이중적인 메르쿠리우스(Mercurius duplex)'라고 불렀다. 그리스도교 용어로 말하자면 이 정신은 곧 악마이다. 그런데 믿기지 않겠지만 악마도 두 얼굴을 가지고 있다. 긍정적인 의미에서 악마는 루시퍼—문자 그대로 '빛을 가져오는 자'—로 나타나기도 한다.

이같이 복잡한 역설적 사고방식에 비추어 본다면 현대 예술(이것을 우리는 지하 정신의 상징으로 파악해 왔다)도 양면성을 지니고 있는 셈이다. 긍정적 의미에서 현대 예술은 불가사의할 정도로 심원한 자연적 신비주의의 표현이다. 그러나 반대로 부정적 의미에서 현대 예술은 사악함, 또는 파괴적인 정신의 표현으로 해석되기도 한다. 이런 두 가지 측면이 서로 표리일체를 이룬다는 역설이 바로 무의식과 그 내용의 본질적 특성이다.

여기에서 오해를 피하기 위해 한 번 더 강조할 사항이 있다. 이러한 고찰은 작품이 지닌 예술적·심미적 가치와는 아무 상관도 없다. 어디까지나 현대 예술을 이 시대의 상징으로 보는 관점에서 이런 고찰이 이루어졌음을 여러분도 유념해 주길 바란다.

대립물의 합일

하나 더 지적할 사항이 있다. 시대정신은 쉼 없이 변화한다는 점이다. 이러한 변화는 눈에 보이지 않아도 끊임없이 흐르는 강물과 같은데, 금세기처럼 빠르고 힘찬 흐름 속에서는 10년도 상당히 긴 세월이다.

20세기 중반 들어 회화에 하나의 변화가 일어나기 시작했다. 이 변화는 1910년 즈음에 예술을 근본부터 혁신하자는 혁명적인 선언에서 온 변화가 아니라, 몇몇 예술가들이 뭉쳐서 이제껏 듣도 보도 못한 방법으로 자신들이 목적하는 바를 명확히 공식화한 데에서 온 변화이다. 이러한 변화는 추상화의 선구자들에 의해 꾸준히 추진되어 왔다.

구체적인 현실을 재현하려는 시도는, 빠르게 스쳐 지나가는 순간순간을 포착하고자 하는 인간의 원초적 욕망에서 비롯된 것이다. 이러한 현실 재현은 프랑스 작가 앙리 카르티에 브레송과 스위스 작가 베르너 비쇼프 등의 사진 예술을 통해 더없이 구체적인 감각 예술로 승화되었다. 이 점에서 우리는 왜 화가들이 계속해서 자기 나름의 방법으로 내면을 파헤치거나 상상의 날개를 폈는지 이해할 수 있다. 그런데 그때까지 오랫동안 그려져 왔던 추상화는 수많은 젊은 예술가들에게 어떤 모험거리도 새로운 도전거리도 제공하지 못했다. 새로운 것을 추구하는 젊은 예술가들은 이윽고 바로 곁에 존재하는데도 그동안 간과되던 것—자연과 인간—속에서 새로움을 발견했다. 그리하여 그들은 이제 선배들처럼 회화를 통해 자연을 재현하는 대신, 자연에 대한 정서적 경험을 표현하는 데 관심을 기울이게 되었다.

프랑스 화가 알프레드 마네시에는 자기 예술의 목적을 다음과 같이 정의했다. "우리가 다시 정복해서 되찾아야 할 것은 잃어버린 현실의 무게이다. 인간으로서의 새로운 마음, 새로운 정신, 새로운 영혼을 스스로 창출해야 하는 것이다. 예술가에게 진정한 현실은 추상이나 사실(寫實)이 아니라 인간으로서 예술가 자신의 중요성을 회복하는 일이다. 생각건대 오늘날 비구상 예술은 자신의 마음속 내적 현실에 접근하여, 자신의 본질적인 '자기'와 자기 존재를 자각할 기회를 예술가에게 제공하는 것으로 보인다. 예술가가 천천히 자기 자신을 돌아보면서 자신의 중요성을 재발견하고 그것을 외부 세계의 현실에 지지 않을 만큼 강화하려면, 먼저 반드시 자기의 위치를 재확인할 필요가 있을 것이다. 나는 그렇게 믿는다."[1]

장 바젠도 비슷한 말을 했다. "오늘날 예술가는 자기 감정의 순수한 율동이나 마음속 가장 깊은 곳의 고동을 구체적인 형태로 표현하지 않고 단지 묘사해 내는 데만 신경을 쓰고 있다. 하지만 그 작업은 그저 단조롭기만 하고 형태가 점점 더 빈곤해져서 결국은 무미건조한 숫자나 일종의 추상적 표현주의에 다다를 수밖에 없다. 이와는 달리 인간과 주변 세계를 화해시킬 수 있는 한 가지 형식은 바로 '영적 교류의 예술'이다. 이를 통해 인간은 아직 형체를 이루지 못한 자기 자신의 마음 상태를 세상 속에서 언제든지 인식할 수 있는 것이다."[2]

실제로 현대 예술가들이 마음속에 품고 있는 목표는 자기 자신의 내적 현실과 세계 및 자연의 현실을 의식적으로 재통일하는 일, 즉 최종적으로 육체와 영혼, 물질과 정신을 새로이 결합하는 일이다. 이것이 바로 '인간으로서 예술가 자신의 중요성을 회복하는' 방법이다. 이로써 현대 예술과 더불어 생겨난 ('위대한 추상성'과 '위대한 사실성' 사이의) 커다란 균열이 바야흐로 의식화되고 치유되는 방향으로 나아가기 시작한 것이다.

전람회를 구경하는 관객들 눈에 이러한 현상은 먼저 예술가들의 작품이 지닌 분위기의 변화로 비칠 터이다. 알프레드 마네시에나 벨기에 태생 화가 귀스타브 생지에 등의 그림을 보면 이 작품들이 분명히 추상적인데도 거기서 세계에 대한 신념이 배어나오며, 또 작품이 강렬한 감정을 지니고 있음에도 형태와 색채는 대체로 평화롭게 조화되어 빛나고 있음을 깨닫게 된다. 프랑스 화가 장 뤼르사가 1950년에 제작한 유명한 태피스트리는 구석구석까지 자연의 풍요로움이 충만해 있다. 그의 예술은 상상적인 동시에 감각적이라고 할 수 있다.

---

1) W. Haftmann의 전게서에서 인용.
2) 바젠의 견해는 앞에서 소개한 *Notes sur la peinture d'aujourd'hui*, Paris, 1953. *Dokumente*, p. 126. 실려 있다.

▲베르너 비쇼프(1916~1954)가 찍은 일본 정경 사진.

화가와 조각가의 독무대였던 현실 묘사는, 20세기에 이르러 사진작가에게로 옮겨간 듯하다. 사진작가의 카메라는 이전의 풍경화가 그랬던 것처럼 단순하게 기록하는 데 그치지 않고 그 주제에 관한 사진가 자신의 정서적인 체험을 표현할 수 있다.

▼20세기 중반의 예술은 자신의 태피스트리 작품을 자연과 대지가 만나는 야외에서 전시한 장 뤼르사의 행동에서 볼 수 있듯이, 마리노 마리니의 절망에서 벗어난 듯 보인다.

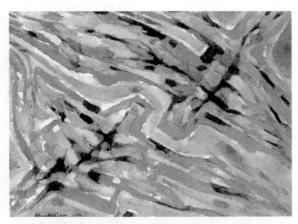

알프레드 마네시에(1911~1993) 작 〈성 막달라 마리아에의 봉헌〉(1959)

파울 클레의 작품도 형태와 색채의 평화로운 조화를 보여준다. 이 조화야말로 클레가 계속 추구하던 것이었다. 그는 악을 부정하지 말아야 한다는 사실을 깨달았다. "악한 것도 승자나 패자로서의 적이 아니라, 전체 속에서 함께 작용하는 하나의 힘이어야 한다."[3] 그러나 클레의 출발점은 젊은 예술가들의 출발점과는 다르다. 클레는 이 세계에서 거의 우주만큼이나 멀리 떨어져 있는 '사자(死者)와 태아'의 세계 근처에 살았던 반면, 오늘날 젊은 예술가들은 보다 단단한 대지에 뿌리내리고 있다고 할 수 있다.

여기서 유의해야 할 중요한 사실은, 상반되는 것들의 합일을 인식할 수 있는 수준까지 충분히 발달한 시점에서 현대 회화가 종교적인 주제를 다시 다루고 있다는 점이다. '형이상학적 공허'가 극복되는가 싶더니 그와 동시에 전혀 예기치 못한 일이 일어났다. 교회가 어느새 현대 예술의 후원자가 된 것이다. 이 점에 관해서는, 알프레드 마네시에가 그린 스테인드글라스가 있는 바젤의 투생 교회, 많은 현대 화가들의 그림이 있는 아시 교회, 방스에 있는 마티스 성당, 장 바젠과 프랑스 예술가 페르낭 레제의 작품이 있는 오댕쿠르 교회만 예로 들어도 충분할 것이다.

이처럼 현대 예술이 교회의 품으로 들어간 것은, 후원자인 교회 측이 현대 예술을 관대하게 대접해 준 것 이상의 의미를 지닌다.[4] 이 현상은 그리스도교와의 관계에서 현대 예술이 맡은 역할이 변하고 있다는 사실을 상징한다.

---

3) W. Haftmann, *Paul Klee*, p. 71.
4) 교회로 들어간 현대 예술에 대한 설명으로는 W. Schmalenbach, *Zur Ausstellung von Alfred Manessier*, Zurich Art Gallery, 1959 참조.

◀프랑스의 피에르 이브 트레무아(1921~) 작 〈초인의 탄생을 위해〉. 마네시에의 작품과 마찬가지로 삶과 전체성을 지향하는 작품이다.
▶피에르 술라주(1919~2022)의 그림은 희망의 상징이다. 어둠 뒤로 새벽이 밝아오고 있다.

그 역사적 배경을 살펴본다면, 과거 연금술 운동의 보상 작용이 이러한 협조를 가능케 하는 길을 열어 줬다고 할 수 있다. 앞서 그리스도에 관한 동물 상징을 언급했을 때 필자는 영광(靈光)과 지하 정신이 상호 의존적임을 지적했는데, 이제 바야흐로 천년 묵은 문제가 해결되는 새로운 순간이 다가오고 있는 듯하다.

앞으로 어떤 일이 일어날지―다시 말해 이처럼 대립물이 합일되는 분위기가 적극적이고 바람직한 결과를 낳을지, 아니면 그 합일의 길이 상상을 초월하는 비극적 결말에 이르게 될지―우리로서는 알 수 없다. 이 세계에는 너무나 많은 불안과 공포가 소용돌이치고 있다. 예술계에서나 사회에서나 불안과 공포는 여전히 지배적인 요소로 자리하고 있다. 더구나 사람들은 예술에서 끌어낸 결론을 제 자신이나 자기 삶에 적용하기를 망설인다. 예술의 결론을 상당히 잘 받아들이기는 하지만 말이다. 심리학자가 말하면 큰일 날 법한 내용들을 예술가는 무의식적으로 무난하게 표현해 낸다(이 점은 미술보다는 문학에서 더욱 효과적으로 입증될 것이다). 이상하게도 심리학자가 이런 것을 말하면 사람들은 왠지 도전을 받는 기분을 느낀다. 그러나 어쨌든 예술가가 표현해야 할 대상은, 특히 금세기 들어서는 항상 개인의 영역을 초월한 곳에 존재한다.

그런데 보다 전체적이고, 따라서 더욱 인간적인 표현 양식에 대한 암시가 우리 시대에 와서 두드러지게 되었다는 사실은 매우 중요해 보인다. 이것은 프랑스 화가 피에르 술라주가 그린 그림이 (내가 이 글을 쓰고 있는 1961년 시점에서) 나에게 상징적으로 보여 주는 한 줄기 희망의 빛이다. 검고 거대한 서까래가 자유분방하게 배치된 그림 속 저 너머에서는 선명하고 순수한 푸른빛과 황금빛이 반짝이고 있다. 어둠 저편에서 이제 새벽이 밝아 오고 있는 것이다.

V. 개인 분석에 나타나는 상징

욜란데 야코비

17세기 프랑스의 판화 〈꿈의 궁전〉

분석의 시작

융 학파의 심리학 방법은 중년층에만 적용된다고 생각하는 사람들이 많다. 실제로 숱한 남성들과 여성들이 심리적으로 성숙하지 못한 채 중년에 접어들고 있다. 그러므로 이들의 발달 과정에서 무시되어 온 많은 것들을 심리학적으로 보살펴 줄 필요가 있다. 이들은 폰 프란츠 박사가 앞서 설명한 개성화 과정의 초기 부분을 제대로 마무리하지 못했다고 할 수 있다. 그런데 실은 젊은이들도 성장 과정에서 종종 심각한 문제에 직면하곤 한다. 어떤 젊은이가 인생을 두려워하고 현실에 적응하기 어려움을 실감하게 된다면, 그는 공상에 안주하거나 계속 어린아이로 남아 있으려고 할지도 모른다. 이때 심리학자는 이런 젊은이(특히 내향적인 젊은이)의 무의식 속에서 예상치 못한 보물을 찾아내어 의식 세계로 가져와 젊은이의 자아를 강화하고, 그가 성숙한 인간이 되는 데 필요한 심적 에너지를 얻게 해 줄 수 있다. 이것이야말로 꿈이 지닌 강력한 상징성의 기능이다.

이 책 앞부분에서 다른 집필자들은 이들 상징의 성질과, 상징이 인간의 심리학적 특성 속에서 맡는 역할을 기술했다. 여기서 나는 '헨리'라는 스물다섯 살 난 젊은 기술자의 예를 들어, 분석이 어떻게 개성화 과정에 이바지하는지 여러분께 보여 드릴 생각이다.

헨리는 동부 스위스 시골 출신이다. 그의 아버지는 프로테스탄트 농민 가정에서 자란 일반 개업의였다. 헨리는 아버지가 고결한 성품을 지녔지만 사람 사귀는 데에는 서툰 폐쇄적인 사람이었다고 설명한다. 그의 아버지는 자식들보다는 환자들을 대할 때 훨씬 더 아버지다웠다. 헨리의 어머니는 강한 지도력을 발휘해 집안을 이끌어 나갔다. "우리는 어머니의 엄한 교육을 받고 자랐다"고 헨리는 말했다. 어머니는 학구적인 교양과 광범위한 예술적 관심을 두루 갖춘 가정에서 자라났기 때문에 엄격하기는 해도 정신적 시야가 대단히 넓은 사람이었다. 또 다소 충동적이고 낭만적인 구석이 있었다(그래서 이탈리아를 몹시 사랑했다). 헨리의 어머니는 자기는 가톨릭 가정에서 자라났으면서도 아이들은 남편의 종교인 프로테스탄트를 따르게 했다. 헨리에게는 누나가 하나 있었는데, 두 사람은 사이가 좋은 편이었다.

헨리는 내향적이고 수줍음 많은 청년이었다. 키가 크고 호리호리했으며 머리카락은 옅은 색이었다. 창백한 이마는 유난히 흰했고, 푸른색 눈 밑에는 그늘이 져 있었다. 그는 (흔히 그렇듯이) 신경증 때문에 괴로워서가 아니라, 자기 마음이 표명하는 내적 요청에 따라 나를 찾아온 것이었다. 그런데 그 내적 요청의 이면에는, 어머니와의 깊은 관계와 인생에 자신을 내맡기는 데 대한 두려움이 은폐되어 있었다. 나는 분석을 하는 도중에 비로소 그 사실을 알아냈다. 헨리는 학업을 마치자마자 큰 공장에 자리를 잡고, 어른이 되는 과정에서 젊은이가 맞닥뜨리는 여러 문제들과 하나씩 맞서 나가고 있었다. 그는 나에게 면접을 신청하는 편지에서 다음과 같이 썼다. "제 인생에서 이 시기는 특히 중요하고 의미심장해 보입니다. 저는 안전하게 보호를 받으면서 무의식 상태인 채로 그냥 살아갈지, 아니면 큰 꿈을 가지고 미지의 모험을 감행할지 결정해야 할 때를 맞이했습니다." 말하자면 그는 약간 불안정하고 현실성이 부족한 젊은이로서 그냥 만족하고 살아갈지, 아니면 스스로 모험을 각오하고라도 독립적이고 분별 있는 어른이 될지, 둘 중 하나를 선택해야 할 입장에 몰린 셈이다.

헨리는 사람을 사귀는 것보다는 독서하기를 좋아한다고 나에게 말했다. 사람들과 어울리다 보면 왠지 주눅이 들고 회의와 자격지심에 시달리게 된다는 것이다. 그는 나이에 비해 책을 많이 읽어 심미적 지성주의 경향을 보였다. 일찍이 무신론 시기를 겪고 나서 엄격한 프로테스탄트가 되었지만 그 뒤에는 중립적인 종교관을 갖게 되었다. 그가 기술 교육을 받기로 한 것은 수학과 기하학에 대한 재능을 발견했기 때문이다. 헨리는 논리적인 사고방식을 지녔으며 자연 과학 교육도 받았다. 그런데도 그는 불합리하고 신비주의적인 방향으로 쏠리는 경향이 있었다. 그 자신은 이런 경향을 인정하려 하지 않았지만.

분석을 시작하기 2년 전, 헨리는 스위스의 프랑스어 지역 출신인 가톨릭 처녀와 약혼했다. 헨리 말로는 그 처녀는 매력적이고 유능하며 창의력이 넘치는 여성이었다. 그러나 헨리는 자신이 결혼에 따르는 책임을 짊어져야 할지 아직

16세기 펠리페 2세가 세운 에스파냐의 엘 에스코리알 궁전과 수도원. 이 요새 구조는 내향적인 사람이 외계에서 후퇴하는 것을 상기시킨다.

확신하지 못하고 있었다. 여자에 대해 아는 게 별로 없었으므로 결혼을 좀더 미루거나, 독신인 채로 학구적인 생활을 계속하는 것이 낫겠다는 생각도 들었다. 이러한 깊은 회의로 인해 그는 어떤 결론에도 이르지 못하고 있었다. 자신감 있게 선택하기 위해서는 좀더 성숙해질 필요가 있었던 것이다.

헨리는 부모님의 성격을 골고루 물려받았지만 특히 어머니의 영향을 강하게 받은 것 같았다. 그는 의식적으로는 이상이 높고 지적 야심이 있는 어머니의 현실(또는 '밝은 면')과 자신을 동일시하는 반면에, 무의식적으로는 그와 어머니와의 밀착 관계가 지닌 어두운 면에 사로잡혀 있었다. 무의식은 헨리의 자아를 계속 손아귀에 넣고 있었다. 그는 명쾌한 사고를 하고, 순수하게 합리적인 것 속에서 견실한 논점을 찾으려고 애썼다. 하지만 이 모든 노력은 순전히 지적 차원에 머물러 있었다.

이런 '어머니라는 감옥'에서 빠져나오려는 욕구는 실제 어머니에 대한 적대적 반응과, 무의식적 여성성의 상징인 '내적 어머니'에 대한 거부감으로 표현되고 있었다. 그러나 헨리가 지닌 내적인 힘은, 외부 세계로 그를 끌어들이는 모든 것에 저항하는 어린 시절 상태로 그를 되돌려 놓으려 하고 있었다. 이 때문에 약혼녀의 인력(引力)조차도 그가 어머니와의 관계에서 벗어나 자기 자신을 발견하는 데 도움을 줄 수가 없었다. 그는 성장을 바라는 자신의 내적 충동 속에(그는 이 충동을 강하게 느끼고 있었다) 어머니로부터 분리될 필요성이 포함되어 있다는 사실을 미처 인식하지 못했다.

헨리와 나의 분석 작업은 9개월 만에 끝났다. 이 9개월 동안 우리는 그가 제공한 50개의 꿈을 살펴보면서 35회에 걸쳐 면담을 했다. 이렇게 분석이 단기간에 끝나는 일은 비교적 드물다. 이러한 단기간 분석은 헨리의 경우처럼 에너지로 가득 찬 꿈이 개인의 발달 과정을 촉진할 때에만 가능하다. 융 학파의 견해에 따르면 분석의 성패는 분석 기간의 길고 짧음과는 아무 상관이 없다. 중요한 것은 무의식이 제공하는 소재와, 그 메시지를 받아들여 내적인 사실을 실현해 나가는 개인의 자세이다.

내향적인 사람이 거의 그렇듯이 헨리도 겉보기에는 단조로운 생활을 하고 있었다. 그는 하루 종일 일에 쫓기다가 저녁이 되면 이따금 외출해서 약혼녀나 친구들을 만나 자기가 좋아하는 문학 이야기를 했으며, 주로 하숙집에 틀어박혀 책을 읽거나 생각에 몰두했다. 헨리와 나는 헨리의 일상생활과 어린 시절 이야기를 정기적으로 나누었지만, 대체로 면담을 시작한 지 얼마 안 돼서 그의 꿈과 그 꿈이 암시하는 내적 생활을 탐구하기 시작했다. 그의 꿈은 놀라울 정도로 정신적 발달을 강하게 '호소'하고 있었다.

그런데 미리 밝혀 둘 점이 있다. 나는 여기에 쓴 모든 내용을 헨리에게 이야기하지는 않았다. 꿈을 분석하다 보면 꿈 상징이 꿈꾼 당사자에게 폭발적으로 작용할 때가 있기 때문이다. 이 점을 염두에 두고서 분석가는 언제나 신중하게 말을 아껴야 한다. 상징으로 이루어진 꿈의 언어를 지나치게 밝은 빛으로 비추면, 꿈꾼 당사자는 불안에 사로잡힌 나머지 방어 기제로 자신을 합리화하게 된다. 아니면 더 이상 꿈을 소화할 수 없게 되어 심각한 심리적 위험에 빠지고 만다. 그리고 또 하나 밝혀 둘 점은, 내가 여기서 분석하고 해설하는 꿈은 헨리가 그때 제공한 꿈의 전부가 아니라는 사실이다. 여기에서는 그의 발달에 영향을 미친 중요한 꿈 몇 가지만 고찰해 보겠다.

분석 초기에 중요한 상징적 의미를 지닌 어린 시절 기억이 등장했다. 가장 오래된 것은 네 살 때 기억이었다. 그 기억에 대해 헨리는 다음과 같이 말했다. "어느 날 아침 저는 어머니와 함께 빵집에 갔습니다. 빵집 아주머니가 저한

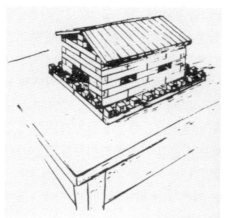

▲헨리가 그린 그림. 어린 시절 만들었던 방어벽으로 둘러싸인 창고.

▶헨리의 어린 시절 기억 중에는 초승달 모양의 빵에 관한 기억이 있다. 이 사진 위쪽에 있는 초승달은 헨리가 그린 그림(그림 맨 위). 오늘날의 스위스 빵 가게의 간판에 보이는 'B'자 왼쪽을 둘러싸고 있는 그림도 초승달이다(가운데). 기원전 3세기에 만들어진 바빌로니아의 이슈타르 여신도 초승달 모양의 관을 쓰고 있다(아래). 초승달 모양은 오래전부터 달은 물론 여성 원리와 연관되어 왔다.

테 크루아상(초승달(불어로 곧 croissant)처럼 생긴 롤빵)을 주셨어요. 저는 그 빵을 먹는 대신 자랑스럽게 손에 쥐고 있었습니다. 그 자리에는 어머니와 빵집 아주머니밖에 없었어요. 남자는 저 하나뿐이었죠." 이런 크루아상은 보통 '달의 이빨'이라고 불린다. 달을 상징적으로 암시한다는 점에서 이 빵은 여성의 지배력을 강조한다. 이 힘에 대하여 어린 헨리는 위험을 느끼고, '유일한 남성'으로서 이에 맞설 수 있음을 자랑스럽게 여겼는지 모른다.

또 다른 어린 시절 기억은 헨리의 누나와 관련된 다섯 살 때의 기억이다. 누나가 학교 시험을 마치고 집으로 돌아왔을 때 헨리는 장난감 창고를 만들고 있었다. 나무토막을 정사각형으로 쌓아 만든 그 창고는 성채 흉벽 같은 담장으로 둘러싸여 있었다. 헨리는 자기가 해낸 일에 만족하여 우쭐거리며 누나에게 농담을 던졌다. "누나, 이제 막 학교 다니나 싶더니 벌써 방학이야?" 그러자 누나는 "너는 1년 내내 놀면서 뭘 그래?" 하고 대꾸했다. 이 반응에 헨리는 몹시 당황했다. 자기가 '대단한 작품을 완성'했는데도 그 가치를 알아주지 않는 누나의 말에 헨리는 무척 기분이 상하고 말았다.

그로부터 몇 년이 흘렀는데도 헨리는 자기가 한 일이 무시당한 이때의 불쾌한 느낌과, 누나의 부당한 판단을 좀처럼 잊어버리지 못했다. 그의 남성다운 주장이나 합리적 가치와 공상적 가치 사이의 갈등은 뒷날 그가 직면하게 된 문제와도 관련이 있는데, 이 갈등이 어린 시절 경험에서도 일찌감치 나타나고 있었다. 그리고 그의 첫 번째 꿈 이미지에도 이 문제가 등장한다.

첫 번째 꿈

헨리는 나와 처음으로 만난 다음 날 아래와 같은 꿈을 꾸었다.

'저는 잘 모르는 사람들과 함께 소풍을 갔습니다. 목적지인 치날로트호른을 향해 사마덴에서 출발했어요. 한 시간쯤 걸은 뒤 우리는 캠프를 설치하고 연극을 하기로 했습니다. 저는 아무 배역도 맡지 않았어요. 그런데 출연자 하나, 길게 늘어진 옷을 입고 슬픈 역할을 맡은 젊은 여성 출연자가 유난히 기억에 남네요.

정오가 되었습니다. 문득 산마루까지 올라가야겠다는 생각이 들었어요. 다른 사람들은 남아 있겠다고 하기에 저는 장비를 거기에 두고 혼자 올라갔습니다. 그러나 어쩌다 보니 계곡에서 그만 방향을 잃고 말았어요. 다시 캠프로 돌아가고 싶었으나 어디로 올라가야 할지 알 수가 없었습니다. 하지만 왠지 사람들에게 물어보기는 싫었어요. 그때 한 노부인이 저에게 길을 가르쳐 주었습니다.

저는 아침에 우리가 출발한 곳과는 다른 곳에서 산을 오르기 시작했습니다. 오른쪽에 있는 산으로 올라가게 되었는데, 산비탈을 따라가다 보면 캠프로 돌아갈 수 있을 터였습니다. 저는 오른쪽으로 아프트식 철도(선로 중앙에 톱니처럼 생긴 궤도가 부설되어 있는 등산 철도)를 끼고 올라갔어요. 왼쪽으로는 조그만 자동차들이 쉴 새 없이 지나다녔어요. 각 자동차 안에는 퉁퉁 부어오른 몸뚱이에 푸른 양복을 걸친 조그만 사람이 한 명씩 타고 있었습니다. 죽은 사람들이라고 하더군요. 저는 뒤에서 자동차가 오지 않을까 걱정스러워 힐끔 힐끔 뒤를 자꾸 돌아보면서 걸었습니다. 그러나 다 쓸데없는 걱정이었죠.

오른쪽으로 길이 갈라지는 지점에서 일행이 저를 기다리고 있었습니다. 그들은 저를 숙소로 안내해 줬어요. 그런데 갑자기 폭우가 쏟아졌죠. 제 장비인

배낭과 오토바이가 없는 것이 아쉬웠지만, 누군가가 다음 날 아침까지 그냥 기다리라고 말했어요. 저는 그 충고를 따랐습니다.'

융 박사는 분석 과정에서 보고되는 꿈 중에 첫 번째 꿈이 매우 중요하다고 지적했다.[1] 첫 번째 꿈은 종종 앞날을 예상하게 해 준다는 점에서 가치를 지닌다는 것이다. 정신 분석을 받겠다는 결심은 어떤 정서적 변화를 일으키게 마련인데, 이것이 원형적 상징을 산출하는 마음속 깊숙한 심층 차원을 휘저어 놓는다. 바로 그렇기에 첫 번째 꿈은 흔히 전체적인 분석 과정에 대한 전망을 제시하고, 또 분석가에게 꿈꾼 사람의 심적 갈등에 대한 통찰의 열쇠가 되는 '집단적 이미지'를 보여 준다.

그렇다면 위에 소개한 꿈은 헨리가 겪게 될 발달 과정에 관해 무엇을 우리에게 알려 주는 것일까? 우리는 먼저 헨리 자신이 연상한 내용 몇 가지를 검토해 봐야 한다. 사마덴은 유명한 17세기 스위스 독립투사 유르크 예나치의 고향이다. 연극은 헨리가 몹시 좋아했던 괴테의 《빌헬름 마이스터의 수업 시대》를 연상시킨다. 꿈에서 본 여성에 대해 헨리는 19세기 스위스 화가 아르놀트 뵈클린이 그린 〈사자(死者)의 섬〉에 등장하는 인물과 비슷하다고 생각했다. 스스로 '현명한 노부인(wise old woman)'이라고 부른 여성에 대해 헨리는 한편으로는 자기 꿈을 분석하는 나를 연상하고, 또 한편으로는 프리슬리의 연극 〈그들은 도시로 왔다〉에 나오는 잡역부를 연상했다. 아프트식 철도는 헨리가 어릴 때 만들었던 창고(흉벽이 있는 건물)를 연상케 했다.

꿈속에 등장한 '소풍'('도보 여행'의 일종)은 분석을 받기로 한 헨리의 결심과 너무나 흡사하다. 개성화 과정은 미지의 나라를 찾아 떠나는 여행으로 자주 상징된다. 이 여행은 존 버니언의 《천로역정》과 단테의 《신곡》에도 나타나 있다. 단테가 지은 시에서 '여행자'는 길을 찾아다니다가 산기슭에 다다라 산을 오르려고 결심한다. 그런데 난생 처음 보는 세 마리 동물(헨리가 뒤에 꾸는 꿈에서도 나타나는 테마) 때문에 그만 계곡으로 떨어져 마침내 지옥에 이르게 된다(그러나 그는 다시 연옥에 오르고 결국 천국에까지 오른다). 이 같은 유사 체험으로 볼 때

---

1) 분석 과정에서 보고되는 첫 번째 꿈의 중요성은 융의 *Modern Man in Search of a Soul*, p. 77에 설명되어 있다.

〈폴리필로의 꿈〉(15세기)에 나오는 목판화 개성화 과정 첫 단계에 방향 감각이 없어지는 시기가 있다. 헨리의 경우도 그랬다. 그림에서 꿈꾸는 사람은 공포에 사로잡힌 채 어두운 숲속으로 들어가고 있다. 이것은 꿈꾸는 사람이 미지의 영역으로 들어가고 있음을 나타낸다.

독자 여러분은 헨리에게도 이윽고 방향 감각을 잃고 혼자서 길을 찾아야 할 때가 올 것임을 예견할 수 있으리라. 산을 오르는 것으로 표현되는 인생 여정의 첫 단계는, 무의식에서 보다 높은 관점인 자아로의 상승—즉 의식의 강화—을 나타낸다.

사마덴은 소풍을 떠나는 출발지의 지명이다. 이 마을은 독립투사 예나치(헨리의 무의식 속에 존재하는 '자유 추구' 감정을 구체화한 인물)가 프랑스로부터 스위스 벨틀린 지구를 해방시키기 위해 출진한 곳이다. 예나치는 헨리와 여러 가지 면에서 닮았다. 헨리가 그랬듯이 예나치도 프로테스탄트이면서 가톨릭 처녀를 사랑했고, 헨리가 분석을 통해 어머니와의 관계와 인생에 대한 두려움에서 자신을 해방시켜야 했듯이 예나치도 점령국 프랑스로부터 조국을 해방시키기 위해 싸워야 했다. 헨리의 무의식이 그 자신을 예나치와 견준다는 것은, 자유를 위한 투쟁에서 헨리가 승리할 것임을 암시하는 희망적인 징조로 해석할 수 있다. 소풍 목적지는 헨리가 잘 모르는 서부 스위스의 '치날로트호른' 산이다. Zinalrothorn이라는 말 속의 rot(붉다)는 헨리의 감정과 관계가 있다. 붉은색은 보통 감정이나 정열을 상징한다. 이는 아직 충분히 발달하지 못한 헨리의 감정 기능의 중요성을 암시한다. 다음에 나오는 horn(뿔)이라는 단어는 헨리의 어린 시절 기억에 등장하는 크루아상을 상기시킨다.

짧은 산행 끝에 사람들은 휴식을 취하기로 한다. 헨리는 다시 수동적인 상태로 돌아온다. 이것도 그의 특성 가운데 하나이다. 이 점은 '연극'에서 강조되고 있다. (실생활의 모방인) 연극을 본다는 것은 인생이라는 드라마에 적극적으로 임하지 않고 한발 뒤로 물러서는 일반적인 방법이라고 할 수 있다. 관객은 연극에 동화되면서도 계속해서 자기만의 공상에 빠질 수 있다. 이러한 동일시 현상은 그리스인들에게 카타르시스를 경험하게 해 주었다. 오늘날 미국 정신과 의사인 J.L. 모레노가 창시한 심리극(psychodrama)은 바로 이 점에서 심리 치료에 이용되고 있다. 한 청년이 성숙해지는 과정을 그린 괴테의 《빌헬름 마이스터의 수업 시대》를 헨리가 연상했다는 사실로 볼 때, 그는 이러한 과정을 통해 내적 발전을 이루는지도 모른다. 또 연극에 등장한 여성의 낭만적인 모습에 헨리가 깊은 인상을 받은 것도 놀라운 일은 아니다. 이 여성상은 헨리의 어머니를 닮았으며, 동시에 헨리의 무의식에 있는 여성적 측면의 화신이라고 볼 수 있다. 헨리가 이 여성과 뵈클린의 〈사자의 섬〉을 관련지은 것은 그 자신의 우울한 기분을 나타낸다. 이 그림에 등장하는 인물은 성직자처럼 희고 기다란 옷을 입고서 죽음의 섬을 향해 관을 싣고 가는 배의 키잡이로 표현되어 있다. 여기서 우리는 의미심장한 이중의 역설을 생각하게 된다. 분명히 섬으로 가야 할 텐데 이 그림에서는 뱃머리가 섬과는 반대 방향을 향하고 있다. 게다가 '성직자'는 남자인지 여자인지 성별도 확실치 않다. 헨리의 연상에서 이 이미지는 분명히 양

스위스의 아르놀트 뵈클린 작 〈사자의 섬〉 (19세기) 최초의 꿈에 대한 헨리의 연상.

성적이다. 따라서 이 이중의 역설
은 헨리의 마음이 지닌 양가성과
일치한다. 헨리의 영혼 속에 존재
하는 대립물은 아직 제대로 구별
되지도 않을 만큼 미분화 상태에
머물러 있는 것이다.

이어서 헨리는 현재 시각이 정오
이고, 자기는 산을 올라가야 한다
는 사실을 문득 깨닫는다. 그래서
그는 산마루를 향해 다시 출발한
다. 산마루는 낡은 마음 상태에서
새로운 마음 상태에 이르는 '전환
점'으로 잘 알려진 상징이다. 헨리
는 거기까지 혼자서 가야 한다. 누
구의 도움도 받지 않고 시련을 이
겨 내는 일이 헨리의 자아에게는

연극 〈그들은 도시로 왔다〉의 한 장면 1944년 런던에서
상연된 프리슬리의 이 연극은 '이상적인 도시'에 대한
각계각층에 속한 사람들의 반응을 다룬다. 왼쪽 아래
의 품팔이꾼은 이 연극에서 중요한 등장인물 중 하나
이다.

꼭 필요하다. 그는 장비를 두고 출발한다. 이는 마음의 장비가 무거운 짐이 되
고 있음을 보여 주는 행동이며, 평소에 그가 쓰던 방법을 바꿀 필요가 있음을
암시하는 행동이기도 하다.

그러나 그는 산마루에 이르지 못한다. 어느새 그는 방향을 잃고 계곡에서
헤매고 있다. 이 실패는 헨리의 자아가 적극적으로 행동하려고 결심했건만, 다
른 정신적 요소(동행한 다른 사람들)는 수동적인 옛날 상태에 머물면서 자아를
따르기를 거부하고 있음을 보여 준다(꿈속에 꿈꾸는 당사자가 나타날 때 그것은
통상 그의 의식적인 자아를 나타낸다. 그리고 타인 이미지는 미지의 무의식적 가능성
을 나타낸다).

헨리는 궁지에 몰려 있는데도 그 사실을 인정하기를 망설인다. 이때 노부인
이 나타나 그에게 올바른 길을 가르쳐 준다. 헨리는 노부인의 충고를 따를 수
밖에 없다. 헨리를 도와준 '노부인'은 영원한 여성성을 지닌 현자로서, 신화나
옛날이야기에도 자주 등장하는 친숙한 상징이다. 합리주의자인 헨리는 이 노

부인의 도움을 선뜻 받아들이지 못하고 망설인다. 이렇게 도움을 받는 행위는 먼저 지성의 희생—합리적인 생각을 버리거나 희생시키는 일—을 필요로 하기 때문이다(헨리는 나중에 꾼 꿈에서도 종종 이러한 희생을 요구받는다). 그러나 이 희생은 불가피하다. 이것은 헨리의 일상생활은 물론이고 분석상의 인간관계에도 그대로 적용되는 원칙이다.

헨리의 말에 따르면 꿈에 나타난 '노부인'은 프리슬리의 연극에 등장하는 잡역부를 연상시킨다. 그 연극은 사람들이 일종의 통과 의례를 거쳐야만 들어갈 수 있는 새로운 '꿈의 도시'(아마 〈요한 묵시록〉에 나오는 새 예루살렘에 대한 비유일 것이다)에 관한 이야기이다. 이러한 연상 작용으로 보아 헨리는 노부인과의 대면이 자기에게 결정적으로 중요한 것임을 직관적으로 알고 있었던 듯하다. 프리슬리의 연극에서 잡역부는 "이 도시 사람들은 나한테 독방을 주기로 약속했다"고 주장한다. 잡역부는 이 도시에 들어가면 자존과 자립을 성취할 수 있는 것이다. 이는 바로 헨리가 추구하는 목표이기도 하다.

헨리같이 합리적인 사고방식이 몸에 밴 젊은이가 자기 마음을 의식적으로 발달시키기 위해서는 먼저 기존의 태도를 깡그리 뒤엎을 준비부터 해야 한다. 따라서 헨리는 노부인의 충고에 따라 다른 지점에서 산에 올라갈 수밖에 없었다. 그래야만 그가 두고 온 일행—헨리의 마음속에 있는 다른 성질들—에게 돌아가려면 어느 수준까지 올라가서 방향을 바꿔야 할지 직접 판단하는 일이 가능해진다.

그는 아프트식 철도(그가 기술 교육을 받았다는 사실을 반영하고 있는 주제)를 오른쪽—의식적인 쪽—에 낀 채 산을 오른다(상징의 역사에서 오른쪽은 일반적으로 의식을 나타내고 왼쪽은 무의식을 나타낸다). 왼쪽에 있는 길에서는 조그만 자동차들이 내려온다. 자동차 안에는 조그만 사람들이 있다. 헨리는 자동차가 뒤에서 달려와 자기를 칠까 봐 걱정한다. 결국은 쓸데없는 걱정이었지만, 이 사실은 헨리가 자기 자아의 배후에 있는 것을 두려워하고 있음을 보여 준다.

퉁퉁 부어오른 몸뚱이에 푸른 옷을 걸친 사람들은 기계적으로 움직이는 빈약한 지적 사고를 상징하는 듯하다. 푸른색은 흔히 사고 기능을 나타낸다. 이 사람들은 지적으로 너무 높은 위치에서 산소 결핍증에 걸려 죽어 버린 견해나 태도를 상징하는 것일 수도 있다. 또는 헨리의 마음속에 존재하는 생명력 없는 내적 내용물을 상징할 수도 있다.

그런데 꿈속에서 이 사람들에 대한 해설이 제공된다. 누가 헨리에게 그들은 "죽은 사람들이라고 했다." 그러나 헨리는 혼자이다. 그렇다면 이것은 누구의 의견인가? 이는 하나의 목소리이다. 꿈속에서 목소리가 들린다는 것은 대단히 의미심장하다. 융 박사는 꿈속에서 들리는 목소리를 '자기'의 개입 현상으로 해석한다. 그것은 마음의 보편적 기반에 뿌리내린 지식을 대변하고 있는 셈이다. 꿈속 목소리가 하는 말에는 반박이 불가능하다.

헨리는 자기가 이제까지 지나치게 전념해 온 방식들이 '죽어 있음'을 깨닫는다. 이 통찰은 꿈속에서 하나의 전환점을 마련한

플랑드르 화가 얀 고사르트 작 〈다나에〉(16세기)
이 그림에서 황금 소나기로 둔갑한 제우스에게 몸을 허락하는 다나에는 이로써 페르세우스를 잉태한다. 헨리의 꿈에 그렸던 것처럼 이 신화는 하늘과 땅 사이에 맺은 성혼례로서 소나기의 상징적 의미를 나타낸다.

다. 마침내 그는 방향을 바꾸어야 할 지점에 도착해서 의식과 외계를 향하는 오른쪽(의식적인 쪽)으로 방향을 전환한다. 그리고 거기서 자신을 기다리고 있던 일행들과 만난다. 이로써 그는 스스로도 몰랐던 자기 인격의 다른 측면들을 의식화할 수 있게 된다. 그의 자아는 혼자 힘으로 위험을 극복하고 나서는 (덕분에 그는 좀더 성숙하고 안정적인 사람이 될 수 있다), 동아리 또는 '집단'과 다시 합류하여 쉴 곳과 음식물을 얻을 수 있다.

이 대목에서 그는 긴장을 해소시키고 대지를 살찌우는 폭우를 만난다. 신화학에서 비는 종종 하늘과 땅의 '사랑의 결합'으로 간주된다. 예를 들어 고대 그

리스의 '엘레우시스 비의'에서는 사람들이 모든 것을 물로 정화한 다음에 하늘을 향해서는 "비를 내려 주소서", 땅을 향해서는 "풍요롭게 열매 맺으소서" 하고 외친다. 이처럼 비가 내려 땅이 풍요롭게 열매 맺는 것은 신들의 신성한 결혼으로 여겨졌다. 이렇듯이 비는 예로부터 '해소'의 상징이었다고 할 수 있다.

산에서 내려온 헨리는 배낭이나 오토바이로 상징되는 보편적인 가치와 다시 만난다. 헨리는 자기의 독립성을 증명해 보임으로써 자아의식을 강화하는 한 단계를 거쳤으며, 이제 다시 사회와 새로이 접촉할 필요성을 느끼게 되었다. 그런데 헨리는 다음 날 아침까지 기다렸다가 장비를 챙기라는 동료들의 말을 받아들인다. 이로써 헨리는 두 차례나 타인의 충고를 따른다. 처음에는 노부인의 충고, 즉 원형적인 상으로서의 내적인 힘을 따르고, 두 번째로는 보편적인 행동 유형을 따르는 것이다. 이 단계에서 헨리는 성숙으로 나아가는 도정의 첫 관문을 통과한다.

헨리가 분석을 통해 이루려고 하는 내적 발달을 예측하게 하는 것으로서 이 꿈은 대단히 전도유망하다. 헨리의 영혼에 긴장을 더하는 대립물의 갈등도 이 꿈에서 인상적으로 상징되고 있다. 즉 한편으로는 상승하려는 의식적 충동이 있는가 하면, 또 한편으로는 수동적으로 명상하는 경향도 있는 것이다. 또 길고 하얀 옷을 입은 비극적인 젊은 여성상(헨리의 감각적이고 낭만적인 감정을 상징하는 것)과, 푸른 양복을 입은 퉁퉁 부어오른 시체들(불모지나 다름없는 그의 지적 세계를 상징하는 것)은 상당히 대조적이다. 그런데 이러한 장애를 극복하고 대립물 사이의 균형을 잘 잡기 위해서는, 헨리는 매우 혹독한 시련을 겪어야 할 것이다.

무의식에 대한 공포

우리가 헨리의 첫 번째 꿈에서 부딪쳤던 문제는 그 밖에도 많은 사실을 드러 낸다. 이를테면 남성적 활동성과 여성적 수동성 사이에서 갈팡질팡하는 문제, 지적인 금욕주의로 도피하려는 경향 등이 나타난다. 헨리는 이 세상을 두려워 하고 있었지만 매력도 느끼고 있다. 근본적으로 그는 결혼을 무서워하고 있었 다. 결혼하려면 여성과의 책임 있는 관계를 형성해야만 하기 때문이다. 이처럼 양가적인 감정은 어른의 세계 문턱에 당도한 젊은이들에게서 흔히 볼 수 있다. 나이로 따지면 헨리는 이미 그럴 시기가 지났지만, 그의 내면적 성숙도는 제 나 이에 걸맞지 않았다. 이것은 외적인 생활이나 현실을 두려워하는 내향적인 사 람들이 흔히 경험하는 문제이다.

헨리의 네 번째 꿈은 이러한 그의 심리 상태를 잘 보여 준다.

'저는 지금까지 이런 꿈을 수도 없이 꿨습니다. 군대 생활, 장거리 경주……. 혼자서 길을 가는 거지요. 그런데 아무리 달려도 목적지에 이르지를 못해요. 이러다 꼴찌 하면 어쩌나 하는 생각이 들죠. 제가 달리는 코스는 왠지 익숙 하고 기시감이 느껴집니다. 출발 지점은 작은 숲 속인데, 주위의 지면은 낙엽 으로 덮여 있습니다. 또 비탈은 목가적인 개울 쪽으로 완만하게 기울어져서, 잠시 사람의 발길을 멈추게 할 만큼 훌륭한 경치를 만들어 내고 있어요. 얼 마 뒤 먼지 날리는 시골길이 보입니다. 그 길은 취리히 북쪽 호수 근방의 작 은 마을인 홈브레히티콘으로 이어져 있었어요. 버드나무로 둘러싸인 개울은 말이죠, 흐르는 개울물을 좇는 꿈같은 소녀의 모습을 그린 뵈클린의 그림을 연상시킵니다. 그런데 이윽고 밤이 되었어요. 마을에서 저는 큰길로 나가는 방향을 물어봤습니다. 누군가가 저 고개 넘어 일곱 시간쯤 걸어가야 한다고 가르쳐 줬어요. 저는 힘을 내서 다시 걸어갔습니다.

영국의 에드윈 랜시어 작 삽화(19세기) 헨리의 첫 번째 꿈에 암사슴이 등장한다. 이 그림에서 아기사슴이 그렇듯이 일반적으로 암사슴은 여성상의 이미지를 나타낸다.

그런데 이번 꿈은 결말 부분이 평소랑은 달랐어요. 버드나무로 둘러싸인 개울을 지나 저는 숲속으로 들어갔습니다. 숲속에서 도망치는 암사슴 한 마리를 봤는데, 왠지 제 마음이 뿌듯해지더군요. 암사슴은 왼쪽에서 나타났습니다. 저는 오른쪽 길로 접어들려고 했고요. 이때 다리는 캥거루 다리, 몸통은 개와 돼지가 반반씩 섞여 있는 정체불명의 동물 세 마리가 제 눈 앞에 나타났습니다. 얼굴 생김새는 잘 모르겠는데, 큼직한 귀가 개처럼 축 늘어져 있었던 것 같아요. 아마 사람들이 변장을 했던 거겠지요. 실은 저도 어릴 때 서커스에 등장하는 당나귀로 변장한 적이 있어요.'

꿈의 도입부는 확실히 첫 번째 꿈과 비슷하다. 이번에도 꿈같은 여성상이 출현하고, 꿈속 풍경이 뵈클린의 그림을 연상시킨다. 〈가을 생각〉이라는 제목이 붙은 이 그림과, 헨리가 꿈에서 본 낙엽은 가을 분위기를 강조한다. 이번 꿈에서도 또다시 낭만적인 분위기가 등장하고 있다. 이 내면 세계 풍경은 헨리에게는 익숙한 우울한 분위기를 상징하고 있음이 분명하다. 여기서도 헨리는 여러 사람들과 함께 있다. 다만 이번에는 설정이 바뀌어서 전우들과 장거리 경주를 하고 있다.

이 꿈의 전체 상황(군대 생활도 이를 암시하는데)은 평범한 남성의 운명을 상징하는 듯하다. 헨리 자신도 "인생을 상징하는 것 같다"고 말했다. 그러나 꿈속에서 헨리는 그런 생활에 순응하기를 원치 않는다. 그는 혼자서 계속 나아간다. 실생활에서도 이런 일은 드물지 않았을 것이다. 아마 그래서 헨리가 기시감을 느낀 것이리라. 또 헨리의 생각(아무리 달려도 목적지에 이르지 못한다는 생각)

은 자기는 '장거리 경주'에서 우승할 수 없다고 굳게 믿는 그의 심한 열등감을 반영하고 있다.

헨리가 가는 길은 홈브레히티콘(Hombrechtikon)으로 이어져 있다. 이 지명은 가정에서 탈출하고자 하는 그의 은밀한 계획을 연상시킨다(Hom=가정, brechen=부수다, 탈출하다). 그러나 탈출 계획은 실패로 돌아가고 그는 또다시(첫 번째 꿈에서 그랬듯이) 방향 감각을 잃는다. 따라서 다시 방향을 묻지 않으면 안 된다.

꿈은 꿈꾼 사람의 의식적인 태도를 다소나마 보상하려고 한다. 헨리가 의식 세계에서 이상적이라고 생각했던 낭만적인 소녀의 모습은 기묘한 여성적 동물이 출현함으로써 균형 잡힌 국면에 접

헨리의 꿈속에 나타났던 기묘한 동물(헨리 자신의 그림). 눈멀고 귀먹어 서로 의사소통을 할 수 없는 이 동물들은 헨리의 무의식 상태를 나타낸다. 동물을 헨리는 초록색으로 표현했는데 이 색깔은 자연의 색깔, 희망을 상징하는 색깔이기도 하다. 따라서 이 동물은 성장과 분화의 가능성을 나타낸다.

어든다. 헨리의 내면에 존재하는 본능의 세계는 여성적인 것으로 상징된다. 숲은 그 어둡고 무성한 수풀로 동물을 안아 기르는 무의식 세계를 상징한다. 이 숲에서 나타나는 암사슴은 수줍음 많고 민첩하고 순진무구한 여성을 상징한다. 그러나 암사슴은 금세 사라져 버린다. 이어서 헨리는 세 가지 동물의 모습이 섞여 있는 기묘하고 혐오스럽기까지 한 동물들을 본다. 이 동물들은 미분화된 본능—그의 본능은 아직 혼돈 상태에 빠져 있지만 그 안에 발전 가능성이 잠재되어 있다—을 상징하는 듯하다. 그런데 이 동물들의 특징은 얼굴이 분명치 않다는 점이다. 말하자면 의식의 조명을 받지 못하고 있는 것이다.

많은 사람들이 돼지에서 천박한 성욕을 연상해 낸다(이를테면 신화에 나오는 마녀는 자기에게 정욕을 품은 남자들을 돼지로 만들어 버린다). 개는 충성스러운 동

물을 대표하지만, 또 한편으로는 상대를 가리지 않고 교미한다는 점에서 흔히 난교의 대명사처럼 여겨지기도 한다. 반면에 캥거루는 상냥하게 감싸 안는 부드러운 모성을 상징한다.

이 꿈에서는 이런 동물들이 기본적인 특성만을 보이면서 아무렇게나 뒤섞여 나타나고 있다. 연금술에서 말하는 '원초적 물질'은 이처럼 기괴하고 비현실적인 동물—갖가지 동물이 뒤섞인 형태—로 자주 상징된다. 심리학적으로 말하자면 이 동물은 원초적 무의식 덩어리를 상징하는 것 같다. 이 원초적 무의식 덩어리에서 개인의 자아가 출현하여 성숙의 길을 걷게 되는 것이다.

헨리는 이 괴물을 두려워한다. 그가 그것을 해롭지 않은 동물로 보려고 하는 것만 봐도 알 수 있다. 그는 어릴 때 자기가 동물로 변장했던 것처럼 그 동물들도 단지 변장한 데 지나지 않는다며 스스로를 안심시키려 한다. 사실 헨리가 공포를 느끼는 것은 당연하다. 자기 마음속에 있는 무의식의 특성을 상징하는 듯한 비인간적인 괴물의 존재를 눈치챈 사람이라면 누구나 그것을 무서워할 수밖에 없다.

헨리가 무의식의 심층을 두려워한다는 사실을 보여 주는 또 다른 꿈을 살펴보자.

▲(왼쪽부터) 돼지로 변한 뱃사람, 오딧세우스, 마녀 키르케를 묘사한 고대 그리스의 칼릭스 크라테르 도자기 속 이미지(기원전 440년경). 뉴욕 메트로폴리탄미술관 소장. 헨리의 꿈에 등장하는 돼지 등의 동물은 야수성, 육욕 등을 암시한다.
▼세계대전 전의 독일 사회를 풍자한 조지 그로스의 만화. 창녀와 함께 앉아 있는 한 남성의 머리가 돼지머리로 그려졌다.

'저는 범선의 사환으로 일하고 있었습니다. 바람이 없는데도 이상하게 돛이 팽팽했어요. 내 임무는 돛대를 고정시키는 데 쓰이는 밧줄을 단단히 붙잡고 있는 일이었습니다. 그런데 신기하게도 난간이 석판(石板) 벽으로 되어 있었어요. 이 난간 전체가 물과, 물 위에 외로이 뜬 배 사이의 경계선 역할을 하고 있었습니다. 나는 밧줄(돛대가 아니라)을 꼭 붙잡은 채 수면을 들여다보지 않으려고 했습니다.'

이 꿈에서 헨리는 심리적인 경계 상황에 위치해 있다. 난간은 그를 보호하는 벽인 동시에 그의 시야

난간이 석벽으로 되어 있는 배(헨리의 그림). 헨리가 꿈속에서 본 이 배는 그의 내향성과 삶에 대한 두려움을 나타낸다.

를 차단하는 벽이기도 하다. 그는 수면을 볼 수가 없다(그 안에서 미지의 힘이 발견될지도 모르는데 말이다). 이 모든 이미지는 현재 헨리가 느끼는 의혹이나 공포를 반영한다고 할 수 있다.

(헨리처럼) 내면에 있는 심층과의 교류를 두려워하는 남자는 실제 여성을 대할 때 망설이는 것과 마찬가지로 자기 마음속에 있는 여성적인 요소도 두려워하는 법이다. 그는 어떤 순간에는 여성적인 것에 매료되다가도 다음 순간에는 거기서 벗어나려고 한다. 즉 여성에게 매혹되면서도 화들짝 놀라 '먹이'가 되지 않으려고 도망치는 것이다. 그래서 동물적인 성욕으로는 결코 사랑하는(따라서 이상화된) 상대에게 다가가지 못한다.

어머니와 밀접한 관계를 맺고 있는 사람들이 흔히 그렇듯이 헨리도 한 여성에게 애정과 성애(性愛)를 동시에 느끼는 데 어려움을 겪고 있었다. 그는 이 딜레마에서 벗어나기를 원하고 있었으며, 그 증거가 그의 꿈속에 몇 번이나 나타났다. 그는 어떤 꿈속에서는 '비밀 전도자'가 되었다가도 다른 꿈속에서는 본능에 따라 창가(娼家)에 가기도 했다.

'사창가 쪽을 훤히 꿰고 있는 군대 친구에게 이끌려, 낯선 거리의 어두운 집 앞에 가서 기다리고 있었습니다. 그곳에는 여자만 들어갈 수 있었어요. 친구는 현관에서 사육제 때 쓰는 조그만 여자 가면을 쓰고 계단을 올라갔습니다. 저도 그렇게 했던 것 같지만 기억이 잘 안 나네요.'

이 꿈에서 헨리는 자기의 호기심을 만족시키려고 한다. 하지만 그러자면 속임수를 쓸 수밖에 없다. 그는 그 집—분명히 사창가일 텐데—에 들어가고 싶지만 남자로서 당당하게 들어갈 수는 없다. 그러나 헨리가 남성임을 포기한다면 이 금지된(의식이 금지한) 세계에서 어떤 통찰을 얻을 수 있을지도 모른다. 그런데 꿈은 헨리가 어떤 결정을 내렸는지 알려 주지 않는다. 헨리는 아직 내면의 금제를 완전히 극복하지 못한 것이다. 그러나 창가에 들어가는 행위가 어떤 의미를 지니는지 알기에 헨리의 행동이 이해되지 않는 바는 아니다.

이 꿈은 헨리의 동성애 성향을 보여 주는 것 같기도 하다. 그는 여자 '가면'을 쓰면 남자를 유혹할 수 있다고 생각하는 모양이다. 다음 꿈은 이 가설을 지지해 준다.

'저는 대여섯 살 때의 어린 시절로 돌아갔습니다. 그때 저랑 같이 놀던 친구가 공장장과 음란한 짓을 했다고 저한테 가르쳐 줬습니다. 친구가 공장장의 성기에 오른손을 올려놓으니까 성기도 따뜻해지고 자기 손도 따뜻해지더라는 거예요. 저는 그 공장장을 존경하고 있었습니다. 그분은 박식한 사람이었거든요. 또 우리 아버지의 친구이기도 했어요. 그런데 우리는 그가 '만년 청춘'인 척하는 것을 비웃고 있었습니다.'

그 나이 또래 아이들이 동성애적 놀이를 하는 일은 별로 드물지 않다. 그러나 헨리의 꿈에 여전히 이런 것이 나타난다는 사실은 그가 그 경험에 죄의식을 느끼면서 강하게 억압하고 있음을 암시한다. 이러한 감정과, 여성과의 영속적인 결합에 대한 두려움 사이에는 무슨 관계가 있는지도 모른다. 다음 꿈과 헨리의 연상 작용은 이런 갈등을 잘 보여 준다.

'저는 잘 모르는 사람들의 결혼식에 참가했습니다. 새벽에 신혼부부와 신랑 들러리, 신부 들러리가 피로연에서 돌아왔어요. 그들은 우리가 기다리고 있는 넓은 정원으로 들어왔습니다. 그런데 신랑 신부는 벌써부터 다투기 시작했고 두 들러리도 입씨름을 벌였습니다. 그러다가 마침내 두 남자와 두 여자가 각각 다른 방향으로 가 버리는 것으로 사태가 해결됐습니다.'

이 꿈을 헨리는 이렇게 해석했다. "프랑스 작가 지로두가 말한 남자와 여자의 싸움이 바로 이런 것인가 봅니다. 꿈에서 본 정원은 바이에른 궁전 정원과 비슷했어요. 이 궁전은 최근에 빈민들을 위한 임시 주거지가 들어서는 바람에 옛 모습을 잃어버렸습니다. 저는 그곳을 방문했을 때 속으로 자문했습니다. 이 궁전은 대도시의 추악함 속에서 활기차게 살아가기보다는, 고전적인 아름다움을 간직한 폐허로서 근근이 살아가는 편이 낫지 않았을까 하고 말이죠. 또 최근에는 한 친구의 결혼식에 참석했는데요. 신부의 인상이 좋지 않기에, 두 사람의 결혼 생활이 과연 행복하게 이어질지 걱정된다는 생각도 했었습니다."

헨리는 수동성과 내향성 속에 숨어 살기를 바라고, 결혼 생활이 앞으로 어떻게 될지 걱정하고, 남녀가 서로 갈라서는 꿈을 꾼다. 이 모든 것이 바로 헨리의 의식 뒤에 도사리고 있는 의혹에서 비롯된 증상임에 틀림없다.

성자와 창녀

본능적인 육욕을 두려워하고 일종의 금욕주의로 도피하려는 경향이 있는 헨리의 심리 상태는 다음 꿈에 매우 인상적으로 묘사되어 있다. 이 꿈에서 우리는 그가 더듬어 가는 발전 방향을 볼 수 있다. 그러므로 이 꿈을 한번 자세히 해석해 보자.

'저는 좁은 산길을 걷고 있었습니다. 왼쪽 내리막은 깊은 계곡으로 이어지고, 오른쪽은 암벽으로 가로막혀 있었어요. 길가에는 동굴이나 움푹한 그늘이나 구멍 뚫린 바위 따위가 있었습니다. 외로운 나그네가 비바람을 피하기에 딱 좋은 곳이었죠. 그런데 이 동굴 하나에 반쯤 몸을 가린 창녀가 숨어 있었습니다. 어찌 된 셈인지 저는 뒤에서, 그러니까 바위 쪽에서 그 여자를 바라보고 있었습니다. 그 여자의 몸은 확실한 형태가 있다기보다는 무슨 스펀지 같았어요. 저는 호기심이 동해 창녀의 엉덩이를 건드려 봤습니다. 그 순간 눈앞에 있는 사람이 창녀가 아니라 남창(男娼)일지도 모른다는 생각이 들었어요. 그 인물은 어깨에 진홍색 겉옷을 걸친 성자(聖者)로 변신했습니다. 그는 씩씩하게 길을 따라 내려가더니, 조잡한 의자가 놓여 있는 넓은 동굴로 들어갔습니다. 그는 주위에 있는 사람들과 나를 거칠게 쫓아냈어요. 그러고는 추종자들을 거느리고 그 동굴에 자리를 잡아 버렸습니다.'

창녀에 관해 헨리는 〈빌렌도르프의 비너스〉를 떠올린다. 작지만 육감적인 〈구석기시대〉 부인상인 이 비너스는 자연신이나 풍요의 여신으로 숭배된 듯하다. 이어서 헨리는 몇 마디 덧붙였다. "엉덩이를 만지는 것은 풍작을 기원하는 의식이라지요. 저는 켈트인 고분과 유적을 보려고 발레(스위스 프랑스어 지구에 있는 주 이름)에 갔을 때 처음으로 그 사실을 알았습니다. 옛날에는 그 지방에 이것저것 다양한 것들로 문질러 놓은 아주 반들반들한 타일 바닥이 있었다고 해요. 아이를 못 낳는 여자들은 불임 치료를 하려고 그 타일 위에서 맨 엉덩이로 미끄럼을 탔다고 합니다."

또 성자의 겉옷에 대해 헨리는 이런 연상을 했다. "제 약혼녀도 비슷한 외투를 가지고 있는데요. 그건 흰색입니다. 꿈을 꾸기 전날 밤 함께 춤추러 나갔을 때에도 약혼녀는 그 하얀 외투를 입고 있었어요. 제 약혼녀의 여자 친구는 진홍색 외투를 입고 나왔는데, 전 그 색깔이 훨씬 마음에 들었습니다."

만일 꿈이 '소망 충족을 위한 작용'(프로이트 이론)이 아니라 융 박사의 가설대로 '무의식의 자기 표출'이라면, 이 '성자'의 꿈만큼 헨리의 심리 상태를 잘 대변하는 꿈도 없으리라.

헨리는 좁은 산길을 가는 '외로운 나그네'이다. 그런데 (아마 분석 치료 덕분이겠지만) 그는 지금 황량한 고지에서 아래로 내려가는 중이다. 이때 무의식을 나타내는 왼쪽은 깊은 계곡에 인접해 있고, 의식을 나타내는 오른쪽은 거친 암벽에 가로막혀 있다. 그래도 그곳에는 비바람이 몰아칠 때—다시 말해 외적인 긴장이 심해져서 헨리 자신을 위협할 때—몸을 피할 수 있는 동굴(헨리의 의식 속에 있는 무의식 영역을 표현하는지도 모른다)이 있다.

동굴은 바위를 쪼아 내는 인간의 노력이 거둔 성과를 의미한다. 보는 각도에 따라서 동굴은 의식의 영역에 생겨난 빈틈과 비슷한데, 의식의 집중력이 한계에 달해 무너지면 갖가지 공상이 통제에서 벗어나 이 빈틈으로 파고든다. 이 경우 예기치 못한 존재가 정체를 드러낼 수도 있다. 이를 통해 우리는 마음속 깊은 곳—공상이 자유롭게 날개를 펴는 무의식 영역—까지 꿰뚫어 볼 수 있다. 또한 동굴은 어머니 대지의 자궁을 상징하는 곳인 동시에, 변용과 재생이 이루어지는 신비로운 곳이기도 하다.

이 꿈은 헨리의 내향적인 도피 행동을 표현한다고 할 수 있다. 그는 외계가 너무 힘들게 느껴질 때 의식 속에 존재하는 '동굴'로 도망쳐서 독자적인 공상에 잠기는 것이다. 이렇게 해석한다면 헨리가 동굴에서 여성상—그의 마음속에 있는 내적인 여성의 특질을 형상화한 것—을 만난 이유도 설명할 수 있다. 동굴에서 만난 여성은 확실한 형태를 지니지 못한 스펀지 같은 창녀이다. 반쯤 몸을 가린 창녀는 그의 무의식 속에 억압되어 있는, 일상생활에서는 결코 접할 수 없었던 여성의 이미지를 나타낸다. 창녀는 (헨리가 사랑하고 존경하는 어머니와 정반대되는 존재이므로) 가까이해서는 안 될 엄청난 금기에 속하지만, 그는 그녀에게서 은밀한 유혹을 느낀다. 어머니에 대한 콤플렉스가 있는 남자들은 대체로 이러한 경향을 보인다.

이런 남자들은 대개 여성과의 관계를 동물적 욕망에 의한 관계로만 제한하고 거기서 모든 애정을 배제해 버린다. 이렇게 자신을 분열시킴으로써 궁극적인 의미에서 어머니와의 '진정한' 관계를 유지할 수 있다고 여기기 때문이다. 그리하여 어머니 때문에 다른 여성을 금기시하는 경향은 이런저런 사정이 있다 해도 여전히 아들의 마음속에 생생히 살아 있는 것이 보통이다.

헨리는 공상의 동굴 속에 숨어 버리는 경향이 있으므로 오직 '뒤에서만' 창녀를 볼 수 있다. 그는 감히 앞에서는 그녀를 보지 못한다. '뒤에서' 본다는 것은 창녀의 인간성이 가장 드러나지 않는 쪽—엉덩이(남성의 관능을 자극하는 여성의 신체 부위)—에서 그녀에게 접근한다는 뜻이다.

원시 종족들이 관습적으로 행하는 의식처럼 헨리는 창녀의 엉덩이를 만짐으로써 무의식적으로 풍요의 의식을 치른다. 의식을 행하는 사람은 손을 댐으로써 병을 치료할 수도 있지만, 똑같이 손을 댐으로써 신의 가호를 받거나 분노를 살 수도 있다.

그런데 헨리가 손을 대는 순간 그 인물은 이제 창녀가 아니라 남창이 된다. 이 창녀 또는 남창은 마치 신화에 나오는 인물처럼(그리고 첫 번째 꿈에 등장한 '성직자'처럼) 양성구유로 변한다. 사춘기 젊은이는 흔히 자기 성(性)에 대해 확신하지 못한다. 적지 않은 젊은이들이 동성애 성향을 보이는 이유도 이로써 설명할 수 있다. 헨리와 같은 심리 구조를 지닌 젊은이가 자기 성에 대해 확신하지 못하는 것도 별로 놀라운 일은 아니다. 헨리의 꿈은 이미 이 점을 상징적으로 보여 준다.

선사시대 조각 〈빌렌도르프의 비너스〉 헨리가 꿈속의 창녀 이미지에서 연상한 것 중의 하나.

◀꿈속에서 그는 성자가 신성한 동굴에 있는 것을 본다. 베르나데트라는 소녀 앞에 성모 마리아가 나타났다는 루르드의 마사비엘 동굴도 신성한 동굴의 하나이다.
▶헨리가 창녀에게 손을 대었다는 것은 '안수(按手)'가 지닌 마술적인 효과에 대한 믿음과 관계 있다. 안수 치료로 유명한 17세기 아일랜드의 발렌타인 그레이트레이크스.

　하지만 어쩌면 심리적인 억압이 (성적 불확실성과 마찬가지로) 창녀의 성별을 혼란스럽게 만들었는지도 모른다. 꿈을 꾼 당사자를 매혹하고 불쾌하게 만들었던 창녀는 처음에는 남창으로 변하더니 이어 성자로 변신한다. 두 번째 변화는 남창 이미지에서 성적인 느낌을 말끔히 걷어 낸다는 점에서 의미심장하다. 헨리는 육욕을 부정하고 금욕적인 생활을 함으로써 성적인 현실에서 도피하려 한 것이다. 이런 엄청난 반전 현상은 꿈속에서 자주 일어난다. 이것은 한 이미지가 정반대되는 이미지로 바뀌는 현상(이를테면 창녀가 성자로 바뀌는 현상)을 통해, 어떤 대립물도 서로 뒤바뀔 수 있음을 보여 주려고 하는 듯하다.
　헨리는 성자의 겉옷에서도 의미를 찾아낸다. 겉옷은 몸을 보호하는 가리개 또는 가면(융 박사는 이것을 페르소나(persona)라고 부른다)을 상징하며, 인간은 이것을 외부 세계에 내보인다. 인간이 겉옷을 입는 데는 두 가지 목적이 있다. 하나는 타인에게 특별한 인상을 주기 위함이고, 다른 하나는 호기심 어린 타인의 시선으로부터 자신의 내면을 보호하기 위함이다. 꿈속에서 성자에게 부여된 헨리의 페르소나는, 헨리가 약혼녀에게 보인 태도와 약혼녀의 여자 친구에게 보인 태도에 관해 무언가를 이야기하고 있는 듯하다. 성자의 겉옷 색깔은 헨리가 더 좋아하는 색인 약혼녀의 여자 친구 외투와 같은 빛깔이었다. 그런데 모양새는 또 약혼녀의 외투와 같았다. 그는 무의식적으로 두 여성 모두에게 성스러운 특질을 부여해서 그들의 여성적인 매력으로부터 자신을 보호하려고 했던 것이다. 그런데 그 겉옷 색깔은 진홍색이다. (이미 언급했듯이) 빨간색은 전통적으로 정열을 상징하는 색깔로 널리 알려져 있다. 그러므로 헨리는 성자에게 일종의 관능적 정신성을 부여하고 있다고 볼 수 있다. 이것은 자신의 성적 욕구를 억압하면서 오로지 '정신'이나 이성만을 중시하는 사람들에게서 쉽게 볼 수

예언자 엘리야의 승천 장면을 그린 스웨덴의 농민화 작품　겉옷(외투)은 사람들이 외계에 노출시키는 가면 또는 '페르소나'를 상징한다. 예언자 엘리야의 겉옷도 비슷한 의미를 지닌다. 그림에서 엘리야는 승천하면서 자기의 겉옷을 후계자 엘리사에게 남기고 간다. 이처럼 겉옷의 승계는 예언자의 권능과 역할의 승계를 의미한다고 볼 수 있다. 헨리의 꿈속에 나타났던 성자의 겉옷이 붉은색이었듯이 이 그림에 나오는 겉옷도 붉다.

페르소나의 다른 예
1960년대 영국의 '비트족' 젊은이들의 겉옷은 외부 세계에 그들이 과시하고자 하는, 이상화한 생활 양식 및 가치를 반영한다.

있는 현상이다.

그러나 이처럼 육욕의 세계에서 도피하려는 성향은 젊은이들에게는 결코 자연스러운 것이 아니다. 인생 전반기에는 성을 향유하는 법도 배워야 한다. 성과 관능은 종족 보존에 반드시 필요한 요소이기 때문이다. 꿈은 이 점을 헨리에게 일깨워 주려 한 것이다.

동굴에서 나온 성자는 길을 내려가(고지에서 계곡 방향으로 내려가), 조잡한 의자가 놓여 있는 다음 동굴로 들어간다. 이것은 초기 그리스도 교도들이 박해를 피하여 숨어들어간 예배당을 연상시킨다. 이 동굴은 성스러운 치유의 장(場)이자 명상의 장이며, 지상을 천국으로, 육체를 영혼으로 바꿔 놓는 신비로운 장인 것이다.

헨리는 성자를 따르지 못하고 거기에 있던 사람들과 함께(무의식의 실체와 함께) 동굴에서 쫓겨난다. 헨리도 다른 사람들도 성자를 따를 수 없었다는 사실은, 그들이 바깥세상에서 살아야 함을 암시하는지도 모른다. 말하자면 이 꿈은 헨리가 종교나 정신생활에 몰두하기 전에 먼저 바깥세상에서 사는 방법을 익혀야 한다는 점을 지적하고 있는 셈이다. 여기서 성자 이미지는 (명확하진 않으나 꽤 예지적인 형태로) '자기'를 상징하는 듯하다. 그러나 헨리는 아직 성자에게 접근할 정도로 성숙해진 상태는 아니다.

분석 발달 과정

처음에는 의혹을 품고 저항하던 헨리도 시간이 갈수록 자기 마음속에서 일어나고 있는 일에 강한 관심을 보였다. 그는 확실히 자기 꿈에 강한 인상을 받고 있었다. 꿈은 의미심장한 방법으로 의식적인 생활을 보상하면서 그의 양면성, 심적 동요, 수동적인 경향 등을 헨리에게 깨우쳐 주고 있었다.

이윽고 헨리가 무사히 '궤도에 올랐음'을 보여 주는 긍정적인 꿈이 나타나기 시작했다. 분석이 시작된 지 두 달째 되는 어느 날, 그는 다음과 같은 꿈을 꾸었다고 말했다.

'우리 집에서 그리 멀지 않은 호숫가에 방파제가 있는데요. 그곳에서 최근에 일어난 전쟁 때 가라앉았던 기관차와 화물 열차가 호수 밑바닥에서 인양되고 있었습니다. 처음에는 기관차 보일러 같은 커다란 원통이 나타나더니, 이어서 거대한 녹슨 화물 열차가 모습을 드러냈어요. 그 광경은 충격적이면서도 왠지 낭만적인 느낌을 주었습니다. 호수에서 인양된 것들은 가까이 있는 기차역 철로와 케이블 밑으로 옮겨졌습니다. 그러자 이윽고 호수 밑바닥이

호수에서 인양된 기관차(헨리의 그림)
헨리의 꿈속에 등장한 호수에서 인양된 기관차는, 그 이전까지는 무의식 속에 가라앉아 있던 가치 있는 잠재력이 분출될 것임을 암시한다.

영국의 화가 윌리엄 터너 작 〈비·증기·속도〉(1844) 이 그림에서처럼 기관차는 앞으로 돌진하는 역동적인 에너지의 이미지를 나타낸다.

푸른 풀밭으로 변해 가더군요.'

여기서 우리는 헨리가 얼마나 눈에 띄게 내적으로 진보했는지 확인할 수 있다. 기관차(에너지와 역동성의 상징)는 '가라앉아' 있다가—즉 무의식 속에 억압되어 있다가—이제는 밝은 태양 아래로 인양되고 있다. 기관차와 함께 화물열차도 인양되는데, 이것은 온갖 짐(심리적 특성)을 운반할 수 있는 수단이다. 이제 이러한 '사물'이 다시 헨리의 의식적인 생활 속에 도입되었고, 그는 자신이 이 엄청난 능동적인 힘을 자유롭게 쓸 수 있음을 깨닫기 시작했다. 어두운 호수 밑바닥이 푸른 풀밭으로 변한다는 것은 적극적인 행동을 할 수 있는 그의 잠재력을 암시한다.

성숙으로 나아가는 '고독한 여행길'에서 헨리는 자기 내부의 여성적인 측면에게 도움을 받기도 한다. 스물네 번째 꿈에서 그는 '꼽추 처녀'를 만났다.

'저는 낯선 처녀와 함께 학교에 갔습니다. 그 처녀는 몸집이 작고 가냘픈데 안타깝게도 곱사등이였어요. 그 밖에도 많은 사람들이 학교에 갔습니다. 다른 사람들이 성악 교습을 받느라고 이곳저곳으로 흩어져 가는 동안에 저와 그 처녀는 조그만 정사각형 탁자를 사이에 두고 마주 앉았습니다. 저는 그 처녀에게 개인적으로 성악 교습을 받았는데, 문득 연민을 느낀 나머지 충동적으로 그녀에게 입을 맞췄어요. 그러면서도 나는 설령 이것이 용서받을 수 있는 행위라고 해도 내 약혼녀를 배신하는 짓이라는 것을 의식하고 있었습니다.'

노래한다는 것은 직접적인 감정 표현 방식이다. 그런데 (우리가 보았다시피) 헨리는 자신의 감정에 공포를 느끼고 있다. 그래서 이러한 감정들을 사춘기 때의 이상화된 형태로만 의식하고 있다. 그런데도 이 꿈속에서는 헨리가 정사각형 탁자 앞에 앉아 노래를 배운다. 정사각형 탁자는 '4'라는 주제를 표현한다. 이는 일반적으로 완전성을 상징한다. 노래와 정사각형 탁자의 관계는, 헨리가 정신적 전체성에 도달하려면 먼저 '감정'의 측면을 통합해야 한다는 사실을 지적하는 것 같다. 실제로 헨리는 꿈속에서 노래를 배우다가 감정적으로 마음이 동해서 처녀에게 입을 맞춘다. 어떻게 보면 헨리는 이로써 그 처녀를 '아내로 받아들인' 셈이다(그렇지 않다면 '약혼녀를 배신했다'는 느낌이 들지도 않았으리라). 결국 헨리는 '마음속에 있는 여성'과 관계를 맺는 법을 배운 것이다.

또 다른 꿈은 이 조그만 꼽추 처녀가 헨리의 내적 발달 과정에서 맡고 있는 역할이 무엇인가를 보여 준다.

'저는 처음 보는 남학교에 있었습니다. 수업 시간에 슬그머니 학교 건물로 숨어들었어요. 왜 그랬는지는 저도 잘 모르겠어요. 작고 네모난 창고 뒤에 있는 방에 숨었는데, 복도로 나가는 문이 반쯤 열려 있었습니다. 누구한테 들킬까 봐 겁이 났죠. 어른 한 사람이 지나갔지만 저를 보지는 못했어요. 그런데 조그만 꼽추 처녀가 들어오더니 단번에 저를 찾아내더군요. 그 처녀는 숨어 있던 저를 밖으로 끌어냈어요.'

두 가지 꿈에 같은 처녀가 등장한다. 게다가 무대도 둘 다 학교이다. 어느 꿈에서든 헨리는 자신의 내적 발달에 도움이 되는 무엇인가를 배워야 한다. 그런데 그는 사람들 눈에 띄지 않는 수동적인 태도를 유지하면서도 지식에 대한 욕구를 충족시키기를 바라고 있는 듯하다.

꼽추 처녀는 옛날이야기에 부지기수로 등장한다. 옛날이야기에 나오는 꼽추의 추한 모습 뒤에는 언제나 놀라운 아름다움이 숨겨져 있다. '용감한 청년'이 찾아와 불가사의한 마력에 사로잡힌 처녀를 (흔히 입맞춤을 통해) 자유롭게 해방시킬 때 비로소 그 아름다움이 겉으로 드러난다. 헨리의 꿈에 등장한 처녀는 헨리의 영혼을 상징한다고 할 수 있다. 따라서 헨리는 이 처녀를 추하게 만든 '마력'으로부터 그녀를 해방시켜야 한다.

노래를 통해 헨리의 감정에 호소하거나 어두운 장소에 숨은 헨리를 (환한 빛을 받도록) 바깥으로 끌어냄으로써 이 꼽추 처녀는 자기가 유능한 안내자임을 암시하고 있다. 헨리는 약혼녀(실재하는 외적 여성의 전형)에게 소속되는 동시에 이 꼽추 처녀(내부에 존재하는 심적 아니마의 구체적인 표현)에게 소속될 수 있고, 또 마땅히 그래야 한다.

신탁몽(神託夢)[1]

　어디까지나 합리적인 사고에만 의지하면서 정신생활의 여러 가지 현상을 무시하거나 억압하는 사람들은 제대로 설명할 수도 없는 온갖 미신에 사로잡히는 경우가 많다. 이상하게도 이런 사람들은 신탁이나 예언에 귀를 기울이거나 점쟁이에게 곧잘 속아 넘어간다. 게다가 꿈은 개인의 외적인 생활을 보상하는 측면을 지니므로, 지성만을 강조하는 그들의 태도는 피치 못할 불합리한 상황에 직면하는 꿈을 통해 보완된다.

　분석이 진행되는 동안 헨리는 아주 인상적인 방법으로 이 현상을 경험했다. 이러한 비합리적인 주제에 바탕을 둔 네 가지 특별한 꿈은 그의 정신 발달에서 결정적인 이정표 역할을 한다. 그중에 첫 번째 꿈은 분석이 시작된 지 약 10주 뒤에 등장했다. 헨리는 다음과 같이 보고했다.

　　'혼자서 남아메리카를 여행하다가 문득 집으로 돌아가고 싶다는 생각이 들었습니다. 산 위에 있는 낯선 도시에서 저는 직관적으로, 가장 높은 도시 한가운데에 철도역이 있을 거라고 생각했습니다. 그래서 한번 가 보기로 했죠. 혹시 늦을까 봐 걱정되기도 했습니다.

　　오른쪽에는 중세 시대 건물을 연상시키는 집들이 줄줄이 늘어서 있었습니다. 그 너머에 철도역이 있을 것 같은데, 빽빽하게 들어찬 집들이 벽처럼 가로막고 있어서 지나갈 수가 없었습니다. 그런데 다행히 그 밑으로 뚫린 아치형 통로가 눈에 띄었어요. 눈앞의 전경은 그림같이 아름다웠습니다. 밝은 색으로 빛나는 집 정면에 어슴푸레한 아치형 통로가 있고, 그 그늘 속에 누더기를 걸친 사람들 네 명이 땅바닥에 앉아 있는 것이 보였습니다. 저는 안도의

---

[1] 이 신탁몽에 관한 설명은 *I Ching or Book of Changes*, London : Routledge & Kegan Paul, 1951, vols. I and II. 참조.

한숨을 내쉬면서 서둘러 통로 쪽으로 갔어요. 그런데 그때 낯선 사냥꾼 같은 사람이 내 앞에 불쑥 나타났습니다. 그 역시 기차 시간에 늦지 않으려고 서두르는 것 같았습니다.

우리가 가까이 가자 네 명의 중국인 문지기가 벌떡 일어나 우리를 막았습니다. 바로 싸움이 벌어졌지요. 중국인 한 명의 긴 왼발 발톱에 찔려서 저는 왼발을 다쳤습니다. 이제 바야흐로 그들이 우리에게 길을 열어 주느냐, 아니면 우리가 생명을 잃느냐가 신탁을 통해 결정될 위기의 순간이 다가왔습니다.

처음은 제 차례였습니다. 중국인은 제 동행자를 한쪽으로 끌고 갔어요. 그러더니 조그만 상아 막대기 다발로 신탁을 받기 시작했습니다. 저한테 불리한 판정이 내려졌지만, 다시 한번 기회가 주어졌어요. 동행자와 마찬가지로 저도 한쪽으로 끌려가고, 이제 그 친구가 저 대신 그 자리에 서게 되었습니다. 그가 있는 자리에서 다시 한번 제 운명을 결정지을 신탁이 내려졌습니다. 이번에는 하늘이 도우셨어요. 덕분에 저는 목숨을 건졌습니다.'

풍부한 상징이 잘 압축되어 있는 이 꿈이 보기 드물고도 의미심장하다는 사실은 독자 여러분도 금방 알아차리실 것이다. 그러나 헨리의 의식은 이 꿈을 무시하려는 것 같았다. 헨리가 이 무의식의 산물에 대해 회의적인 태도를 보였으므로, 나는 꿈 해석 작업은 보류하고 그저 꿈의 작용을 그에게 직접 체험하게 해야겠다고 생각했다. 섣불리 해석하려고 했다가는 헨리가 이 꿈을 적당히 합리화할 위험이 있었기 때문이다. 나는 헨리에게 유명한 중국 신탁서인 《역경(易經)》을 읽고, (꿈에서 중국인이 그랬듯이) 역(易)으로 점을 쳐 보라고 조언했다.

이른바 '변역(變易)의 서(書)'인 《역경》은 대단히 오래된 경전이다. 그 근원은 신화시대인 기원전 3천 년에 성립되어 오늘날에 이른다. 리하르트 빌헬름(이 책을 독일어로 번역하고 훌륭한 주해를 단 인물)에 따르면, 중국 철학의 양대 산맥인 도교와 유교는 모두 《역경》에 뿌리를 두고 있다. 이 책은 인간과 인간을 둘러싸고 있는 우주의 일체성, 그리고 상반되는 음과 양(여성 원리와 남성 원리)이 상보적인 한 쌍이라는 가설을 바탕으로 삼고 있다. 역(易)은 여섯 개의 가로 그은 획, 즉 효(爻)를 하나로 묶어 표현된 64개의 '부호' 곧 괘(卦)로 이루어져 있다. 이 64개의 괘에는 음과 양으로 구성될 수 있는 모든 조합이 포함되어 있다. 여

기서 이어진 직선(—)은 양(陽) 곧 남성, 끊어진 선(- -)은 음(陰) 곧 여성을 나타
낸다.

각 괘는 인간계 또는 우주 정세의 변화를 나타내고, 그에 따른 행동 방침
을 그림 언어로 규정하고 있다. 중국인들은 어느 괘가 그 상황에 적합한지 알
려 주는 방법에 따라서 하늘의 뜻을 《역경》에 묻는다. 그들은 약간 복잡한 방
법으로 50개의 가느다란 막대기(점대)로 거기에 관련된 수(數)를 얻고 이 수로
점괘를 알아낸다(참고로 헨리는 《태을금화종지(太乙金華宗旨, The Secret of Golden
Flower)》에 관한 융 박사의 해석을 읽고, 중국인들이 신기한 방법으로 미래를 점친다는
사실을 알게 되었다고 말했다).

현재 《역경》으로 점을 칠 때는 일반적으로 동전 세 개를 이용한다. 동전 세
개를 한 번 던질 때마다 하나씩 괘를 얻는 것이다. 이때 동전 앞면이 나오면
'양'의 직선으로서 3으로 계산되고, 뒷면이 나오면 '음'의 끊어진 선으로서 2로
계산된다. 이 동전들을 총 여섯 번 던져서 나온 숫자가 나타내는 괘 또는 육효
(六爻, 여섯 개 획의 조합)을 통해 신탁이 내려지는 것이다.

그런데 이 같은 '점(占)'이 우리 시대에 대체 어떤 의미를 지니는 것일까? 《역
경》이 지혜의 보고임을 인정하는 사람들도, 실제로 역점을 치는 것을 단순한
미신적인 점술 이상의 행위로 여기지는 않는다. 사실 여기에 미신적인 점술 이
상의 의미가 있다는 것을 명확히 파악하기란 몹시 어려운 일이다. 왜냐하면 오
늘날 대부분의 사람들은 점술이라는 기술을 고대의 황당무계한 미신 체계로
보면서 의식적으로 기피하고 있기 때문이다. 그러나 점술은 황당무계한 것이
아니다. 이것은 바로 융 박사가 '동시성(同時性)의 원리'(또는 의미 있는 우연의 일
치)라고 부르는 것이다. 융 박사는 〈동시성 : 인과적이지 않은 연결 원리〉라는
논문에서 이 난해하고 새로운 견해를 내놓았다. 동시성 이론은, 우리 마음속
에는 마음 상태와 현상계의 사건을 연결하는 '내부의 무의식적 지식'이 존재한
다는 가설에 바탕을 두고 있다. 그런 지식이 존재하기 때문에 겉보기에는 '우발
적'이고 '우연의 일치'인 것 같은 사건이 심리적으로는 중요한 의미를 지닐 수 있
는 것이다. 그리고 그 의미는 종종 외적 사상(事象)과 일치되는 꿈을 통해 상징
적으로 나타난다.

《역경》을 공부하고 나서 몇 주 동안 헨리는 반신반의하면서도 내 조언대로

▶'몽(어려서 어리석다는 뜻)'이라는 괘를 설명하는 《역경》의 두 쪽. 6개의 획, 즉 '육효'로 이루어진 괘에서 윗부분의 3개의 효는 산 또는 문을, 아래의 3개의 효는 물이나 심해를 상징한다.
▶헨리가 환상을 통해 보았던 칼과 투구(헨리의 그림). 칼과 투구는 《역경》의 한 장인 〈이위화〉에 등장하는 이미지.

동전을 던졌다. 그런데 이렇게 해서 나온 괘가 그에게 심한 충격을 주었다. 요컨대 그 신탁은 헨리의 꿈과 그의 마음 상태 전반에 관해서 놀라운 사실들을 지적하고 있었다. 특히 주목할 만한 '동시성'의 일치로 동전에 나타난 괘는 바로 몽(蒙), 즉 '어리석은 젊은이'라는 괘였다(☷☵ 山水蒙). 몽의 괘사(卦辭)는 지금 문제가 되고 있는 꿈의 주제와 비슷한 데가 많다. 《역경》의 괘사에 따르면, 여섯 개의 효 가운데 위의 세 효(小成卦 ☶)는 산을 상징한다.[2] 산은 '정지 상태'로 해석되기도 하고, '문(門)'으로 해석되기도 한다. 아래의 세 효(小成卦 ☵)는 물, 심해(深海) 또는 달을 상징한다. 이 모든 상징은 헨리의 초기 꿈에 나타난 바 있다. 헨리에게 적용되는 많은 괘사 가운데 이런 경구도 있었다. "어리석은 젊은이에게 가장 절망적인 것은 무의미한 공상에 빠지는 일이다. 그처럼 비현실적인 공상에 매달리면 매달릴수록 남는 것은 굴욕뿐이리라."

그 밖에도 복합적인 측면에서 이 신탁은 헨리의 문제와 직결되어 있는 듯했

---

2) 몽(蒙)의 위쪽 세효―문(門)―가 상징하는 것은 전게서 vol. Ⅱ, p. 299에 설명되어 있다. 또한 그것은 "……하나의 길이며, 돌멩이나 문이나 입구…… 어리석은 젊은이나 파수꾼, 손가락……"이기도 하다. 몽의 괘사에 관해서는 vol. Ⅰ, p. 20ff.도 참조하길 바란다.

다. 이 때문에 헨리는 큰 충격을 받았다. 그는 의지의 힘으로 그 영향력에서 벗어나려고 했으나 결국 신탁에서도 꿈에서도 도망칠 수 없었다. 《역경》의 가르침은 난해하게 표현되어 있는데도 헨리에게 깊은 감명을 준 것 같았다. 그는 그토록 오랫동안 부정해 왔던 비합리성 자체에 압도되고 말았다. 헨리는 침묵을 지키거나 안달을 부리면서, 자기 꿈속의 상징과 일치되는 듯한 괘사를 읽어 보고는 "곰곰이 생각해 봐야겠다"고 말했다. 그는 면담 시간이 끝나기도 전에 돌아가 버렸다. 그러고는 독감에 걸렸다면서 전화로 다음 번 면담을 취소하더니 한동안 내 앞에 나타나지 않았다. 나는 헨리가 아직 충분히 신탁을 소화하지 못한 모양이라고 생각해서 그저 가만히(정지 상태로) 기다리고 있었다.

그렇게 한 달이 지났다. 마침내 헨리가 잔뜩 흥분하고 당황한 모습으로 나타나 그동안 있었던 일을 나에게 이야기했다. 헨리의 말에 따르면, 처음에 그의 지성(이제까지 그가 대단히 중시하던 대상)은 큰 충격을 받았으며 그는 그 충격을 억누르려고 갖은 노력을 다했다. 그러나 곧 신탁의 가르침이 자기에게 붙어 다닌다는 사실을 깨달았다. 그래서 다시 한번 《역경》을 읽어 보려고 했다. 꿈속에서 신탁을 두 번 받았기 때문이다. 그러나 '몽'의 괘사는 같은 질문을 두 번 하는 행위를 명백히 금지하고 있었다(初筮告, 再三瀆, 瀆則不告).[3] 헨리는 이틀이나 잠을 이루지 못하고 괴로워했다. 그런데 사흘째 되던 날 위대한 힘을 지닌 명쾌한 꿈 이미지가 그의 눈앞에 불쑥 나타났다. 그것은 공중에 뜬 칼과 투구 이미지였다.

헨리는 다시 《역경》을 무작위로 펼쳤다. 30장(章)이 펼쳐졌는데, 놀랍게도 다음과 같은 글귀가 눈에 들어왔다. "집착은 불인데, 이는 갑옷과 투구, 창과 무기를 뜻한다." 헨리는 그제야 신탁을 의도적으로 두 번이나 얻으려는 행위가 금지되어 있는 까닭을 이해했다. 꿈속에서 두 번째 신탁을 받을 때 그의 자아는 배제되어 있었고, 그 대신 사냥꾼이 두 번째 신탁을 받아야 했다. 마찬가지로 이번에 무작위로 《역경》을 펼쳐 두 번째 점을 친 것은 헨리의 반 무의식적인 행동이었는데, 이 행동을 통해 그는 간밤에 본 환상과 일치하는 상징을 발견하게

---

3) 역점을 여러 번 시도하는 행위에 대해서 융은 (영어판에 실린 그의 서문에서) 다음과 같이 말했다. "점을 여러 번 치는 것은 불가능하다. 이유는 단순하다. 처음 상황을 다시 재현할 수는 없기 때문이다. 그러므로 첫 번째 시도에 유일한 답이 준비되어 있을 따름이다."

된 것이다.

헨리의 마음은 분명히 크게 움직이고 있었다. 나는 인격 변용을 암시하는 그 꿈을 해석할 때가 되었다고 판단했다. 꿈에서 일어난 사건으로 보아 꿈의 요소들은 헨리의 내부적 인격이 지닌 내용으로 간주되고, 또 등장인물 여섯 명은 그의 정신적 특질의 화신으로 해석되어야 할 듯하다. 이런 꿈은 비교적 드물지만, 일단 나타나면 꿈꾼 당사자에게 엄청난 영향을 미친다. 그래서 이런 꿈은 '인격 변용의 꿈'이라고 부를 수 있다.

이렇게 그림처럼 생생한 꿈을 꿨을 때에는 꿈꾼 당사자가 개인적으로 연상하는 내용은 비교적 적기 마련이다. 헨리가 연상하여 제공할 수 있었던 것도, 그가 최근에 칠

헨리가 꿈꾼 '신탁몽'의 문지기에 상징되는 이미지
중국 마이지산 석굴 입구를 지키는 한 쌍의 석상 중 하나
(10~13세기).

레로 가서 일하려고 했지만 미혼 남성이라는 이유로 일자리를 얻지 못했다는 점, 어떤 중국인들은 일하지 않고 명상에만 전념한다는 표시로 왼손 손톱을 기른다는 사실을 알고 있다는 점 정도에 지나지 않았다.

헨리의 실패(남아메리카에서 일자리를 얻으려던 계획의 실패)는 이 꿈에 나타나 있다. 꿈속에서 헨리는 더운 남쪽 나라에 가 있다(헨리에게 남쪽 나라는 유럽과는 대조적으로 원시적이고 아무런 제약도 없는 관능적인 세계이다). 이 남쪽 나라는 그의 무의식 영역을 멋지게 그려 낸 상징적인 그림이라고 할 수 있다.

이 무의식 영역은 헨리의 의식을 지배하는 교양 있는 지성 세계, 스위스 청교도 신앙 세계와는 정반대되는 곳이다. 이 세계는 헨리가 줄곧 동경하던 본연의 '그림자 나라'이다. 그러나 곧 헨리는 이 나라에서 지내는 데 불편함을 느낀다. 꿈속에서 그는 지하의 어둡고 모성적인 힘(남아메리카로 상징되는 힘)에서 벗어나 자기 어머니와 약혼녀가 있는 밝은 빛 쪽으로 돌아온다. 헨리는 문득 그들로부터 멀리 떨어져 '낯선 도시'에 홀로 있음을 깨닫게 된 것이다.

이런 의식 세계의 강화가 꿈에서는 '더욱 높은 곳'으로 상징된다. 꿈속 도시는 산 위에 있다. '집으로 돌아갈 길을 찾기 위해' 헨리는 '그림자 나라'에서 더 강력한 의식 세계를 향해 '기어오르게' 된다. 산을 오르는 주제는 이미 첫 번째 꿈에서도 등장했다. 성자와 창녀에 관한 꿈이나 다른 많은 신화적 이야기에서 그렇듯이, 산은 종종 변용과 변화를 위한 계시의 장(場)으로 상징된다.

'산 위에 있는 도시'[4]도 잘 알려진 원형적 상징으로서 우리 문화사에서 다양한 모습으로 표현되고 있는 주제이다. 평면도로 보면 만다라 꼴을 하고 있는 이 도시는 '영혼의 영역'을 나타내는데, 한가운데에는 '자기'(마음속 가장 깊은 곳에 있는 중심과 전체성)가 자리를 잡고 있다.

그런데 놀라운 사실은, 헨리의 꿈에서 '자기'의 위치가 사람들이 모여드는 왕래의 중심─철도역─으로 나타난다는 점이다. 그 까닭은 아마도 '자기'가 일반적으로는 (꿈을 꾼 사람이 젊고, 정신적으로 덜 발달한 경우) 개인의 경험적 의식 내에 있는 사물─대개 꿈꾸는 사람의 원대한 포부를 보상하는 평범한 사물─로 상징되기 때문일 것이다. 자기 영혼의 이미지를 잘 아는 성숙한 사람에게만 '자기'는 그 특유의 가치에 어울리는 상징으로 나타난다.

헨리는 실은 철도역이 어디 있는지 모르면서도, 가장 높은 도시 한가운데에 역이 있을 것이라고 생각한다. 그런데 여기서 그는 첫 번째 꿈에서도 그랬듯이 무의식의 도움을 받는다. 헨리의 의식적인 마음은 기술자라는 그의 직업과 동화되어 있다. 그래서 헨리는 자기의 내면세계도 철도역처럼 합리적인 문명의 산물과 밀접하게 관련되어 있기를 바란다. 그러나 꿈은 이러한 태도를 거부하

---

4) '산 위에 있는 도시'라는 주제에 관해서는 K. 케레니가 "Das Geheimnis der hohen Städte", *Europäische Revue*, 1942, Juli-August-Heft 및 *Essays on a Science of Mythology*, Bollinger Series XXIII, p. 16에서 검토한 바 있다.

고 전혀 다른 길을 가르쳐 준다.

그 길은 어두운 통로 '밑'을 지나 저쪽까지 뻗어 있다. 아치형 통로는 입구, 위험이 도사리는 곳, 분리하는 동시에 통합하는 공간을 상징한다. 헨리는 미개한 남아메리카를 유럽과 연결해 줄 철도역을 찾으려고 했건만 뜻밖에도 어두운 통로 입구에 선 자신을 발견한다. 그 입구에는 누더기를 걸친 중국인 네 사람이 땅바닥에 앉아 길을 막고 있다. 꿈에서 이 네 사람은 뚜렷이 구분되어 있지 않으므로, 이들은 남성적인 전체성의 아직 분화되지 않은 네 국면을 상징한다고 볼 수 있다(완전함과 완성을 상징하는 '4'라는 원형적인 숫자는 융 박사의 저서[5]에 자세히 설명되어 있다).

▲어느 환자가 자기 불면증을 묘사한 그림. 불안과 우울을 나타내는 검은 색깔이 열정적이고 본능적인 붉은 색깔을 억압하고 있다.
▼정신분석 치료를 받던 한 환자의 그림에 검은 괴물(감정 측면)과 성모 마리아 비슷한 부인(정신 측면)이 등장한다. 헨리의 처지도 이와 비슷하다. 헨리 역시 지나치게 순수와 순결에 집착하고 비합리적 무의식을 두려워하고 있다.

헨리 마음속 무의식의 남성적인 측면을 상징하는 이 중국인들을 헨리는 그냥 지나칠 수가 없다. 왜냐하면 헨리는 중국인들이 가로막고 있는 '자기에게 가

---

5) '4'라는 주제에 관한 융의 설명은 CW, vols. IX, XI, XII, XIV에 나온다. 하지만 4에 관한 문제는 그 밖에도 그의 저서 곳곳에 등장한다.

는 길'(마음의 중심으로 나아가는 길)을 반드시 뚫어야 하기 때문이다. 이 길을 뚫지 않으면 그는 여행을 계속할 수 없다.

코앞에 닥쳐온 위험을 깨닫지 못한 채 헨리는 역까지 갈 수 있을 것이라고 기대하면서 서둘러 출입구로 다가간다. 그런데 도중에 그는 자신의 '그림자'를 만난다. 촌스럽고 거친 사냥꾼 모습으로 나타난 이 그림자는 아직 생명을 얻지 못한 헨리의 원시적인 면을 보여 준다. 이런 이미지가 출현했다는 사실은, 헨리의 내향적 자아가 그의 외향적 (보상적) 측면—헨리 내부의 억압된 감정과 비합리성을 드러내는 측면—과 결합되었음을 뜻한다. 그런데 이 그림자 이미지는 의식의 자아를 제치고 앞으로 나아간다. 이 그림자는 무의식 특성의 작용과 자율성을 의인화한 것이므로, 헨리의 운명을 적절히 다루는 조종자가 된다. 이제는 모든 일이 그림자를 통해 일어난다.

꿈은 절정으로 치닫는다. 헨리와 사냥꾼과 누더기 차림인 네 중국인이 싸움을 벌인다. 그 와중에 어느 중국인이 길게 기른 왼발 발톱이 헨리의 왼발에 상처를 낸다(여기서 헨리의 의식적 자아가 지닌 유럽인 기질이, 그 자아와 상반되는 고대 동양의 지혜를 의인화한 존재와 충돌한 것으로 보인다. 중국인들은 전혀 다른 심리적 대륙, 헨리로서는 도무지 알 수 없는 곳이라서 위험하게만 여겨지는 '반대편' 대륙에서 온 것이다).

중국인들은 또 '황토(黃土) 대지'를 대표한다고 볼 수 있다. 중국인들은 다른 민족보다 훨씬 더 대지와 밀접한 관계를 맺고 있기 때문이다. 이 대지와도 같이 신성한 지하적(地下的) 성질이야말로 헨리가 받아들이지 않으면 안 될 요소이다. 헨리가 꿈속에서 만난 그의 마음속 무의식적 남성의 전체성은, 그의 지적인 의식 측면이 갖추지 못한 신성한 지하적 특색을 지니고 있다. 꿈에서 헨리는 누더기를 걸친 네 사람을 중국인으로 인식했다. 이 사실은 헨리가 적(敵)의 성질에 대해서 한층 강화된 내적 자각을 획득하고 있음을 보여 준다.

헨리는 중국인들이 때때로 왼손 손톱을 길게 기른다는 사실을 들어서 알고 있었다. 그러나 꿈속에는 손톱이 아니라 왼발 발톱이 등장한다. 이것은 상대를 할퀴는 도구이다. 꿈에서 중국인의 발톱이 헨리를 할퀴었다는 사실은, 헨리의 가치관과 너무나 다른 중국인들의 가치관이 그에게 상처를 줬음을 나타내는 것인지도 모른다. 이미 살펴봤듯이 지하적이고 여성적인 것, 즉 자기 본성 속 깊은 곳을 지향하는 헨리의 의식적인 태도는 불안정한 양면성을 지니고 있다. 이러한 태도는 그의 '왼발'(헨리가 늘 두려워하던 무의식적인 여성적 측면의 가치관 또는 '입장')이 중국인에게 상처를 입음으로써 상징적으로 표현된다. 그러나 이 '상처' 자체는 헨리에게 어떤 변화도 일으키지 못한다. 모든 변화는 반드시 '세계의 종말'—삶에 대한 낡은 철학의 붕괴—을 전제 조건으로 요구한다. 헨더슨 박사는 이 책 첫머리에서, 젊은이가 통과 의례를 통해 한 인간으로 다시 태어나고 한 무리의 어엿한 구성원이 되려면 먼저 상징적인 죽음의 고통을 체험해야 한다고 설명한 바 있다. 이와 마찬가지로 삶에 대한 새로운 태도가 출현하기 위해서는 먼저 기술자 헨리의 과학적이고 논리적인 태도가 붕괴되어야 한다.

기술자의 마음속에서는 '불합리한' 것들이 모조리 억압되기 마련이며, 따라서 그 불합리한 것들이 꿈 세계의 극적인 역설을 통해 나타나는 법이다. 이리하여 불합리한 요소는 헨리의 꿈에서는, 인간의 운명을 결정하는 두렵고도 불가사의한 중국의 '신탁 게임'으로 등장한다. 말하자면 헨리의 합리적 자아는 선택의 여지 없이 자기 지성을 희생하면서 무조건 항복할 수밖에 없었던 것이다.

그러나 헨리처럼 경험이 없고 미숙한 사람의 의식적인 마음은 이런 행위를 받아들일 준비가 되어 있지 않다. 헨리는 운명의 변화에 재빨리 대처하지 못하고 목숨을 잃을 위기에 처한다. 그는 발이 묶여서 이제는 가던 길을 계속 갈 수도 없고, 어른으로서의 책임을 회피하고 집으로 돌아갈 수도 없다(헨리가 이 '위대한 꿈'을 통해 얻어야 했던 것이 바로 이러한 통찰이다).

다음으로 미개한 사냥꾼이 자기를 대신해서 신탁을 받는 동안 헨리의 의식적이고 문명적인 자아는 포박당해 한쪽으로 밀려난다. 헨리의 목숨은 그 신탁 결과에 달려 있다. 그러나 자아가 고립된 채 감금됐을 때, 그림자로 인격화한 무의식의 내용이 그를 도와 해결책을 내놓을 수도 있다. 이런 일은 꿈을 꾼 당사자가 무의식 내용을 인식하고 그 힘을 경험할 때 비로소 가능해진다. 우리 의식이 무의식 내용을 받아들기만 한다면 그것은 우리의 훌륭한 반려가 될 수 있다. 헨리도 사냥꾼(그의 그림자)이 그 대신 신탁 게임에서 승리했기 때문에 구원받을 수 있었다.

불합리와의 만남

꿈(그리고 꿈과 《역경》을 통해 헨리가 자신의 내면에 숨어 있는 불합리한 힘과 직면하게 되었다는 사실)은 헨리에게 깊은 충격을 주었다. 이 점은 그의 행동에서 뚜렷이 나타났다. 그 뒤부터 헨리는 무의식의 메시지에 열심히 귀를 기울였고 정신 분석은 나날이 열기를 띠었다. 마음속 깊은 곳에 존재하는 분열로 인해 그는 끊임없이 위협을 받았는데, 이제는 그 긴장감이 표면으로 드러나기 시작했다. 그러나 그는 만족스러운 결론에 도달할 수 있으리라고 믿어 의심치 않았다.

신탁몽을 꾼 지 2주일 뒤에(이 신탁몽이 검토되거나 해석되기도 전에) 헨리는 또 다른 꿈을 꾸었다. 이 꿈에서도 헨리는 자신을 괴롭히는 불합리 문제에 직면하게 됐다.

'저는 제 방에 홀로 있었습니다. 끔찍한 바퀴벌레들이 구멍에서 잔뜩 기어 나와 제도대(製圖臺) 위에 좍 퍼졌어요. 저는 무슨 마술을 부려 그놈들을 다시 구멍 속으로 쫓아 버리려고 했습니다. 그래서 거의 다 쫓아냈는데, 네댓 마리가 남아 제도대 위에서 방 전체로 퍼져 나갔어요. 하지만 더 이상은 쫓아내고 싶다는 생각이 안 들더군요. 별로 혐오감이 느껴지지 않았거든요. 저는 바퀴벌레들이 숨어 있는 곳에 불을 질렀습니다. 불길이 확 올랐어요. 혹시 방에 불이 옮겨 붙지나 않을까 걱정스러웠죠. 그러나 괜한 걱정이었습니다.'

이즈음에 헨리는 자기 꿈을 분석하는 데 꽤 익숙해져 있었다. 그는 이 꿈도 나름대로 해석했다. "바퀴벌레는 제 안에 있는 어두운 면을 나타내고 있습니다. 분석 덕분에 그 어두운 면이 표면화된 것이 아닐까요. 그런 요소들이 제도대로 상징되는 저의 전문적인 직업 영역에까지 끼어들 위험이 있는 것 같습니다. 그런데도 저는 처음 의도와는 달리 그놈들을 손으로 눌러 잡지 않았습니다. 문득 검은 성갑충(聖甲蟲, scarab)이 연상되었거든요. 그래서 '마술'을 부려 물리치려고 했던 겁니다. 그놈들이 숨어 있는 구멍에 불을 지르면서 저는 뭔가 성스러운 존재의 가호를 빌었습니다. 타오르는 불길을 보니 '언약궤'의 불길이 떠올랐기 때문이죠."

이 꿈의 상징을 좀더 깊이 있게 분석하려면 무엇보다 바퀴벌레가 검은색이었다는 점, 그리고 검은색은 암흑, 우울, 죽음 등을 표현하는 색이라는 점에 유의할 필요가 있다. 꿈속에서 헨리는 '홀로' 자기 방에 있다. 즉 내향적이거나 우울한 상태가 되기 쉬운 상황이다. 신화에 나오는 성갑충은 대개 황금색이다. 이집트에서 성갑충은 태양을 상징

▲기원전 1300년경의 이집트 부조　태양신 아몬과 풍뎅이가 한 원 안에 들어 있다. 이집트에서 황금 풍뎅이(성갑충)는 태양을 상징한다.

▼제임스 앙소르 작 판화 〈이상한 곤충들〉(1888)　위의 풍뎅이와는 전혀 다른 곤충. 헨리의 꿈속에 나타난 '악마 같은' 바퀴벌레와 비슷하게, 기분 나쁜, 의인화한 곤충들이 그려져 있다.

하는 성스러운 생물이다. 그런데 이 생물이 검다는 것은 태양과 정반대되는 측면─악마적인 측면을 상징한다고 볼 수 있다. 따라서 헨리가 본능적으로 마술을 부려 이 바퀴벌레들과 싸우려 한 것은 당연하다.

바퀴벌레는 겨우 네댓 마리만 남는다. 수가 많이 줄었기 때문에 헨리는 더 이상 두려움과 혐오감을 느끼지 않는다. 이제 그는 바퀴벌레 구멍에 불을 질러 깡그리 파괴해 버리려고 한다. 이는 바람직한 행동이다. 왜냐하면 (고대 불사조

신화에서 볼 수 있듯이) 불은 상징적으로 볼 때 변용, 재생과 일맥상통하기 때문이다.

그즈음 헨리는 상당히 진취적으로 주간(晝間) 생활을 해 나가는 모양이었다. 다만 그 활력을 효과적으로 쓰는 법은 아직 터득하지 못한 것 같았다. 여기서 헨리의 또 다른 꿈을 고찰해 보자. 아마 이 꿈이 그의 문제를 좀더 확실하게 보여 줄 것이다. 이 꿈에서는 여성과 책임 있는 관계를 맺는 데 대한 두려움과, 삶의 정서적 측면을 되도록 외면하려고 하는 그의 심리적 경향이 상징적인 언어로 표현되어 있다.

중세 아랍의 필사본에 묘사된 불사조 불길 속에서 재생하고 있는 이 불사조의 이미지는 불에 의한 죽음과 재생의 모티프를 극명하게 보여 주는 예.

'한 노인이 숨을 거두려 하고 있었습니다. 주위에는 친척들이 있었어요. 저도 그 틈에 끼어 있었고요. 사람들이 차례차례 그 커다란 방으로 몰려들어 분명한 어조로 자신들을 소개했습니다. 아마 40명 정도가 모였을 거예요. 노인은 신음하면서 "인생을 제대로 살지 못했다"고 중얼거렸습니다. 그의 딸은 자기 아버지의 참회를 조금이나마 도와 드리려고 했는데요. 그녀가 그 "제대로 살지 못했다"는 말이 무슨 뜻인지, 문화적인 측면에서인지 아니면 도덕적인 측면에서 하는 말인지 물어봤습니다. 하지만 노인은 대답하려고 하지 않았어요. 그러자 딸이 나를 옆에 있는 작은방으로 데려가더니, 그 방에서 트럼프로 점(占)을 쳐서 해답을 알아

내라고 했습니다. '9' 카드
를 뽑아서 그 색깔을 보
면 해답을 알 수 있다는
거였죠.

저는 9 카드가 빨리 나
오길 바라면서 카드를 뒤
집었습니다. 그러나 한동
안 킹과 퀸만 자꾸 나왔
어요. 실망스러웠죠. 그
다음에는 또 트럼프 게임
과 무관한 종잇조각만 연
달아 나왔어요. 어느새
카드는 한 장도 안 남았
습니다. 남은 것은 봉투

프랑스의 화가 J.J. 그랑빌 작 목판화 〈카드의 전투〉(19세기) 카드
가 지니는 상징적인 의미를 보여 준다. '스페이드'를 프랑스인들은
'피크(창)'라고 한다. 창은 지성이 지닌 '예리한' 힘을 뜻한다. 그런
스페이드가 검다는 것은 '지성의 죽음', 곧 지성의 희생을 뜻한다.

와 종잇조각뿐이었어요. 마침 누나도 그 자리에 있었는데, 우리 둘이서 열심
히 카드를 찾아봤습니다. 그러다가 교과서인지 공책인지 뭔지 밑에서 마침내
카드 한 장을 발견했습니다. 바로 스페이드 9였어요. 그 카드는 저에게 한 가
지 사실을 암시하는 것 같았습니다. 즉 노인이 "자기 인생을 제대로 살지" 못
했던 이유는 도덕적인 구속 때문이었던 거예요.'

이 기묘한 꿈은 특히 헨리가 인생을 "제대로 살지" 못하면 앞으로 어떻게 될
지 보여 주면서 경고하고 있다. '노인'은 죽음을 앞둔 '지배 원리'—분명히 헨리
의 의식을 지배하는 원리이지만 본인은 그 원리의 성질을 모르고 있다—를 상
징한다. 모여든 사람 수가 40명이라는 것은 헨리의 심적 특성의 총화를 의미한
다(40은 전체성을 나타내는 4를 확대한 수이다). 노인이 빈사 상태에 빠져 있는 것
은 헨리 마음속에 있는 남성적 인격이 최종 변용 단계에 이르렀음을 보여 준다.
딸은 노인이 죽어 가는 이유를 궁금하게 여긴다. 이는 당연하고도 불가피한
의문이다. 딸은 노인이 '도덕관' 때문에 자연스러운 감정이나 욕망에 따라 살지
못했던 것임을 은근히 내비친다. 그러나 죽어 가는 노인은 아무 말도 하지 않

는다. 그래서 딸(중개 역할을 맡은 여성적 원리, 즉 아니마의 화신)이 그 대신 적극적으로 행동할 수밖에 없다.

딸은 카드를 뒤집어서 처음으로 나오는 9 카드의 색깔로 그 해답을 찾아내라고 헨리에게 말한다.[1] 헨리가 카드 점을 치는 곳은 평소에는 쓰이지 않는 구석방이다. 이는 헨리의 의식적인 태도와 상당히 거리가 먼 곳에서 이런 일이 벌어지고 있음을 암시한다.

헨리는 처음에 킹과 퀸(힘과 부(富)에 대한 젊은이의 동경을 나타내는 보편적 이미지)밖에 나오지 않아서 실망한다. 카드를 아무리 뒤집어도 답이 나오지 않자 헨리의 실망은 점점 더 커진다. 이것은 헨리의 내적 세계의 상징이 고갈되고 있음을 보여 주기 때문이다. 카드를 다 쓰고 나서 남은 것은 이미지라곤 전혀 없는 '종잇조각'뿐이다. 꿈속에서 이미지가 고갈되어 버린 것이다. 이제 마지막 카드를 찾아내기 위해 헨리는 여성적 측면(이번에는 누나로 표현됐는데)의 도움을 빌리지 않으면 안 된다. 그녀와 함께 헨리는 결국 한 장의 카드―스페이드 9―를 찾아낸다. 꿈속에서 "인생을 제대로 살지 못했다"는 말의 뜻을 색깔로 설명해 주는 것이 바로 이 카드이다. 카드가 교과서나 공책 밑에서 발견되었다는 사실도 의미심장하다. 교과서와 공책은 헨리의 전공 분야인 저 무미건조한 지적 공식을 나타내기 때문이다.

9는 예로부터 '마술적인 숫자'로 알려져 왔다. 숫자의 전통적인 상징체계에 따르면 9는 3의 세 배, 즉 세 배로 드높여진 삼위일체의 완전한 형태이다. 9가 지니는 또 다른 의미는 시대와 문화권에 따라 한없이 다양하다.[2] 한편 스페이드 9의 색깔은 죽음의 색, 생명 없는 것을 상징하는 색인 검은색이다. 게다가 '스페이드'는 그 모양이 잎을 연상시키는데, 검은색 스페이드는 생명이 넘치는 자연의 초록색 잎이 아니라 죽어 버린 잎을 나타낸다. 그뿐만 아니라 '스페이드'라는 말은 '칼'이나 '창'을 뜻하는 이탈리아어 '스파다(spada)'에서 유래했다. 이런 무기는 지성이 지닌 투철하고 '예리한' 기능을 상징한다고 볼 수 있다.

---

1) 카드 점의 상징적 의미는 *Handwörterbuch des Deutschen Aberglaubens*, vol. IV, p. 1015 및 vol. V, p. 1110에 설명되어 있다.

2) 숫자 9가 상징하는 내용은 (다른 책들도 있지만) F. V. Hopper, *Medieval Number Symbolism*, New York : Columbia University Press, 1938, p. 138에서 검토된 바 있다.

이로써 노인이 인생을 '제대로 살지 못한' 까닭이 밝혀진다. 그것은 ('문화적' 구속이 아닌) '도덕적 구속' 때문이었다. 헨리를 괴롭히는 이 '구속'은 인생에 자신을 던져 넣는 데 대한 두려움, 아내와 책임 있는 관계를 맺게 되면 어머니를 '배신'하게 되지 않을까 하는 두려움일 것이다. 이에 대해서 꿈은 '제대로 살지 못한 인생'이란 죽음에 이르는 병이나 다름없다고 주장한다.

헨리는 이제 더 이상 꿈이 전하는 메시지를 무시하지 않는다. 일상생활에서 생기는 혼란을 수습하는 데 이성 말고 무엇인가 다른 지침이 필요하다는 것, 마음속 깊은 곳에서 상징적인 모습으로 출현하는 무의식적인 힘의 안내를 따를 필요가 있다는 것을 헨리는 비로소 깨달았다. 이런 인식이 생겼을 정도면 분석의 목적 중 일부는 무사히 달성된 셈이다. 결국 헨리는 자신이 아무런 의무도 지지 않은 채 살아갈 수 있었던 낙원에서 쫓겨났고, 이제 다시는 그곳으로 돌아갈 수 없다는 사실을 깨달은 것이다.

마지막 꿈

그 뒤 헨리가 꾼 꿈은 그가 얻은 통찰이 얼마나 중요한지를 보여 준다. 일상생활과 관련된 간단하고 사소한 꿈들이 등장하고 나서, 드디어 마지막 꿈(50번째 꿈)이 이른바 '위대한 꿈'을 특징짓는 풍부한 상징과 더불어 출현했다.

'우리 넷은 사이좋게 무리를 지어 다음과 같은 일들을 체험했습니다.

저녁 : 우리는 기다란 원목 식탁에 앉아 세 가지 서로 다른 잔에서 술을 따라 마셨습니다. 리큐어 잔으로는 투명하고 달콤한 노란색 리큐어를, 포도주 잔으로는 진홍색 캄파리를, 그리고 고풍스런 커다란 찻잔으로는 차를 마셨어요. 우리 네 사람 말고도 조심스럽고 섬세한 소녀가 하나 더 있었는데요. 그 소녀가 자기 잔에 든 리큐어를 차에 부었습니다.

밤 : 성대한 술잔치를 마치고 돌아왔습니다. 넷 중 하나는 프랑스 공화국 대통령이었어요. 우리는 그의 궁전에 있었습니다. 발코니로 나가 보니까, 아래쪽 눈 쌓인 도로에서 그가 술에 취한 채 눈덩이에다 오줌을 누고 있더군요. 그의 오줌은 끝도 없이 계속 나왔습니다. 아, 그가 이번에는 아이를 갈색 모포에 싸서 안고 있는 노처녀를 쫓아갑니다. 그러더니 그 아이를 향해 오줌을 눴어요. 노처녀는 아이가 젖은 것을 눈치챘지만 아이의 소행이라고 여겼습니다. 그녀는 큰 걸음으로 서둘러 뛰어갔습니다.

아침 : 겨울 태양 아래 눈부시게 빛나는 길을 흑인 한 사람이 걷고 있습니다. 그는 벌거벗고 있었는데 몸이 놀랄 만큼 아름다웠어요. 그는 동쪽, 즉 베른(스위스의 수도)을 향해 걷고 있었습니다. 지금 우리가 있는 곳은 스위스의 프랑스어 지구인데, 우리는 그를 찾아가기로 결정했습니다.

정오 : 자동차로 적막한 설경 속을 오랫동안 여행한 뒤 어느 마을에 도착했습니다. 우리는 흑인이 투숙하고 있다는 어두운 집으로 들어갔어요. 그가

얼어 죽지나 않았을까 몹시 걱정됐습니다. 그런데 어둠과 구분이 안 될 만큼 새까만 하인이 나타나 우리를 맞이하는 거예요. 흑인도 하인도 말이 없었어요. 우리는 등에 지고 온 배낭을 열고, 흑인에게 줄 선물이 없을까 하고 안을 뒤져 봤습니다. 뭔가 문명적인 선물을 줘야만 했죠. 네 명 중에서 제가 제일 먼저 마음을 정하고는, 바닥에 있던 성냥갑을 집어 경의를 표하면서 흑인에게 내밀었습니다. 선물 증정이 모두 끝난 다음에 우리는 흑인과 함께 유쾌하고 떠들썩한 술잔치를 벌였습니다.'

네 부분으로 이루어진 이 꿈은 첫눈에 범상치 않은 인상을 준다. 꿈에는 하루가 고스란히 포함되어 있다. 이 하루를 통해 의식은 '바른' 방향으로 확대된다. 이러한 움직임은 저녁에 시작되어 밤을 지내고 다음 날 정오에 끝난다. 이때 태양은 머리 위에서 빛난다. 이처럼 여기서는 '하루' 주기가 전체성의 양상을 보이며 나타난다.[1]

이 꿈에 등장하는 헨리의 네 친구는 그의 마음속에서 개화하는 남성성을 상징하는 것 같다. 꿈을 구성하는 네 가지 '사건'을 거치면서 이 남성성이 확대되어 가는 모습은 기하학 도형, 즉 만다라 기본 구조 중 하나를 상기시킨다. 처음에 이들은 동쪽에서 왔고 다음에는 서쪽에서 와서 스위스의 '수도'(즉 중심)로 향한다. 이러한 움직임은 대립물을 중심에서 통합하려는 시도로 보인다. 이 점은 시간의 흐름에 따른 변화—태양의 움직임에 따라 무의식적인 밤으로 하강했다가 눈부신 의식의 정점으로 상승하는 것—을 통해 더욱 강조되고 있다.

꿈은 저녁에 시작된다. 이 시각은 의식의 문턱이 낮아져서 무의식적 충동이나 이미지가 의식으로 넘쳐 나오기 쉬운 시각이다. 이러한 상태(남성 속에 있는 여성적 측면이 가장 쉽게 자각될 수 있는 상태)에서 네 남성이 있는 자리에 한 여성이 합류하는 것은 자연스러운 현상이리라. 이 여성은 네 사람이 공유하는 아니마 상으로(헨리는 이 여성이 "조심스럽고 섬세하다는 점"에서 자기 누나를 연상한다),

---

1) 이 같은 '밤바다 항해' 형식의 꿈에 관해서는 J. Jacob, "The Process of Individuation", *Journal of Analytical Psychology*, vol. III, No. 2, 1958, p. 95 참조.

그들을 서로 밀접하게 관련지어 준다. 테이블 위에는 서로 다른 특징을 지닌 잔들이 세 개 놓여 있는데, 이 잔들의 오목한 모양은 여성의 상징인 수용성(受容性)을 강조한다. 그 자리에 있는 네 사람이 모두 이 잔들을 사용하고 있었다는 사실은 네 사람이 서로 밀접한 관계를 맺고 있음을 보여 준다. 잔 모양은 서로 다르고(리큐어 잔, 포도주 잔, 고풍스런 찻잔) 그 안에 든 내용물 색깔도 다르다. 마실 것은 달콤한 것과 쓴 것, 붉은 것과 노란 것, 알코올을 함유하고 있는 것과 그렇지 않은 것 등등, 대립되는 요소들로 이루어져 있다. 그러나 다섯 사람이 이것을 마심으로써 모든 것이 하나로 어우러진다. 그리하여 그들은 무의식적인 깊은 상호 소통의 세계로 빠져들어간다.

여기서 소녀는 사건 발생을 재촉하는 매개자로서 비밀 임무를 맡고 있다(남성을 무의식 세계로 끌어들이고 심층에 남은 기억에까지 눈을 돌리게 함으로써 의식의 영역을 확대해 주는 것이 바로 아니마의 역할이다). 이들이 벌이는 술잔치는 리큐어와 차를 섞는 대목에서 절정에 이른다.

꿈의 두 번째 부분은 이 '밤'에 벌어진 일에 관해서 더 많은 사실을 알려 준다. 네 사람은 갑자기 파리에 가 있다(스위스 사람들에게 파리는 관능과 제약 없는 쾌락과 사랑의 도시를 상징한다). 여기서 네 사람이 서로 구별되기 시작한다. 특히 두드러지는 것은 자아(주도적 사고 기능과 거의 동일시되는 것)와, 아직은 미숙한 무의식적 감정 기능을 상징하는 '공화국 대통령' 사이의 구별이다.

자아(헨리와 그의 반의식적(半意識的) 기능을 나타내는 듯한 두 친구)는 높은 발코니에서 대통령을 내려다본다. 대통령은 분화되지 않은 정신의 여러 특성을 내보인다. 그는 불안정한 상태에서 충동에 이끌려 행동한다. 술에 취한 채 길거리에서 오줌을 눈다. 그는 비문명인처럼 자기가 무슨 짓을 하는지도 의식하지 못하고 동물적 충동에 따라 행동하고 있을 뿐이다. 이로써 이 대통령은, 스위스의 건전한 중산층 과학자가 의식적으로 수용하고 있는 가치 기준과 뚜렷하게 대조되는 것을 상징적으로 보여 준다. 그러나 헨리의 마음속에 존재하는 이런 측면은 오로지 무의식의 암흑 상태에서만 드러난다.

그런데 대통령 이미지에는 매우 긍정적인 면도 있다. 그의 오줌(심적 리비도의 흐름을 상징하는지도 모른다)은 끝도 없이 계속 나온다. 오줌은 윤택함의 증거이며 창조적인 생명력을 상징한다(실제로 원시인들은 몸에서 나오는 모발, 대소변, 침

등에 창조적인 힘과 마력이 있다고 믿는다).[2] 이 부정적인 대통령 이미지는 자아의 그림자 부분에 깃든 힘과 부의 상징이라고 볼 수도 있다. 그는 기가 막히게도 길거리에서 오줌을 누고, 아이를 안은 노처녀를 쫓아가기까지 한다.

이 '노처녀'는 어찌 보면 꿈의 첫 부분에 등장하는 내성적이고 허약한 아니마와는 반대되는 존재, 또는 그것을 보충하는 존재라고 할 수 있다. 나이를 먹은 데다 아이 어머니인 것처럼 보이는데도 이 여성은 '처녀'이다. 실제로 헨리는 이 여성에게서 아기 예수를 안은 원형적 이미지인 성모 마리아를 연상한다. 그러나 아이는 갈색(대지의 색깔) 모포에 싸여 있다. 이것은 하느님의 아

고대 페루의 물 단지 부인 모습을 모방한 이러한 용기는 헨리의 마지막 꿈에 나타난 이미지와 같이 여성을 상징한다.

들인 구세주 이미지와는 어울리지 않는다. 그보다는 오히려 구세주와 반대되는 지하 세계 이미지에 가깝다. 어쩌면 아이에게 오줌을 눕으로써 대통령은 세례를 희화화하고 있는지도 모른다. 만일 우리가 이 아이를 헨리의 내부에 싹튼 유아적인 잠재력의 상징이라고 본다면, 이 잠재력은 세례 의식을 통해 힘을 얻을지도 모른다. 그러나 꿈은 여기까지밖에 보여 주지 않는다. 노처녀는 아이를 안고 서둘러 떠나가 버린다.

이 장면은 꿈에서 중요한 전환점이 된다. 다시 아침이 온다. 바로 앞 장면에서 힘을 발휘하던 암흑의 원시적 이미지는 이제 하나로 결집되어 당당한 흑인으로 상징된다. 그는 벌거벗은 모습―있는 그대로의 진실―으로 나타난다.

암흑과 빛나는 아침, 또는 뜨거운 오줌과 차가운 눈이 대비를 이루듯이 이번에는 하얀 눈과 검은 흑인이 뚜렷한 대비를 이룬다. 네 친구들은 이 새로운 세

---

2) 신체 분비물에 대한 원시인들의 신앙은 에리히 노이만, 《의식의 기원사》(분석심리학연구소, 2010) [원제 : *Ursprungsgeschichte des bewusstseins*], p. 39(독일어판)에 설명되어 있다.

계에서 자기가 나아갈 방향을 잡아야만 한다. 그들이 있는 장소도 바뀐다. 파리로 이어졌던 길이 뜻밖에도 (헨리 약혼녀의 고향인) 스위스의 프랑스어 지구로 그들을 데려왔다. 과거에 자기 마음속에 깃든 무의식적인 내용에 압도되어 변화를 겪었던 헨리가, 이제 비로소 약혼녀가 살던 곳에서부터 스스로 나아갈 길을 찾게 된 것이다(이 사실은 헨리가 약혼녀의 심리적 배경을 수용하게 되었음을 암시한다).

처음에 동부 스위스에서 파리로 갔던(동쪽에서 암흑과 무의식의 상징인 서쪽으로 갔던) 헨리는 여기서 180도 회전하여 해가 뜨는 방향, 즉 시시각각으로 명확해지는 의식 쪽으로 향한다. 이 길은 스위스 중앙부인 수도 베른으로 가는 길이다. 이것은 헨리가 자기 내부의 대립물을 통합하는 중심으로 다가가고 있음을 상징한다.

어떤 사람들에게 흑인은 '검은 원시적 생물'의 원초적 심상이며 무의식 내용의 화신일 수 있다. 백인이 흑인을 거부하거나 두려워하는 것은 이러한 이유 때문일지도 모른다. 백인은 흑인에게서 살아 있는 자신의 단편, 은밀한 암흑의 측면을 발견한다(많은 사람들은 바로 이러한 사실을 직시하기를 꺼린다. 그들은 이것을 내버리고 억압하려 한다). 백인은 원시적 충동, 마음속 깊은 곳에서 솟아오르는 힘, 억제할 수 없는 본능 따위를 자기 것으로 인정하지 않는다. 그들은 그 요소들을 의식하지 못한 채 타인의 특성으로 치부하고는 흑인에게 투사해 버린다.

헨리 또래의 젊은이에게 흑인이 지니는 의미는 무엇일까. 그것은 무의식 속에 억압되어 있는 어두운 특성의 총화를 대표하는 것일 수도 있고, 또 원시적·남성적 힘과 잠재력, 정서적·육체적 힘의 총화를 대표하는 것일 수도 있다. 그러므로 헨리와 친구들이 의식적으로 흑인과 마주 서려고 한 것은, 그들이 남성성을 확립하는 방향으로 뜻깊은 발걸음을 옮겼음을 의미한다.

이윽고 정오가 되어 태양이 중천에 솟으면 의식은 가장 명료한 상태에 이른다. 헨리의 자아는 한층 충실해지고 의식적으로 더욱 뛰어난 결단 능력이 그에게 주어진다. 그러나 계절은 여전히 겨울이다. 이 사실은 헨리의 감정과 따뜻함이 결여되어 있음을 보여 주는 듯하다. 그의 심적 풍경은 아직 겨울이고 지적으로도 매우 차갑다. 네 친구들은 벌거벗은 흑인(열대 지방 사람)이 얼어 죽었을지도 모른다고 걱정한다. 그러나 그들이 자동차로 황량한 설경 속을 오랫동안 달려 이윽고 낯선 마을의 어두운 집 안으로 들어갔을 때, 그 걱정은 기우였음이 밝혀진다. 이 자동차 여행과 황량한 설경은 자기 발전에 대한 길고도 힘든 탐색 과정을 상징한다.

그런데 여기서 곤란한 사태가 벌어진다. 흑인과 하인이 둘 다 말이 없는 것이다. 말로는 의사소통을 할 수 없는 상황이다. 헨리 일행과 흑인이 서로 소통하려면 다른 방법을 모색해야 한다. 헨리 일행은 지적인 수단(언어)보다는 감정적 행동으로 그에게 접근할 필요가 있다. 신들에게 제물을 바쳐 흥미와 환심을 사는 것처럼 헨리 일행은 그에게 선물을 주기로 한다. 그 선물은 백인 지식인이 귀하게 여길 만한 문명적인 것이어야 한다. 즉 자연과 본능을 상징하는 흑인의 환심을 사기 위해서는 다시 한번 지성의 희생이 필요해지는 것이다.

무엇을 선물로 줄지 제일 먼저 결정한 사람은 헨리였다. 당연한 노릇이다. 꿈속에서 자아의 주인은 바로 헨리이며, 흑인 앞에서 그의 훌륭한 의식(또는 오만함)을 희생시켜야 하는 것도 바로 헨리이기 때문이다. 그는 바닥에 있던 성냥갑을 집어 '경의를 표하면서' 흑인에게 준다. 누가 버리고 간 것처럼 바닥에 떨어져 있는 사소한 물건을 선물로 삼은 것은 어리석은 짓 같아 보일지도 모른다. 그러나 이것은 올바른 선택이다. 성냥은 잘 저장되어 관리되고 있는 불이다. 언제든지 필요에 따라 불꽃을 피울 수도 있고 끌 수도 있는 수단이다. 불과 불꽃은 따뜻함과 사랑, 감정과 정열을 상징한다. 이것은 인간이 있는 곳이면 어디에서건 볼 수 있는 마음의 특성이다.

흑인에게 이런 선물을 줌으로써 헨리는 자기 의식적 자아의 고도로 발달된 문명적 산물과, 흑인으로 상징되는 자신의 원시성 및 남성적 힘의 중심을 상징적으로 결합시킨다. 이리하여 헨리는 자기의 남성적 측면을 완전히 파악할 수 있게 되며, 그의 자아는 앞으로 이 남성적 측면과 끊임없이 접촉해야 할 것이다.

사건의 결말은 다음과 같다. 여섯 남성—네 친구와 흑인과 하인—은 경사스럽게도 한자리에 모여 사이좋게 음식을 먹는다. 이 대목에서 헨리의 남성적 전체성이 원숙한 경지에 이르렀음이 일목요연해진다. 이제 안정을 찾은 그의 자아는 좀더 큰 원형적 인격을 의식적으로 또 자유롭게 받아들일 수 있게 되었다. 이는 '자기'의 도래를 암시한다고도 할 수 있다.

《심리학과 연금술》에서 융 박사는 한 남성이 꾼 1천 가지에 이르는 꿈을 연구했다. 그 일련의 꿈에서는 엄청나게 많고 또 변화무쌍한 만다라 모티프가 '자기' 실현이라는 문맥에서 등장한다. '자기' 이미지는 동일 인물의 무의식 속에서도 각각 다른 형태로 드러낼 수 있다는 것을 보여주기 위해 그 책에 실린 만다라 이미지 몇 가지를 소개하기로 한다. 간략하게밖에는 기술할 수 없기 때문에 다소 독단적인 것으로 비칠 수도 있겠다. 융 학파의 심리학자 중에, 꿈꾼 당사자에 대한 배경 지식 없이 그리고 꿈에 관한 연상을 신중히 검토하지 않고 꿈을 해석하는 심리학자는 없다. 여기에 실리는 해설은 가능한 의미에 대한 암시를 주고자 하는 것일 뿐, 그 이상도 이하도 아니다.

▲꿈속에서 아니마는, 자신을 너무 소홀히 대했다고 남성을 나무란다. 시계는 정각 5분 전을 가리킨다. 남성은 무의식에 '들볶이고' 있다. 그럼으로써 발생한 긴장감은 시계로 인해 더욱 고조된다. 말하자면 5분 내에 문제를 해결하라고 재촉한다.

◀두개골(남성은 이것을 차 버리려고 하나 잘 되지 않는다)은 빨간 공이 되었다가 또 여자 머리가 된다. 남성은 무의식을 거부하지만(즉, 두개골을 차 버리려고 하지만) 무의식은 공(태양)이 되고 아니마 상이 됨으로써 자기주장을 되풀이한다.

▲꿈속에서 왕자가 꿈꾼 사람의 왼손 약지에 다이아몬드 반지를 끼워준다. 결혼반지가 그렇듯이 이 반지는 꿈꾼 사람의 '자기'에 대한 '맹세'를 나타낸다.

오른쪽 위: 더 이상 전쟁 준비를 할 필요가 없는 병사들이 8방으로 대열을 짓고 왼쪽으로 선회한다. 내부의 갈등이 조화를 이루는 방향으로 움직이고 있음을 보여 주는 이미지이다.

오른쪽 가운데: 투명한 구체 속에 몇 개의 작은 구체가 들어 있고 그 안에서 초록색 식물이 자라고 있다. 구체는 전체성을 상징하고, 식물은 생명과 성장을 상징한다.

오른쪽 아래: 베일을 쓴 부인이 태양처럼 빛나는 얼굴을 드러내고 있다. 이 이미지는, 아니마의 역할 덕에 이르게 된 무의식 차원의 깨달음—의식적인 이해와는 다른—을 암시한다.

꿈속에서 일어난 변화는 헨리의 일상생활에서도 일어났다. 헨리는 자신을 갖게 되었다. 재빨리 결단을 내리고 결혼 문제도 진지하게 생각했다. 분석을 시작한 지 정확히 9개월 뒤에 그는 서부 스위스의 조그만 교회에서 결혼식을 올리고 다음 날 부인과 함께 캐나다로 떠났다. 그가 결정적인 마지막 꿈을 꿀 즈음 캐나다의 어느 회사에 취직한 것이다. 이제 헨리는 대기업 관리 직원으로, 또 한 집안의 가장으로 활발하고 창조적인 삶을 살고 있다.

헨리의 사례는 개인이 독립적이고 책임 있는 남성으로 거듭나기 위한 성숙 작업이 촉진된 사례라고 할 수 있다. 이것은 곧 현실 세계로 들어가는 통과 의례이자 자아 및 남성성이 강화되는 과정이며, 이로써 개성화 과정 전반부가 마무리된다. 개성화 과정 후반부는 자아와 자기 사이의 올바른 관계를 확립하는 것인데, 이는 앞으로 헨리의 인생 후반부에 일어날 일로서 남아 있다.

그러나 모든 사례가 이같이 성공적이고 긍정적일 수는 없고, 모든 경우에 똑같은 방법이 적용될 수 있는 것도 아니다. 모든 사례는 저마다 다르다. 노인과 젊은이, 남성과 여성이 서로 다르고, 또 같은 범주에 속해 있어도 개개인이 모두 다르기 때문에 그들의 문제를 처리하는 방법 또한 달라야 한다. 심지어 똑같은 상징이라도 사례에 따라 해석이 달라져야 한다. 내가 일부러 이 사례를 선택한 까닭은 여기서 드러나는 무의식의 자율성과, 그 심적 배경에 존재하는 무궁무진한 심상 형성 능력에서 비롯된 풍부한 이미지가 매우 인상적이었기 때문이다. 그리고 이 사례는, 마음이 지닌 자기 조절 기능이 (지나치게 지적인 해석이나 분석으로 인해 방해받지 않는다면) 영혼의 발달 과정을 얼마든지 도울 수 있다는 사실을 증명한다.

결론

마리 루이제 폰 프란츠

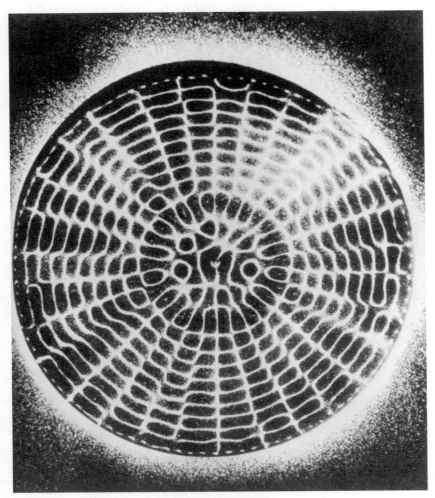

강철판을 진동시켜 나오는 음파를 촬영한 것. 만다라의 패턴을 보여 준다.

과학과 무의식

　지금까지 C.G. 융 박사와 공저자들은 인간의 무의식 속에 존재하는 상징 창출 기능의 역할을 밝히고, 이 새로 발견된 생활 영역에서 몇 가지 응용 분야를 지적해 보았다. 하지만 우리가 무의식이나 원형—마음의 역동적인 핵심[1]—이 지닌 의미를 완전히 이해하려면 아직도 갈 길이 멀다. 지금까지 우리는 이 원형이 개인에게 강한 영향력을 발휘함으로써 그 사람의 정서나 윤리나 심리적 사고방식의 틀을 형성하고, 그의 인간관계에도 영향을 미침으로써 그 사람의 운명 전체를 바꿔 놓을 수도 있다는 사실을 알게 되었다. 또한 우리는 원형 상징의 배열이 개인의 전체성 양식을 따르고 있으며, 그 상징을 적절히 이해하는 일이 치료 효과를 가지고 있음을 알게 되었다. 게다가 우리는 우리 마음속에서 원형이 창조적으로도 파괴적으로도 기능할 수 있다는 사실을 알게 되었다. 그러니까 원형은 새로운 관념을 암시할 때에는 창조적이고, 이러한 관념이 의식의 편견으로 굳어져 새로운 탐색을 저지할 때에는 파괴적인 것이다.[2]

　원형적인 관념이나 상징에 라벨을 붙임으로써—즉 거기에 지적으로 형식화된 상투적 의미를 부여함으로써—그 개인적·문화적 가치를 희석해 버리는 폐단을 막기 위해서는, 이에 대한 해석이 신중하고 세밀하게 이루어져야 한다고 융 박사는 제1장에서 주장했다. 융 박사는 이러한 상징 연구 및 해석 작업에 평생을 바친 인물이다. 이 책에 소개된 내용은 물론 새로운 심리학적 발견 영역에서 그가 남긴 위대한 업적의 극히 미미한 일부분에 지나지 않는다. 이 방면의 선구자였던 융 박사는 많은 의문이 여전히 해결되지 않은 채로 남아 있고,

---

[1] 마음의 핵심인 원형에 관한 설명은 W. Pauli, *Aufsätze und Vorträge über Physik und Erkenntnistheorie* (이하 *Aufsätze und Vorträge*), Braunschweig : Vieweg+Teubner Verlag, 1961에 나온다.

[2] 원형의 창조적인 힘 또는 파괴적인 힘에 대해서는 C. G. Jung and W. Pauli, *Naturerklärung und Psyche*, Zurich : Rascher, 1952, p. 163 및 다른 부분 참조.

따라서 앞으로도 많은 연구가 필요하다는 사실을 잘 알고 있었다. 그가 (지나치게 모호해지거나 막연해지지 않게끔 주의하면서) 그의 개념이나 가설을 되도록 넓은 기초 위에 세우고, 이론 체계를 이른바 '개방 체계'로 만듦으로써 새로운 발견을 받아들일 준비를 해 놓은 것도 바로 이 때문이다.

융 박사에게 개념은 단순한 도구이며 새로운 발견을 유도하기 위한 가설에 지나지 않는다. 개념은 무의식의 발견을 통해 열린 새로운 현실 영역을 우리가 탐색하는 데 필요한 연장 같은 것이다. 무의식의 발견은 세계에 대한 우리의 전체적인 견해를 넓게 확장했을 뿐만 아니라 사실상 갑절로 늘려 주었다. 이제 우리는 심리 현상 가운데 무엇이 의식적이고 무의식적인지, 또 '참된' 외부 현상이 의식적으로 지각되는지 무의식적으로 지각되는지 끊임없이 의심해 봐야만 한다.

무의식의 강력한 힘은 임상적인 소재에서뿐만 아니라, 신화나 종교나 예술 등등 인간이 스스로를 표현하는 온갖 문화적 영역에서 확실하게 나타난다. 만일 모든 인간이 정서적·심적 행동 양식(융 박사가 말하는 '원형')을 공유하고 있다면, 인간 전체의 개별적 활동 분야에서 그 행동 양식의 산물(상징적 공상, 사상, 행위)이 발견되는 것도 당연하리라.

이런 수많은 인간 활동 분야에서 이루어진 현대의 중요한 연구는 융 박사의 연구로부터 깊은 영향을 받았다. 이 영향은 문학 연구 중에서는 J.B. 프리슬리의 《문학과 서구인》, 고트프리트 디에너의 《파우스트의 헬레나에게로 가는 길》, 제임스 커시의 《셰익스피어의 햄릿》 같은 저작에서 확인할 수 있다. 마찬가지로 융 심리학의 영향은 허버트 리드나 아닐라 야페의 저작, 헨리 무어에 관한 에리히 노이만의 연구, 또는 마이클 티펫의 음악 연구 같은 예술에 관한 연구에도 기여했다. 그리고 아널드 토인비의 역사 연구, 폴 래딘의 인류학 연구, 리하르트 빌헬름, 앙윈 루셀, 만프레트 포르케르트의 중국학 연구에도 융 심리학이 영향을 미쳤다.

물론 예술이나 문학(및 그에 대한 해석)의 특수성이 원형을 근거로 삼을 때에만 이해될 수 있다는 뜻은 아니다. 이 분야들은 그 나름의 활동 법칙을 지니고 있다. 창조적인 모든 작업이 그렇듯이 이 분야들도 궁극적으로는 합리적 설명이 불가능하다. 그러나 우리는 그 활동 범위 안에서, 배후에 존재하는 역동성이라고 할 만한 원형 양식을 발견할 수 있다. 그리고 그 안에서(꿈에서와 마찬가지로) 분명한 목적을 지닌 듯한 진화적 무의식 경향의 의미를 찾아낼 수도 있다.

융 박사의 이론이 풍부한 수확을 거두고 있다는 사실은 인간의 문화적 활동 영역을 통해서 더욱 쉽게 확인된다. 만일 원형이 인간의 심리적 행동을 결정짓는다면, 그 원형은 모든 문화적 활동 영역에서 나타날 수밖에 없다. 그런데 융 박사의 개념은 뜻밖에도 자연 과학—이를테면 생물학 같은—분야에서도 사물에 대한 새로운 관점을 개척했다.

물리학자 볼프강 파울리는 생명 진화 개념이 이 새로운 발견을 통해 수정되어야 한다고 지적한다. 즉 무의식적인 마음과 생물학적 과정의 상호 작용을 고려해야 한다고 지적한 것이다.[3] 최근까지 종의 돌연변이는 우연히 발생하는 현상이며, 환경에 잘 적응한 '의미 있는' 종은 살아남고 그렇지 못한 종은 도태된다는 생각이 지배적이었다. 그러나 순전히 우연한 돌연변이에 의한 도태 현상이 있다면 그것은 지구가 생겨나기 훨씬 전부터 시작되었을 것이라고 현대 진화론자들은 말한다.[4]

융 박사가 제시한 '동시성' 개념은 희귀한 '경계(境界) 현상'이나 예외적인 사건이 발생하는 까닭을 설명함으로써 이 문제에 도움을 줄 수도 있다. 그 개념은 '의미 있는' 적응이나 돌연변이가 순전히 우발적인 돌연변이에 필요한 시간보다 더 짧은 기간에 일어날 수 있는 까닭을 설명해 줄지도 모른다. 오늘날 우리는 원형이 작용할 때 의미 있는 '우연한 현상'이 일어나는 사례를 많이 알고 있다. 이를테면 과학사에서도 똑같은 발명이나 발견이 동시에 이루어진 예를 얼마든지 찾아볼 수 있다. 그중에 가장 유명한 예가 다윈과 종의 기원에 관한 이론이다. 다윈은 오랜 시론(試論) 작업을 통해 자신의 이론을 발전시켰는데, 1844년에는 이 이론을 긴 논문으로 완성시키는 데 골몰하게 된다.

그런데 작업 도중에 다윈은 A.R. 월리스라고 하는 생면부지의 젊은 생물학자가 보낸 원고를 받았다. 이 원고는 짧았지만 놀랍게도 다윈의 이론을 전혀 다른 방법으로 병행적으로 설명하고 있었다.[5] 그때 말레이의 몰루카 제도에 있

---

3) 생물학에 관하여 파울리가 시사한 내용은 *Aufsatze und Vortrage*, p. 123 참조.
4) 돌연변이에 필요한 시간을 좀더 자세히 설명한 내용은 파울리의 전게서 p. 123~25 참조.
5) 다윈과 월리스 이야기는 Henshaw Ward, *Charles Darwin*, 1927에 실려 있다.

던 월리스는 자연 과학자로서의 다윈을 알고 있었지만, 다윈이 한창 몰두하고 있던 이론적인 작업에 대해서는 전혀 몰랐다.

결국 두 명의 창조적인 과학자가 독자적으로, 과학 전체의 발전 양상을 뒤바꾸어 놓을 엄청난 가설에 도달했던 것이다. 이 두 사람은 저마다 나름의 직관적인 '번득임'을 통해 가설을 떠올렸다(이후 그 가설은 이론화되었다). 이때 원형은 이른바 '연속적인 창조'의 동인(動因)이 된 것이다(융 박사가 '동시성(同時性)'이라고 부르는 것도 사실은 '시간상에서 이루어지는 창조 행위'라고 할 수 있다).

이와 비슷한 '의미 있는 우연의 일치' 현상은 어떤 사람에게 절박하게 필요할 때, 이를테면 가까운 사람이 죽었거나 중요한 것이 사라져 버렸다는 그가 사실을 알고자 할 때 일어날 수도 있다. 많은 사례에서 이러한 정보는 초감각적 지각에 의해 알려진다. 이 사실은 절박한 욕구나 충동이 있을 때, 평소에는 있을 수 없는 비인과적인 현상이 발생할 수 있음을 보여 준다. 극심한 압박을 받거나 강렬한 욕구를 느끼는 동물 종이 어떻게 외부적 물질 구조에 '의미 있는'(그러나 비인과적인) 변화를 일으킬 수 있는지, 그 이유를 융 박사의 동시성 이론이 설명해 줄지도 모른다.

그런데 앞으로 가장 유망한 연구 분야는 (융 박사 자신도 그렇게 생각했듯이) 뜻밖에도 미시 물리학이라는 복잡한 영역과 관련된 방향으로 열릴 듯싶다. 언뜻 보면 심리학과 미시 물리학의 관계를 규명하기란 불가능해 보인다. 이 두 과학의 상호 관계는 여기서 설명할 필요가 있을 듯하다.

이 상호 관계를 가장 확실히 보여 주는 측면은, 물리학의 많은 기본 개념(공간, 시간, 물질, 에너지, 연속성, 장(場), 소립자 등)이 고대 그리스 철학자들의 직관적·반신화적(半神話的)·원형적 관념에서 기원했다는 데서 찾아볼 수 있다. 그런 관념이 서서히 진화하고 확실히 자리를 잡아서 오늘날에는 추상적이고 수학적인 용어로 표현되고 있는 것이다. 예를 들어 소립자 개념은 그것을 원자(atom)—더 이상 나눌 수 없는 단위—라고 부른 기원전 4세기 그리스 철학자 레우키포스와 그의 제자 데모크리토스에 의해 구체화되었다. 물론 원자가 더 이상 나눌 수 없는 단위가 아니라는 사실은 이미 증명됐지만, 우리는 아직도 물질이 궁극적으로는 파장과 소립자(또는 불연속적인 '양자(量子)')로 이루어져 있다고 생각한다.

에너지 관념이나 그 힘과 운동 사이의 관계도 실은 초기 그리스 사상가들이 만들어 내고 스토아학파 철학자들이 발전시킨 것이다. 그들은 모든 사물을 지탱하고, 움직이고, 여기에 생명을 부여하는 '긴장(tonos)'이 존재한다고 가정했다. 이 반신화적인 관념에서 현대 에너지 개념이 싹튼 것이다.

근대 과학자들이나 사상가들도 새로운 개념을 만들어 낼 때 반신화적·원형적 심상에 의지했다. 이를테면 17세기에 르네 데카르트는 인과율의 절대적 타당성이 "신은 자기 결단과 행동을 바꾸지 않는다"는 사실로 입증된다고 생각했다.[6] 독일의 위대한 천문학자 요하네스 케플러는 삼위일체 관념에 비추어 "공간은 3차원보다 복잡하지도, 단순하지도 않다"고 주장했다.[7]

이 사례들은 근대적이고 기본적인 과학 개념도 무의식에서 유래하는 원형적 개념과 아주 오랫동안 관련되어 있었음을 보여 주는 수많은 실례 가운데 두 가지에 지나지 않는다. 이 개념들은 반드시 '객관적'인 사실을 표현하는 것은 아니다(적어도 우리는 이 개념들이 궁극적으로 표현하는 것이 무엇인지 증명할 수 없다). 그것은 인간 내부에 있는 심리적 경향에서 비롯된다. 이 경향은 인간이 다뤄야 할 다양한 외적 사실 사이의 관계를 '만족스럽게' 합리적으로 설명할 수 있는 길로 우리를 인도한다. 자연과 우주를 검증하려고 할 때마다 객관적 성질을 탐구하거나 발견하는 대신, 물리학자 베르너 하이젠베르크의 말마따나 "인간은 자기 자신과 만나게 되는 것"이다.[8]

이런 관점이 지니는 의미 때문에 볼프강 파울리 같은 과학자들은 과학적인 개념 영역에서 원형적 상징체계가 맡은 역할을 연구하기 시작했다. 파울리는 우리의 외적 객체에 대한 연구와, 과학적 개념의 내적 기원에 대한 심리학적 연구가 병행되어야 한다고 믿었다[9](이 연구는 뒷부분에 소개될 광범위한 개념—물리학 영역과 심리학 영역, 또는 현실의 양적 측면과 질적 측면 사이의 '일체성' 개념—에 새로운 빛을 던져 줄 것이다).

---

6) 데카르트에 관해서는 M-L. von Franz, "Der Traum des Descartes", *Zeitlose Dokuments der Seele*. Studien aus dem C. G. Jung Instituts, Zurich, 1952 참조.
7) 케플러의 주장은 융과 파울리의 전게서 *Naturerklärung und Psyche*, p. 117에서 다뤄진 바 있다.
8) 하이젠베르크의 말은 Hannah Arendt, *The Human Condition*, Chicago Univ. Press, 1958, p. 26에 인용되어 있다.
9) 심리학과 물리학의 병행 연구에 관한 파울리의 견해는 *Naturerkläung und Psyche*, p. 163에 나온다.

무의식의 심리학과 물리학 사이에는 이런 명확한 관계가 있을 뿐만 아니라 또 다른 매력적인 관계도 존재한다. (파울리와 함께 연구를 했던) 융 박사는, 분석 심리학이 연구의 지평을 넓히면서 만들어 내는 개념은 물리학자들이 미시 물리적 현상에 직면했을 때 만들어 내는 개념과 대단히 흡사하다는 사실을 발견했다. 실제로 물리학 개념 중에서도 특별히 중요한 개념으로 손꼽히는 것이 닐스 보어의 상보성(complementarity) 개념이다.[10]

빛은 논리적으로 대립되지만 실은 상보적인 두 가지 개념, 즉 입자와 파동이라는 개념으로만 설명될 수 있다는 사실이 현대 미시 물리학을 통해 밝혀졌다. 요컨대 빛은 어떤 실험 조건 아래서는 입자로 이루어진 것처럼 나타나고, 다른 실험 조건 아래서는 파동인 것처럼 나타난다. 또한 우리는 양자(量子)의 위치와 속도를 각각 정확히 측정할 수는 있어도 두 가지를 동시에 관찰할 수는 없다. 관찰자는 자신의 실험 조건을 선택해야만 한다. 그러나 어떤 실험 조건을 선택하면, 또 다른 실험 조건에서 얻을 수 있는 결과를 포기해야 한다('희생해야 한다'는 표현이 좀더 정확할지도 모른다). 더욱이 측정 기구가 우리 뜻과는 상관없이 실험 조건에 결정적인 영향을 주므로, 우리가 어떤 현상을 기술할 때는 반드시 측정 기구에 대한 설명도 덧붙여야 한다.

파울리는 다음과 같이 말했다. "기본적인 '상보성' 관점에서 보자면 미시 물리학이라는 과학 분야는 관찰자들의 영향을 제거하는 확정적 수정이 불가능하다는 현실에 직면해 있다. 따라서 원칙적으로 우리는 물리 현상에 대한 객관적인 이해를 완전히 단념하지 않으면 안 된다. 고전 물리학자들은 '자연의 뚜렷한 인과법칙'을 탐구했건만, 이제 우리는 오로지 '일차적 가능성'만 지닌 '통계법칙'을 탐구할 수밖에 없게 되어 버렸다."[11]

다시 말해 미시 물리학에서 관찰자가 실험에 미치는 영향은 측정될 수도 없고, 따라서 제거될 수도 없다. 결국 "어떤 상황에서든 반드시 이러저러한 일이

---

10) 닐스 보어의 상보성 개념에 대해서는 그의 저서 *Atomphysik und menschliche Erkenntnis*, Braunschweig : Friedr. Vieweg & Sohn, p. 26ff. 참조.
11) 파울리의 이 발언은 조지프 캠벨이 편집한 *Spirit and Nature : Papers of the Eranos Yearbooks*, vol. 1 Bollingen Series XXX, New York : Pantheon Books, 1954에 게재된 융의 논문 "The Spirit of Psychology", p. 439에 인용되어 있다.

일어난다"는 식으로 자연법칙을 공식화할 수는 없다는 뜻이다. 미시 물리학자는 "통계적 확률에 따르면 이러저러한 일이 일어나기 쉽다"고 말할 수 있을 뿐이다. 이 사실은 우리의 기존 물리학 사고에 대해 엄청난 문제를 제기한다. 말하자면 과학 실험에서는 관찰자이자 참가자인 실험 주체의 심리적 요소도 고려돼야 하는 것이다. 과

1963년 노벨 물리학상을 공동수상한 독일계 미국의 물리학자 마리아 괴퍼트 메이어(1906~1972) 박사
원자핵의 구성에 관한 메이어 박사의 발견은 다른 많은 과학적 발견과 마찬가지로 직관적 통찰의 번득임에 의한 것이었다. 박사의 이론에 따르면 원자핵의 껍질은 동심원으로 구성되어 있다. 즉 가장 안쪽의 껍질에는 두 개의 양자(혹은 중성자)가 있고, 다음 껍질에는 여덟 개의 양자(혹은 중성자)가 있다. 이런 식으로 양자(혹은 중성자)의 개수는 20, 28, 50, 82, 126으로 점차 증가하는데, 메이어 박사는 이 숫자를 '마법수(magic number)'라고 부른다. 이 유형과 공간이나 수의 원형 사이에는 분명히 어떤 관계가 있지 않을까.

학자는 이제 외적인 객체의 그 어떤 측면이나 성질에 대해서도 완벽하게 '객관적'으로는 기술할 수 없게 되었다.

오늘날 많은 물리학자들은 미시 물리학 실험에서 관찰자의 의식적 관념이 맡는 역할은 제거할 수 없다는 사실을 인정하고 있다. 그러나 그들은 관찰자의 전체적 심리 상태(의식과 무의식을 포괄한 상태)도 마찬가지로 어떤 역할을 맡을 것이라는 가능성은 염두에 두지 않는다. 하지만 파울리가 지적했다시피 이 가능성을 깡그리 부정할 만한 선험적인 이유 같은 것은 없다. 우리는 이것을 아직 해결되지 않은 문제, 아직 개척되지 않은 영역으로 봐야 한다.

보어의 상보성 개념은 특히 융 학파 심리학자들의 관심을 끈다. 그 까닭은 융 박사가 의식적인 마음과 무의식적인 마음을 상호 대립하는 상보적인 한 쌍으로 보았기 때문이다. 무의식에서 새로 생겨난 내용은 관찰자의 의식 속에 부분적으로 통합되면서 그 기본적인 성질이 바뀐다. 그래서 꿈의 내용도 (다소나마 꿈으로 인식된다면) 반의식적 존재가 되는 것이다. 개별적인 꿈 해석이 야기하는 관찰자의 의식 확대 현상은 무의식에 엄청난 반향과 영향을 미친다. 따라서

무의식은 (미시 물리학의 소립자처럼) 역설적 개념에 의해 실제와 엇비슷하게만 묘사될 수 있다. 우리는 무의식 '자체'의 본질을 알 수 없다. 마치 물질에서 소립자 '자체'의 본질을 알 수 없듯이.

심리학과 미시 물리학의 유사점을 좀더 살펴보자.[12] 융 박사가 원형(또는 인간의 정서적·심리적 행동 패턴)이라고 부른 것은 파울리의 표현을 빌린다면 심리적 반응의 '일차적 가능성'이라고 할 수 있다. 이 책에서 꾸준히 강조된 바와 같이, 원형이 나타나는 현상을 지배하는 특정 법칙은 존재하지 않는다. 단지 심리 상태에 따라 이러저러한 현상이 일어나기 쉽다고 할 만한 '경향'이 존재할 뿐이다.

미국 심리학자 윌리엄 제임스가 지적했다시피 우리는 무의식이라는 개념 자체를 물리학의 '장(場)' 개념에 견주어 볼 수 있다. 자기장 안에 들어가는 소립자가 어떤 질서를 따르듯이, 무의식이라는 심리 영역 속에 나타나는 심리적 내용도 어떤 질서를 따른다. 만일 우리가 의식적으로 어떤 내용을 '합리적'이라거나 '의미 있다'고 하면서 그 사물에 대한 만족스러운 '설명'으로 받아들인다면, 그 것은 우리의 의식적 설명이 무의식의 어떤 전의식적(前意識的) 내용 배열과 조화되기 때문일 것이다.

다시 말해 우리의 의식적인 표상은 의식되기 전에 이미 어떤 형태로 질서가 잡히는(또는 하나의 패턴으로 배열되는) 수가 있다. 18세기 독일 수학자 카를 프리드리히 가우스는 무의식 관념의 이런 질서를 경험한 예를 제시한 바 있다. 그는 이렇게 말했다. "나는 피를 말리는 연구가 아니라 이른바 하느님의 은총 덕분에 수에 관한 하나의 법칙을 발견할 수 있었다. [수수께끼는 번뜩이는 번개처럼 저절로 해결되었다.] 나는 내가 알고 있던 것이나 지금까지 실험하던 것과, 성공적인 최종 결과를 낳은 것 사이의 관계를 전혀 설명할 수 없다."[13] 프랑스 과학자 앙리 푸앵카레는 이 현상을 좀더 명료하게 제시했다. 잠 못 이루는 밤에 그는 마음속에서 수학적 표상이 서로 부딪치고, 그중 몇 가지가 마침내 '안

12) 미시 물리학과 심리학 개념 사이에 존재하는 병행적 성질은 *Aufsätze und Vorträge*에서도 드러난다. 역설에 의한 무의식 기술(記述)은 pp. 115~16, '일차적 가능성'에 해당하는 원형에 관해서는 p. 115, '장(場)'으로서의 무의식에 관해서는 p. 125 참조.

13) 가우스가 한 말은 가우스 전집 vol X, p. 25에 실린 〈올버스에게 보내는 편지〉에서 인용해 번역한 것이다. 이는 B. L. van der Waerden, *Einfall und Ueberlegung : Drei kleine Beiträge zur Psychologie des mathematischen Denkens*, Basel : Birkhäuser, 1954에 인용되어 있다.

정된 관계를 이루는 것'을 봤다고 썼다. 그의 설명은 이렇다. "마치 나 자신의 무의식을 들여다보는 느낌이었다. 무의식의 활동이 고유의 성질을 그대로 지닌 채 다소 의식적으로 떠오르는 것이 보이는 듯했다. 이런 순간에 우리는 두 가지 자아가 지니는 메커니즘의 차이를 직관할 수 있다."[14]

미시 물리학과 심리학이 병행해서 발전했음을 보여 주는 또 다른 예는 융 박사의 의미라는 개념이다. 옛날 사람들이 현상을 인과적(합리적)으로 설명하려고 할 때 융 박사는 의미(또는 '목적'이라고 해도 좋으리라)를 추구한다는 관념을 도입했다. 융 박사는 어떤 일이 왜 일어났는가(무엇이 그 일을 일으켰는가)를 묻기보다는 그것이 무엇을 위해 일어났는가를 물었다. 이런 경향은 물리학에서도 볼 수 있다. 오늘날에는 많은 물리학자들이 인과법칙(결정론)보다는 자연에서 발견되는 '관계'를 찾고 있다.

파울리는 무의식 개념이 '한정된 치료 용어의 틀'을 넘어 일반 생명 현상을 다루는 모든 자연 과학에 영향을 미칠 것이라고 예측했다.[15] 무의식의 발전에 관한 이 암시는 새로운 과학인 사이버네틱스(cybernetics)—뇌나 신경 조직에 의해 형성된 '제어계'와, 기계적 또는 전자적 정보 체계나 컴퓨터 같은 제어계의 비교 연구—에 관심을 가진 몇몇 물리학자들의 반향을 불러일으켰다. 현대 프랑스 과학자 보르가르가 말했듯이 머지않아 과학과 심리학은 "활발한 대화를 나누게 될 것"이다.

이처럼 심리학과 물리학 관념 사이에 존재하는 뜻밖의 대응 관계는 융 박사가 지적한 것처럼, 물리학과 심리학이 연구하는 두 가지 현실 영역이 궁극적으로는 하나라는 일체성의 가능성—모든 생명 현상의 심리 물리학적 일체성의 가능성—을 암시한다.[16] 융 박사는 자신이 무의식이라고 부르는 것이 무기물 구조와 관계가 있다고 굳게 믿었다(이른바 '심신증(心身症)'이 이런 관계를 암시하는 듯하다). 현실에 대한 일원론적 개념(파울리나 에리히 노이만이 받아들인 개념)

---

14) 푸앵카레의 말은 전게서 p. 2에 인용되어 있다.

15) 무의식 개념이 모든 자연 과학에 영향을 미칠 것이라는 파울리는 신념은 *Aufsätze und Vorträge*. p. 125에서 드러난다.

16) 생명 현상의 일체성 개념이 성립될 가능성에 대해 파울리는 전게서 p. 118에서 자신의 견해를 밝혔다.

을 융 박사는 '우누스 문두스(unus mundus)'[17]라고 부른다. 우누스 문두스란 물질과 마음이 아직 분화되지 않아서 따로따로 나타나지도 않는 '하나의 세계'이다. 융 박사는 원형이 동시성 현상 속에 나타날 때에는 '유심리적(類心理的)' 측면, 즉 순수하게 심리적인 것이 아니라 물질적이기도 한 측면을 보인다는 사실—왜냐하면 동시성 현상이란 결국 내적인 심리적 사실과 외적인 사실의 유의미한 배열이므로—을 지적함으로써 위와 같은 일원론적 견해를 가능하게 했다. 그러니까 원형은 (동물의 행동 패턴이 자연 환경과 일치하는 것처럼) 그 외적인 상황에만 일치하는 것은 아니다. 본질적으로 원형은 물질과 마음 양쪽을 포괄하는 동시적 '배치'[18]를 통해 모습을 드러내는 경향이 있다. 이러한 견해는 생명 현상 연구가 앞으로 나아가야 할 몇 가지 방향을 제시하는 듯하다. 융 박사는 우리가 이 두 가지 영역(물질과 마음)의 연관성에 관해 추상적인 사변을 늘어놓기 전에 아주 많은 것을 알아야 한다고 생각했다.

융 박사가 미래의 연구에서 가장 많은 성과가 있을 것이라고 생각한 영역은 바로 기초 수학의 공리계(公理界)—파울리가 '제1의 수학적 직관'[19]이라 부른 것—연구 분야였다. 융 박사는 공리계 가운데에서도 특히 산술적 계산에서의 무한 수열, 또는 기하학의 연속성 방법론을 언급했다. 독일 태생 저술가 한나 아렌트는 이렇게 말했다. "현대성이 늘어남에 따라 수학은 단지 그 내용을 확대하거나 끝없이 성장·발전을 거듭하는 우주의 무한성에 적용될 수 있게끔 무한으로 손을 뻗치는 것이 아니라, 외적 현상에 거의 관심을 보이지 않게 되고 말았다. 수학은 이제 철학의 바탕도 아니요, 참된 외적 현상에 관한 존재의 과학도 아니다. 수학은 인간 마음 구조의 과학이 되어 버렸다."[20] (이 말에 융 학파 심리학자들은 즉시 다음과 같이 질문할 것이다. 그 마음은 의식적인 마음인가, 아니면

---

17) 하나의 세계(unus mundus)에 관한 융의 견해는 스콜라 철학(존 둔스 스코투스(John Duns Scotus) 등)의 중세 철학 개념에 따른 것이다. 하나의 세계는 그것을 신이 현실 세계에 내놓으시기 전까지는, 신의 마음속에 있는 세계의 전체적·원형적 개념이었다.

18) 물질과 마음 양쪽을 포괄하는 '동시적 배치'에 관한 융의 생각은 그가 저술한 논문 "Synchronicity : An Acausal Connecting Principle", CW, vol. VIII에 밝혀져 있다.

19) '제1의 수학적 직관'에 대한 자세한 설명은 Pauli, *Vorträge*, p. 122에 나온다. 또 Ferdinand Gonseth, "Les mathematiques et la réalité", 1936도 참조.

20) 전게서 *The Human Condition*, p. 266.

무의식적인 마음인가?)

가우스나 푸앵카레의 경험에서 드러나듯이, 수학자들도 우리가 미처 깨닫기 전에 우리의 표상이 이미 "질서 있게 배열되어 있다"는 사실을 알아냈다.[21] 무의식에서 생겨난 기본적인 수학적 통찰의 예를 다수 인용했던 B.L. 반 데어 베르덴도 다음과 같은 결론을 내렸다. "무의식은 연합과 연결이 가능할 뿐만 아니라 판단도 가능하다. 이 무의식의 판단은 직관적이지만, 적당한 환경에서는 대단히 정확하다."[22]

많은 수학적 제1직관이나 선험적인 관념 중에서도 '자연수'가 심리학적으로는 가장 흥미로워 보인다. 자연수는 우리가 평소에 뭔가를 의식적으로 측정하거나 계산할 때에만 쓰이는 것이 아니다. 자연수는 몇 세기에 걸쳐 점성술이나 수비학(數秘學)이나 풍수지리—모두 산술적 계산에 바탕을 둔 것으로서 융 박사의 동시성 이론의 측면에서도 연구된 바 있다—처럼 신이 내리신 계시의 의미를 '읽어 내는' 실제적 수단으로 쓰이기도 했다. 게다가 심리학적 관점에서 보면 자연수는 원형적 표상임에 틀림없다. 자연수에 대해 우리는 일정한 방식으로 연상할 수밖에 없기 때문이다. 예컨대 의식적으로는 그 문제에 무관심한 사람이라도 '2'가 가장 작은 짝수라는 사실은 아무도 부정하지 않는다. 수는 인간이 계산을 하기 위해 의식적으로 발명한 개념이 아니다. 그것은 (다른 원형 상징과 마찬가지로) 무의식의 자발적·자동적 산물이다.

그러나 자연수는 외적 객체와 밀접하게 관련되어 있기도 하다. 우리는 여기에 돌멩이 두 개가 있고 거기에 나무 세 그루가 있다는 식으로 말하기도 하고 헤아리기도 한다. 우리가 외적 객체의 색깔, 온도, 크기 같은 모든 성질을 제거한다 해도 그 객체가 지닌 '다수성(manyness)'과 특정한 '중복성(multiplicity)'은 고스란히 남는다. 하지만 이 숫자들은 분명히 우리 마음 구조의 일부—우리가 외적 객체를 보지 않고 연구할 수 있는 추상적 개념—이기도 하다. 따라서 수는 물질과 정신의 세계를 이어 주는 확실한 연결 고리라고 할 수 있다. 융 박사는 바로 이 영역에서 미래의 연구가 가장 많은 성과를 거둘 것임을 암시했다.

---

21) 융 이론에 따라 파울리는 우리의 의식적 표상이 의식 표면으로 떠오르기 전에 '질서 정연하게 배열되어 있다'는 점을 *Aufsätze und Vorträge*, p. 122에서 밝혔다. 또한 Gonseth의 전게서도 참조.

22) B. L. van der Waerden의 전게서 *Einfall und Ueberlegung* p. 9.

내가 상당히 어려운 이 개념들을 간단하게나마 소개한 까닭은, 융 박사의 견해가 '교리'인 것은 아니지만 바로 여기서부터 새로운 관점이 생겨나 전개되고 확충되어 나가리라고 여겨지기 때문이다. 이들 개념을 통해 독자 여러분이 융 박사의 전형적인 과학적 태도에 조금이라도 접근할 수 있기를 바란다. 융 박사는 통속적인 편견에서 벗어나 지극히 자유로운 태도를 취하면서도 매우 신중하고 정확하게 생명 현상을 이해하려는 연구를 진행했다. 그는 내가 소개한 개념에서 더 이상은 나아가지 않았다. 스스로 그 이상은 타당한 이론을 세울 만한 자료를 충분히 마련하지 못했다고 느꼈기 때문이다. 이런 식으로 융 박사는 새로운 이론을 발표하기에 앞서 몇 번이나 그 생각을 재확인하고, 최대한 많은 질문을 던지면서 몇 년에 걸쳐 이론을 갈고닦았다.

독자 여러분이 융 박사의 이론을 처음 접하면서 다소 막연하다고 느낀다면 그것은 그의 지성적 신중함을 갖춘 과학적 태도에서 비롯된 것이리라. 그는 (경솔하고 피상적인 잘못된 설명이나 지나친 도식화로 인하여) 새로운 발견 가능성을 없애 버리지 않으려고 주의하면서, 생명 현상의 복잡한 속성을 존중하는 태도를 보였다. 왜냐하면 생명 현상 자체가 그에게는 놀라운 신비로움이었기 때문이다. 마음이 닫혀 있는 사람들은 스스로 생명 현상에 대해 모든 것을 다 안다고 가정할 수도 있겠지만, 융 박사에게 생명 현상이란 그렇게 완전히 설명된 현실은 결코 아니었다.

생각건대 창조적 관념은 마치 열쇠와도 같아서 지금까지 해명할 수 없었던 많은 사실들의 관계를 '밝혀' 주고, 사람을 생명의 신비 속으로 깊이 파고들 수 있게 해 준다는 점에서 참으로 가치 있는 것이 아닐까 싶다. 나는 융 박사의 생각이 과학의(그리고 일상생활의) 여러 분야에서 새로운 사실을 발견하거나 해석하는 데 도움이 될 것이며, 또한 좀더 조화롭고 도덕적이고 넓게 트인 의식적 견해를 지닐 수 있도록 사람들을 이끌어 줄 것이라고 굳게 믿는다. 만일 이 책이 독자 여러분의 마음을 움직여 무의식 연구나 무의식과의 동화(同化)에 한 걸음 더 다가가게 해 준다면(이 일은 항상 자기 자신에 대한 관심에서 시작된다), 입문서로서 더 바랄 것이 없으리라.

역자 후기

이 책은 카를 융(Carl G. Jung)이 쓴 《인간과 상징 *Man and his Symbols*》(Aldus Books, 1964) 전체를 우리말로 옮긴 작품이다.

《인간과 상징》이 태어난 과정은 이미 프리먼이 머리말에서 자세히 설명했듯이 꽤 흥미롭다. 이 작품은 융이 스스로 쓴 유일한 대중적 해설서라는 점에서 매우 특별한 가치를 지닌다.

융은 프로이트와 함께 초기 정신 분석학 발전에 크게 기여했으며, 뒷날 프로이트와 결별한 다음에는 독자적 분석 심리학을 확립했다. 그 이름은 그가 창조한 내향·외향, 콤플렉스 같은 용어와 더불어 우리나라에서도 널리 알려져 있다. 그러나 융 심리학 자체에 대해서는 의외로 잘 모르는 사람들이 많다. 사실 융 심리학은 유럽에서는 정신 의학 및 심리학 영역을 뛰어넘어 종교·예술·문학·교육 등 다양한 영역에도 영향을 미칠 만큼 커다란 힘을 지니고 있다. 이를테면 토인비, 허버트 리드, 케레니 같은 사람들도 융의 사상에 많은 영향을 받았다.

이처럼 폭넓고 흥미로운 융의 사상이 왜 우리나라에서는 생각보다 많이 알려지지 않은 걸까. 아마도 그의 저작이 매우 난해하다는 사실이 한몫했으리라. 따라서 융이 스스로 지은 유일한 해설서인 《인간과 상징》을 번역 출판하는 것은 상당히 의미 있는 일일 것이다.

해설서라고는 해도 융과 제자들이 신중히 계획해서 만든 작품인 만큼 《인간과 상징》은 매우 알찬 내용으로 구성되어 있다. 이 책에는 독자 여러분의 이해를 도울 그림과 사진 자료가 풍부하게 실려 있다. 과연 이미지와 상징 연구에 평생을 바친 사람의 저서답다. 융 심리학을 진정으로 이해하려면 단순한 지적이해에 그치지 않고 감정적인 체험까지 해야 한다. 이 점에서 이렇게 시각 자료를 써서 설명하려고 한 시도는 박수를 받을 만하다.

요즘에는 우리나라 사람들도 신화나 상징 연구에 많은 관심을 보이고 있다. 2장의 신화, 4장의 회화에 관한 설명은 신선한 시점을 우리에게 제공한다. 융이 직접 쓴 1장과 폰 프란츠가 쓴 3장은 융 심리학 이론을 적절히 소개하는 부분이라고 볼 수 있다. 융의 글은 직관적이고 애매하기는 하지만 우리 마음속 깊은 곳을 자극하며, 폰 프란츠의 글은 논리적으로 깔끔하게 사실을 전달한다. 이들의 설명은 멋지게 서로를 보완하면서 융 이론이 무엇인지 우리에게 보여 준다. 마지막으로 5장의 꿈 분석 사례는 꿈 분석이 실제로 어떻게 진행되는지 대강이나마 보여 줌으로써 독자의 흥미를 유발한다.

머리말에서 프리먼은 융 학파 사람들의 논법을 '나무 위에서 맴도는 새'에 빗대어 참으로 적절하게 설명했다. 융 학파 학자들은 논리적·직선적으로 이론을 전개하지 않는다. 그들은 대상 주위를 자꾸만 맴돌면서 전체적인 모습을 우리 마음속 깊은 곳까지 서서히 전해 준다. 이 논법은 서양인에게는 낯설 테지만 동양인에게는 오히려 익숙하다. 본문을 읽어 보면 융이 동양 사상에서 적잖은 영향을 받았음을 쉽게 알 수 있다. 그런데 그의 논법도 동양적이라니, 상당히 흥미롭지 않은가.

한때 사람들은 인류 문화를 단순히 시대 흐름과 더불어 진보하는 것으로 보았다. 그러나 융은 이 태도에 강한 의문을 느꼈다. 시대를 앞서간 그의 사상을 대중은 쉽게 받아들이지 못했다. 그러나 지금은 세상이 바뀌었다. 이제 우리는 그의 사상을 오히려 쉽게 받아들일 수 있다. 덕분에 융의 저작은 서양에서 널리 읽히게 되었다.

우리나라 사람들도 이제는 과학만능주의·진보주의에서 벗어나 자기를 돌아보고 있다. 이 점에서 융의 사상은 수많은 가치 있는 시사점을 던져 준다. 단 그의 사상은 기존 문화를 단순히 뒤엎어 버리는 반과학주의도 아니고, 반진보주의도 아니라는 사실을 독자 여러분은 염두에 두어야 할 것이다. 지금까지 인간이 획득한 과학적 지식 및 문화를 잘 보존하면서 자연과의 관계를 회복하려고 노력하는 가운데, 새로운 통합의 길을 여는 '상징'을 발견하는 것. 그것이 융이 추구한 목표였다. 필자는 《인간과 상징》을 통해서 더 많은 사람들이 이러한 융의 사상에 다가갈 수 있기를 진심으로 바란다.

융의 생애와 사상

1. 마음은 또 다른 현실

각종 심리학은 모두 마음을 다루는 학문이다. 그런데 이 마음이라는 것이 참 모호하다. 눈에 보이고 손에 잡히는 물질세계가 존재한다는 사실은 누구나 쉽게 이해하지만, 마음은 존재 여부조차 불확실하다. 마음이 존재한다고 믿는 원시인들도 그것이 실제로 어디 있는지는 모른다. 어떤 부족은 머릿속에 있다 하고, 어떤 부족은 가슴(심장)에 있다 하고, 어떤 부족은 배(간장)에 있다고 믿는다. 사정이 이렇다 보니 마음은 확실한 현실 세계인 물질세계와는 전혀 다를 뿐만 아니라 실은 존재하지도 않는 비현실적인 것이라는 생각이 널리 퍼지게 되었다. 그런데 마음이 정말로 비현실적인 것일까? 이 점을 생각하기 위해, 비현실의 대명사라 할 수 있는 꿈과 공상을 먼저 살펴보자.

꿈=현실

프로이트 학파에서나 융 학파에서나 심층 심리학이라 불리는 학문에서는 꿈과 공상이 매우 중시된다. 그런데 합리적인 사람들은 대개 꿈처럼 불확실하고 현실성 없는 모호한 대상을 다루는 것이 제대로 된 학문일 리 없다고 생각한다. 그들은 실제로 이 세상에 좀더 도움이 되고 과학적으로 증명할 수 있는 학문이 훌륭하다고 생각한다.

하지만 정말로 꿈이 우리 실생활과 아무 상관도 없는 몽롱한 허상에 지나지 않을까? 아니면 인간에게 현실적 의미를 지니고 있을까? 이 문제에 대답하기 위해서 인간이 꿈을 왜 꾸는지 생각해 보자.

간단히 말해 꿈은 인간 마음의 작용에서 비롯된다. 그러나 이 말에 굳이 반대하지는 않더라도 너무 막연하다고 비판하는 사람들도 있을 것이다. 하지만 꿈은 우리 인간이 만들어 내는 것이 틀림없다. 그래서 프랑스어에서는 '꿈꾸다'가 fait un rêve(꿈을 만들다)라는 말로 표현된다. 그러나 이 '만든다'는 표현은 인간이 꿈을 의식적으로 만들어 낸다는 오해를 불러일으키기 쉽다. 합리적인 의식이 만들어 내는 것치고는 영 허술하고 시시하다고 꿈을 폄하하는 사람들도 있을 법하다.

그러나 인간이 꿈을 '의식적으로 만들어 낸다'고만 생각하기에는 껄끄러운 점이 있다. 잠잘 때는 의식의 작용이 약해지니까 꿈처럼 엉터리 같은 것이 생겨난다고 주장하는 사람도 있을지 모르지만, 사실 꿈이 다 엉터리인 것은 아니다. 그중에는 이야기 흐름이 꽤 그럴싸한 꿈도 있고, 놀라운 암시나 지혜를 제공하는 꿈도 있다. 이런 훌륭한 꿈이 취약해진 의식의 힘으로만 만들어졌다고 보기는 어렵다.

이때 어떤 가설이 이 문제를 해결해 준다. 인간 마음속에는 자기도 모르는 심리적 움직임이 존재하는데, 인간이 깨어 있을 때에는 그 움직임이 표면으로 드러나지 않지만 잠잘 때에는 활발해지면서 꿈을 통해 드러난다는 가설이다. 자기도 모르는 이 심리적 움직임을 프로이트와 융은 '무의식'이라고 불렀다. 꿈은 의식과 무의식이 복잡하게 얽힌 가운데 탄생하는 셈이다. 이는 당연히 그 사람의 무의식적 특징을 드러낸다. 따라서 자기도 모르는 심리적 움직임을 연구하는 데 꿈은 매우 귀중한 자료로 쓰인다.

건강할 때 우리는 심장이나 위장의 움직임을 특별히 의식하지 않지만, 그 기관들은 실제로 움직이고 있다. 마찬가지로 무의식도 우리 마음속에 실제로 존재하면서 다양한 활동을 한다. 그렇다면 무의식에서 산출되는 꿈도 현실적인 것이라고 할 수 있다.

그러나 무의식이란 의식할 수 없기 때문에 무의식이므로, 그것이 존재한다는 사실을 증명할 수는 없지 않느냐고 의문을 제기하는 사람들도 있을 것이다. 합리적인 사람들은 과학적으로 증명되지 않으면 인정할 수 없다고 생각한다. 융이 살던 시대의 유럽, 특히 학계에서는 합리주의 경향이 강했으므로 융도 그런 압박을 심하게 받았을 것이다. 그는 마침내 무의식의 존재를 과학적으로 증명할 독창적인 방법을 생각해 냈다. 그것이 그 유명한 '언어 연상 실험'이다.

무의식은 실재한다

연상 실험을 소개하기 전에 그 실험 원리부터 설명하겠다. 사실 무의식은 당사자에게만 무의식이지, 타인이 볼 때는 그 사람의 언행에서 그 사람은 깨닫지 못하는 심리가 드러날 수 있다. 즉 우리는 타인의 무의식은 의외로 쉽게 인식할 수도 있다.

요즘에는 남의 속마음을 꿰뚫어 보는 방법이 실린 책도 심심찮게 볼 수 있다. 인사하는 태도나 앉은 자세, 표정, 말투, 작업 방식 따위를 보면 그 사람의 속마음을 알 수 있다는 것이다. 그 말이 다 사실이라고 할 수는 없지만, 그런 일이 가능하기는 하다. 본인이 무심코 하는 행동이나 말 속에 무의식적인 마음의 움직임이 드러날 수 있다. 이러한 원칙을

C.G. 융(1875~1961)

바탕으로 좀더 깊은 무의식의 실재를 증명한 것이 바로 융의 연상 실험이다.

연상 실험은 단어를 사용하는 검사 방법이다. 실험자는 미리 백 가지 단어를 준비해서 하나씩 말한다. 피실험자는 단어 하나하나에 대해 자기가 연상한 단어를 말한다. 실험자는 그 단어를 적으면서, 반응하기까지 몇 초 걸렸는지도 함께 기록한다. 이런 작업이 한번 더 반복된다. '산'에서 '강', '하양'에서 '검정', '새'에서 '날다' 같은 평범한 단어가 연상될 때에는 반응 시간도 짧다. 대개 1초 정도이다. 그런데 '새'라는 단어에 얼른 반응하지 않고 5초쯤 가만히 있다가 '무섭다'고 대답하는 사람도 있다. 이렇게 흐트러진 반응을 보이는 이유는, 그 사람이 새와 관련된 무서운 일을 경험했기 때문이다. 그래서 '새'라는 말을 듣자 평범한 단어를 떠올리지 못하고 그때의 감정인 '무섭다'는 말을 입에 올린 것이다.

반응이 흐트러지는 양상은 다양하다. 위와 같이 반응 속도가 느려지면서 엉뚱한 말이 튀어나올 수도 있고, 아예 단어를 연상하지 못할 수도 있다. 또 실험자가 제시한 단어를 그냥 반복할 수도 있고, 다시 검사했을 때 처음에 연상했던 단어를 잊어버릴 수도 있다. 피실험자가 아무리 의식적으로 잘 연상하려고 애써도 이러한 혼란이 이따금 발생한다. 그러므로 인간이 의식적으로 하려는

일을 방해하는 무의식적인 마음의 움직임이 인간 내부에 존재하는 것이 틀림없다.

연상 실험을 계속하는 과정에서 융은 혼란을 일으키는 몇몇 단어가 피실험자 마음속에서 모두 관련되어 있으며, 그 중심에 어떤 감정이 존재한다는 사실을 깨달았다. 이를테면 '무섭다'는 감정을 중심으로 아버지나 말이나 죽음 등등 그가 무서워하는 사물들이 배치되어 있는 것이다. 이에 자극이 주어지면 그는 심상치 않은 반응을 보인다. 이 사물들은 그 사람에게 단순한 사물이 아니라, 특별한 감정이 담긴 심적 내용물로서 한 덩어리로 뭉쳐 있다. 이 특별하게 배치된 마음속 복합체를 융은 콤플렉스라고 불렀다. 오늘날 우리가 흔히 쓰는 이 단어는 융이 처음 생각해낸 것이다.

그런데 왜 이런 복합체가 마음속에 존재하는 것일까. 그 내용물에 해당하는 감정이나 욕망은 흔히 나쁜 것으로 간주되는데, 이러한 풍속에 따라 그 사람이 저도 모르게 그런 내용물을 억압하여 의식 세계에서 내쫓아 버리기 때문이다. 그래서 대개 그 시대 그 사회에서 부도덕하다고 여겨지는 악덕이 콤플렉스 내용이 된다. 개인이 그런 악덕을 특별한 형태로 체험했을 때 콤플렉스가 생겨난다. 예를 들어 성(性)을 금기시하는 사회에서는 성적인 문제가 콤플렉스가 되고, 권력욕을 금기시하는 그리스도 교도 사회에서는 권력 충동이 콤플렉스가 된다.

착한 아이 콤플렉스

여기서는 무의식의 존재를 증명하는 것이 목적이므로 콤플렉스에 대한 자세한 설명은 생략하고 간단한 예만 들겠다. 우리는 대체로 청소년기에 부모님에게서 독립한다. 이때 독립이란 스스로 돈을 번다든가 부모님과 다른 집에서 산다든가 하는 물리적인 독립이 아니라 심리적 독립을 의미한다. 그런데 우리는 의식적으로 노력해서 심리적으로 독립하게 되는 걸까? 실은 꼭 그렇지도 않다. 아마 누구나 경험하는 일일 테지만, 사춘기가 되면 갑자기 어머니나 아버지가 몹시 귀찮고 불쾌한 존재로 여겨질 때가 있다. 하지만 시간이 흐르면 언제 그랬냐는 듯이 부모에 대한 애정이 되살아나서 안정을 찾게 된다. 이는 인간이 부모에게서 심리적으로 쉽게 독립할 수 있게끔 해 주는 자연의 섭리이자 본능의 작용이다. 이 감정 덕분에 아이는 부모에게서 비교적 쉽게 멀어지게 된다. 동물에게서는 이 메커니즘이 훨씬 직접적인 형태로 나타난다. 예컨대 수달은 새끼가 독립할 때가 되면 어미가 새끼를 맹렬히 공격해서 쫓아내 버린다. 도망쳐 나온 새끼는 자기처럼 쫓겨 나온 젊은 수달을 만나 짝짓기를 한다. 인간 세상에서는 아이가 반항심을 품고 스스로 부모에게서 독립하게 된다.

그런데 사회나 부모가 아이의 반항을 몹시 나쁜 짓으로 간주한다면 어떻게 될까. 늘 '착한 아이'로서 효도해야 한다는 생각에 사로잡힌 아이는 자신의 반항심을 무의식적으로 억압해 버리므로 적어도 부모 앞에서는 반항하지 않을 것이다. 그러나 그 반항적인 에너지는 몹시 강력하다. 그래서 아이는 부모가 아닌 다른 대상을 찾아 심한 공격을 퍼붓게 된다. 그 대상은 친구나 선생님이나 회사 상사일 수도 있다. 억압된 반항심이 개인의 정상적인 사회생활을 위협하는 것이다. 사실 제 자식이 '착한 아이'로서 효도하기를 진심으로 바라지 않는 부모는 없으리라. 따라서 젊은이들의 무의식 속에는 비정상적인 공격성이 점점 축적될 수밖에 없다.

이처럼 콤플렉스는 주위 사람들이 나쁘다고 여기는 내용으로 이루어질 때가 많고, 당사자의 정상적인 사회생활을 방해하는 형태로 나타나기 쉽다. 그러나 무의식이 꼭 우리를 방해하는 불청객인 것은 아니다. 무의식은 우리에게 훌륭한 암시나 지혜를 주기도 한다. 때때로 우리는 '영감'을 얻어 뜻밖의 좋은 생각을 떠올린다. 이 영감은 어디에서 오는 것일까.

케플러의 영감

독일어로 영감은 Einfall이라고 한다. 이는 '떨어지다' '내습하다' '침입하다'라는 뜻으로, 외부에서 오는 듯한 인상을 준다. 즉 하느님이 영감을 주시는 것이다. 그리스도교 정통파에서 하느님은 인간 밖(하늘나라)에 계시는 존재이므로 기발한 착상도 바깥에서 인간에게 주어져야 할 것이다. 그러나 실제로는 어떨까. 하느님이 정말로 존재하더라도 그분이 우리 인간 마음속에 처음부터 착상을 심어 주셨다면 착상은 우리 내부에서 생겨나는 셈이다. 우리가 의식하지는 못해도 무언가가 우리 내부에 분명히 존재하고 있는데, 그것이 어떤 일을 계기로 갑자기 의식 표면에 떠오르는 것이다. 심층 심리학에서는 이런 식으로 영감과 직관을 설명한다.

직관의 번뜩임에는 두 종류가 있다. 즉 선천적으로 존재하는 것과 후천적인 경험 속에서 완성되는 것이다. 전자의 예로서 케플러가 행성의 타원궤도를 발견했을 때의 일화를 들어보자. 그는 처음부터 행성 운동 궤도가 태양을 중심으로 한 원형일 것으로 믿었다. 이 원형 이미지나 태양이 세계의 중심이라는 이미지는 인류의 보편적 이미지라고 할 수 있다. 물론 그리스도 교도인 케플러는 하느님이 창조하신 이 세상이 당연히 완벽할 것이므로 행성 운동도 원형일 수밖에 없다고 생각했다. 그런데 '완전한 것=원'이라는 이미지는 그리스도교뿐만 아니라 세계 각지에서 찾아볼 수 있다. 케쿨레가 벤젠 분자식을 발견했을 때도 마찬가지였다. 그는 꿈속에서 뱀이 자기 꼬리를 문 채 똬리를 틀고 있는 이미지를 보았다. 그리고 거기서 힌트를 얻어 '닫힌 원=육각형 분자 구조'를 생각해 냈다. 뱀이 꼬리를 문 채 똬리를 틀고 있는 이미지는 예로부터 우로보로스라는 이름으로 신비주의자들 사이에 널리 알려진 이미지이다.

그런데 직관의 번뜩임은 후천적인 판단에서 비롯될 수도 있다. 우리는 일상생활에서 무의식적으로 여러 가지 판단을 내리고 그 내용을 마음속에 저장하는데, 그 판단 하나하나가 무의식 속에서 뒤섞여 뜻밖의 새로운 착상을 가져다주기도 한다. 낮에는 아무리 머리를 쥐어짜도 새로운 착상이 떠오르지 않았건만 그날 밤 잠자리에 들었을 때나 새벽에 어렴풋이 정신을 차렸을 때 불현듯 떠오르는 것은 의식의 힘이 약해졌을 때 무의식이 나타나기 쉽기 때문이다. 무의식은 어둠을 사랑하는 모양이다.

무의식은 사람을 움직인다

지금까지 살펴봤듯이 무의식은 실제로 존재하고 작용한다. 그런데 무의식은 그저 인간 마음속에 존재하면서 착상이나 암시를 주기만 하는 것이 아니다. 무의식은 엄청난 힘으로 그 소유자인 인간을 움직인다. 이러한 주객전도 현상은 우리 주위에서 흔히 발견할 수 있다. 가장 알기 쉬운 예는 몽유병이다. 몽유병자는 의식이 없는 상태에서 한밤중에 벌떡 일어나 밖으로 나가서 화단에 물을 주고 잠자리로 돌아와 털썩 쓰러진다. 그리고 다음 날 아침에는 아무것도 기억하지 못한다. 몽유병자는 중간에 누가 말리려고 해도 엄청난 힘으로 상대를 뿌리치고 제 할 일을 한다. 무의식의 힘이 얼마나 굉장한지 알 만하다.

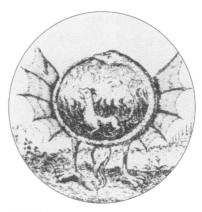

우로보로스
뱀이 자기 꼬리를 문 채로 똬리를 틀고 있다.

무의식이 인간을 움직이는 예는 융이 다룬 사례에서도 찾아볼 수 있다. 신경증에 걸린 한 부인은 밤마다 발작을 일으켰다. 그러면 남편을 비롯한 주변 사람들이 깜짝 놀라 법석을 떨면서 의사를 불렀다. 이 사례에 대해 프로이트와 A. 아들러는 서로 다른 해석을 내놓았는데 여기서는 아들러의 견해를 소개하겠다. 아들러는 부인의 무의식 속에 타인을 지배하려는 충동이 존재하며 그 충동이 발작을 일으킨다고 해석했다. 발작이 일어나면 남편과 주위 사람들이 당황해서 소란을 피우며 부인을 중심으로 움직인다. 부인은 모두의 관심을 한 몸에 받으면서 지배욕을 만족시킨다. 물론 부인은 의식적으로는 오밤중에 주위 사람들에게 폐를 끼쳐서 안 된다고 생각했으며, 하루 빨리 이 괴로운 상태에서 벗어나고 싶어했다. 그러나 무의식적 충동이 자꾸 부인을 움직이고 주변 사람들까지 휘어잡는 것이었다. 권력 의지가 부인을 움직였다는 아들러의 해석이 절대로 옳다고 할 수는 없다. 어쩌면 프로이트 말대로 성적 갈등이 원인이었을지도 모른다. 그러나 무의식 속에 존재하는 뭔가가 의식의 뜻을 거슬러 인간을 움직이고 있는 것은 확실하다. 이 얼마나 무시무시한 존재인가.

무의식은 인간을 폭력적으로 만들 수도 있다. 본래 인간의 마음속에는 '소박한 정의감'이 존재한다. 맹수나 적들과 싸울 때 인간은 냉정하게 "내 생존을 위협하는 놈들을 물리쳐야 한다"고 판단해서 싸우는 것이 아니라, 내가 정의의 사도이고 상대가 악당이라는 생각에 사로잡혀 싸움을 벌인다. 이 소박한 정의감 때문에 인간은 햄릿과는 달리 망설임 없이 자신의 생존을 위해 싸울 수 있었다. 고로 이 정의감에는 언제나 폭력이 수반된다. 인간이 폭력을 휘두를 때에는 반드시 상대방을 악당으로 보는 심리가 작용한다고 할 수 있다.

이 소박한 정의감은 원시적 자연 상태에서 살아가는 데에는 도움이 될망정

해가 되지는 않는다. 그러나 복잡한 문명사회에서는 누가 선하고 누가 악한지 쉽게 판별할 수 없다. 누구 하나를 악당으로 몰아세워도 사회적 모순이나 폐단이 해결되지는 않는다. 그 모순과 폐단을 밝히려면 '자본론'처럼 복잡하고 어려운 분석이나 논증을 도입해야지, 소박한 정의감만 가지고는 문제를 해결할 수 없다. 그러나 이 정의감은 이성보다는 본능에 가까운 것이므로 그리 쉽게 사라지지 않는다. 소박한 정의감은 어떻게든 '적'을 찾아내서 공격하려고 한다.

이 현상이 대규모로 발생한 경우가 바로 나치스 운동이다. 나치스 운동을 융은 북유럽 신화의 신 오딘이 미쳐 날뛴다는 식으로 표현했다. 오딘은 폭력의 신(폭풍의 신, 수렵의 신)이며 인간 마음속에 있는 폭력성의 화신인데, 이 같은 폭력적인 심리가 독일 국민을 단번에 사로잡아 미쳐 날뛰게 했다는 것이다. 유럽 그리스도교 세계가 폭력 문제를 단순한 악(惡)으로 치부하여 무의식 속에 던져 넣어 버렸기 때문에 악이 무의식적이고 자율적인 힘이 되어 인류를 조종하기에 이른 것이다. 물론 나치스 운동이 단지 심리적인 원인 때문에 발생했다고 말할 수는 없다. 그럴 만한 역사적·사회적 조건도 분명히 갖춰져 있었다. 하지만 사회적 조건은 정치 운동을 낳을 뿐이다. 거기에 심리적인 요소가 더해지지 않았더라면 그토록 광기 어린 폭력 운동이 일어나지는 않았을 것이다. 나치스를 해명하려면 사회적·경제적 외부 조건과 더불어 심리적 내부 조건도 고려해야 한다.

마음의 층(層) 구조

이제 다시 무의식 자체를 살펴보자. 무의식은 그 깊이에 따라, 다시 말해 의식에서 얼마나 멀리 떨어져 있느냐에 따라 여러 종류로 분류된다. 의식과 얼마나 먼가에 따라 무의식의 성질 및 존재 방식이 상당히 달라지므로 이 분류법은 매우 중요하다. 여기서 융이 스스로 중요하게 여겼던 그의 꿈을 검토해보자.

융의 꿈속에는 낯선 집이 있었다. 그곳은 융의 집이었다. 그는 2층에 있었는데 거실에는 아름다운 18세기풍 가구가 놓여 있었고 벽에는 오래되고 멋진 그림이 걸려 있었다. 그는 꽤 좋은 방이라고 생각했다. 문득 1층이 어떻게 생겼을지 궁금해져서 내려가 보니 그곳에는 더 오래된 중세풍 가구들이 놓여 있었다.

그것들은 15, 6세기에 만들어진 듯
했다. 바닥은 빨간 벽돌로 되어 있
었다. 그는 묵직한 문 너머에서 지
하실로 통하는 계단을 발견했다.
밑으로 내려가자 바닥이 석판으로
된 방이 나왔다. 벽은 로마 시대의
벽이었다. 석판 중 하나에 고리가
달려 있어서 당겨 보니 또다시 아
래로 내려가는 돌계단이 나타났
다. 그 밑에는 바위 동굴이 있었다.

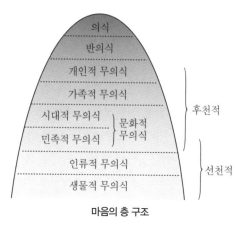

마음의 층 구조

바닥은 먼지투성이였고 뼈와 질그릇 파편이 널려 있었다. 인간 두개골도 두 개
있었다.

융은 이 꿈이 인간의 심리 구조를 나타낸다고 생각했다. 즉 융 개인의 심리
문제보다는 인간 마음의 공통된 요소를 나타낸다고 생각했는데, 그 순간 아귀
가 딱 맞는 느낌을 받았다고 한다. 요컨대 인간 마음속에는 가장 오래된 것—
석기시대나 그보다 더 오래전에 의식이 경험한 것—부터 시작해서, 고대나 중
세시대의 의식에 이르기까지 여러 의식 상태들이 점점 무의식 속에 스며들어
겹겹이 쌓여 있는 것이다. 다시 말해 인류의 의식 발달 계통 발생의 역사가 지
층처럼 개개인의 마음속 층 구조를 이루고 있는 셈이다.

비유적인 표현은 접어 두고 실제 마음 구조를 살펴보자. 의식과 가장 가까
운 무의식은 무의식이라고 하기 어려운 반의식(半意識)이다. 예컨대 습관적으로
다리를 떠는 행위는 본인이 무의식적으로 하더라도 누가 말해 주면 금세 의식
화된다. 스스로 문득 눈치채고 그만둘 수도 있다. 융은 그보다 깊은 무의식을
'개인적 무의식'이라고 불렀다. 개인이 태어나서 지금까지 체험한 여러 심적 내
용이 망각되거나 도덕적인 이유로 억압되거나 해서 의식에서 쫓겨나 무의식 속
에 침전한 것이다. 프로이트가 말한 '유아기 성 체험'과 니체의 르상티망도 이에
속한다. 르상티망이란 약자가 강자에게 괴롭힘을 당했을 때 꾹꾹 눌러 참았
던 억압된 복수심을 말한다. 이 복수심은 무고한 사람들에 대한 공격이나, 언
뜻 이상적으로 보이는 주의(主義) 또는 슬로건으로 나타나게 된다. 이 무의식은

1. 마음은 또 다른 현실 533

한번 폭발했지만 지금은 활동하지 않는 듯이 보이는 휴화산 같은 존재이다. 그 산 속에는 거대한 에너지가 잠들어 있다가 이따금 깜짝 놀랄 만한 대폭발을 일으킨다.

융은 그보다 더 깊은 무의식을 발견했다. 그 깊은 무의식은 개개인이 뭔가를 체험하기 전에 선천적으로 주어진 무의식이다. 갓 태어난 인간의 마음은 백지 상태이며 여기에 체험이 기록되어 나간다는 주장에 융은 반대했다. 물론 체험을 통해 내용이 풍부해지고 특색을 가지게 되는 것은 사실이나, 인간 마음속에는 선천적으로 존재하는 내용이 있어서 그에 따라 체험 방식도 달라진다는 것이다.

집단 무의식

융은 이 타고난 무의식을 '집단 무의식'이라 불렀다. 이 무의식이 보편적으로 모든 인간의 마음속에 거의 비슷한 형태로 존재한다는 뜻이다. 융은 이 무의식을 다년초의 땅속줄기에 비유하고, 거기서 해마다 돋아나는 풀이 바로 개개인(의 의식)에 해당한다고 했다. 달리 비유하자면 이 무의식은 지구 깊숙한 곳에 있는 마그마라고 할 수도 있다.

마그마에는 일정한 형태가 없지만 집단 무의식에는 그 상황에 어울리는 형태와 내용이 있는 듯싶다. 본능이 실은 개개인의 육아 본능, 생식 본능, 조소(造巢) 본능, 투쟁 본능 등으로 이루어져 있듯이, 이 무의식도 상황에 맞춰 특정한 형태로 작용하는 듯하다. 예컨대 우리는 '어머니'라는 말에서 왠지 모르게 따뜻한 느낌을 받는다. 이 감정은 어머니에 대한 실제적인 경험이 없어도 생겨날 수 있다. 태어나자마자 어머니를 여읜 사람은 십중팔구 '상냥한 어머니' 이미지를 머릿속에 그린다. 누가 "어머니란 존재는 상냥하다"고 알려 주지도 않았는데 어느새 저절로 그런 이미지를 갖게 된 것이다. 인간 마음속에는 '상냥한 어머니'와 '엄격한 아버지' 이미지가 선천적으로 갖춰진 것처럼 보인다.

이러한 예로서 '악당'을 들 수 있다. '악당'과 '어머니'가 결합한 '계모'라는 '무서운 어머니' 이미지는 인류에게 널리 퍼져 있으며 옛날이야기에도 자주 등장한다. 또 태양을 보면서 마차를 달리는 영웅신의 모습을 떠올리고는 태양을 남성적인 신으로 간주한다든가, 오래된 나무줄기에서 악마의 얼굴을 발견한다든가 하는 것은 전세계 사람이 공통적으로 겪는 일이다. 이런 이미지를 이야기로 만든 것이 바로 신화나 동화이다. 융은 동서고금을 막론하고 옛날이야기들이 대체로 비슷비슷한 까닭은 집단 무의식이 거기에 작용했기 때문이라고 생각했다.

이 무의식은 개개인의 체험에서 비롯되는 것이 아니다. 오히려 이 무의식이 개개인의 체험 방향이나 유형을 대강이나마 결정해 버린다. '상냥한 어머니'와 '사랑스러운 아이' 이미지는 어머니와 아이의 친밀한 관계를 결정짓는다. 이때 실제로 어머니나 아이가 이 이미지에 맞지 않는다면 그 사람의 마음속에 갈등이 일어난다. 세계 역사상 수많은 종교 체험도 '악'이나 '현자=구원자=신' 이미지를 중심으로 성립되었다. 연애도 그렇다. 남자들 마음속에는 멋진 여성 이미지가 있고, 여자들 마음속에는 멋진 남성 이미지가 있어서 이 이미지를 통해 상대방을 바라보면서 연애하게 된다. 이처럼 개인 체험의 성질을 결정짓는 데 선천적 이미지의 역할은 매우 중요하다.

조상의 체험이 남긴 것

선천적 무의식은 개개인의 체험과 무관하게 처음부터 존재한다. 그러면 이 무의식은 어떻게 생겨났을까. 융에 따르면 이 선천적 이미지는 오랫동안 인류가 체험한 심적 내용이 일정한 형태로 굳어진 것이다. 예를 들어 해돋이 풍경은 누구에게나 강한 인상을 주는데, 이 감동이 쌓이고 쌓여 마침내 인류의 마음에 특별한 인상을 심었다. 이제 인류는 해돋이를 보면서 성스러운 감동과 신의 존재를 느끼게 되었다. 요컨대 인류가 무수히 되풀이한 전형적 체험이 어느새 유전자 속에 새겨져 자동적이고 무의식적인 작용이 되어 버린 것이다. 그래서 우리는 어떤 특별한 상황에 처하면 대개 비슷한 유형으로 반응하는데, 이 점을 주목한 융은 우리 마음속에 반응 유형이 이미 존재하기 때문에 이런 현상이 나타난다고 생각했다. 융은 그 유형을 '원형(元型)'이라 불렀다. 원형은 그 것이 성립됐을 때와 똑같은 상황에 처하면 그때와 똑같은 반응을 보이는 것을 말한다.

그런데 어떤 사람들은 원형을 오해하고 있다. 원형이 인류의 오랜 경험을 통해 이루어졌다는 융의 이론은 일종의 라마르크주의라고 비판하는 사람들도 있다. 라마르크주의란 인간이 경험으로 획득한 형질이 다음 세대로 유전되면서 생물이 진화한다는 설이다. 그러나 백인이 아무리 피부를 까맣게 태워도 아이는 하얀 피부를 가지고 태어난다. 아버지 발바닥에 굳은살이 생겼어도 갓 태어난 아이 발바닥은 부드럽다. 이처럼 부모가 후천적으로 획득한 형질은 직접 아이에게 유전되지 않으므로 라마르크주의는 과학적인 사실과 어긋난다. 융의 이론을 라마르크주의에 빗댄다는 것은 융의 이론이 그만큼 비과학적이라는 얘기이다.

그러나 융의 이론은 그렇게 단순한 것이 아니다. 생물 진화 과정은 아직 과학적으로 확실히 밝혀지지 않았으나, 적어도 돌연변이와 자연도태 현상만으로 진화가 일어나지 않는다는 사실은 이미 알려져 있다. 생물은 환경 세계에서 다양한 경험을 하는데, 이 수많은 평균적 경험이 어떤 방식으로든 유전자 프로그램 속에 침투하지 않으면 안 된다. 그 방식은 아직 제대로 밝혀지지 않았으나 유력한 가설은 존재한다. 자세한 설명은 생략하지만, 어쨌든 융은 '종의 수많은 경험이 어떤 방식으로든 유전자 속에 침투한다'는 관점에서 이론을 전개했다. 이 이론은 다윈주의나 라마르크주의 같은 개별 학설과는 무관하다. 그보다는 진화가 생물의 일상 경험과 밀접한 관련을 맺으면서 이루어졌을 것이라는 일반적 관점에 바탕을 둔 이론이라고 할 수 있다. 말하자면 다양한 원형도 그런 식으로 생겨났다는 것이다.

원형(元型)은 문화를 낳는다

원형은 감동을 일으키는 전형적 체험이 유전자에 깃든 것이므로 똑같은 상황에서 똑같은 감동을 일으킨다. 그런데 원형은 특별히 구체적인 상황에 처하지 않아도 독자적으로 움직이곤 한다. 원형이 멋대로 산출하는 이미지에 사로잡혀 버린 사람은 분열증 같은 정신병을 앓게 된다. 하지만 그 이미지를 의식적으로 잘 포착해서 거기에 형태를 부여하면 훌륭한 문학·예술·사상을 창조할 수도 있다. 케플러나 케쿨레의 사례가 증명해 주듯이 이 원형적인 이미지는 종종 위대한 과학적 발견을 낳기도 한다. 세계 각지의 신화와 옛날이야기도 원형적 주제로 구성되었다고 할 수 있다. 가장 전형적인 주제는 영웅이 태어나자마자 죽을 뻔했지만 어찌어찌 살아남아 성인이 되고 마침내 괴물을 쓰러뜨려 보물이나 미녀를 얻는다는 것이다. 이런 이야기는 전세계에 퍼져 있다. 신화나 옛날이야기 속에 특히 원형적인 주제가 많이 등장하는 까닭은, 그 이야기가 사람들 입에서 입으로 전해지는 사이에 세세한 내용은 생략되고 누구에게나 감동을 주는 원형적 주제만이 살아남았기 때문일 것이다.

그러면 융이 소개한 원형적 이미지의 예를 살펴보자. 융은 미술이나 음악에 대한 지식은 별로 없었으나 문학을 사랑해서 수많은 문학 작품을 예로 들었다. 그중에서도 단테의 《신곡》과 괴테의 《파우스트》, 니체의 《차라투스트라는 이렇게 말했다》를 매우 좋아했으며 뒤의 두 작품은 어느 논문에서나 꼬박꼬박 인용했다. 여기서는 괴테의 《파우스트》에 대한 융의 견해를 간단히 소개하겠다.

《파우스트》 제2부

융은 《파우스트》 제1부와 제2부의 분위기가 전혀 다르다는 점을 주목했다. 제1부에서 파우스트는 메피스토펠레스의 도움을 받아 그레트헨과 서로 사랑하게 되지만 이윽고 애를 밴 그녀를 저버린다. 사생아를 낳은 그레트헨은 세상 사람들의 비난을 견디다 못해 아이를 죽이고 만다. 그 죄로 그레트헨은 감옥에 갇혀 그 안에서 숨을 거둔다. 파우스트는 엄청난 죄를 지은 것이다. 그런데 융은 제1부를 이렇게 평가했다. "괴테는 의도적으로 줄거리를 구상해서 논리 정연하게 써 내려갔다. 작가의 의도는 작품에 뚜렷이 반영되어 있다. 내용 자체는 형사 재판소에서 수도 없이 볼 수 있는 흔한 것이다."

젊은이들은 이 말에 분개할지도 모른다. 파우스트와 그레트헨의 사랑은 아름답고, 그레트헨의 비극이나 파우스트의 죄와 참회도 충분히 감동적이다. 그 것을 '흔한 이야기'로 치부하다니, 문학을 제대로 감상할 줄 모르는 게 아니냐고 비난하는 사람도 있을 것이다. 그러나 융은 심층 심리학 관점에서 제2부를 대단히 굉장한 작품이라고 생각했으므로 일부러 제1부를 조금 깎아내려서 대비 효과를 얻으려고 한 듯하다.

융은 제2부 줄거리가 앞뒤가 안 맞고 뒤죽박죽이라는 점을 주목했다. 파우스트는 헬레나를 찾으러 '어머니들의 나라'로 내려가 그녀를 데려온다. 이때 군대가 그들을 공격한다. 헬레나가 어떻게 해 보라고 재촉하자 파우스트는 어차피 환상이니까 걱정하지 말라고 태연하게 말한다. 마치 우리 꿈속에서 일어나는 일 같다. 이윽고 파우스트는 큰 나라의 재상이 되어 낙원을 만들기 위해 개간 사업을 벌인다. 그러다가 경건한 늙은 부부를 죽이고 만다. 파우스트는 분명히 천벌을 받을 운명이었다. 그러나 뜻밖에도 그는 '영원한 여성'의 인도를 받아 천국으로 간다. 천상에서 남성성과 여성성이라는 두 원리가 결합하여 마침내 파우스트는 행복을 얻었으리라.

이처럼 제2부는 이렇다 할 줄거리도 없이 그저 몇 가지 꿈을 나열해 놓은 듯이 보인다. 그러나 융의 생각은 다르다. 이야기 하나하나를 음미해 보면 그것은 인류의 공통된 원형적 이야기이며, 그런 원형적 이미지가 솟아오르자 괴테는 그 힘에 사로잡혀 단지 펜을 움직였으리라는 것이다. 영원한 연인을 찾아 떠난다는 주제, 정치적 지배자가 되는 이미지, 경건한 늙은 부부 이미지, 마지막으로 남성적인 것과 여성적인 것이 서로 결합하는 주제. 이 모든 것이 원형적인 이미지이다. 요컨대 융은 원형 이미지 형성 능력이 《파우스트》 제2부를 창조했다고 주장하는 것이다. 니체의 《차라투스트라는 이렇게 말했다》와 단테의 《신곡》, 입센의 《바다에서 온 여인》과 호프만의 《황금 단지》 등등 여러 작품도 같은 방식으로 만들어졌다. 확실히 이 작품들에는 뚜렷한 줄거리가 없다. 그보다는 인류의 보편적 이미지의 산물이라고 생각하면 훨씬 이해하기 쉽다.

이미지는 한낱 환상일까

꿈과 공상은 부질없는 것이 아니다. 그것은 기나긴 인류 역사와 밀접하게 관련되어 있다. 예술 및 문학 작품에 표현되어 있는 기묘한 이미지는 어떤 천재가 우연히 떠올린 고립된 이미지가 아니라 인류의 공통된 이미지이다. 그래서 사람들이 그 작품을 보고 감동하는 것이다. 이미지는 현실적인 기반 위에 자리잡은 채 현실 세계와 깊은 관계를 맺고 있다.

그런데 이미지를 현실성 없는 한낱 환상으로 치부하면서 철저히 배제하는 사람들도 있다. 그들은 환상에서 깨어나야 한다고 주장한다. 대표적인 예가 바로 과학자인데, 요즘에는 자연과학뿐만 아니라 거의 모든 학문이 이미지를 '나쁜 것'으로 취급하고 있다. 근대의 이성적 계몽 시대에 사람들은 미신이나 마법 같은 비현실적인 것들을 배척하면서 과학을 발전시켰다. 그런데 미신이나 마법은, 인간 마음속에 존재하는 이미지가 실제로 현실에 존재하리라는 생각에서 비롯된 것이다. 이미지란 어디까지나 현실을 반영한 것일 뿐 실세계에는 존재하지 않는다. 그것을 실체화하여 정말로 존재한다고 믿었기 때문에 미신이나 마법이 생겨난 것이다. 하지만 과학적으로 볼 때 외부 세계에는 그런 것이 존재하지 않는다. 그래서 과학적인 사람들은 마음속에 있는 이미지 자체마저도 경멸하게 된 것이다.

프로이트는 이미지가 현실과 어긋나기 때문에 바람직하지 않다고 생각했다. 이미지는 한낱 환상이자 망상이므로 이를 떨쳐 내고 현실을 직시해야 한다는 것이다. 이미지는 분명히 현실과 어긋나기는 해도 전적으로 잘못된 것은 아니다. 이미지는 현실을 매우 모호하게 반영하며 그 의미도 불분명하지만, 실은 그렇게 추상화된 형태로나마 이 세상을 충실하게 반영하고 있다. 오히려 이미지가 부정확하기 때문에 우리가 좀더 편하게 살아갈 수 있는 것이 아닐까. 달에 옥토끼가 산다고 생각한들 사는 데에는 아무런 지장도 없을뿐더러 오히려 묘한 행복감마저 맛볼 수도 있다. 굳이 "달에는 바위랑 사막밖에 없다"고 과학적 이론을 펼치면서 '이미지의 오류'를 밝혀 봤자 무슨 소용이 있겠는가. 이미지는 우리 삶의 중요한 일부분이다. 그러므로 함부로 훼손하지 말고 소중히 잘 키워야 할 것이다. 융은 현대 문명의 과학주의와 합리주의에게 배척받던 이미지의 소중함을 다시 한 번 재조명하고, 그 배후에 있는 집단 무의식을 연구하는 데 평생을 바쳤다.

그럼 이제 융이 어떤 사람인지, 어떻게 살아가면서 무슨 사상을 만들어 냈는지 살펴보자. 다만 그 전에 하나만 더 짚고 넘어가겠다. 융은 인간의 '마음'을 어떤 방법으로 다루었을까?

관찰

융이 인간 마음을 연구하는 데 사용한 방법은 한마디로 '관찰'이었다. 이는 시시한 방법처럼 보일지도 모른다. 과학이 발전한 요즘에는 관찰은 초보적이고 수준 낮은 방법이며, 분해나 해부나 실험 따위가 훨씬 수준 높고 정밀한 방법이라고 흔히들 생각한다. 그러나 관찰이 쉽고 시시한 방법이라는 것은 잘못된 통념이다. 또 실험이나 분석이 관찰보다 더 많은 사실을 알려 준다고 단정할 수도 없다. 어느 방법이 좋으니 나쁘니 따지기보다는 각각의 장점을 파악해서 잘 살리는 것이 중요하다. 특정한 사실을 정확하고 정밀하게 알고 싶다면 실험 및 분석을 하는 것이 좋다. 반대로 대상의 전체적인 관계를 알고 싶다면 관찰 방법을 써야 한다. 게다가 관찰을 하면 가공되지 않은 자연 그대로의 모습을 알아낼 수 있고, 예상치 못했던 새로운 사실을 발견할 수 있다.

이런 관찰의 이점을 잘 활용한 사람이 바로 콘라트 로렌츠를 비롯한 동물 행동학자들이다. 동물의 행동을 파악하려면, 하나하나 따로 떼어 실험하기보다는 자연 그대로의 모습을 전체적인 관계 속에서 살펴보는 것이 좋다. 예컨대 개구리를 연구할 때 정밀성을 중시하는 사람은 당장 해부해 버릴지도 모른다. 그러나 개구리의 삶 전체, 즉 개구리가 어떤 상황에서 어떻게 행동하며 살아가는지 이해하려면 자연 그대로의 모습을 가만히 관찰하는 것이 가장 바람직하다.

인간 마음을 연구할 때에도 관찰이라는 방법이 가장 적합하다. 어떤 사람들은 인간 마음을 실험으로써 해명하려고 한다. 인간 마음은 눈으로 볼 수 없으니 행동으로 파악할 수밖에 없다. 그러니까 행동을 조사하고 실험해서 그 결과를 양적으로 나타낸 자료만이 과학적이라는 것이다. 하지만 수량으로 나타낸 정밀한 결과만을 과학적이라고 보는 것은 편협한 사고방식이다. 진정한 과학이란 대상의 진실을 밝혀내는 것이므로, 아무리 정밀하더라도 대상의 한 부분밖에 밝히지 못하는 과학은 별 가치가 없다. 이에 비해 정밀성은 좀 부족해도 전체적인 진리와 진실을 밝혀낼 수 있는 방법은 참으로 훌륭한 방법이다.

그런데 인간의 마음은 분석을 하거나 해부를 할 수 없다. 마음은 그런 방법으로는 거의 해명되지 않는다. 쥐의 행동을 아무리 실험해도 인간 마음에 대한 정보는 별로 알아낼 수 없다. 그러나 인간 마음을 전체적으로 이해하는 방법이 있다면, 그 방법은 정밀하진 않아도 가치 있는 진리를 우리에게 가르쳐 줄 것이다. 인간 마음을 대상으로 삼는 이상, 외적인 연구에는 한계가 있으므로 우리는 내면을 관찰하는 방법을 써야 한다. 이 '내면 관찰' 방법에는 '감지한다'는 심리적 기능이 개입될 수밖에 없다. 여기서는 논리적 사고뿐만 아니라 감정이나 감각, 직관 같은 기능도 활용된다. 이는 기존 근대과학과는 분명히 다른 학문이다. 이 새로운 지식 형태는 관찰에 바탕을 둔 채 '감지한다'는 기능—이제껏 공식적으로 인정받지 못했던 지식 획득 방식—도 포함하여 점점 발전해 나갈 것이다. 융은 인간 마음을 탐구하면서 이 새로운 방식을 발전시킨 인물이다.

2. 융의 성격–양면성

누군가의 사상을 이해하려면 먼저 그가 어떤 능력과 성격을 지니고 태어났는지, 또 어떤 부모의 가르침을 받아 어떤 환경에서 자라났는지 살펴보는 것이 중요하다. 사람은 누구나 자라면서 서서히 주위에 적응하기 위해 점점 자신의 부족한 점을 보완하고 타고난 성격과 반대되는 행동을 하게 되므로, 무엇이 선천적이고 후천적인지 구별하기 어려워진다. 그러나 타고난 자질이 그 사람의 핵심을 이룬다는 사실은 변함없다. 이러한 관점에서 융의 성장 과정과 성격을 살펴보자.

내향적 성격

융은 1875년 스위스 바젤 근교에서 목사의 아들로 태어났다. 어릴 때 그는 매우 내향적인 아이였다. 사실 '내향성'과 '외향성'은 융이 만들어 낸 용어로서, 오늘날 흔히 쓰이는 용법보다 훨씬 깊고 풍부한 뜻을 지닌다. 하지만 여기서는 단순히 자신의 내적 세계에 틀어박히기 쉽다는 의미에서 내향적이라는 표현을 썼다. 융은 아홉 살 때 여동생이 태어나기 전까지는 내내 외동아들로 자랐다. 그는 자서전에서 "나는 외톨이여서 내 나름대로 혼자 놀았다"라고 말했다. 혼자서 놀 때 누가 지켜보거나 남의 간섭을 받는 것이 싫어서 공상의 세계를 만들고, 벽돌로 탑을 쌓거나 전쟁하는 장면을 그리곤 했다. 그가 어린 시절을 회상하면서 떠올린 것은 '풍부한 감수성'과 '상처입기 쉬운 마음'과 '고독함'이었다.

그의 성격을 잘 보여 주는 일화가 있다. 열 살 때 그는 '커다란 비밀'을 가지고 있었다. 그는 나무 잣대 끄트머리에다 2인치쯤 되는 인형을 새긴 다음 톱으로 잘라 필통 속에 넣어서 늘 가지고 다녔다. 그것도 "프록코트를 입고 길쭉한 모자를 쓰고 반짝이는 검은 장화를 신은" 모습이었다니 상당히 공들여 새긴 것이었으리라. 게다가 라인 강가에서 주워 온 "거무스름하고 반들반들한 타원형 조약돌"도 오랫동안 바지 주머니에 넣고 다녔다. 융은 이 인형과 조약돌을 남한테 들키지 않는 한 자기는 안전하다고 생각하면서, 그 무렵 그를 괴롭히던 "나 자신의 분열 및 세상의 불확실성"에서 도망칠 수 있었다.

그는 감정이 상하거나 바깥세상에서 좌절을 겪었거나 부모님과 다투면 다락방으로 올라갔다. 거기서 필통을 열고 '내 인형과 조약돌'을 들여다보면 왠지 마음이 편안해졌다. 또 굳이 실물을 보지 않아도 이 '비밀스런 보물'을 떠올리기만 하면 "신기하게도 마음이 가라앉았다"고 한다. 융은 이렇게 아이가 나만의 비밀을 갖는 것이 매우 중요하다고 이야기했다. 특히 내향적이고 자기 세계를 중시하는 아이라면 더욱 그렇다. 부모가 그런 비밀을 용납하지 않을 정도로 아이에게 간섭하거나 지배적인 태도를 보인다면, 아이는 결국 바깥세상과의 모든 관계를 끊고 자폐아가 됨으로써 자신을 지키려고 할지도 모른다. 융은 "이런 비밀을 가지고 있었던 것이 내 성격 형성에 큰 영향을 미쳤다"고 말했다. 실제로 융이 부모님과 주변 사람들의 공연한 간섭이나 비난을 받지 않고 무사히 자기만의 비밀스런 세계를 맛볼 수 있었다는 사실은, 뒷날 그가 내면세계에 눈뜨는 과정에서 더없이 긍정적으로 작용했다.

학교 부적응

융은 《심리 유형론》이라는 명저에서 '내향성'과 '외향성'의 특징 및 각각의 장단점을 자세히 논하였다. 그는 어느 한쪽을 두둔하지 않고 비교적 공평한 태도를 취했다. 하지만 융은 분명히 내향적인 사람이었고, 현대 사회에서 내향적인 성격은 아무래도 부정적인 평가를 받기 쉽다. 그 때문에 융도 괴로워했던 적이 있었다. 그래서 융은 내향적 성격을 상당히 동정하면서 은근히 높이 평가하려고 했던 것 같다.

학교에 입학한 융은 오랫동안 혼자 놀다가 드디어 같이 놀 친구를 만나서 기뻤던 모양이다. 그러나 내향성 때문에 엄청난 어려움을 겪어야 했다. 그는 《심리 유형론》에서 이렇게 말했다. "내향적인 아이는 외부 자극이 주어지면 일단 그것을 자신의 내적 세계의 기준에 비추어 음미한 다음에 반응하므로, 반응이 느려지거나 아예 반응을 못 할 수도 있다. 그래서 얼간이니 멍청이니 하는 소리를 듣기 쉽다." 말투는 객관적이지만 마치 융 본인의 경험담처럼 느껴진다.

그는 학교에 싫증을 느꼈다. 학교는 그의 내면세계와 동떨어져 있었기 때문이다. 융은 전쟁 장면을 그리거나 불장난을 할 시간을 빼앗기고, 그 대신 정해진 규칙대로 생활하면서 정해진 이야기를 들어야 했다. 신학 수업은 "질릴 정도로 재미없었고", 수학 시간은 두려울 정도였다. 융은 숫자가 뭔지 이해할 수 없었다. 숫자는 꽃도 동물도 아니었다. 그런데 왜 소리로 표현되고 문자로 표현되는 걸까? a=b이고 b=c이면 a=c라는데, 애초에 서로 다른 a와 b가 어떻게 같을 수 있을까? 그는 수업시간에 이런 생각을 했다고 한다. 사실

여섯 살 때의 융

그는 진정한 의미에서 생각하는 학생이었으며 참된 과학적 탐구심을 가진 소년이었다. 그러나 선생님은 숫자는 이렇고 공식은 저러니까 이걸로 문제를 풀어 보라는 식으로 수업을 계속 진행할 뿐이었다. 마침내 선생님이 "평행선은 무한대에서 교차한다"고 하자 융은 모욕이라도 당한 기분이었다. 그것은 순진한 사람들을 속이기 위한 어처구니없는 속임수 같았다. 그래서 융은 수학을 완전히 싫어하게 되었다.

그는 미술 시간에도 좌절을 겪었다. 그리고 싶은 것은 얼마든지 그릴 수 있지만 정해진 주제대로 그릴 수는 없었다. 또 체조 시간에도 정해진 움직임을 남한테 배우는 것이 못 견디게 싫었다. "언제나 나는 내가 무엇에, 또 누구에게 몸을 맡기는지 먼저 확인하고 싶어했다"고 스스로 말했듯이, 융은 체조든 뭐든 먼저 충분히 이해하지 않으면 아예 시작할 수도 없었던 것이다. 누가 잘 모르는 일을 시키면 두려움을 느끼는 것은 내향형 인간의 특징이다. 확실히 선생님으로서는 다루기 어려운 학생이다. 아이는 성격 나쁜 고집쟁이로 낙인이 찍히든가, 애초에 재주가 없는 열등생으로 여겨지게 된다. 이 때문에 융도 심한 마음고생을 했다.

그때 융은 독일어 수업을 받고 있었다. 이 수업에서는 문장을 올바르게 쓰는 것이 중시되었는데 문법이 중요하지, 내용은 아무래도 좋았다. 융은 그런 수업을 싫어했고 당연히 성적도 나빴다. 선생님은 융이 독일어를 못하나 보다고 생각했다. 그러던 어느 날 우연히 흥미로운 작문 주제가 주어졌다. 융은 열심히 글을 써서 뿌듯한 마음으로 완성작을 제출했다. 잘 썼으니까 아이들 앞에서 발표될 거라고 생각했다. 그런데 아무리 기다려도 융의 이름은 발표되지 않았다. 마침내 선생님이 말했다. "자, 마지막으로 융이 쓴 글이 남았네요. 사실 제일 잘 쓴 글이에요. 단연 으뜸입니다. 하지만 안타깝게도 이건 융이 쓴 게 아니에요. 얘야, 누구 걸 베낀 거니? 솔직히 말해 봐."

융은 벌떡 일어나 미친 듯이 소리를 질렀다. "베껴요? 아녜요, 안 그랬어요! 제가 열심히 노력해서 썼다고요!" 그러자 선생님도 큰 소리로 대꾸했다. "거짓말하지 마! 그동안 이런 글은 한 번도 못 썼잖아. 그런데 이걸 네가 썼다고 누가 믿겠어? 자, 말해 봐. 누구 걸 베꼈니?" 이제는 반 친구들도 의심스런 눈초리로 융을 바라봤다. 이 이야기는 내향형 인간이 얼마나 오해받기 쉬운지 잘 보여 주는 예이다.

융은 결국 학교에 다니지 않게 되었다. 어쩌다가 반 친구한테 떠밀려 머리를 세게 부딪쳐서 기절한 다음부터는 공부를 하려고만 하면 발작이 일어났던 것이다. 이 때문에 그는 반 년 이상 학교를 쉬었다. 쉬는 동안 숲이나 냇가나 골짜기에 가서 몽상에 젖거나 그림을 그리곤 했다. 말하자면 등교 거부 아동이었다. 그가 계속 이렇게 살았더라면 우리는 위대한 심리학자를 한 명 잃었을 것이다. 하지만 융은 그 상황에서 혼자 힘으로 탈출했다.

어느 날 그는 아버지가 손님에게 하는 말을 우연히 엿들었다. "혹시라도 영영 낫지 못하면 어쩐담? 아, 정말 큰일이오. 나도 이제는 밑천이 다 드러났소. 내가 생계를 유지할 수 없게 되면, 우리 애는 도대체 어떻게 될지." 그 순간에 대해 융은 이렇게 썼다. "나는 깜짝 놀랐다. 그때 나는 현실과 직면했다." 그는 아버지 서재로 가서 라틴어 문법책을 꺼내 공부하기 시작했다. 10분 만에 발작이 일어나 의자에서 굴러떨어질 뻔했다. 그러나 이를 악물고 계속 공부했다. 15분 뒤 또다시 발작이 일어났지만 이번에도 꾹 참았다. 한 시간 뒤 세 번째 발작이 일어났으나 이것도 견뎌내고 한 시간을 더 공부했다. 그러자 발작은 더 이상 일어나지 않았다. 드디어 그는 신경증을 극복하고 다시 학교에 다니게 되었다.

소년 시절의 이런 경험은 융의 삶을 상징적으로 나타낸다. 살면서 그는 내향적인 성격에서 비롯되는 내면적 위기와, 외부 세계와 관계를 맺는 어려움을 반복해서 겪어야 했다. 이 위기와 어려움을 강한 정신력으로 용감히 대면하여 극복하고, 그 안에서 인간의 진실을 발견해 나가는 것이 바로 융의 삶이었다. 그 원형은 이미 소년 시절에 뚜렷이 나타나 있었다.

어머니의 두 얼굴

융 사상의 특징을 이해하려면 먼저 어머니에 관한 그의 특별한 체험부터 살펴봐야 한다. 융의 어머니는 상당히 특이한 사람이었다. 그는 평소에는 몹시 훌륭한 어머니였다. "풍부한 모성애를 지녔고 요리 솜씨가 좋으며 사교성 있는" 여성이었고, "친절하고 몸이 통통했으며" "남의 이야기를 잘 듣고" "수다도 잘 떠는" 사람이었다고 융은 회상했다. 한마디로 그의 어머니는 일반 서민이었다.

그런데 융의 어머니는 이런 긍정적인 측면 말고 또 다른 면도 지니고 있었다. 어린 융으로서는 이해할 수 없는, 불쾌하고 다소 비인간적인 습성이었다. 이 습성은 이따금 불쑥 나타나서 융을 깜짝 놀라게 했다.

그는 세 살 때 어머니의 '나쁜' 습성을 처음으로 경험했다. 그때 어머니는 부부 싸움 끝에 잠시 가출했는데, 아들을 놔두고 홀로 집을 나가 버렸다. 어린 융은 정신적인 충격 때문에 습진에 걸렸다. 아버지는 열에 들떠서 잠 못 이루는 아들을 안고 노래를 부르며 고요한 어둠 속을 이리저리 걸어다녔다고 한다. 이 일로 융은 깊은 상처를 입었다. '사랑'이란 말을 들을 때마다 "언제나 불신감을 가질" 정도였다. 이러한 이미지는 밝고 긍정적인 어머니 이미지―서민적이고 다정한 어머니―와는 정반대였다.

그런데 이 '나쁜' 어머니는 단순히 '나쁘다'고만 할 수도 없는 이상한 매력을 지니고 있었다. 한번은 이런 일도 있었다. 융네 이웃집은 부유했는데, 그 집 부모들은 일요일이 되면 세 아이에게 시골 애들답지 않게 훌륭한 정장을 입혔다. 그 아이들은 점잔을 빼면서 은근히 거들먹거렸다. 그런데 어느 날 융의 어머니가 그 애들과 융을 비교했다. 자존심이 상한 융은 홧김에 이웃집 소년을 때리고 말았다. 그러자 애 어머니가 소리지르며 뛰어왔다. 큰 소동이 벌어진 가운데 어머니는 "이제껏 본 적도 없을 만큼 슬퍼하면서 오랫동안 심하게" 융을 나무랐다. 그때 어머니는 상식적으로 폭력을 휘둘러선 안 된다는 사실을 융에게 가르치고 싶었을 것이다.

한바탕 소동이 끝나자 융은 풀이 죽은 채 방구석에 틀어박혀 집짓기놀이를 했다. 어머니는 창가에서 뜨개질을 하고 있었다. 그때 어머니가 중얼거리는 말이 아들 귀에 들어왔다. 놀랍게도 어머니는 아까 융에게 설교했던 내용과는 전혀 다른 의견을 내놓고 있었다. 그러다가 대뜸 큰 소리로 외쳤다. "아니, 그래도 애를 그렇게 키우면 안 되지!" 융은 은근히 기뻤다. 어머니가 자신의 폭력 행위에 대해 "때리고 싶어지는 것도 당연하다"는 식으로 말했던 것이다. 이래서야 상식적인 의미에서 교육 효과가 있을 리 없다. 별로 똑똑하지 않거나 마음이 나약한 아이가 이런 교육을 받았다면 철없는 어른으로 성장했을지도 모른다. 그러나 융은 똑똑한 아이였으므로 단순히 "어머니가 폭력을 긍정한다"고 생각하지는 않았다. 어머니가 폭력을 진심으로 부정하기도 하고 긍정하기도 했다는 기묘한 이중적 현실을 그는 이해했다. 이때 융은 인간의 이중성·양면성이라는 깊은 진리를 체험했다. 그는 세상에서 '좋다' '나쁘다'로 간주되는 것들이 실은 그렇게 딱 잘라서 좋다거나 나쁘다고 판단될 수 없으며, 양쪽 다 진리일 수도 있음을 막연하게나마 느낀 것이다.

융은 어머니의 이런 이중적 성격을 몇 번이나 체험했다. 한번은 찬송가가 영 재미없고 심심한데 어떻게 해 볼 수 없겠느냐는 이야기가 식사 도중에 나왔다. 그러더니 어머니가 저속하게 노래를 바꿔 불러서 융은 내심 환호했다고 한다. 이처럼 상식적이고 도덕적인 가치관을 거부하고 조롱하고 파괴하려는 성질을 융은 뒷날 '인격의 그림자 부분'이라고 불렀다. 융의 어머니는 대낮처럼 밝고 성실한 상식적 측면과, 밤처럼 기분 나쁘고 신비로우며 '자연과 같이 무정한' 측면을 아울러 갖추고 있었다. 그중 후자는 어머니 개인의 인격이라기보다는 '원시적인' 원형적 무의식의 발로라고 할 수 있다. 이 원형적 어머니의 성질을 융은 '태모(太母)'라고 일컬었다.

융의 어머니는 제삼자가 보기에는 재미있는 사람이었지만, 그 영향을 직접 받는 아이에게는 꽤 위험한 존재였다. 그녀는 아이의 인격을 완전히 파괴해 버릴 수도 있는 무시무시한 힘을 가지고 있었다. 융 본인도 "어머니와 관련된 불안한 꿈을 종종 꿨다"고 했을 정도이다. 어른이 아이를 지도하는 행위에는 이처럼 커다란 위험이 뒤따른다.

마음의 분열성

이처럼 어릴 때부터 융은 어머니의 분열된 태도를 체험했다. 그러는 사이에 자기 내부에도 서로 다른 두 가지 인격이 존재한다는 사실을 깨달았다. 융은 "언제나 나 자신이 두 사람임을 알고 있었다"고 한다. 그는 이것을 인격 1과 인격 2라고 불렀다.

인격 1은 부모님의 아들이다. 그는 학생으로서 열심히 공부하다가 이윽고 사회에 나가 스스로 생계를 꾸려 나가야 한다고 생각했으며, 또 주위 사람들과 잘 지내려고 했다. 이것은 바로 그의 '자아'이다. 이에 비해 인격 2는 이미 어른이다. 심지어 늙은이 같기도 했다. 그는 인간 세상에서 멀리 떨어져 자연, 밤, 꿈의 세계에 가까이 다가가 있었다. 그는 이 세계를 '신의 세계'라고 느꼈다. 그것은 인간 한 사람 한 사람의 생명과는 별개로 인간 속에서 몇 세기에 걸쳐 살아 숨쉬는 '영혼'이었다. 뒷날 융은 이것에 '무의식'이라는 이름을 붙였다.

이렇듯 마음속에 전혀 다른 두 경향이 존재하는 것은 일종의 병이 아니라 모든 인간에게 공통적으로 나타나는 현상이다. 원래 인간은 보편적 무의식만 가지고 태어난다. 그리고 인간이 점점 성장하면서 자아가 확립된다. 예민한 사람들은 이 두 가지 대립되는 성향을 인식하고 괴로워하기도 한다. 대부분의 사람은―특히 어른들은―현실 세계에서 살아가기 위해 모호한 꿈의 세계를 부정하고, 사리를 잘 분별하면서 의식적으로 살아가려고 한다. 현실 세계에서 살아가는 데 인격 2는 방해될 뿐이다. 그래서 사람들은 대개 인격 2를 눈치채더라도 서둘러 부정하고 짓눌러 버린다.

그러나 소년 시절의 융에게 인격 2의 세계는 더없이 매력적으로 다가왔다. 그는 견진성사를 계기로 하느님에 대해 고찰하기 시작했고, 아버지 서재에서 이런저런 신학서를 살펴보는 동안 악마에 대해서도 생각하게 되었다. 악마를 진지하게 다뤘다는 점에서 그는 괴테의 《파우스트》에 깊은 감명을 받았으며, 플라톤을 비롯한 그리스 철학자나 쇼펜하우어 같은 사람들이 쓴 철학서를 열심히 읽었다. 그러면서 그는 '영원한 신의 세계'에 있는 기분을 느꼈다. 비밀스런 의미로 가득 찬 세계를 만끽하는 기분이었다. 인격 2의 세계는 "햇볕이 내리쬐는 바깥을 향해 창문이 활짝 열려 있는 궁전의 넓은 홀처럼 구석구석까지 밝게 빛나는 곳이었다. 그곳에는 의미가 있고 역사적 연속성이 있었다. 그 의미와 연속성은, 주변 환경과 아무 상관도 없는 인격 1의 삶의 일관성 없는 우연성과는 참으로 대조적이었다." 그러면 학교에서 재미없는 문법 규칙이나 지식을 억지로 머릿속에 집어넣어야 했던 인격 1은 어땠을까. 이 인격은 별다른 특징도 없고 좋은 성적을 내지도 못했다. "근면하지도 않고 예의바르지도 않고 말쑥하지도 않았다." 요컨대 인격 1은 남들이 보기에도 자신이 보기에도 영 변변찮은 인물이었다. 그래서 융은 자연스레 인격 2에 중점을 두면서 혼자 공상에 빠지거나 사색하기를 즐겼다. 또 고등학생, 대학생 시절에는 틈만 나면 철학서를 읽었다.

그런데 이렇게 갈고닦은 인격 2를 사람들 앞에 내보이면 어째서인지 좋지 않은 결과가 나오기 일쑤였다. 앞에서 보았듯이 그는 훌륭한 글을 썼는데도 남의 글을 베꼈다는 오해를 받고 경멸의 대상이 되어 버렸다. 보통 사람들은 일상생활을 유지하기 위해서 인격 2의 세계를 거부하고 필사적으로 감추려 한다. 알고 보면 그들은 자아가 약하다. 그래서 인격 2의 세계를 그토록 두려워하는 것이다. 심지어 그들은 다른 사람에게서 드러나는 인격 2의 세계마저 필사적으로 부정하고 공격한다. 어린 융은 그 사실을 몰랐으므로 그저 당황할 수밖에 없었다. 그런데 그때 어머니의 인격 2가 괴테의 《파우스트》를 읽으라고 말했다. 융은 괴테의 작품을 읽고 가슴 깊이 공감했다. 파우스트라는 인물에게서 그의 인격 2와 비슷한 인격을 발견한 것이다. 남들이 거부하고 멸시하기만 하던 그의 두 번째 인격이 이 위대한 고전 속에 존재하고 있었다. 덕분에 융은 고독함에서 벗어나 "내적으로 더 큰 안도감을 얻고" "인류 공동체에 대한 소속감을 더욱 강하게 느낄" 수 있었다.

등불 꿈

15, 6세 무렵까지는 융의 위대한 인격 2가 볼품없는 인격 1을 압도했다. 그는 현실 생활에서는 실패만 거듭하여 학교 공포증에 걸릴 정도였다. 그런데 고등학생이 되자 그의 인격 1이 뒤늦게 급속도로 성장하기 시작했다. 인격 2에 주로

융이 다녔던 스위스
바젤 대학교

공감하던 그는 이제 반대로 인격 1과 자기를 동일시하게 되었다. 이런 변화를 겪는 도중에 그는 '등불 꿈'이라는 중대한 꿈을 꾸었다. 꿈 내용은 다음과 같다. "나는 낯선 장소에 있었다. 밤이었다. 나는 강풍을 이겨 내면서 천천히 힘겹게 앞으로 나아갔다. 짙은 안개가 세상을 뒤덮었다. 나는 당장에라도 꺼질 것 같은 조그만 불빛을 손으로 감싸고 있었다. 이 조그만 불빛을 지키느냐 못 지키느냐에 모든 것이 달려 있었다. 문득 나는 뒤에서 뭔가가 다가오는 기척을 느꼈다. 돌아보니 엄청나게 큰 검은 그림자가 나를 따라오고 있었다. 나는 겁에 질렸다. 하지만 그와 동시에 어떤 위험을 무릅쓰더라도, 거친 바람 속에서 이 불빛을 밤새도록 지켜 내야 한다는 사실을 확실히 인식했다."

잠에서 깨어난 융은 불빛을 지키던 것이 인격 1이고 뒤에서 다가온 무시무시한 그림자가 인격 2임을 깨달았다. "내 임무는 불빛을 지키는 데 열중하면서 완벽한 생명력을 돌아보지 않는 것이었다. 그 완벽한 생명력은 틀림없이 다른 종류의 불빛을 지닌 금지된 영역이었다. 나는 폭풍과 맞서 앞으로 나아가야 했다. 폭풍은 내 뒤에 있는 세계, 표면 말고는 아무것도 알 수 없는 한없는 어둠의 세계로 나를 도로 몰아넣으려 했다." 폭풍에 굴복하여 저 뒤의 어둠 속으로 빨려 들어갔다면 그는 의식 세계를 잃어버리고 정신병자가 되거나 아예 생명을 잃었을 것이다. 살기 위해 그는 인격 1로서 불빛을 지키면서 계속 앞으로 나아가야 했다. 그는 아담이 낙원을 떠날 때에도 이런 심정이었을 것이라고 말했다.

이를 계기로 융의 세계관은 완전히 바뀌었다. 인격 1은 점점 더 진정한 자신처럼 느껴졌고, 인격 2는 서서히 그에게서 멀어져 자신과는 별개의 인격처럼 여겨졌다. 인격 2는 이른바 '내면의 타자(他者)'가 되었다. 이 과정은 소년에서 어른으로 마음이 변화하는 모습을 생생하게 보여 준다. 보통 사람들은 이런 식으로 인격 2의 세계를 버린다. 하지만 융은 그러지 않았다. 그는 인격 2의 세계에 푹 빠지거나 그것을 남들에게 드러내는 행위가 얼마나 위험한지 잘 알고 있었으므로 그 세계를 조심스레 숨기고 있었지만 절대로 버리지는 않았다.

그는 인간이 살아가는 데 인격 1이 반드시 필요하다는 사실을 알고 있었다. 그러나 인격 2의 세계도 분명히 실재하며, 이 또한 인간에게 중요한 의미를 지니는 듯했다. 융은 강신술(降神術)같이 수상쩍은 것도 다짜고짜 부정하지는 않았다. 많은 사람은 세상에 유령이 어디 있느냐고, 신이 어디 있느냐고 말한다. 과학적이라고 자부하는 사람들일수록 특히 그렇다. 그러나 정말 과학적으로 따진다면, 어떤 것이 '없다'는 사실을 증명하기란 불가능하다. 융도 어떤 것이 '있을 수 없다'는 사실을 우리가 대체 무슨 수로 알겠느냐고 말했다. 그렇다고 융이 유령의 실재를 믿은 것은 아니다. 오히려 그는 유령을 의심했지만, 그러면서도 확실히 존재하는 것을 직시했다. 즉 유령을 봤다느니, 신을 믿는다느니, UFO를 목격했다느니 하는 인간 마음의 작용만큼은 확실히 존재했던 것이다. 그는 이것을 '객관적 심리 현상'이라고 불렀다. 융의 주장에 따르면, 옛날이야기나 신화 같은 형태로 전세계에 비슷한 이야기가 전해 내려오는 까닭은 이에 대응하는 '객관적 심리 현상'이 인류에 보편적으로 존재하기 때문이다.

이처럼 그는 서로 대립하는 두 가지 마음을 모두 중시하는 태도를 취했다. 하지만 양쪽 다 중시하기란 말처럼 쉬운 일이 아니다. 인격 1은 인격 2를 부정하지 않으면 성장할 수 없고, 인격 1에 너무 열중하면 인격 2가 사라져 버린다. 또 인격 2에 몰두하면 인격 1을 키울 수가 없다. 양쪽 다 중시한다는 것은 위험한 줄타기와도 같다. 그런데 창조적인 일을 하는 사람들은 모두 인격 2의 세계를 내부에 소중히 간직해 온 이들이다. 인간이 훌륭한 사회인이 되기 위해서는 무미건조한 인격 1의 역할에 충실해야만 하는데, 그 와중에도 인격 2의 세계를 무사히 지켜 낸 사람만이 뒷날 풍요롭고 창조적인 삶을 만끽할 수 있는 것이다.

진로 고민

인격 1과 인격 2를 둘 다 중시하기란 어렵다. 실제로 융도 대학에 들어가서 무엇을 전공하느냐 하는 문제에 부딪혔다. 인격 1은 자연 과학을 좋아했다. 특히 고고학이나 생물학 같은 방면에 흥미가 있었다. 그런데 인격 2는 철학이나 종교 같은 인문 과학을 좋아했다. 어느 쪽도 무시할 수 없었기에 융은 계속 고민하면서 결정을 미뤘다. 두 가지 적성을 모두 살릴 만한 분야는 없는 것 같았다. 고민 끝에 그는 의학의 길을 골랐다. 의학을 전공하면 나중에 또 전문 분야가 갈릴 테니까 지금 당장 내 앞길을 결정짓지 않아도 된다는 생각에서였다. 어쩌면 그는 의학에 종사하면 자연적인 것과 인간적인 것을 동시에 다룰 수 있으리란 사실을 예감했는지도 모른다. 의학은 자연 과학 분야에 속하지만 인간을 다루는 학문이니까.

융은 요즘 같은 전문화 시대에 두 마리 토끼를 잡으려고 애썼으며 결국 그다운 방식으로 문제를 해결했다. 그는 의사 국가고시를 준비하다가 맨 마지막에 비로소 정신의학 책을 펼쳤다. 정신과 강의가 재미없어서 그쪽 분야에는 흥미가 없었기 때문이다. 지금도 그렇지만 그 시대에도 정신병은 원인을 알 수 없는 무서운 병으로 취급되었다. 정신병원은 도시 외곽에 설치되었고 "아무도 그쪽을 쳐다보려고도 하지 않았다." 정신의학은 제대로 확립되지 못해서 의학 분야 중에서도 가장 천대받았다. 융이 그 방면에 별로 흥미가 없었던 것도 당연하다.

그런데 크라프트 에빙이 쓴 교과서를 펼쳤다가 그는 머리말에서 저자가 정신병을 '인격의 병'이라고 부르는 것을 보았다. 그 순간 융은 계시를 받았다. 인격의 병, 그것을 중심으로 자연과학적 흥미와 정신과학적 흥미라는 두 경향이 한데 어우러졌다. 융은 흥분을 억누를 수 없었다. 《자서전》에는 그 순간을 이렇게 표현하고 있다. "내가 그토록 찾아 헤맸지만 어디에서도 찾을 수 없었던, 생물학적·정신적 사실이 동시에 경험되는 분야가 바로 그곳에 있었다. 자연과 정신이 만나 하나의 현실을 이루는 장소가 마침내 발견됐다."

크라프트 에빙의 저서는 융이 생각하던 정신의학의 이미지를 뒤엎어 버렸다. 정신의학은 시시하고 재미없는 학문에서 놀라운 매력을 지닌 분야로 바뀌었다. 이 사례는 직관형 인간의 특징을 잘 보여 준다. 직관형 인간은 현재 상황보다는 미래의 풍부한 가능성을 강하게 인식한다. 마찬가지로 융도 정신의학이 지닌 가능성과 그 안에서 자신의 재능이 발휘될 가능성을 직관적으로 느꼈다. 그에게는 전도유망한 내과 조수 자리가 마련되어 있었지만 융은 결국 그것을 거절하고 정체를 알 수 없는 '샛길'로 빠져들었다. 평생토록 변함없었던 그의 커다란 특징이 여기서도 뚜렷이 나타난다. 그것은 바로 대립하는 두 성질 양쪽에서 동시에 가치를 발견하고, 그 모순과 긴장을 감수하면서 둘 다 유지하다가 마침내 양자가 화합하는 해결책을 찾아낸다는 특징이다. 융의 이러한 양면성은 그의 사상을 이해하는 데 중대한 실마리를 제공한다.

3. 융과 프로이트, 유형론

정신과의가 되다

운명적 결단을 내린 융은 취리히 정신병원 의사로서 인생의 첫발을 내디뎠다. 지금도 그렇지만 그때도 정신병원은 뭔가 알 수 없는 기분 나쁘고 무시무시한 장소라는 인상을 주었다. 거기서 근무하는 의사도, 정신의학도 다른 의학 부문보다 수준 낮은 것으로 취급되었다. 게다가 가장 큰 문제는 의사가 환자를 '이해할 수 없는 단순한 현상 또는 물체'로서 다룬다는 점이었다. 의사들은 그저 병증을 기록하고 이러저러한 병이라고 진단한 다음, 환자를 병실에 가두고 그냥 내버려 두었다. 정신병은 인간이 이해할 수 없는 '이상' 현상으로 여겨졌다. 이에 병명을 붙이는 행위는 환자를 어떤 물체라고 지정하는 것이나 다름없었다. 환자의 인격이나 개성은 완전히 무시되었다. 환자의 정신은 파괴되어 존재하지 않든지 침체되어 있다고 여겨졌다. 그러면서 의사도 똑같이 침체되어 있었다.

하지만 융은 여느 의사와 달랐다. 그의 뜨거운 관심과 강한 탐구심은 다음과 같은 의문을 제기했다. "정신병자의 내면에서는 대체 무슨 일이 벌어지는 걸까?" 융은 정신병자의 심리를 문제 삼은 것이다. 이는 정신의학 분야에 대한 중대한 도전이었다. 그 시대 사람들은 이렇게 생각했다. "환자에게 정상적인 마음은 없으며 거기서 아무 의미도 찾아낼 수 없다. 따라서 단지 겉으로 관찰하고 기록하고 분류해서 꼬리표를 붙이는 것이 유일한 학문적 연구 방법이다." 그런데 융은 언뜻 무의미해 보이는 환자의 언동에서 정상인과 똑같은 마음과 의미를 발견할 수 있을지도 모른다고 추측했다. 그는 정상적인 심리 작용이 어디서 어떻게 잘못되었는지 이해해야지만 비로소 진정한 치료를 할 수 있다고 생각했다. 많은 사람이 불가능하다고 믿는 일을 굳이 해내려고 애쓰는 인물은 빈

축을 사게 마련이다. 대부분의 '전문가'는 융의 시도를 은근히 비난하고 일부러 무시했다.

그러나 주위 상황과는 상관없이 융은 이런 관점에서 중요한 체험을 할 수 있었다. 그가 근무하는 병원에는 50년 전부터 입원해 있는 한 노부인이 있었다. 부인은 언제나 손과 팔을 율동적으로 움직이는, 기묘한 동작을 취했다. 융은 이 동작에 주목했다. 그는 "그게 무슨 의미인지 알 수 없었다"고 했는데, 여기서 융의 특징이 드러난다. 그 의문은 거기에 반드시 무슨 의미가 있으리라는 믿음에서 비롯된 것이었다. 그는 정신병 환자의 무의미해 보이는 동작에서도 어떤 의미를 찾아내려고 했다. 그래서 나이든 간호사를 찾아가 저 환자가 늘 저러느냐고 물어보았다. "네, 맞아요. 제 전임자 말로는, 저 환자는 언제나 구두를 만들고 있대요." 알고 보니 그 기묘한 동작은 구두를 수선하면서 끈을 잡아당기는 동작이었다.

하지만 여전히 의문은 남는다. 왜 그 사람은 50년 동안이나 그 동작만 되풀이하고 있는 걸까. 이 의문은 그 환자의 장례식에 참석한 그의 오빠와 대화했을 때 비로소 풀렸다. 그 환자는 어느 구두장이를 좋아했는데 그에게 버림받고서 정신병에 걸렸다는 것이다. 그 동작은 노부인이 구두장이와 자기를 동일시했음을 보여 준다. 이 일을 통해 융은 언뜻 무의미해 보이는 현상의 배후에 반드시 이해할 수 있는 심리적 원인이 숨어 있음을 확신하고, 그것을 찾기 위해 끊임없이 노력했다.

환자의 마음을 이해하다

융은 비슷한 일을 몇 번이나 경험했다. 그는 정신병자의 환각이나 발상이 단편적인 의미를 지닌다는 사실을 점점 이해했다. 환자들 마음속에서는 과거에 그들이 지녔던 인격, 생활, 희망, 욕망이 발견되었다. 융은 《자서전》에서 말했다. "환자들은 어리석고 무력해 보일지도 모른다. 백치처럼 보일지도 모른다. 그러나 그들 마음속에는 겉보기보다 훨씬 더 많은 것이 존재하며 그중에는 의미 있는 것도 많다. 실제로 우리는 정신병자에게서 우리가 모르는 새로운 것을 발견하지는 않는다. 오히려 우리는 우리 자신이 지닌 성질의 토대를 발견한다."

그는 정신병자의 마음속에서 정상인과 똑같은 것을 찾아냈다. 물론 그들의

부르크횔츨리 정신병원
융은 스위스 부르크횔
츨리 정신병원 원장이
었다.

의식적인 심리 작용 방식은 똑같지 않다. 의식 차원에서 환자들은 분명히 이상하다. 하지만 우리가 의식하지 못하는 깊은 무의식 차원에서는 정상인도 정신이상자도 다 똑같은 성질로 구성되어 있다는 사실을 융은 알아차렸다. 어쩌면 환자들에게서 알아낸 내용을 통해, 우리가 미처 몰랐던 자기 자신의 심층을 알게 될 가능성도 있었다. 융은 환자들의 이야기에 귀를 기울이며 그들을 인간적으로 대했다. 그렇게 대화를 거듭하는 동안, 환자들의 공상 속에서 일어나는 사건이 원시인의 심리나 다양한 신화 주제들과 매우 닮았다는 사실을 그는 깨달았다. 환자의 공상 주제도 신화 주제도 '정상적인' 의식의 논리에 비춰 본다면 무의미하고 기이해 보일 테지만, 사실 그것들은 나중에 융이 '보편적 무의식'이라고 이름 붙인 가장 오래된 깊디깊은 마음속 심층부에서 생겨난 것이다. 여기서는 특유의 성질과 법칙성이 발견된다.

무의식은 의식의 논리와는 전혀 다른 논리를 가진다. 이는 비합리적이고 무질서해 보이지만 잘 살펴보면 나름대로 일정한 유형과 법칙성을 지니고 있다. 정신병자의 언동을 주의 깊게 관찰해 보면 이 무의식의 내용이 그대로 드러나 있거나, 환자가 그 내용에 사로잡혀 조종되고 있는 듯한 느낌이 든다. 환자의 내면을 이해하려고 노력하는 가운데 융은 환자의 마음속에서 벌어지는 사건이 의식과 무의식의 갈등이라는 것, 그 결과 의식과 무의식이 분열되거나 의식이 무의식에 압도되어 버린 상태가 바로 정신분열증이라는 것을 밝혀냈다. 환자들의 외적 언동은 무의식의 성질을 지니고 있으므로, '정상인'의 의식적 논리로는 도통 이해할 수 없는 것처럼 보였던 것이다.

이런 식으로 융은 미개척지를 탐험하듯이 무의식의 성질을 조사하기 시작했다. 이 연구를 하면서 그는 피에르 자네나 브로이어 같은 선배들이 이미 몽유병이나 최면 연구를 통해 같은 문제를 다루었다는 사실을 알고 거기서 유익한 정보를 얻었으며, C.G. 카를스나 하르트만 같은 철학자들이 《무의식의 철학》 등 여러 저서를 통해 무의식을 논했다는 사실도 알았다. 융과 비슷한 생각을 한 사람들은 의외로 적지 않았다. 그중에서도 특히 프로이트의 꿈 분석 방법은 융에게 많은 시사점과 크나큰 감명을 주었다.

프로이트와의 만남

융은 옛날에는 잘 이해할 수 없었던 프로이트의 《꿈의 해석》을 다시 한 번 읽었다. 그리고 프로이트의 생각과 자기 생각이 얼마나 비슷한지 알아차렸다. 융은 이미 언어 연상 실험을 통해 무의식의 존재를 알아냈고, 또 그것을 사람들이 어떻게 억압하는지도 알았다. 그래서 프로이트가 밝혀낸 억압이라는 현상을 쉽게 받아들일 수 있었다. 물론 그는 어떤 부분에서는 프로이트의 의견에 동의할 수 없었지만, "정신병과 무의식 사이에 중대한 관련이 있다"는 가장 중요한 점에서는 두 사람의 생각이 완전히 일치했다. 융의 저서를 읽은 프로이트도 자기와 같은 생각을 가진 우수한 인물이 있음을 알고 융을 초대했다. 두 사람은 빈에서 1907년에 처음 만났다. 프로이트는 쉰하나, 융은 서른두 살이었다. 그들은 오후 1시에 만나서 열세 시간이나 쉬지 않고 대화를 나눴다. 지금까지 몰이해 속에서 냉담하고 적의에 찬 반응밖에 얻지 못했던 두 사람은 서로 이해할 수 있는 상대를 발견해서 기쁜 나머지 정신없이 열띤 이야기를 나눴던 것이다. 그 뒤 프로이트는 국제정신분석학회를 설립해 초대 회장으로 융을 추천했고, 또 미국 대학의 초청을 받아 융과 함께 강연 여행을 떠나기도 했다. 융도 기꺼이 프로이트의 제안에 응했다. 뜻이 맞는 동지를 발견해서 신이 난 두 사람의 모습이 눈에 선하다.

그러나 지나친 기쁨은 오히려 위험한 법이다. 아무리 뜻이 맞아도 어차피 타인은 타인이니까. 주위 사람들이 너무나 몰이해했기 때문에, 그저 무의식을 인

프로이트(앞 왼쪽), 융(앞 오른쪽), 뒷줄 왼쪽부터 브릴, 존스, 페렌치가 그들을 클라크 대학에 초빙한 스탠리 홀 총장(앞 가운데)을 둘러싸고 있다(1909년 9월).

정하는 인간이 자기 말고 또 있다는 사실에 융과 프로이트가 그토록 감격했던 것도 이해는 간다. 하지만 아무리 기뻐도 얼마쯤 냉정해질 필요가 있다. 그런데 위대한 두 심리학자는 이 보편적인 심리적 필요성을 까맣게 잊고 기쁨에 취해 있었다. 시간이 흐르자 두 사람 사이에 결정적인 차이가 드러났고, 두 사람은 결별할 수밖에 없었다. 그들의 불화는 결국 제자들까지 끌어들이는 불쾌한 대립 관계로 발전했다. 두 사람의 사고방식에는 근본적으로 결정적인 차이가 있었던 것이다.

꿈은 속임수를 쓰지 않는다

두 사람은 근본적으로 어디에서 차이가 났을까. 처음에 융이 프로이트의 《꿈의 해석》을 보고 공감하면서 두 사람의 관계는 시작되었다. 그런데 이때부터 융은 프로이트에게 한 가지 의문을 느끼고 있었다. 그는 프로이트의 '억압' 이론에는 동의했다. 억압 현상은 이미 언어 연상 실험을 통해 자신도 확인했기 때문이다. 하지만 억압 현상이 오로지 성적 외상(外傷) 때문에 일어난다는 프로이트의 주장에는 동의할 수 없었다. 융은 그 밖에도 여러 원인이 있을 수 있다고 생각했다. 이를테면 사회에 적응하기 위해서나, 체면을 차리기 위해서나, 도덕을 지키기 위해서도 억압 현상이 일어날 수 있었다. 성적인 것만이 원인이라고 보기는 어려웠다. 하지만 융이 성 말고 다른 요인이 작용한 사례를 소개해도 프로이트는 결코 그것을 인정하지 않았다. 그는 융이 경험이 부족해서 착각하는 것이라고 했다.

프로이트는 자신의 성 이론에 엄청난 애착을 보였다. 성을 그저 과학적 연구 대상으로 삼은 것이 아니라 이상할 정도로 거기에 집착했다. 융의 말에 따르면 성에 대해 이야기할 때 프로이트는 "고집스럽고 불안해 보였다. 평소의 비판적·회의적 태도는 온데간데없었다." 어느 날 프로이트는 융에게 이렇게 말했다. "여보게, 제발 약속해 주게. 절대로 성 이론을 버리지 않겠다고. 성이 가장 본질적인 거야. 우리는 그것에 대한 교의(敎義)를 만들어 내야 하네. 자네도 알다시피 그것이 우리의 보루야." 융이 회상한 바로, 이때 프로이트는 마치 아버지가 "사랑하는 아들아, 일요일에는 반드시 교회에 가겠다고 약속하렴" 하고 말하는 것 같았다. 이처럼 학문적인 이론을 이야기하는데 '교의'니 '보루'니 하는 단어가 튀어나오자 융은 깜짝 놀랐다고 한다.

그 뒤에도 프로이트는 평생 성 문제에 매달렸다. 물론 그의 주장은 이론적으로 수정되면서 점점 더 복잡해졌지만, 그런 수정 작업도 결국은 프로이트가 성에 집착했기 때문에 이루어진 것이었다. 예컨대 꿈속에 성 말고 다른 주제가 등장하면, 사실 그 배후에 성적인 충동이 존재하는데 그것이 그대로 드러날 수는 없으므로 다른 형태로 변형·가공되어 나타나는 것이라고 프로이트는 주장했다. 즉 "꿈은 사실을 숨기고 속임수를 쓴다"는 것이다. 프로이트는 문화적·정신적 이미지도 같은 맥락에서 설명했다. 그에 따르면 그것은 억압된 성욕이 변형되어(승화되어) 나타난 '정신 성욕'이었다.

한번은 어떤 환자가 근친상간을 당했다고 말했다. 그것은 사실이 아니었지만, 환자 자신은 결코 의식적으로 거짓말을 하지 않았고 정말로 그런 이미지를 가지고 있었다. 이 현실에 직면한 프로이트는 인간이란 현실과 무관한 환상을 품는다고 생각했다. 꿈은 비현실적인 존재를 멋대로 창조한다는 것이다.

이러한 프로이트의 생각에 융은 의문을 느꼈다. 꿈은 정말로 사실을 숨기고, 속임수를 쓰고, 이미지를 멋대로 창조할까? 아닌 게 아니라 꿈에서 의식의 억압 및 수정 작용이 나타날 때도 있다. 그러나 그보다는 무의식이 압도적으로 크게 작용한다. 따라서 의식처럼 사실을 숨기거나 왜곡하는 것이 꿈의 일반적인 모습이며 기본 성격이라고 주장하는 프로이트의 이론은 옳지 않은 것처럼 보인다. 뒷날 융은 오랜 경험을 통해, 무의식이 의식의 작용에 오히려 강하게 저항하고 자율적으로 자기를 표현한다는 사실을 확인하게 된다. 무의식은 꿈의 내용을 일부러 감추거나 가공하지 않는다. 그러므로 우리는 꿈을 있는 그대로 받아들여야 한다. 융은 꿈이 "순수한 자연이며, 속임수를 쓰지 않는 자연의 진리"라고 했다. 프로이트는 꿈이 반드시 성적인 내용을 지닌다고 생각했으므로 그에 따라 복잡한 이론을 만들어 내야 했다. 하지만 성과 무관한 주제도 꿈속에 나타날 수 있다는 사실을 인정하면, 그런 인위적인 해결책을 굳이 생각해 낼 필요가 없어진다.

때로는 성적 이미지가 이에 대응하는 체험도 없는데 불쑥 나타난다. 융은 나중에 '상징'을 연구하는 과정에서 이 문제와 관련된 사례들을 오래된 문헌 따위에서 찾아냈다. 그 사례들은 이를테면 왕과 왕비의 결혼이나 남녀의 성적 결합 같은 이미지가 꼭 성적인 것은 아니며, 더욱 일반적인 '대립물의 결합'을 나타내는 상징으로 쓰이기도 한다는 사실을 보여 준다. 현실과 무관해 보이는 그런 상징은 한낱 환상이 아니라, 마음속에 있는 현실적 내용물을 나타낸다. 프로이트는 이상할 정도로 성에 집착했기 때문에 억지스러운 가설을 세울 수밖에 없었다. 그래서 꿈이 사실을 숨기거나 가공한다는 가설까지 세운 것이다. 반대로 융은 "꿈은 속임수를 쓰지 않는다"는 신념을 가지고 환자의 꿈을 순순히 받아들였다.

자기 자신을 모르는 프로이트

프로이트가 성에 집착하는 모습을 보면서 융은 그가 성을 단순히 과학적인 탐구 대상으로 여기기보다는 비합리적인 관념에 사로잡혀 있다는 인상을 받았다. 융은 이렇게 말했다. "나는 성욕이 프로이트에게는 일종의 누미노스 (Numinous, 성스러운 힘)라는 사실을 직감했다." 집단 무의식의 가장 깊은 내용이 모습을 드러낼 때 우리는 압도적인 전율과 매력을 지닌 강한 감동을 받는다. 그 정서적인 힘이 바로 누미노스이다. 예컨대 어떤 사람은 큼직한 물고기 머리들이 땅에서 쑥쑥 솟아나는 꿈을 꾸면서 뭔가 소름끼치는 기분 나쁜 전율을 느꼈다고 한다. 또 어떤 사람은 꿈에서 집채만 한 공룡과 마주치자 자기가 벌레보다 하찮은 존재가 된 듯한 기분을 느꼈다고 한다. 이와는 달리 꿈에서 이루 말할 수 없이 아름다운 여신을 만나 감격한 사람도 있다. 이런 것들은 일상적인 체험과는 차원이 다른 깊은 무의식에서 비롯된다.

융은 프로이트의 성욕이 이런 것들과 같다고 했다. 이는 상당히 대담한 발언이었다. 세상 사람들은 물론이요 프로이트가 보기에도, 그가 다루는 성욕은 인간이 개인적으로 체험하는 것이며 또 합리적·과학적으로 취급될 수 있는 생물학적 사실이었다. 그런데 융은 그와 반대되는 의견을 갖고 있었다. 프로이트가 학문적·합리적으로 다루려고 했던 것은 분명히 개인적 무의식으로서의 성이었다. 그렇지만 그의 실존에 대하여 성이 지니고 있었던 의미는 좀더 비합리적이고 신성한 것, 또는 악마적인 것이었다. 융은 프로이트의 성욕이 심리학적으로는 야훼와 같은 성질을 지닌다고까지 말했다.

융은 늘그막에 유대교와 그리스도교에 대한 논문 〈욥에 대한 대답〉을 썼다. 여기서 그는 〈욥기〉에 나오는 야훼의 성질을 분석했다. 자세한 설명은 생략하고 결론만 말하자면, 야훼는 정의와 윤리의 수호자가 아니라 단지 힘으로 인간을 지배하려는 존재이다. 야훼는 인간에게 계약을 지키라고 하면서도 자신은 쉽게 계약을 파기하고, 욥의 충성을 의심해서 그를 불행에 빠뜨려 시험하고, 남을 위협한다. 그는 전지전능한 신에게 어울리지 않는 행동을 계속한다. 이 질투심 많은 불가사의한 신의 성질은 심리학적으로 보면, 자신의 심리를 잘 모르는 폭군 같은 아버지의 성질과 똑같다. 따라서 그 성질이 사람들 앞에 드러날 때에 그의 무의식은 인간적인 것이 아니라 일종의 자연현상처럼 나타난다. 가혹하고 폭력적이고 무시무시한 이 무의식에는 도덕적 기준이 전혀 적용되지 않는다.

프로이트가 성에 집착하는 모습에서 융은 이런 야훼 같은 성질을 발견했다. 하기야 그때 융은 야훼에 대해서 잘 몰랐다. 융은 단지 프로이트가 성욕을 단순한 과학적 대상이 아니라, 비합리적이고 강제적인 이미지로 받아들이고 있음을 깨달았을 뿐이다. 프로이트의 마음속에는 대상화하고 싶지 않은 비합리적인 정서가 존재했다. 융은 그것을 민감하게 느꼈다. 프로이트가 의식하지 않으려고 했던 대상은, 융의 말을 빌리자면 누미노스를 지닌 집단 무의식이었다. 이 무의식을 대상화하려면 프로이트는 기존의 합리주의를 폐기하고 새로운 주장을 펼쳐야 했으리라. 실제로 이러한 집단 무의식을 직시하지 않기 위해서 그의 방어 기제가 작동했다고 할 수 있다. 이렇게 생각하면 그가 개인의 무의식에만 중점을 두었던 이유도 이해할 만하다.

프로이트는 자기 자신의 심리를 잘 몰랐다. 어쩌면 자신의 어두운 부분과 대결하기를 피했는지도 모른다. 이에 대해 융은 《자서전》에서 다음과 같이 말했다. "프로이트는 왜 자신이 끊임없이 성에 대해 이야기하는지, 왜 성에 대한 생각이 자신을 강하게 사로잡는지 결코 자문해 보려고 하지 않았다. 프로이트는 자기 '해석의 단조로움'이, 신화적이라고 할 만한 자신의 또 다른 측면에서 도망치는 행위를 나타낸다는 사실을 눈치채지 못했다. 그런 측면을 인정하기를 거부하는 한, 그는 절대로 자기 자신과 화해할 수 없었다. 그는 무의식적인 내용의 모순과 애매함에 대해 무지했다. 또 무의식에서 생겨나는 모든 것은 정점과 바닥, 내측과 외측으로 구성된다는 사실을 몰랐다."

결별과 방황

지금까지 두 사람의 근본적인 차이점을 살펴봤다. 그것은 단지 성 이론을 인정하느냐 마느냐의 문제가 아니었다. 그 배후에는 자기 자신의 가장 깊고 어두운 부분과 성실하고 용감히 대결하느냐 마느냐 하는 문제가 존재했다. 이러한 자신과의 대결을 피하는 인간은 다소나마 폭군 같은 야훼의 성질을 지니게 된다.

융은 심하게 프로이트를 비판했다. 그 비판은 무서울 정도로 날카로웠다. 그런데 융이 그를 심하게 비판한 데에는 심리적인 이유가 있었다. 두 사람은 서로에게 '아버지와 아들' 이미지를 투사하고 있었던 것이다. 프로이트는 융에게 '착한 아들' 이미지를 투사하면서 그를 후계자로 삼으려 했고, 융은 프로이트에게 '훌륭한 아버지' 이미지를 투사했다. 실제 융의 아버지는 상냥하지만 왠지 믿음직하지 못했다. 그는 종교적인 고뇌에 빠져 괴로워하다가 병에 걸려서 일찍 세상을 떠난 '나약한 아버지'였다.

이처럼 프로이트와 융이 부자관계 이미지를 서로에게 투사하는 바람에 일이 복잡하게 꼬여 버렸다. 관계가 점점 깊어지다 보니 이윽고 '좋은 아버지'와 '좋은 아들' 같지 않은 측면이 드러날 수밖에 없었다. 프로이트가 보기에 융은 자기를 충실히 따르지 않고 반항하는 구석이 있었다. 융이 보기에 프로이트는 너무 권위적이고 강압적이었다. 환상이 깨지자 두 사람은 결국 결별했다. 융의 관점에서 본다면 이러한 부자관계 투사현상 때문에 프로이트의 야훼 같은 성격이 융을 유난히 강하게 압박했던 것은 아닐까. 《자서전》에서 융은 프로이트가 자기를 후계자로 여긴 데 대한 불만을 완곡하게 표현했다.

이제까지 설명한 내용은 뒷날 융이 《자서전》에서 밝힌 사실을 바탕으로 한 것이다. 따라서 우리는 그와 프로이트의 관계를 명확히 알 수 있다. 그러나 사건 당시에 융은 사태를 잘 이해하지 못했다. 뭐가 뭔지 모르는 상태로 프로이트와 대립하고 말았다. 갑자기 불행한 심리적 갈등에 빠진 융은 그 이유도 주위 상황도 이해하지 못하고 방향을 잃은 채 괴로워하면서 어둠 속을 방황하게 되었다. 이 상태를 그는 《자서전》에서 이렇게 회상했다. "프로이트와 갈라선 다음부터 나는 한동안 내적 불확실성으로 괴로워했다. 방향을 잃은 상태였다고 해도 지나친 말은 아닐 것이다. 나는 발 디딜 곳을 찾지 못한 채 방황했다."

이렇듯 방향을 잃은 상태에서 벗어나려면 어지간히 강한 정신력이 필요하다. 다행히 융은 놀라운 정신력으로 이 상태와 맞서 싸우면서 새로운 토대를 찾으려고 노력했다. 그때 그가 시도했던 일은 크게 두 가지였다. 하나는 자신의 무의식과 대결하는 일이었고, 다른 하나는 인간의 심리적 유형을 연구하는 일이었다. 이런 시도들을 통해 그는 인격적인 위기 속에서 새로운 정체성을 확립할 수 있었다. 그럼 여기서 융의 유형론을 잠시 살펴보자.

서로 다른 유형

융이 프로이트와 결별하기 직전에, 프로이트의 제자 A. 아들러가 스승과 학문적으로 대립하여 프로이트 학파를 떠났다. 사람들은 프로이트의 후계자로 여겨지는 융이 어서 자기 입장을 확실히 밝히기를 바랐다. 그러나 융은 분명한 태도를 보일 수가 없었다. 프로이트와 아들러가 하나의 사례를 전혀 다르게 해석한 데 대해서 융은 뚜렷한 의견을 밝힐 수 없었다. 둘 다 옳은 것 같기도 하고 그른 것 같기도 했다. 자신의 위치가 확실치 않고 자기 의견이 없었다. 그는 자기 자신을 잃어버린 상태였다. 이 사태를 융이 어떻게 해결했는지 살펴보기 전에 한 사례를 통해 프로이트와 아들러의 차이점을 간단히 알아보자.

불안 발작을 일으키는 젊은 부인이 있었다. 부인은 한밤중에 가위에 눌리다가 비명을 지르며 벌떡 일어나 남편에게 매달렸다. 아내는 남편의 사랑을 확인하고, 자기를 버리지 말아 달라고 끈질기게 말했다. 또 낮에도 천식 발작에 시달렸다.

이 사례를 프로이트는 다음과 같이 해석했다. 이 여성의 부모님은 부부 관계가 원만하지 못했다. 그래서 이 환자는 원래 어머니가 차지했던 위치를 자기가 차지하고서 심리적으로 아버지에 대해 유아 성욕 관계를 맺고 있었다. 그러던 어느 날 파리에서 짙게 화장한 여성이 아버지한테 접근했을 때 딸은 아버지 눈에서 동물적인 빛이 번득이는 것을 보고 충격을 받았다. 그때부터 식사를 하면 질식 발작이 일어나 음식을 제대로 먹을 수 없게 되었다. 이 발작은 아버지가 세상을 떠나자 저절로 멈췄다. 그러나 결혼한 지 몇 년이 지나 남편이 다른 여성을 좋아한다는 사실을 알았을 때 똑같은 발작이 또다시 일어났다. 즉 부인과 남편의 관계는 어린 시절 딸과 아버지의 관계하고 비슷하며, 그때 해결되지 못했던 문제가 이제 아내와 남편 사이에서 다시 등장한 것이다.

그런데 아들러는 같은 사례를 전혀 다르게 설명했다. 그는 어떤 인간이든 권력 충동을 갖고 있어서 은근히 남을 지배하려 한다고 생각했다. 이렇게 보면 환자의 신경증 발작은 자기중심적인 권력 충동을 만족시키는 효과적 수단인 셈이다. 발작이 일어나면 모두들 부인을 걱정하면서 우왕좌왕한다. 전화벨이 요란하게 울리고 의사가 달려온다. 집안사람들 모두가 부인을 위해 움직인다. 이처럼 사건의 주인공이 됨으로써 그녀의 권력 의지는 충족된다.

그렇다면 둘 중 무엇이 올바른 해석일까. 이렇게 근본적으로 다른 두 학설을 융은 둘 다 옳다고 생각했다. 하지만 어떻게 한 사례에 대한 상반되는 설명이 양쪽 다 옳을 수 있을까? 이 어려운 문제를 융은 다음과 같이 해결했다. 즉 신경증에는 상반되는 측면이 있는데, 이 학자는 그중에 한쪽 측면만 보고 저 학자는 또 다른 측면만 본다는 것이다. 결국 보는 사람의 심리적 특성이 다르기 때문에 학설도 달라진다는 얘기이다. 확실히 프로이트는 환자와 부모의 관계에 이상할 정도로 주목했다. 그는 사랑(특히 성애) 같은 타인과의 관계에 중점을 두었다. 여기서는 객체(타인)가 가장 중요한 의의를 지니면서 욕구의 대상이 되는 반면에 주체는 중요성을 잃는다. 이와 반대로 아들러의 해석에서는 주체의 은밀한 동기가 강조된다. 주체가 술책을 부려 우위를 확보하려 한다는 것이다. 아들러는 주체를 지나칠 정도로 강조했다. 객체는 기껏해야 주체를 압박하는 존재에 지나지 않았다.

이렇게 생각하면 프로이트와 아들러의 차이는 이론적으로 무엇이 옳고 그르냐는 문제가 아니라, 인간이 한 사태를 볼 때 어떤 심리적 태도로 어디에 주목하느냐는 문제일 뿐이다. 관찰자들이 심리적으로 다른 유형에 속하기 때문에 이론에 차이가 발생하는 것이다. 인간은 살아가면서 외계와 내계에 일정한 심리적 태도로 대처하는데, 그 태도에 상반되는 유형이 있다는 사실을 융은 깨달았다. 그는 이 유형들을 '내향성'과 '외향성'이라고 불렀다. 이 용어들은 오늘날 흔히 사용되는 것과는 조금 다른 뜻을 지니고 있으므로 여기서 그 의미를 한번 짚고 넘어가겠다.

외향성과 내향성

생물계 전체를 보면 생물이 살아가는 방법에는 크게 두 원리가 있다. 하나는 개체가 지닌 힘은 약하지만 환경을 거스르지 않고 흘러가듯이 살아가는 유형이다. 이 유형은 새끼나 알을 많이 낳아서 방치한다. 그 자신도 외계와 맞서 싸우지 않고 환경과 하나가 되어 그 안에서 잘 적응한다. 이에 비해 또 다른 유형의 생물은 맹수처럼 개체의 힘과 에너지를 키워서 외계와 맞서 싸운다. 이 유형은 외계의 에너지를 탐욕스럽게 섭취하고 강하게 방출하면서 살아간다. 이러한 두 유형을 가리켜 영국 시인 윌리엄 블레이크는 '다산형(多産型)'과 '탐욕형(貪慾型)'이라고 했는데, 융은 이런 생물학적 원리의 차이와 마찬가지로 인간의 타고난 심리적 태도도 차이가 난다고 생각했다. 전자가 만물에 녹아들어 주위와 수많은 관계를 맺으면서 뭔가를 얻는다면, 후자는 나 자신과 주변 환경 사이에 뚜렷한 선을 긋고 일종의 독점을 통해서 뭔가를 얻는다. 융은 전자를 외향성, 후자를 내향성이라고 이름 지었다.

오늘날에는 이 외향성과 내향성이라는 용어가 흔히 쓰인다. 우리는 개인의 태도에서 확실히 드러나는 특징에 따라 그 사람을 내향적 또는 외향적이라고 분류한다. 이를테면 누구는 사교적이고 밝고 외향적인 성격이라든가, 자살한 누구는 자꾸 혼자만의 세계에 틀어박히는 내향적인 성격이었다고 하는 식이다. 하지만 융이 처음으로 이 개념을 생각해 냈을 때에는 거기에 좀더 복잡하고 독특한 내용이 담겨 있었다.

첫째로 융은 심리적 에너지의 존재를 상정한 다음, 이 에너지의 작용 방식이 두 유형으로 나뉜다고 가정했다. 한 유형은 이 에너지가 바깥으로 확산되어 주위의 객체들을 향해 흘러가므로, 나 자신이 세계와 하나로 융합되어 있는 듯한 상태이다. 이런 상태에 있는 사람은 위화감을 느끼지 않는 대신, 주변 세계와 확실히 구별되는 독립적인 나 자신을 잘 느끼지 못한다. 이때 주체는 중요성을 잃는 반면에 객체는 밝게 빛난다. 이 사람에게는 타인의 언동과 판단이 결정적인 의미를 지닌다. 그는 자신의 의견이나 기호는 제쳐 두고 주위 상황에 따라 태도를 결정한다. 융은 심리적 에너지가 이렇게 작용하는 상태를 외향적인 태도라고 불렀다.

이에 반해 또 다른 유형은 심리적 에너지를 퍼뜨리지 않는다. 주위 환경에 대해 강한 방어벽을 쌓고 자기 내부에 에너지를 축적한다. 그런 식으로 내면의 명확한 내용을 생성해서 소중히 간직한다. 이런 상태에 있는 사람은 강력한 경계선 안쪽에 독자적인 세계를 구축한다. 그는 이 세계가 망가지지 않도록 필사적으로 지키려 한다. 그는 주위의 기대에 부응하기보다 자기 취향이나 판단 같은 내적인 요구에 따라 태도를 결정한다. 이런 사람들에게 객체는 별로 중요치 않다. 외계는 그들의 내면세계를 침범할 때에만 뚜렷한 존재감을 드러낸다. 주체가 자석처럼 주위의 심리적 에너지를 끌어당기는 이 상태를 융은 내향적인 태도라고 불렀다.

융의 이론에서 심리적 에너지의 상태는 두 종류로 나뉘는데, 이는 괴테가 '이완'과 '수축'이라고 부른 두 심리 상태에 해당한다. 심리적으로 볼 때 이완이란 에너지가 객체를 향해 흘러가서 객체를 포착하는 상태를 말하며, 수축이란 관심이 객체를 떠나 중심(자기)에 집중되는 상태를 말한다. 융의 이론에 따르면, 이 두 가지 상태는 인간이 외계를 대하는 태도의 차이로서 나타난다. 심리 에너지가 바깥으로 확산되는 사람은 바깥에 관심을 가지고 주위와 원만한 관계를 맺음으로써 그들과 물건이나 정보를 교환하며 살아간다. 반대로 심리 에너지가 내부로 수렴되는 사람은 자신의 주관적 요인(내면의 이미지나 자기 의견이나 기호 등등)에 관심을 두고 자신의 능력을 함양해서 재주껏 살아간다.

물론 이러한 두 가지 심리 상태는 한 인간이 모두 갖추고 있다. 심장은 수축과 팽창을 거듭하고, 호르몬은 활동을 촉진하기도 하고 가로막기도 한다. 서로 반대되는 두 상태가 쌍을 이루는 것이다. 마찬가지로 인간이 외계와 관계를 맺으며 살아가는 데에는 외향적인 태도와 내향적인 태도가 둘 다 필요하다. 융은 두 태도가 율동적으로 서로 교체되는 것이 정상적인 상태라고 했다. 그러나 실제로 개개인은 어느 한쪽으로 치우치는 경향을 보인다. 타고난 성질 자체가 이미 한쪽으로 쏠려 있는데 거기에 환경까지 작용해서 뚜렷한 유형적 특징을 지니게 되는 사람도 있고, 두 경향이 잘 섞여 있어서 어떤 유형이라고 단정하기 어려운 사람도 있다. 어쨌든 이런 관점에서 보면 사람이 어떤 태도로 세상일에 대처해 나가는지 이해할 수 있다.

융의 유형론은 일반적으로 인간을 이해하는 데 도움이 될 뿐만 아니라, 사람들 사이의 오해를 일으키는 심리학적 기초를 밝혀냈다는 점에서 그 의의가 크다. 인간은 자기가 속한 유형의 기본자세에 따라 타인을 판단하려 하므로, 서로 다른 유형에 속한 사람들은 상대를 제대로 이해하지 못한다. 예를 들어 외향적인 사람이 보기에 내향적인 사람은 뭔가 숨기고 있는 듯이 태도가 우유부단하면서도 자기 의견을 한번 내세우면 좀처럼 굽힐 줄 모른다. 그런데 사실 내향적인 사람은 자기만의 확고한 세계를 가지고 있으므로 소신껏 자기주장을 내세우는 것이며, 또 뭐든지 자기 세계에 비추어서 판단하기 때문에 반응이 느리거나 아예 반응을 못하는 것이다. 그는 자기 기호나 의견을 주위 사람들이 받아들이지 않을 것 같아서 일부러 숨기기도 한다. 그래서 외향적인 사람은 내향적인 사람을 이해하기 어렵다고 생각한다. 우유부단하다가도 갑자기 자기주장을 내세우면서 변덕스럽게 군다는 것이다. 그런데 내향적인 사람은 사실 주위 사람들과 어울리지 못하는 것이 아니라 어울리기를 싫어하는 것이다. 이와 달리 내향적인 사람이 보기에 외향적인 사람은 너무나 줏대 없고 주위에 휘둘리기 쉬운 사람처럼 보인다. 겉만 번드르르하지 실속은 없는 못 미더운 인간이다. 그러나 외향적인 사람은 일부러 부화뇌동하여 대세를 따르는 것이 아니다. 주위 상황을 파악하는 능력이 뛰어나고 남들에게 우호적이므로 자연스레 주변 사람들과 조화를 이룰 뿐이다.

이와 같이 우리는 심리적으로 다른 유형에 속한다는 이유만으로 상대를 오해한다. 우리는 대개 자신의 원리가 보편타당하다고 굳게 믿으면서 다른 유형의 인간을 지나치게 얕잡아 보는 경향이 있다. 이 때문에 얼마나 많은 오해와 증오와 분쟁이 생겨나는가. 융은 우리가 자신이 속한 유형을 자각하고, 자기 생각이 한쪽으로 치우쳐 있음을 자각해야 한다고 주장한다.

현대 사회의 외향적 성격

외향형과 내향형은 서로 오해하기 쉽다. 그런데 융에 따르면 현대 사회에서는 외향형보다 내향형이 훨씬 심한 오해를 받는다. 현대 사회의 풍조가 외향적이기 때문이다. 유럽에서 생겨난 산업 사회 원리는 사람들의 관심을 외면적인 것에 쏠리게 했다. 아니, 사람들의 심리 에너지가 내면적·종교적인 것에서 외면적인 경제 활동으로 옮겨 갔기 때문에 산업 사회가 탄생할 수 있었는지도 모른다. 인과 관계야 어찌 됐든, 산업 사회의 양상과 사람들의 외향적 심리는 분명히 서로 상응하고 있다. 이 사회에서는 경영자나 정치가로서 성공하거나 눈에 띄는 업적을 쌓는 일이 높이 평가되고, 학문 세계에서도 실증이나 실험이 중시된다. 전업주부보다는 밖에서 일하는 여성이 좀더 훌륭하다고 여겨진다. 이런 시대에 내향적인 사람은 늘 낮게 평가되면서 자신감을 잃고 심리적으로 억압받는 처지에 놓이게 된다고 융은 설명한다. 앞서 말했듯이 융은 어릴 때 너무 훌륭한 글을 썼다가 오히려 남의 글을 베꼈다는 오해를 사고 말았다. 이것도 외향적인 사람들이 내향적인 사람들을 얼마나 쉽게 오해하고 과소평가하는지 보여 주는 사례이다.

융의 말로는 오늘날 서구 사회는 지나칠 정도로 외향적이지만 동양에는 아직 내면성을 중시하는 경향이 남아 있다고 한다. 하지만 과연 그럴까. 미국처럼 중세의 내향적 전통이 없는 곳에서 갑자기 산업 사회가 출현했다면 외향적인 경향이 강하게 나타나는 것도 당연하리라. 그런데 오늘날에는 동양도 산업화되어 서양만큼이나 외향적으로 바뀌었다. 동양인이 보기에 서구 사회는 지금도 개인주의와 자기 책임 원리가 강한 블레이크의 '탐구형' 사회이다. 이에 비해 아시아의 '다산형' 사회에서는 한 사람 한 사람의 실력보다는 집단 및 관계의 원리에 의존하는 경향이 강하다. 외향적인 풍토가 뿌리내린 이 사회에서는 소수가 다수를 거스를 수 없다. 집단에 동조하지 않는 것은 나쁜 행위이다. 개개인의 독자적 세계나 창조성은 가치를 인정받기 어렵다.

이런 상황에서 내향적인 인간은 어떻게 살아가야 할까. 융은 자신의 원리를 충실히 따르라고 말한다. 형체가 없다는 이유만으로 내면적인 것을 경멸하면서 외향적 풍조만 따르지 말고, 성실하게 헌신적으로 자기 자신의 내면적 요소를 잘 유지하면서 발전시켜 나가라는 것이다.

의식적 태도와 무의식적 태도

잠시 근본적인 문제를 생각해 보자. 인간을 어떤 유형으로 분류하는 일이 과연 가능할까? 인간 성격을 주의 깊게 관찰해 본 사람이라면 인간이 매우 복잡한 생물이어서 그리 쉽게 내향형이나 외향형으로 분류될 수 없음을 깨달을 것이다. 성격을 기준으로 인간을 분류하려는 작업은 일찍부터 진행되었다. 그리스 시대에 히포크라테스는 인간을 네 가지 기질 유형(점액질, 다혈질, 담즙질, 흑담즙질)으로 나눴다. 또 인간의 자아와 내면 문제를 관찰하고 다뤄야 했던 근대 문학자, 시인, 철학자들도 다양한 인간의 심리적 유형을 만들어 냈다. 이를테면 괴테는 '이완'과 '수축'으로, 실러는 '단순한 사람'과 '감상적인 사람'으로, 하이네는 '플라톤'과 '아리스토텔레스'로, 철학자 윌리엄 제임스는 '부드러운 마음'과 '딱딱한 마음'으로 인간을 구별했다. 그리고 심리학 분야에서도 겉으로는 드러나지 않는 인간 마음의 기본적 태도를 밝혀내기 위해서 크레치머의 성격 분류나 로르샤흐 검사가 고안되었다. 인류 역사를 살펴보면 이렇게 인간의 심리적 태도를 분류하려는 노력이 곳곳에서 자주 눈에 띈다. 그 노력은 확실히 성공을 거둔 듯싶다. 우리는 일상적 경험에 비추어 이런 분류가 정확하다는 사실을 종종 깨닫곤 한다.

그런데 이러한 분류가 학문적으로 큰 가치를 지니지 못하는 데에는 그럴 만한 이유가 있다. 인간을 자세히 관찰하면 관찰할수록 한 인간에게서 두 얼굴이 발견되기 때문이다. 회사에서는 부지런하고 싹싹한 남자가 집에서는 게으르고 퉁명스러울 수도 있다. 겉으로는 밝고 사교적인 사람이 속으로는 어둡고 우울할 수도 있다. 요컨대 인간은 단순히 외향형 또는 내향형으로 정확하게 분류되지 않는다. 따라서 기질 및 성격 분류는 엄밀한 학문적 개념으로서는 별 가치가 없다. 그러나 융이 주장하듯이 사람들 사이의 오해와 분쟁은 분명히 일종의 성격 차이에서 비롯되는 것처럼 보인다. 이게 어찌 된 노릇일까. 이 문제에 직면했을 때 융은 어느 한쪽이 옳다고 쉽게 결론을 내리지 않았다. 그는 인간을 분류할 수 있다고 여기는 일상적인 생각도

스물아홉 살 때의 융

중시했고, 엄밀히 따지면 분류할 수 없다는 과학적 견해도 중시했다. 그리고 어째서 양쪽이 다 옳을 수 있는지 이유를 생각해 보았다. 그는 마침내 이 난문을 해결할 실마리를 찾아냈다. 그것은 인간의 의식적 태도와 무의식적 태도가 서로 정반대된다는 사실이었다.

예컨대 겉으로 보기에 외향적인 사람은 의식적으로 객체(타인)와 동화하려고 하면서, 자기 자신을 버리고 타인과 여론과 대세를 따른다. 그런데 이 사람은 그만큼 자기 자신의 욕구, 소망, 감정 따위를 무의식 속에 몰아넣어 억압한다. 그런 주관적인 요인은 무의식 속에서 점점 힘을 키워 나간다. 그래서 그 사람은 의식의 통제력이 약해지는 가족이나 친구들 틈에서는, 놀랄 만큼 자기중심적인 태도를 취하거나 어린애처럼 굴거나 심지어 지독한 이기주의자가 되기도 한다. 반대로 내향적인 사람은 자기의 내적인 요인이 객체에 방해받거나 지배되는 일을 막으려고 언제나 의식적으로 노력한다. 겉으로 보기에 이 사람은 객체와 동떨어진 독립된 존재같이 보인다. 그런데 고매한 의견을 가진 합리적인 학자가 집에서는 어떤 식이요법이나 약을 미신적으로 숭배하면서 식사 뒤에는 꼬박꼬박 약을 챙겨 먹기도 하고, 근거도 없이 어떤 기후나 장소가 몸에 좋다고 굳게 믿기도 한다. 객체가 무슨 마술 같은 힘이라도 지니고 있는 듯이, 그

는 객체에 사로잡혀 지배를 받는다. 이 사람은 무의식 차원에서 객체와 원시적·주술적 관계를 맺고 있는 셈이다.

이렇게 의식과 무의식의 태도가 정반대되기 때문에 인간을 자세히 살펴보면 살펴볼수록, 인간은 외향과 내향 양면을 모두 갖추고 있으므로 어느 한쪽으로 분류할 수 없다는 생각이 드는 것이다. 그러나 더 자세히 살펴보면 내향형과 외향형에서 그 양면성의 상태가 각기 다르다는 사실을 알 수 있다.

먼저 외향형을 보자. 외향적인 사람은 의식적으로 행동할 때에는 싹싹하고 명랑하고 남들과 잘 어울리며 사회에도 쉽게 적응한다. 즉 외향적인 태도가 잘 발달했다고 할 수 있다. 그런데 이 사람이 자기 의견이나 욕구를 표현할 때에는 상대의 사정이나 기분 따위는 아랑곳하지 않고 자기중심적인 태도를 취하거나, 반대로 자기를 완전히 억눌렀다가 나중에 괜히 신경질을 부리기도 한다. 말하자면 자기표현에 서투른 것이다. 외향적인 사람은 무의식적으로는 미숙하고 조잡한 내향적 태도를 취한다. 반대로 내향적인 사람은 자기 내면의 판단과 욕구를 훌륭한 이념이나 예술 형태로 표현할 수 있다. 그러나 인간관계는 별로 원만하지 못하다. 남들 앞에서 그는 자기 의견을 지나치게 내세우면서 법석을 떨다가도 갑자기 우유부단하고 소극적인 모습을 보인다. 한마디로 외교적인 태도가 제대로 발달하지 못했다.

이렇게 보면 똑같이 양면성을 지니고 있어도 그 사람이 외향형이냐 내향형이냐에 따라서 '의식적 태도—무의식적 태도'의 관계가 뒤집어진다는 사실을 알 수 있다. 외향적인 사람은 외향적인 태도가 의식적으로 발달되어 있지만, 자신의 의견이나 감정에 대한 관계 및 그 표현 방식에 관해서는 거의 개발되지 않은 유아적·원시적 상태에 머물러 있다. 반면에 내향적인 사람은 자기 내면을 잘 알고 있으나 외부와의 관계가 열등한 상태이다. 사람들은 대개 이런 식으로 외향형과 내향형 중 한쪽으로 치우친 인격을 형성하고서 이를 바탕으로 살아간다. 그런데 여기서 두 가지 문제가 발생한다. 하나는 인격이 한쪽으로 지나치게 쏠리는 것이고, 다른 하나는 지나치게 원만한 것이다.

심리적 유형은 타고난 소질과 환경의 압력으로 결정된다. 그런데 이 두 가지 요소가 일치할 때에는 인격이 한쪽으로 지나치게 쏠리게 되며, 두 요소가 상반될 때에는 이렇다 할 성향이 나타나지 않게 된다. 예를 들어 외향적인 성격을 타고난 아이가 외향적인 사회에서 외향형 부모의 지도 아래 성장한다면 극단적으로 외향적인 인간이 되어 버린다. 이 사람은 내향성을 개발해야 한다. 그렇다고 내향적인 태도를 중점적으로 취하라는 것이 아니라, 그쪽 방면에 취약하다는 사실을 자각하고 되도록 내향성을 발전시켜서 핵심적인 외향적 태도와 조화를 이루게 하라는 것이다. 이때 핵심적인 태도는 그대로 유지하여 자기만의 개성을 살리면서 무의식의 태도를 발전시켜 나가는 것이 중요하다.

인격에 뚜렷한 성향이 나타나지 않는 것도 문제이다. 이런 사람은 타고난 소질과 반대되는 유형의 부모 밑에서 성장했을 가능성이 높다. 예를 들어 내향적으로 탁월한 소질을 지닌 아이가 외향적 태도를 중시하는 부모나 환경에 둘러싸여 자라난다면, 그 아이는 겉으로 외향적 태도를 취하겠지만 그렇다고 눈에 띄게 외향적이지는 않을 것이다. 또 내향적인 태도에도 크게 문제는 없을 것이다. 그의 인격은 전체적으로 이도 저도 아닌 평범한 인격이다. 현대 사회에서 내향적인 인간은 서투른 방면에 억지로 적응하느라 자신감을 잃어버리기 쉽다. 이때 자기 자신의 고유한 경향을 깨닫고 이를 핵심적인 태도로서 확립하는 것이 중요하다고 융은 말한다. 물론 외향적인 소질을 타고난 사람이 주위의 압박 때문에 내향적인 의식 태도를 취하는 경우도 마찬가지이다.

그런데 융의 유형론을 이해하려면 내향성·외향성이라는 마음의 기본자세뿐만 아니라 심리 작용의 네 기능도 알아야 한다. 그 기능이란 사고·감정·직관·감각이다. 이 네 심리적 기능이 외향형·내향형에서 저마다 다른 모습으로 나타난다. 고로 심리적 유형은 여덟 가지로 나뉜다. 융은 이 여덟 가지를 하나하나 자세히 설명했지만, 여기서는 유형론에 관한 융의 기본적인 발상을 소개하는 정도로 그치겠다.

4. 인격의 위기와 통합—개성화

융은 어린 시절부터 자기 인격이 분열되어 있다는 느낌을 받았다. 자기 안에서로 다른 두 인간이 사는 것 같았다. 융은 그것을 인격 1과 인격 2라고 불렀다. 이런 마음의 분열성을 어떻게 통합하느냐 하는 문제가 바로 융 사상의 핵심이라고 할 수 있다.

이 분열된 감각은 융의 자아가 확립되자 일시적으로 수그러들었지만, 그가 프로이트와 결별한 직후부터 다시 고개를 들었다. 게다가 이번 분열은 어릴 때와는 엄청나게 달랐다. 어릴 때에는 분열이 일어났어도 인격 1과 인격 2가 둘다 자기 자신임을 느낄 수 있었는데, 이번에는 도저히 나 자신과 동일시할 수없는 낯선 것들이 출현했다.

'내면의 타자'와 대결하다

1912년이 저물 무렵부터 융은 불가사의한 꿈을 자주 꾸었다. 그것은 그의 무의식이 이상하리만치 활발하게 움직이기 시작했음을 알려 주는 듯했다. 특히 기분 나쁜 주제 하나가 그의 공상이나 꿈속에 자꾸만 나타났다. 죽은 자가 되살아나거나, 실은 아직도 죽지 않고 살아 있다는 주제였다. 이를테면 꿈속에서 그는 오래된 교회 지하 묘지에 있었다. 그곳에는 고풍스런 옷을 입은 고대인들이 미라처럼 누워 있었다. 그런데 융이 바라보는 가운데 이 시체들이 갑자기 차례차례 생명을 되찾아 손가락을 꿈틀대거나 깍지 낀 손을 푸는 것이었다.

융은 이 같은 몽상들을 어떻게든 해석해 보려고 열심히 노력했다. 그러나 기존 이론만 가지고는 그 내용을 이해할 수 없었다. 그래서 그는 마침내 해석을 포기했다. 무의식이 마음껏 분출되게 내버려 두면서 그것을 주의 깊게 관찰하고, 의식적으로 그것과 대결하기로 마음먹었다. 하지만 그 과정에서 융은 예상보다 훨씬 무시무시한 체험을 하게 되었다. 그는 다음과 같이 참으로 이상하고 기분 나쁜 환각들에 시달렸다.

"나는 엄청난 홍수가 북해와 알프스 사이의 저지대를 온통 휩쓸어 버리는 광경을 보았다. 그 물이 스위스 쪽으로 밀려오자 우리 나라를 지키기 위해 산들이 쑥쑥 자라났다. 나는 끔찍한 파국이 닥쳐오고 있음을 알았다. 나는 거대한 누런 파도와, 둥둥 떠다니는 문명의 잔해와, 수없이 많은 익사체를 보았다. 그 순간 바다 전체가 피로 물들었다. 이 환각은 한 시간 정도 지속되었다. 나는 진심으로 당황했고 구역질까지 났다."

두 달쯤 지나서 그는 또다시 끔찍한 환상을 보았다. 그는 책상 앞에 앉아 자신의 두려움에 대해 생각하다가 깜빡 졸았다. 그때 갑자기 깊고 어두운 나락으로 떨어져 버렸다. 어두운 동굴 속에는 물이 흐르고 있었다. 그 위에 시체가 떠다녔다. 이어서 까맣고 거대한 이집트 풍뎅이가 흘러왔고, 저 깊은 곳에서 붉은 태양이 솟아올랐다. 그 순간 액체가 솟구쳤다. 피였다. 피가 뿜어 나와 이리저리 튀었다. 그는 속이 메슥거렸다.

아무리 봐도 심상치 않은 환상들이다. 죽은 사람이 움직이고 바다가 피로 물들고 시체가 흘러오더니 피가 이리저리 튄다. 이런 환각을 자꾸 본다면 누구나 강한 불안과 공포에 시달릴 것이다. 융은 혹시 자기한테 정신병을 일으킬 만한 요소가 있는지 알아내려고 자기 생애를 꼼꼼하게 두 번이나 조사해 봤다. 특히 어린 시절 기억을 주의 깊게 살펴봤다. 어쩌면 자기도 모르는 정신 장애 원인이 과거에 숨어 있을지도 모른다고 생각했기 때문이다. 그는 분열증을 두려워했다. 실제로 이런 환각은 그가 진찰했던 분열증 환자들의 공상이나 환각과 매우 비슷했다. 그로선 당황하고 겁에 질릴 수밖에 없었다. 이른바 '내면의 타자'가 융을 습격한 것이다. 이 기분 나쁜 내면의 이질성은 의지의 지배에서 벗어나 멋대로 활동하고 있었다. 융은 그야말로 인격의 위기에 처해 있었다. 하지만 그는 이 상황과 용감하게 맞섰다. 그리고 그 와중에 몇 가지 놀라운 사실을 통찰했다.

지크프리트의 뿔피리

이런 이상한 체험은 첫째로 그와 환자의 관계를 개선해 주었다. 기존 이론과 가설은 융에게 전혀 소용이 없었다. 그래서 환자를 대할 때 융은 기존의 틀이나 선입관을 버리고 사태를 있는 그대로 받아들이는 쪽으로 태도를 바꾸었다. 그는 아무런 이론적 전제도 없이 환자가 스스로 입을 열 때까지 기다렸다가 그 이야기에 순순히 귀를 기울였다. 그러자 환자는 자기 꿈과 공상을 자발적으로 말해 주었다. 융은 자신의 무의식을 깊이 체험함에 따라 환자의 무의식 세계를 더 깊이 이해할 수 있게 되었다. 그는 본래 "환자의 마음속에선 이른바 '정상인'과는 무관한 현상이 일어난다"는 생각에 의문을 품고 있었다. 자기 내부에서도 환자와 똑같은 것을 발견하자 그 의문은 한층 강해졌다. 환자의 마음도 자기 마음과 같은 요소로 이루어져 있다는 융의 신념은 더욱 굳어졌다.

둘째로 융의 이상한 체험은 "개인적인 마음의 문제와 사회적·역사적 문제가 신기하게도 서로 호응하고 일치한다"는 사실을 그에게 깨우쳐 주었다. 그는 1912년부터 이듬해까지 피바다 환상에 시달리면서 그것이 정신병의 전조가 아닐까 의심했다. 그런데 1914년에 들어서는, 엄청난 한파가 닥쳐오는 꿈을 봄부터 여름 사이에 세 번이나 꿨다. 그중 하나는 로렌 지방과 운하가 온통 꽁꽁 얼어붙어서 사람 그림자 하나 안 보이게 되는 꿈이었다. 융은 거기서 개인적인 문제를 찾아내려고 했다. 그러나 그해 8월 제1차 세계대전이 일어나자 문득 어떤 영감이 융을 사로잡았다. 그 자신의 내적 체험과 인류 전체의 문제가 하나로 이어져 있는 듯한 느낌이 들었던 것이다.

이는 결코 엉뚱한 발상이 아니었다. 인간 사회는 한 사람 한 사람으로 구성되어 있다. 만일 개인의 마음속에 생겨나는 문제가 보편적 공통성을 지닌다면, 같은 문제가 인류 전체의 문제로도 나타날 것이다. 합리적으로만 생각해 봐도, 끔찍한 전쟁으로 치닫는 세계정세를 그의 무의식이 간파하고는 피와 한파의 꿈으로 나타냈다고 해석할 수 있다. 하지만 융은 이 정도로 그치지 않았다. 그는 개인 심리와 사회 심리 사이에 더 깊은 대응 관계가 존재할지도 모른다고 생각했다. 그는 자기 자신과 환자들의 꿈을 더욱 주의 깊게 관찰했다. 이처럼 융이 개인 심리와 사회 심리의 대응 문제를 다루게 된 것은 1913년 끝 무렵에 다음과 같은 꿈을 꿨기 때문이었다.

"나는 처음 보는 갈색 피부의 원시인과 함께 황량한 바위산에 있었다. 동틀 무렵이라 별빛은 흐려지고 동쪽 하늘이 훤하게 밝아 오고 있었다. 그때 지크프리트의 뿔피리 소리가 온 산에 울려 퍼졌다. 나는 우리가 그를 죽여야 한다는

바그너 작곡 〈니벨룽겐의 반지〉의 한 장면

사실을 알고 있었다. 우리는 라이플총으로 무장한 채, 바위 위 좁은 산길에 그가 나타나기를 기다리고 있었다.

그러자 떠오르는 태양의 첫 번째 빛을 받으면서 지크프리트가 산꼭대기에 모습을 드러냈다. 죽은 자의 뼈로 만든 전차를 타고서 가파른 산비탈을 엄청난 속도로 내려왔다. 모퉁이를 도는 순간 우리는 그를 습격했다. 그는 우리 총에 맞아 죽었다."

곱씹어 볼수록 불가사의한 꿈이었다. 지크프리트는 북유럽 신화에 등장하는 영웅이자 바그너가 작곡한 〈니벨룽겐의 반지〉의 주인공이다. 이 오페라는 수많은 독일인의 사랑을 받았다. 그런데 꿈에서 융은 지크프리트를 총으로 쏘아 죽여야만 했다. 융은 이 꿈을 머리로는 이해할 수 없었지만 마음으로는 어떻게든 이해해야 한다고 느꼈다. 그래서 열심히 심사숙고하다가 퍼뜩 그 의미를 알아차렸다. "아, 지금 이 세상에 관한 문제구나." 그때 독일인들은 자기 의지를 강압적으로 내세우면서 억지로 뜻을 관철하려 하고 있었다. 융은 지크프리트가 바로 그 행위를 나타낸다고 생각했다. 지크프리트를 죽여야 한다는 것은 그런 영웅적 이상주의를 버려야 한다는 사실을 의미했다. 이 꿈은 융의 자기비판인 동시에 세상에 대한 독일인의 태도를 비판하는 것이었다. 이리하여 융은 개인의 내면과 사회 전체 상황과의 대응 관계에 눈을 떴다.

그런데 이 꿈은 또 다른 문제를 제기한다. 살인을 선도하는 '갈색 피부의 원시인' 이미지가 꿈속에 등장한 것이다. 이 이미지는 폭력적이고 원시적인 마음속 성질을 표현한다. 그 성질이 융으로 하여금 살인을 하게 만든 것이다. 이는 야만성과 폭력과 잔인함 같은 악의 원형, 어둠의 원형이라고 할 수 있다. 이 원형이 많은 사람을 조종하면 끔찍한 사태가 벌어지게 된다. 그런데 이 원형은 전쟁이 끝난 뒤에도 독일인 환자들의 꿈속에 자주 등장했다. 전쟁에 패배했는데도 그들의 집단 무의식은 여전히 폭력성을 띠고 있었던 것이다. 뒷날 이 성질이 폭발하여 나치스 운동을 일으킨다. 그리하여 융은 개인 심리와 사회 심리의 연관성을 한층 강하게 의식하게 된다.

동양과의 만남

1912년부터 시작된 인격 분열 및 위기 속에서 융은 '내면의 타자'인 무의식과 대결하면서 이것을 똑바로 응시했다. 이 시기는 그야말로 퇴행의 시기였다. 외면적 현실 생활은 정체되고 후퇴했다. 융은 학문 관련 책을 펼쳐 보지도 않았다. 1905년부터 8년 동안 계속했던 대학 강사 일도 포기했다. 그는 거의 논문도 쓰지 않고 강연도 하지 않았다. 사회생활을 거의 멈춘 채 깊은 고독에 빠져들었다. 그는 사회적 명예라고 할 수 있는 학자로서의 경력을 꾸준히 쌓는 대신, 무의식과 대결하는 이상한 실험을 계속하면서 자기 자신을 연구 대상으로 삼았다. 하지만 융은 뭔가 위대한 일이 자기 내부에서 일어나고 있음을 느꼈다.

이 퇴행 시기는 융에게 매우 창조적인 시기였다. 그가 평생 동안 펼친 창조적 활동의 기반인 모든 문제의식이 바로 이 시기에 생겨났다. 이때 융은 유형론을 연구했다. 그리하여 인간 마음의 다면성을 알게 되었으며, 모든 생각이 상대적이라는 깨달음을 얻었다. 1918~19년에는 숱한 동그라미를 그렸다. 뒷날 밝혀진 바로 이 원형(만다라)은 인간 마음의 다양성을 통합하는 마음의 전체성을 상징하는 것이었다. 1918~26년에는 그노시스주의를 연구했다. 그노시스주의에서 무의식 세계와 대결하는 요소가 엿보였기 때문이다. 그러나 당시에는 아직 자기 자신과 그노시스주의자들 사이의 공통성을 뚜렷이 인식하지 못했다. 리하르트 빌헬름과 만났을 때 융은 비로소 그 공통성을 인식했다.

리하르트 빌헬름은 젊은 시절에 그리스도교를 선교하기 위해 중국으로 건너갔다. 그곳에서 그의 편견 없는 정신은 중국 문화의 뛰어난 지적 재산에 매료

되었다. 그는 중국 문화를 깊이 이해하고 마침내 그 문화에 동화되었다. 융과 만났을 때 그는 "문체나 말투는 물론이고 겉으로 드러나는 태도도 완전히 중국인 같았다. 동양적인 관점과 고대 중국 문화가 머리끝에서 발끝까지 배어 있었다." 1928년에 리하르트 빌헬름은 독일어로 번역된 도교 서적《태을금화종지 The Secret of Golden Flower》를 융에게 보내면서 주석을 써 달라고 부탁했다. 융은 그 원고를 읽고 깜짝 놀랐다. 거기 적힌 내용은 그가 자신의 만다라에 대해 생각했던 내용과 신기할 정도로 일치했다. 먼 옛날 외국인이 기록해 놓은 내용과 자신의 이미지가 일치했던 것이다. 이 경험은 그의 고독을 해소해 준 첫 번째 사건이었다.

그 뒤 융은 중세 연금술을 연구했다. 그리하여 연금술에도 인격 변용과 통합 이미지가 존재한다는 것, 그런 관점에서 보면 그노시스 신화 속에도 똑같은 무의식 문제가 등장한다는 것을 알게 되었다. 서양 중세의 야코프 뵈메나 마이스터 에크하르트, 인도의 요가, 티베트 불교, 중국 도교 등등 고금동서의 온갖 신비주의에서 무의식과의 대결이라는 공통된 문제가 나타난다는 사실을 융은 발견했다. 같은 문제는 전세계에 퍼져 있는 신화나 옛날이야기 속에도 나타났다. 거기서 공통된 이미지나 주제가 숱하게 발견되었다. 오늘날 유럽에서 융 자신이나 정신병자들 마음속에만 존재한다고 여겨졌던 기묘한 이미지가 고금동서의 훌륭한 문화유산 속에 무수히 존재하고 있었음을 비로소 깨달았다. 즉 옛날부터 정신적으로 발달한 사람들이 자신과 똑같은 문제를 다루고 있었던 것이다. 이 사실을 깨닫자 융의 고독감은 사라졌다. 그는 자신이 선택한 길이 옳다는 신념과 용기를 얻었다.

자신과 환자와 현대 사회와 옛 문화유산. 이 네 가지의 심리적 공통성을 자각한 융은 그때부터 무의식을 해명하는 데 더욱 심혈을 기울였다. 그 와중에 태곳적부터 전해 내려온 원형이 지금도 우리 마음속에 존재하면서 우리의 관념과 행동에 큰 영향을 미친다는 사실이 밝혀졌다. 우리 마음속에 있는 자신에 대한 이미지나 자신과 세계와의 관계에 대한 이미지는 원형적 유형에 따라 형성되고, 그 유형에 맞춰 행동이 이루어지는 것이다. 이 원형은 인간에게 유전적으로 갖춰져 있는 인류의 보편적 유산이다. 그러므로 원형은 언제 어디서나 나타난다. 이 원형적인 심리 작용 유형에 관해서 융이 밝혀낸 사실들 가운데 대표적인 것을 간단히 살펴보자.

태모와 영웅 신화

전세계 영웅 신화에는 공통된 원형적 주제가 많이 등장한다. 특히 자주 나타나는 주제는, 성장한 영웅이 용 같은 괴물과 싸워 이겨서 귀한 보물이나 공주님을 손에 넣는다는 것이다. 예를 들어 그리스 신화의 영웅 페르세우스는 머리카락이 뱀으로 된 무시무시한 여자 괴물 메두사(고르곤)를 물리쳤다. 또 바그너의 오페라 〈니벨룽겐의 반지〉에서 지크프리트는 용을 죽이고 동굴 속에서 반지와 요술 두건을 발견했으며, 용의 피를 뒤집어쓴 덕분에 새의 말을 알아듣게 되었다. 새는 지크프리트를 신성한 여인 브룬힐트에게 데려다 주었다. 그는 그녀의 영원한 잠을 깨웠고 두 사람은 맺어졌다.

융의 이론에 따르면 심리적으로 볼 때 '용과 싸우는 행위'는, 자아가 확립되어 가는 마지막 단계에서 태모(太母)와 싸워 마침내 독립을 쟁취하는 것을 의미한다. 태모란 인류의 보편적인 어머니 이미지이다. 이 이미지는 한편으로 생명을 낳고 기르는 긍정적 성질을 지니면서 예로부터 아름답고 상냥한 여신으로 상징되었다. 그러나 다른 한편으로는 지나친 애정 때문에 자식의 독립을 방해하고 심지어는 자식을 삼켜 버리기까지 하는 부정적 성질도 지니고 있다. 이 이미지는 그리스의 고르곤이나 인도의 칼리 같은 사악한 여신으로 표현된다. 용을 비롯한 괴물은 이 사악한 태모의 상징이라고 할 수 있다. 이런 괴물과 싸워 승리한다는 것은 최종적인 자아 확립을 나타낸다.

부모에게서 심리적으로 독립하는 일이 왜 싸움으로 표현되는 것일까. 아마도 인간에게는 아이를 기르고 보호하는 육아 본능은 있어도 아이를 독립시키는 선천적 능력은 없기 때문이리라. 다른 동물들은 새끼를 억지로 쫓아내서 독립시키지만 인간은 그러지 못한다. 오히려 본능적으로 자식을 보호하고 걱정하면서 늘 자기 품에 안고 있으려 한다. 그래서 자식이 독립하려면 부모와 싸울 수밖에 없다. 특히 사춘기에는 부모한테 심하게 반항하기 마련이다. 사춘기 아이들은 대개 부모에게 반감을 품는다. 심지어 부모의 존재 자체를 부정하기도 한다.

이 시기에 부모가 자식한테 심하게 간섭하면서 이래라저래라 강요하면 자식은 폭력까지 휘두르게 된다. 이때 괴물을 퇴치하여 독립을 얻는다는 심리적 메커니즘은 정상적인 기능을 잃고 끔찍한 결과를 초래한다. 이런 사태를 방지하기 위해 인류는 예로부터 여러모로 궁리해서 특별한 제도와 의식을 마련했다. 이를테면 조선 시대에는 남자가 성년이 되면 상투를 틀고 갓을 쓰는 관례(冠禮)를 행했다. 이와 같은 의식 덕분에 아이는 굳이 태모를 살해하지 않아도 어른이 되어 부모에게서 독립할 수 있었다. 이러한 여러 제도는 심리적 에너지의 흐름을 바르게 인도하는 물길과 같았다. 그러나 합리적인 현대 사회에서는 그런 낡은 관념들이 불합리한 것으로 치부되어 거의 다 사라져 버렸다. 심리적 에너지는 통제에서 벗어나 마구 분출되기에 이르렀다. 우리는 원형적인 심리적 에너지의 무서움을 잘 인식하고 그 긍정적인 면을 살릴 방법을 연구해야 한다.

▲선량한 여신, 이시스
이집트, 기원전 18~20세기경.

▼사악한 여신, 고르곤
그리스, 기원전 600년경.

그림자=어둠의 세계

의식이 무의식에서 태어나고 자아가 태모에게서 독립한다는 것은 명확한 가치체계가 성립됨을 의미한다. 이제 세계는 긍정적인 것과 부정적인 것으로 확연히 구별된다. 자아는 언제나 동일한 가치체계를 바탕으로 한결같은 태도를 취하게 된다. 이는 자아 동일성(정체성)이 확립된 상태이다. 그런데 자아가 확립되는 과정은 한쪽으로 치우치는 과정이기도 하다. 자아는 스스로 긍정적 가치라고 생각하는 성질과 동화되려고 애쓴다. 그리고 다른 사람 안에서 그 성질을 발견하면 칭찬한다. 그럼 부정적인 가치가 부여된 성질은 어떨까. 자아는 그 성질을 자기에게서 발견하면 억압하고 타인에게서 발견하면 부정해 버린다. 이렇게 부정된 것들은 암흑세계로 쫓겨난다. 자아는 자기한테는 그런 나쁜 요소가 없다고 생각한다. 그리고 남에게서 그것을 발견하면 심하게 증오하거나 공격한다. 이러한 혐오와 부정의 대상을 융은 '그림자'라고 이름 지었다.

외향적인 사람이 보기에 내향적인 성질은 우유부단하고 까다롭고 건방지고 시대착오적이며 촌스러운 부정적 성질이다. 반대로 내향적인 사람이 보기에 외향적인 성질은 경박하고 줏대 없고 속 빈 강정 같은 부정적 성질이다. 그런데 이들이 서로 부정하는 성질은 알고 보면 그들 자신 내부에도 존재한다. 다만 자아의 가치관에 의해 부정되고 있을 뿐이다. 그렇기에 이 성질을 가진 타인이나 다른 집단을 만나면 그들은 격렬하게 거부하면서 적의까지 품게 된다. 이처럼 자기 내부의 억압된 성질을 타인에게서 발견하여 실제보다 더 크고 끔찍한 것으로 인식하는 현상이 바로 투영(投影)이다. 투영 현상은 서로 대립하는 정치 집단 사이에 매우 심각한 분쟁을 일으키기도 한다.

그런데 자아 확립 과정에서 형성되는 그림자는 그 사람의 개인적 가치관에 의해 부정적이라고 판단된 것이다. 융은 이것을 개인적 그림자라고 불렀다. 이는 콤플렉스의 일종이라고 할 수 있다. 그런데 개인적 가치관과 상관없이 모든 사람의 마음속에는 '악의 원형'이 존재한다. 이것은 구체적으로 어떤 성질이 나쁘다는 것이 아니다. 이 세상에는 아주 나쁜 것이 존재하므로, 우리는 그것과 맞서 싸우든지 필사적으로 도망쳐야 한다는 것이다. 이러한 악의 원형을 융은 집단적 그림자라고 불렀다. 무의식 속에 존재하는 이 무시무시한 성질을 억제하고자 옛날 사람들은 다양한 종교 의식을 행했다. 현대인은 이런 의식을 비합리적인 미신 또는 주술로서 경멸하지만, 과거에 악마나 귀신으로 상징되던 어두운 성질은 여전히 우리 마음속에 살아 있다. 이 원형적인 악의 원리가 이제는 우리 일상생활의 어떤 대상에 투영되고 있다. 집단따돌림(이른바 '왕따') 현상도 그렇다. 이 현상은 오늘날 점점 심해지고 있다. 사람들은 '나쁜 놈' 하나를 정해 놓고 이상하리만치 끈질기게 괴롭힌다. 나쁜 놈을 벌하는 것은 인간 마음속 깊은 곳에 존재하는 본능적·원형적 마음의 작용이다. 이렇게 투영 현상을 통해 '악을 공격하는 것'이 우리 무의식에 존재하는 원형적 성질임을 우리는 자

아니마 이미지
▲슬라브 신화에 등장하는 루살카. 로렐라이에 필적하는 이 요정은 남성에게 마법을 걸어 물에 빠져 죽게 한다.
▶얀 판 에이크 작 〈성모 마리아〉. 아니마는 성처녀 마리아로 인격화된다.

각해야 할 것이다.

아니마와 아니무스

또 다른 중요한 원형적 이미지는 아니마와 아니무스이다. 아니마는 남자 마음속에 있는 여성상이며, 아니무스는 여자 마음속에 있는 남성상이다.

자아가 형성될 때에는 사회적 가치관의 영향을 받아 남자는 남자다운 자아, 여자는 여자다운 자아를 지니게 된다. 남자다움과 여자다움의 정의는 시대와 사회에 따라 다르지만, 일반적으로 남자다운 성질은 강함, 행동력, 결단력, 강한 정신력 따위이고 여자다운 성질은 부드러움, 아름다움, 섬세함 따위이다. 남자가 감정이 북받쳐서 울거나 우유부단하게 굴면 경멸당하고, 여자가 너무 논리적이거나 성질이 드세면 미움 받는다. 대부분의 사회는 남자에게 로고스(logos)를 요구하고 여자에게 에로스(eros)를 요구한다. 이런 의미에서도 자아는 한쪽으로 치우칠 수밖에 없다. 자아 확립 과정에서 남자는 여성적 성질을, 여자는 남성적 성질을 무의식 속으로 추방해 버린다. 이렇게 추방된 성질이 인격화되어 나타난 것이 아니마와 아니무스이다. 이들의 성질을 한번 살펴보자.

아니마는 생생한 감정의 원리이다. 융의 말로는 "꽃에서 꽃으로 날아다니며 꿈과 사랑으로 살아가는 나비 같은 존재"이다. 아니마는 장난스럽고 매혹적인 요정이다. 그녀는 남성이 현실 생활에 시달리면서 잊어버리고 있었던 생명력의 원천으로 그를 데려가는 '삶의 원형'이다. 남성이 남성적 가치관에만 사로잡혀 있을 때 아니마는 장난기 많은 변덕스런 여자로서 불가사의한 매력으로 그를 악의 세계로 유혹하거나 심지어 로렐라이처럼 죽게 만들기도 하지만, 그와 동시에 남성에게 또 다른 가치를 일깨워 주기도 한다. 남성이 부정하거나 의식하지 못하는 가치는 그의 무의식 속에 가라앉아 있다. 아니마는 남성을 그 무의식의 세계로 데려가는 안내인이다. 아니마는 그 사람의 의식 상태에 따라 창녀로도 나타나고, 트로이의 헬레네 같은 영원한 연인으로도 나타나고, 여신같이 순수하고 성스러운 여성으로도 나타난다. 성모 마리아나 《신 엘로이즈》의 여주인공 쥘리는 성스러운 여성의 전형이다. 그리고 뜻밖의 '의미'나 지혜를 제공하는 '지혜의 여신'이 나타날 때도 있다. '의미의 원형'이라고도 불리는 이 이미지는 '늙은 현자'에 가깝다.

아니무스는 여자 마음속에 있는 남성상이다. 이것은 대체로 넘치는 힘과 행동력이 있는 든든한 남성으로 나타나거나, 지적인 의미를 제공하는 탁월한 인격을 갖춘 노인으로 나타난다. 여성은 이 이미지를 동경하는데, 이런 아니무스에 사로잡히면 어디서 주워들은 공식적인 의견을 시도 때도 없이 내세우게 된다. 후자는 여성적 에로스와 대비되는 로고스의 원리이며, 본능적·신체적인 것과 반대되는 정신적인 것을 나타낸다. 반면에 전자의 '강한 남성' 이미지는 여성의 에로스에 대응하여 나타나는 듯하다. 요즘에는 전통적인 전업주부 역할에서 벗어나 사회에서 남자들처럼 활약하고 싶어하는 여자들이 많다. 게다가 교육체계도 남성적 가치관에 의해 로고스 원리가 중심을 이루고 있다. 그래서 많은 여자가 여성적 원리를 억압한다. 이런 여성의 꿈에는 종종 상처를 입고 죽어 가는 아니무스가 등장하거나, 아니마로 착각할 만큼 아름답고 매력적인 여성상이 출현한다. 이 현상은 지적인 현대 여성들이 자신의 에로스 원리를 얼마나 억압하고 있는지 보여 준다. 이런 여성이 정신적인 것을 추구한다면 어떻게 될까. 그녀는 한편으로는 정신적인 이미지에 사로잡혀 조종될 수도 있고, 다른 한편으로는 에로스와 더불어 소중한 본능과 신체 감각을 잃을 수도 있다. 오늘날 여성은 그만큼 사회적으로 어려운 처지에 놓여 있다.

어쨌든 아니마와 아니무스는 남성과 여성이 지나치게 남성적이거나 여성적일 때 꿈속에 나타나거나, 현실의 여성 또는 남성에게 투사된다. 그리하여 한쪽으로 쏠린 그 사람 마음을 보상해 준다.

아니무스 이미지　J.F. 케네디

여성 심리의 독자성

그런데 이런 식으로 여성과 남성을 구별하는 것이 여성에게는 불편하게 느껴질 수도 있다. 어떤 이는 이렇게 말할지도 모른다. "남자도 여자도 똑같은 인간이다. 남녀의 차이는 어디까지나 사회적·역사적으로 만들어진 것이므로, 애초에 '여자다움'이나 '남자다움'이 존재한다고 가정하는 것은 말이 안 된다." 이것은 상당히 중요한 문제이므로 여기서 짚고 넘어가겠다.

융은 남성과 여성 사이에 심리적으로 선천적인 차이가 존재한다고 생각했다. 그러나 남녀의 차이가 모두 선천적이라고 생각하지는 않았다. 가부장제 사회에서는 남성 위주로 '여자다움'과 '여성의 역할'이 결정된다. 때로는 본래 여성의 성질이 아닌 것마저 '여자다움'으로서 여성에게 강요되기도 한다. 이는 후천적으로 만들어진 여자다움이다. 그런데 이와는 달리 선천적인 남녀의 차이도 분명히 있다. 융은 남녀 사이에 신체적·생리적 차이뿐만 아니라 심리적인 작용 및 성질의 차이도 존재한다고 생각했다. 선천적인 것처럼 보이는 이 차이도 실은 기나긴 가부장적 사회에 맞춰 여성이 변화했기 때문에 생성된 것이라고 주장하는 사람들도 있다. 하지만 부권제 시대는 인류의 유구한 역사에 비춰 보면 겨우 수천 년에 지나지 않는다. 그 사이에 유전자가 바뀔 정도로 엄청난 변화가 일어났을 것 같지는 않다. 남녀는 근본적으로 구별되는 존재라고 봐야 할 것이다.

그런데 부권제 사회가 이런 구별을 차별로 바꿔 놓았다. 그 때문에 성차별에 반대하는 사람들은 구별 자체까지 부정하려고 한다. 하지만 심리적으로 볼 때

엄연히 존재하는 것을 없다고 하면 반드시 심리적 장애가 발생한다. 마치 내향형과 외향형의 차이가 선천적으로 존재하는데 개인이 타고난 성향과 반대되는 생활을 억지로 하다 보면 심리적 장애가 일어나듯이, 여성에게 억지로 남성적인 것을 요구하면 장애가 일어나는 법이다. 그러므로 남성과 여성의 차이는 없는 것이 아니라, 차이는 있어도 그 가치는 똑같다고 보는 것이 옳지 않을까.

오늘날에는 인간은 모두 평등하다는 사상이 널리 퍼져 있다. 남자도 여자도 다 같은 인간이라는 것이다. 이런 생각은 확실히 봉건 사회의 가부장적 남성 우위 사상을 타파하는 데 일조했다. 이제 남녀평등의 시대가 왔다. 그런데 형식적으로는 남녀평등이 이루어졌어도 자세히 보면 남성적인 가치관이 세상을 지배하고 있으며, 여성이 주로 남성에게 동화되고 있다. 이 상황을 바로잡으려면 남녀의 선천적인 차이점을 명확히 밝히고 고유한 여성적 성질을 규명함으로써 여성의 독자적 가치를 확립해 나가야 한다. 그 상태에서 여성과 남성이 서로의 가치를 인정하고 대등해지는 것이다.

물론 남성 심리의 독자성도 중요하다. 남자와 여자는 서로 자신의 독자성을 자각하고 상대적인 가치를 확립해야 한다. 그래야 서로의 참된 가치를 인정하고 화합할 수 있다.

정신의 원형

이번에는 '정신'이라는 원형을 살펴보자. 정신의 원리는 현세적인 세계와 대립한다. 육체나 본능과 반대되고 욕망과 정념을 부정하는 원리이다. 인간은 현실적 욕망과 충동의 세계에서 벗어나 영적인 세계로 올라가고 싶다는 심리적 욕구를 가지고 있다. 이는 보편적·원형적인 심리 작용이다.

정신의 원형은 종교 현상에서 흔히 발견된다. 이를테면 여성과의 접촉을 금지하는 종교도 있다. 이때 남자에게 여자란 현세적 욕망의 상징인 셈이다. 반대로 여자들끼리 행하는 종교 의식에서 남자가 철저히 배제되는 경우도 있다.

고대 유대교와 그리스도교에도 정신의 원형이 무수히 등장한다. 하느님을 믿는 자는 〈창세기〉의 아브라함처럼 고향도 친척도 다 버리고 떠나야 한다. 예수를 따르는 자는 부모와 인연을 끊고 모든 재산을 버려야 한다. 일상적인 자아와 욕망의 세상에서 멀리 떨어진 채 모세의 십계명 같은 엄격한 계율을 지켜야 한다. 또는 수도사나 청교도같이 매우 금욕적인 생활을 해야 한다. 중세 유럽 신비주의자는 모두 산이나 숲속에서 혼자 살았다.

니체도 정신의 원형에 사로잡힌 사람이었다. 그의 표면적인 사상은 정신과 반대되는 신체 및 본능을 중시하고 도덕이나 신을 부정하는 것이었다. 그러나 니체는 이상할 정도로 정신을 동경했다. 《차라투스트라는 이렇게 말했다》의 첫머리에는 이런 구절이 나온다. "차라투스트라는 서른이 되자 고향을 떠났다. 고향 호수를 버리고 산속으로 들어갔다. 그곳에서 자신의 정신과 고독을 즐기면서 10년이 지나도록 지루함을 몰랐다." 10년이 지나자 그는 인간계가 그리워져서 산에서 내려온다. 그는 추한 인간계를 모두 긍정하고 감싸 안으려 하지만, 그래도 가끔은 '티 없는 샘물'을 마시고 깨끗한 공기를 마실 수 있는 산으로 돌아가고 싶어한다. "인간계에서 6000피트 떨어진 높은 곳"이라는 니체의 말에는 청정함과 청결함을 지향하는 정신의 원형이 나타나 있다.

이 원형은 남성적 격렬함도 지니고 있다. 정신의 원어는 고대 그리스어 프네우마(pneuma)인데, 이는 바람이자 호흡이며 체내의 영기·생기를 뜻한다. 이것은 강하게 휘몰아치고 지상을 떠나 높이 솟아올라 순화된다. 이 격렬함은 차라투스트라의 거센 성정에 잘 표현돼 있다. 《구약성서》에서 엘리야와 모세도 하느님께 등을 돌린 타락한 인간들에게 무섭게 화내면서 끔찍한 벌을 내린다.

이 원형은 보통 현자, 의사, 구원자, 지도자로 등장하거나 그들의 가르침 또는 격언으로 나타난다. 그들은 의미와 지혜를 제공한다. 이 이미지는 이른바 '빛의 원형'이다. 예수 그리스도의 이미지는 빛이자 정신의 성질을 강하게 드러낸다. 하지만 인간 여성의 몸을 빌려서 태어났으며 여자들을 멀리하지도 않았다는 점으로 보아 예수는 '자기'의 상징에 가깝다고 할 수도 있다.

늙은 현자와 만다라

마지막으로 '자기'라는 원형적 상징을 고찰해 보자. 융은 이것이 가장 높은 단계를 나타낸다고 생각했다. 우리는 살면서 갖가지 원형을 만난다. 그림자, 아니마 또는 아니무스, 현자=정신=빛이 그 대표적인 예이다. 그런데 이 모든 것은 의식적인 자아와 대립하면서 일상적 자아의 부족한 면을 보상해 준다. 융은 우리가 이 원형적 성질을 의식화하여 자각적으로 인격 속에 도입함으로써 전

《붉은 책》에 실린 그림 융의 꿈속에 나타난 노인 필레몬. 융은 이런 이미지들과 오랫동안 대화를 나누었다.

체를 통합해야 한다고 주장한다. 이런 원형들은 누구에게나 갖춰져 있다. 이것을 의식하지 못하는 사람은 자기도 모르는 사이에 그 원형에 사로잡혀 조종되는 처지에 놓인다.

일반적으로 인격이라는 말은 자아의 내용을 가리킨다. 그런데 융은 자아뿐만 아니라 악한 어둠의 성질, 생명력의 원리, 정신의 원리 등을 모두 통합한 인격을 생각해 냈다. 이것이 융의 '자기'이다. 여기서 통합이란, 서로 대립하는 원리들을 상황에 맞춰서 잘 골라 쓰는 것을 말한다. 다만 의식적으로 원리를 골라 쓴다기보다는 만사가 저절로 잘 풀리는 경지라고 할 수 있다. 공자는 일흔이 되자 "뭐든지 하고 싶은 대로 하여도 법도에 어긋나지 않았다(從心所欲不踰矩)"고 한다. 이것이 통합 상태이다. 이 경지에 이르면, 메피스토펠레스 같은 악마가 전적으로 나쁜 존재는 아니어서 저도 모르게 좋은 일을 하여 마침내 파우스트의 구원에 일조했다는 사실도 이해할 수 있다. 이제 그는 자기 내부에 있는 악을 인식하고, 그 악한 존재가 때로는 선한 일을 한다는 사실을 알면서도 악을 단호히 물리친다. 이런 경지를 나타내는 전형적인 상징이 바로 늙은 현자와 만다라이다.

늙은 현자는 의미와 지혜를 지닌 정신적 현자이자 구원자인 '영혼의 지도자'이지만, 그와 동시에 죄(악)와 여성적인 것도 포함하는 존재이다. 이를테면 그노시스주의의 성자 시몬 마구스 곁에는 그가 유곽에서 데려온 소녀가 있었다고 한다. 예수는 '죄 지은 여자'가 그의 발에 입맞춤하고 향유를 바르자 기꺼이 그녀의 죄를 사해 주었다.

융에게는 이 상징이 처음엔 엘리야와 살로메로 나타났다.《구약성서》에 나오는 예언자 엘리야는 하느님께 등을 돌린 자들에게 분노하여 죽음의 벌을 내린 인물이다. 살로메는 사로잡힌 예언자 요한을 사랑하여, 왕의 애정을 이용해서 요한의 목을 치게 만든 다음 그 머리에다 입을 맞춘 무시무시한 악녀이다. 이 기묘한 한 쌍이 꿈에 등장하자 융은 진심으로 놀랐다고 한다. 하지만 잘 생각해 보니 엘리야는 로고스의 원리를 표현하고 살로메는 에로스의 원리를 표현하므로, 이 꿈은 양자의 결합을 나타내는 것 같았다. 그 직후에 이번에는 노인 이미지가 융의 눈앞에 나타났다. 그 노인은 머리에 쇠뿔을 달고 등에는 물총새 날개를 달고 있었다. 손에는 열쇠 꾸러미를 들었다. 열쇠는 모두 네 개였다. 융은 그를 필레몬이라고 불렀다. 필레몬은 이교적이고 신비로우며 헬레니즘 분위기를 지니고 있었다. 그래서 융은《파우스트》제2부에 나오는 이교도이면서도 신앙심 깊은 노부부 필레몬과 바우치스를 연상한 모양이다. 이 이미지는 융이 만든 것이 아니라 스스로 생성되어 융 앞에 모습

융이 그린 만다라

을 드러낸 것만 같았다. 이는 의식의 한정된 태도와는 전혀 다른 마음의 전체성을 드러내는 듯했다. 처음에는 엘리야와 살로메로 표현됐던 내용이 이번에는 필레몬이라는 한 늙은 현자로 표현된 것이다.

만다라는 자기를 나타내는 또 다른 상징이다. 만다라는 본래 불교에서 명상 도구로 쓰이는 원형 그림인데, 이것이 오늘날 정신병 환자에게 나타날 때에는 놀라운 치료 효과를 발휘한다. 융은 이 점에 주목해서 연구를 계속하다가 만다라도 자기의 상징임을 알아냈다. 전체성을 상징하는 만다라는 대개 4라는 주제와 결합해서 원이 넷(또는 여덟)으로 분할되어 있다. 또는 상하 관계나 빛과 어둠의 대립 같은 주제를 포함한다. 이 원은 단순히 긍정적이고 원만한 것이 아니다. 그것은 대립, 악한 어둠, 불순함, 분열을 내부에 포함하면서 그 모든 것을 아우르는 조화를 나타낸다. 융의 만다라는 그저 완전하고 깨끗한 밝은 마음이 아니다. 그림자와 어둠을 포함한 빛이자 흠이 있는 보석이며, 그런 의미에서의 전체성이다.

탑처럼 생긴 집

지금까지 대표적인 원형들을 살펴봤다. 이번에는 융의 성격을 잘 보여 주는 일화를 하나 소개하겠다.

융은 서른일곱 살 때부터 정신병의 전조처럼 보이는 기묘한 환상과 꿈에 시달리기 시작했다. 그는 확신을 잃고 방향 감각을 상실했다. 이런 위기에 직면한 융은 이것과 정면으로 대결했다. 오히려 이 위기를 이용해서 무의식의 작용 및 성질을 해명하기로 마음먹었다. 그는 자기가 본 환상과 꿈을 《검은 책》에 기록하고, 그 내용을 다시 《붉은 책》에 깔끔하게 옮겨 적어 그림까지 덧붙였다. 이러한 작업을 통해 융은 자신의 무의식과 마주 보고 대화하여 그것을 해명해 나감으로써, 그의 원형 이론을 발전시키기 위한 단서를 손에 넣었다. 무의식이 융을 농락하는 일은 점점 줄어들었다. 무의식은 한층 의식화되었고, 의식과 무의식 사이에 조화로운 관계가 형성되기 시작했다. 그러나 이것을 말이나 글로 충분히 표현하기란 불가능하다는 느낌이 들었다. 융은 자신의 깊은 생각을 표현할 만한 상징을 찾으려고 했다.

그가 도달한 새로운 경지를 표현하는 상징물은 반드시 돌로 된 것이어야 했다. 돌은 먼 옛날부터 주술적인 의미를 지녔으며 주술적 상징을 새기기에 적합한 재료였다. 그것은 아이들의 소중한 보물이기도 하고, 연금술사의 최종 목표인 '현자의 돌'이기도 하다. 또한, 돌은 확실한 실체감을 지니고 있다. 융은 돌로

〈그림 2〉

〈그림 3〉

〈그림 1〉

〈그림 4〉

집을 지어야겠다고 생각했다. 그것도 원통형 탑처럼 생긴 집을 짓고 싶었다. 한 가운데에 난로가 있는 석탑은 마음의 전체성 이념을 체현하는 것처럼 보였다. 융은 이 탑을 물가에 세우고 싶어했다. 그는 취리히 호북부의 아름다운 풍경을 사랑했으므로 1922년에 호숫가 마을 볼링겐의 토지를 샀다. 그리고 1923년에는 꿈에 그리던 집을 완성했다(〈그림 1〉).

융은 《자서전》에서 이렇게 말했다. "나는 이 탑이 완성된 순간부터 편안함과 다시 태어난 기분을 강하게 맛보았다. 나에게 이 건물은 어머니처럼 따스한 난로였다." 자기 마음이 바라는 상태를 전원주택으로 표현하다니 얼마나 꿈같은 일인가. 하지만 융은 이 정도로 그치지 않았다. 마음의 발전 상황에 맞춰서 그는 심리적인 의미를 담아 건물을 증축했다. 덕분에 매우 개성적인 '내 집'이 만들어졌다.

처음 탑이 완성됐을 때 융은 크나큰 안정감과 충족감을 맛보았다. 그러나 시간이 흐르자 이걸로는 부족하다, 아직 할 말이 더 남았다는 생각이 들었다. 4년 뒤인 1927년에 융은 별채를 지었다(〈그림 2〉). 하지만 세월이 지나자 아직도 부족하다는 느낌이 들었다. 그에게는 혼자서 지낼 장소가 필요했다. 그래서 또 4년이 지난 1931년에 조그만 탑을 하나 더 만들었다. 두 번째 탑은 홀로 명상할 수 있는 영적 작업실이었다. 그로부터 또다시 4년이 흘렀다. 문득 하늘과 자연을 향해 활짝 열려 있는 커다란 공간이 필요하다는 생각이 들었다. 그래서 호수 쪽으로 실외 복도를 설치하고 안뜰을 만들었다(〈그림 3〉). 기존의 세 부분에 네 번째 부분을 덧붙인 것이다. 사위일체(四位一體)는 마음의 전체성을 드러내는 상징이다.

집 구조를 해석하자면 첫 번째 원시적인 탑은 자연스럽고 본능적인 삶을 나타낸다. 두 번째 부분은 자아(의식)를 상징하고 세 번째 탑은 영적인 생활을 표현하며, 네 번째 열린 공간은 세계와 융화하는 것을 보여 준다. 이러한 탑 주택의 발전에는 마음의 개성화 과정이 충실하게 반영되어 있다. 1955년에 아내를 잃은 융은 "진정한 나 자신이 되어야겠다는 내적인 의무감을 느꼈다"고 한다. 그는 두 탑 사이에 있는 별채가 자기 자신에 해당함을 깨닫고, 이 건물을 2층으로 만들었다(〈그림 4〉). '모성적' 부분과 '영적' 부분 사이에 숨어 있던 그의 자아가 만년에 이르러 마침내 부각된 것이다. "그것은 노년기에 접어들어 내 의식이 확장되었음을 보여 주었다."

융은 볼링겐에 있는 탑처럼 생긴 집에서 진정한 자기 자신을 얻었다. "볼링겐에서 나는 근본적인 내 삶을 살았다. 나는 참된 나 자신이었다." "때로는 내가 풍경이나 사물 속으로 넓게 퍼져 나가는 느낌이 들었다. 그때 나는 모든 나무 속에 깃들어 있었고, 물결과 구름과 동물들과 계절의 변화 속에 살아 있었다. 탑 안에는 10년이 넘지 않은 물건이 없었고, 또 나와 관계없는 물건이 없었다. 그곳에서는 모든 것이 나와 역사를 공유했다. 그곳은 나만의 무한한 세계였다." "나는 전기를 쓰지 않고 생활했다. 아궁이와 난로에 불을 지피고 저녁에는 낡은 램프를 켰다. 집에 수도 시설이 없어서 우물물을 길어다 썼다. 나는 장작을 쪼개고 요리를 했다. 이런 단순한 작업은 사람을 단순하게 만든다지만, 사람이 단순해지기란 얼마나 어려운 일인지!"

내적 선조와의 인연

융이 이렇게 원시적인 생활을 했던 까닭은 '역행에 의한 개선'을 목표로 삼았기 때문이다. 이는 '진보에 의한 개선'보다 훨씬 쉽고 영속적이다. '역행에 의한 개선'은 좀더 쉽고 확실한 옛날 방법에 바탕을 두고 있기 때문이다. 융은 이른바 진보라는 것을 믿지 않았다. 그는 앞으로 세상이 더 나아질 거라든가 황금시대가 올 거라는 환상을 품지 않았다. 현대인들은 원시 시대·고대·중세를 졸업하고 희망찬 미래를 향해 나아간다고 생각한다. 우리는 언제나 새로운 것에 열광한다. 그러면서 늘 만족하지 못하고 안절부절못하며 괴로워한다. 왜 이런 문제가 생기는 것일까. 실은 우리 내부에 여전히 살아 있는 것들을 현대인이 억지로 외면하기 때문이다. 우리 마음은 몸과 마찬가지로 선조들과 같은 요소로 구성되어 있다. 우리는 옛 시대를 졸업한 것이 아니다. 오래된 것들은 여전히 힘차게 우리 내부에서 살아 움직이고 있다. 새로워 보이는 요소도 알고 보면 태곳적부터 존재하는 평범한 요소이다. 다만 그것이 무한한 변화를 통해 재구성된 것뿐이다.

내적인 평화를 얻으려면 이 오래된 본능적인 것, 원형적인 것을 부정해선 안된다. 오히려 그런 요소를 잘 파악하고 그것과 더 깊은 인연을 맺으면서 조화를 이루어야 한다. 인간 존재의 원형적인 본바탕은 만인에게 공통되는 유형적인 것이지만, 그와 동시에 한 사람 한 사람에게 개성적으로 나타난다. 원형은 우리가 선조에게서 물려받은 유산인 동시에 나만의 독자적인 소유물이기도 하다. 우리는 원형을 잘 인식하고 가능한 한 의식화해서, 이 내적 선조와 조화를 이루며 살아가야 한다. 이것이 바로 융이 말한 개성화이자 자기실현이다.

5. 자신의 종교·신화

 융의 생애는 무의식과 대결하면서 그것을 해명하는 과정이자 무의식의 자기 실현 과정이었다. 무의식 체험은 내적인 체험이므로 당연히 종교 체험과 관련이 깊다. 따라서 종교에 대한 융의 생각은 그의 사상을 이해하기 위한 결정적인 단서라고 할 수 있다. 그런데 융의 그리스도교 이론은 그의 사상 중에서도 특히 심한 오해와 비난을 받는다. 그만큼 융의 종교론은 다루기 어려우며 그리스도교 이론은 더더욱 그렇다. 하지만 종교를 제쳐 두고 융의 이론을 제대로 이해할 수는 없다. 힘들겠지만 여기서 이 문제를 짚고 넘어가야겠다.

신은 기괴한 존재

 평소에 종교와 인연이 없는 사람들은 대개 종교라고 하면 신성하고 숭고하고 순수한 사랑의 종교를 떠올린다. 반대로 이미 종교를 믿는 사람들 중에서도 상당수는 하느님이나 부처님을 정의·사랑·선의 결정체라고 믿는다. 그러나 종교사를 조금만 자세히 살펴보면, 이 세상 어떤 신도 단순히 정의·사랑·선의 속성만 지니고 있지는 않다는 사실을 알 수 있다. 신은 인간이 이해할 수 없는 분노와 질투에 사로잡히기도 하고 부정을 저지르기도 한다.

 오랜 옛날부터 인간은 신을 사랑하기보다는 두려워하고 공경했다. 신은 무시무시한 공포의 대상이었다. 동서를 막론하고 모든 민간 신앙에서는, 신의 파괴와 만행을 막기 위한 다양한 제식·의식이 발달했다. 신이 인간으로서는 이해할 수 없는 부조리한 분노를 표시하고 파괴 행위를 하기 때문에 인간은 신을 두려워한다. 그 전형적인 예가 《구약성서》에 등장하는 야훼이다. 야훼는 인간에게 계약을 지키라고 하면서도 스스로는 약속을 어기고 인간을 불행에 빠뜨려 그 충성심을 시험한다. 사랑의 종교라 불리는 그리스도교에서는 이런 폭군 같은 성격이 거의 제거되었지만, 그래도 신에 대한 두려움의 흔적은 남아 있다.

예수는 종종 하느님께 기도한다. "시험에 들지 않게 하소서."

신은 이렇게 무서울 뿐만 아니라 소름끼치는 기괴한 모습으로도 나타난다. 반인반수나 괴물로 나타나기도 한다. 사람들이 모시는 신체(神體)가 동물이거나 남근일 때도 있다. 종교 체험이 언제나 신성하고 아름답고 평화롭기만 한 것이 아니다. 오히려 기괴하고 소름끼칠 정도로 끔찍하며 불가해한 때도 많다. 이렇게 보면 융이 세 살 때 꾼 꿈도 분명히 종교적 원체험에 속한다.

꿈에서 융은 목장에 있었다. 그는 문득 땅바닥에 뚫린 구멍을 발견하고 아래로 내려간다. 지하에는 방이 하나 있다. 한가운데에 놓인 훌륭한 황금 옥좌가 보인다. 그 위에 커다란 나무줄기 같은 것이 세워져 있다. 그것은 거죽과 살덩이로 구성돼 있는데, 꼭대기에 얼굴은 없고 꼭 머리처럼 생긴 둥그런 물체가 놓여 있다. 머리 꼭대기에는 눈이 하나 달려 있다. 눈은 꿈쩍도 하지 않고 가만히 위를 올려다본다. 융은 그놈이 이쪽으로 기어올까 봐 겁이 났다. 무서워서 옴짝달싹 못할 정도였다. 그때 위에서 엄마 목소리가 들렸다. "얘야, 잘 봐라. 저게 식인귀야." 그 말에 융은 더더욱 공포에 질렸다. 눈을 떴을 때는 온몸이 땀으로 흠뻑 젖어 있었다. 정말로 죽는 줄 알았다. 그는 그 꿈을 또 꾸지나 않을까 두려워서 며칠 동안 잠을 못 이뤘다고 한다.

나중에 융은 이 꿈이 평생 그의 마음을 사로잡았다고 말했다. 이 꿈은 독특하고 기묘하지만, 어찌 보면 근원적이고 보편적인 느낌도 든다. 지하로 내려가는 행위, 신에게 어울리는 황금 옥좌, 그 자리에 신 대신 앉아 있는 기괴한 괴물, 그 괴물에 대한 두려움 등은 왠지 익숙한 요소이다. 사실 이 정도로 무서운 꿈은 누구나 꾼다. 다만 융의 꿈에서는 특이하게도 남근이 등장한다(그는 나중에 비로소 그 괴물이 남근임을 깨달았다). 성인 남성의 남근을 본 적이 없는 세 살배기 어린애가 그런 꿈을 꿨고, 그 괴물이 예수 그리스도 이미지와 겹쳤다는 사실이 놀랍다.

융은 이 꿈을 꾸기 전부터 주 예수에 대해 기분 나쁜 이미지를 갖고 있었다. 그의 아버지는 목사였다. 장례식 때 아버지는 검은 옷을 입고 설교했다. 모자도 프록코트도 장화도 온통 검은색인 남자들이 검은 관을 짊어지고 와서 땅속에다 묻었다. 사람들은 주님께서 땅속에 묻힌 사람을 자기 품으로 부르시는 것이라고 설명했다. 그런데 또 부모님은 융에게 밤마다 다음과 같은 기도를 하게 했다. "자비로우신 주님, 날개를 펴시어 주님의 아이를 거둬 주소서. 사탄이 와서 그를 잡아먹지 않도록."

융은 똑똑하고 상상력이 풍부한 아이였다. 그래서 이 기도와 장례식에 대한 설명이 머릿속에서 한데 뒤섞여 버렸다. 사탄이 잡아먹지 못하도록 스스로 아이를 잡아먹는 예수 이미지와, 예수가 사람들을 잡아먹으려고 그들을 땅속에 묻게 만든다는 이미지가 하나로 겹쳤다. 꿈속에 나온 지하의 남근 괴물은 이러한 예수 이미지와 겹쳐 버렸다. 융은 주님의 사랑과 자비를 의심하게 되었다. 예수 그리스도는 십자가에 매달려 피를 흘리는 무서운 죽음의 신으로 여겨졌다.

그리스도교 신자들이 들으면 대경실색할 이야기이다. 그들은 융이 악마에 홀렸다고 생각할지도 모른다. 게다가 융의 아버지는 목사였다. 자기 속마음을 솔직히 말했다가는 큰 소동이 벌어지리라는 것쯤은 어린 융도 알고 있었다. 그는 이 꿈을 계속 숨기다가 만년에 비로소 털어놓았다. 그런데 신이 사랑과 자비의 화신일 뿐만 아니라 소름끼치는 무서운 존재라는 생각은, 그리스도교 문화권에서는 악마적인 망상으로 치부될망정 좀더 넓게 본다면 인류의 보편적인 생각이다. 이 관념은 그렇게 병적이지도 않고 기이하지도 않다. 오히려 그리스도교가 특별히 기묘한 발달 과정을 거쳤다고 할 수 있을지도 모른다.

다만 융은 이러한 인류의 보편적인 생각을 유난히 강하게 품었고, 또 불행인지 다행인지 그것이 특히 나쁜 생각으로 치부되는 그리스도교 세계에서 태어났기 때문에 내면적으로 고뇌할 수밖에 없었다. 그 뒤에도 융은 이상하리만치 정통 그리스도교 교의와 반대되는 종교 체험을 하게 된다. 그리고 그 갈등 속에서 위대한 사상이 태어난다.

교회를 파괴하는 신

소년 시절의 융이 얼마나 정통 그리스도교에 위배되는 종교 체험을 했는지 보여 주는 예가 있다.

그때 융은 열두 살이었다. 어느 맑은 여름날 그는 대성당 광장에 있었다. 하늘은 푸르고 태양은 빛나고 대성당 지붕은 반짝거렸다. 정말 멋진 풍경이었다. 그는 생각했다. "세상은 아름답고 교회도 아름다워. 하느님께서 이 모든 것을 만드신 거야. 하느님은 저 푸른 하늘 너머 황금 옥좌에 앉아 계실 거야……."
그 순간 지하로 이어지는 구멍이 생각나면서 가슴이 답답해졌다. 이 이상 생각
하면 무서운 죄를 저지르게 될 것 같았다. 융은 생각을 멈추려고 했다. 그러나
아름다운 성당과 신의 옥좌가 자꾸만 머릿속에 떠올랐다. 그는 옳지 못한 짓
을 하려는 의지는 대체 어디서 오는 것인지 생각했다. 아담과 이브의 원죄에 대
해 생각했다. 이런저런 생각 끝에 마침내 그들이 죄를 저지른 것은 하느님의 의
지였다는 결론에 다다랐다. 그러므로 자신이 죄를 저지른다면 그것도 하느님의
의지이다. 이렇게 생각하자 마음이 편해졌다. 하지만 하느님께서 정말로 무엇을
원하시는지는 알 수 없었다.

그는 고민 끝에 "하느님께서는 내가 용기를 내기를 원하신다"는 결론을 내렸
다. 그는 용기를 내어 아무거나 떠오르는 대로 생각해 보았다. 그러자 이런 생
각이 떠올랐다. "나는 대성당과 푸른 하늘을 봤어. 하느님은 지구상 저 높은
곳에서 황금 옥좌에 앉아 계실 거야. 그리고 그 옥좌 밑에서 어마어마하게 많
은 배설물이 흘러내려 반짝이는 새 지붕 위에 쏟아질 테지. 그러면 지붕이 산
산조각 나고 대성당 벽도 박살 날 거야." 이렇게 생각하고 나니까 속이 시원해
졌다. 어린 융은 그야말로 구원받은 기분이었으며 너무나 행복했다.

하느님이 배설물을 떨어뜨려 대성당을 파괴한다고 생각하다니, 정통파 그리
스도 교도로서는 용서할 수 없는 신성 모독일 것이다. 융도 죄의식 때문에 사
흘 밤낮을 괴로워했다. 그러나 그는 내면에서 우러나는 상념을 도저히 억누르
지 못하고 전통적인 도덕에 어긋나는 큰 죄를 저지르고 말았다. 하지만 이것은
죄가 아니라 하늘의 계시처럼 여겨졌다. 교회를 파괴하는 신, 이것이야말로 생
생하게 느껴지는 살아 있는 하느님이었다. 목사인 그의 아버지는 이런 하느님
을 한 번도 경험한 적이 없었다. 아버지는 교회의 가르침에 따라, 《성서》 속에
규정된 하느님을 그대로 믿었다. 그러나 융을 사로잡은 하느님 이미지는 교회
에서 가르쳐 주는 하느님 이미지와는 전혀 달랐다. 게다가 그는 이런 하느님 이
미지나 남근에 관한 꿈을 결코 스스로 만들어 내지는 않았다고 굳게 믿었다.
자신의 의지보다도 더 강한 의지가 그에게 이러한 이미지를 심어 준 것 같았다.

그의 의지보다 더 강한 의지란 바로 원형의 작용이었다. 융은 어릴 때부터
내면에 있는 집단 무의식의 영향을 많이 받았다. 그 작용은 평소에는 인격 2로

인식되었는데, 이것이 때로는 이단적인 생각으로도 나타났다. 그 뒤에도 융은 이단적인 종교 체험을 했다. 아버지에게서 견진성사 교육을 받을 때에도 아무런 흥미나 감동도 느끼지 못했다. 아버지의 가르침은 융의 수많은 의문을 하나도 풀어 주지 못했다. 그에 비해 성당을 부수는 하느님은 융이 가장 확실하게 직접적으로 체험한 것이었다. 그때 융은 하느님의 은총을 느꼈다. 그에게 신은 처음부터 직접적·내면적 체험으로만 존재했다.

내적 체험과 신앙 고백

뒷날 융은 종교 논문에서 "진정한 종교란 무엇이냐"는 문제에 대해 다음과 같이 말했다. Religion(종교)의 라틴어 원어는 religere이다. 이것은 '신중히 관찰하고 고려한다'는 뜻이다. 그러므로 진정한 종교는 '누미노즘(Numinosum)'을 신중히 관찰하고 음미하고 내적으로 체험하는 것이다. 누미노즘이란 독일 신학자 루돌프 오토가 만들어 낸 용어로, 비일상적·초월적 성격을 지닌 소름끼치게 무서운 것이나 매혹적인 것 또는 신성한 것을 가리킨다. 이런 압도적인 힘을 지닌 존재를 우리가 정령·악령·신이라고 부르는지 아니면 이상·이념 또는 충동이라고 부르는지는 문제가 되지 않는다. 어쨌든 그런 존재의 위력이나 은총이나 위험성을 충분히 경험하고 고려하는 것, 그리고 그 위대함과 깊은 뜻을 충분히 음미한 끝에 그것을 숭배하거나 사랑하게 되는 것, 이런 내면적 체험이 바로 진정한 종교이다. 요컨대 종교는 신이나 해탈의 길에 대한 개인의 내면적·직접적 관계와 깊이 관련되어 있다.

이와는 달리 '신앙 고백(Konfession)'은 흔히 종교적인 것으로 여겨지지만 진정한 종교와는 거리가 멀다. 신앙 고백이란 자기가 어떤 신을 믿는지, 어떤 교리를 따르는지, 어느 교회 조직에 속해 있는지를 공공연히 고백하고 선언하는 일이다. 이는 내면적 체험과는 상관없는 '물질적인 일'이다. 신앙 고백은 교리와 의식을 제도화하고 체계화하여 확실한 것으로 만든다. 그리하여 마침내 내면적인 종교적 가치와 의미는 전통적인 교리를 기준으로 결정되기에 이른다. 이 입장에서는 조직과 교리에 충성하는 태도가 중시된다. 조직과 교리에 어울리지 않는 내면적 체험을 이야기하는 사람은 분파 활동을 한다느니, 악마적이니 광신적이니 하는 소리를 듣게 된다. 이 기준에 따라서 정통과 이단의 차이가 확연히 결정된다. 이단 선고를 받은 사람들은 물질적으로 제거되어 생존조차 허락받지 못하게 된다.

물론 신앙 고백도 처음에는 누미노즘 체험에서 비롯한다. 즉 신성한 경험을 제공한다고 여겨지는 신에 대한 믿음과 두려움이 신앙 고백의 출발점이다. 그러나 한편으로는 그 체험을 제도화하여 쉽게 손에 넣으려는 생각이 강해지고 또 한편으로는 신과 제도에 대한 충성심 및 당파성이 점점 중시된다면, 신앙 고백은 결국 진정한 종교(내적 체험)와 대립하는 것으로 변질되고 만다. 융은 상냥하지만 소심한 아버지와 자신 사이에서 이런 종류의 차이를 발견했다.

정통과 이단

사실 그리스도교나 불교처럼 잘 발달한 구제(救濟) 종교에는 언제나 이런 대립이 존재해 왔다. 예컨대 그리스도교에서는 예로부터 이단 논쟁이 끊임없이 벌어졌다. 여기서 정통파는 객관주의라 불리고 이단으로 취급되는 쪽은 주관주의라 불린다. 정통파는 교회나 정식 성직자가 하는 성사(聖事)만이 사람을 구제할 수 있다면서 제도적 은총만이 유효하다고 생각하는데, 이단 취급을 받는 사람들은 성직자의 내면에서 우러나는 성사만이 유효하다고 생각하기 때문이다. 전자는 '사효론(事效論)', 후자는 '인효론(人效論)'이라고 하는데 이 '인효론'이란 말은 오해하기 쉬우므로 주의해야 한다. 후자는 성직자가 참된 내면적·주체적 종교 체험을 했다는 것, 그가 이에 어울리는 인간적 자질을 갖췄다는 것을 중시하는 이론이다. 그러므로 "한쪽은 성직자라는 도구를 통해 하느님께서 하시는 객관적인 일을 중시하며, 다른 쪽은 인간이 하는 일을 중시한다"는 식으로 이 대립을 해석해서는 안 된다. 주관주의자들은 결코 하느님보다 인간을 위에 두지 않았다. 그들도 하느님의 객관적인 역사(役事)를 중시했다. 양측의 차이는 하느님의 역사가 객관적 제도를 통해 이루어진다고 보느냐, 진정한 신앙을 가진 인간을 통해 이루어진다고 보느냐의 차이일 뿐이다.

이러한 대립은 3, 4세기 도나투스파 논쟁에서 시작되어 중세 교회개혁운동을 거쳐 종교개혁으로 이어지는 그리스도교 역사의 중요한 주제라고 할 수 있다. 중세 그레고리우스 개혁 등 수많은 개혁운동은 대개 청빈과 금욕을 중시하는 수도원에서 시작되었다. 그것은 객관주의로 인해 타락한 교회에 대한 주관주의의 비판에서 비롯됐다. 종교개혁도 "신앙만이 중요하다"는 루터의 생각에서 출발했다. 그러나 프로테스탄트에서도 이윽고 교회 조직을 중시하는 쪽이 주류를 이루게 된다. 그리하여 교회와 직업 목사를 부정하는 많은 교파가 생겨났다. 이렇게 생겨난 메노나이트, 감리교, 퀘이커교 등 이른바 재세례파(再洗禮派)도 고대·중세의 이단과 기본적으로 똑같은 주관주의적 '인효론'을 고수했다.

이 주의의 특징을 전형적으로 보여 주는 예가 퀘이커교 집회이다. 퀘이커교는 직업 목사를 인정하지 않는다는 점에서 가장 철저하다고 볼 수 있다. 이들의 집회에는 특정한 설교자가 없다. 그들은 그저 다 같이 모여서 묵묵히 하느님께 기도를 드리며 묵상한다. 그러다가 성령의 힘으로 하느님을 느낀 누군가가 입을 열어 하느님에 대해 이야기한다. 이처럼 그들은 정해진 제도와는 상관없이 내적 체험을 통해 직접 하느님을 느끼는 일을 중시한다.

이 사람들은 인간의 자의적·의식적 산물로서 하느님을 체험하는 것이 아니다. 주관주의니 인효론이니 하는 명칭 때문에 많은 사람들이 이런 오해를 한다. 그러나 그들은 오히려 왜소한 인간에게 압도적인 힘으로 다가오는 객관적인 힘을 감지하고 따르는 것, 즉 '누미노즘' 체험이야말로 참된 신앙이라고 생각했다. 융의 용어를 빌리자면 그들은 원형적인 것을 자기 내부에서 직접 체험하기를 바랐다.

부조리한 신 야훼

고대부터 근대에 이르기까지 그리스도교 이단은 객관적 제도에 의한 구제를 부정했지만, 그렇다고 인간의 주관적인 선(善)이나 인간적 주체성에 의한 구제를 긍정하지도 않았다. 오히려 그들은 인간의 의지와는 무관한 객관적 신의 의지가 개인의 좋은 자질을 통해 드러난다고 생각했다. 따라서 이것도 어떻게 보면 객관주의이다. 그들은 개인에 대해 자율적이고 초월적인 하느님을 믿었다. 그런데 여기서 주목할 점이 있다. 그들이 믿는 하느님은 정통파 하느님과 마찬가지로 선한 성질만 지닌 일면적인 존재였다는 점이다.

본래 원형적으로 체험되는 신은 선악 양면을 아울러 갖추고 있다. 정확히 말하면 선과 악이라는 가치판단을 뛰어넘는 존재이다. 도덕적 기준이 없는 일종의 자연현상 같은 것이다. 도덕이니 선악이니 하는 것은 의식적인 판단인데, 원형적 하느님 이미지는 무의식의 직접적인 발로이므로 정의나 도덕과는 무관한 성질을 지닌다.

이런 '무의식'의 성질을 잘 보여 주는 것이 《구약성서》에 나오는 야훼이다. 야훼는 다윗에게 계약을 지키라는 엄명을 내리고 자기도 계약을 지키겠다고 맹세한다.

> 만일 그 자손이 내 율법을 버리고
> 내 규례대로 행치 아니한다면,
> 만일 그들이 내 율법을 깨뜨리고
> 내 계명을 지키지 아니한다면,
> 나는 지팡이로 그들의 죄를 다스리며
> 채찍으로 그들의 불의를 벌하리라.
> (중략)
> 나는 내 언약을 파하지 아니하며
> 내 입술에서 나온 말을 바꾸지 않으리라.
> 내가 나의 거룩함으로 한번 맹세했도다.
> 나는 다윗에게 거짓말을 하지 않으리라.
>
> 〈시편〉 89장 30~35절

이토록 단호히 맹세했으면서도 야훼는 그 약속을 깨뜨린다. 그래서 다음과 같이 비난을 받는다.

> 그러나 주께서는 주의 기름부음을 받은 자를
> 노여움으로 물리쳐 버리셨습니다.
> 종과 맺으신 언약을 파하시고
> 그 관을 땅에 던져 욕되게 하셨습니다.
>
> 〈시편〉 89장 38~39절

인간에게 도덕을 엄격히 지킬 것을 요구하면서도 스스로는 인간에 대한 정의와 도덕을 지키지 않는 야훼의 모습이 생생하게 묘사되어 있다. 게다가 시인은 이렇게 야훼에게 항의한다.

주여, 인간의 삶이 얼마나 짧은지 기억하소서.
주께서 모든 인간을 얼마나 덧없이 창조하셨는지 생각하소서.

〈시편〉 89장 47절

공손하게 에둘러 말하고 있지만 결국은 이런 뜻이다. "인간이 잘 자라지 않는 것은 따지고 보면 당신 탓인데 뭘 그렇게 화내십니까?" 야훼는 인간을 가리켜 열악한 존재라고 했지만, 그 인간을 만든 장본인은 다름 아닌 야훼이다.

이런 야훼의 모순은 〈욥기〉에서 절정에 달했다고 융은 말한다. 〈욥기〉에서 야훼는 욥의 충성심을 시험하려고 사탄을 이용해 욥을 더없이 불행하게 만든다. 욥은 약속을 철저히 지키면서 올바르게 살았는데 왜 이런 불행을 겪어야 하는지 모르겠다고 항의한다. 그러나 하느님은 그 말에 제대로 대답조차 하지 않는다. 다만 지상 만물과 마찬가지로 너는 내가 창조한 먼지 같은 피조물인데 어찌 감히 전능한 나에게 대들고 논쟁하려 하느냐고 말하면서, 힘으로 욥을 굴복시켜 버린다. 융은 야훼가 정의롭지 못하게 힘을 과시하고 있을 뿐이라고 말한다.

이처럼 야훼는 이성적으로 이해할 수 없는 부조리한 모순적 존재이다. 그리스도교 사람들은 이런 야훼의 모습이 인간의 얕은 지혜로는 헤아릴 수 없는 하느님의 위대한 섭리를 표현한 것이며, 인간적 차원의 도덕 기준으로 이를 판단해서는 안 된다고 생각했다. 그러나 융은 야훼 이미지가 분명히 인간의 의식 차원에서 벗어난 이질적 성질을 드러내고 있지만, 이때 드러나는 것은 심오한 지고의 존재가 아니라 무의식의 성질 그 자체라고 지적했다. 무의식의 원형적인 힘은 의식화되지 않았을 때에는 그저 압도적인 힘으로 인간을 덮칠 뿐이다. 그것은 선악의 가치판단을 초월한 자연력 같은 힘이다. 고대의 폭군처럼 인간을 필요로 하면서도 인간에게 화내고, 질투하고, 분노하고, 박해를 가한다. 인간의 의식 차원에서는 이해할 수 없는 이 부조리함 때문에 야훼는 무시무시한 신이 되었고, 욥은 그 원형적 무의식의 가차 없는 두려움을 체험했던 것이다.

원형적인 예수 이미지

이처럼 《구약성서》에 나오는 하느님은 무의식과 같은 성질을 지닌다. 반대로 의식을 대표하는 다윗이나 욥은 하느님의 비윤리적이고 충격적인 어두운 면을 인식하면서도 그 압도적인 힘에 굴복해서 완전히 항복해 버린다. 그런데 《신약성서》의 하느님에 이르러서는 이 성질이 눈에 띄게 바뀌었다. 이제 하느님은 일방적으로 인간을 심판하는 신이 아니다. 사랑의 신이며, 자기 아들을 희생해서 인류의 죄를 사하는 신이다. 인류를 구제하는 것이야말로 신의 궁극적인 목표이다. 이러한 변화는 예수 이미지의 출현과 깊이 관련되어 있다. 예수가 지상에 나타난 것은 인간을 구제하기 위함이며, 인간과의 사이에 조화를 이루기 위함이다. 융의 견해에 따르면 예수는 집단 무의식인 야훼와 의식적인 인간 사이를 중개한다. 따라서 예수는 무의식과 의식을 통합한 '자기'를 나타내는 셈이다.

물론 여기서도 융의 해석은 정통파 그리스도교의 해석과는 놀랄 만큼 다르다. 정통파는 예수의 죽음을 '인간의 죄를 짊어지고 속죄하는 행위'라고 생각하지만, 융은 오히려 '하느님의 부정(不正)에 대한 보상'이라고 해석한다. 예수의 십자가 수난은 지금까지 하느님이 인간에게 주셨던 부당한 괴로움을 자신도 맛보기 위한 행위였다. 이로써 인간과 하느님 사이에 화해가 성립된다. 이는 무의식의 의식화를 뜻하며, 그에 수반되는 괴로움을 나타낸다. 예수의 출현은 의식화 작업이 비약적으로 진전됐음을 보여 준다.

그런데 의식화가 비약적으로 진전되는 단계에서는 하나의 강력한 원형이 나타난다. 바로 '정신=빛=구세주' 원형이다. 의식화 과정에서 인간은 이 원형에 사로잡힐 위험이 있다. 《신약성서》의 예수도 이 원형의 성질을 지니고 있다. 〈요한복음〉 첫머리에 이런 말이 나온다. "태초에 말씀이 계시니라. ……그 안에 생명이 있었으니 이 생명은 사람들의 빛이니라. 빛이 어둠 속에 비치되 어둠이 깨닫지 못하더라." 이 빛이 세상에 내려와 예수가 되었다고 한다. 예수는 어둠에 대비되는 빛의 상징이다. 그뿐 아니라 악에 대한 선이요, 육체에 대한 영혼이요, 현세적 부와 권력과 명예에 대한 초월적 구제의 상징이다. 그야말로 '정신=현자' 원형이라고 할 수 있다.

인간의 의식이 이 원형에 사로잡혀 더는 앞으로 나아가지 못한다면, 한창 의식화가 진행되던 도중에 의식이 다시 무의식에 사로잡혀 흡수돼 버린다. 그러면 인간의 발상과 행동은 교조주의적으로 변한다. 인간은 언제 어디서나 기계적으로 정해진 태도만 취하게 된다. 예수가 비판했던 바리사이파의 위험은 처음부터 예수의 성질 속에 숨어 있었던 것이다. 이 위험을 피하려면 우리는 '정신' 원형에 대한 일면적인 집착에서 벗어나, 육체성이나 여성성이나 악=암흑의 원리도 의식하면서 그 문제와 진지하게 대결해야 한다.

이런 관점에서 보면 예수 이미지 속에 미묘한 형태로 육체성과 여성성 원리가 포함되어 있음을 알 수 있다. 예수는 마리아에게 잉태되어 태어났다. 여성인 마리아의 육체를 통해서 신이 육체적 인간으로서 출현한 것이다. 여기서 대립물의 통합 원리가 발견된다. 융은 정신성과 남성성만 중시하는 유대교의 일면적 성질이 이런 식으로 보상된 것이라고 해석했다. 요컨대 예수 이미지는 정신성과 육체성, 남성성과 여성성, 의식과 무의식, 신과 인간 같은 대립물의 통합 가능성을 내포한다. 물론 이러한 대립은 충분히 드러나지 않았다. 마리아는 그저 하느님의 일방적인 의지에 따라 수동적으로 예수를 잉태했다. 여기서 마리아의 신성(神性)은 부정된다. 즉 대립하는 양자 가운데 여성성·육체성은 다른 쪽과 대등한 위치에 서지 못했다. 이 대립이 이윽고 대등한 요소들의 대립으로 발전하여 마침내 통합되기에 이른다면, 거기서 '자기'의 상징이 등장할 것이다. 융은 예수 이미지의 출현에서 이런 의미를 찾아냈다.

그리스도교의 일면성

그런데 예수 이미지의 이러한 양면성은 원시 그리스도교의 제도화와 더불어 사라져 버렸다. 그 대신 단순히 '정신' 원형에 치우친 일면성이 차츰 두드러지게 되었다. 이단 논쟁에서 정통파가 승리하면서 그 이론적 지주인 교부철학이 점점 확립되어 갔는데, 바로 이 교부철학이 예수 이야기를 단순화하여 하나로 고정하는 역할을 했다. 융은 이런 교부철학의 성질을 보여 주는 예로서 '최고선(最高善)' 이론과 '삼위일체' 이론을 즐겨 인용했다.

'최고선(Summum Bonum)'이란 하느님이 곧 최고의 선이며, 악한 요소가 전혀 없는 순수한 선이라는 사상이다. 따라서 선하기만 한 하느님이 창조하신 세상에는 악이 존재할 리 없다는 것이다. 《성서》에서 악의 원리를 모조리 사탄에게 떠넘기고 하느님에게는 악한 성질이 전혀 없다고 여기던 사고방식이 여기서는 더욱 철저한 형태로 나타난다. 하느님은 빛이요 선이라는 이미지가 극단적으로 강화된 것이다.

그런데 이 사고방식에는 큰 문제가 있다. 아무리 이 세상에 악이 존재할 리 없다고 해도, 실제로는 악해 보이는 일이 숱하게 존재하기 때문이다. 사람들은 이 문제를 해결하고자 '선의 결여(privatio boni)'라는 이론을 고안했다. 악이란 선이 약해지거나 결여된 상태이지, 결코 악이 실체로서 존재하는 것은 아니라는 얘기이다. 어둠이 스스로 존재하는 것이 아니라 단지 빛이 결여된 상태인 것처럼 말이다. 이러한 견해는 분명히 '빛의 원형'에 지배된다. 이 원형에 사로잡힌 사람은 악이나 본능이나 세속적 현실 따위를 조금도 중요하지 않은 사소한 것으로 여기면서 경시하고 멸시한다. 이런 경향은 삼위일체 이론에서도 뚜렷이 드러난다.

삼위일체란 성부 하느님과 성자 그리스도와 성령이 모두 하나라는 이론이다. 그런데 이 셋이 동일한 신의 세 가지 표현이라고 한다면, 이 이론과 예수의 성육신(成肉身) 교리 사이에 미묘한 문제가 발생한다. 육신을 얻은 예수는 하느님인 동시에 인간이기도 하다. 이때 예수가 하느님이라는 점을 중시하느냐 아니면 인간이라는 점을 중시하느냐에 따라 삼위일체의 해석이 달라진다. 정통파 아타나시우스파는 성부와 성자가 '동일한 본질'을 가진다고 보면서 그리스도의 신성에 중점을 두었다. 반면에 이단으로 취급된 아리우스파는 성부와 성자가 '비슷한 본질'을 가졌을 뿐이라고 주장하면서 그리스도의 인간성을 중시했다. 이들의 논쟁에서 전자가 승리했다는 사실은 결국 예수의 인간성보다 신성이 중시됐음을 뜻한다. 이에 대해 융은 인간의 의식적 성격이 원형적 무의식 앞에서 후퇴한 것이라고 해석했다. 이런 관점에서 보면 예수의 성육신은 하느님이 일방적으로 인류를 구하기 위해 행하신 일이다. 여기서 인간(=의식)은 아무 역할도 하지 못한다. 예수가 행한 일은 역사상 단 한 번만 일어난 사건이다. 인간이 구원받기 위해서는 오로지 그 일회성 사건을 믿는 수밖에 없다. 융의 관점에서 해석하자면 의식이 무의식에 동화되는 수밖에 없는 것이다. 이는 융의 사상과 반대된다. 융은 의식과 무의식, 인간과 원형적인 신의 상호협력과 조화에 의한 통합을 추구했기 때문이다.

삼위일체 이론에는 또 다른 문제도 있다. 여기에 육체성이나 여성성이 끼어들 여지가 없다는 점이다. 융의 이론에서는 서로 대립하는 두 요소 두 쌍, 즉 네 가지 요소의 통합에 의해 바람직한 전체성이 형성된다. 따라서 세 요소로 이루어진 전체성에는 부족한 점이 있으며 거기에 불안정한 요소가 포함되어 있다. 그럼 삼위일체 이론에 부족한 요소가 대체 뭘까. 융은 그 네 번째 요소가 여성성이나 육체성 또는 악의 원리라고 말한다. 삼위일체가 이런 성질로 보충되어 사위일체가 되었을 때 그리스도교의 하느님 사상은 안정된 전체성을 획득한다. 이 네 번째 요소를 나타내는 것이 성모 마리아 이미지인데, 그리스도교 정통파는 언제나 마리아의 신성을 부정해 왔다. 마리아는 삼위일체에서 늘 배제된 것이다.

그런데 정통파 교리의 역사에서는 배제되었던 마리아 숭배가 그리스도교 역사 전체에서는 꾸준히 존재했다. 그것은 민중 속에 생생히 살아 있었다. 중세에는 많은 백성이 십자가의 예수 그리스도 대신 성모 마리아를 성체로 모셨다. 이런 경향은 오늘날에도 후퇴하기는커녕 더욱 강해지고 있다. 마리아가 육체를 지닌 채 승천해서 신성을 얻었다는 '성모승천' 사상은 민중의 청원으로 로마 교황청에 전해졌고, 1950년에는 마침내 교황 비오 12세에 의해 정식 교의로 공포되었다. 융은 이것이 그리스도교 역사에 획을 그을 만한 사건이라고 생각했다. 이에 자극을 받아 〈욥에 대한 대답〉이라는 논문도 썼다. 융이 보기에 성모승천 교의가 민중의 자발적인 청원으로서 나타난 것은 그리스도교 세계 전체의 심리적 흐름의 방향을 보여 주는 중요한 현상이었다. 즉 전문 성직자들의 일방적인 태도를 보상하려는 무의식적인 심리가 민중의 청원이란 형태로 나타난 것이다.

그노시스주의

지금까지 그리스도교 정통파 객관주의를 살펴봤다. 이런 종교가 융의 내적인 종교 체험과 모순된다는 사실은 누가 봐도 명백하다. 종교에 대한 융의 생각은 이단으로 몰리던 사람들의 생각과 비슷했다. 그래서 그는 저절로 그노시스주의와 연금술에 관심을 갖게 되었다. 전자는 고대 그리스도교와 격렬한 투쟁을 벌인 끝에 세상에서 사라져 버린 사상이며, 후자는 중세 유럽에서 무시당하면서도 근근이 맥을 이어 온 기술이다. 이 그노시스주의와 연금술에서 융은 자기 사상과 일맥상통하는 공통점들을 발견했다.

먼저 그노시스주의에서 융이 무엇을 발견했는지 알아내기 위해 그노시스주의 신화를 간단히 살펴보자.

"우선 천상계는 아이온(플레로마) 세계이다. 이곳은 영적 생명력으로 가득 찬 영원한 세계이다. 프로파테르(原父)가 이곳에 있으며 그 존재에서 온갖 신적인 존재가 흘러나온다. 마지막으로 여신 소피아가 태어났는데, 소피아는 '알고 싶다'는 욕망의 죄를 저질러 플레로마에서 추방된다.

추방된 소피아는 플레로마 밖에서 데미우르고스(얄다바오트)라는 악신(惡神)을 만들었다. 얄다바오트는 물질계를 창조했다. 그는 이 세계와 인간을 창조했다. 이처럼 악신에 의해 물질로 만들어진 인간은 처음부터 죄 많은 육체적 존재로서 창조된 셈이다. 얄다바오트는 누가 자기를 창조했는지 몰랐고, 또 자기네가 창조한 존재의 원형이 무엇인지도 몰랐다. 그는 자기야말로 만물의 지배자라고 생각했다.

그런데 실은 얄다바오트가 인간을 만들 때 소피아가 인간 속에 영적 요소의 씨앗을 몰래 숨겨 놓았다. 따라서 인간 속에는 타고난 신적 요소가 잠재해 있다. 이것을 인식함으로써 인간은 완전히 영적인 존재가 될 수 있다. 이 직감적인 인식이 그노시스이다."

이 신화에서 드러나는 특징을 그리스도교 정통파 교리와 비교해 보면 다음과 같이 정리할 수 있다.

먼저 신의 세계를 보자. 그노시스주의에서는 창조신이 악신이라는 점이 눈에 띈다. 악신의 또 다른 이름은 데미우르고스이다. 이 말은 원래 '제작자'를 뜻하며 수공업자라는 의미도 있다. 유대교·그리스도교 전통에 따르면 수공업자들은 훌륭한 존재이다. 그 세계에서는 수공업자 계층 특유의 합리적 사고가 우위를 차지하므로, 창조신이 최고신(또는 유일신)으로 숭배되는 경향이 있다. 이와는 달리 그노시스주의에서 창조 행위란 물질계와 관계를 맺는 것이므로 순수하지 못한 행위로 간주된다. 이 창조신 위에는 모성적인 여신 소피아가 존재한다. 소피아는 한편으로 악신을 만들어 냈지만 또 한편으로는 인간 속에 영성의 씨앗을 숨겨 놓은 양면적 존재이다. 소피아는 그 자신도 욕망에 사로잡혀 타락한 적이 있다. 이처럼 신들의 세계가 선악 양면을 갖고 있다는 사실은, '최고선'인 하느님에게는 악한 요소가 전혀 없다고 생각하는 그리스도교 사상과 뚜렷하게 대조된다. 그노시스주의에서 가장 높은 천상계는 선악의 구별도 없고 파악할 수도 없고 볼 수도 없는, 거대한 정적과 침묵에 휩싸인 세상이다. 그런데 그곳에는 생명이 넘쳐흐른다. 이는 노자의 '도(道)'의 세계와 비슷하다. 이 점에서 그노시스주의는 서양 합리주의보다는 동양 신비주의와 기본적으로 같은 성질을 지녔다고 할 수 있다.

다음으로 인간관을 살펴보자. 그노시스주의에서 인간은 날 때부터 선천적으로 신적인 요소를 보유하고 있다. 이 신적인 씨앗은 소피아가 심어 준 것이다. 인간은 물질로 구성된 육체를 지닌 저열한 존재이며, 악신 얄다바오트에 의해 악하게 창조되어 물질계의 악에 지배된다. 그러나 인간은 천상계에 속하는 영성의 씨앗을 몸속에 지니고 있기도 하다. 이렇듯 인간을 양면적인 존재로 보는 관점은, 인간을 원죄에 의한 죄인으로 보는 그리스도교 관점과는 전혀 다르다. 게다가 그리스도교에서 인간은 자기 의지로 죄를 범하지만, 그노시스주의에서는 인간이 자기 의지와 상관없이 처음부터 악하게 만들어져 있다. 융은 이 육체 속에 숨은 영성의 씨앗이야말로 심층 심리학적으로 말하면 무의식 속에 잠들어 있는 '전체적 인간'의 상징이며, 즉 '자기'로 이어지는 가능성을 나타내는 것이라고 해석했다.

셋째로 구원 사상에 대해 알아보자. 그노시스파는 은밀한 영성의 씨앗을 '구세주 그리스도'라고 여겼으며, 이 그리스도를 '인식(그노시스)'하여 육체의 어둠 속에서 구해 줌으로써 자기 자신도 구제될 수 있다고 생각했다. 즉 그리스도교처럼 하느님의 일방적인 행위에 의해 인간이 구제되는 것이 아니라, 인간도 숨겨진 그리스도를 인식해서 구출해야 한다는 것이다. 이때 그리스도와 인간은 서로 구원하고 구원받는 관계이다. 이것을 심층 심리학 관점에서 해석한다면 인간은 자기 무의식의 선악 양면을 인식하고 그 선한 요소와 서로 협력하면서 참된 구원을 손에 넣는 것이다. 여기서는 의식과 무의식의 협력 및 통합이 바람직하게 여겨진다. 이는 융의 사상과 기본적으로 일치한다.

넷째로 구원의 특징을 살펴보자. 위와 같은 인간관 및 구원 사상에 따른다면—그노시스주의뿐만 아니라 일반 신비주의 전체에서—구원이란 개개인에게 반복해서 일어나는 일이며, 한 사람 한 사람이 개인적·주체적·내면적으로 체험하는 일이다. 그런데 개인적·주체적이라는 말을 오해해선 안 된다. 이러한 구원은 개인의 의지나 의식에 의한 자의적인 체험이 아니라, 의식이 신성한 무의식과 만남으로써 이루어지는 운명적 체험이다. 이런 관점에서 보면 《성서》에서 예수 그리스도가 겪은 일—성육신과 수난—도 결국은 개개인이 본받아야 할 하나의 구원 사례라고 볼 수 있다. 구원은 한 사람 한 사람에게 영원히 되풀이해서 일어난다. 그런데 그리스도교 정통파는 예수가 겪은 일이 단 한 번뿐인 역사적 사건이며, 이 일회성 사건에 의해 인류가 구원을 받는다고 생각한다. 구원은 개개인의 인생에서 한 번씩 완결되는 것이 아니라 전체적인 역사 속에서 실현된다. 인류 역사는 구원의 역사가 된다. 그러한 역사 속에서 하느님의 나라가 실현된다고 믿든지 최후의 심판이 시작된다고 믿든지 간에, 개개인은 그 사실을 믿음으로써 구원을 약속받는다. 각자의 주체성은 오직 믿는다는 행위만으로 한정된다. 인식(그노시스)과 같은 의식적 활동은 오히려 인간의 교만이자 죄악이라고 여겨진다.

이렇게 네 가지로 정리해서 살펴봤듯이 그노시스주의는 융 사상과 일치하는 점이 많다. 그래서 한때 융은 그노시스주의에 열중했다. 1916년에 그 자신의 신화라고 할 수 있는 〈죽은 자를 위한 일곱 가지 설교〉를 쓸 때에도 융은 그노시스주의의 내용뿐만 아니라 용어와 이름도 꽤 많이 가져다 썼다. 하지만 그때는 아직 나그함마디 문서가 발견되지 않아서 그노시스주의에 관한 자료가 매우 적었다. 그래서 융은 비슷한 사상을 지닌 또 다른 이단인 연금술 연구에 몰두하게 되었다.

연금술사가 바란 것

연금술은 화학적으로 금을 만들려고 하는 중세 유럽 기술이라고 알려져 있다. 현대인은 연금술사들이 어리석게도 불가능한 일에 매달렸다고 생각한다. 물질을 혼합하거나 가열하는 화학적 방법으로는 금을 만들 수 없다는 사실이 이미 과학적으로 증명됐기 때문이다. 그런데 이 어리석은 사람들을 융은 왜 진지하게 연구했을까?

융은 연금술사들이 화학 실험을 할
때 정말로 금을 만들려고 한 것이 아니
라 실은 어떤 심리적 체험을 했다고 말
한다. 그들은 금을 만드는 것보다도 그
심리적 체험을 훨씬 중시했던 듯하다. 물
론 정말로 금을 만들려고 한 사람들도
있었을지 모른다. 하지만 현재 남아 있는
라틴어 연금술 문헌을 쓴 위대한 연금
술사들은 "우리가 바라는 금은 이 세상
황금이 아니다"라고 적었듯이 금보다는
작업상의 종교적 체험을 중시했다. 즉
물질을 혼합하거나 용해하는 과정에서

니그레도 상태
암흑세계로의 하강·죽음을 나타낸다. 심리적으
로는 우울한 상태이며, 신화로 보자면 '밤바다
항해'에 해당한다.

나타나는 색채, 형태, 변화 따위에 자신의 내면적인 체험을 투사하면서 그 작
업을 통해 좀더 높은 경지에 오르려고 했던 것이다. 금은 최고의 심리적·종교
적 경지를 나타내는 상징물에 지나지 않았다. 연금술사들은 금 말고도 '현자의
돌', '영원한 물', '생명의 영약' 같은 용어들로 이 최고 상태를 표현하려고 했다.

이처럼 자연현상을 비롯한 실제 사상(事象) 속에서 뭔가 특별한 이미지를 찾
아내려고 하는 것은 인간의 본질적인 심리 작용인 듯하다. 우리는 구름이나 불
꽃을 보고 코끼리를 닮았다느니 강아지나 나무 같다고 말한다. 마찬가지로 중
세 연금술사들도 플라스크에 담긴 물질이 변화하는 모습을 보면서 다양한 이
미지를 떠올렸다. 그들은 이 작업이 물질 속에 숨어 있는 신적·영적 요소를 추
출하는 과정이라고 생각했다. 그것은 신적인 작업이었다. 그들은 속세를 떠나
한적한 곳에 실험실을 짓고 대개 아내의 도움만 받으면서 고독한 연구 작업을
계속했다. 작업하기 전에는 기도와 명상을 해서 신께 어울리는 올바른 마음가
짐을 갖춘 뒤 실험에 착수했다. 고독과 명상을 통해 인간은 무의식 속으로 들
어간다. 융은 연금술사들이 그런 작업을 하는 동안 무의식의 깊은 내용을 바
라보면서 무의식과 교류하고 대결했다고 주장한다. 그것은 무의식 내용의 투
사 체험이었다.

이 투사 체험은 다양한 형태로 표현되는데, 그중에서도 전형적인 예를 하나

소개하겠다. 그 과정은 '흑색 작업(니그레도)', '백색 작업(알베도)', '적색 작업(루베도)'으로 나뉜다. 흑색 작업은 물질을 혼합하여 부패시키거나 가열하는 작업이다. 지지분하고 혼탁한 이 작업 상태는 심리적으로 우울한 상태이다. 이것은 악과 에로스로 뒤범벅된 무의식의 암흑세계로 들어가는 체험인데, 신화에서는 종종 영웅의 '밤바다 항해'로 묘사된다. 영웅은 괴물 물고기에게 잡아먹혀 그놈의 배 속에서 죽도록 고생한다. 그가 새로운 삶을 얻기 위해서는 먼저 죽어야만 하는 것이다. 연금술에서 이 단계는 '죽음'이나 '부패'라고도 불린다.

다음은 백색 작업이다. 이 단계에서 '백색 용액' 또는 '백토(白土)'라는 하얀 물질이 생성된다. 심리적으로 보면 이것은 목욕이나 세례를 통해 마음이 정화된 상태에 대응된다. 연금술사들에 의하면 이것은 죽음을 맞이하여 육체에서 벗어난 영혼이 다시 육체와 결합하여 되살아난 상태를 표현한다. 이것은 영웅 신화에서도 '밤바다 항해'를 한 영웅이 어두운 물고기 배 속에서 탈출해 밝은 세상에 다시 나타나는 순간으로 묘사된다. 그 순간은 더없이 기쁘고 상쾌하다. 이런 느낌이 니체의 《차라투스트라는 이렇게 말했다》의 새벽녘 장면에도 잘 표현되어 있다. 이제 어둠은 물러가고 빛이 비치면서 신성하고 깨끗한 분위기가 넘쳐흐르는 것이다. 연금술사 중에는 이것을 궁극적인 목표라고 할 만큼 높이 평가하는 이도 많았다고 한다. 그러나 이것은 은(銀)이나 달 같은 상태이다. 이것을 금이나 태양 같은 상태로 발전시켜야 한다.

적색 작업에 이르러 해가 떠오른다. 이것은 최고의 태양 상태이다. 태양 상태는 단순히 달과 반대되는 것이 아니라 달과 태양의 결합, 왕과 왕비의 결혼으로 상징되는 대립물의 결합을 나타낸다. 게다가 이 상태는 남성 원리와 여성 원리가 하나로 합쳐진 '헤르마프로디토스(양성을 지닌 존재)'로도, 또 영계와 속세의 결합을 상징하는 성직자와 왕의 결합으로도 표현된다. 심리학적으로 볼 때 이것은 흑색 작업에서의 현세적 세계 또는 어둠의 세계 체험과, 백색 작업에서의 영적인 재생 체험이 서로 결합함으로써 제3의 새롭고 높은 경지가 실현되었음을 의미한다. 이는 곧 융의 '자기' 상태에 해당한다.

이렇게 보면 연금술사들의 내적 체험은 융의 이른바 '자기실현' 과정과 놀랄 만큼 일치한다. 그렇기에 융은 평생 연금술을 연구했다. 그 성과는 《심리학과 연금술》,《결합의 신비》로서 결실을 맺었다. 특히 만년에 후자를 완성하고서 융은 크게 만족했던 모양이다.《자서전》에서도 "이로써 나는 임무를 완수했다"고 말했다. 연금술은 융 심리학이 밝혀낸 내적 체험이 실제로 존재했다는 사실을 증명한다. 이 점에서 연금술은 융에게 결정적으로 중요한 것이었다.

신화로서의 종교

이제까지 살펴봤듯이 융 사상은 그리스도교 정통파와 대립했고, 이단으로 몰린 그노시스주의나 연금술 같은 신비주의 사상과 비슷한 성질을 지녔다. 이 사실이 무엇을 의미하는지 명확하게 정리해 보자.

융이 생각하는 종교란 어느 단체에 속하며 어떤 신을 믿는다고 선언하는 것이 아니라, 내적 체험과 깊이 관련된 것이었다. 그런데 인간은 그런 내적 체험을 상징적으로 표현해서 그 체험을 명확히 밝히고 확인하고 재현하려 한다. 이러한 상징은 다양한 신의 이미지로 표현되거나, 그 신을 중심으로 한 이야기나 세계 이미지로 표현된다. 즉 그것은 신화로 표현된다. 신화에는 이 세상이 창조된 내력과 구조, 세상에서 인간이 차지한 위치와 그 의미 등이 담겨 있다. 신화에는 "인간은 어디서 와서 어디로 가느냐" 하는 인간존재의 의미가 드러나 있다. 이 점에서 종교는 신화라고 할 수 있다.

예를 들어 그리스도교에는 유일하고 절대적인 조물주의 세계 창조, 인간의 죄와 예수의 구원, 최후의 심판과 하느님의 나라 실현이라는 신화가 존재한다. 힌두교와 불교에는 윤회전생이 있다. 즉 우리는 전세에서 현세로, 현세에서 내세로 영원히 윤회의 길을 걸으며 덧없는 세계를 살아가야 한다는 것이다. 그러나 해탈한 사람은 구원받아 영원히 평화로운 삶을 얻게 된다. 또 조로아스터교에서는 빛의 신과 어둠의 신이 싸움을 벌인다. 전자가 우세해지면 이 세상에 정의가 실현되고, 후자가 우세해지면 이 세상에 악과 부정이 넘치게 된다. 물론 실제 신화는 이렇게 단순하지 않다. 아름다운 여신이 등장하고, 끔찍한 지옥 풍경이 그려지고, 자비로운 목자 구세주가 출현한다. 구세주가 박해를 당하기도 하고, 신이 기적을 일으키기도 한다. 삼위일체 관념도 등장한다. 신화에서는 이런 다양한 원형적 상징이 뒤섞여서 웅대한 서사시를 형성한다. 융은 가톨릭 미사에 관한 논문에서 다음과 같이 말했다. "빵과 포도주를 그리스도의 육신과 피로 여기면서 먹는 의식적 행위는 개인이 비일상적인 존재와 합일하는 내적 체험을 상징화한 것이며, 인류의 보편적 체험을 표현한 것이다."

이리하여 내적인 종교 체험은 인류의 공통된 원형을 중심으로 점점 의례나 제도나 신상(神像)으로서 체계화·제도화되어 고정되기에 이르렀다. 그 전형적인 예가 중세 그리스도교 정통파이다. 이 종교에서는 모든 신화가 교리와 제도로 확립되어 있으며, 그 객관적 체계에 따라 개개인의 삶과 죽음의 의미가 이미 정해져서 부여된다. 개개인은 직접 새로운 종교 체험을 할 필요가 없다. 단지 날 때부터 속해 있는 교회 안에서 정해진 단계를 밟아 종교 체험을 하면 된다. 그리스도교처럼 규모가 크진 않을망정 온갖 민간 신앙에서도 이런 객관화 과정이 똑같이 일어난다. 이를테면 사람들은 봄에 씨 뿌리기 전에 농경 신에게 제사를 드려서 신의 무서운 힘을 가라앉히고 풍요로운 수확을 기원한다. 이 같은 제사나 의식은 심리학적으로 본다면 개개인의 내면에 있는 무시무시한 힘을 완화하고 생산 활동에 에너지를 집중시키는 역할을 한다. 민중의 마음을 안정시키는 이런 제도는 자력으로는 내면의 원형적 에너지를 제대로 처리할 수 없는 사람들을 지켜 주는 방어벽 구실을 한다.

그런데 이렇게 정해진 상징체계에 합치하지 않는 강력한 이미지를 지닌 사람들은 과연 어떻게 될까. 그들은 평균적인 상징체계에 만족하지 못하고 그것과 대립하면서 괴로워한다. 그들은 결국 그들만의 독자적인 길을 걸어야 할 것이다. 이단으로 취급된 사람들은 이런 운명을 짊어진 이들이었다. 니체와 루소도 이 부류에 속했으며, 융도 그렇게 독자적인 인생을 살아가야 했다.

정통파 및 정해진 제도에 안주하는 민중과, 이단으로 몰린 사람들 중에 어느 한쪽이 옳고 그르다고 말할 수는 없다. 전자는 객관화된 상징체계에 잘 어울리는 이미지를 갖고 있거나 개인적인 이미지가 별로 강하지 않아서 기존 체계에 만족할 수 있지만, 후자는 독자적인 자기 것의 위력이 너무 강해서 기존 틀에 맞춰 살아갈 수 없을 뿐이다. 그래서 후자는 스스로 자기에게 알맞은 신화를 찾아내고 만들어야 한다. 이 문제에는 정답이 없으므로 개개인은 자기에게 어울리는 선택을 하면 된다.

신화를 추방한 프로테스탄티즘

방금 나는 기성 신화에 만족하는 사람과 만족하지 못하는 사람을 언급했다.

하지만 이런 분류가 과연 유효할까. 오늘날에는 기성 신화는커녕 신화 자체를 믿지 않는 사람들이 너무나 많다. 자연 과학의 합리적 사고 방식이 세상을 지배하기 때문이다. 융은 프로테스탄티즘이 이런 현상에 큰 영향을 줬다면서 다음과 같이 말했다.

본래 중세 그리스도교 정통파에서 가톨릭에 이르는 계보에는 풍부한 원형적 상징이 존재했다. 그런데 이 상징이 제도화되고 고정되는 과정에서 일종의 주술로 변했다. 내적 체험의 표현이었던 상징과 의식은 어느새 구원의 원인으로 여겨지게 되었다. 그런 의식을 거행하면 은총을 받을 수 있다는 것이다. 이처럼 합리적으로 실증될 수 없는 인과 관계는 곧 주술이다. 합리적 정신의 소유자인 프로테스탄트는 당연히 이런 주술을 비판했다.

프로테스탄트가 보기에 전지전능하신 하느님은 인간의 유한한 지력으로는 헤아릴 수 없는 존재이다. 그분이 어떤 모습을 하시고 어떤 의도를 지니셨는지 인간은 알 수 없다. 따라서 멋대로 하느님 이미지를 그려 놓고 예배하는 행위나, 의식을 통해 은총을 받으려는 행위는 교만한 인간의 신성 모독으로 간주되었다. 요컨대 하느님에 대한 이미지는 직접 묘사되든지 의식을 통해 숭배되든지 간에 무조건 신성 모독의 주술로 여겨져 추방되었다. 그것은 우상 파괴 대상이었다.

그 결과 무슨 일이 일어났는가. 그때까지 교회 제도의 도그마나 의식을 통해 형태를 얻어

연금술의 최고 경지인 대립물 결합
왕과 왕비의 결합(위), 왕과 성직자의 합체(가운데), 헤르마프로디토스('남자=태양'과 '여자=달'의 결합)(아래)를 묘사한 것.

서 그 제도의 물길을 따라 흘러가던 심층 에너지는 이제 자유롭게 풀려나 직접 개개인을 덮치기 시작했다. 특히 인간의 운명은 처음부터 정해져 있다는 예정설에 의해 인간은 이제 자기 노력으로도 하느님의 힘으로도 구원받을 수 없게 되었다. 또 그런 구원을 얻기 위한 의례도 부정되고 말았다. 여기서 프로테스탄트의 불안한 양심과 민감한 죄의식이 생겨났다. 억누를 수 없는 불안감에 사로잡힌 프로테스탄트는 불안을 떨치기 위해 금욕적인 노동에 몰두하게 되었다.

이렇게 이미지=신화를 부정함으로써 근원적 불안에 사로잡혀 버린다는 도식은 합리적인 현대인에게도 그대로 적용된다. 현대인은 갖가지 신화를 비합리적인 미신으로 치부하여 추방해 버렸다. 그 결과 자신의 원형적·비합리적 무의식 내용과 직접 대면해야 할 처지에 놓였다. 융은 이것이 무서운 일인 동시에 희망적인 일이라고 말했다. 무의식과 대면함으로써 우리가 엄청난 직접적 종교 체험을 하게 될 정신적 가능성이 있기 때문이다.

자신의 신화

종교개혁에서 시작된 합리화의 물결은 자연 과학의 발달과 더불어 계몽적 합리주의로서 유럽 전체를 지배하더니 이제는 전세계로 퍼져 나가고 있다. 거센 합리화의 물결은 불합리한 무의식 에너지의 물길 역할을 하는 '신화'라는 형태를 추방해 버렸다. 이제 생생한 이미지는 시나 예술이나 동화 속에 겨우 살아남아 있을 뿐이다. 그러나 신화라는 표현 형태는 사라졌어도, 근본적인 인간의 심리적 에너지는 사라지지 않았다. 원형적 에너지는 본래 형태가 없고 자율적이다. 이것은 자아의 명령을 순순히 따르지 않는다. 게다가 종종 폭력적이고 잔인한 모습을 보인다.

이 무시무시한 에너지를 자동으로 제어해 주는 것이 신화로서의 종교체계였다. 하지만 현대인은 너무나 합리적이기 때문에 그런 기성 체계를 전적으로 믿고 받아들이지 못한다. 그러므로 우리는 자신의 신화를 스스로 찾아야 한다. 그렇다고 무턱대고 찾을 필요는 없다. 우리한테는 먼 옛날부터 전해 내려온 방대하고 훌륭한 신화 유산이 있지 않은가. 그중에서 자기 무의식의 성질과 잘 어울리는 요소를 찾아내 그것과 교류하면서 자신의 신화를 형성해 나가면 된다. 융은 이 작업에 평생을 바쳤다. 〈죽은 자를 위한 일곱 가지 설교〉나 탑 주택, 직접 제작한 기념비, 연금술 연구 등에서 우리는 융의 노력을 엿볼 수 있다. 융의 생애는 한 개인이 독자적 신화를 형성해 나간 하나의 모범으로서 우리에게 많은 교훈을 준다.

〈죽은 자를 위한 일곱 가지 설교〉는 그야말로 융 자신의 신화이다. 하지만 이 글은 일반인이 이해하기 어려우므로 여기서는 다루지 않겠다. 그 대신 '사후(死後) 생명'에 관한 융의 이미지를 하나 소개하겠다.

융의 이야기에 따르면 인간이 죽고 나서도 '저세상'에서 계속 살아간다는 것은 인류의 보편적인 원형적 이미지이며, 이런 생명의 연속성이라는 관념을 가짐으로써 사람들은 평화롭고 의미 있는 삶을 살아갈 수 있다. 과학적 이성이 강해져서 그런 이미지를 부정하면 부정할수록 우리 인생은 황폐하고 불안한 병적 상태에 빠져 버린다. 이런 병적인 합리성만 배제하면 인간은 누구나 '사후세계'에 대한 원형적 이미지를 떠올릴 수 있다.

'사후'에 대한 융의 이미지는 참으로 융답다. 보통 죽은 자는 위대한 지식의 소유자로 여겨지지만, 융의 이미지에 등장하는 죽은 자는 여전히 의문을 품고 질문을 던지는 존재이다. 융의 이미지 속에서 죽은 자는 죽기 직전까지 획득한 의식만 가지고 있으므로, 죽고 나서도 의식을 확장하려고 노력하면서 산 자에게 질문을 던진다. 융은 아내를 잃은 뒤에 '사후 영혼의 발달' 이미지와 관련된 묘한 꿈을 꿨다. 꿈속에서 그는 죽은 아내와 함께 프랑스 프로방스에서 하루를 보냈는데, 그곳에서 아내는 성배(聖杯)를 연구했다. 융의 아내 엠마는 융의 연구를 이해해 주는 든든한 협력자였으며, 폰 프란츠 여사와 함께 성배 전설을 연구해서 책도 써 냈다. 융은 이렇게 말했다. "내 아내가 죽고 나서도 정신적 발달을 추구하면서 연구를 계속하고 있다는 것은 매우 의미심장하게 여겨졌다. 이 생각은 나를 안심시켜 주었다."

융이 이렇게 부질없는 상념을 공공연하게 말할 수 있었던 까닭은, 이 부질없어 보이는 것이야말로 실은 인간의 삶에서 더없이 중요한 것임을 확신하고 있었기 때문이다. 융의 발언은 그의 인간성을 잘 보여 준다. 그는 죽은 아내를 몹시 사랑했고, 죽은 사람이 사후 세계에서도 정신 발달을 위해 계속 노력한다고 생각했다.

6. 문명 비판과 나치스 이론

지금까지 융의 사상을 다양한 측면에서 살펴봤는데, 그 과정에서 밝혀졌듯이 그는 서구적 현대 문명의 원리를 정면으로 대결하고 비판하면서 다른 방식을 찾으려 했다. 이 문제는 융의 나치스 이론과도 깊이 관련되므로 여기서 명확히 짚고 넘어가겠다.

무의식 문제를 통해서 융은 서구 문명 및 종교가 한쪽으로만 치우쳐 화석화되고 병들어 있다는 사실을 밝혀냈다. 융은 서구 문명의 모습에 커다란 의문을 품었다. 그와 동시에 한 번만이라도 유럽 세계를 바깥에서 관찰하고 싶다는 소망이 점점 커졌다. 융은 아프리카, 아메리카, 인도로 여행을 떠나 그곳에서 유럽과는 다른 사람들의 삶과 심리적 태도를 관찰했다. 이 체험을 통해서 그는 유럽인 외에 다른 사람들, 특히 미개인이나 토인이라고 불리는 사람들이야말로 참으로 올바른 인간적 삶의 자세를 갖추고 있으며, 그 소중한 것을 유럽인이 잃어버렸다는 느낌을 강하게 받았다. 이런 느낌이 잘 나타난 예를 하나 살펴보자. 융이 북아메리카 원주민 푸에블로족 마을에 머물렀을 때의 일이다.

태양의 아들이 지닌 기품

융은 뉴멕시코 원주민 푸에블로족 마을을 방문하여 추장과 긴 대화를 나눴다. 해발 2300미터 되는 곳에 위치한 그 마을은 높이가 4000m나 되는 산들로 둘러싸여 있었다. 융과 추장은 지붕 위에 앉아 태양을 바라보고 있었다. 추장이 태양을 가리키면서 말했다. "저기 저 태양이 우리 아버지이다. 누가 이 사실을 부정하겠는가. 누가 다른 신이 존재한다고 하겠는가. 태양 없이 그 무엇이 존재할 수 있겠는가." 푸에블로족에게 태양은 곧 신이었다. 태양에 대해 이야기할 때 추장은 벅찬 감동을 느끼는 것 같았다. 마지막으로 그는 이렇게 말했다. "우리는 세계의 지붕에 살고 있는 사람들이다. 우리는 아버지 태양의 아들들이다. 우리 종교를 통해 우리는 날마다 아버지가 천공을 여행하시는 일을 돕고 있다. 우리만을 위해서가 아니라 전세계를 위해서. 만일 우리가 우리 종교 의식을 그만둔다면, 한 10년쯤 지나서는 태양이 아예 뜨지 않게 될 것이다. 그때부터는 영원히 밤이 계속될 것이다."

이때 융은 푸에블로족 사람들의 당당하고 침착한 '기품'이 어디에서 유래했는지 깨달았다고 한다. 그들은 태양의 아들이었다. 그들은 생명 전체의 보호자인 태양이 매일 출몰할 수 있도록 돕고 있었다. '신의 압도적인 행위에 완벽하게 대응한다'는 신과의 대등한 관계가 인간에게 권위와 긍지를 부여한 것이다. 이런 '의미' 있는 생활 앞에서 융은 유럽인의 "빈약한 삶을 의식하지 않을 수 없었다"고 한다. "지식은 우리를 풍요롭게 만들어 주지 않는다. 지식은 우리 고향인 신비한 세계에서 우리를 멀리 떨어뜨려 놓는다." 자신의 신화를 갖고 있는 아메리카 원주민들에 비해 신화를 잃어버린 합리적 인간은 참으로 빈곤했다.

아메리카 원주민 추장은 백인을 이렇게 평가했다. "백인은 얼마나 잔혹한지 모른다." "백인은 늘 뭔가를 갈구한다. 언제나 불안해하면서 안절부절못한다." "그들은 미친 것 같다." 그 말을 듣자 정복욕에 불타던 로마 장군들, 십자군의 약탈과 살육 장면, 콜럼버스나 코르테스 같은 스페인 정복자들의 모습이 융의 머릿속에 떠올랐다. 그들은 화약과 칼과 고문과 그리스도교를 내세우면서, 아버지 태양의 보호 아래 평화롭게 꿈을 꾸던 푸에블로족들의 마을로 몰려왔다. 유럽인의 이른바 '이교도에 대한 선교 활동' '문명 전파'라는 것은 잔인한 맹금의 얼굴, 해적이나 산적 같은 악당의 얼굴을 하고 있었다.

미개인 또는 야만인이라고 불리는 사람들이야말로 유럽인보다 인간적으로 더 나은 존재가 아닐까. 푸에블로족 마을을 방문하고 나서 융은 그렇게 생각했다. 오늘날에는 서부극에서 아메리카 원주민을 악당처럼 묘사했던 것을 반성하는 움직임도 있고, 문화인류학 측면에서 미개인은 독자적인 문화를 가지고 있으므로 결코 '미개'하지 않다는 견해도 있다. 그런데 1920년대에 벌써 이런 사실을 간파했다니, 융의 뛰어난 통찰력에 감탄이 절로 나온다. 그렇다면 융은 어떤 식으로 현대 문명을 비판했을까.

UFO와 마법 환등기

유럽 근대 세계관에 의하면 세계는 자아나 이성 같은 합리적인 것을 중심으로 이루어져 있다. 합리적인 의식적 인간이 세상의 중심으로서 이 세상을 지배하고 있다는 것이다. 하지만 다음과 같은 융의 꿈은 그런 세계관에 대한 근본적인 반성을 촉구한다.

어느 날 융은 꿈에서 비행접시를 보았다. 그것은 하나의 렌즈였다. 그 뒤에 금속 상자—마법 환등기—가 있었다. 비행접시는 6, 70m 떨어진 곳에서 똑바로 그를 향해 멈춰 서 있었다. 융은 깜짝 놀라 눈을 떴다. 그 순간 어떤 생각이 떠올랐다. "우리는 비행접시가 우리 투영 행위의 산물이라고 생각한다. 하지만 실은 우리가 그들의 투영 행위의 산물이 아닐까. 나는 마법 환등기에 의해 C.G. 융으로 투영된 것이다. 그런데 그 기계를 조작하는 것은 대체 누구일까."

이 꿈속의 C.G. 융은 주체로서 자유롭게 행동할 수 있는 자아가 아니라 투영되어 조작되는 객체에 지나지 않는다. 이러한 비주체성 감각이야말로 유럽의 합리화 역사에 의해 말살된 감각이다. 그리하여 합리적·과학적 이성으로 세계를 정복할 수 있다는 착각이 생겨났다. 물론 융의 꿈은 인간의 주체성을 부정하는 것은 아니다. 융은 의식과 자아의 힘도 중시했다. 그러나 인간은 환등기로 비춰진 영상에 지나지 않는다는 발상은, 자아와 이성을 과신하는 현대인에게 귀중한 반성의 계기를 마련해 줄 것이다.

이 마법 환등기의 정체는 분명치 않다. 그것은 자연의 섭리일 수도 있고, 신의 의지일 수도 있다. 어쩌면 융이 말하는 '자기'일지도 모른다. 하여간 우주 전체를 관장하는 법칙 같은 것이 존재하며, 우리의 합리적 이성은 그 일부에 지나지 않는다는 것은 틀림없는 사실이리라. 융은 "합리성은 생명력을 희생하여 얻는 것"이라고 하면서 다음과 같이 덧붙였다. "비판적 이성의 힘이 강해질수록 인생은 점점 더 황폐해진다. 그러나 더욱 많은 무의식과 신화를 의식화할 수 있게 된다면 우리 인생은 그만큼 통합적으로 바뀔 것이다. 과대평가된 이성은 개인을 빈곤하게 만든다는 점에서 절대주의 국가나 마찬가지이다."

현대인은 합리적으로 설명되는 것만 중요하다고 여김으로써 이미지 세계를 추방하고, 본능의 토대에서 멀리 떨어져 나왔다. 하지만 우리는 그런 불합리한 것들도 다 포용하는 전체적 시점을 회복해야 한다. 먼 곳에서 렌즈를 통해

C.G. 융을 투영한 환등기는 바로 그런 전체적 시점을 암시하는 것이리라. 합리주의적 이성은 옛것을 경멸하고 새것만 좋아한다. 미지의 존재에 대한 호기심, 파우스트 같은 탐구심, 향상심이 가장 가치 있는 것으로 평가된다. 앞으로 계속 나아가는 것—진보야말로 가치 있는 것이며, 인간은 진보함으로써 언제나 더 나은 상태가 된다고 여겨진다. 하지만 실제 사정은 전혀 다르다. "우리는 진보의 세찬 흐름에 몸을 내맡겼다. 그런데 우리를 미래로 몰아가는 진보의 흐름이 광포할수록 우리는 모든 것을 빼앗기게 된다. 한번 파괴된 과거는 이제 절멸될 수밖에 없다. 그 무엇도 전진 운동을 멈출 수 없다. 그런데 이러한 과거와의 연관성 상실 및 근절 현상이 '문명의 폐단'을 낳고, 또……황금시대라는 가공의 약속에 사로잡혀 현재보다는 미래를 살아간다는 혼란과 초조함을 낳는다. 우리는 정신없이 새것만 추구하면서 부족함, 불만족, 초조함을 심하게 느끼게 된다."

진보주의를 통렬하게 비판하는 말이다. 과학적 이성은 유치하고 미신적인 중세, 고대, 원시 시대를 완전히 졸업했다고 착각하지만, 인간 마음에 관한 한 우리 내부에는 과거가 온전히 살아 있다. 우리 마음은 몸과 마찬가지로 선조들과 같은 요소로 구성돼 있다. 이를테면 원형적인 심리 작용은 결코 과거의 잔재가 아니다. 그것은 지금도 생생히 살아 있으면서 인간의 발상 및 행동을 지배한다. 우리는 과거와의 연속성 및 영원한 것을 인지하고, 내면에 있는 선조와의 인연을 회복해야 한다. "내적인 평화와 만족은, 개인에게 선천적으로 주어진 역사적 가족이 덧없는 현재 상황과 조화를 이루느냐 마느냐에 달려 있다."

그렇기에 융은 '탑처럼 생긴 집'을 지어 원시적인 생활을 했다. 그곳에서 융은 "여러 세기를 동시에 살아가는 듯한" 느낌, 또 "여러 세기에 걸쳐 형성된 조용한 대가족이 이 집에 살고 있는 듯한" 느낌을 받았다고 한다. 융은 이 집 정원에 기념비를 세웠다. 네모난 돌에 자기한테는 의미 있는 도형을 조각하고, 마음에 드는 라틴어·그리스어 문장을 새겼다. 그는 석공 조합에도 가입했다. 기념비를 만들 때는 정식 석공 복장을 갖췄다고 한다. 자신의 신화를 표현하는 기쁨과 돌에 대한 특별한 감정—영원불변한 성질에 대한 감동—때문에 융은 그토록 열심히 기념비를 만들었던 것이리라. 어떤 사람들은 이 순수한 열정을 유치하다고 경멸할지도 모른다. 근대 과학이 유치하다면서 배척해 버렸던 것들

속에 인생의 중요한 요소가 포함되어 있다는 사실을 모르는 것이다.

오딘 원형과 질서 원형

융이 현대 문명을 비판한 까닭은 현대인이 의식과 이성만을 과신하면서 합리주의·과학주의·진보주의에 푹 빠져 있기 때문이었다. 융이 보기에 현대인은 단조로운 편협성과 교조주의에 물들어 있었다. 이러한 현대인의 위험한 편협성과, 이 성질이 이미 한계점에 다다라 있다는 사실을 융은 누구보다도 빨리 깨달았다. 심리 요법 전문가로서 사람들의 내면에 깊이 관계하던 그는 거기서 무슨 일이 일어나는지 알아차렸던 것이다.

그는 제1차 세계대전 무렵부터 환자의 무의식 속에서 잔혹하고 폭력적인 요소가 많이 발견된다는 사실을 깨달았다. 심지어 융의 꿈속에도 그런 요소(전차를 모는 지크프리트)가 등장했다. 이 현상을 제1차 세계대전이라는 대규모 폭력과 관련지어 본다면, 지금 유럽인의 마음속에서 엄청난 힘이 움직이고 있는 게 아닐까. 융은 그 성질이 게르만 신화 속 오딘의 성질과 같다는 것을 깨달았다.

오딘은 폭풍의 신, 돌풍의 신, 수렵의 신이다. 그는 열광과 도취의 성질을 지녔으며 마음속 폭력성을 나타낸다. 게르만 기질의 밑바탕에 존재하는 야만성의 발로이다. 그것은 한편으로는 힘차고 남성적인 것으로서 남성적 생명력의 근원을 이룬다. 즉 디오니소스의 성질이자, 니체의 차라투스트라에게 남성적 활력을 준 원형적인 존재이다. 그런데 이것이 강한 폭력성으로서 독일인의 무의식 속에서 성장하여 결국 나치즘같이 열광적인 행동으로 발전하게 된 까닭은 무엇일까. 바로 그리스도교 세계에서 오딘의 성질이 철저히 부정된 결과 오딘은 이교의 신 또는 악마로서 깊은 숲속으로, 즉 무의식의 암흑세계로 추방되어 버렸기 때문이다. 게다가 근대적 세계관에서 무의식 세계는 아예 존재하지 않는다고 여겨졌다. 이 극단적인 억압에 대한 반작용으로, 야만적 남성성이 마침내 들고일어나 사람들을 덮치고 지배하기 시작한 것이다.

그런데 나치스 운동의 심리적 기반에는 오딘의 성질 말고도 또 다른 것이 존재했다. 융은 그것을 '질서 원형'이라고 불렀다. 주위 상황이 정신없이 변하거나 가치 판단 기준이 불안정할 때에는 우리 마음속에서 확고한 불변성 및 안정감을 얻으려는 욕구가 강해진다. 이렇듯 건전한 상태·질서·안정을 원하는 마음을 융은 원형적인 것으로 간주하여 '질서 원형'이라고 이름 지었다. 이런 관점에서 본다면 1920년대 독일 상황은 질서와 안정을 바라는 무의식적인 욕구를 몹시 자극하는 것이었다. 세계대전 이후 독일에서는 경제적 혼란과 큰 변동이 일어났다. 또 정신적인 면에서도 민주주의와 계몽주의가 갑자기 도입되어 가치관의 혼란이 발생하고, 기성 권위는 추락하고, 수많은 부패와 퇴폐 현상이 나타났다. 실업자와 부랑자가 거리에 넘치고 질서가 무너졌다. 젊은이들이 시작했던 반더포겔 운동은 대공황 이후 실업자들의 몫이 되었다. 그들은 부랑자 집단을 형성했다. 이 혼란스런 상황은 질서를 사랑하는 사람들에게 불쾌감과 혐오감을 주었을 것이다. 그런데 1933년 히틀러가 정권을 잡자 부랑자들은 자취를 감췄다. 그 대신 히틀러유겐트와 군대의 질서 정연한 행진이 시작되었다. 젊은이들은 마음을 바로잡고 건전한 생활을 시작한 듯했다. 질서 원형이 여기에 작용한 것이다.

이처럼 나치스 운동의 기반에는 야만적이고 충동적인 오딘 원형이 있었고, 또 이와 정반대되는 건전함과 확고함을 추구하는 질서 원형이 있었다. 두 가지 원형이 공존한 것이다. 히틀러는 놀랍게도 이 상반되는 두 심리를 멋지게 결합시켰다. 나치스 운동에서 폭력은 질서 있게 조직적으로 이루어졌다. 폭력 행위는 '올바른' 질서를 확립하는 수단이었다. 이러한 결합이 실현된 까닭은, 두 가지 욕구가 그 시대 독일인 한 사람 한 사람의 마음속 깊은 곳에 확실히 존재했기 때문이다.

원형의 양면성

원형적인 것이 사회 현상으로 나타난다는 사실을 융은 일찍부터 정확히 꿰뚫어 보았으며 그 위험성도 숙지하고 있었다. 원형은 의식의 통제에서 벗어나 멋대로 날뛰는 무시무시한 성질을 지녔다는 사실을 융은 잘 알고 있었다. 그런데 융은 이런 원형들의 출현을 꼭 나쁘다고 생각하지는 않았다. 융의 이론에 의하면 사람들이 원형에 사로잡힌다는 것은, 한쪽으로 치우쳐 버린 의식적 태도(사회의 의식적 가치관)를 보상하기 위해 무의식이 활동을 개시했다는 뜻이기 때문이다. 그러니까 과도한 합리주의에 물든 시대 풍조에 반발하여 사람들은 불합리한 신화를 원하게 되었고, 그것이 게르만 민족의 '독자적인 가치를 획득하고픈 마음'과 일치한 것이다. 또는 무조건 새것만 찾는 진보주의 사회 풍조에 반발하여 불변의 질서를 원하는 마음이 강해진 것이다. 이 같은 욕구 자체는 결코 나쁘지 않다. 오히려 인간에게 꼭 필요한 바람직한 것이다.

나치스 운동의 밑바탕에는 이러한 심층 심리학적 요소가 숨어 있었다. 그렇기에 마침내 모든 국민을 휘어잡는 어마어마한 에너지가 발생한 것이다. 나치스 운동이 일어났을 때 융이 거기서 무의식의 긍정적인 보상 작용을 발견한 것도 어찌 보면 당연한 일이다. 실은 현대 문명의 퇴폐를 비판했던 로렌츠나 하이데거도 마찬가지였다. 그들은 나치스 운동에 기대를 품었다. 융은 〈파국을 맞은 뒤〉라는 논문에서 솔직하게 말했다. 지나고 나서 보니까 나쁜 일이었지만 그때는 그렇게 나쁜 줄 몰랐다고. "수십만이나 되는 의욕 없는 부랑자들이 독일 거리에서 한순간에 사라졌다. 이것이 확실한 증거였다. 두 나라(독일과 이탈리아)에 새 바람이 불어오기 시작했다. 이것은 전쟁 이후의 정체되고 부패된 상황에 종지부를 찍는 희망의 상징처럼 보였다."

융은 이런 말도 했다. "히틀러도 처음에는 모순된 인물로 보였다. 1933년 7월 베를린에서 일련의 강의를 했을 때 분명히 당의 행동에서도 괴벨스에게서도 매우 좋지 않은 인상을 받았지만, 그때는 그게 결정적인 징조일 거라고 생각지 않았다. 내가 아는 이상주의자들도 이것은 커다란 개혁에 필연적으로 수반되는 폐해라고 나에게 설명해 주었다. ……나도 수많은 동시대인과 마찬가지로 시비를 따지지 못하고 망설였다."

이것을 단순한 변명으로 치부하지는 말자. 융이 "수많은 동시대인과 마찬가지로 시비를 따지지 못하고 망설였다"는 것은 단지 사건 한복판에 있어서 사태를 제대로 파악하지 못했다는 뜻이 아니며, 또 판단력이 부족했다는 뜻도 아니다. 그는 그 사건에서 원형이 출현했음을 알았고, 원형의 모순성도 알고 있었기에 판단을 보류했던 것이다. 나치스라는 집단 심리 현상의 배후에는 원형적인 것이 존재했다. 문제는 이 원형의 모순성이다. "원형은 모순성을 지니고 있다. 긍정적인 면과 부정적인 면을 동시에 갖고 있는 것이다." "모든 원형은 최고와 최저, 악과 선의 요소를 아울러 갖추었으므로 대체로 모순된 작용을 한다. 따라서 원형 작용의 효과가 긍정적일지 부정적일지 우리는 예측할 수 없다." 무의식 자체가 늘 파괴적인 것은 아니다. 언제나 바람직하게 작용하지도 않는다. 무의식이 재앙을 일으킬지 은혜를 베풀지는 의식의 대처 방식에 달려 있다.

융이 사건 당시 판단을 보류했던 것은 사태를 파악할 능력이 없었기 때문이 아니라, 오히려 나치스의 본성을 꿰뚫어 보고 있었기 때문이다. 융은 그때 독일 인의 무의식 속에서 진행되던 일을 의식적으로 체험하고 있었다. 즉 합리주의 나 진보주의에 대한 문명 비판을 자각적으로 행하고 있었으므로, 나치스 운동 속에 그런 비판이 무의식적으로 드러나 있음을 재빨리 알아채고 이해할 수 있 었다. 물론 융이 나치스에 협력했다는 비난은 사실상 터무니없는 소리이다. 그 는 나치스의 악행에 가담하지 않았다. 그러나 융이 내적으로 나치스에 공감을 느낀 것은 아마도 사실이리라. 융은 나치스 운동의 심리적 측면과 깊은 관계를 맺었다. 따라서 그는 나치스를 깊이 이해하고 근본적으로 비판할 수 있었다. 이 점을 파악하지 못한다면 융의 사상과 행동을 제대로 이해할 수 없다.

병리 현상

융은 나치스에 대한 결정적인 판단을 언제 어떻게 내렸을까. 결론부터 말하 자면 융은 나치스에 유해하고 위험한 측면이 있다고 일찌감치 판단했지만, 그 러면서도 어떻게든 그 위험을 막을 수 있을 것이라는 낙관주의를 오랫동안 버 리지 않았다. 이러한 태도는 정신과 의사라는 그의 직업과 밀접한 관련이 있다. 그는 이렇게 말했다. "만일 내가 그때 관조적인 태도를 취했다면, 그런 사태에 직면했을 때 의사가 보여야 할 태도가 그러했기 때문일 것이다. 의사는 함부로 예단(豫斷)하지 않는다. ……치료의 목적은 조만간 의식에 통합될 원형의 좋은 측면, 가치 있는 생생한 측면을 실현시키고 위험한 측면을 최대한 억누르는 것 이다. 거의 가망이 없어 보이는 상황에서도 의사가 여전히 한 줄기 희망을 버리 지 않는 것은, 구할 수 있는 사람을 어떻게든 구하고자 하는 의지가 있기 때문 이다. 이것도 의사의 직무이다."

결과적으로 본다면 이것은 옳지 못한 낙관주의였다. 처음부터 나치스를 악 으로 단정하고 이에 반대한 사람들이 선견지명이 있었는지도 모른다. 하지만 그들은 사태의 한 측면인 부정적 측면만 인식했으며, 결과적으로는 사건이 정 말로 그런 방향으로 전개되었을 뿐이다. 그것이 전적으로 올바른 관점이었다고 할 수는 없다.

융이 정신과 의사였다는 사실은 그의 사태 대처 방식에도 영향을 미쳤지만, 애초에 나치스란 무엇이냐는 문제에 대한 생각 자체에도 큰 영향을 미쳤다. 융은 나치스가 매우 악한 것임을 알고 나서도 그것을 단순히 비판하거나 고발하지는 않았다. 나치스를 병리 현상으로 간주했기 때문이다. 섣불리 도덕적인 비판을 가하기 전에 먼저 사태를 객관적으로 파악하려 하는 냉철한 의사의 시각이 여기서도 잘 드러난다.

융은 나치스에 어떤 '진단'을 내렸을까. 그는 히틀러를 히스테리 환자라고 보았다. 자신의 실제 모습을 직시하지 못하고 나르시시스트처럼 자신을 미화하거나, 자신의 열등한 면을 남에게 투사하고 그 사람을 공격함으로써 자신의 열등감을 해소하려는 것이 히스테리의 특징이다. 그런 사람은 거짓으로 현실을 왜곡하고, 허영에 빠지고, 허세나 속임수로 자신을 속인다. 자기가 한 거짓말을 굳게 믿는다. 광기에 가까운 과대망상, 권력망상에 사로잡힌다. 융은 이 모든 증상으로 볼 때 히틀러가 히스테리 환자로 분류된다고 말한다.

이런 인물에게 독일 국민 대부분이 속아 넘어갔다. 따라서 독일인도 히틀러처럼 전체적으로 집단 히스테리 상태에 빠졌다고 해석할 수밖에 없다. 독일인의 열등감에 대해서는 같은 독일인인 괴테, 하이네, 니체가 몇 번이나 지적한 바 있다. 열등감에 대한 반작용으로 독일인은 '지배 민족'이 되기를 바라면서 '세계 정복'이라는 비현실적인 꿈을 꾸게 되었다. 이러한 현실 감각 결여야말로 히스테리의 특징이다. 융은 나치즘을 집단 정신이상이라고 진단했다. 이런 집단 심리 속에서 의식성과 도덕성이 저하되고 집단 무의식이 출현했으며, 그 결과 원형에 사로잡힌 사람들이 완전히 이성을 잃고 끔찍한 광기에 지배되어 버렸다는 것이다.

융은 나치즘을 병리 현상으로 간주하고, 독일인이 무의식의 영향으로 집단 정신이상 상태에 빠져 버렸다고 주장했다. 이 주장은 많은 사람의 반감과 비난을 샀다. 나치즘을 도덕적으로 비난하는 사람들, 나치즘에 가담한 자들에게 책임을 물어야 한다고 믿는 사람들이 "나치즘은 무의식이 일으킨 병"이라는 주장을 기꺼이 받아들일 리 없었다. 특히 나치스의 피해자인 유대인들에게는 융의 주장이 꼭 나치즘을 옹호하는 것처럼 보였다. 그래서 많은 사람이 융에게 반감을 품었다. 융이 나치스에 가담하지 않았다는 사실이 이미 밝혀졌는데도 오늘날까지 "융이 나치스에 가담했다"는 소문이 도는 것은 이러한 반감 때문인지도 모른다.

융이 그런 사람들의 감정을 몰라서 그렇게 대담한 발언을 했을까. 그렇지는 않을 것이다. 융은 나치스에 대한 자신의 견해가, 나치스를 고발하려는 사람들의 분노를 살 것이라고 예측했던 듯싶다. 실제로 그는 이렇게 말했다. "나는 고발하거나 단죄할 생각은 없다. 의사의 진단은 고발이 아니다." 유대인들을 배려했기 때문인지 노골적인 언급은 피했지만, 그래도 융은 나치즘에 이성적·도덕적 책임을 묻는 데 반대했다. 융이 보기에 나치즘은 사람들이 무의식에 사로잡혀서 이성이나 도덕적 책임 능력을 잃어버린 상태였기 때문이다. 그는 이런 현실을 직시하고서 이에 대처해야 한다고 생각했다.

그것은 환자를 얕보거나 경멸하는 것이 아니다. 환자가 저지른 죄를 쉽게 용서하고 변호하는 것도 아니다. 환자의 자기 치료 능력을 믿지 않는 것도 아니다. 그것은 막스 베버의 '몰가치성(=현실 직시)' 정신과 같은 태도였다. 즉 어떤 일에 올바르게 대처하려면 이미 일어난 사태와 원인을 냉철하게 파악하는 일이 꼭 필요하다는 것이다. 나치즘의 잔혹한 행위에 고통받은 피해자들이 한창 분노에 사로잡혀 있을 때, 그들의 감정을 충분히 이해하고 동정하면서도 융은 용감하게 현실을 직시하자는 의견을 내놓았다. 어지간히 정신력이 강한 사람이 아니면 못할 짓이다. 융은 진리를 깨달은 사람으로서 사명감을 가지고 그렇게 자신의 신념을 계속 내세웠는지도 모른다.

융의 처방전

융 심리학에 따르면 나치즘은 유럽 전체의 불건전한 편협성에 대한 반작용으로서 원형이 집단 전체에 나타난 현상이다. 하지만 단순히 원형이 있는 그대로 나타난 것은 아니다. 원형은 의식의 편협성에 대항하는 흐름으로서 나타나긴 하지만, 원형 자체는 형태가 없으며 모순적이다. 원형이 어떤 성질을 지니고 어떻게 작용할지는 의식의 대처 방식에 달려 있다. 의식은 원형을 무조건 거부하지 말고, 그것이 무엇에 대한 보상인지 파악한 다음 원형을 긍정적인 형태로 통합하려고 노력해야 한다. 개인에게 원형이 나타났을 때 그 원형이 어떻게 작용할지는 당사자의 의식적 대처 방식에 의해 결정된다. 원형이 집단적으로 나타났을 때에도 마찬가지이다. "그러므로 원형이 집단 전체에 나타났을 때 군집 행동의 엄청난 위험을 막으려면, 이 원형의 힘에 잘 대처할 수 있는 사람이 그렇지 않은 사람보다 많아야 한다. 아니면 적어도 설득력 있는 선각자들이 있어야 한다."

융은 1933년 2월 쾰른과 에센에서 강연하면서 다음과 같이 말했다(히틀러는 1933년 1월에 수상이 됐다). "지금까지 우리의 발전이 결국은 개인주의적으로 이루어졌기 때문에 이제는 그 보상으로서 '집단적 인간으로의 역행 현상'이 나타나고 있다. 집단적 인간의 태도를 결정짓는 것은 바로 그 집단이 어떻게 움직이느냐이다. 그러므로 오늘날 누구도 저항할 수 없는 눈사태가 일어난 것처럼 파국적인 분위기가 우리 사회를 지배하고 있는 것도 당연한 일이다. 집단적 인간은 개인을 눌러 죽이려고 한다. 그런데 인간의 모든 행위를 떠받치고 있는 것이 바로 이 개인의 책임 능력이다. 집단 자체는 이름도 없고 책임도 없다. 이른바 지도자(히틀러를 암시한다)라는 인물은 결국 집단 운동의 징후에 지나지 않는다. 인류의 진정한 지도자는 언제나 자기 자신을 자각하고 집단의 무게에서 적어도 자기 무게만이라도 덜어 내려고 노력하면서, 맹목적 자연법칙에 따라 움직이는 집단에서 의식적으로 한 발 물러나 있는 인간이다."

히틀러가 정권을 잡은 시점에서 이토록 정확하게 나치즘의 성격을 파악한 사람도 드물 것이다. 하지만 날카로운 통찰력에 비해 그가 제시한 대항책은 추상적이고 모호해 보인다. 융은 사람들한테 무기를 들고 싸우라고 강하게 말하는 대신, 그저 한 명이라도 많은 사람이 사태에 의식적으로 대처하기를 바랐다. 이런 추상적인 설교로 나치즘에 대항할 수 있을지 의심스럽기도 하다. 그러나 이 대처 방법에는 융의 인간관과 역사관이 잘 나타나 있다. 융은 인류 역사를 의식화의 역사라고 생각했다. 즉 역사란 무의식을 의식화하여 통합해 가는 과정이다. 융의 종교론을 봐도 알 수 있듯이 그는 유대교가 그리스도교로 발전한 것도 그런 의식화 및 무의식의 통합 과정이라고 생각했다. 유대교의 야훼와 마찬가지로 나치즘도 어떤 원형이 인간에게 자신을 의식시키기 위해 출현한 것이다. 따라서 그 거대한 에너지에 대처하려면 의식도 그에 대항할 만한 힘을 가져야 한다.

집단 심리는 개개인의 심리가 모여서 확대되고 극단적으로 변한 것이다. 그

1938년 9월, 뉘른베르크에서 열병을 하는 아돌프 히틀러
독일에서 프로이트의 책은 분서(焚書)당했다. 여든둘의 나이로 프로이트는 런던으로 망명하게 된다.

러므로 집단의 맹목성에 대항할 방법은 결국 개개인의 자각을 촉진하는 길뿐이다. 인류 전체의 심리는, 선구적인 사람들이 자신의 심리적 문제를 통찰하고 의식의 편협성을 극복함으로써 주위에 영향을 미치는 식으로 점점 변해 간다. 그렇기에 이 문제를 자각한 개개인이 자신의 무의식을 인식하고 통합하기 위해 노력하는 것이 가장 중요하다고 융은 주장한다.

차별에 가담했는가

게다가 융은 이러한 무의식의 인식 과정이 (고유의 문화를 소유한) 민족에 따라 조금씩 다를 수밖에 없다고 생각했다. 간단히 말해 유대인이나 중국인처럼 수천 년 역사를 가진 민족은 의식적으로 크게 발달했으므로 무의식 부분이 적은데, 유럽인―특히 게르만 민족―은 문화적 역사가 짧아서 무의식의 어둠이 매우 크다. 이 사실은 게르만인의 단점인 동시에 장점이기도 하다. 게르만인은 폭력적·야만적인 인간이 될 위험성이 크지만, 창조력을 발휘할 가능성도 크다. 따라서 어느 민족이 좋고 나쁘다고 단정할 수는 없다. 모든 민족은 저마다 자기네의 심리적 특징을 잘 인식하고 이에 대처해야 한다. 물론 유대인과 게르만인과의 심리적 차이가 단순히 무의식 부분의 크고 작음에 달려 있지 않다는 사실은 융도 잘 알고 있었다. 그가 하고 싶었던 말은 의식과 무의식과의 구조적 관계가 각 민족의 문화적 전통에 의해 독특한 성질을 띠기 때문에 이 점에 주의해야 한다는 것이었다.

그런데 이처럼 독일인과 유대인의 심리적 차이를 지적했다는 것은, 나치스가 게르만 민족의 우월성을 내세우고 유대인의 열등함을 강조하던 시절에 융이 그런 차별 논리에 가담했음을 보여 주는 증거가 아닐까? 실제로 이 논점을 근거로 융이 나치스의 인종 차별에 가담했다고 주장하는 사람들도 있었다. 그러나 융은 1934년에 이미 그러한 혐의를 의식하고 어느 논문에서 이렇게 말했다. "수십 년 전부터 내가 했던 경고가 반유대주의 혐의를 받고 있다. 이 혐의는 프로이트에게서 비롯됐다." 그는 그 사실을 알면서도 유대인과 게르만인을 구별했다. 오늘날 융이 반유대주의자가 아니라는 사실을 잘 알고 있는 사람들도 융의 이러한 행동은 정치적으로 어리석은 짓이었다고 생각한다. 하지만 오해를 받거나 악용될 위험을 감수하면서까지 융이 그런 발언을 했다면 이야기는 달라진다. 단지 정치적으로 미숙해서 실수를 저질렀다기보다는 융도 나름대로 생각이 있어서 그랬던 게 아닐까.

융은 "인간은 모두 똑같다" "인류는 평등하다"는 이론으로 유대인 차별에 대항하려는 태도를 비판했다. 그는 인간이 모두 똑같다고 여기는 근대 인도주의자들과는 다른 인간관을 가지고 있었다. 융의 의견에 따르면 모든 개개인과 모든 민족은 저마다 서로 다른 개성을 지닌다. 그들은 저마다 다른 가치를 갖고 있으며 각자의 개성에 따라 정당하게 평가되어야 한다. 유대인 차별에 대항하는 행위는 유대인의 개성을 정당히 평가함으로써 이루어져야 한다. 이런 사상은 여성문제에 대한 융의 주장에서도 일관되게 드러난다. 여성을 남성과 똑같다고 여기면서 남성과 같은 잣대로 평가하는 것이 아니라, 여성의 본질적인 독창성을 정당하게 평가하는 것이 참으로 여성을 해방하는 길이라고 융은 생각했다. 이 생각은 표면적으로는 차별에 가담하는 것처럼 보여도 실은 차별을 추방하려는 것이다.

이렇게 보면 융의 발언이 정치적 효과를 노린 것이 아니라는 사실은 명백하다. 융은 좀더 장기적인 높은 차원에서 차별에 대한 처방전을 내놓았다. 그런데 실제로 유대인이 박해를 받고 있는 현실 속에서 그는 정치적으로 어떤 태도를 보였을까.

수비적인 정치 활동

1933년 히틀러가 정권을 잡자 온갖 학술 단체에 '통제' 압력이 가해졌다. 모든 학술 단체 및 회원은 어떤 태도를 취할지 결정해야 했다. 나치스에 협력하든지 반대 입장을 확실히 밝히든지, 그도 아니면 겉으로는 복종하는 체하면서 속으로는 반대하든지 해야 했다. 융은 스위스에 살고 있었지만 특별한 사정이 있어서 이런 정치적 사태에 휘말리고 말았다.

그는 '일반정신요법의학회'의 부회장이었다. 그런데 1933년 4월에 회장 크레치머가 나치스의 방침과 충돌하는 바람에 자리에서 물러났다. 이때 지도적인 인물들이 융에게 회장이 되어 달라고 부탁했다. 그즈음에는 이 학회뿐만 아니라 모든 학술 단체가 나치스의 압력을 받아 크게 흔들리고 있었다. 그야말로 존속의 위기였다. 1934년 3월 융이 쓴 글에 따르면 그때 그는 '도덕적 갈등'을 겪었다고 한다. 신중한 중립적 입장에서 안전지대로 물러나느냐, 위험을 무릅쓰고 일선에 뛰어드느냐. 후자를 선택하면 나치스에 협력하거나 적어도 반대하지 않는 사람으로 취급될 수밖에 없었다. 나치스 반대자가 나치스의 통제를 받는 단체의 회장이 될 수는 없으니까. 크레치머도 그래서 사임했던 것이다. 하지만 융은 독일에서 나치스와 대립하는 사람들이 얼마나 어려운 상황에 처해 있는지 잘 알고 있었다. 그들을 돕는 것이 사람 된 도리라는 생각이 들었다. 결국 융은 회장이 되기로 결심했다.

스스로 나치스에 대항할 수 있다고 낙관적으로 생각해서 회장이 된 것은 아니었다. 이 사실은 융의 논문에서도 드러난다. "지금 나치스의 '통제'를 받지 않는 단체는 하나도 없다. 게다가 사태가 언제 급변할지 모른다. 독일은 과거(중세)의 교회나 오늘날 공산주의 국가 같은 독재 국가가 되어 정신적 통제를 행할 것이다." 이 사실을 알면서도 융은 회장이 되기로 했다. 그가 속한 학회를 지키고, 특히 박해받는 유대인 회원들을 가능한 한 지키기 위해서였다. 실제로 그가 회장으로서 했던 활동도 그러했다.

먼저 융은 학회 규약을 개정하여 이 학회가 '국제일반정신요법의학회'라는 국제조직임을 분명히 밝히고서 그 밑에 독일 분회(分會), 스위스 분회 등을 두었다. 학회 회원 중에 독일인이 많다 보니 나치스트가 조직의 중추적 지위를 차지할 가능성이 높았는데, 그 위험을 막기 위한 것이었다. 융은 나치스의 통제를 받는 독일 분회로부터 학회를 분리해 놓고 학회를 상위 조직으로 만들었다. 이어서 학회 기관지인 〈중앙지(中央誌)〉를 국제학회에서 만들기로 하고 본부를 취리히에 둔 다음, 자기가 편집 책임자가 되었다. 나치스도 즉시 대응하여 융이 회장으로 취임한 지 3개월 뒤인 9월에 독일 분회를 조직하고, 나치스 최고 지도자 중 하나인 괴링의 사촌을 분회장(分會長)으로 임명했다. 융의 재빠른 행동 덕분에 학회 전체가 나치스의 손아귀에 들어갈 위기를 간신히 모면한 것이다.

또한 융은 독일 분회에서 제명된 독일계 유대인이 개인 자격으로 국제학회에 가입할 수 있다는 조항을 만들어 놓았다. 그래서 유대인 정신과 의사는 직업상 정당한 자격을 지니고서 사회생활을 할 수 있었다. 〈중앙지〉에는 유대인이 쓴 논문이나 유대인 저서에 관한 서평이 많이 게재되었다. 이런 사실들을 보면 융이 학회의 학문적 중립성을 지키고 나치스의 유대인 차별에 대항하기 위해 회장 자리를 맡았음을 알 수 있다. 게다가 융은 그 목적을 이루려고 상당히 전략적으로 움직였다. 물론 그는 유격대를 조직해서 적극적·공격적으로 나치스에 대항하지는 않았지만, 나치스의 폭거에 별로 반대하지 않았던 것은 결코 아니었다. 그는 예순이 다 된 학자로서 할 수 있는 일종의 적십자 활동을 펼쳤다.

융은 이렇게 체제를 정비해서 나치스의 지배에 저항했다. 하지만 그 길은 순탄하지 않았다. 나치스트는 학회 지도권을 빼앗으려고 온갖 술책을 부렸다. 심지어 나치스에 충성을 맹세하는 괴링의 선언문이 〈중앙지〉에 실리기도 했다. 이 글을 본 많은 사람은 마침내 융도 나치스에 가담했다면서 경악을 금치 못했다. 어떤 이들은 융을 심하게 비난했다. 그러나 이 사건은 융이 모르는 사이에 나치스트들이 벌인 일이었다. 나치스트 당파 활동은 날이 갈수록 심해졌다. 1939년이 되자 융은 어쩔 수 없이 회장 자리에서 물러났다. 이듬해에는 국제학회 본부가 강제로 취리히에서 베를린으로 옮겨져서 직접 나치스의 '통제'를 받게 되었다. 융과 다른 사람들의 노력도 끝내 나치스의 권력에 굴복할 수밖에 없었다. 하지만 그들은 적어도 한동안 시간을 벌면서 많은 유대계 사람을 도울 수 있었다.

7. 융 사상의 특징

혁명성과 건전성

　마지막으로 융 사상의 특징을 몇 가지 살펴보겠다. 융 사상의 첫 번째 특징은 한편으로는 기존의 상식이나 권위에 정면으로 도전하면서 과격한 혁명을 꾀하는 듯하면서도, 다른 한편으로는 매우 안정적인 건전성과 보수성을 지니고 있어서 이 두 성질이 기묘하게 공존하고 있다는 점이다. 그런데 이 현상은 기묘하지도 않고 모순된 것도 아니다. 여기서는 융의 두 속성이 드러난 게 아니라, 한 속성이 두 가지로 표현된 것이다. 융을 이해하려면 첫째로 이 점을 정확히 파악해야 한다.

　융의 사상은 분명히 급진적이었다. 융이 기존 관점이나 사고방식을 비판했던 것은 그가 우연히 피지배자의 처지에 놓여 있었기 때문이 아니다. 융은 타인의 판단을 고스란히 자기 것으로 받아들일 수 없는 체질이었다. 뭐든지 스스로 이해할 수 있을 때까지 음미하고 나서 직접 판단을 내려야만 직성이 풀렸다. 결국 융의 비판력과 혁명성은 외적인 사정과는 상관없이 그의 내면에서 우러난 것이었다. 그는 피지배층 가정에서 태어나지도 않았고 이단이 되길 바라지도 않았다. 다만 자기가 옳다고 생각하는 내용을 밝히면 이단으로 몰리리라는 사실을 알면서도, 그노시스주의 같은 것을 당당히 얘기하는 인물이었다. 이런 특징은 그의 종교론에서 잘 드러난다. 또 나치스가 대두하는 와중에 굳이 유대인 심리의 특이성을 지적한 것도 그렇다.

　기존 권위나 교리에 대한 융의 비판은 종종 무섭도록 파괴적이어서 상식적인 사람들에게 강한 충격을 주기도 한다. 그러나 융은 결코 부정과 파괴를 목적으로 삼지 않았다. 이 점에 관해서는 융이 스스로 프로이트나 니체와 자신의 차이점을 강조하면서 다음과 같이 말했다. "프로이트나 니체는 인간의 불순한 부분과 저열한 성질을 밝혀냈다. 그렇게 인간의 거짓된 가면을 벗기는 일은 분명히 필요하다. 하지만 그것은 잘못된 관념을 파괴하는 부식제 역할을 할 뿐이다." 융이 생각하기에 인간이 자신의 어두운 면만 인식하는 것은 자기인식을 절반밖에 달성하지 못하는 것이었다. 더 나아가 어둠 속에서 빛을 발견하는 일, 인간 내부에 깃든 참으로 신성하고 아름다운 요소를 발견하는 일이 필요한 것이다. 그 선하고 아름다운 것이 단지 공허한 말이나 허울뿐인 제도로 변해 버린 현실에서 프로이트나 니체는 그 주술적 속박을 없애는 역할을 했다. 하지만 그로 인해 "진선미(眞善美)나 신성성은 애초에 인간 내부에 존재하지 않는 인공물"이라는 오해가 널리 퍼지고 말았다. "인간의 본성은 허울만 좋은 더러운 것이며, 이러한 현실 인식이야말로 인간을 깊이 이해하는 것"이라는 인간관이 횡행하기 시작했다.

그러나 융은 인간 마음속에 어둠뿐만 아니라 빛도 존재한다는 사실, 악마적인 것도 신적인 것도 추한 것도 아름다운 것도 모두 존재한다는 사실을 확실히 인식하고 있었다. 빈껍데기만 남은 종교나 예술도 처음에는 그런 인간의 원형적 성질에서 비롯된 것이었다. 그것을 기존 권위로서 무조건 숭배하지도 말고, 반대로 한낱 인공물로 치부하여 경멸하거나 부정하지도 말고, 그 밑바탕에 존재하는 진실한 내적 체험을 자기 마음으로 직접 느끼는 것이 중요하다고 융은 말한다.

마음속 깊은 곳에 있는 신성한 빛은 보편적인 것, 불변한 것으로 여겨진다. 이것은 솔직하고 건전한 정신을 통해 더욱더 분명하게 느껴진다. 융은 어릴 때부터 시골 사람 특유의 소박하고 건전한 태도를 자연스럽게 몸에 익혔다. 탄생도 죽음도 성(性)도 자연스러운 것으로서 소박하게 받아들이고 있었던 모양인데, 그것이 하느님의 섭리로 설명되자 융은 오히려 하느님이 인간을 잡아먹을까 봐 공포에 사로잡히고 말았다. 융의 인생은 그런 인위적 설명의 부자연스러움에서 벗어나 자기 자신한테 자연스럽게 느껴지는 신화를 되찾기 위한 투쟁이었다고 할 수 있다.

융의 건전한 마음은 이 변화무쌍하고 덧없는 세상 속에서 불멸한 것을 찾아냈다. 그는 진보니 혁신이니 하는 것을 별로 신용하지 않았다. 어떤 사람들은 융의 이러한 '보수성'이 스위스 풍토에서 배양된 스위스인 기질이라고 주장한다.

그 말이 맞을지도 모르지만 융의 건전함
은 그보다 더 원형적이고 보수적인 토대
에서 비롯된 듯하다. 그 성질은 융의 내
향적 자질과 건강한 심신에서 유래한 것
이 아닐까. 실제로 융은 《유형론》에서 다
음과 같이 말했다. "외향적인 사람은 변
화 속에서 자기 자신을 발견하지만, 내
향적인 사람은 불변 속에서 자기 자신을
발견한다."

말년의 융

융은 과격한 비판 행위를 했다. 한편
으로는 빈껍데기만 남은 권위보다도 내
면적 체험을 중시했기 때문이고, 다른
한편으로는 현대 도시 문명의 뒤틀림에 맞서는 건전한 감각을 지니고 있었기
때문이다. 이렇듯 내적인 것을 중시하는 태도와 건전한 감각이 융의 마음속에
서 밀접하게 하나로 연결되어 있었다. 이 점을 상징적으로 나타내는 것이 융의
'탑처럼 생긴 집'과 그곳에서의 삶이다. 그는 둥그런 석조 건물에서 원시적인 건
강한 생활을 하면서 고도의 내면적 작업에 몰두했다.

강인하고 유연한 의식

융을 이해하려면 둘째로 의식과 무의식과의 관계에 대한 융의 생각을 올바
르게 이해해야 한다. 융을 '무의식을 중시하고 해명한 인물'이라고 생각하면서
그의 저서를 펼친 사람은 뜻밖에도 융이 의식을 중시한다는 사실을 깨닫게 될
것이다. 이를테면 융이 내놓은 나치스 이론도 그렇다. 무의식이 어떻게 작용할
지는 의식의 태도에 달렸다. 그러므로 인간이 의식의 질을 향상하고 의식을 똑
똑히 밝히면서 올바른 판단력을 기르는 일이 결정적으로 중요하다. 소년 시절
융의 인생의 전환점이 된 '등불 꿈'을 살펴보자. 꿈에서 그는 조그만 등불을 필
사적으로 지키면서 폭풍우를 뚫고 앞으로 나아갔다. 이 등불은 그의 의식을
상징하는 것이었다. 융은 등불을 꺼뜨리지 않고 무사히 지키는 일에 자신의 실
존 전체가 걸려 있다고 생각했다.

이처럼 융은 의식의 명석함을 중시했다. 융도 평범한 유럽인에 지나지 않는다는 비판이 나올 법도 하다. 그러나 의식을 중시하는 태도를 무조건 유럽 전통과 결부시키는 것은 섣부른 판단이 아닐까. 알고 보면 동양의 요가나 선종(禪宗)도 의식적 태도를 중시한다. 물론 요가나 선종은 세속적인 자아의 존재 양식을 부정하기는 하지만, 의식 자체를 버리지는 않고 일정한 의식적 방법을 통해 무의식의 좋은 성질과 결합한다. 무의식을 잘 제어하려고 노력한다는 점에서는 융 사상이나 동양 신비주의나 서양 그리스도교 신비주의나 모두 똑같다. 의식을 사용하는 방법이 저마다 다를 뿐이다. 여기서 굳이 융의 유럽인다운 면을 지적한다면, 융이 의식의 작용과 역할을 한없이 명료하게 자각된 상태로 만들려고 했다는 점을 들 수 있으리라.

융은 단순히 의식을 강화할 필요가 있다고 생각하지는 않았다. 사실 현대인의 의식은 이미 지나칠 정도로 강해져서 오히려 경련에 가까운 긴장 상태에 빠져 있다고 융은 말한다. 현대인은 경직된 의식 상태에서 벗어나야 한다. 원형적 무의식은 그 자체가 모순적이다. 똑같은 원형이 출현해도 그 효과는 상황에 따라 긍정적일 수도 있고 부정적일 수도 있다. 이 사실을 꿰뚫어 보려면 상당히 넓은 시야를 지닌 유연한 의식이 필요할 것이다.

융은 단지 정신주의 입장에서 유연한 자아를 가지라고 주장하지는 않았다. 그는 확실한 방책을 내놓았다. 그 방어책이란 무의식을 향해 열려 있는 태도를 취하는 것이었다. 이를 통해 의식은 무의식의 풍부한 내용과 모순성을 받아들여 한층 넓어지고, 유연해지고, 개성을 지니게 된다. 무의식을 받아들임으로써 자아는 점점 변해 간다. 이것이 융이 말한 '개성화 과정'이다.

무의식을 받아들인다는 것은 단순히 무의식을 무비판적으로 긍정하는 것이 아니다. 무의식을 향해 열려 있는 자아란 '진실을 견뎌 낼 수 있는 자아'라고도 할 수 있다. 그것은 무의식의 어떤 성질도 망설임 없이 똑바로 볼 수 있고, 사물을 볼 때도 무의식의 감정에 휘둘리지 않고 본연의 모습을 인식할 수 있는 자아이다. 이것은 막스 베버가 말한 '몰가치성'의 정신과 같다. 베버는 우리가 자신의 가치관을 자각함으로써, 가치관에 의해 왜곡되지 않은 현실을 인식할 수 있다고 말했다. 마찬가지로 융은 우리가 자기 무의식의 성질을 자각함으로써, 무의식에 속아 넘어가지 않고 진정한 현실을 인식할 수 있게 된다고 주장했다. 이

때 자아는 이미 처음과 같은 자아가 아니다. 의식은 질적으로 확대되고 강인해져서 융의 이른바 '자기' 상태에 무한히 근접하게 된다.

이런 고도의 의식을 손에 넣을 수 있는 것은 몇몇 엘리트뿐이지 인류 전체는 아니라고 생각하는 사람들도 있을지 모른다. 물론 현재로서는 베버와 융이 제시한 조건을 충족할 수 있는 사람은 많지 않을 것이다. 베버와 융이 무엇을 요구하는지 이해하지 못하는 사람들도 적지 않으리라. 그러나 이 문제도 고정적으로 생각해서는 안 된다. 융이 만사를 역사적으로 바라봤다는 사실을 잊지 말자. 융은 인류의 역사를 의식화의 역사라고 생각했다. 그는 유대교가 그리스도교로 발전한 것도 사람들의 의식화가 진전된 결과로 해석했다. 또 융의 이론에 따르면 부처도, 사람들이 신으로서 투사했던 내용을 의식 속에 통합하여 그 신을 이념으로 표현한 셈이다. 그러나 역사 속에서 인류 전체가 아직 그렇게까지 의식화되지 못한 상태에서 부처의 의식화가 너무 일찍 진행됐기 때문에 부처는 결국 역사에 패배하고 말았다는 것이다. 그래도 융은 인류의 힘을 믿었다. 인류는 전쟁을 되풀이하고 마녀재판이나 나치즘처럼 비참한 사건을 체험하면서 점점 의식화되어, 자기 무의식을 인식하고 제어할 수 있는 방향으로 나아가고 있다는 것이다.

이것이 지나친 낙천주의인지 올바른 견해인지는 쉽게 판단할 수 없다. 그러나 이러한 역사의 변화를 자각적으로 추진하는 것이야말로 이 문제를 자각한 사람의 사명이 아닐까.

감정 조절

융을 이해하려면 셋째로 감정 문제에 주목해야 한다. 유형론에서 융은 내향–외향이라는 마음의 기본자세와 더불어 마음의 네 가지 기능(사고·감정·직관·감각)에 대해서도 이야기했다. 그중에 어떤 기능이 특히 뛰어나고 약한지에 따라 개개인의 심리적 특성이 밝혀진다. 이 분류법에 따르면 융은 어떤 특징을 지니고 있었을까. 융은 사고와 직관 기능이 매우 뛰어났다. 그가 쓴 글은 탁월한 논리성이 돋보이며, 또 논리적 흐름에서 벗어난 기발한 착상으로 가득 차 있다. 그에 비해 융의 감각 기능은 약한 편이었다. 예술 분야에서는 열등생이라고 스스로 인정했을 정도이다. 특히 음악에 대해서는 아무것도 몰랐다.

그렇다면 감정 기능은 어땠을까. 이 문제가 상당히 골치 아프다. 융 본인은 물론이고 융을 연구하는 사람들에게도 이것은 어렵고 복잡한 문제이다. 사실 감정 문제로 힘들어하지 않는 사람은 없겠지만, 융에게는 특히 감정 문제가 모든 문제에 그림자처럼 따라붙었다. 게다가 이에 대한 융의 태도도 모순적이었다.

융은 콤플렉스에 늘 감정이 수반된다는 사실을 발견했다. 이 감정은 콤플렉스 대상과 마주칠 때마다 나타난다. 당사자는 이 감정을 조절하지 못하고 무의식 중에 강한 질투나 증오나 애착 반응을 보인다. 또한 융은 언제나 원형이 강한 감정을 불러일으킨다는 점을 주목하면서 '누미노제'라는 표현을 썼다.

콤플렉스나 원형에 수반되는 감정은 매우 격렬하고 충동적이다. 의식은 이런 감정을 조절하기는커녕 이에 휘말려 냉정한 판단력을 잃고 만다. 특히 원형적인 감정은 직접적이고 격렬하며, 대체로 그 원형이 투사된 대상물의 감각적 특징과 밀접하게 관련되어 있다. 이를테면 고부 갈등도 그렇다. '사악한 태모' 이미지가 투사된 시어머니에 대한 악감정을 며느리는 도저히 이성으로 억누를 수 없다. 또한 '악당' 이미지가 투사된 사람에게 우리는 걷잡을 수 없는 증오감을 느낀다. 그러나 원형이 일으키는 감정이 모두 나쁜 것은 아니다. 때로는 성스럽고 신성한 느낌이나 감미로운 애정처럼 바람직한 감정도 나타난다. 다만 감정은 이성이 자유롭게 선택할 수 있는 게 아니라 원형처럼 다짜고짜 개인에게 나타난다는 점이 문제이다. 더구나 좋은 감정이 언제 나쁜 감정으로 변할지 모른다는 점도 골치 아프다. 자칫하면 우리는 온갖 감정에 휘둘리다가 기진맥진해질 수도 있다. 그러나 감정은 인생의 한 장면 한 장면을 다채롭게 꾸며 주기도 한다. 아무리 골치가 아파도 감정을 완전히 버릴 수는 없다. 감정이 없으면 인생은 무미건조해질 테니까.

융은 감정 따윈 성가시니까 내버리자는 식으로 감정 문제에 대처하지는 않았다. 그는 분명히 내향형 인간으로서 감정 변화를 성가시게 여겼지만, 그렇다고 감정을 아예 내버릴 수는 없었다. 이미지 세계에는 필연적으로 감정이 수반된다. 이미지를 경험한다는 것은 곧 감정을 경험한다는 것이다. 즉 우리가 내면세계를 탐구하면서 차근차근 개성화 과정을 밟으려면 반드시 감정 문제를 정면으로 받아들여 해결하고 통합해야 한다.

원형적 감정이 직접 나타날 때에는 격정적인 형태로 신체적·생리적 흥분을 수반하면서, 미분화된 감정이 폭발하는 양상을 보인다. 분노나 슬픔이 의식의 통제에서 벗어난다. 이러한 상태를 융은 '태곳적·신화적' 상태라고 불렀다. 그런데 원형적 무의식이 의식에 의해 인식되고 통합되는 것과 마찬가지로 이런 감정도 의식화됨으로써 더욱 세련된 형태로 변할 수 있다. 감정도 원형 자체와 똑같이 모순적이다. 융은 부정적 성질을 가진 것을 무조건 배척하지 않고, 늘 그 안에서 뭔가 긍정적인 성질을 찾아내거나 그것을 긍정적인 것으로 바꾸려고 했다.

그런데 세련된 감정이란 무엇일까. 감정 기능이 독립해서 '합리적'으로 움직이는 상태를 말한다. 미분화된 감정은 그 대상이 되는 사물이나 인간의 감각적 특징에 좌우된다. 귀여운 어린애나 멋진 여자(또는 남자)가 나한테 잘해 주면 진심으로 기쁘지만, 못생긴 사람이 그러면 별로 기쁘지 않을 수도 있다. 상대가 누구냐, 내 기분이 어떠냐에 따라 그때그때 감정적인 평가가 달라지고, 감정생활의 통일성을 잃게 된다. 그런데 감정 기능이 독립적으로 움직인다는 것은, 상대의 감각적 특징과 상관없이 같은 상황에 같은 감정을 느낀다는 것이다. 이를테면 어느 누가 나한테 잘해 줘도 똑같이 기뻐하는 것이다. 융은 이것을 '합리적 판단력'으로서의 감정 기능이라고 불렀다. 이것이 세련되고 바람직한 감정 형태이다. 무의식을 통합할 때와 마찬가지로 우리는 자신의 감정을 의식화함으로써 세련된 형태로 바꿀 수 있다. 이는 감정을 억제하거나 표현하지 않는 상태가 아니라, 감정생활이 통일성 있는 안정된 형태로 적절하게 표현되는 상태를 의미한다. 이를 통해 우리는 다른 사람들과 아름답고 멋진 감정 교류를 즐길 수 있다. 내향형 인간은 어떤 감정을 불러일으키는 격렬한 변화를 몹시 싫어한다. 그런 감정을 걷잡을 수 없는 관능의 분출로 여기면서 그 괴로움에서 벗어나기 위해 금욕주의자가 된 사상가도 많았다. 그러나 융은 부정적인 면이 있다는 이유로 감정을 완전히 버리는 것 대신, 그것을 세련되게 만든다는 해결책을 생각해 냈다. 그는 감정 뒤에 숨어 있는 생명력을 소중히 여겼다.

내적 자연

마지막으로 융 사상의 가장 큰 특징을 살펴보자. 그것은 '내적 자연'을 존중

하는 태도이다. 융 심리학은 '원형 심리학'이라고 불러도 될 만큼 원형을 중시하는데, 원형이란 인간의 역사적 체험의 결정체로서 그 안에 유구한 자연의 법칙성을 포함한다. 융은 그것을 '내적 선조(先祖)'라고 부르면서 개개인이 이 선조와 조화를 이루어야 한다고 강조했다. 인간에게는 인간의 발상과 행동을 선도하는 적절한 물길 역할을 하는 심리적 작용이 선천적으로 갖춰져 있는데, 이것은 원형적 이미지로서 우리에게 지각된다. 이 타고난 심리적 작용을 융은 '내적 자연'이라고 불렀다.

'내적 자연'은 선천적으로 인간에게 주어져 있긴 해도 태어나서 죽을 때까지 똑같은 모습으로 존재하는 것은 아니다. 인간은 신체적으로 보나 본능적 행동으로 보나, 선천적인 것이 점점 발달해서 정점에 다다랐다가 쇠퇴하여 마침내 죽음에 이르는 과정으로 구성되어 있다. 마찬가지로 심리적 작용에도 선천적인 과정이 존재한다. 융은 인생의 상승, 전환, 하강, 죽음 과정에 대응하는 심리적 이미지의 변화 과정도 당연히 존재한다고 생각했다. 그 과정을 간단히 설명하자면, 처음에 의식을 강화해서 자아를 확립하고 인간 사회에서 자기에게 어울리는 지위를 획득하는 것이 청소년기에 대응된다. 이는 의식이 무의식에서 독립하는 형태로 나타난다. 다음으로 30대 후반부터 40대 전반이 인생 전환기에 해당하는데, 이때 인간은 이미 한 번 적대적으로 배척했던 무의식과 다시한 번 대결하여 무의식을 인식하고 통합해야 한다. 그다음에는 인생의 하강기에 대응하는 심리적 태도도 있을 테고, 마지막에는 죽음을 자연스럽게 받아들이는 심리적 작용도 있을 것이다. 문명인들은 정신을 끝없이 향상시켜야 한다고 생각하는 경향이 있으며, 의식을 중시한 나머지 특히 하강기와 죽음에 대한 자연스런 심리적 태도를 잃어버린 것처럼 보인다. 그래서 인생 전반기에는 노력하면 어떻게든 잘살 수 있지만 후반기에는 무작정 노력해도 문제가 해결되지 않는다.

신화나 종교 의례는 원형적인 이미지 형성 능력의 산물이므로 인간의 '내적 자연'과 일치한다. 그런 의례들은 인간이 인생의 전환점을 맞이할 때마다 삶에 대한 심리적 태도를 바꿔 주는 역할을 했다. 그것은 과학적 합리주의자가 보기에는 불합리하고 어리석은 미신처럼 보이겠지만, 실은 인간이 살아가는 데 필요한 원리를 내포하고 있는지도 모른다. 근대적 문명인은 그런 이미지의 중요성을 이해하지 못하고 단지 불합리하다는 이유만으로 그것을 추방해 버렸다. 그래서 요즘에는 인생의 전환점에서 태도를 적절히 바꾸지 못하고 부자연스럽게 노력하다가 결국 불행해지는 사람들이 많다. 영원히 처녀로 있고 싶은 마음을 버리지 못하고 늙기를 거부하는 여성도 있고, 은퇴할 기회가 없어서 이제는 힘도 없는데 계속 지도자 자리를 지켜야 하는 노인도 있다. 전환 의례가 사라지는 바람에, 그들은 한때는 자연스러웠던 태도를 그 뒤에도 버리지 못하고 부자연스럽게 유지하고 있는 것이다.

인생에는 자연스러운 과정이 있고, 그에 대응하는 '내적 자연'의 과정이 있다. 신화나 의례는 그러한 '내적 자연'의 과정에 맞춰 만들어진 평균적인 물길이었다. 그러나 지금은 이 평균적인 물길이 대규모로 붕괴되어 버렸다. 개개인은 자기 힘으로 자기 내면을 탐구함으로써 각자의 '내적 자연'을 새로이 발견해야 할 처지에 놓였다. 여기서 의식적인 노력 문제가 대두된다.

자연스러운 과정이 존재한다면 의식적인 노력 없이도 만사가 저절로 잘 풀릴 것 같기도 하지만, 실제로는 그렇지 않다. 생각건대 본능적·무의식적 과정과 의식적인 노력이 서로 협력할 때 비로소 자연의 과정이 성립되는 듯하다. 의식적인 노력 자체가 자연스러운 과정의 일환인 것이다. 고로 우리는 무의식과의 관계에서 의식이 어떤 태도를 취하는 것이 자연스러운지 잘 생각해 봐야 한다. 더구나 현대인은 한쪽으로 치우친 의식의 잘못된 노력을 의식적으로 바로잡아야 한다. 우리는 정말로 힘든 시대에 태어나서 살아가고 있다.

융은 '내적 자연'과 조화를 이룬다는 어려운 작업에 평생토록 매달렸으며, 그 일을 놀라울 정도로 멋지게 해냈다. 그는 지금도 우리에게 많은 가르침을 전해 주고 있다.

C.G. 융 연보

1875년	7월 26일 스위스 케스빌에서 태어남.
1876년(1세)	라우펜으로 이사.
1879년(4세)	클라인 휘닝겐으로 이사. 이 무렵, '지하에 있는 신' 꿈을 꿈.
1886년(11세)	바젤에 있는 김나지움에 입학.
1887년(12세)	'대성당을 파괴하는 하느님' 이미지를 떠올림. 등교 거부.
1895년(20세)	바젤 대학 의학부 입학.
1896년(21세)	아버지 죽음.
1900년(25세)	취리히 대학 부속 부르크휠츨리 정신병원 조수가 됨.
1903년(28세)	엠마 라우셴바흐와 결혼.
1905년(30세)	《진단적 연상(連想) 연구》 출판.
1907년(32세)	오스트리아 빈에서 처음으로 프로이트를 만남. 《정신분열병의 심리》 출판.
1909년(34세)	프로이트, 페렌치와 함께 미국 여행.
1910년(35세)	'국제정신분석학회' 창립, 초대 회장으로 취임. 부르크휠츨리 정신병원을 그만두고 개인 개업의로 활동.
1912년(37세)	《리비도의 변환과 상징》 출판. 프로이트와 결별.
1914년(39세)	'국제정신분석학회' 탈퇴.
1916년(41세)	〈죽은 자를 위한 일곱 가지 설교〉 집필. 첫 번째 만다라를 그림.
1918년(43세)	영국인 포로수용소 책임자 역할을 함(~1919).
1920년(45세)	북아프리카 여행.
1921년(46세)	《심리유형론》 출판.
1922년(47세)	볼링겐 토지 구입.
1923년(48세)	볼링겐에 '탑처럼 생긴 집' 건축. 어머니 죽음.

1924년(49세)	미국 여행(~1925).
1925년(50세)	아프리카 여행(~1926).
1928년(53세)	《분석심리학에 관한 두 논문》 출판.
1929년(54세)	빌헬름 《태을금화종지》 독일어판에 주석을 달아 출판.
1933년(58세)	'국제정신요법의학회' 회장으로 취임. '에라노스 모임'에 처음으로 참가해서 강의(이후 1952년까지 열네 번 강의).
1937년(62세)	예일 대학에서 강의(《심리학과 종교》).
1938년(63세)	인도 여행.
1939년(64세)	'국제정신요법의학회' 회장 사임. 스즈키 다이세츠 《선종입문》 독일어판 서문 집필.
1940년(65세)	《심리학과 종교》 나치스에 의해 발매 금지.
1941년(66세)	케레니와 공저한 《신화학입문》 출판.
1944년(69세)	《심리학과 연금술》 출판. 중병에 걸려 사경을 헤맴.
1946년(71세)	《전이(轉移)의 심리학》 출판.
1948년(73세)	'융 연구소' 설립.
1951년(76세)	《아이온》 출판.
1952년(77세)	〈욥에 대한 대답〉 발표.
1953년(78세)	토니 볼프 죽음.
1955년(80세)	아내 엠마 죽음. 《융합의 신비》 제1권 출판.
1956년(81세)	《융합의 신비》 제2권 출판.
1958년(83세)	《현대의 신화─비행접시》 출판.
1961년(86세)	6월 6일 세상을 떠남.
1962년	《기억, 꿈, 사상》(자서전) 출판.
1964년	《인간과 상징》 출판.

김양순

성신여자대학교 독문학과를 졸업하고 동대학원에서 독문학을 전공하다. 독일 뮌헨대학에서 심리학 전공. 심리치료사자격을 취득하다. 옮긴책 미하엘 엔데《끝없는 이야기》프로이트《정신분석 입문》《꿈의 해석》비트겐슈타인《논리철학논고》《철학탐구》《반철학적 단장》헤겔《정신현상학》등이 있다.

세계사상전집046
Carl Gustav Jung
MAN AND HIS SYMBOLS
인간과 상징
카를 융 외/김양순 옮김
동서문화사창업60주년특별출판
1판 1쇄 발행/2016. 9. 9
1판 4쇄 발행/2024. 2. 1
발행인 고윤주
발행처 동서문화사
창업 1956. 12. 12. 등록 16-3799
서울 중구 마른내로 144 동서빌딩 3층
☎ 546-0331~2 Fax. 545-0331
www.dongsuhbook.com
잘못된 책은 구입하신 곳에서 바꾸어드립니다.
＊
이 책의 출판권은 동서문화사가 소유합니다.
의장권 제호권 편집권은 저작권법에 의해 보호를 받는 출판물이므로
무단전재와 무단복제를 금합니다.
사업자등록번호 211-87-75330
ISBN 978-89-497-1454-7 04080
ISBN 978-89-497-1408-0 (세트)